NORDFRIESISCHE QUELLEN UND STUDIEN

Herausgegeben von der
Ferring Stiftung in Alkersum auf Föhr
Band 17

Die Herausgabe dieses Buches wurde gefördert vom *Öömrang Ferian,* dem *Fresk Riad* und von der *Friesenstiftung* des Ministeriums für Bildung, Wissenschaft und Kultur des Landes Schleswig-Holstein.

Wörterbuch
Deutsch – Amrumer Friesisch

wurdenbuk
sjiisk – öömrang

mit Hilfe von
Reinhard Jannen & Antje Arfsten

zusammengestellt von
Ommo Wilts

Herausgegeben von der
Nordfriesischen Wörterbuchstelle
der Christian-Albrechts-Universität Kiel

in Zusammenarbeit mit der
Ferring Stiftung in Alkersum auf Föhr

Verlag Jens Quedens
Insel Amrum
2020

Zeichnungen: Gisela Backmann, Bad Zwischenahn

Grafiken: Gisela Backmann
Lektorat: Reinhard Jannen, Jens Quedens
Layout: Uta Marienfeld
Umschlaggestaltung: Leif Quedens
Druck: Husum Druck- und Verlagsgesellschaft mbH u. Co. KG, Husum
ISBN 978-3-924422-70-7

Inhalt

I Allgemeines

Das **Friesische** ist Teil des sogenannten **Nordseegermanischen**. Unter Nordseegermanisch versteht man eine germanische Sprachgruppe, die im Bereich der südlichen Nordsee beheimatet war und auch als **Anglo-Friesisch** oder als **Ingwäonisch** bekannt ist. Das heutige gesprochene Friesisch besteht aus drei unterschiedlichen Dialektgruppen, die nach ihrer geographischen Verteilung als **West-**, **Ost-** und **Nordfriesisch** bezeichnet werden. Größte friesische Sprachgruppe ist das **Westfriesische** im Nordwesten der Niederlande. Das ursprüngliche **Ostfriesische** ist in seinem eigentlichen Sprachgebiet, dem jetzigen Ostfriesland, nicht mehr vorhanden und hat sich nur noch unter der Bezeichnung **Saterfriesisch** im nördlichen Niedersachsen bewahrt. Das **Nordfriesische** verdankt seine Entstehung zwei Einwanderungswellen aus dem ostfriesischen Raum im 8. und im 11. Jahrhundert, durch die die schleswig-holsteinische Westküste einschließlich Helgolands besiedelt wurde. Das Nordfriesische ist kein einheitlicher Dialekt, sondern ist Oberbegriff für zehn engverwandte, aber dennoch selbständige Dialekte, von denen leider bereits einige erloschen sind.

Man unterscheidet bei den heutigen Mundarten zwischen den Inselmundarten von **Sylt**, **Föhr/Amrum** und **Helgoland** sowie zwischen den auf dem nordfriesischen Festland gesprochenen Mundarten der **Wiedingharde**, der **Bökingharde**, der **Nordergoesharde** und der **Halligen**. Alle noch bestehenden nordfriesischen Dialekte sind in ihrem Erhalt auf das Äußerste bedroht. Die derzeit am Häufigsten gesprochene nordfriesische Mundart ist die Mundart von **Westerlandföhr**. Aufs Engste verwandt mit dem Föhrer Friesischen ist das benachbarte **Amrumer Friesisch**.

Das **Wörterbuch Deutsch – Amrumer Friesisch** entspricht in Umfang und Anlage dem *Wörterbuch Deutsch – Föhrer Friesisch* (Jens Quedens Verlag, 2011; hier auch eine etwas ausführlichere Einleitung). Unterschiede bestehen vor allem in einer kompakteren Gestaltung, einer Neubearbeitung der deutschen Stichwörter sowie – zur besseren Lesbarkeit – in einem deutlich veränderten Schriftbild. Es ist konzipiert als **Gebrauchswörterbuch**, das zu ca. 15.000 deutschen Stichwörtern die friesischen Äquivalente angibt. Es richtet sich vorrangig an **Friesisch Lernende** und an **Sprachinteressierte**, die über das Deutsche einen Einblick in das Friesische erhalten möchten.

Richtschnur der **Wortauswahl** war die Gebrauchshäufigkeit im Deutschen, soweit Entsprechungen im Friesischen vorhanden waren. Ergänzt wurde diese Auswahl jedoch durch Begriffe, die den Besonderheiten der Insel Rechnung tragen, die aber nicht unbedingt Bestandteil eines deutschen Gebrauchswortschatzes sind. Dazu gehören Begriffe aus der **bäuerlichen** und **häuslichen Arbeitswelt**, die vor allem die Lebensverhältnisse des 19. und frühen 20. Jahrhunderts widerspiegeln. Hinzu kommen unter dem Aspekt der regionalen Eigenart Begriffe aus **Brauchtum**, **Landschaft**, **Tier- und Pflanzenwelt**. Dem tragen auch die eingefügten **Illustrationen** Rechnung. Bewusst verzichtet wird darauf, **Wortschatzlücken** des Friesischen gegenüber dem Deutschen durch die Bildung neuer Ausdrücke, so genannter Neologismen, auszufüllen. Ebenso wird darauf verzichtet, maskulinen Herkunfts- und Berufsbezeichnungen im Sinne der **Gendergerechtigkeit** konsequent die femininen Entsprechungen zur Seite zu stellen, soweit es sich lediglich um Ableitungen handelt. Etablierte feminine Formen werden natürlich berücksichtigt.

Das Friesische des Wörterbuchs gibt den derzeit **aktuellen Sprachstand** des Amrumer Friesischen wieder. Angeführt werden jedoch auch ältere, nicht mehr gebräuchliche oder ausgestorbene Ausdrücke, die von kulturgeschichtlichem bzw. von sprachlichem Interesse sind. Sie werden mit dem Kürzel *veralt.* angegeben.

II Artikelgestaltung

1. Deutsch

Die Reihenfolge der **Stichwörter** ist alphabetisch. Dabei werden auch Komposita als Einzelwörter aufgeführt also:

Aal Aalkorb Aalstecher

Im Beispielmaterial wird das Stichwort nur mit dem Anfangsbuchstaben aufgeführt:

Abbild *Wendg.* **er ist ganz das A. seines Vaters**

Gleichlautende Stichwörter unterschiedlicher grammatischer Kategorie oder unterschiedlicher Herkunft oder Bedeutung werden durch hochgestellte arabische Ziffern gekennzeichnet:

^{1}**Bauer** *Vogelkäfig*
^{2}**Bauer** *Landwirt*

Innerhalb des Artikels werden bedeutungsmäßig zusammengehörige Stichwörter, die aber unterschiedlichen grammatischen Kategorien angehören, durch halbfette römische Ziffern unterschieden:

früh I. *Adj* - **II.** *Adv*

Mehrfachbedeutungen innerhalb des Wortartikels werden durch halbfette arabische Ziffern unterschieden:

Abend 1 *Tageszeit* - **2** *Mahlzeit*

2. Friesisch

2.1 Nomen

Bei den **Nomen** werden die beiden bestimmten Artikel des Amrumer Friesischen angegeben, der **A-Artikel**, sogenannter Bekanntheitsartikel, und – nachgestellt in Klammern – der **D-Artikel**, sogenannter anaphorischer (rückweisender) Artikel, sowie die Pluralbildung. Eine Besonderheit des **A-Artikels** ist, dass sich bei zahlreichen Wörtern ursprünglich weiblichen Geschlechts neben der sächlichen Form ***at*** vielfach auch noch die ältere Form ***a*** erhalten hat. Entsprechend werden – soweit gebräuchlich – hier beide Formen des A-Artikels angegeben:

Aal a ial, -er (di)
Schiff at skap, skeb (det)
Katze a/at kaat, -er (det)

2.2 Verben

Die **regelmäßigen Verben** sowie die **Hilfsverben** bleiben ohne grammatische Kennzeichnung. Die **unregelmäßigen Verben** werden entweder durch ihre Stammformen oder, wenn es sich um ein unregelmäßiges zusammengesetztes Verb handelt, durch ein ***u*** gekennzeichnet:

machen maage
kommen kem (komt; kaam; kimen)
wegkommen wechkem *u*

2.3 Aussprache

Ausspracheangaben können für das Friesische entfallen, da die friesische Rechtschreibung weitgehend phonologisch aufgebaut ist, d.h. dem einzelnen Schriftzeichen entspricht jeweils nur ein bestimmter Laut. Ausnahmen sind das ***s***, das sowohl stimmlos wie stimmhaft [z] ausgesprochen werden kann, und das ***w***, das auslautend wie [u:] gesprochen wird. Das geschriebene ***oo*** im Amrumer Friesischen wird wie das englische *a* in *call* ausgesprochen. Die Verbindung ***sj***

entspricht dem englischen *sh,* bzw. dem deutschen *sch:*

zeigen wise [z] **warten** teew [u:]
lange loong **suchen** sjük

In bestimmten Fällen werden die Vokale *i, ü* und *uu* gespannt ausgeprochen.

i und *ü* vor *-dj*, *-tj* und in Kurzwörtern:

lidj **Leute** - bitj **beißen** - bi **bei** - küdj **Beule** - ütj **aus** - dü **du**

uu vor *-p* und *-k:* luup **laufen** - kuuk **Kuchen**

Die Wortbetonung liegt in der Regel auf dem Stammvokal. Abweichungen werden durch Unterstreichung gekennzeichnet:

Eule - kadüül
neben - bitu

Abgesehen von der **Kleinschreibung** - mit der Ausnahme von Sylt und Helgoland, wo die Großschreibung praktiziert wird - ist die auffälligste Abweichung der friesischen Orthographie von der Orthographie des Deutschen die Bezeichnung von **Vokallänge** und **Vokalkürze.** Die Grundregel lautet:
Bei Kürze steht einfacher Vokal, und zwar abweichend vom Deutschen auch in sogenannter offener Silbe. Bei Länge und Halblänge steht ein Doppelvokal:

bal 'bald' - **baal** 'Ball'
somer 'Sommer' - **foomen** 'Mädchen'

III Bearbeitung

Ursprüngliche Grundlage des Wörterbuchs Deutsch – Amrumer Friesisch war eine deutsch-amrumer Umkehrliste des *Wurdenbuk för Feer an Oomram* (Jens Quedens Verlag, Norddorf 1986), die von Reinhard Jannen angefertigt wurde. Die so entstandene vorläufige Stichwortliste wurde durch Abgleichung mit deutschen Wörterbüchern ergänzt und vervollständigt. Als besonders hilfreich bei der Zusammenstellung der deutschen Lemmata erwiesen sich hier die ausgesprochen benutzerfreundlich gestalteten, in der lexikographischen Tradition der ehemaligen DDR entstandenen Wörterbücher von Kempke, *Deutsch als Fremdsprache*, Agricola, *Wörter und Wendungen* und Gröger, *Wörterbuch Deutsch – Englisch.* Ergänzend herangezogen wurden der *Große Duden* sowie der *Wahrig* (s. Literaturverz.). Wichtigste Materialgrundlage waren neben dem *Wurdenbuk för Feer an Oomram* das *Deutsch-Föhringer Wörterverzeichnis* von Nickels Hinrichsen in der Bearbeitung von Reinhard Jannen, das von Bo Sjölin bearbeitete und von der Nordfriesischen Wörterbuchstelle der Universität Kiel herausgegebene *Fe-*

ring-Öömrang Wurdenbuk, der umfangreiche Zettelnachlass von Elene Braren sowie eine Zusammenstellung föhrerfriesischer Idiome und Redensarten von Volkert Faltings. Die Amringer Tier- und Pflanzennamen beruhen vor allem auf den umfassenden Sammlungen von Nils Århammar (s. Literaturverz.).

Gewährsleute für die Bearbeitung des friesischen Teils waren Antje Arfsten (Alkersum, Föhr) und Reinhard Jannen (Norddorf, Amrum). Zusätzliche Ergänzungen kamen von Helmut Martinen (Steenodde, Amrum) und Ocke Bohn (Süderende, Föhr) sowie vom Arbeitskreis Spreegwurden der Ferring Stiftung (Alkersum, Föhr). Dank auch an Prof. Nils Århammar für Hinweise zur Aussprache. Ganz besonderer Dank gilt Reinhard Jannen, Jens Quedens und Mareike Böhmer für die abschließende Durchsicht des Manuskripts und für zahlreiche Korrekturvorschläge. Dank auch an Uta Marienfeld, die das Manuskript für die Drucklegung aufbereitete.

IV Quellen und Hilfsmittel

Agricola, Erhard, *Wörter und Wendungen* (Leipzig 1990)

Arfsten, Reinhard, *Mamenspriik. Leesebuk för Fehr an Oomram* (Wyk 1957)

Århammar, Nils, „Die Amringer Pflanzennamen“ in: *Amrum – Geschichte und Gestalt einer Insel* (Münsterdorf 1969, 164 -166)

Århammar, Nils, „Die Amringer Vogelnamen”, (ebd., 181-182)

Århammar, Nils, „Die Amringer Namen von Muscheln, Schnecken und anderen Kleintieren am Ufer”, (ebd., 182)

Braren, Elene, *Wortsammlungen* (Zettelsammlung im Besitz des Verf.)

Duden. Das große Wörterbuch der deutschen Sprache in sechs Bänden. Hrsg. von Günther Drosdowski (Mannheim 1976)

Faltings, Volkert, *Föhring-amringer Redewendungen* (Zettelsammlung)

Faltings, Volkert u. Reinhard Jannen (Hrg.), *„En ai as en ai“, saad a prääster... Fering-Öömrang Spreegwurdleksikon* (Husum 2012)

Faltings, Volkert u. Reinhard Jannen (Hrg.), *Twäärs üüs en haligschep – Swäärs üs en halagsjep. Lexikon der friesischen Redewendungen von Föhr und Amrum* (Husum 2016)

Fering-öömrang Wurdenbuk. Hrsg. von der Nordfriesischen Wörterbuchstelle der Universität Kiel (Neumünster 2002)

Gröger, Erika, *Wörterbuch Deutsch – Englisch* (Leipzig 1990)

Hinrichsen, Nickels, *Deutsch-Föhringer Wörterverzeichnis*. Hrsg. von Reinhard Jannen (Noorsaarep 1997)

Jenč, Helmut, *Wörterbuch Deutsch – Obersorbisch* (Bautzen 1986)

Kempke, Günter, *Wörterbuch Deutsch als Fremdsprache* (Berlin 2000)
Wahrig, Gerhard, *Wörterbuch der deutschen Sprache*. Neu hrsg. von Dr. Renate Wahrig Burfeind (München 2003)
Wilts, Ommo, *Sjiisk – Öömrang Wurdenbuk* (Norddorf 1982)
Wilts, Ommo, *Wurdenbuk för Feer an Oomram* (Norddorf 1986)
Wilts, Ommo, Wörterbuch Deutsch – Föhrer Friesisch (Norddorf 2011)

V Abkürzungen

Adj Adjektiv
Adv Adverb
Adverbialkonj Adverbialkonjunktion
Akk. Akkusativ
Art. Artikel
Demonstrativpron Demonstrativpronomen
etw. etwas
f Femininum
Ggs. Gegensatz
Gradpart Gradpartikel
Hilfsvb Hilfsverb
Indefinitpron Indefinitpronomen
Interrogativpron Interrogativpronomen
jmd. jemand
jmdm. jemandem
jmdn. jemanden
Komp Komparativ
Konj Konjunktion
Konjunktionaladv Konjunktionaladverb
m Maskulinum
Modalpart Modalpartikel
Modalvb Modalverb
n Neutrum
Negationspart Negationspartikel
norddt. norddeutsch
o. ohne
od. oder
örtl. örtlich
PartPerf Partizip Perfekt
Pers. Person
Personalpron Personalpronomen
Pl Plural
Possessivpron Possessivpronomen
Pronominaladv Pronominaladverb
präd Prädikativ
Präp Präposition
Relativpron Relativpronomen
Satzadv Satzadverb
Schimpfw. Schimpfwort
Sg Singular
Sprw Sprichwort
Subst. Substantiv
Superlat Superlativ
u unregelmäßiges Verb
übertr übertragen
Umgangsspr. Umgangssprache
unbest. Art. unbestimmter Artikel
unpers. unpersönlich
unspezif unspezifisch
Vb Verb
veralt. veraltet
Verb. Verbindung
Vollvb Vollverb
Wendg. Wendung
Zahladj Zahladjektiv
zeitl. zeitlich

Wörterbuch
von A bis Z

a, A

a, A **1** (Buchstabe) a - **2** *übertr:* **wer A sagt, muss auch B sagen** hoker a sait, skal uk b sai *Sprw*

Aa (Kinderspr.) ba; **hast du A. gemacht?** heest ba maaget?

Aal **1** a ial, -er (di); **ein geräucherter A.** en smuurial, en riaketen ial; **grüne A.-e** green ialer; **A.-e stechen** (jetzt verboten) stonge - **2** *übertr:* **sich winden wie ein A.** ham drei üs en ial

aalglatt glääd üs en ial

Aalketscher at ialglüp, -en (det)

Aalkorb a ialkurew, -rwer (di) [u:]

Aalquappe (Raubfisch) a elkoon, -er (det), at ialkwab, -en (det)

Aalreuse (Fangvorrichtung f. Aale) a ialhööm, -er (di)

Aalstecher (Fanggerät; jetzt verboten) a elger, -n (di), a stonger, -n (di)

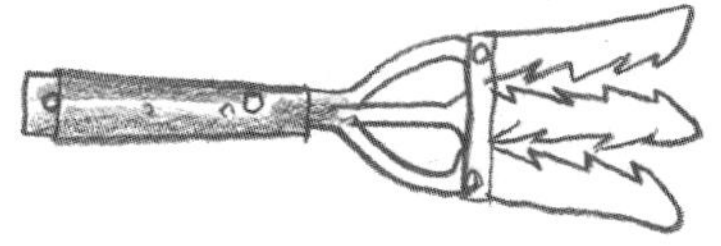

Aalstecher a stonger

Aas **1** (nur Seehundskadaver) at kreng, -en (det) - **2** *Schimpfw.* **so ein A.!** wat en aas!; **da ist kein A.!** diar as nian swin!

aasen oose [z]

[1]**ab** *Adv* **1** *abgetrennt* uf; **der Knopf ist a.** a knoop as uf - **2** *Wendg.*: **a. und zu** uf an tu; **auf und a.** ap an deel - **3** *übertr:* **a. ist a.!** wat uf as, det as uf!

[2]**ab** *Präp* **1** *örtl.* uf; **a. Norddorf** uf Noorsaarep - **2** *zeitl.* uf, uf uun; **a. heute** faan daalang uf uun *od.* uf daalang; **a. dann** faan do uf uun

abändern ufaanre

Abänderung at ufaanrang, -en (det)

abarbeiten **1** *Schulden* ufwerke, uffersiine - **2** **sich a.** ham ufwerke, ham ufmaartle, ham ufsluuwe

abbacken (Klöße) ufbaag *u*

abbaken (Fahrrinne durch Baken kennzeichnen) ütjbaage

abbalgen (Tiere häuten) fluai

abbauen **1** ufbau - **2** *übertr:* maner wurd; **Opa baut immer mehr ab** ualaatj woort imer maner

abbeeren ufpüle; **Johannisbeeren a.** solbeien ufpüle

abbeißen ufbitj *u*

abbeizen uffreed *u*, ufbeitse

abbekommen **1** *Anteil* uffu *u*; **ich habe nur ein Stück Kuchen a.** ik haa man ian stak kuuks uffüngen - **2** *Schaden davontragen:* **Gottlob, wir haben nichts a.!** godlof, wi haa niks uffüngen! - **3** *entfernen:* **die Farbe nicht a.** det farew ei uffu *u*

abberufen ufberep *u*

abbestellen ufbestel

Abbestellung at ufbestelang, -en (det)

abbetteln ufbeedle, uftrögle

abbezahlen ufbetaale

abbiegen **1** ambüg *u,* ufbüg *u*; **links a.!** lachts am! - **2** *übertr:* ufbüg *u*; **wir konnten es noch a.** wi füng at noch ufbaanj

Abbild *Wendg.* **ganz das A. des Vaters/der Mutter sein** apdaaget a aatj/at mam like *od.* a aatj/at mam ap an deel like

abbilden ufbilage

Abbildung at bil, -en (det)
abbinden **1** *abschnüren* ufbinj *u* - **2** *abnehmen* ufnem *u*; **die Schürze a.** at skortluk ufnem *u*
Abbitte at ufbad (det); **A. leisten** ufbad du *u*
abbitten ufbad *u*
abblasen *übertr:* ufbloose [z]
abblättern ufbleede, ufbleedre
abbleiben **1** *sich befinden* ufbliiw [u:] *u* - **2** *mit etw:* **wo ist er damit abgeblieben?** huar as'r diar uf mä blewen?
abblenden ufblende, deelblende
Abblendlicht at letj laacht (det)
abblitzen skofle; **sie hat ihn a. lassen** hat hää ham skofelt
abblühen ütjbleu
abbrausen ufbrüüse [z]
abbrechen **1** ufbreeg *u*; (Zweige) ufknup, ufknak; (Haus) deelbreeg *u* - **2** *übertr:* **wir müssen a.** wi skel aphual; **sie hat die Beziehung zu ihm abgebrochen** hat wal niks muar mä ham tu fun haa (‚zu kriegen haben‘)
abbremsen ufbremse
abbrennen **1** *Gebäude* ufbraan, ufstiake - **2** *etw. a.* ufbraan; (altes Gras) swiis [z] (swast; swus; swesen [z]), ufswiis [z] *u* - **3** *übertr:* **lieber einmal a. als zweimal umziehen** leewer iansis ufbraan üs tweisis skebe *Sprw*
abbringen ufbring *u*
abbröckeln ufbrögle, ufbleedre
abbrühen ufbrui
abbrummen ufbrome
abbuchen ufbuke
abbummeln uffeire
abbürsten ufbasle
abdämmen ufdoome
abdampfen ufdampe
abdämpfen *Gemüse* ufdampe
abdanken ufsoonke
abdecken **1** *abräumen* ufflei; **ist der Tisch abgedeckt?** as a boosel uffleid? - **2** *Dach* ufdek; (Reetdach) ufbinj *u* - **3** *zudecken* ufdek - **4** *Kadaver* ufskane, uffluai
Abdecker a raker, -s (di)
abdichten sachtmaage
abdrehen **1** *ausschalten* ufdrei; **das Wasser a.** at weeder ufdrei - **2** *Richtung ändern* ufdrei - **3** **sich a.** ham wechdrei, ham wechkiar
Abdrift *Kursabweichung* a/at ufdraft (det)
Abdruck a ufdrük, -er (di)
abdrucken ufdrük
abdrücken **1** *Waffe* uftrak - **2** *Atemluft:* **die Luft a.** a loft uftrak - **3** **sich a.** ham uftrak
abduschen **1** ufduusje - **2** **sich a.** ham ufduusje
abebben ufääbe
Abend **1** *Tageszeit* a inj, -er (di); **Guten A.!** gudinj!; **A. werden** injage, inje; **am A.** di inj; **früh/spät am A.** ääder/leed di inj *od.* ääder/leed üüb en injem; **gegen A.** henjin inj; **heute a.** ilang; **gestern a.** jistrinj, jisterinj; **morgen a.** maaren inj - **2** *Mahlzeit:* **zu A. essen** naachtert fu *u* - **3** *Veranstaltung:* **ein schöner A.** en neten inj - **4** *übertr:* **man soll den Tag nicht vor dem A. loben** ham skal a dai ei föör a inj gudhet *Sprw*
Abendbesuch *Verb.* **einen A. machen** ütj tu apsaten wees
Abendbrot a naachtert (di); **zum A. kommen** tu inj kem *u*; **A. essen** naachtert fu

Abendbrotzeit a/at naachtertstidj (det)
Abenddämmerung at hualewjonken (det) [u:], a injslach (di)
Abendluft at injloft (det), at naachtloft (det)
Abendmahl at oontmool (det)
Abendnebel a injwaag (di)
Abendrot a injglem (di)
abends en injem, di inj; **spät a.** leed en injem *od.* leed di inj
Abendschule a/at injskuul (det)
Abendstern a injstäär
Abendtau a injdoog (di), a injdau (di)
Abenteuer at eewentüür, -en (det)
abenteuerlich **1** eewentüürelk - **2** *übertr:* **eine a.-e Geschichte** en stak ütj a dolkast
[1]**aber** *Konj* man, oober; **a. nicht weitersagen!** man ei efterfertel!
[2]**aber** *Modalpart* oober, ooberst; **das darfst du a. nicht!** det mutst oober ei!
Aberglaube a auergluuw (di), a oobergluuw (di)
abergläubisch woongluuwsk; **a. sein** uun spuuk liaw
aberkennen uferkään
abermals oobermools
abernten ufberag *u*, ufernte
abessen ufiidj *u*; **wer hat den Zucker abgegessen?** hoker hää at soker ufeden?
abfädeln uftji *u*; **Bohnen a.** buanen uftji
abfahren **1** *losfahren* ufsteed/tuwais keer - **2** *verschleißen* ufkeer, deelkeer - **3** *transportieren* ufkeer
Abfahrt at uffaart (det); **A. mit dem Bus ist um eins** a bus keert am a klook ian
Abfall at uffaal (det), at skitj (det)
Abfalleimer a skitjamer, -n (di), a kuadamer, -n (di)
abfallen **1** *herunterfallen* uffaal *u*, deelfaal *u*; **die Äpfel sind alle abgefallen** aler aapler san uffäälen - **2** *abmagern* uffaal *u*; **sie ist sehr abgefallen** hat as böös uffäälen - **3** *übrigbleiben:* **für ihn ist auch noch was abgefallen** för ham as uk noch wat uffäälen - **4** *sich senken* deelgung *u*, amliachgung *u*; **a.-de Schultern** sküüns skolern
abfällig uffelag, desag [z]; **a. tun** desag du *u*; **a. über jmdn. reden** en desag stak snaak auer/am hoker haa, skoonflaake
abfärben klööre, uffarwe
abfassen uffaade
abfaulen ufrööde
abfegen uffaage
abfeiern uffeire
abfeilen uffiile
abfertigen ufiardage
abfeuern ufsjit *u*
abfinden **1** uffinj *u*; **man hat ihn abgefunden** hi as uffünjen - **2** **sich a.** ham uffinj *u*; **sie konnte sich mit seinem Tod nicht a.** hat küd ham ei uffinj mä san duas
Abfindung at uffinjang (det)
abflachen ufflaake
abflauen ufluuwne, ufflaue, ufnem *u*; **der Wind flaut ab** a winj luuwent uf
abfliegen *Flugzeug* flä (flocht; floog; flaanj); **wann fliegt ihr ab?** wan flä'em? *od.* wan gongt jau fliiger?
abfließen ufluup *u*
Abfluss a ufluup (di)
Abflussgraben at flet, -en (det), a gruug, -er (di)

abfragen uffraage
abfressen kaalfreed *u*; **der Weißdorn ist von den Raupen ganz abgefressen!** a haageduuren as kaal faan a ripen!
abfrieren uffriis [z] *u*
abführen **1** *verhaften* uffeer - **2** *Verdauung fördern:* **etw. zum A.** wat tu uffeeren
abfüllen uffal
[1]**abfüttern** *Kleidung* uffudre, onerfudre
[2]**abfüttern** **1** *Vieh* uffudre; **2** *übertr:* **die Kinder a.** a jongen uffudre
Abgaben *Steuern* a stüüren (jo), a läästen (jo)
Abgang a ufgung (di)
abgeben **1** *übergeben* ufdu *u*; **einen Brief a.** en briaf ufdu - **2** *teilen:* **gib deinem Bruder was ab!** du dan bruder wat uf! - **3** *übertr:* **den Bauernhof a.** at büürsteed ufdu *u* - **4** **sich a. mit** ham ufdu mä *u*
abgebrannt *pleite* ufbraand; **völlig a.** tutaal blank
abgebrüht ufbruid
abgegriffen ufgreben
abgehärtet ufhardet
abgehen **1** *sich lösen* ufgung *u*; **die Farbe ist abgegangen** at farew as ufgingen - **2** *verlaufen* **wie ist es abgegangen?** hü as't ufgingen? - **3** *etw. verlassen:* **wann ist er von der Schule abgegangen?** wan as'r ufgingen faan skuul?
abgekartet ufmaaget; **eine a.-e Sache** en ufmaageten kroom
abgelaufen uflepen, am; **die Zeit ist a.** a tidj as am
abgelegen bütj a wai, widjuf
abgemagert ufteeret, ütjhongert; **a. bis auf die Knochen** ufteeret üüb't gebian (‚Gebein')
abgenutzt apsleden, ufnatagt
abgerissen **1** *Faden* ufrewen - **2** *zerlumpt* slontag, hongerslontag
abgeschlossen **1** *verriegelt* sacht, ufslööden; **sie haben die Tür a.** jo haa a dör fääst - **2** *Ausbildung* ufslööden
abgesehen von ufsen faan
abgespannt tukaant, uf
abgestanden ufstenen; **a.-es Wasser** ufstenen weeder
abgestorben ufstürwen
abgestoßen **1** *beschädigt* kraanbualket, ufstupet - **2** *übertr:* ufstupet
abgestumpft ufstompet
abgetan ufden
abgetragen apsleden, ufdraanj
abgewinnen **1** *im Spiel* ufwan *u* - **2** *übertr:* **dem nichts a. können** det niks ufwan kön *od.* diar niks am wees
abgewöhnen ufwene
abgezehrt ufteeret
abgießen ufjit *u*; **Kartoffeln a.** eerpler ufjit
abgucken ufluke
abgleiten **1** *abrutschen* ufglidj *u* - **2** *übertr:* uun a ferfaal kem *u*
abgraben ufgreew [u:] *u*, ufgrobe
abgrasen *abweiden* ufgreesage [z]; **die Weiden sind abgegrast** a fäänen san kaal/san ufgreesagt
abhaben **1** *von etw.* ufhaa; **willst du etw. a.?** skel/wel wat ufhaa? - **2** *nicht mehr haben:* **er hat ein Bein ab** hi hää en bian uf - **3** *übertr:* **ein Rad a.** en wel ufhaa (‚verrückt sein')
abhacken ufhau *u*, ufkape

abhaken ufhaage
abhalten 1 *veranstalten* ufhual *u* - **2** *hindern:* **von der Arbeit a.** ufhual faan't werk
abhandeln ufhanle
Abhandlung at ufhanlang, -en (det)
abhanden *Verb.* **a. kommen** uun a graabel kem *u*, uf hun kem *u*; **einem a. kommen** ään wechwurd *u*
[1]**abhängen** *von etw.* ufhinge; **das hängt vom Wetter ab** det hinget uf faan't weder
[2]**abhängen** *herunternehmen* ufhinge; **Wäsche a.** wesje ufhinge *od.* wesje faan a liin/a riap fu *u*
abhängig ufhingag
abharken ufriiwe, tuupriiwe
abhärten ufharde
abhauen 1 *abschlagen* ufhau *u* - **2** *verschwinden* ütjnei, ferswinj *u*; **hau ab**! ferswinj bluat! *od.* hau uf!
abhäuten ufskane, fluai
abheben 1 *herunternehmen* laft - **2** *übertr:* **Geld a.** jil ufheew [u:] *u*/uflaft *od.* jil faan a beenk haale - **3 sich a.** ufsteeg *u*
abheilen ufhiale
abhelfen ufhalep *u*
abhetzen, sich ham ufjaage, ham ufjachte
abhimmeln (norddt. für 'sterben') ufhemle
abhobeln ufheewle
abholen ufhaale; **von der Fähre a.** ufhaale faan a damper
abholzen ufholte, ufhau *u*
abhorchen beharke, ufharke, ufhiar
abhören ufharke, ufhiar
abjagen 1 ufjaage - **2 sich a.** ham ufjaage
abkanzeln en delang du *u*, ufroose [z], ufkansle, deelmaage
abkauen ufbitj *u*; **die Nägel a.** a nailer ufbitj
abkaufen ufkuupe *u*
abkehren 1 *abfegen* uffaage
abkehren, sich ham wechkiar, ham wechdrei
abkeimen *Kartoffeln* ufsprööde
abklären rocht besnaake
abklemmen ufklääm
abklingen maner wurd, efterläät, ufkling *u*
abklopfen *Kleidung* ufklupe, ufböge
abknabbern ufbedle
abknapsen ufknaape, ufknapse
abkneifen ufknip *u*; (Blumen) ufknup
abknicken ufknak
abknöpfen 1 ufknoope - **2** *übertr:* **jmdm. etw. a.** hoker wat ufknoope/ufnem *u*
abknutschen ufsüüsne, ufkleebe, ufknuutsje
abkochen ufkööge
abkommen 1 ufkem *u*; **von der Straße a.** faan a struat ufkem - **2** *übertr:* **vom rechten Weg a.** faan a rocht wai ufkem
Abkommen at ufkemen (det)
abkönnen 1 ufkön *u*; **Kaffee kann ich nicht ab** kofe koon'k ei uf - **2** *übertr:* **ich kann ihn nicht ab** (Umgangsspr.) ik koon ham ei uf *od.* jin ham koon ik ei jinuun
abkören (von d. Zucht ausschließen) ufkööre
abkratzen 1 ufkratse, ufskraabe; (mit den Nägeln) ufklau, ufkleese [z] - **2** *übertr:* ufkratse, ufhemle ('abhimmeln')

abkriegen 1 *von etw* uffu *u* - **2** *Schaden erleiden:* **niemand hat was abgekriegt!** näämen hää wat uffüngen!
abkühlen ufkeel *u*; (Speisen) ufkuule, kuul wurd
abkündigen (von der Kanzel) ufkanage
abkürzen ufkert; **den Weg a.** a wai ufkert
Abkürzung 1 *Wort* at ufkertang, -en (det) - **2** *Weg* at ufkertang, -en (det); **eine A. nehmen** en kurteren wai nem *u*
abküssen ufsüüsne, ufkleebe
abladen uflees [z] *u*
ablagern ufloogre
ablassen 1 *Flüssigkeiten* ufläät - **2** *mindern* ufstun *u*; **im Preis a.** mä a pris deelgung *u*
Ablauf 1 *Abfluss* a ufluup (di) - **2** *Verlauf* a ferluup (di)
ablaufen 1 *abfließen* ufluup *u*; **a.-des Wasser** ufluupen weeder - **2** *vonstatten gehen* ferluup *u*; **wie ist der Abend abgelaufen?** hü as a inj ferlepen? - **3** *übertr:* **gut a**. gud ufluup *u*; **die Zeit ist abgelaufen** a tidj as uflepen/as am; **sich die Hacken a.** ham a bian/a hailer ufluup
Ablaufrinne at selke, -kin (det)
ablecken ufslake
ablegen 1 *von Land* uflei *u* - **2** *Kleidung* uftji *u*; **leg ab!** tji di uf! - **3** *übertr:* **einen Eid a.** en ias ufdu *u*
Ableger *Bot.* a ufleger, -n (di)
ablehnen ütjslau *u*, turagwise [z], uflöne, ufwäärne
ableiten ufleite
ablenken 1 uflenke - **2 sich a.** ham uflenke
Ablenkung *Verb.* **A. brauchen** wat tu uflenkin brük *od.* wat ööders am tu seenken brük
ablesen 1 uflees [z] *u* - **2** *übertr:* **von den Augen a.** faan a uugen uflees
ableugnen ufstridj *u*, uflöchne
abliefern ufleewre
abliegen uflei *u*; **ein Stück a.** en stak uflei *u*
ablisten uffu *u*
ablocken uflooke
ablösen 1 *jmdn.* ufliase [z] - **2 sich a.** *wechseln* ham ufliase; **sich beim Fahren a.** amskaft keer - **3 sich a.** *Farbe* ufgung *u*, ham ufliase
Ablösung at ufliasang (det) [z]
abluchsen uflukse, uflooke
abmachen 1 *entfernen* ufmaage - **2** *vereinbaren:* **etw. a.** wat ufmaage
Abmachung at ufmaagang (det)
abmagern ufmaagre, uffaal *u*
abmähen ufhau *u*; **das Gras a.** at häärs ufhau
abmalen ufmoole, uftiakne, ufskelre
Abmarsch *Verb.* **um vier Uhr ist A.!** am a klook sjauer gongt't luas!
abmarschieren luasluup *u*
abmelden 1 ufmelde - **2** *übertr:* **der/die ist bei mir abgemeldet!** hi/hat hää bi mi niks muar tu saien!
Abmeldung at ufmeldang, -en (det)
abmessen ufmeed *u*
abmontieren ufskrüüwe
abmühen, sich ham ufwerke, ham ufsluuwe, ham ufknise, ham ufmaartle
abmustern ufmünstre
abmurksen ufmurkse
abnagen ufbedle, ufknubre
abnähen ufsei

abnehmbar tu ufnemen
abnehmen **1** *herabnehmen* ufnem *u*; **den Hut a.** a hud laft; **die Wäsche a.** at wesje faan a liin/faan a riap fu *u* - **2** *Gewicht verlieren* ufnem *u*, maner wurd; **was hat sie abgenommen!** wat as't/hää't ufnimen! - **3** *weniger werden* ufnem *u*; (Wind) ufluuwne, luuwne; **a.-der Mond** ufnemen muun - **4** *prüfen:* **eine Prüfung a.** en eksoomen ufnem *u;* **die Beichte a.** a bicht ferhiar - **5** *jmdm. glauben:* **sie wollten es mir nicht a.** *jo wul mi det ei ufnem* - **6** *entziehen:* **den Führerschein a.** a füürerskiin ufnem *u* - **7** *ablisten* uffu *u*; **sie haben ihm alles abgenommen** jo haa ham ales uffüngen
Abnehmer a ufnemer, -s/-n (di)
Abneigung at wedersan (det), at jinsan (det)
abnutzen ufslitj *u*, apslitj *u*, ufnatage
[1]**Abort** *Toilette* at sekreet, -en (det)
[2]**Abort** *Fehlgeburt* a amsliak, -er (di)
abpassen ufpaase, waarnem *u*
abpellen **1** *schälen* ufskele; **Kartoffeln a.** eerpler ufskele - **2** *sich lösen* ufskele; **die Haut fängt an abzupellen** a hidj begant tu ufskelin/ufpelin
abpflücken plooke, ufplooke
abplagen, sich ham ufmaartle, ham ufsluuwe, ham ufmeu
abplatzen ufsplitj *u*
abprallen ufprale
abpulen ufpüle
abpumpen leesag pompe, ufpompe
abquälen, sich ham ufkweele, ham ufmaartle, ham ufmeu
abrackern, sich ham ufrakre
abrahmen *Milch* ufflet *u*
abrasieren ufraage
abraten ufriad *u*
abräumen ufrüme; (Tisch) ufflei
abrechnen ufreegne
Abrechnung at ufreegnang, -en (det)
abregnen, sich ham ufriin *u*
abreiben ufrofe
Abreibung *Tadel:* **eine A. erhalten** en rais/en delang fu *u*
Abreise a/at ufrais (det); **wann ist A.?** wan raise's uf?
abreisen ufraise
abreißen **1** *abtrennen* ufriiw [u:] *u* - **2** **niederreißen** deelbreeg *u*, ufbreeg *u*
abrichten ufracht
abriegeln *verschließen* ufslütj *u*
abrollen *abwickeln* ufrole
abrücken *wegschieben* ufsküüw [u:] *u*, ufskaake
abrufen ufrep *u*
abrühren *Soßen* ufreer
abrunden **1** uftrinje - **2** *übertr:* ufrunde, deelrunde; **nach oben/nach unten a.** ufrunde efter boownen/efter onern *od.* tu boownen/tu onern
abrutschen ufglidj *u*
absacken ufsake
Absacker (letztes Glas) a ufsiiler, -n (di)
Absage at ufbööd, -en (det); **eine A. erteilen** ufbööd du *u*; **eine A. erhalten** ufbööd fu *u*
absägen ufseege
absagen ufbööd sjüür, ufbööd du *u*, ufböödage, ufsai *u*
Absatz **1** *Schuh* a haiel, hailer (de) - **2** *übertr:* **reißenden A. finden** riiwend wechgung *u*
absaugen ufsüg *u*
abschaben ufskraabe

abschaffen ufskaafe
abschälen ufskele
abschalten 1 ütjmaage, ufsjalte; **den Strom a.** a struum ufsjalte - 2 *übertr:* tu rau kem, ufsjalte
abschätzen ufsjetse, auerluke
abschätzig manaachtag
Abschaum *Pöbel:* **das ist A.** det as hap an skrap
abschäumen ufsküme
abscheuern ufsküüire, ufskrobe
abscheulich wederlik, ünermögelk, greselk, furchboor; **ein a.-es Wetter!** en greselk/en wederlik/en furchboor weder!
abschicken ufsjüür, tuwaissjüür
abschieben ufsküüw [u:] *u*
Abschied a ufskias [z]; **A. nehmen** adjis sai *u*, ufskias nem *u*
abschießen 1 ufsjit *u* - 2 *übertr:* **den Vogel a.** a fögel ufsjit
abschinden, sich ham ufplaage, ham ufknise
abschlachten ufslaachte
Abschlag a ufslach (di)
abschlagen 1 *entfernen* ufslau *u*; (Zweige) ufhau *u* - 2 *verweigern:* ufslau; **jmdm. einen Tanz a.** hoker skofle
abschlecken ufslake
abschleifen ufslip *u*
abschleppen 1 ufslebe - 2 **sich a.** ham ufknise
Abschleppseil at slebliin, -en (det), at slebtoog, -en (det)
abschließen 1 *absperren* ufslütj *u*; **die Tür a.** a dör ufslütj - 2 *beenden* tu aanj fu *u*
Abschluss a ufslus (di); **zum A. bringen** tu aanj fu *u*
abschmecken ufsmääk, preewsmääk
abschmieren ufsmere
abschmirgeln ufslip, ufsmirgle
abschneiden 1 ufskeer *u*; (Schere) ufklap - 2 *übertr:* **gut a.** gud ufskeer; **davon kann sich jeder eine Scheibe a.** diar koon arken ham en skiiw faan ufskeer; **das Wort a**. at wurd ufskeer
Abschnitt *Teilstück* at stak, -en (det), at kirew, -rwen (det) [u:]
abschnüren ufsnaare, ufsnire
abschöpfen ufskep
abschrägen ufsküünse, ufslüfe
Abschrägung at ufsküünseten (det)
abschrammen ufskramse
abschraubbar tu ufskrüüwin
abschrauben ufskrüüwe
abschrecken ufskrek
abschreiben 1 *kopieren* ufskriiw [u:] *u* - 2 *absagen:* **ich habe ihm abgeschrieben** ik haa ham ufskrewen - 3 *übertr:* **das kannst du a.** diar könst en streg auer maage ('Strich')
abschreiten ufskridj *u*, ufstraal, ufluup *u*; **das Feld a.** at fial ufluup *u*
Abschrift a/at ufskraft, -en (det)
abschrubben ufskrobe
abschuppen *Fische* ufskülpe
abschürfen ufskramse, ufsküüre
abschüssig sküüns, ufhilag, slüf; **a. sein** deelgung *u*, amliach gung *u*
abschütteln ufsködle
abschwatzen ufsnaake
abschweifen faan ian tu't ööder kem *u*
abschwellen ufsünj *u*
abschwören ufsweer *u,* ufswäär *u*
absegeln ufsiil
absehbar uftusen
absehen 1 *voraussehen* ufsä *u* - 2 *abgucken* ufluke - 3 *übertr:* **davon a.**

diarfaan ufsä *u*; **es auf jmdn. abgesehen haben** at üüb hoker ufsen haa
abseifen ufsiape
Abseite (Raum unter dem Dach d. Friesenhauses) at uuklang (det); **in der A.** oner uuklang
[1]**abseits** *Adv* **1** ütj a wai, bitu - **2** *übertr:* **a. stehen** bitu stun *u*
[2]**abseits** *Präp* bütj; **a. des Weges** bütj a wai
absenden ufsjüür, tuwaissjüür
absengen swiis [z] (swast; swus; swesen [z]), ufswiis [z] *u*
absetzen **1** *vom Amt* ufsaat - **2** *niederstellen* deelsaat - **3** *verputzen:* **die Mauer a.** a müür ufsaat - **4** *Jungtiere entwöhnen* faannem *u* - **5** *übertr:* **sich a.** ham ütj a stoof maage ('Staub')
absichern, sich ham ufseekre
Absicht **1** *Vorsatz:* **mit A.** mä walem - **2** *übertr:* **A.-en haben** wat föörhaa
absichtlich mä walem
absinken **1** *sich senken* ufsank, ufsake - **2** *schwächer werden* ufsake, deelgung *u*; **das Fieber sinkt ab** at fiiber saket uf
absitzen *Strafe* ufsat *u*, ufbrome
absolut *völlig* apsaluut, tutaal, hialandaal; **ich bin a. dagegen** ik san hialandaal diarjin
absonderlich nüürag, apartag
absondern, sich ham ufsanre
abspannen ufspään
absparen **1** ufspaare; ufknaape, ufknapse - **2** *übertr:* **sich vom Mund a.** ham faan a müs ufspaare
abspeisen ufspiise [z]
abspenstig *Wendg.* **a. machen** ufspenstag maage
abspielen **1** ufspele - **2** **sich a.** föör ham gung *u*, ham ufspele
absplittern ufspledre, ufspladre
absprechen **1** *vereinbaren* ufspreeg *u*, ufmaage - **2** *betrügen:* **eine abgesprochene Sache** en ufmaageten kroom
abspringen ufspring *u*
abspritzen ufsprütje
abspulen ufspuule
abspülen ufspeel *u*
abstammen ufstame, faankem *u*
Abstammung at ufkemst (det)
Abstand a ufstant (di); **A. halten!** ei so nai üüb! *od.* faanuf bliiw!
abstauben ufstoofe, ufstüüw [u:] *u*
abstechen **1** *Schlachttiere* ufsteeg *u*; pui - **2** *mit d. Spaten* ufspat - **3** *sich abheben* ufsteeg *u* - **4** *übertr:* **schreien wie ein abgestochenes Schwein** skrik üs en ufstäät swin
Abstecher a ufsteeger, -n (di); **einen A. machen** en ufsteeger maage
abstecken ufsteeg *u*
abstehen **1** *hervorragen* ufstun *u*; **a.-de Ohren** ufstunen uaren - **2** *ablassen* ufstun; **vom Preis a**. faan a pris ufstun
absteigen *von etw.* ufstiig *u*, ufstaap
abstellen **1** *absetzen* ufsaat, ufstel - **2** *ausschalten* ufstel, ütjmaage - **3** *Wagen* ufstel, henstel
Abstellraum at römke, -kin (det); a stianem, -er (di)
abstempeln ufstäämp
absterben ufsterew [u:] *u*
abstimmen ufsteme
Abstimmung *Wahl* at wool, -en (det), at ufstemang, -en (det)

abstoßen 1 *beschädigen* ufstupe, kraanbualke - **2** *verkaufen* uun a/bi a maan bring *u* - **3** *Widerwillen erzeugen:* **einen a.** ään ufstupe, ään eekle - **4 sich a.** ham ufstupe - **5** *übertr:* **sich die Hörner a.** ham a hurner ufnütj *u*/ufluup *u* ('ablaufen')
abstoßend wederlik
abstreifen 1 *entfernen* ufstrik *u*; (Kohl) ufstripe; (Beeren) ufreble - **2** *reinigen* ufrofe; **die Füße a.** a fet ufrofe
abstreiten ufstridj *u*; **er streitet alles ab** hi strat ales uf
abstumpfen ufstompe
abstürzen ufstört
abstützen *Mauer* ufstööne, ufstöt
absuchen ufsjük *u*
abtakeln uftaakle
abtasten uffeel *u*
abtauen ufsuai, deelsuai
Abteil at ufdial, -en (det)
abteilen ufdial
Abteilung at ufdialang, -en (det)
Abtrag a ufdrach (di)
abtragen 1 *zurückzahlen* ufdreeg *u* - **2** *Geschirr* ufflei - **3** *abnutzen* ufslitj *u*
abtreiben 1 *Boot* ufdriiw [u:] *u* - **2** *Kind* ufdriiw [u:] *u*, wechtjungle; **sie hat abgetrieben** hat hää ufdrewen *od.* hat hää't wechtjungelt
abtrennen uftren
abtreten 1 *überlassen* uftreed *u* - **2** *zurücktreten:* **er ist abgetreten** hi as uftreeden - **3** *abstreifen:* **die Füße a.** a fet ufrofe
Abtreter at mat, -en (det)
abtrocknen ufdrüge
abtropfen ufsile, ufdrööbe
abtun ufdu *u*
abwägen ufweeg *u*
abwandern ufwaanre
abwarten ufteew [u:], ufluure
abwärts deel, amdeel
abwärtsgehen 1 deelgung *u* - **2** *übertr:* **mit ihm geht es abwärts** mä ham gongt at berag deel
Abwasch 1 a ufsau (di) - **2** *übertr:* **ein A. sein** ian dun wees
abwaschen ufsau *u*; **das Geschirr a.** at gesjir/at tjüch ufsau
Abwaschlappen at ufsauslont, -en (det)
Abwasser at brükt/at fül weeder (det), at ufweeder (det)
abwechseln ufwaksle, amskaft
abwechselnd amskaft, amenööder
Abwechslung at ufwakslang (det)
Abweg a ufwai, -er (di); **auf A.-en sein** üüb ufwaier wees
abwehren 1 ufweere - **2** *übertr:* **mit Händen und Füßen a.** ufweere mä hunen an fet
abweichen ufwik
abweiden ufgreesage [z]
abweisen 1 *zurückweisen* ufwise [z] - **2** *einen Korb geben* skofle; **sie hat ihn abgewiesen** hat hää ham skofelt
abweisend bot, ünfrinjelk; **ein a.-es Gesicht machen** en bot gesicht maage
abwenden 1 *Kopf* ufwen, wechdrei - **2** *Schaden* ufbüg *u*; **wir haben das gerade noch a. können** wi haa det jüst noch ufbaanj füngen - **3 sich a.** ham ufkiar, ham wechdrei
abwerfen 1 *Last* ufsmitj *u* - **2** *Ballspiel* ufbak - **3** *Gewinn* auersmitj *u*, ufsmitj *u*; **die Landwirtschaft wirft nicht recht was ab** a büürerei smat ei rocht wat auer/uf

abwerten **1** *schlecht machen* ring maage, deelsnaake - **2** *Währung* deelwäärse, ufwäärse

abwesend **1** ei diar; **a. sein** ei diar wees, feele, waant - **2** *übertr:* **a. sein** huarööders wees

abwettern *Unwetter abwarten* ufwedre; **einen Sturm a**. en sturem ufwedre

abwickeln *abrollen* ufwole

abwiegen ufweeg *u*

abwischen ufdrüge, ufrenske; amdrüge; (Gesicht) amdrüge; **sich den Mund a.** ham am a müs drüge

abwohnen ufwene

abwracken sluupe, ufwrake

abwürgen ufwirge

abzahlen ufbetaale

abzählen **1** *etw. zählen* uftääl; (Kinderspiel) amtääl - **2** *subtrahieren* faantääl, uftääl - **3** *übertr:* **sich an den Fingern a. können** ham bi a fangern uftääl kön

Abzahlung at ufbetaalang (det)

abzapfen uftaape

abzäunen (Drahtzaun) ufwiire

Abzeichen at uftiaken, -s (det)

abzeichnen **1** uftiakne, ufskelre, ufmoole - **2** **sich a.** ham uftiakne

abziehen **1** *Bett* uftji *u* - **2** *Fell* fluai - **3** *legieren* ufreer - **4** *subtrahieren* ufreegne - **5** *übertr:* ufdaanse, ufdampe; **a. mit** uftji mä *u*

Abzug *Gewehr* a uftooch (di)

Abzugsgraben at flet, -en (det), a gruug, -er (di)

abzweigen **1** *Weg* ufgung *u* - **2** *übertr:* **etw. Geld a**. wat jil uftwake *od.* wat jil turaghual *u*

Abzweigung at uftwiigang, -en (det) *Verb.* **da kommt eine A.** diar gongt at uf

ach och; **a. ja!** och ja!; **a. wie schade!** och naan uk dach!; **a. was!** och wat! *od.* stront uk'n!

Ach *übertr:* **mit A. und Krach** jüst an jüst *od.* mä hingin an wirgin

Achse **1** at aaks, -en (det) - **2** *übertr:* **immer auf A. sein** imer tuwais wees *od.* imer üüb a küst wees

Achsel a aaksel, -n (di); **mit den A.-n zucken** mä a skolern tak; **unter der A.** oner iarem

Achselhöhle at aakselkölk, -en (det)

Acht *Obacht:* **sich in A. nehmen** ham uun aacht nem *u*

acht *Zahlw* aacht; **in a. Tagen** am aagedaar; **heute in a. Tagen** daalang aagedaar; **a. Uhr** klook aacht

achte *Zahlw* aachst

Achteck a aachthuk, -er (di)

Achtel at aachst paart (det); (Bruchzahl) at aachtel, - (det), at aachstel, - (det); **ein A. Milch** en aachtel moolk

achten **1** *respektieren* aachte, tääl - **2** *auf etw.* aachte - **3** *achtgeben:* **darauf a.** diarüüb aachte - **4** **auf sich a.** üüb ham läät

achtens tu't aachst, aachstens

Achterdeck at bääftdek (det)

achtern bääften, achtern

achtgeben üübpaase, diarüüb aachte; **gib acht!** paase üüb!

achttägig aagedaars

Achtung **1** *Respekt* at respekt (det), a/ at aachtang (det) - **2** *Aufmerksamkeit:* **A.!** paase üüb!, waarskau!

achtzehn aagetaanj

achtzig **1** tachentag - **2** *übertr:* **auf a. sein** üüb hunerttachentag wees ('hundertachzig')

Acker a ääker, -n (di)
Ackerbau *Verb.* **A. betreiben** pluuge
Ackerland at ääkerlun (det), at pluchlun (det)
ackern 1 *Feld bestellen* pluuge an harwe - 2 *übertr:* sluuwe
Ackerschachtelhalm a rölken (jo)

Ackerschachtelhalm a rölken

Ackersenf at krook (det)
Ackerwitwenblume a haasuaren (jo) [z]
Adamsapfel a aademsbed (di)
addieren tuuptji *u*, tuuptääl
Ader at ääder, -n (det)
Äderchen at äädierk, -en (det)
Adieu *Wendg.* **A. sagen** tsjüüs sai *u*, adjis sai *u*
Adler (Seeadler) a oodler, -n (di)
adoptieren üs aanj uunnem *u*
Adresse 1 at adres, -en (det), a/at uunskraft, -en (det) - 2 *übertr:* **an die falsche A. geraten** böös uunluup *u* [z]
adressieren a nööm üübskriiw *u* [u:]/ üübfu *u*, adresiare
adrett nögen; **ein a.-es Mädchen** en nögen foomen
Affe 1 at aab, -en (det) - 2 *übertr:* **so ein A.!** so'n aab!
affig aabag
Afrika Aafrikoo
Afrikaner a aafrikooner, -s (di)
afrikanisch aafrikoons
After at eershool (det), a eers (di)
ah! aa!
aha! oho!
Ahle (Schusternadel) a swerelk, -er (di)
Ahne a föörfaar, a föörfeeder
ähneln like; **ganz und gar ä.** ütjskrobet like *od.* ap an deel like
ahnen oone
ähnlich 1 eenelk; **er wird seinem Vater immer ä.-er** hi komt efter a/san aatj tu likin - 2 *übertr:* **das sieht ihm ä.** det liket efter ham *od.* det sjocht ham eenelk
Ähnlichkeit a/at eenelkhaid (det)
Ahnung 1 *Vorgefühl* at oonang, -en (det) - 2 *Kenntnis:* **keine A.!** diar witj ik niks faan! - 3 *übertr:* **von Tuten und Blasen keine A. haben** niks ufwed faan tuutin an bloosin *u*
ahnungslos *Verb.* **a. sein** faan niks wat wed *u*
Ahorn a aahurn (di)
Ähre at aaks, -en (det); **die Ä.-n haben gut angesetzt** a aaksen san gud besaat; **taube Ä.-en** duuf aaksen
akkurat nögen, akeroot, aanj
Akt *Aufzug* a aptooch, -tööger (di)
Aktentasche at aktentasj, -en (det)
Aktie 1 at aksje, -sjin (det), a uundial, -en (di) - 2 *übertr:* **wie stehen die A.-n?** hü stun a baagen? ('Baken')

aktiv reerag
akzeptieren ja tu sai *u,* tusai *u*, gudkään
Alarm a halarem (di)
albern *Adj* dömkag, dümelk, deikag - **2** *übertr:* **das ist a.** det as letj jongenskroom
Alimente a onerhual (di)
Alkersum (Föhr) Aalkersam; **Klein A.** Letj Aalkersam
Alkersumer a aalkersamer, - (di)
Alkohol at spriit (det), at puns (det)
Alkoholiker a süper, -n (di); **er ist A.** hi drankt *od.* hi sopt
Alkoven (Wandbett im Friesenhaus) at wochbaad, -en (det)
All *Weltall* a hemel
all 1 *Gesamtheit* al, ale, aal, ales, alet, altmaal, altumaal; **a. die Leute** aal at lidj; **a.-e Amrumer** altmaal öömrangen; **a. mein Geld** aal min jil; **a.-es zusammen** ales tuup; **a.-es aussteigen!** altmaal ütjstiig!; **in a.-em** uun't aal, uun't gehial - **2** *ohne Ausnahme:* **sind a.-e da?** san altumaal diar?; **a.-e beide** albiasen [z]; **a.-e zusammen** altumaal, **a.-e Mann an Deck!** aler maan üüb dek! - **3** *Abfolge:* **a.-e drei Stunden** arke traad stünj - **4** *übertr:* **das wäre a.-es** det wiar aal! *od.* det wiar't!; **sein ein und a.-es sein** sin ian an ales wees; **nicht a.-e beisammen haben** ei aler fiiw tuup haa ('fünf'); **vor a.-er Augen** föör altumaal uugen *od.* föör aler uugen
alle *aufgebraucht* ap; **das Geld ist schnell a.** at jil as gau ap/as gau nimen
[1]**allein** *Adj* **1** *für sich* alian, alianang; **a. und ungestört sein** at sklööl alianang haa - **2** *einsam:* **sich a. und verlassen fühlen** ham alian an ferläät feel *u* - **3** *übertr:* **ein Unglück kommt selten a.** arke ünlok wal en maaker haa ('Begleiter') *od.* en ünlok komt selten alianang *Sprw*
[2]**allein** *Konj* man; **„die Botschaft hör ich wohl, a. mir fehlt der Glaube"** (Goethe *„Faust"*) „di äären hiar ik wel, man mi waant a gluuw"
[3]**allein** *Gradpart* alian, bluat; **„Er a. kann uns noch helfen"** (d. h. Gott) „Hi alian koon üs noch halep"; **einzig und a.** iansag an alian
Alleinerbe a buulsater, -n (di)
Alleinsein at alianweesen (det) [z]
alleinstehend alianstunen
allenfalls 1 *höchstens* huuchstens - **2** *eventuell* ööders
allenthalben aueraal
allerbest alerbest
allerdings alerdings, diarfaan ufsen
allererst aleriarst
allerhand alerlei, alerhant
Allerheiligen (1. November) alerhilagen, alerhilagendai
Allerheiligenflut (verheer. Sturmflut am 1. Nov. 1436) a alerhilagenflud
allerlei alerlei
allerletzt alerleetst
allermeist alermiast; **die a.-en** bal enarken, a alermiasten
Allerseelen (2. November) alersialen
allerseits *Verb.* **Guten Morgen a.!** gud maaren trinjam!
Allerwelts- alerwelts-
Allerweltskerl a döner (di), a dönerskiarel (di)
allesamt altumaal, altmaal
allgemein algemian; **im A.-en** uun't algemianen

Allgemeinheit at lidj, at algemianhaid (det)
alljährlich arke juar
Allmacht a/at määcht, a/at almäächt
allmählich *Adv* biletjen, amletjet, so eewen
Alltag 1 *Werktag* a ualdai, a wirkendai - **2** *übertr:* **der A. kommt!** a ualdai komt!
alltags ualdais
allzu alt, altu
allzu bald altu bal
allzu früh altu ääder
allzu gern altu hal
allzu lange altu loong
allzu viel altu föl
Alpenstrandläufer at smarlang, -en (det), at stönerk, -en (det)

Alpenstrandläufer at smarlang

Alphabet at aabeesee (det), at alfabeet (det)
Alptraum at naachtmäär, -en (det)
als 1 *Vergleich* üs; **größer a.** grater üs - **2** *Eigenschaft:* **a. Bauer taugt er nichts** üs büür docht hi niks - **3** *Zeit* iar, üs; **a. wir losgingen** üs wi tuwais ging
als ob üs wan
als wenn üs wan
[1]**also** *Modalpart* nö, so; **a., das war so!** nö, det wiar so!
[2]**also** *Adv* do; **wir sehen uns a. morgen!** wi sä üs do maaren!
alt 1 *betagt* ual (ääler; äälst); **a. werden** ual wurd; **a.-e Leute** ual lidj; **a. und verbraucht** ual an apsleden - **2** *nicht neu:* **etw. A.-es** wat uals - **3** *von früher* ual, ualang; **in a.-en Zeiten** uun ualang tidjen - **4** *althergebracht:* **die a.-en Lieder** jo ual staken - **5** *Verstärk.* **die a.-e Klatschbase!** det ual sladerpöös! - **6** *nicht mehr frisch* ualag - **7** *übertr:* **jung und a.** jong an ual; **a. und schwach** ual an stömkag; **auf seine a.-en Tage** üüb sin ual daar
Altar at aalter, -n (det)
[1]**Alte 1** *alter Mann bzw. alte Frau:* **der A.** a ual; **die A.** det ual wüf *od.* jü ual (selten) **2** *Kapitän:* **der A.** di ual - **3** *übertr:* **so wie die A.-n sungen, so zwitschern auch die Jungen** so üs a ualen sjong, so piipe uk a jongen *Sprw*
[2]**Alte** Ggs. *Neues* at ual; **es bleibt beim A.-n** at blaft bi't ual
Altenteil at ualendial (det)
Alter 1 Ggs. *Jugend* at ääler (det); a/at ualhaid; **ein hohes A.** en huuch ääler - **2** *Lebensabschnitt:* **im besten A.** uun't best ääler - **3** *Alterserscheinung* a/at ualhaid (det); **das ist das A.!** det as at ualhaid! *od.* det as at ääler!
älter 1 Ggs. *jünger* ääler; **meine ä.-e Schwester** min grat saster - **2** *nicht mehr jung* ääler, äälerket; **ein ä.-es Paar** en ääler paar
altern uale
altertümlich ualang, ualmuudis
ältest äälst
Altjahrsabend hulkinj, ualjuarsinj
altklug ualkluuk
ältlich äälerket

altmodisch ualmuudis, ualmuudsk; (Kleidung) grutjag, ualsk

Altweibermärchen *Wendg.* **das sind A.** det as ualwüfenssnaak

am 1 *örtl.* bi a, bi't, bi; **a. Tisch** bi (a) boosel; **es a. Herzen haben** at bi't hart haa; **a. Hause** bi hüüs - **2** *zeitl.* am; **a. Abend** am injem - **3** *bei Superlat.* (entfällt vielfach): **er ist a. größten** hi as gratst/am gratsten - **4** *beim Infinit.* bi tu; **a. Schreiben sein** bi tu skriiwen wees

Amboss a amboolt, -er (di)

Ameise 1 at miir, -en (det) - **2** *übertr:* **fleißig wie die A.-n** flitjag üs a miiren

Ameisenhaufen at miirknob, -er (di); at miirenbonk, -er (di)

Amen 1 at aamen - **2** *übertr:* **so sicher wie das A. in der Kirche** so was üs at aamen uun sark

Amerika Ameerikoo

Amerikaner a ameerikooner, -s (di)

amerikanisch ameerikoonsk

Ampfer a ruad jiir (di)

Ampfer, Großer a sürstaaler (jo)

Ampfer, Kleiner a sürampler (jo)

Ampfer, Krauser a jüden (jo)

Ampferknöterich a kurnskraangel, -gler (di)

Amrum Oomram

Amrum Tief at Öömrang Jip

[1]**Amrumer** *Substant.* öömrang, -en; **ein A.** en öömrangen

[2]**Amrumer** *Adj* öömrang; **A. Friesisch** at öömrang, a/at öömrang spriak; **die A. Tracht** at öömrang *od.* at öömrang tjüch; **die A. Zeitung** at öömrang bleed

Amrumerin at öömrang, -en (det); **eine A.** en öömrang

Amt 1 *Behörde* at amt, -en (det) - **2** *Posten* at baantje, -jin (det)

amtlich amtelk

Amtmann a amtmaan, -lidj (di)

Amtssprache at amtsspriak (det)

amüsant net

amüsieren, sich 1 *vergnügen* at net haa - **2** *lustig machen:* **sich a. über** ham bedu̲ auer *u*

[1]**an** *Adv* Ggs. *aus* uun; **das Licht ist noch a.** at laacht as noch uun

[2]**an** *Präp* **1** *örtl.* bi; **a. der Wand** bi a woch; **a. der Hand** bi hun - **2** *Richtung* (abhängig vom Standort des Sprechers) hen bi, ap bi, deel bi, ütj bi; **a. den Strand gehen** ap bi strun luup *u* - **3** *zeitl.* uun; **von heute a.** faan daalang uf uun - **4** *bei Verben:* **liegen a.** lei uun/bi; **denken a.** seenk am *u*; **schreiben a.** skriiw tu *u*; **verkaufen a.** ferkuupe tu *u* - **5** *übertr:* **das so a. sich haben** det so oner ham haa; **a. sich** uun ham salew

[3]**an** *Gradpart* en, henbi̲; **a. die hundert Euro kosten** en hunert euroo kooste

anbahnen 1 uftiakne, uunbaane - **2** **sich a.** ham uftiakne

anbändeln uunbinj *u*

Anbau 1 *Gebäude* a bibau, -ten (di), a uunbau, -ten (di) - **2** *Anpflanzung* a uunbau (di)

anbauen 1 *an etw.* bibau, uunbau - **2** *anpflanzen* uunbau, plaante

anbehalten uunhual *u*, uunbehual *u*

anbeißen 1 uunbitj *u*; **ein angebissener Apfel** en begnauden aapel - **2** *übertr:* **er will nicht a.** hi wal ei uunbitj

anbekommen uunfu *u*

anbelangen uungung *u*, bedraap; **was mich anbelangt** wat mi uungongt
anbellen uunblafe, uunblakse
anberaumen beraame; **einen neuen Termin a.** för en neien termiin tustel *u od.* en neien termiin maage
anbeten uunbeedge
Anbetracht *Wendg.* **in A.** för; **in A. seines Alters** för sin ääler
anbiedern, sich ham bimaage
anbieten uunbad *u*
anbinden 1 uunbinj *u*, bibinj *u*; (Tiere) fäästmaage - **2** *übertr*: **kurz angebunden sein** kurt uunbünjen wees
anbrechen uunbreeg *u*
anbrennen 1 uunbraan; (Speisen) üübbraan - **2** *übertr:* **nichts a. lassen** niks uunbraan läät
anbringen 1 *befestigen* uunbring *u*, bifu *u* - **2** *vorbringen* uunbring *u* - **3** *übertr:* **nicht angebracht sein** ei uunbroocht wees
Anchovis at hansjufisj (det)
Andacht at uundacht (det)
andächtig uundechtag
andauern bibliiw [u:] *u*, uundüüre, uunhual *u*
andauernd leewen, imer
Andenken 1 *Gedenken* at uunseenken (det) - **2** *Mitbringsel* at suweniar, -en (det)
andere(r, -s) 1 *nicht identisch* ööder, *Pl.* ööder, (o. Subst.) öödern; **etw. A.-s** wat ööders; **am a.-n Tag** di ööder dai - **2** *übertr:* **der eine oder a.** ään of ööder; **einer wie der a.** ään mä di ööder; **ich will dir was a.-s!** ik wal di wat ööders!; **er hat eine a.** hi hää'n ööder
andererseits üüb di ööder ääg
ändern 1 aanre - **2** *übertr:* **es nicht ä. können** at ei halep kön
andernfalls ööders
anders 1 ööders; **a. machen** ööders maage - **2** *übertr:* **einem ganz a. werden** ään hial wonerlik wurd
andersherum 1 ööder wai am, öödersam - **2** *übertr:* **a. sein** ööder wai am wees (Umgangsspr.)
anderswo huaröööders
anderthalb ööderhualew [u:]
Änderung at aanrang (det)
andeuten uundüüde
Andeutung at uundüüdang, -en (det)
andicken *Soße* siamag maage, siamage
Andrang a uundrang (di), a apluup (di), a iinluup (di); **in dem neuen Laden war ein großer A.** uun di nei looden wiar en böösen iinluup
andrehen 1 uundrei - **2** *übertr:* **jmdm. etw. a.** hoker wat üübdrei
aneignen, sich 1 *etw. nehmen* ham nem *u* - **2** *beibringen:* **sich selbst a.** ham salew bibring *u*
aneinander bienööder, uunenööder
aneinandergeraten tuupraage
Anekdote at düntje, -jin (det), at dööntje, -jin (det), at stak, -en (det)
anekeln *Wendg.* **einen a.** ään uunjin wees
anerkennen 1 *würdigen* uunkään - **2** *gutheißen* gudkään; **eine Rechnung a.** en reegnang gudkään
anfahren 1 *Fahrzeug* uunkeer - **2** *sich nähern:* **angefahren kommen** uunkeeren kem *u* - **3** *verletzen* uunkeer, onerkeer - **4** *anschreien* uunblafe, uunsnütje, ütjroose [z]
Anfall at sküür, -en (det), at tuur, -en (det)
anfallen uunfaal *u*

anfällig uunfelag

Anfang **1** a began (di); **von A. an** faan aanj/faan began uf uun - **2** *übertr:* **von A. bis Ende** faan aanj tu aanj *od.* faan began tu aanj

anfangen **1** *beginnen* began; **von vorne a.** faan föören began - **2** *unternehmen* uunting - **3** *übertr:* **nichts damit a. können** diar niks mä kön; **klein a.** letj began

Anfänger a beganer, -n (di)

anfangs tu began

anfassen **1** *berühren* tukem *u*, bikem *u*, uunling; **nicht a.!** ei tukem/bikem! - **2** *anpacken* biling, binem *u*; **kannst du mal mit a.?** könst ans biling/binem? - **3** *übertr:* **jmdn. hart a**. hoker troch a moster haale ('Senf')

anfaulen uunrööde

anfechten uunfecht

Anfechtung at uunfechtang, -en (det)

anfeuchten fochtag maage, uunfochte

anfinden, sich apdaage, tu hun kem *u*

anflehen uunbeedle

anfliegen uunflä *u*

Anfrage at uunfraag, -en (det)

anfragen uunfraage; **bei jmdm. a.** bi hoker amfōör tu fraagin wees

anfressen uunfreed *u*

anfreunden, sich ham uunfrinje, ham uunfrinjage

anfühlen, sich ham uunfeel *u*

anführen **1** *vorangehen* uunfeer, feer - **2** *irreführen* uunfeer, för nar brük/hual *u*

Anführer a föörstmaan, -er (di), a uunfeerer, -n (di)

angeben **1** *mitteilen* uundu *u* - **2** *prahlen* uundu *u*, grat du *u*, poche, braske, praale

Angeber a praalhans, -er (di), a uunduer, -n (di)

angeblich efter't saien

angeboren uunbäären

Angebot *Wendg.* **ein A. machen** wat beed *u*/wat bad *u*

angebracht uunbroocht, paaselk

angebrannt uunbraand; (Essen) üübsaat; **es ist überhaupt nicht a.!** at as ei üübsaat an niks!

angebrütet beseeden, uunbräät

angefault röödag, uunröödet

angegraut wat grä

angegriffen *übertr:* uungreben, tukaant

angeheiratet uunfreid

angeheitert *Verb.* **a. sein** nusjag wees, ei muar gans alianang wees, en letjen saten haa

angehen **1** *Lampe* uungung *u* - **2** *möglich sein:* **das kann nicht a.** det koon ei uungung - **3** *betreffen:* **das geht dich nichts an!** det gongt di niks uun! - **4** *vorgehen:* **dagegen a.** diarjin uungung *u* - **5** *bitten:* **um Geld a.** uungung am jil

angehören tuhiar

Angehörige a aanjen (jo), a frinjer (jo); **die nächsten A.-n** a aanjen, a naisten

Angel **1** (Fanggerät) a angel, -gler (di) - **2** (Türangel) at hing, -en (det), a kruk, -er (di)

Angelegenheit a/at uungeleegenhaid, -en (det), at saag, -en (det)

Angelhaken a huk, -er (di), a angel, -gler (di)

angeln angle

Angelrute a angelstook, -er (di), at angelpitsj, -en (det)

angenehm net
angeschmutzt granjag, kuadag
angesehen uunsen
angestaubt stoofag
angestellt *tätig bei* uunsteld; **er ist bei der Reederei a.** hi as uunsteld/hi werket bi a reederei
angetan **1** uunden - **2** *übertr:* **a. sein von** aplaanj wees auer *od.* uunden wees auer/faan
angewiesen *Verb.* **darauf a. sein** diarüüb uunwiset wees
angewöhnen, sich ham uunwene
Angewohnheit a uunwenst, -er (di)
angezogen *Adj* uuntaanj; **bist du schon a.?** beest al uuntaanj/al uun tjüch?
angießen uunjit *u*
angleichen, sich ham uunlike, ham henlike
Angler a pelker, -n (di), a angler, -n (di)
anglotzen uungliise [z], uungleu
angreifen **1** *attackieren* uungrip *u*, uunling - **2** *Krankheit* uungrip
angrenzen *Verb.* **a. an** üüb sidj lei faan *u*
Angriff **1** a uungrip, -er (di) - **2** *übertr:* **in A. nehmen** bigung *u od.* uun uungrip nem *u*
angrinsen uungriine
Angst **1** a angst, -er; **A. haben** baang wees - **2** *übertr:* **a. und bange werden** *angst an baang wurd*
Angsthase a baangskitjer, -s (di), a/at baangboks, -en (det)
ängstlich baang, benaud; (im Dunkeln) fuuch
Ängstlichkeit a/at baanghaid (det)
angucken uunluke
anhaben **1** *Kleidung* uunhaa *u*; - **2** *übertr:* **einem nichts a. können** ään niks uunhaa kön *od.* ään ei bikem kön
anhalten **1** *Fahrzeug* uunhual *u*, stop, stope - **2** *andauern* uunhual *u*, bibliiw [u:] *u*; **ein a.-der Regen** en uunhualenen rin - **3** *ermahnen* uunhual *u*; **die Kinder a., Schulaufgaben zu machen** a jongen uunhual, skuulwerken tu dun - **4** *übertr:* **nun halt mal die Luft an!** nü hual ans a loft uun!
Anhang *Sippschaft* a/at kliresei (det); **mit dem ganzen A.** mä a hialer kliresei
anhängen uunhinge
anhänglich uunhengelk, uunhingelk
Anhänglichkeit a/at uunhingelkhaid (det)
Anhängsel at uunhingsel, -n (det)
anhauen uunhau *u*; **um Geld a.** uunhau am jil
anhäufeln aphuupe
anhäufen apbonke
anheben **1** *hochheben* laft - **2** *erhöhen* huuger saat, uunheew [u:] *u*/uunlaft; **die Preise a.** a prisen huuger saat
anheften üübplak
anheuern en hüür nem *u*, uunhüür
Anhieb *Verb.* **auf A.** üüb'n slach
anhimmeln uunhemle
Anhöhe at huugens, -en (det)
anhören **1** uunhiar - **2 sich a.** ham uunhiar, uun't hiaren wees - **3** *übertr:* **ich kann es nicht mehr mit a!.** ik koon 'ar ei muar efter harke!
Anis at aniis (det)
ankaufen uunkuupe *u*
Anker a anker, -n (di); **den A. hieven** a anker hiiw/laft; **vor A. gehen** föör anker gung *u*; **vor A. liegen** föör anker lei *u*

Ankerarm at flünk, -en (det)
ankern ankre
Ankerplatz at ankersteed, -en (det)
Ankerspill at ankerspal, -en (det)
Ankertau at kaabel, -n (det)
anketten uunkeede
ankläffen uunblafe, uunblakse
anklagen uunklaage
Ankläger a uunkleeger, -n (di)
ankleben biklewe, apklewe, bibak
ankleiden **1** uuntji *u*, uuntaakle - **2** **sich a.** ham uuntji/uuntaakle
anklopfen uunklupe; **klopf mal an!** klupe ans bi a dör!
ankommen **1** *eintreffen* uunkem *u* - **2** *gegen etw.* uunjinkem *u* - **3** *abhängen von:* **auf das Geld a.** uunkem üüb't jil - **4** *berühren* tukem *u*; **nicht a.!** ei tukem - **5** *übertr:* **darauf a.** diarüüb uunkem *u*; **darauf a. lassen** diarüüb uunkem läät; **in der Nachbarschaft ist was Kleines angekommen** uun a naibüürskap as wat letjs apstenen
ankotzen *Verb.* **einen a.** diarfëër spei kön
ankreuzen uunkrüsage
ankriechen uunkrep *u*
ankriegen *anbekommen* uunfu *u*
ankündigen uunkanage
Ankunft at uunkemst (det); **bei seiner A.** üs'r uunkaam
anlächeln uunlaache
Anlage a/at uunlaag, -en (det)
anlanden uunlunage
anlassen **1** uunläät - **2** *übertr:* **das lässt sich gut an** det läät ham net/gud uun
Anlauf a uunluup (di), a tuluup (di)
anlaufen **1** *herbeilaufen* uunluup *u* - **2** *beschlagen* uunluup *u* - **3** *Hafen ansteuern:* **wo laufen wir ein?** huar luup wi iin?
anlegen **1** *Kleidung* uunlei *u*; (Tracht) bui, aprede - **2** *Hafen anlaufen* uunlei - **3** *investieren:* **Geld a.** jil uunlei - **4** **sich a. mit** ham uunlei mä
Anleger *Anlegestelle* a/at damper-brag, -en (det), a uunleier, -n (di); **der A. ist gesperrt** a uunleier as speret
anlehnen uunlöne
anlernen uunliar, tuliar
Anliegen a äären, -rnen (di); **ein sonderbares A.** en nüüragen äären
anliegen uunlei *u*
anlocken uunlooke
anlügen uunleeg *u*
anmachen **1** *befestigen* uunmaage, bimaage - **2** *einschalten:* **Licht a.** laacht uunmaage
anmahnen uunmoone, kraawe
anmalen **1** uunmoole - **2** **sich a.** ham uunmoole
Anmarsch *Verb.* **im A. sein** uun't fëërweeder wees (Vorwasser')
anmaßen, sich ham at ütjnem *u*
anmelden uunmelde
anmerken **1** *bemerken* uunmark - **2** *wahrnehmen:* **sich nichts a. lassen** ham niks uunmark läät
Anmerkung at uunmarkang, -en (det)
annageln bispikre, fäästspikre
annagen bedle, uunbedle
annähen bisei, üübsei
annähernd bal, nai bi; **er ist a. fünfzig** hi as bal föftag
annehmen **1** *vermuten* uunnem *u* - **2** *entgegennehmen:* **eine Stelle a.** en steed uunnem *u* - **3** *adoptieren:* **ein Kind a.** en letj uunnem *u*

anordnen order du *u*, uunordne, uunordre

Anordnung at order (det), at uunordnang, -en (det)

anpacken biling, binem *u*

anpassen **1** uunpaase, auerpaase - **2 sich a.** ham uunpaase

anpflanzen uunplaante, sä (sest; sest; sest)

Anpflanzung at uunplaantang (det), at plaanteten (det)

anpreisen uunpriise [z]

anprobieren uunpaase

anrechnen **1** uunreegne - **2** *übertr:* unreegne, tuguudhual *u*

Anrecht *Verb.* **ein A. haben auf** en rocht haa tu

anreden **1** *ansprechen* uunsnaake, uunspreeg *u*; (veralt.) uundial - **2** *titulieren* uunsnaake

anregen föörslau *u*, uunreege

anreisen uunraise

anrennen uunrään

anrichten **1** *Speisen* üübflei, tuflei; **es ist angerichtet!** a boosel as tufleid! - **2** *verursachen:* **etw. a.** wat apstel, wat ütjfreed *u*; **Schaden a.** skaas uunracht

Anruf a uunrep, -er (di)

anrufen uunrep *u*, aprep *u*

anrühren **1** *berühren* uunreer, bikem *u* - **2** *verrühren* tuupreer, ütjreer; **die Soße a.** ütjreer tu diiwang - **3** *übertr:* **er hat das Essen nicht angerührt** hi hää't iidjen ei uunreerd

ansagen uunsai *u*

Ansager a uunsaier, -n (di)

ansausen uunflä *u,* uunsüüse [z]

anschaffen uunskaafe, uuntjüüg

anschauen uunluke

Anschein *Wendg.* **dem A. nach** so üs't liket

anscheinend skiinboor, uunskiinend

anscheißen uunskitj *u*

anschicken, sich tustel, uunstalten maage

[1]**Anschlag** *Aushang* a uunslach, -er (di)

[2]**Anschlag** (b. Weben) a uunsliak, -er (di)

anschlagen **1** *bekanntmachen* uunslau *u* - **2** *wirken:* **das hat nicht angeschlagen** det hää ei uunslaanj

anschlendern uunduudle, uundangle

anschleppen uunslebe, uunlaft

anschlicken uunslike

anschließen **1** uunslütj *u* - **2 sich a.** ham uunslütj *u*

anschnallen **1** uunsjnale - **2 sich a.** ham uunsjnale

anschnauzen uunblafe, uunsnütje

anschneiden uunskeer *u*; **die Torte a.** at tort uunskeer

anschreiben **1** uunskriiw [u:] *u* - **2** *übertr:* **schlecht bei jmdm. angeschrieben sein** ring tu buk wees bi hoker

anschreien uunskrik

Anschrift a/at uunskraft, -en (det), at adres, -en (det)

anschweißen bisweise

anschwellen *Entzündetes* uunsünj *u*, apboolne

ansehen **1** *besichtigen* beluke - **2** *anblicken* uunluke - **3** *jmdm. etw.* uunsä *u*; **das Alter sieht man ihm nicht an** det ääler sjocht'am ham ei uun - **4** *übertr:* **ich kann es bald nicht mehr mit a.** ik koon 'ar bal ei muar efter luke

Ansehen 1 *Achtung* at uunsen (det); **sein A. hat gelitten** sin uunsen hää lesen - **2** *Augenschein:* **von A. kennen** faan uunsen kään

ansehnlich uunsenelk, smok

ansetzen 1 *anfügen* bisaat - **2** *anbrennen* üübsaat; **es ist kein bisschen angesetzt** at as ei en betj üübsaat - **3** *Frucht bilden:* **die Ähren haben gut angesetzt** a aaksen san gud besaat

Ansicht 1 *Meinung* at meenang, -en (det), at uunsicht, -en (det); **meiner A. nach** efter min meenang - **2** *Bild* at uunsicht, -en (det)

Ansichtskarte at postkoord, -en (det)

ansonsten ööders

anspannen uunspään

anspielen uunspele

anspitzen uunspase

Anspitzer a uunspaser, -n (di)

Ansprache a/at uunspriak (det); **eine A. halten** wat sai *u*, en reede hual *u*

ansprechen 1 *jmdn* uunsnaake; (veralt.) uundial - **2** *gefallen:* **einen a.** ään uunspreeg *u*

anspringen uunspring *u*

anspucken uunspütje

anspülen uunspeel *u*

Anstalten *Verb.* **A. machen** rüst, uunstalten maage

anstarren uunglöre, uungliise [z], uunstare

[1]**anstatt** *Präp* uunsteed faan/för

[2]**anstatt** *Konj* uunsteed; **a. zu arbeiten, sieht er Fußball** uunsteed tu werkin *od.* uunsteed an werke, sat'r tu futbaal lukin

anstechen uunsteeg *u*

anstecken 1 *befestigen* uunsteeg *u* - **2** *infizieren* uunsteeg *u*, klewe; **eine a.-e Krankheit** en klewin/en uunsteegen kraankes - **3 sich a.** ham uunsteeg *u* - **4** *anzünden* uunsteeg *u*, uunten - **5** *übertr:* **ein räudiges Schaf kann die ganze Herde a.** ian skürewd sjep koon en hial hok uunsteeg ('Schafkoben') *Sprw*

Anstecknadel at brastnäädel, -dler (det); (Tracht) at braanjnöösduknäädel, -dler (det) [z]

anstehen uunstun *u*

ansteigen 1 *zunehmen* stiig (sticht; stääg; stegen), uunstiig *u* - **2** *hochführen:* **sanft a.** eewen apgung *u*

anstellen 1 *einschalten* uunstel, uunmaage - **2** *jmdn. einstellen* uunstel - **3** *Unfug* apstel - **4 sich a.** ham uunstel; **sich hinten a.** ham bääft uunstel - **5 sich a.** *sich verhalten* ham uunstel, ham tiire

Anstellerei *Verhalten* at tiirerei (det), at uunstelerei (det)

anstellig fiks, uunstelag

Anstellung at uunstelang, -en (det)

anstiefeln uunsteewle

anstieren uunstare, uungliise [z], uunglöre

anstiften uunstifte

anstimmen aphaale, uunsteme

anstoßen 1 uunstupe - **2** *übertr:* **darauf wollen wir a.!** diarüüb wel'f uunstupe!

anstreben uunstreewe

anstrengen uunstringe

anstrengend uunstringend

anstückeln biklütje

antanzen uundaanse

Anteil 1 at paart, -en (det), a/at uundial, -en (det) - **2** *übertr:* **A. nehmen** uundial nem *u*, mäfeel *u*

Anteilnahme at surag (det), **Herzliche A.!** Wi surge mä di/jam!
Antrag a uundrach, -er (di)
antreffen föörfinj *u,* draap, uundraap
antreiben **1** *anschwemmen* uundriiw [u:] *u*, uunswääm - **2** *Vieh* bääftjaage - **3** *jmdn. zu etw* uundriiw [u:] *u*
antreten uuntreed *u*
Antrieb *Energie* at draft (det), a kaluun (di); **er hat keinen A. mehr** diar sat nään kaluun muar uun
antun **1** *zufügen* uundu *u*; **das kann ich ihm nicht a.** det mei/wal ik ham ei uundu - **2** **sich etw. a.** ham wat uundu *u*, ham tu kurt du *u* - **3** *übertr:* **sie hat es ihm sehr angetan** hat hää't ham rocht uunden
Antwort **1** at oonswaar, -en (det) - **2** *übertr:* **keine A. schuldig bleiben** nian oonswaar skilag bliiw *u*
antworten swaare, oonswaare
anvertrauen **1** *überlassen* uunfertrau, betrau - **2** *mitteilen* fertel; **ihm kannst du nichts a.** ham könst niks fertel
anwachsen uunwaaks *u*, bikem *u*, biwaaks *u*; **der Baum ist angewachsen** a buum as bikimen
anweisen uunwise [z]
anwenden brük, uunwen
anwesend Ggs. *abwesend* **nicht a. sein** ei diar wees
Anzahl at taal, -en (det)
anzahlen uunbetaale
anzapfen uuntaape
Anzeichen at uuntiaken, -s (det)
Anzeige *Inserat* at inseraat, -en (det), at anongs, -en (det)
anzeigen *jmdn.* melde, uuntseige
anziehen **1** *festziehen* uuntji *u* - **2** *ankleiden* uuntji *u*; **gut angezogen sein** fein uun tjüch wees - **3** **sich a.** ham uuntji *u*, ham aprede
Anzug **1** *Kleidungsstück* a uuntooch, -tööger (di), at paktje, -jin (det) - **2** *übertr:* **im A. sein** uun't föörweeder wees
anzünden uunten *u*; **die Biike a.** at biak uunten
Apenrade (Nordschleswig) Apenrua
Apfel **1** a aapel, -pler (di) - **2** *übertr:* **der A. fällt nicht weit vom Stamm** a aapel fäält ei widj faan a stam *Sprw*
Apfelbaum a aapelbuum, -er (di)
Apfelblüte **1** *Pflanzenteil* at aapelbloos, -en (det) - **2** *das Blühen* at aapelbloosem (det)
Apfelkern at leefk, -en (det)
Apfelkuchen at aapelkuuk (det), at aapelpai (det)
Apfelrest at bedlang, -en (det), a aapelbedel, -s (di)
Apfelsaft at aapelsaft (det)
Apfelsine at aapelsiin, -en (det)
Apotheke at apteek, -en (det)
Apotheker a apteeker, -n (di)
Apothekerin at apteeker, -n (det)
Apparat at aperoot, -en (det)
Appartement at wenang, -en (det)
Appetit a aptiit (di), a smaag (di); **einen guten A. haben** wat haa mei; **ohne A. essen** mä lung tes iidj *u* ('mit langen Zähnen')
Applaus a bifaal (di)
Aprikose at aprikoos, -en (det)
April **1** a aprilmuun - **2** *übertr:* **in den A. schicken** för april haa
Äquator a liinje; **den Ä. überqueren** auer a liinje gung *u*

Araber a araaber, -s (di)

Arbeit 1 *Tätigkeit* at werk, -en (det); **mit der A. nicht fertig werden** ei amkem mä't werk *u*; **bis zum Hals in A. stecken** apskebet tu a hals uun werk wees; **die A. hört nie auf** at werk slat nimer ap - **2** *Berufsausübung:* **A. haben** werk haa *od.* uun bruad wees ('Brot'); **ohne A. sein** saner werk wees - **3** *Mühe:* **eine A. haben mit** en werk haa faan

arbeiten werke; **er arbeitet auf der Fähre** hi werket bi a reederei

Arbeiter a werker, werklidj (di), a werkster, -n (di)

Arbeiterin at werkster, -n (det)

arbeitsam flitjag, sluuwag, reerag

Arbeitslohn a luan, -er (di)

arbeitslos bruadluas, ütj werk, saner werk

arbeitsscheu *Verb.* **a. sein** baang wees föör't werk

Arbeitszeit at werktidj, -en (det)

arg erag; **nicht seinem ärgsten Feind wünschen** ei san eragst/slimst fiind wanske

Ärger *Verdruss* at fertret (det), at komer (det)

ärgerlich 1 *verärgert* grantag, äärgerlik, mopsag - **2** *unangenehm* äärgerlik, spiitag; **das ist aber ä.** det as oober äärgerlik; **eine ä.-e Sache** en fertretelk saag

ärgern 1 piire, plaage; **du musst den Hund nicht ä.!** dü skel a hünj ei piire! - **2 sich ä.** ham äärgre (eragt; eragt; eragt) - **3** *übertr:* **sich grün und gelb ä.** ham güül an green äärgre

arglistig faalsk, luurag

arm 1 *unbemittelt* aarem; **a.-e Leute** aarem lidj; **der A.-e** di aarem - **2** *bedauernswert* aarem, stakels, strükag; **der a.-e Kerl!** di aarem strük! - **3** *übertr:* **a. und reich** aarem an rik; **a. wie eine Kirchenmaus** so aarem üs en müs uun a sark

Arm 1 a iarem, -rmer (di); **auf dem A. haben** üüb iarem haa; **in den A. nehmen** uun iarem nem *u*/fu *u* - **2** *übertr:* **unter die A.-e greifen** oner a iarmer grip *u*; **auf den A. nehmen** üüb iarem nem *u*; **sich A.-e und Beine brechen** ham iarem an bian breeg *u*

Armband at iarembäänk, -er (det)

Armbanduhr a/at iarembäänkklook, -en (det), a/at iarembianklook, -en (det)

Ärmchen at ääremke, -kin (det)

armdick en iarem sjok

Ärmel 1 at sliaw, -en (det); (die Ä. der Tracht) a krüm sliawen (jo); **die Ä. hochkrempeln** a sliawen aptiarwe - **2** *übertr:* **aus dem Ä. schütteln** ütj bi a iarem sködle

Ärmelkanal a Ingels Kanaal

Ärmelloch at iaremhool, -hööl (det)

ärmellos naageltiaremt

Armenhaus at aarmenhüs (det)

Armlehne at sidjlönlis, -en (det)

ärmlich komerlik, aaremmudag; **ä. gekleidet** komerlik uun tjüch

Armut at aaremmud (det); **bittere A.** bater aaremmud

Armvoll at iaremfol, -er (det)

Arsch 1 *Gesäß* a eers, -er (di) - **2** *übertr:* **so ein A.!** wat'n eers!; **in den A. gekniffen** ap uun a eers kneeben

Arschbacke a eersbaal, -er (di)

Arschkriecher a hoolfaager, -n (di), a eerskreper, -n (di)

Arschloch at eershool, -hööl (det)

Arschvoll a eersfol (di); **einen A. bekommen** en eersfol fu *u*

Arsen at rootkrüüs (det) [z]

Art **1** *Verhaltensart* a/at oord (det); **das ist keine A**. det as nään oord an wiis *od.* det as nian dun - **2** *Sorte* a suurt, -er, a sliak, -er (di), a slach, -er (di); **eine A. von Wurst** en slachs wurst - **3** *Wesensart* a/at aard (det), a/at oord (det); **Amrumer A.** öömrang aard; **das ist so seine A.** det as so rocht sin oord - **4** *übertr:* **aus der A. schlagen** ütj a aard slau *u*

arten kem efter *u*; **er artet nach seinem Vater** hi komt efter a/efter san aatj

artig oortag

Arznei at meedisiin, -en (det)

Arzt a dochter, -n (di); **zum A. gehen** hen tu'n/tu a dochter gung *u*

Ärztin at dochter, -n (det)

ärztlich *Verb.* **in ä.-er Behandlung sein** oner a dochter wees

Asche at ääsk (det); (Glühasche) at eemerang (det)

Aschenbecher at ääskbak, -en (det), a ääsker, -n (di)

Asphalt at tjaar (det)

asphaltieren tjaare

Asphaltweg a tjaarwai, -er (di)

Aspik at glüpels (det)

Ass *Spielkarte* at as, -en (det)

Assel at maask, -en (det)

Ast **1** a twiig, -en (di) - **2** *Aststelle im Holz* a knast, -er (di) **- 3** *Buckel* a pokel, -kler (di) - **4** *übertr:* **sich einen A. lachen** ham en pokel laache

asten pokle

Asthma *Verb.* **A. haben** at mä a loft haa

asthmatisch püstag; (veralt.) ambrastag

astig knastag; **a.-es Holz** knastag holt

Astloch a knast, -er (di)

Atem a öösem (di) [z]; **A. holen** loft haale; **außer A.** ütj a püst

Atemzug a öösem, -smer (di) [z]; **in einem A.** uun ian öösem; **bis zum letzten A.** tu a leetst öösem

atmen öösme [z], loft haale

Atmosphäre a loft

ätzen freed (frat; frääd; freeden), bitj (bat; bääd; beden), swiis [z] *u*

[1]**auch** *Adv* uk

[2]**auch** *Konj* uk; **a. wenn** uk wan; **was a. immer** alwat; **sowohl ... als a.** so wel ... üs uk

[3]**auch** *Modalpart* uk; **a. nicht** uk ei; **a. so** uk so; **a. schon** uk al

[4]**auch** *Gradpart* uk; **willst du a. mit?** wel uk mä?

[1]**auf** *Adv* **1** *aufgestanden* ap, huuch - **2** *geöffnet* eeben; **das Geschäft ist noch a.** a looden as noch eeben **- 3** *übertr:* **a. und ab** ap an deel

[2]**auf** *Präp* **1** *örtl.* üüb; **a. dem Tisch** üüb boosel; **a. See** üüb sia; **a. Amrum** üüb Oomram - **2** *in Richtung von* **a. den Schrank** ap üüb skaab; **a. den Tisch** deel üüb boosel - **3** *Art u. Weise:* **a. Deutsch** üüb sjiisk; **a. Friesisch** üüb öömrang - **4** *Tätigkeit:* **a. Jagd** üüb jacht; **a. Besuch** üüb'n besjük - **5** *übertr:* **a. einmal** üüb mool; **von klein a.** faan letj uf uun

aufarbeiten *Kleidung* aprede, apwerke

aufbahren *Verb.* **den Leichnam a.** at lik berede; **aufgebahrt sein** uun lik stun *u*

aufbauen apbau

aufbegehren a müs eebenmaage

aufbehalten üübhual *u,* eebenhual *u*
aufbekommen 1 *verzehren* apfu *u* - **2** *öffnen* eebenfu *u*
aufbewahren waare, apwaare
aufbieten *Brautpaar* apbad *u*
aufbinden 1 *hochbinden* apbinj *u* - **2** *lösen* luasbinj *u* - **3** *übertr:* **jmdm. einen Bären a.** hoker wat mä't luupen du *u* ('zu laufen')
aufblähen, sich ham apblä *u*, ham appüste
aufblasen apblä *u*, apbloose [z], appüste
Aufblendlicht at grat laacht (det)
aufbleiben 1 *offenbleiben* eebenbliiw [u:] *u* - **2** Ggs. *schlafen gehen* apsaten bliiw [u:] *u*
aufblicken apluke
aufblühen apbleu
aufbraten apbraase [z]
aufbrauchen brük, apbrük; **alles ist aufgebraucht** ales as ap
aufbrausen apbrase, apluup *u*
aufbrechen 1 *öffnen* eebenbreeg *u* - **2** *fortgehen* ham üüb a wai maage
aufbrennen apbraan
aufbringen 1 *beschaffen* apbring *u,* beskaafe - **2** *Seefahrt:* **ein Schiff a.** en skap apbring *u* - **3** *in Umlauf bringen* apbring *u*
aufbrühen apjit *u*, üübjit *u*
aufbrummen üübbrome
aufbürden üübhalse
aufdecken 1 *enthüllen* apdek, föör'n dai bring *u* - **2** *Betten* apdobe - **3** *Tisch* tuflei
aufdonnern, sich ham aptaakle, ham ütjstafiare, apdön(e)re
aufdrängen, sich ham üübdring *u*
aufdrehen Ggs. *zudrehen* eebendrei
aufdringlich naikemen, üübdringelk
aufdrücken 1 *auf etw.* üübtrak - **2** *öffnen* eebentrak
aufeinander üübenööder; **sich a. verlassen können** ham üübenööder ferläät kön
aufeinanderlegen üübenöölderlei *u*
aufeinanderliegen üübenöölderlei *u*
Aufenthalt *Verb.* **wir haben eine Stunde A.** wi skel ian stünj teew
auferlegen üüblei *u*
aufessen apiidj *u*
auffahren *Fahrzeug* apüübkeer
auffallen üübfaal *u*, apfaal *u*
auffallend üübfaalen, apfaalen
auffällig üübfelag, apfelag
Auffassung at apfaadang (det), at meenang (det); **nach meiner A.** efter min meenang
aufflammen apflame
aufforsten apholte
auffressen apfreed *u*
auffrischen 1 *erneuern* apfriske - **2** *Wind* aphaale, tunem u, apfriske
aufführen 1 *verzeichnen* apfeer - **2** *Theater:* **ein Stück a.** en stak apfeer - **3 sich a.** ham apfeer
Aufführung at apfeerang, -en (det)
auffüllen 1 apfal - **2 sich etw. a.** ham wat auerfal/wat apdu *u*
Auffülllöffel at apfalskai, -er (det)
Aufgabe at apgoow, -en (det) [u:]
Aufgang a apgung, -er (di)
aufgeben 1 *schicken* apdu *u*; **ein Paket a.** en pakeet apdu - **2** *Schule:* **Hausaufgaben a.** skuulwerken apdu *u* - **3** *resignieren* apdu *u*, a klotsen smitj *u*; **die Hoffnung a.** a hööb apdu - **4** *verzichten auf:* **das Rauchen a.** aphual mä't riken *u* - **5** *nicht*

weiterführen: **den Betrieb a.** a bedriiw apdu *u*

Aufgebot *Trauung* **das A. bestellen** tu('t) standesamt wees

aufgebracht apbroocht, aprets, apretsk

aufgedonnert aptaakelt, mä aler flerken bi

aufgedreht apdreid

aufgedunsen apsünjen, büket

aufgehen 1 *Tür* eebengung *u* - **2** *Gestirn* apgung *u*; **die Sonne geht auf** a san gongt ap - **3** *Teig* laft, apgung *u*; **der Teig will nicht a.** at dii wal ei laft - **4** *Rechnung* apgung *u* - **5** *Naht* apluup *u*; **die Naht ist aufgegangen** a suum as aplepen - **6** *übertr:* **einem ein Licht a.** ään en laacht apgung *u*

aufgehoben apheewen; **gut a. sein** gud apheewen wees

aufgekratzt apkratset, lääpels, laben

aufgelegt *gestimmt* aplaanj; **gut a.** gud tu mud, gud tuwais

aufgeräumt 1 *geordnet* aprümet, apredet, tu steeds - **2** *gut gelaunt* gud tuwais

aufgeregt apreeget

aufgeschmissen apsmeden

aufgeschossen apskööden; **lang a.** lung apskööden

aufgetakelt tutaakelt, aptaakelt

aufgeweckt waat, wis, wrääken, fernemstag; **ein a.-es Mädchen** en wrääken foomen

aufgießen üübskeenk, üübjit *u*

aufgreifen apgrip *u*

aufhaben 1 *tragen* üübhaa; **eine Mütze a.** en mots üübhaa - **2** *geöffnet haben* eebenhaa; **morgen haben die Geschäfte auf** maaren haa a loodens eeben - **3** *Hausaufgaben* aphaa; **wir haben nichts auf!** wi haa niks ap! - **4** *verzehrt haben* aphaa *u*; **ich habe mein Brot schon auf** ik haa min bruad al ap

aufhalsen 1 üübhalse - **2 sich a.** ham üübhalse; **er hat sich viel zuviel aufgehalst** hi hää ham föl tu föl üübhalset

aufhalten 1 *offenhalten* eebenhual *u* - **2** *zurückhalten* aphual *u*; **lass dich nur nicht a.!** läät di man ei aphual! - **3 sich a.** ham aphual *u*, wees, stege - **4** *übertr:* **sich a. über** ham aphual auer *u*

aufhängen 1 aphinge; **Wäsche a.** wesje aphinge - **2 sich a.** ham aphinge; **er hatte sich in der Scheune aufgehängt** hi hed ham aphinget uun skine

Aufhänger *Kleidung* at hank, -en (det)

aufhäufeln aphuupe, huupe

aufhäufen apbonke, aphuupe

aufheben 1 *vom Boden* apsaamle, aplaft - **2** *verwahren* apwaare - **3** *für nichtig erklären* apheew [u:] *u*/aplaft

Aufhebens *Verb.* **A. machen** en staheu faan maage, at wichtag haa mä; **nicht soviel A. davon machen** ei so föl apheewen faan maage

aufheitern 1 apklaare, lachter wurd - **2** *übertr:* apmuntre, apheitre

aufhelfen aphalep *u*

aufhellen, sich apklaare

aufhetzen aphetse, apretsk maage, at hood warem snaake

aufholen aphaale

aufhorchen apharke

aufhören aphual *u*; **es hört nicht auf zu regnen** at häält ei ap mä riinen

aufkaufen apkuupe *u*
Aufkäufer a apkuuper, -n (di), a hanelsmaan, -lidj (di)
aufklappen eebenklape
aufklaren apklaare
aufkleben üübklewe, üübbak
aufknoten eebenknoote
aufknöpfen deelknoope, eebenknoope; **die Bluse a.** at bluus deelknoope [z]
aufkochen apkööge
Aufkommen at apkemen (det)
aufkommen 1 *entstehen* apkem *u,* uun a gang kem *u*; (Gewitter) apsaat, aptji *u*; **da kommt ein Gewitter auf** diar komt en sonerweder apsaaten - **2** *haften:* **a. für** apkem för *u*
aufkräuseln apkrale
aufkreischen apskrik
aufkrempeln aptiarwe; **die Ärmel a.** a sliawen aptiarwe
aufkreuzen apkrüsage, apdaage
aufkriegen 1 *verzehren* apfu *u* - **2** *öffnen* eebenfu *u* - **3** *Hausaufgaben* apfu *u*; **wir haben nichts aufgekriegt** wi haa niks apfüngen
aufladen lees [z] (lääst; lus; lesen [z]), aplees [z] *u*, üüblees [z] *u*
Auflage *Buch* at aplaag, -en (det)
auflassen *geöffnet lassen* eebenlääț
Auflauf 1 *Kochen* at oonsaatang (det), a/at poon (det) - **2** *Menschena.* a tuluup (di), a apluup (di)
auflaufen 1 *ansteigen* apluup *u*; **a.- des Wasser** kemen/apluupen weeder - **2** *keimen:* **die Saat läuft auf** at siad lääpt ap
aufleben 1 aplewe **- 2** *übertr:* aplewe, aplabe; **sie ist richtig aufgelebt** hat as rocht wat aplabet
auflegen *bedecken* üüblei *u*; auerlei *u*; **ein sauberes Tischtuch a.** en rianen booselduk auerlei *u*
auflehnen, sich jinuungung *u*
auflesen apsaamle
aufleuchten aplocht
aufliegen üüblei *u*
auflösen apliase [z]; (Gestricktes) apleebre, apreble
auflutschen aptetje
aufmachen 1 *öffnen* eebenmaage - **2 sich a.** tuwais gung *u* - **3** *übertr:* **die Augen a.** a uugen apdu *u*/eebenmaage; **den Mund a.** a müs eebenmaage
aufmerksam 1 *gespannt* üübpaasag, wrääken; **a. zuhören** mä nöös an uaren tuharke, haase [z] - **2** *zuvorkommend* amsoochtag - **3** *übertr:* **jmdn. auf etw. a. machen** hoker üüb wat henwise
aufmuntern apmuntre, apracht
aufnähen üübsei
Aufnäher a üübseier, -n (di)
Aufnahme *Foto* at bil, -en (det)
aufnehmen 1 *beherbergen* apnem *u* - **2** *begreifen* mäfu *u* - **3** *leihen:* **Geld a.** jil apnem *u* - **4** *stricken:* **Maschen a.** määsken apnem *u* - **5** *übertr:* **es mit jmdm. a. können** at mä hoker apnem kön
aufopfern apoofre
aufpassen 1 *achtgeben* üübpaase; **pass auf!** paase üüb! - **2** *auf jmdn.:* **auf das Kind a.** üüb det letj paase
Aufpasser a üübpaaser, -n (di)
aufpumpen appompe; **das Rad a.** at wel appompe
aufquellen apkwel
aufräufeln *Gestricktes* apleebre, apreble

aufräumen aprüme, aprede
aufrecht 1 *gerade* likap, lik uun a rag, striam, aprocht; **sich a. halten** ham aprocht hual *u* - 2 *rechtschaffen* aprocht
aufrechterhalten aprochthual *u*
aufregen 1 apreege - 2 **sich a.** ham apreege
aufregend apreegin
Aufregung at apreegang (det), at spiktaakel (det); **in A. versetzen** apretsk maage, üüb'n luup fu *u* ('Lauf')
aufreihen *Perlen* apriiw [u:] *u,* sliawre
aufreißen 1 *öffnen* eebenriiw [u:] *u* - 2 *beschädigen* apriiw [u:] *u* - 3 *übertr:* **den Mund. a.** a müs eebenriiw *u*
aufrichten 1 apracht; (veralt.) riis [z] (rist/rast; rääs [z]; resen [z]) - 2 **sich a.** aueraanjkem *u* - 3 *übertr:* **daran kann ich mich a**. diar kön'k mi bi apracht
aufrichtig iarelk, aprochtag
aufrollen aprole; **die Ärmel a.** a sliawen aptiarwe
aufrücken *zusammenrücken* tuupkröge; **könnt ihr etw. a.?** kön'em wat tuupkem/tuupkröge?
Aufruf a aprep, -er (di)
aufrufen aprep *u*
Aufruhr *Verb.* **in A. versetzen** apretsk maage
aufsagen apsai *u*; **ein Gedicht a.** en dachtang apsai
aufsammeln apsaamle
aufsässig rebelsk, kröötag
Aufsatz 1 *Schulaufsatz* a aufsats, -en/ -er (di) - 2 *Tafelaufsatz* a apsats, -er (di)
aufsaugen apsüg *u*
aufscheuchen apskrek, apjaage
aufschauen apluke
aufschieben apsküüw [u:] *u*
Aufschlag 1 *Preise* a üübslach, -er (di); **einen A. bezahlen** wat üübtu betaale - 2 *Hosena.* a apsliak, -er (di)
aufschlagen 1 *aufstellen* apslau *u*; **ein Zelt a.** en telt apslau - 2 *öffnen* eebenslau *u*; **die Augen a.** a uugen eebenslau - 3 *verteuern* üübslau *u* - 4 *stricken:* **Maschen a.** määsken apslau *u*
aufschlecken apslake
aufschlicken apslike, uunwaaks *u*
aufschließen eebenslütj *u*, eebenmaage
aufschmieren üübsmere, üübkliam
aufschnappen apsnap
aufschneiden 1 *Wurst* apskeer *u* - 2 *öffnen* eebenskeer - 3 *prahlen* poche, braske
Aufschneider a uunduer, -n (di)
Aufschnitt at marags (det)
aufschrauben 1 *auf etw.* üübdrei/ apüübdrei - 2 *öffnen* eebendrei
aufschrecken apskrek, apskraal
aufschreiben apskriiw [u:] *u*, deelskriiw [u:] *u*
aufschreien apskrik, apskraal, roofte
Aufschrift a/at üübskraft, -en (det)
aufschütteln *Kissen* aprast, apsköde
aufschütten apsköde
aufschwatzen üübsnaake
aufschwemmen apswääm
aufsehen apluke
Aufsehen at apheewens (det), **A. erregen** apsen maage
Aufseher a üübpaaser, -n (di)
aufsetzen 1 *Hut* üübsaat - 2 *Kochtopf* auersaat; **Kartoffeln a.** eerpler auersaat; **das Mittagessen a.** a ongud

tu ial fu *u* - **3** *verfassen* apsaat; **ein Schriftstück a.** en skraftstak apsaat
aufsitzen apsat *u*
aufsparen apspaare
aufsperren eebenmaage
aufspielen **1** apspele - **2** **sich a.** ham apspele
aufspringen **1** *auf etw.* üübspring *u* - **2** *in die Höhe* apspring *u*, huuchspring *u* - **3** *sich öffnen* eebenspring *u*
aufspülen apspeel *u*
aufspüren apspöör
aufstacheln apretsk maage, apstachle, apbring *u*
aufstampfen trape; **mit den Füßen a.** mä a fet trape
Aufstand *Aufregung* at staheu (det); **was für ein A.!** wat en staheu!/teooter!
aufstapeln apstaable
aufstauen apstau
aufstecken **1** *auf etw* üübsteeg *u* - **2** *hochstecken:* **das Haar a.** at hiar aplei *u* - **3** *übertr:* apdu *u,* a klotsen smitj *u* ('Pantoffeln')
aufstehen **1** *sich erheben* apstun *u*, aueraanjkem *u*, amhuuchkem *u*; **vom Bett a.** uf baad kem *u*; **ein Bäcker muss früh a.** en beker skal ääder apstun - **2** *geöffnet sein* eebenstun *u*
aufsteigen **1** *auf etw.* üübstiig *u*/ apüübstiig *u* - **2** *in die Höhe* apstiig *u*
aufstellen **1** *errichten* apstel - **2** **sich a.** ham apstel - **3** *aufsetzen:* **das Mittagessen a.** a ongud tu ial fu *u* - **4** *zur Wahl vorschlagen* **als Bürgermeister a.** üs bürgermääster apstel
Aufstellung at apstelang, -en (det)
aufstoben (Speisen m. Sahne aufkochen) apstuuwe; **aufgestobte Bohnen** apstuuwet buanen
aufstöbern apstöögle, ütjstöögle
aufstoßen **1** *öffnen* eebenstupe - **2** *rülpsen* gökse, apstupe, aprook
aufstreichen *auftragen* üübdreeg *u*; (auf Brot) üübkliam
auftakeln **1** *Segelboot* aptaakle - **2** **sich a.** ham tutaakle, ham aptaakle
auftauchen **1** apdük - **2** *übertr:* apdaage, föör'n dai kem *u*
auftauen apsuai
aufteilen apskaft, apdial; (Land) ütjpaarte
Aufteilung at apdialang, -en (det)
auftischen **1** apboosle, üübboosle, apskaafe, apdaske - **2** *übertr:* apdaske
Auftrag a äären, -rnen (di), a üübdrach, -er (di)
auftragen **1** *auf etw.* üübdreeg *u,* üübsmere; (auf Brot) üübkliam - **2** *Speisen* apdreeg *u*, apdaske; **das Mittagessen a.** a ongud üüb/tu boosel fu *u* - **3** *Kleidung* apslitj *u*; **er musste immer die Hosen seines Bruders a.** hi skul imer a boksen faan san bruder apslitj - **4** *korpulent erscheinen lassen* apdreeg *u*; **der Wollrock trägt so auf** det olen skort drait so ap
auftreiben *beschaffen* apjaage, apdriiw [u:] *u*; **wo hast du das aufgetrieben?** huar heest det apdrewen füngen?
auftrennen **1** *Naht* aptrene, apliase [z] - **2** *Gestricktes* apleebre, aplebre
auftreten **1** *Fuß aufsetzen* üübtreed *u*, at bian/a fet tusaat - **2** *sich verhalten* aptreed *u*
Auftreten at aptreeden (det)
Auftritt a aptreed (di)
auftrocknen apdrüge
auftrumpfen rütjen ütj spele, aptrufe

auftun **1** *öffnen* eebenmaage - **2** *auffüllen* auernem *u* - **3** *übertr:* **den Mund a.** a müs apdu *u*/eebenmaage

Aufwand *Wendg.* **macht nicht so einen A.!** ei so'n apwant maage!

aufwärmen **1** *Speisen* hiatmaage - **2** **sich a.** ham apwarme

aufwärts amap, amhuuch, apwarts; **a. geht es immer schwerer als abwärts** amap gongt at leewen swaarer üs amdeel

aufwärtsgehen amapgung *u*, amhuuchgung *u* - **2** *übertr:* **nun geht es wieder aufwärts** nü gongt at weder huuch

Aufwasch *Wendg.* **ein A. sein** ian dun wees

aufwaschen apsau *u*

aufwecken apwrääkne

aufweichen apwoke

aufwerfen *hochwerfen* apsmitj *u*, apsjit *u*

aufwerten apwäärse

aufwickeln apwole

aufwiegen apweeg *u*

aufwinden **1** *aufwickeln* apwinj *u*, raile - **2** *hochziehen:* **den Anker a.** a anker aphiiw

aufwischen apdrüge, apnem *u*

Aufwischtuch at apdrügerslont, -en (det), at daskelslont, -en (det)

aufwühlen *Boden* apwüüle

aufzählen aptääl

aufzäumen aptuume

aufzeichnen deelskriiw [u:] *u*, aptiakne

aufziehen **1** *hochziehen* aptji *u*; **die Flagge a.** at flag hise - **2** *necken* **jmdn. mit etw. a.** hoker mä wat aptji *u* - **3** *großziehen:* **die Großeltern haben die Kinder aufgezogen** a ualaalern haa a jongen aptaanj - **4** *Uhr* apdrei/aphaale

Aufzucht a aptooch (di)

Aufzug **1** *Schauspiel* a aptooch, -tööger (di) - **2** *Keidung* at kleedaasj (det) - **3** *Takel* at taiel, -en (det), at taakel, -n (det) - **4** *Lift* a faarstuul, -er (di)

Aufzugrolle a blook, blöög (di)

aufzwingen üübtwing *u*

Augapfel a uugstian, - (di), a uugaapel, -pler (di)

Auge **1** at uug, -en (det); **die A.-n tränen** a uugen tuarne; **feuchte A.-n bekommen** fochtag uunlei *u*; **ganz verklärte A.-n haben** a uugen üüb a braanj haa; **sich die A.-n reiben** ham uun a uugen rofe; **sich die A.-n verderben** ham a uugen tunantmaage; **mit den A.-n rollen** mä a uugen drei; **einem schwarz vor A.-n werden** ään suart fóör a uugen wurd - **2** *übertr:* **A.-n machen** apluke; **die A.-n aufmachen** a uugen apdu *u*; **jmdm. die A.-n auskratzen** hoker a uugen ütjkleese [z]; **ein A. zudrücken** en uug tuknip *u*/tutrak; **ein A. auf jmdn. werfen** en uug efter hoker smitj *u*; **ich habe kein A. zugemacht** ik haa ei en wink uun uugen hed; **das passt wie die Faust aufs A.** det paaset üs a fist üüb uug; **im A. haben** uun't uug haa; **im A. behalten** oner uug hual *u*; **ein Dorn im A. sein** en pik uun't uug wees; **vor A.-n haben** fóör uug haa; **vor aller A.-n** fóör alermaans uugen

äugen uuge

Augenarzt a uugendochter, -n (di)

Augenärztin at uugendochter, -n (det)

Augenblick **1** *Zeitraum* a uugenblak (di); **einen A. hast du doch wohl**

Zeit! ään uugenblak heest dach wel tidj! - **2** *Zeitpunkt:* **im letzten A.** üüb't leetst; **im selben A.** uun't salew, mä't salew, do jüst
augenblicklich uugenblakelk
Augenblickssache *Wendg.* **das ist eine A.** det as en uugenblaks saag
Augenbraue at uugbriad, -en (det), at uugenbrau, -en (det), at uughiar, -en (det)
Augenleiden *Verb.* **ein A. haben** at mä a uugen haa
Augenlicht at uugenlacht (det)
Augenlid at uuglad, -en (det)
Augenmerk at uugenmark (det)
Augenschein a uugenskiin (di); **in A. nehmen** rocht beluke, benööse
Augenweide *Verb.* **eine A. sein** en uugenweide wees *od.* net uuntulukin wees
Augenwimpern a uughiaren (jo)
August a augustmuun
Auktion at miin, -en (det), at ausejuun, -en (det)
Auktionator a auksjuunaater, -n (di)
[1]**aus** *Adv* **1** *örtl.* ütj; **von hier a.** faan hir ütj - **2** *ausgeschaltet* **das Licht ist a.** at laacht as ütj - **3** *vorbei:* **der Krieg ist aus** a krich as ütj - **4** *zu einer Veranstaltung:* **wart ihr gestern abend a.?** wiar'em jistrinj ütj? - **5** *übertr:* **nicht mehr a. noch ein wissen** ei muar ütj an iin wed *u*; **a. und vorbei** ütj an föörbi
[2]**aus** *Präp* **1** *Richtung* ütj; **a. dem Haus** ütj at hüs - **2** *Herkunft* faan, ütj; **a. Wittdün** faan Witjdün; **a. Nebel** ütj Neebel - **3** *Trennung:* **a. der Schule** ütj skuul; **a. dem Hause** ütj hüüs - **4** *Zeit:* **a. alten Zeiten** ütj ualang tidjen - **5** *Grund:* **a. Spaß** ütj spoos; **a. Versehen** ütj fersen - **6** *Material* faan; **a. Gold** faan gul; **a. Glas** faan glääs
ausarbeiten ütjwerke
ausarten ütjaarde; **in ein Besäufnis a.** ütjaarde uun en brant
ausatmen ütjöösme [z]
ausbacken ütjbaag *u*
ausbaden *Verb.* **es immer a. müssen** at leewen uftuhualen/ütjtuhualen fu *u*
ausbaggern ütjbagre
ausbauen ütjbau
ausbeißen **1** ütjbitj *u* - **2** *übertr:* **sich die Zähne a.** ham a tes ütjbitj *u*
ausbessern ütjbeedre
Ausbesserung at ütjbeedrang, -en (det)
ausbilden ütjbilde
Ausbilder a ütjbilder, -n (di)
Ausbildung at liar, -en (det)
ausblasen ütjblä *u*, ütjbloose [z]
ausbleiben ütjbliiw [u:] *u*
ausbleichen fersjit *u*
Ausblick a ütjluk (di)
ausblühen ütjbleu
ausbluten ütjblude *u*, ütjbläät *u*
ausbooten (mit dem Boot) ütjbuate
ausborgen ütjlian
ausbraten ütjbraase [z], ufrään
ausbrechen **1** ütjbreeg *u* - **2** *übertr:* **der Krieg ist ausgebrochen** a krich as ütjbreegen
Ausbrecher a ütjbreeger, -n (di)
ausbreiten **1** ütjbriad *u*; **die Arme a.** a iarmer ütjbriad - **2** **sich a.** ham ütjspriad *u*, ham ütjbriad *u*
ausbrennen ütjbraan
ausbringen *Wendg.* **einen Toast auf jmdn. a.** hoker huuchlewe läät
ausbrüten ütjbred *u*, ütjbräät *u*

ausbuddeln ütjbode, ütjgrobe
Ausbund a ütjbunt (di), a ütjhaaler (di)
ausbürsten ütjbasle
Ausdauer a/at ütjdüür (det)
ausdehnen, sich ham ütjdeene
ausdenken 1 ütjseenk *u* - 2 **sich a.** apdacht, ham ütjspikeliare - 3 *übertr:* **nicht auszudenken!** ei ütjtuseenken!
ausdeuten ütjlei *u*
ausdienen ütjsiine
ausdörren ütjdrüge
ausdrehen ütjdrei
ausdreschen ufsaask *u*
Ausdruck 1 *Miene* a ütjdrük (di) - 2 *Wort* a ütjdrük, -er (di) - 3 *Computera.* a ütjdrük, -er (di) - 4 *übertr:* **was braucht er für Ausdrücke!** wat brükt'r för wurden!
ausdrucken ütjdrük
ausdrücken 1 ütjtrak - 2 **sich a.** ham ütjdrük, ham ütjtrak
ausdrücklich ütjdrükelk
ausdünnen (Pflanzen) ütjsane
ausdünsten bresme [z]; (grob) ütjsjonk *u* ('ausstinken')
auseinander 1 *getrennt* ütjenööder - 2 *übertr:* **a. sein** faanenööder wees
auseinanderbrechen ütjenööderbreeg *u,* ütjenööderfaal *u*
auseinanderbringen ütjenööderbring *u,* ütjenööderfu *u*
auseinanderhalten ütjenööderhual *u*
auseinanderleben, sich ham ütjenööderlewe
auseinandernehmen ütjenöödernem *u*
auseinandersetzen 1 ütjenöödersaat - 2 **sich a.** ham ütjenöödersaat
ausessen ütjiidj *u*
Ausfall a ütjfaal (di)
ausfallen 1 *herausfallen* ütjfaal *u*; **ihm fallen schon die Haare aus** ham faal al a hiar ütj - 2 *nicht stattfinden:* **die Versammlung ist ausgefallen** at fersaamlang as ütjfäälen - 3 *Ergebnis haben:* **wie ist die Untersuchung ausgefallen?** hü as at onersjüken ütjfäälen?
ausfallend ütjfaalent
ausfechten ütjfecht
ausfegen ütjfaage
ausfeilen ütjfiile
ausfindig ütjfinjag; **a. machen** ütjfinjag maage
ausfliegen 1 *transportieren* ütjflä *u* - 2 *fortfliegen:* **die Schwalben sind schon ausgeflogen** a swaalken san al ütjflaanj - 3 *übertr:* **sie sind ausgeflogen** jo san ütjflaanj
Ausflucht at ütjflücht, -en (det)
Ausflug a ütjfluch, -er (di), at tuur, -en (det)
ausfragen ütjfraage
ausfransen ütjfranje; (veralt.) ütjtaarne
ausfressen *Verb.* **etw. a.** wat ütjfreed *u*, wat apstel, iarag du *u*
ausfugen ütjstrik, ütjfuuge
ausführen ütjfeer
ausführlich ütjfeerelk
Ausführung at ütjfeerang, -en (det)
ausfüllen ütjfal
Ausgabe at ütjgoow, -en (det)
Ausgang 1 Ggs. *Eingang* a ütjgung, -er (di) - 2 *Ende* a ütjgung (di); **den A. voraussehen** a ütjgung föörütjsä *u*
ausgeben 1 ütjdu *u* - 2 **sich a. als** ham ütjdu üs - 3 *übertr:* **einen a.** ään ütjdu u
ausgeblichen ferskööden
ausgefallen raar
ausgefranst franjag; (veralt.) taarnag

ausgehen 1 *erlöschen* ütjgung *u*; **die Kerze ist ausgegangen** at tualaglaacht as ütjgingen - **2** *schwinden:* **ihm gehen schon die Haare aus** ham gung/faal al a hiar ütj; **das Geld a.** at jil ütjgung *u* - **3** *feiern* ütjgung *u*, tuwais wees; **sie gehen jeden Abend aus** jo san arken inj tuwais - **4** *annehmen:* **davon a.** diarfaan ütjgung *u* - **5** *enden* ütjgung *u*; **wie ist es ausgegangen?** hü as't ütjgingen? - **6** *zum Ziel setzen*: **darauf a.** diarüüb ütjgung *u*

ausgelassen ütjläät, stöönket

ausgelaugt ütjmergelt

ausgeleiert slok, ütjjangelt

ausgemergelt ütjmergelt, iinslöögen

ausgenommen *Konj* bit üüb

ausgerechnet *Adv* jüst; **a. er!** jüst hi!

ausgerenkt ütjräänkt, ütj las, fergleden

ausgeschlossen *Verb.* **das ist a., dass sie noch kommen** det as ütjslööden, dat jo noch kem; **a.!** ünermögelk!

ausgeschnitten (Kleid) ütjskäären; **tief a.** naagelt ütjskäären ('nackt')

ausgesprochen *Adv* gewaltag, uu so, auer a miaten; **das war a. nett** det wiar uu so net

ausgewachsen ütjwoksen

ausgezeichnet **1** *sehr gut:* **es geht mir a.** at gongt mi wonerboor/uu so gud; **sie ist eine a.-e Schülerin** hat as en baas uun skuul - **2** *hervorragend:* **a.!** alerbest!

ausgiebig nooch, folap, faalag

ausgießen ütjjit *u*

Ausgleich a ütjglik (di); **als A.** tu'n ütjglik

ausgleichen ütjglik

ausgleiten glost, ütjglidj *u*

ausgraben ütjgreew [u:] *u*; ütjgrobe

Ausgrabung at ütjgreewang, -en (det)

Ausguck a ütjluk (di)

Ausguss a ütjgööd, -er (di); (veralt.) a hunstian (di) ('Handstein')

aushaben ütjhaa; **wann habt ihr aus?** wan haa'm ütj?

aushacken ütjhake

aushalten **1** *ertragen* ütjhual *u,* düüre, harde; **etw. a. können** wat ufkön; **er kann es vor Schmerzen nicht a.** hi kön't ei ütjhual fäör piin - **2** *durchhalten* ütjhual *u*; **sie hält es nirgendwo lange aus** hat häält at nochhuaren loong ütj - **3** *für jmdn. zahlen:* **er lässt sich von ihr a.** hi läät ham faan hör/ham ütjhual

aushandeln ütjhanle

aushändigen ütjhunage, du (dää; ded; den)

Aushängekasten at kasje, -sjin (det)

aushängen **1** *anschlagen* ütjhinge - **2** *aushebeln:* **Fenster a.** wönger ütjhinge

aushäusig ütjag, ütj hüüs [z]

aushecken ütjhek, ütjspikeliare

ausheilen ütjhiale

aushelfen ütjhalep *u*, uun a bocht spring *u*

Aushilfe at ütjhalep (det); **zur A.** tu ütjhalep

aushilfsweise tu ütjhalep

aushöhlen ütjhölke, ütjhööle

ausholen *zum Schlag* ütjhaale, amling

ausholzen ütjholte

aushorchen ütjharke, ütjfraage

aushülsen (Hülsenfrüchte) ütjbaanke

aushungern ütjhongre

auskämmen ütjtjim

auskennen, sich ham ütjkään, diar wat faan ufwed *u*

auskippen ütjkap
auskleiden **1** *entkleiden* uftji *u*; **sich a.** ham uftji *u* - **2** *mit etw.* ütjslau *u*
ausklingen ütjkling *u*, ütjklang
ausklopfen ütjklupe, ütjböge
Ausklopfer a ütjkluper, -n (di), a tepichkluper, -n (di)
auskneifen ütjknip *u*, ütjnei
ausknipsen ütjknipse, ütjmaage
auskochen ütjklööge
auskommen **1** *mit etw.* ütjkem *u*; **damit a.** diarmä du kön, diarmä loongskem *u*, diarmä amkem *u*; **damit kommen wir leicht aus** diar kem wi lacht mä am; **nicht mit dem Geld a.** tu kurt luup mä('t) jil *u* - **2** *mit jmdm.*: **gut miteinander a.** gud aueriankön
Auskommen at ütjkemen (det)
auskotzen apspei; **wie ausgekotzt aussehen** ütjsä üs en apspeiden geist
auskramen ütjkroome
auskratzen **1** ütjskraabe, ütjkratse - **2** *übertr.:* **jmdm. die Augen a.** hoker a uugen ütjkleese/ütjkratse
auskugeln ütjkuugle
auskühlen ütjkeel *u*
Auskunft a beskias (di), at ütjkonft (det); **A. geben** wat sai *u*
auslachen ütjlaache
[1]**ausladen** *Fracht* ütjlees [z] *u*
[2]**ausladen** Ggs. *einladen* ütjnuadage
Auslage at ütjlaag, -en (det)
Auslagen *Unkosten* a ünjilen (jo)
Ausland at ütjlun (det)
Ausländer a ütjluner, -s (di)
ausländisch bütjluns, ütjluns
auslangen *schlagen* ütjling
auslassen **1** *weglassen* ütjläät - **2** *auftrennen:* **den Saum a.** a suum ütjläät - **3** *ausschmelzen* ufbraase, ufrään, smolt (smolt; smolten) - **4** **sich a.** ham ütjläät
auslasten ütjlääste
Auslauf a ütjluup (di)
auslaufen **1** *Schiff* ütjluup *u* - **2** *Flüssigkeit*: **das Öl ist ausgelaufen** at ööle as ütjlepen
ausleben, sich ham ütjlewe
auslecken ütjslake
ausleeren ütjleesage [z], leesag maage [z]
auslegen **1** *zur Ansicht* ütjlei *u* - **2** *breit werden* (norddt.) ham ütjlei *u*; **was hat er/sie ausgelegt!** wat hää'r/hää't ham ütjlaanj! - **3** *ausdeuten:* **die Bibel a.** a skraft ütjlei; **man kann es so oder so a.** ham kön't so of so ütjlei
ausleiern slok wurd, ütjjangle
ausleihen ütjlian; **sie haben Fahrräder zum A.** jo haa welen tu ütjlianen
auslernen ütjliar
ausliefern ütjleewre
ausliegen ütjlei *u*
auslöffeln **1** ufiidj *u* - **2** *übertr.:* **was man sich eingebrockt hat, muss man auch selber a.** wat'am ham iinkraamet hää, skal'am uk salew ütjiidj *Sprw*
auslöschen *Feuer* dääske
auslosen ütjluase [z], ütjlööde
auslösen **1** *herauslösen* ütjliase [z] - **2** *übertr.:* **Unruhe a.** ünrau ütjliase
auslüften **1** ütjlofte, ufwedre, ütjwedre; **die Betten a.** a baaden ütj tu wedrin haa - **2** *übertr.:* **sich draußen a.** efter/tu bütjen gung tu ütjsjonken ('ausstinken')
ausmachen **1** *ausschalten* ütjmaage - **2** *ausgraben* ütjbode; **Kartoffeln a.** eerpler ütjbode - **3** *übertr.:* **einem nichts a.** ään niks ütjmaage, ään ei kiar
ausmahlen ütjgrinj *u*

ausmalen **1** ütjmoole - **2** **sich a.** ham ütjmoole
ausmauern ütjmüüre
ausmelken ütjmoolke
ausmergeln ütjmergle
ausmessen ütjmeed *u*
ausmisten njokse, ütjnjokse
ausmustern ütjmünstre; (scherzh.) ufkööre ('abkören')
Ausnahme at ütjnoom, -en (det)
ausnehmen (Tiere) ütjnem *u*; **Enten a.** anen ütjnem; (Fische) grem
ausnutzen **1** ütjnatage - **2** *übertr:* **die Gelegenheit a.** det geleegenhaid geneet/woornem *u*
auspacken ütjpaake
auspfunden ütjpünjage, ütjpünje
ausplaudern eftersai *u*, widjerfertel, ferklap
ausplündern ütjplünjre
auspressen ütjtrak
ausprobieren fersjük *u*, ütjprubiare
Auspuff a ütjpuf, -er (di)
auspumpen ütjpompe, leesag pompe [z]; **den Magen a.** a maag ütjpompe
auspusten ütjpüste
ausquellen ütjkwel
ausradieren ütjrofe, ütjwiske
ausrangieren ütjmünstre
ausrauben ütjruuwre
ausräumen ütjrüme
ausrechnen ütjreegne
ausreden **1** *zuende reden* ütjsnaake, tu aanj snaake; **jmdn. a. lassen** hoker tu aanj snaake läät - **2** *abbringen von:* **jmdm. etw. a.** hoker wat ütj at hood snaake
ausreiben ütjrofe
ausreichen ling; **das muss a.** det mut/skal ling
ausreichend nooch
ausreifen ütjripe
ausreisen ütjraise
ausreißen **1** *herausreißen* ütjriiw [u:] *u* - **2** *davonlaufen* ütjnei, wechluup *u*, ütjknip *u* - **3** *übertr:* **sich kein Bein a.** ham nian bian ütjriiw *u*
ausreiten ütjridj *u*
ausrenken ütjräänk, ferglidj *u*
ausrichten **1** *erreichen* ütjracht, wat wurd; **bei ihm kannst du nichts a.** bi ham könst niks wurd/ütjracht - **2** *übermitteln:* **Grüße a.** gröötnisen du *u*
ausrollen ütjrole
ausrotten ütjrote
ausrücken ütjrük, ütjknip *u*
ausrufen ütjrep *u*
ausruhen ütjrau, rau
ausrupfen ütjrupe
ausrüsten ütjrüst
ausrutschen ütjglost
Aussaat at siad (det)
aussäen ütjsä *u*
aussagen ütjsai *u*; **vor Gericht a.** ütjsai föör gericht
aussamen siadage, siad smitj *u*
aussaufen ütjsüp *u*
aussaugen ütjsüg *u*
ausschaben ütjskraabe
ausschalten *Licht* ütjmaage
Ausschau *Verb.* **A. halten nach** ham amluke am/efter
ausscheiden *aus Verein* ütjskias [z] *u*
ausschenken ütjskeenk
ausscheuern ütjskrobe
ausschießen (ein junges Paar; Amrumer Brauchtum) ütjsjit *u*
ausschimpfen ufroose [z], ütjroose [z]; **ausgeschimpft werden** en rais maage, en delang/en roosang fu *u*

ausschlachten ütjslaachte
ausschlafen 1 ütjsliap *u* - **2** *etw. a.:* **seinen Rausch a.** san brant ütjsliap *u* - **3 sich a.** ham ütjsliap *u*
Ausschlag 1 *Haut* a ütjslach (di), a ütjsliak (di), a blaanjen (jo) - **2** *Pendel* a ütjslach (di) - **3** *übertr:* **den A. geben** a ütjslach du *u*
ausschlagen 1 *Pferde* ütjskup, ütjslau *u*, ütjling; **nach hinten a.** bääftütjslau *u* - **2** *ablehnen* ütjslau *u* - **3** *Pflanzen* ütjslau *u* - **4** *bedecken:* **die Wände a.** a woger ütjslau *u*
ausschlecken ütjslake
ausschließen 1 *aussperren* bütjbelük *u* - **2** *Möglichkeit* ütjslütj *u*; **das kann ich a.** det koon'k ütjslütj - **3** *Gemeinschaft:* **überall ausgeschlossen sein** aueraal bütjenföör wees
ausschnauben ütjsnüüw [u:] *u*
ausschneiden 1 ütjklap; (Messer) ütjskeer *u* - **2** *übertr:* **tief ausgeschnitten sein** naagelt ütjskäären wees ('nackt')
Ausschnitt *Verb.* **mit tiefem A.** naagelt ütjskäären ('nackt')
ausschöpfen ütjskep *u*
ausschreiben ütjskriiw [u:] *u*; **einen Scheck a.** en sjek ütjskriiw
ausschreiten ütjstraal
[1]**Ausschuss** *minderwertige Ware* at stront (det)
[2]**Ausschuss** *Gremium* a ütjsjus (di)
ausschütteln *Betten* ütjrast, ütjsködle
ausschütten 1 ütjsköde; (Flüssigkeit) ütjjit *u* - **2** *übertr:* **sich a. vor Lachen** skabe tu laachin
ausschwärmen *Bienen* swarme
ausschwitzen ütjswäät, ütjbresme [z]
aussehen 1 *Eindruck vermitteln* ütjsä *u*, like; **er sieht ganz nach seinem Vater aus** hi liket apdaaget san aatj; **das sieht nach Regen aus** det liket efter rin - **2** *übertr:* **das sieht nicht gut aus** det sjocht ei gud ütj; **das sieht nach nichts aus** det liket nochhuaren efter
Aussehen 1 at ütjsen (det) - **2** *übertr:* **dem A. nach** efter't ütjsen
aussein 1 *zuende sein* ütj wees; **mit den beiden ist es a.** mä jo tau as't ütj/as't fóörbi - **2** *übertr:* **darauf a.** diarüüb ütj wees
außen 1 bütjen; **nach a.** efter/tu bütjen; **von a.** faan bütjen - **2** *übertr:* **innen und a.** banen an bütjen; **a. vor sein** bütjen fóör wees *od.* ütjmad wees
außenbords bütjenbuurds
Außendeich a bütjendik, -er (di)
außendeichs bütjdiks
außenherum bütjenam, ambütjen
Außenmauer a/at bütjenmüür, -en (det)
Außenseite a/at bütjensidj, -en (det)
Außentür a/at bütjendör, -en (det); (vom Wohnhaus) a/at ütjerdör, -en (det)
[1]**außer** *Präp* **1** *außerhalb* ütj; **a. Haus** ütj hüüs - **2** *mit Ausnahme von* bit üüb, bütj; **a. mir war niemand da** bit üüb mi wiar 'ar näämen - **3** *übertr:* **a. Atem** ütj a püst; **a. sich sein** ütj ham salew wees
[2]**außer** *Konj* bit üüb; **ich gehe nicht, a. dass du mitkommst** ik gung ei, bit üüb dat mäkomst
außerdem diartu, diarfaan ufsen; **a. ist er geschieden** diarfaan ufsen as'r skääst
äußere bütjerst

außerhalb bütj, bütjen; **a. des Hauses** bütj hüüs; **etw. a. liegen** wat bütjen lei *u*; **a. Norddorfs** bütjen Noorsaarep
äußerlich faan bütjen
äußern, sich wat sai *u*; (veralt.) ham ütre
außerordentlich bütjen aler miaten, üngemian, furchboor, ünwis
[1]**äußerst** *Adj* **1** bütjerst - **2** *übertr:* **zum Ä.-en kommen** üüb't slimst kem *u*
[2]**äußerst** *Adv* ünhiamelk, böös [z]; **ä. gefährlich** böös gefeerelk
aussetzen **1** *Boot* ütjsaat - **2** *kritisieren:* **an jmdm. etw. auszusetzen haben** bi/üüb hoker wat üjtusaaten haa - **3** *Belohnung:* **einen Preis a.** en pris ütjsaat
Aussicht **1** *Ausblick* a/at ütjsicht, -en (det), at sicht (det); **die A. verbauen** a ütjsicht ferbau - **2** *Perspektive:* **A. auf besseres Wetter** ütjsicht üüb beeder weder
aussöhnen, sich ham ferdreeg *u*
ausspannen **1** *Pferde* ütjspään - **2** *sich erholen* ütjspään, ham ferhaale; **wir müssen mal dringend a.** wi skel nuadag ans wat ütjspään - **3** *übertr:* **jmdm. das Mädchen a.** hoker at foomen ütjspään
aussperren ütjspere, bütjbelük *u*
ausspielen **1** *Karten* ütjspele; **wer spielt aus?** hoker komt? - **2** *übertr:* **er hat ausgespielt** hi hää ütjspelet
Aussprache a/at ütjspriak (det)
aussprechen **1** ütjsnaake - **2** **sich a.** ham ütjsnaake, ham ütjspreeg *u*
ausspucken ütjspütje, apspütje
ausspülen ütjspeel *u*
ausstaffieren ütjstafiare
Ausstand a ütjstant (di); **in den A. treten** uun ütjstant treed *u*
ausstatten ütjstafiare
ausstechen ütjsteeg *u*
ausstehen **1** *ertragen* ütjstun *u*; **nicht a. können** ei ütjstun kön - **2** *bekommen:* **noch etw. a. haben** noch wat tu fun haa
aussteigen ütjstiig *u*
ausstellen **1** *präsentieren* ütjstel - **2** *ausfertigen:* **einen Scheck a.** en sjek ütjstel/ütjskriiw *u*
Ausstellung at ütjstelang, -en (det)
aussterben ütjsterew [u:] *u*
Aussteuer at ütjsjüür (det)
ausstopfen ütjstoope
ausstrahlen ütjstruale; **Wärme a.** hatj smitj *u*/ütjstruale
ausstrecken **1** ütjstr*ä*äk, ütjrääk; **die Hand a.** a hun ütjsträäk - **2** **sich a.** ham rääk
ausstreichen ütjstrik *u*, ütjstrege
aussuchen ütjsjük *u*
aussüffeln aptetje, ütjtetje
austauschen ütjbütje
austeilen ütjdial
Auster at uastrang, -en (det)
Austernfischer **1** (Vogelart) at liiw, -en (det) [u:] - **2** (Beruf) a uastrangstriker -n (di)

Austernfischer at liiw

austragen *zustellen* ütjbring *u*; **Zeitungen a.** ütj mä bleeden wees
austreten **1** ütjtreed *u* - **2** *übertr:* **ich muss mal a.** ik skal ans ütj a boks *od.* üüb sekreet ('Toilette')
austrinken ütjdrank *u*, ufdrank *u*
austrocknen ütjdrüge
ausüben ütjööwe
Ausverkauf a ütjferkuup (di)
ausverkauft fergreben, ütjferkääft
auswachsen ütjwaaks *u*
Auswahl at ütjwool (det)
auswählen ütjweele, ütjsjük *u*
Auswanderer a ütjwaanerer, -n (di)
auswandern ütjwaanre
auswärtig bütjluns, frääm; **ein A.-er** en bütjlunsen, en fräämen
auswärts **1** Ggs. *einwärts* efter/tu bütjen tu - **2** *außerhalb d. Wohnortes* bütjluns
auswärtsgehen bütjtuanet luup *u*
auswaschen apsau *u*, ütjsau *u*
auswechseln ütjwaksle, ütjbütje
Ausweg a ütjwai, -er (di), a riad, -er (di); **keinen A. mehr wissen** nään ütjwai muar wed *u*
ausweichen ütjwik
Ausweichstelle at ütjwik, -en (det)
ausweinen, sich ham ütjskrial
Ausweis a ütjwis, -en (di), a paas, -en (di)
ausweisen **1** ütjwise [z] - **2** **sich a.** ham ütjwise [z]
ausweiten ütjwidje
auswendig **1** ütj (at) hood; **a. lernen** ütj (at) hood liar - **2** *übertr:* **jmdn. in- und a. kennen** hoker faan bütjen an banen/ap an deel kään
auswerten ütjwäärse
auswickeln ütjwole
auswiegen weeg (wäächt; wuch; waanj), ütjweeg *u*
auswischen **1** ütjwiske, ufdrüge - **2** *übertr:* **jmdm. eins a.** hoker ään ütjwiske
auswringen ütjwriis [z] *u*, ütjwring *u*
auszahlen **1** ütjbetaale - **2** **sich a.** ham luane
auszählen *Stimmen* ütjtääl
auszeichnen **1** *ehren* ütjtiakne - **2** *kennzeichnen:* **Waren a.** waaren ütjtiakne
ausziehbar tu ütjtutjien
ausziehen **1** *herausziehen* ütjtji *u* - **2** *Wohnung verlassen:* **morgen wollen sie a.** maaren wel's ütjtji - **3** *Kleidung* uftji *u* - **4** **sich a.** ham uftji *u*
Ausziehtisch a ütjtjiboosel, -sler (di)
Auszug a ütjtooch, -tööger (di)
auszupfen ütjrupe, ütjtüüse [z]
Auto a waanj, -er (di), at auto, -s (det); **A. fahren** auto keer
Autofahrer a autokeerer, -s (di)
Axt at ääks, -en (det)

b, B

b, B **1** (Buchstabe) b - **2** *übertr:* **wer A sagt, muss auch B sagen** hoker a sait, skal uk b sai *Sprw*

baba (Kinderspr.) ba; **nicht anfassen, das ist b.!** ei tukem, det as ba!

Baby at letj, -en (det), at faantje, -jin (det); **ein süßes B.** en nögen faantje/letj!

Babyflasche a tetjbutel, -tler (di), a bos, -en (di)

Babykleidung at jongenstjüch (det)

Back *Vorderdeck* a/at bak (det)

Backbord (linke Seite d. Schiffes; Ggs. *Steuerbord*) at bakbuurd (det); **hart B.!** hard bakbuurd!

Backblech at kuukenplaad, -en (det)

[1]**Backe** *Wange* at sjuuk, -en (det)

[2]**Backe** *Gesäßhälfte* a eersbaal, -er (di)

[1]**backen** *Teigwaren* baag (bäächt; buch; beegen); **Kuchen b.** kuuken baag

[2]**backen** *kleben* bak; **der Schnee backt** at snä bakt

Backenzahn at kees, -en [z]; (veralt.) a kuus, keesen [z] (di)

Bäcker a beker, -n (di)

Bäckerei at bekerei, -en (det)

Backofen a baagoon(k), -er (di)

Backpulver at baagpolwer (det)

Backstein a ruadstian, -er (di), a tegelstian, -er (di); **aus B.** ruadstianen

Backstube at baagrüm, -en (det)

Bad **1** *Badezimmer* at baade-/baaserüm, -en (det) [z], at bat (det) - **2** *Wannenbad:* **ein B. nehmen** iin uun a wane gung *u* - **3** *Kureinrichtung* at bat (det)

Badeanzug a baade-/baaseuuntooch, -tööger (di) [z]

Badegast a baade-/baasegast, baade-/baaselidj (di) [z]; (männl.) a baade-/baasemaan, -er (di) [z]; (weibl.) at baade-/baasewüf, -en (det) [z]; **habt ihr schon Badegäste?** haa'm al baadelidj?

Badehose a/at baade-/baaseboks, -en (det) [z]

Badekappe at baade-/baasekap, -en (det) [z], at baade-/baasemots, -en (det)

Bademantel a baade-/baasemantel, -tler (di) [z]

Bademeister a baade-/baasemääster, -n (di) [z]

baden baase [z]; **b. gehen** ütj tu baasin gung *u*

Badestrand a baade-/baasestrun (di) [z], a strun (di)

Badewanne a/at baade-/baasewane, -nin (det) [z], a bale, -lin (di)

Badewasser at baade-/baaseweeder (det) [z]

Badezimmer at baade-/baaserüm, -en (det) [z]

Bagger a bager, -s (di)

baggern bagre

bah! bä!

Bahn **1** *Weg* a/at boon, -en (det) - **2** *Eisenbahn* a/at iisenboon, -en (det) [z]; **mit der B. fahren** mä a boon keer - **3** *übertr:* **auf die schiefe B. kommen** üüb a skiaf boon kem *u*

bahnen boone

Bahnfahrt a/at rais mä a boon (det), a/at boonrais (det)

Bahnhof a boonhoof, -er (di); **vom B. abholen** ufhaale faan a boon

Bahnlinie at boonlinje, -jin (det)
Bahnsteig a boonstich, -stiiger (di)
Bahre at bäär, -en (det)
Bake (Seezeichen) at baag, -en (det); **B.-n setzen** baagen saat
[1]**bald** *Adv* **1** *schnell* bal; **so b. wie möglich** so bal/so gau üs mögelk; **komm b. wieder!** kom bal weder! - **2** *beinahe:* **er wäre b. ertrunken** hi wiar bal drinket
[2]**bald** *Gradpart* bal, miast; **es b. nicht mehr mit ansehen können** diar bal ei muar efter luke kön
Baldrian (Heilpflanze) at baldrijuun (det)
Balg **1** *Tierfell* at skan, -en (det) - **2** *Blasebalg* a balag, -lger (di)
balgen, sich knosle [z]; **die Jungen b. sich** a dringer knosle
Balken **1** a bualk, -er (di) - **2** *übertr:* **lügen, dass sich die B. biegen** leeg, dat a bualker jo büg; **Wasser hat keine B.** at weeder hää nian bualker *Sprw*
[1]**Ball** *Sportgerät* a baal, -er (di); *B. spielen* baale
[2]**Ball** *Tanzveranstalt.* a bal (di), at daans (det); **zum B.** tu daans
Ballast (Schiffslast) a/at boollääst (di)
Ballen a baal, -er (di)
ballen *drücken:* **die Faust b.** en fist maage
ballern **1** balre, bolre - **2** *übertr:* **jmdm. eine b.** hoker ään nei
bammeln bomle, bamle
Banane at banaan, -en (det)
Bananenschale at banaanskel, -en (det)
[1]**Band** *Faden* a bian, -er (di), at bäänk, -er (det); (unspezif.) bäänks; **hast du noch B.?** heest noch wat bäänks?
[2]**Band** *Buchb.* a binj, -er (di)
[3]**Band** *übertr:* **außer Rand und B. sein** faan't wat wees, ütj a tüüt wees
bandagieren ferbinj *u*
Bandalgen a skuchtuumer (jo)
bändigen toom fu *u*, haltre, bendage
bange baang; (im Dunkeln) fuuch
[1]**Bank** **1** *Sitzbank* a beenk, -er (di) - **2** *übertr:* **etw. auf die lange B. schieben** wat üüb a lung beenk sküüw *u*
[2]**Bank** *Geldinstitut* at beenk, -en (det), a/at spaarkas, -en (det)
Bankfach at beenkfääk, -feeg (det)
Bankkonto at beenkkonto (det)
Banknote a jilseedel, -dler (di)
bankrott *pleite* **b. gehen** auer't hood gung *u*, bankerot maage
bar baar; **b. bezahlen** baar/kontant/so betaale; **b.-es Geld** baar jil
Bär **1** a bäär, -en (di) - **2** *übertr:* **der Große B.** (Sternbild) a kaarelswaanj, a grat waanj; **jmdm. einen B.-en aufbinden** hoker wat mä't luupen du *u* ('Laufen')
Baracke at barak, -en (det)
barfuß plat baarsbianet
Bargeld **1** at baarjil (det) - **2** *übertr:* **B. lacht** baarjil laachet
barhäuptig naagelthoodet
Barometer at wederglääs, -glees [z] (det), at baarometeer, -n (det)
Barren (Sportgerät) at turnrak, -en (det)
barsch kurt uf, bot; **b. antworten** bot swaare
Barschaft at baarskap (det)
Bart **1** a biard, -er (di); (unspezif.) biards; **er hat schon etwas B.** hi hää al wat biards - **2** *übertr:* **jmdm. Honig um den B. schmieren** hoker hönang am a snütj smere ('Maul')
Barten (b. Wal) a biarden (jo)

Barthel *Wendg.* **jmdm. zeigen, wo B. den Most holt** hoker wise, huar Bartel a moster haalet ('Senf')
bärtig bewoksen, biardag
Bassgeige a brombas, -en (di)
Basstölpel (Vogelart) Jan faan a Gent

Basstölpel Jan faan a Gent

basteln bastle, pröötle
Bau 1 *das Bauen:* **im B. sein** uun bau wees - **2** *Gebäude* a bau, -ten (di) - **3** *Höhle* at hool, hööl (det), at hööle, -lin (det)
Bauch 1 a bük, -er (di), at lif (det); **sich den B. halten vor Lachen** ham at lif föör laachin hual *u*; **sich die Beine in den B. stehen** ham a bian uun't lif/uun a bük stun *u*
bauchig büket
Bauchlappen (b. Schwein) a büklaap, -er (di)
Bauchriemen a bükriam, -er (di)
Bauchschmerzen at bükwark (det)
Bauchspeck at bükspääk (det)
bauen 1 *errichten* bau; **ein Haus b.** en hüs apsaat - **2** *sich ein Haus bauen:* **sie b.** jo san uun't bauen
[1]**Bauer** *Vogelkäfig* a/at büür, -en (det)
[2]**Bauer** *Landwirt* a büür, -en (di); **B. sein** büüre
Bäuerin at büürenwüf, -en (det)
Bauernhaus at büürenhüs, -sang [z] (det)
Bauernhof at büürsteed, -en (det)
baufällig romlag, baufelag
Baugerüst at stelang, -en (det)
Bauland at baulun (det)
Baum 1 a buum, -er (di) - **2** *übertr:* **Bäume ausreißen** buumer ütjriiw *u*; **zwischen B. und Borke sitzen** tesk holt an buark sat *u*
Baumblüte 1 *Blüte* at bloos, -en (det) - **2** *Blütezeit* a/at bloosentidj (det)
baumeln bamle, bangle, bomle, dingle
bäumen, sich *Pferd* üüb a bääftbian gung *u*
Baumrinde at buark (det), at rinj (det)
Baumstamm a buumstam, -er (di)
baumstark iisenstark [z] ('eisenstark')
Baumstumpf a stob, -er (di)
Baumwolle at buumol (det)
Bauplatz a bauplaats, -en (di)
Baustelle at bausteed, -en (det)
beabsichtigen wel (wal, wel, wal; wul; wulen), föörhaa, uun san haa
beachten 1 *Vorschrift* beaachte - **2** *zur Kenntnis nehmen:* **er hat sie gar nicht beachtet** hi hää goorei efter ham luket/ham goorei beaachtet
beackern beääkre, bewerke
beanstanden ütjsaat, kwise; **immer etw. zu b. haben** imer wat ütjtusaaten haa
beantragen beuundraage
beantworten swaare üüb
bearbeiten bewerke
beatmen beöösme [z]
beäugen rocht beluke, beuuge
bebauen bebau
beben rödle, beewre, sköde, redle

bebrüten bebrääť *u,* bebred *u*; **die Eier sind bebrütet** a aier san uunbrääť/san stöönk

Becher a becher, -n (di)

bechern pichle, süp (sopt; soob; sööben)

bedacht besoocht; **auf etw. b. sein** üüb wat besoocht wees

bedächtig sanag, eewen, suutjis

bedanken, sich ham besoonke, föl soonk sai *u*

bedauern 1 *einem Leid tun* ään iarag du *u*, ään spiit - **2** *bemitleiden* bedüüre

bedauerlich spiitag

bedauernswert stakels, aarem

bedecken 1 bedobe, tudobe; (mit Tüchern) behal - **2** *übertr:* **ein bedeckter Himmel** en betaanj loft, en betaanjen hemel

bedenken diaram seenk *u*, beseenk *u*

Bedenken at beseenken (det); **dagegen keine B. haben** diar niks jin haa

bedenklich 1 *zweifelhaft* beseenkelk - **2** *beunruhigend:* **eine b.-e Geschichte** en slim saag

bedeuten 1 *bezeichnen* bedüüde - **2** *besagen* bedüüde, men; **nichts Gutes b.** niks guuds bedüüde - **3** *übertr:* **was soll das denn b.?** wat skal det do föörstel?

bedeutend *wichtig* bedüüdend, bedüüden

Bedeutung at bedüüdang, -en (det)

bedeutungslos *Verb.* **b. sein** ei faan bedüüdang wees

bedienen 1 *jmdn.* besiine - **2** *Kartenspiel* bidu *u* - **3** *zulangen* ham besiine, auernem *u*; **bedient euch!** ling'em man tu! *od.* besiine'm jam!; **jeder muss sich selbst b.!** arkenään mut/ skal man salew auernem!

Bedienung 1 *das Bedienen* at besiinang (det) - **2** *Kellner* a besiinang, -en (di), a halper, -s (di); (Kellnerin) at besiinang, -en (det)

Bedingung *Voraussetzung* at föörütjsaatang, -en (det); **unter einer B.!** oner ian föörütjsaatang!

Bedrängnis *Verb.* **in B. kommen** tu miat kem *u*, uun a knip kem *u*; **in B. sein** uun nuad wees

bedrohlich gefeerelk

bedrücken *belasten:* **einen b.** ään swaar üüblei *u*

bedürfen brük; **er bedarf unserer Hilfe** hi brükt üüs halep

Beefsteak at bif (det), at bifstak, -en (det)

beehren beiare

beeiden beiase [z]

beeilen, sich ham flat, ufmaage, tumaage, tusä *u*; **beeile dich!** flat di!

beeindrucken beiindruke

beeinflussen beiinfluse

beenden beaanjage, beslütj *u*; **den Abend mit einem Lied b.** di inj mä en liitje beslütj

beengt bekneeben, bekrompen, iinkneeben, naar, noopag; **b. sitzen** bekrompen sat *u*

beerben bearwe

beerdigen beeerdage, tu küül bring *u*; **wann wird er/sie beerdigt?** wan as at lik?

Beerdigung at lik, -en (det), a/at beeerdigung, -en (det); **ich muss zur B.** ik skal tu lik

Beere at bei, -en (det); **B.-n pflücken** beien plooke

Beet at baad, -en (det)

befahren **1** *als Seemann* faar (fäärt; foor; fäären), keer; **er hat alle Meere b.** hi as auer a hialer welt fäären/keerd; **ein b.-er Seemann** en befäärenen siamaan - **2** *Straße:* **die Straße ist viel b.** üüb det struat woort föl ambikeerd

befallen befaal *u*

befangen fööriinnimen

befassen, sich ham befaade; **damit will ich mich nicht b.** diar wal ik niks mä tu dun/tu fun haa

Befehl a order, -n (di), a beskias (di); **B. geben** order/beskias du *u*; **B. erhalten** order fu *u*

befehlen order du *u*, sai (saad; saad); **du hast mir nichts zu b.** dü heest mi niks tu saien

befestigen fäästmaage

Beffchen (Halsbinde des evang. Pastors) at befke, -kin (det)

befinden, sich **1** *irgendwo sein* wees - **2** *sich fühlen* ham feel *u*, ään gung *u*

Befinden at befinjen (det); **na, wie ist das B.?** na, hü gongt't?

befingern begraable, befangre

befolgen befulge

befördern **1** *transportieren* transportiare - **2** *im Dienst* befördre; **befördert werden** en beeder baantje fu *u*

befragen uffraage

befreien **1** befrei; **b. von** ufhalep faan *u* - **2** **sich b.** ham befrei

befreunden, sich ham befrinjage, mäenööder bekäänd wurd

befreundet befrinjagt, befrinjet; **er ist mit ihm b.** hi as en frinj faan ham

befruchten befrüchte

befühlen befeel *u*, uunfeel *u*

befürchten baang wees

befürworten diarför wees

begabt kluuk; **b. sein** en graten geist haa, wat üüb kasje haa, wat luas haa

begeben, sich **1** *ereignen* ham bejiw [u:] *u* - **2** *hingehen* ham bejiw [u:] *u*, gung (gongt; ging; gingen) - **3** *übertr:* **sich in Gefahr b.** ham uun gefoor bejiw

Begebenheit a/at bejewenhaid, -en (det)

begegnen määt, draap, uun a määt kem *u*

begehen **1** *Fest* feire - **2** *tun:* **einen Fehler/eine Dummheit b.** en feeler/en domhaid maage

begehren begiar

begehrlich begiarelk

begehrt fraaget

begeistern begeistre; **hellauf begeistert sein** hen an wech wees

Begierde at begiar (det)

begießen **1** bejit *u* - **2** *übertr:* **das muss begossen werden!** diar skel'f ään üüb fu! *od.* diar skal ään üüb stun!; **sich die Nase b.** ham a nöös bejit *u*; **dastehen wie ein begossener Pudel** tustun üs en begöödenen puudel *u*

Beginn a began (di)

beginnen **1** *anfangen* began - **2** *unternehmen* uunting, began

begleichen beglik; **Schulden b.** skilen betaale

begleiten mägung *u*

beglücken lokelk maage

beglückwünschen lok wanske

begnügen, sich tufrees wees [z]

begraben **1** begreew [u:] *u*, begrobe - **2** *übertr:* **da liegt der Hund b.** diar leit a hünj begreewen/begrobet

Begräbnis at lik, -en (det)
begradigen lik maage
begreifen 1 *erfassen* begrip *u*, ferstun *u* - **2** *nachvollziehen:* **es nicht b. können** at ei faad/begreben fu kön
begreiflich *Verb.* **jmdm. etw. b. machen** hoker wat ferklaare
begrenzen begrense
Begriff 1 *Ausdruck* at wurd, -en (det), a begrip, -er (di) - **2** *übertr:* **im B. sein** uuntu̲ wees; **schwer von B. sein** letjet ferstant haa *od.* kurt faan ferstant wees
begründen begrünjage
begrüßen begrööte
Begrüßung at begröötang, -en (det), at begröötnis, -en (det)
begutachten rocht besä *u*, rocht beluke
begütert welsteld; **b. sein** klei bi a fet haa *od.* at mä't falen haa
behaart bewoksen
behagen *gefallen* **einem b.** ään haage, diar fermaak uun haa
behalten 1 *nicht hergeben* hual (häält; hääl/hel; häälen), behual *u*; **behalte es!** hual't man! - **2** *sich merken* behual *u* - **3** *übertr:* **etw. für sich b.** wat för ham salew behual *u od.* bi ham salew hual *u;* **nichts bei sich b. können** niks banhual kön
Behälter at ding, -en (det), a behelter, -n (di)
behandeln 1 *Krankheit* behanle - **2** *umgehen mit* behanle, amgung mä *u*; **so lass ich mich nicht b.!** so läät ik ei mä mi amgung!
Behandlung at behanlang, -en (det); **in ärztlicher B. sein** oner a dochter wees
behängen behinge
behaupten 1 behaupte, sai (saad; saad); **das Gegenteil b.** at jindial sai - **2 sich b.** ham trochsaat
Behausung at behüüsang (det) [z]
beheizen beheitse, behatjage
behelfen, sich ham behalep *u*, ham salew halep *u*; **sie mussten sich kümmerlich b.** jo moost jo komerlik behalep
beherbergen apnem *u*, onerbring *u*, wene läät
beherrschen, sich määster auer ään salew wees, ham tuupnem *u*
behexen betroole, behekse
behilflich behalpelk; **er war uns b.** hi hää üs holpen *od.* hi wiar üs behalpelk
behindern behanre
behindert behanert; **sie haben ein b.-es Kind** jo haa en letj, huar wat bi as
Behörde at amt, -en (det); **bei der B. arbeiten** üüb't amt werke
behutsam suutjis, eewen
bei 1 *örtl.* bi, at; **b. uns** at üüsen; **b. Norddorf** bi Noorsaarep - **2** *zeitl.:* **b. Tage** bi dai - **3** *Bedingung:* **b. Flut** bi flud - **4** *Tätigkeit:* **b. der Arbeit** bi't werk - **5** *Art u. Weise:* **schlecht b. Kasse** ring bi kas - **6** *Abfolge:* **Haus b. Haus** hüs bi hüs
beibehalten bibehual *u*
Beiblatt 1 *Zeitung* at bibleed, -en (det) - **2** *Karten* at bibleed (det)
beibleiben (norddt.) *sich nicht ändern* bibliiw [u:] *u*; **wenn das so beibleibt, nimmt das ein schlechtes Ende** wan det so biblaft, do namt at en ringen aanj
beibringen 1 *lehren* bibring *u*, bibroocht fu *u*; **der Lehrer konnte**

ihm/ihr nichts mehr b. a skuulmääster küd ham/hör niks muar bibroocht fu - **2 sich b.** ham bibring, ham uunliar; **das habe ich mir selbst beigebracht** det haa'k mi salew uunliard

Beichte 1 a bicht (di); **die B. abnehmen** a bicht ferhiar - **2** *übertr:* **zur B.** tu bicht

beichten *eingestehen* bichte

Beichtvater a bichtfeeder (di)

[1]**beide** *Adj* bias [z]; **von b.-n Seiten** faan bias sidjen

[2]**beide** *Indefinitpron* biasen [z]; **alle b.** al biasen; **die b.-n** jo tau; **eins von b.-n** ään of ööder *od.* ian faan biasen; **b.-s zugleich** biasen emsk; **jeder von b.-n** eder

beiderseits üüb bias ääger [z]

beidrehen bidrei

beidseitig üüb bias ääger [z]

beieinander bienööder, tuupbienööder; **dicht b.** nai bienööder

beieinanderhalten bienööderhual *u*

Beifall a bifaal (di), at tustemang (det)

beifügen bitudu *u*, bidu *u*

Beifuß (Küchenkraut), at grä jüd, -en (det)

beige beesk, laacht brün

beigeben 1 bidu *u* - **2** *übertr:* **klein b.** letj bidu *u*

Beigeschmack a bismaag (di)

Beihilfe at bihalep (det)

Beil at ääks, -en (det)

Beilage a/at bilaag, -en (det)

beiläufig bitu

beilegen 1 *schlichten* bilei *u* - **2** *beifügen* bitudu *u*, bidu *u*

Beilegeofen (im Friesenhaus) a bileger, -n (di)

Beileid *Wendg.* **mein herzliches B.!** ik surge mä di!

beimischen bimiske, bidu *u*

[1]**Bein** (Körperteil) **1** at bian, - (det); **sich die B.-e brechen** ham a bian breeg *u*; **die B.-e spreizen** mä a bian splare; **die B.-e übereinanderschlagen** a bian auerenöödersslau *u* - **2** *übertr:* **B.-e machen** bian maage; **sich die B.-e in den Bauch stehen** ham a bian uun't lif/uun a bük stun *u*; **kein B. auf den Grund kriegen** nian bian tu grünjs fu *u*; **sich kein B. ausreißen** ham nian bian ütjriiw *u*; **seine B.-e in die Hand/unter die Arme nehmen** a fet uun a hun nem *u od.* fet fööր'n eers nem *u* ('Füße' - 'Hintern'); **schwach auf den B.-en sein** swak/flau üüb a bian wees; **auf die B.-e kommen** üüb a fet/tu bians kem *u*; **auf den B.-en sein** (unterwegs sein) üüb stüten wees; **früh auf den B.-en sein** ääder üüb a bian wees

[2]**Bein** (Knochen) *Wendg.* **durch Mark und B. gehen** troch mörag an knooken gung *u*; **Stein und B. schwören** stian an bian sweer/swäär *u*

beinahe bal, miast, binai, naistenbi

Beiname a binööm, -er (di)

Beinchen at beenke, -kin (det)

Beirat a biriad (di)

beisammen 1 tuup, bienööder - **2** *übertr:* **nicht alle b. haben** sin fiiw ei tuup haa *od.* bi ään hög taken trinj wees ('Zacken rund')

beisammenhalten 1 tuuphual *u* - **2** *übertr:* **seine Gedanken b.** ääns soochter tuuphual

beisammensitzen tuupsat *u*

beisammenstehen tuupstun *u*

beiseitebringen tusidj fu *u,* bisidj fu *u*
beiseitenehmen bisidj nem *u*, tusidj nem *u*
beiseiteschaffen tusidj skaafe
beisetzen begreew [u:] *u*, begrobe
Beisetzung at lik (det); **wann ist die B.?** wan as at lik?
Beispiel at bispal, -en (det); **zum B.** tu'n bispal
beißen **1** bitj (bat; bääd; beden); **der Hund beißt!** di hünj bat! - **2** *übertr:* **nichts zu b. haben** niks tu bitjen haa
Beistand *Verb.* **jmdm. B. leisten** hoker bistun *u*
beistehen **1** bistun *u* - **2** **sich b.** enööder bistun *u*
beisteuern tudu *u*
Beitrag a bidrach, -er (di)
beitragen bidreeg *u*; **das Seinige dazu b.** sin diartu bidreeg
Beize at biat (det), at beits (det)
beizeiten bitidjs
beizen beitse
bejammern kwise am, gren am
bekannt **1** bekäänd; **jmd. B.-es** hoker bekäänds; **darf ich euch b. machen?** mut ik jam föörstel? - **2** *übertr:* **b. wie ein bunter Hund** bekäänd üs en bruketen hünj
Bekannte(r) *f* at bekäänd, -en (det); *m* a bekäänd, -en (di); **das sind alte B.** det san ual bekäänden
bekanntgeben bekäänd du *u*
bekanntmachen bekäändmaage
Bekanntmachung at bekäändmaagang, -en (det)
Bekassine (Schnepfenart) a stonger, -n (di)
bekehren bekiar
bekennen bekään
beklagen **1** beklaage - **2** **sich b.** ham beklaage
beklagenswert greemelk; **b. sein** tu beklaagin wees
bekleckern, sich ham besile, ham iinoose [z]
beklommen benaud, bekläämd
Beklommenheit a/at baanghaid (det), a/at benaudhaid (det)
beknabbern begnau, bebedle
bekochen beklööge
bekommen **1** *erhalten* fu (feit; füng; füngen); **einen Brief b.** en briaf fu; **Bescheid b.** bööd fu; **ein Kind b.** en letj/wat letjs fu - **2** *sich verändern:* **graue Haare b.** grä hiar fu *u* - **3** *bekömmlich sein* bekem *u*, ufkön; **ist dir die Reise gut b.?** as di det rais gud bekimen?; **Kaffee bekommt mir nicht** kofe koon'k ei uf - **4** *übertr:* **zuviel b.** tuföl fu *u*
beköstigen üüb koost haa; **beköstigt werden** a koost fu *u*; **umsonst beköstigt werden** a koost föör't kauin haa ('für's Kauen')
bekräftigen bekrääftage
beladen belees [z] *u*
belagern beloogre
Belang *Verb.* **von B.** faan belang, wichtag
belangen beling
belasten beläást(e)
Belastung **1** at lääst, -en (det) - **2** *Schulden* a läästen (jo), a ünjilen (jo)
belauben, sich bleeden fu *u*
belauern beluure
belaufen, sich ham beluup *u*
belauschen ufharke
belegen **1** *bedecken* belei *u*; **belegte Brote** apkliamd/üübkliamd bruad

- 2 *besetzen:* **die Appartements sind alle belegt** altumaal wenangen san belaanj

belehren beliar; **sich nicht b. lassen** ham niks sai läät

Belehrung at beliarang, -en (det)

beleibt büket

beleidigen beleidage, föör't hood stupe

belemmern belemre

belesen beleesen [z]

Beleuchtung at laacht (det)

beliebt lesen [z], wellesen [z]

beliefern leewre tu

bellen blakse, blafe; (Kinderspr.) wuufe

belohnen beluane

Belohnung a luan (di), at beluanang, -en (det)

belügen uunleeg *u*

bemalen uunmoole

bemängeln ütjsaat

bemerken 1 *sagen* sai (saad; saad) - **2** *wahrnehmen* waar/wis wurd

Bemerkung at bemarkang, -en (det); **dumme B.-en machen** dom snaak haa

bemessen bemeed *u*

bemittelt welsteld

bemühen, sich ham bemeu, ham meut du *u*

bemuttern bepööske, be-eemke; **von vorne und hinten b.** faan föören an bääften bepööske

benachrichtigen bööd du *u*, beskias sai *u*; **benachrichtigt werden** bööd/beskias fu *u*; **persönlich benachrichtigt werden** aanj bööd fu *u*

Benachrichtigung a bööd, -en (di)

benagen begnau, bebedle

benähen *Näharbeiten verrichten* besei; **meine Mutter hat uns alle benäht** üüs mam hää üs altmaal beseid

benehmen, sich ham benem *u*, ham skake; **benimm dich!** wees oortag! *od.* skake di!

Benehmen at benemen (det)

benennen 1 *angeben* nääm - **2** *nach etw./jmdm.* nääm; **wir wollen das Kind nach Opa b.** wi wel det letj nääm efter ualaatj

benetzen spreenke

benommen düüsag [z]

benötigen brük

benutzen benatage, brük

Benzin at bensiin (det), at spriit (det); **B. sparen** spriit spaare

beobachten luke efter, uun't uug hual *u,* beluke

beordern beordre

bepacken bepaake

bepflanzen beplaante; **die Dünen b.** a düner/a dünem beplaante

bequem 1 *angenehm* määkelk - **2** *behaglich:* **ein b.-er Stuhl** en määkelken stuul - **3** *träge, faul* määkelk, trai; **sie sind ein bisschen b.** jo san wat määkelk üüb jo

Bequemlichkeit a/at määkelkhaid (det)

berappen berape

beraten 1 beriad *u* - **2** *übertr:* **gut b. sein** gud beräät wees

berauben beruuwre, ütjruuwre

berechnen bereegne

Berechnung at bereegnang, -en (det)

berechtigt berochtagt

bereden besnaake

beredt müsfiardag, rap üüb a müs; **b. sein** gud faan't wurd kem *u*

Bereich a berik, -er (di)

bereifen *überfrieren* ripe
bereinigen berianage
bereit klaar, sowidj, uuntu; **seid ihr b.?** san jam sowidj?
bereiten **1** *herstellen* maage; **das Essen b.** at iidjen maage - **2** *verursachen:* **Kummer b.** komer maage
bereitliegen klaar lei *u*
bereits al
bereitstehen klaar stun *u*
bereuen ään spiit, ään iarag du *u*
Berg **1** Ggs. *Tal* a berag, -rger (di) - **2** *Menge* a bonk, -er (di); **ein B. Wäsche** en bonk wesje - **3** *übertr:* **B.-e versetzen** berger fersaat; **einem die Haare zu B.-e stehen** ään at hiar tu berag stun *u od.* (veralt.) ään at hiar üüb't hood riis *u*; **über alle B.-e sein** auer'n dik wees *od.* auer aler berger wees; **über den B. sein** at slimst hed haa
bergab **1** beragdeel - **2** *übertr:* **b. mit jmdm. gehen** beragdeel mä hoker gung *u*
bergauf **1** beragap - **2** *übertr:* **es geht mit ihm wieder b.** at gongt weder beragap mä ham
Bergelohn a beragluan (di)
bergen berag (beragt; boorag; bürgen); **Segel b.** sails berag/iinhaale
Bericht a beracht, -er (di)
berichten beracht, fertel
berichtigen ferbeedre
Bernstein at rääf (det), at bernstian (det)
bersten **1** baast (bost; bosten), splitj (splat; splääd; spleden) - **2** *übertr:* **vor Lachen b.** splitj föör laachin
berücksichtigen beseenk *u*
Beruf a beruuf (di); **was ist sein B.?** wat werket/maaget hi?; **den B. verfehlt haben** at ferkiard baantje haa
berufen **1** *in ein Amt einsetzen* berep *u* - **2** *herbeireden:* **man soll das Unglück nicht b.** ham skel at ünlok ei berep
beruflich *Verb.* **b. machen** werke, am hun haa
beruhen berau
beruhigen **1** *beschwichtigen* berauage, begöösje - **2** **sich b.** ham berauage, ham bedaarage; **sich nicht wieder b. können** ham ei weder iinfu *u*
berühmt bekäänd
berühren bereer, uunling, tukem *u*, uunreer; **nicht b.!** ei tukem!
besäen besä *u*
besagen besai *u*, sai (saad; saad), het; **das besagt nichts** det besait niks *od.* det het niks
besamen besaame, dek
Besatzung a/at maanskap, -en (det)
besaufen, sich ham besüp *u*, ham ään nei
beschädigen rampuniare, uunstakenmaage, beskaasage [z]
[1]**beschaffen** *Adj* beskeeben
[2]**beschaffen** *Vb* beskaafe
beschäftigen **1** *arbeiten lassen:* **die Firma beschäftigt zehn Leute** at firma hää tjiin lidj; **beschäftigt sein bei** werke bi, uunsteld wees bi - **2** **sich b. mit** ham befaade mä
Beschäftigung **1** *Stelle* at werk (det) - **2** *Tätigkeit:* **eine B. haben** wat am hun haa
beschäftigungslos saner werk
beschämen besklööme
beschämt besköömet, slükuaret
beschauen beluke
Bescheid **1** a beskias (di), a bööd (di); **B. sagen** beskias sai *u*; **B. bekommen**

beskias/bööd fu *u*; **B. geben** bööd du *u* - **2** *übertr:* **B. wissen** beskias wed *u*; **nicht B. wissen** diar niks tu kään, niks faan wed *u*
bescheiden **1** *anspruchslos* beskiasen [z] - **2** *einfach* ianfach
bescheiden, sich ham beskias [z]
bescheinen beskiin *u*
bescheinigen biskiinage
Bescheinigung a skiin, -er (di)
bescheißen beskitj *u*; **er bescheißt, wo er kann** hi beskat, huar'r koon
bescheuert uun't hood skeden, beklupet
beschissen **1** beskeden - **2** *übertr:* **ein b.-es Leben** en beskeden leewent
Beschlag **1** a beslach, -er (di) - **2** *übertr:* **in B. nehmen** uun beslach nem *u*
[1]**beschlagen** *Vb* **1** *Pferde* beslau *u*, skui - **2** *Glas* beslau *u*; **die Fenster sind bis obenhin b.** a wönger san bit boowenhen beslaanj/apdampet
[2]**beschlagen** *Adj* beslaanj
beschlagnahmen uun beslach nem *u*
beschließen **1** *entscheiden* aueriankem *u*, beslütj *u* - **2** *beenden* beslütj *u*; **den Abend wollen wir mit einem Lied b.** di inj wel'f mä en liitje beslütj
Beschluss a beslütj (di)
beschmutzen **1** fül maage, ferkuade, iinore - **2** *übertr:* **das eigene Nest b.** det aanj nääst fülmaage
beschneiden beskeer *u*; (Schere) beklap
beschränken beskrenke
beschränkt *einfältig* turag
beschreiben **1** *vollschreiben* beskriiw [u:] *u* - **2** *schildern:* **ich kann es gar nicht alles b.** ik koon't goorei ales beskrewen fu
Beschreibung at beskriiwang, -en (det)
beschubsen bedreeg *u*
beschuldigen beskilage, skil du *u*
beschwerlich besweerelk
beschwichtigen begöösje, berauage
besehen beluke, besä *u*
beseitigen **1** wechmaage - **2** *übertr:* **jmdn. b.** hoker am a huk bring *u*
Besen **1** a beesem, -er/-smer (di) [z] - **2** *übertr:* **neue B. kehren gut** nei beesmer faage gud *Sprw*
Besenginster a skroben (jo)
Besenheide at hias (det) [z]
Besenstiel a beesemstaal, -er (di) [z]
besessen beseeden
besetzen besaat
besetzt besaat
Besetzung a/at besaatang (det)
besichtigen beluke, besä *u*
besiedeln besiidle
besinnen, sich **1** *überlegen* ham besan, ham beseenk *u* - **2** *erinnern:* **ich kann mich nicht darauf b.** ik koon 'ar mi ei üüb besan - **3** *übertr:* **sich eines Besseren b.** ham üüb wat beeders beseenk; **erst besinn's, dann beginn's!** iarst besan, do began! *Sprw*
Besinnung at besanang (det); **bei B. sein** bi ham salew wees; **zur B. kommen** tu ham salew kem *u*, ham bedaarage; **die B. verlieren** wechswüme
besinnungslos faan't wat uf, besanangsluas
Besitz at eegendum (det)
besitzen **1** *haben* haa (hää; hed; hed),ään hiar - **2** *übertr:* **Mut b.** mud haa

besoffen besööben
besohlen besööle
besondere(r, -s) besanerlik; **nichts B.-s** niks besanerliks
[1]**besonders** *Gradpart* fööraal
[2]**besonders** *Adv* apartag, rocht; **ein b. schöner Tag** en apartag neten dai
besorgen 1 *beschaffen* besurge - **2** *erledigen* berede, besurge; (Einkäufe) äärne; **noch etw. zu b. haben** noch wat tu äärnin/tu besurgin haa
besorgt besuragt, besaat, benaud, beden; **b. sein um** beskeden wees am
Besorgung a äären, -rner (di); **B.-en machen** äärne
bespielen bespele
bespötteln bespiit
besprechen 1 *bereden* besnaake; (veralt.) bedial - **2** *beschwören:* **die Rose** (Hautkrankheit) **b. lassen** a ruus bespreeg läät
bespritzen bespuutre
bespucken uunspütje, bespütje
besser 1 beeder; (von zweien) beedermuar - **2** *übertr:* **um so b.** soföl beeder; **sich eines B.-en besinnen** ham üüb wat beeders beseenk *u*
bessergehen beedergung *u*
bessern, sich ham beedre
Besserung a/at beedrang (det): **auf dem Wege der B.** uun a beedrang; **gute B.!** kom di bal! *od.* gud beedrang!
Besserwisser a kluukskitjer, -n (di)
Bestand *Dauer* a bestant (di); **keinen B. haben** ei faan bestant wees
beständig *ununterbrochen* uun ianen wech
bestätigen 1 besteedage - **2** *Richtigkeit* gudkään
bestatten begreew [u:] *u*
bestaunen bewonre
beste 1 best; **das b.-e Wetter** at beste weder; **b.-ens** üüb't best; **zu Hause ist es am b.-en** aran as best - **2** *übertr:* **zum B.-en haben** för nar haa; **nicht zum B.-en stehen** ei tu'n besten stun *u*; **der erste B.-e** di iarst best
bestechen besteeg *u*
Besteck (Essb). at bestek (det), a kniiwer an furken ('Messer u. Gabeln'); **das silberne B.** at salwer ('Silber')
bestehen 1 *existieren* bestun *u* - **2** *b. aus* bestun ütj *u* - **3** *beharren:* **darauf b.** diarüüb poche, diarüüb bestun *u* - **4** *absolvieren:* **eine Prüfung b.** en preewang bestun *u*
bestellen 1 *veranlassen* bestel; (per Katalog) ferskriiw [u:] *u*; **Handwerker b.** hoonwerkers bestel - **2** *bearbeiten* berede; **das Feld b.** at fial berede - **3** *übertr:* **damit bestellt sein** diar am wees
Bestellung at bestelang, -en (det)
bestenfalls wan't huuch komt
besticken ütjsei; **ein besticktes Tuch** en duk mä ütjseiden üüb
bestimmen besteme, riad (räät; räät; räät)
[1]**bestimmt** *Adj* was; **ab einem b.-en Alter** faan en was ääler uf uun
[2]**bestimmt** *Adv* bestimt, was, saacht; **das haben sie b. vergessen** det haa's was ferjiden
Bestimmtheit a/at wasaghaid (det), a/at washaid (det)
bestrafen stroofe, bestroofe, düüre
bestrahlen bestruale, bestraale
bestreichen üübkliam; **Brote b.** bruad/staken üübkliam

bestreiten *anfechten* ufstridj *u*, bestridj *u*

bestürzt ferbaaset [z]; **ganz b. sein** rian tunant wees

Besuch **1** *das Besuchen:* **zu B. sein** üüb'n/tu besjük wees; **abends einen B. machen** ütj tu apsaten wees - **2** *Gast, Gäste* at besjük (det); **B. zu Hause haben** mä besjük sat *u*; **ständig B. haben** iiwag hoker üüb a dör haa; **das ist unser B.** det as üüs besjük

besuchen **1** *aufsuchen* besjük *u* - **2** *Schule:* **das Gymnasium b.** tu't huuger skuul gung *u*

betasten begraable

beteiligen **1** bedialage; **daran beteiligt sein** diar paart uun haa, diaruun bedialagt wees - **2 sich b.** ham bedialage

beten beedge, beedage

beteuern ferseekre, för was sai *u*

betonen **1** betuune - **2** *übertr:* onerstrik *u*, betuune

betrachten *anschauen* besä *u*, beluke

Betrachtung *das Anschauen* a/at betrachtang, -en (det), at belukin (det)

Betrag a bedrach, -er (di)

betragen **1** *Rechnung* ham beluup üüb *u* - **2 sich b.** ham apfeer, ham benem *u*, ham skake

Betragen at benemen (det)

betrauen betrau

betrauern besurge; **jmdn. b.** surge am hoker

betreffen bedraap, uungung *u*; **ich fühle mich überhaupt nicht betroffen!** det gongt mi widj fööörbi!

betreiben bedriiw [u:] *u*; **Landwirtschaft b.** büürerei bedriiw

betreten betreed *u*

betreuen paase, betrau

Betreuung at paasang (det)

Betrieb **1** *Bauernhof* a bedrift, -en (di), a bedriiw, -en (di) [u:] - **2** *Fabrik* a bedriiw, -en (di) [u:]; **den B. aufgeben** a bedriiw apdu *u* - **3** *Tätigkeit:* **in B. setzen** uun a gang saat - **4** *Treiben* at gemuuse (det) [z], at gefuur (det) - **5** *übertr:* **B. sein** wat luaskem *u*, wat luas wees

betriebsam reerag, driftag, flitjag

betrinken, sich auer a sast drank *u*, ham besüp *u*

betrüben bedrüüwe

betrübt bedrüüwet, benaud

Betrug **1** at bedreegerei, -en (det), a bedruch (di); **das ist der reinste B.!** det as di riane bedruch! - **2** *übertr:* **Lug und B.** luch an bedruch

betrügen bedreeg *u*, beskup, beskitj *u*; **er betrügt, wo er kann** hi beskat, huar'r koon

Betrüger **1** a bedreeger, -n (di) - **2** *übertr:* **ein Lügner und B.** en leeger an bedreeger

Betrügerei at bedreegerei, -en (det)

betrügerisch bedreegelk

betrunken besööben, blä, dronken, potfol; (besinnungslos b.) staf; **jmdn. b. machen** hoker en brant üübjaage; **am schwersten b. sein** a generool haa

Betrunkene(r) *f* at besööben, -en (det), at dronken, -en (det); *m* a besööben, -en (di), a dronken, -en (di); **die B.-n** a besööbenen, a dronkenen

Bett **1** *Möbel* at baad, -en (det); **am Kopfende des B.-es** at hoodin; **am Fußende des B.-es** at futin; **ich muss**

zu B. ik skal tu baad; (scherzhaft) ik skal tu rak/tu kuis ('Hühnerstange' - 'Koje'); **im B. liegen** üüb/uun baad lei *u*; **ins B. bringen** tu baad bring *u*; **früh/spät zu B.** ääder/leed tu baad; **noch ins B. machen** (Kinder) noch wiat lei *u* - **2** *Bettauflage:* **B.-en beziehen** baaden auertji *u*/betji *u*; **B.-en machen** baaden maage - **3** *übertr:* **mit jmdm. ins B. gehen** mä hoker tu baad gung *u*; **mit den Hühnern zu B. gehen** mä a hanen tu baad gung *u*

Bettbezug at sluup, -en (det), at baadsluup, -en (det)

Bettchen (Kinderspr.) at betje, -jin (det)

Bettdecke at üübins, -en (det)

Bettende *Verb.* **am B.** at baadfutin

bettelarm beedelaarem; **b. sein** nään panang üüb (a) skrääp haa

betteln beedle; (Kinder) trögle, höntje

betten baade

Bettkante a baadkaant, -er (di), at salem, -lmer (det)

bettlägerig baadleegrag

Bettlaken at blääch, -en (det)

Bettler a beedler, -s (di), a trögel, -gler (di)

Bettstelle at baadsteed, -en (det)

Bettvorleger a baadfóörleeger, -n (di)

Bettwäsche at baadtjüch (det), at lanen (det); **die B. wechseln** a baaden betji *u*

Bettzeit a/at baadtidj (det)

Beuge a bocht (di); **in die B. gehen** uun a bocht gung *u*

beugen **1** büg (bocht; boog; baanj) - **2 sich b.** ham büg *u*

Beule **1** *Einbeulung* at delk, -en (det), at küdj, -en (det); **eine B. im Auto** en delk uun a waanj - **2** *Schwellung* a hurn, -er (di), a tuut, -en (di); ('Eiterb.') at bool, -en (det)

beunruhigen **1** beünrauage - **2 sich b.** ham beünrauage

beurteilen beordiale

Beutel a büüdel, -dler (di), a pöös, -er (di) [z], a pung, -er (di)

Beutelnetz (früher b. Krabbenfang) at glüp, -en (det)

bevölkern befölkre

Bevölkerung at lidj (det), at befölkrang (det)

bevor iar, beföör; **b. wir anfangen** iar wi began

bevorstehen beföörstun *u*; **einem b.** ään beföörstun *u*, ään fóör a dör stun *u*

bevorzugen fóörtji *u*

bewachen bewache

bewachsen bewaaks *u*

bewahren **1** *schützen* bewaare; **Gott bewahre!** God bewaare! - **2** *etw. erhalten* behual *u*; **die Sprache ist noch bewahrt** a spriak as noch behäälen

bewältigen twing (twangt; twoong; twüngen), määster auer wurd, skaafe

bewandert bewaanert, beslaanj

Bewandtnis at bewantnis (det)

[1]**bewegen** **1** reer; **kein Glied b. können** nian las reer kön - **2 sich b.** ham reer; **es bewegt sich kein Blatt!** diar reert ham nian bleed!

[2]**bewegen** *zu etw.:* **jmdn. dazu b.** hoker diartu fu *u*

beweglich beweegelk

Bewegung **1** Bewegen a/at beweegang, -en (det) - **2** *polit. Gruppierung:* **die friesische B.** at fresk beweegang

- **3** *übertr:* **alles in B. setzen** ales uun beweegang/uun a gang saat

Beweis a bewis, -en (di)

beweisen bewise [z]

bewerben, sich ham bewerew [u:] (beweraft; bewoorew [u:]; bewürwen)

bewerkstelligen ütjracht, bedriiw [u:] *u*, bewerkstelage

bewerten bewäärse

bewilligen bewalage

bewirten besiine, traktiare

bewirtschaften bewiartskafte, bedriiw [u:] *u,* feer

bewohnen bewene

bewölken, sich ham betji *u*

bewölkt betaanj

Bewölkung a auertooch (di), a swarken (jo); **eine dunkle Bewölkung** en jonken auertooch

bewundern bewonre

bewusst bewost

bewusstlos uun swüm fäälen, besanangsluas

Bewusstsein at besanạng (det); **bei B.** bi besanang; **wieder zu B. kommen** weder tu ham salew kem *u*

bezahlen **1** betaale; **bar b.** baar betaale - **2** *übertr:* **der Regen ist nicht mit Geld zu b.** di rin as ei mä jil tu betaalin

bezeichnen betiakne

Bezeichnung at betiaknang, -en (det), a ütjdrük, -er (di),

bezeugen betjüüg

beziehen **1** *erhalten* fu (feit; füng; füngen) - **2** *überziehen* betji *u,* auertji *u*; **Betten b.** baaden betji/auertji *u* - **3** *Wetter:* **der Himmel hat sich bezogen** a loft as betaanj - **4** **sich b. auf** ham betji üüb *u*

Beziehung *Verb.* **sie hat die B. zu ihm abgebrochen** hat wal niks muar mä ham tu fun/tu dun haa

Bezug *Überzug* a auertooch, -tööger (di); **die Stühle haben einen neuen B. bekommen** a stuuler haa en neien auertooch füngen

bezweifeln betwiiwle

bezwingen, sich ham betwing *u*

Bibel **1** (als Buch) a biibel, -bler (di) - **2** *die Heilige Schrift* a biibel, a skraft

bibelfest biibelfääst; **b. sein** a biibel ütj (at) hood kön

Bibelspruch a halag spröök, -er (di)

Bibelstelle at biibelsteed, -en (det)

Bibertuch a witjel, -tjler (di)

biblisch biiblisk

Bickbeere (Heidelbeere) at grobelbei, -en (det)

biegen **1** büg (bocht; boog; baanj); **um die Ecke b.** am a huk büg - **2** *übertr:* **auf B. und Brechen** üüb hualen an breegen *od.* üüb bügen of breegen; **den Baum muss man b., solange er jung ist** ham skal a buumer büg, so loong's jong san *Sprw*

biegsam lenag

Biegung a bocht, -er (di)

Biene at im, -en (det); **die B.-n schwärmen** a imen swarme

bienenfleißig flitjag üs en im

Bienenhonig at imhönang (det)

Bienenkönigin at imkönangin, -en (det)

Bienenkorb a imkurew, -wer (di) [u:]

Bienennest (Wildbienen) at imnääst, -nees [z] (det), at imuur, -en (det)

Bienenschwarm a imswarem, -rmer (di)

Bienenstachel a impuurt, -er (di)

Bienenstich (Verletzung) a imsteeg, -er (di)

B

Bienenvolk at imfolk, -er/-fölker (det)
Bier at biir (det); **eine Flasche/eine Dose B.** en butel/en duus biir
Bierdeckel at biirlad, -en (det)
Bierdose at biirduus, -en (det) [z]
Bierflasche a biirbutel, -tler (di)
Bierglas at biirglääs, -glees [z] (det)
Biesfliege (Dasselfliege) at besfleeg, -en (det) [z]
Biest *Wendg.* **so ein B.!** wat en beest!
Biestmilch (Milch nach d. Kalben) at jüst (det)
bieten **1** bad (bat; bääd; beeden); **Geld b.** jil bad - **2** *übertr:* **sich nicht b. lassen** ham ei bad läät *u*
biiken (beim Biikefeuer sein; Volksbrauch) biake; **heute abend sind sie beim Biikefeuer** ilang san's ap tu biakin
Biikefeuer (traditionelles Feuer am Abend des 21.2.) at biak, -en (det); **das B. anzünden** biake *od.* at biak uunten
Bild **1** at bil, -en (det); (Wandbild) at skilt, -en (det) - **2** *übertr:* **sich ein B. machen** ham en bil maage; **ein B. von einem Mädchen** en bil faan foomen
bilden bilde, bil
Bilderbuch at bilbuk, -en (det)
bildhübsch bilsmok
Bildschirm a bilskirem, -rmer (di)
billig bilag
billigen bilage
Binde **1** at binj, -en (det), at slont, -en (det), a winjsel, -sler (di) - **2** *übertr:* **er hat sich einen hinter die B. gegossen** hi hää ham en letjen troch a hals gööden
Bindemäher a binjer, -s (di)
binden **1** *festmachen* binj (banjt; boonj; bünjen) - **2** *knüpfen:* **eine Krawatte b.** en slips binj *u* - **3** *sämig werden:* **die Soße will nicht b.** at smeer wal ei siamag wurd - **4** **sich b.** ham binj *u*; **er will sich noch nicht so früh b.** hi wal ham noch ei so ääder binj - **5** *übertr:* **gebunden sein** bünjen wees
Binder *Krawatte* a binjer, -s (di)
Bindfaden a triad, -er (di); (unspezif.) triads; **hast du noch B.?** heest noch wat triads?
Bindung *Beziehung* a tuhual (di)
binnen ban, banen; **b. kurzem** ban kurt; **b. Jahresfrist** banen't juar
binnendeichs bandiks
Binse at rosk, -en (det)
binsenbestanden roskag
Birke at birk, -en (det)
Birnbaum a peerbuum, -er (di)
Birne **1** *Frucht* at peer, -en (det) - **2** *Glühbirne:* **eine 100-Watt B.** en hunert wat peer *od.* en peer faan hunert wat
birsen (rennen v. Kühen) störte, bese [z]
[1]**bis** *Präp* **1** *zeitl.* bit, tu, ap tu; **b. 1900** ap tu njüügentaanjhunert; **b. 3 Uhr** bit tu a klook trii; **b. dann** tu dan; **b. heute** tu daalang; **b. jetzt** tu nü tu; **b. morgen** bit maaren; **von Anfang b. Ende** faan aanj tu aanj; **b. zuletzt** tu aanj tu - **2** *örtl.* bit, tu; **b. hierher** bit hir hentu; **von Norddorf b. nach Süddorf** faan Noorsarep tu Sössaarep; **von hier b. da** faan hir tu diar - **3** *mit Ausnahme von:* **b. auf** bit üüb
[2]**bis** *Konj* bit dat; **wir warten, bis er wiederkommt** wi teew, bit dat hi wederkomt

Bischof a baskop, -er (di)
bisher tu nü tu, ap tu nü
Biss a bed, -er (di)
[1]**bisschen** *Indefinitpron* letj, letjbetj; **das b. Geld** det letjbetj jil; **jedes b.** arke betj; **ein kleines b.** en letjbetj; **nicht ein b.** ei en betj/biitjebetj
[2]**bisschen** *Adv* wat; **setz dich ein b.!** sat man wat deel!
Bissen a bed, -er (di), a haps, -er (di)
bissig bedlag, ewlag
bisweilen bitidjen, bisküüren
Bitte at beed, -en (det), at bad, -en (det)
bitte! wees/wees'em so gud!; **b., lang/langt zu!** wees/wees'em so gud an ling/ling'em tu!; **wie b.?** wat saist?
bitten bad (bat; bääd; beeden); **um einen Gefallen b.** am en gefalen bad; **ich bitte dich!** ik bad di!
bitter **1** bater, batrag; **b. wie Galle** bater üs gaal - **2** *übertr:* **b.-e Tränen** bater tu̯aren
bitterböse roosendol [z]
bitterkalt baterkuul
bitterlich baterk, baterlik
bitternötig suartnuadag, baternuadag
bitterwenig baterletjet
blamieren blamiare
blank **1** *glänzend* blank - **2** *bloß:* **mit b.-em Hintern** mä a blank eers - **3** *übertr:* **b. sein** blank wees; **der B.-e Hans** di Blanke Hans (die Nordsee)
Blase **1** *Hautblase* a/at blees, -en (det) [z] - **2** *Luftblase* a borel, -rler (di); **B.-n werfen** borle, bodle - **3** *Harnblase* a/at blees (det) [z]; **es an der B. haben** at uun/bi a blees haa
Blasebalg a püster, -n (di), a bloosbalag, -ger (di) [z]
blasen **1** *Wind* bloose [z], blä (blest; blest; blest), püste; **der Wind bläst** a winj blooset - **2** *Trompete* tuute - **3** *übertr:* **keine Ahnung haben von Tuten und B.** niks ufwed faan tuutin an bloosin *u*
Blasentang a kliawerbosker (jo)

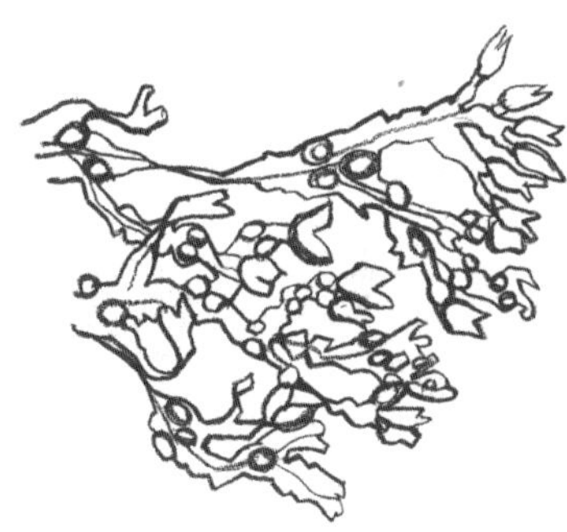

Blasentang a kliawerbosker

Blaskapelle at blooskapel, -en (det) [z]
blass *Farbe* blas; (Gesicht) bliak, witj; **b. im Gesicht** bliak am't hood; **b. um den Mund** witj am a nääb/am a müs
Blässhuhn at grat weederhan, -en (det)
Blatt **1** *Pflanzenteil* at bleed, -en (det) - **2** *Stück Papier* at bleed, -en (det), a seedel, -dler (di); **ein leeres B.** en blanken seedel - **3** *Kartenspiel:* **ein gutes B.** en gud bleed; **ein schlechtes B.** ring koorden - **4** *Schulterstück v. Schlachttieren* at skooft (det)
Blättchen at bleedje, -jin (det)
Blattern a pook
blättern bleedre, bleede
Blätterteig at böderdii (det)
Blatthülle a hööm, -er (di)
blau **1** blä; (Lippen, Gesicht) brons - **2** *übertr:* **er war als erster b.** hi wiar üs iarst blä

blauäugig bläuuget
Blaubeere at bläbei, -en (det)
bläulich bläelk
blaumachen blämaage
Blaumeise at müürfink, -en (det), at blämeis, -en (det)
blaurot bläruad; (Gesichtsfarbe) brons
Blech at blik (det)
blechen berape
blechern bliken
Blei at luad, -en (det); **schwer wie B.** swaar üs luad
Bleibe at onerkrep (det), at aran (det); **keine feste B. haben** nian bliiwen steed haa
bleiben **1** *verharren* bliiw [u:] (blaft; blääw [u:]; blewen); **bleib sitzen!** bliiw man saten! - **2** *sich nicht ändern:* **es bleibt alles beim Alten** at blaft bi't ual - **3** *sich aufhalten* stege, wees; **wo b. sie bloß so lange?** huar stege's dach so loong? - **4** *übertr:* **er ist auf See/im Krieg geblieben** hi as üüb sia/uun a krich blewen
bleibenlassen bliiw läät [u:], wees läät
bleich bliak, witj am't hood
bleichen blik
bleiern luaden
bleischwer swaar üs luad
Bleistift a/at pokluad, -er/-en (det)
Blesse (Stirnfleck b. Tieren) a/at bles, -en (det)
Blick **1** *Hinschauen* a luk, -er (di); **auf den ersten B.** bi't iarst henlukin - **2** *Aussicht* at ütjsicht; **mit B. aufs Meer** mä ütjsicht üüb't weeder
blicken **1** luke; **von hier aus kann man über ganz Amrum b.** faan hir ütj koon'am auer hial Oomram luke - **2** *übertr:* **lass dich mal wieder blicken!** läät di ans weder sä!
blind **1** blinj - **2** *übertr:* **ein b.-er Hesse** en blinjen hes; **ein b.-es Huhn findet auch mal ein Korn** en blinj han fanjt uk ans en kurn *Sprw*
Blinde(r) *f* at blinj, -en (det); *m* a blinj, -en (di)
Blindheit a/at blinjhaid (det) - **2** *übertr:* **mit B. geschlagen** mä blinjhaid slaanj
blindlings uun/faan blinjem
blinken blinkre
Blinkfeuer *Leuchtfeuer* at blinkial, -en (det)
Blinklicht at blinklaacht, -en (det)
blinzeln pliire
Blitz **1** a/at laid, -en (det); **die B.-e zucken** a laiden swupe; **da hat der B. eingeschlagen** diar hää a laid iinslaanj - **2** *übertr:* **wie der B.** üs en laid uun sonrin; **wie ein geölter B.** üs en ööleten laid; **das sieht aus, als hätte der B. eingeschlagen** det sjocht ütj üs soner an laid *od.* üs hole uun ruuk ('Bulle im Heuhaufen')
blitzen laidage, laide
blitzsauber blitsblank
blitzschnell uun en kuugelsen faard, flink üs en laid
Block a blook, blöög (di)
Blödsinn at domtjüch (det); **was für ein B.!** wat staken! *od.* wat en dom tjüch!
blöken bläädre, blare
blond laacht, laachthiaret
Blondschopf at witjhood, -hööd (det)
[1]**bloß** *Adj* naagelt, bluat; **mit b.-en Händen** mä naagelt hunen
[2]**bloß** *Modalpart* bluat, man; **b. nicht** bluat ei

[3]bloß *Gradpart* bluat; **zu Hause wird b. Friesisch gesprochen** aran woort bluat öömrang snaaket

bloßliegen bluatlei *u*, naageltlei *u*

bloßstellen blamiare, bluatstel

bloßstrampeln, sich ham apskup; **bloßgestrampelt liegen** apdobet lei *u*

blühen 1 bleu; (Obstbäume) bloosne; (Getreide, Gras) drii - **2** *übertr:* flooriare, bleu; **das Geschäft blüht** at gesjeft flooriaret/bleut

Blume at bluum, -en (det); (Feldblume) at kral, -en; (Kinderspr.) at blömke, -kin (det)

Blumenbeet at bluumbaad, -en (det)

Blumengeschäft a bluumlooden, -s (di)

Blumenstrauß at straus bluumen, streuse (det)

Blumentopf at bluumpot, -en (det)

Blumenvase at waas, -en (det) [z], at bluumwaas, -en (det) [z]

Bluse at bluus, -en (det) [z]; **die B. aufknöpfen** at bluus deelknoope

Blut 1 at blud (det); **geronnenes B.** stiiwert blud, tuupskööden blud; **B. spucken** blud spütje; **B. spenden** blud spende - **2** *übertr:* **böses B. geben** fülk blud jiw *u*; **B. und Wasser schwitzen** blud an weeder swäät

blutarm bludaarem

Blutblase a/at bludblees, -en [z]

Blutdruck a bluddruk (di)

Blüte 1 (Baumblüte) a/at bloos, -en (det), a/at bleu (det); **in B. stehen** uun a bleu/uun a bloos stun *u* - **2** (Blütenrest an Apfel, Birne) at bole, -lin (det) - **3** *übertr:* **in geschäftlicher B.** uun a floor

Blutegel a bitjwirem, -rmer (di), a bludsüger, -n (di)

bluten 1 bläät (bläät; bläät; bläät), blude (bläät, bläät; bläät); (veralt.) bled (bläät, bläät, bläät) - **2** *übertr:* **b. wie ein Schwein** bläät üs en ufstäät swin ('abgestochen')

Blütendolde at hüüw, -en (det) [u:]

Bluterguss at blä steed, -en (det)

Blutfleck a bludplak, -er (di)

blutig bludag

Blutpfropf a bludprop, -er (di)

Blutprobe at bludpreew, -en (det) [u:]

blutrot bludruad

Blutsturz at bludstörtang (det)

Blutsverwandte a aanj lidj (jo), a aanjen (jo)

blutüberströmt uun iane blud

Blutvergiftung at bludfergiftang (det)

Blutwurst at bludwurst, -en (det)

Bö at beu, -en (det)

Bock 1 *Schaf-/Ziegenb.* a room, -er (di) - **2** *Turngerät* a bok, -er (di)

bockig swäärs

bockspringen bokspring *u*

Boden 1 *Erdb.* at lun (det), a grünj (di) - **2** *B.-fläche* a grünj (di); **zu B. werfen** oner fet smitj *u* - **3** *Gefäßb.* a busem, -smer (di) [z] - **4** *Dachb.* a böön, -er (di); **auf dem B.** üüb bualkem ('Balken'); **hinauf auf den B.** ap tu böön

Bodenluke at böönlük, -en (det), at lääderlük, -en (det) ('Leiterluke')

Bodensatz *Kaffee* at glum (det), at sjoken (det) ('Dickes')

Bodensenke at sleenk, -er (det), at liagens (det)

[1]Bogen 1 *Waffe* a böög, -er (di) - **2** *Biegung:* **im großen B.** uun en graten böög - **3** *übertr:* **man darf den B.**

nicht überspannen ham mut a böög ei altu huuch spään ('zu hoch')
[2]**Bogen** *Papierbogen* at ask, -en (det)
Bohne at buan, -en (det); **B.-n legen** buanen lei *u*; (Gericht) **gestobte B.-n** apstuuwet buanen
Bohnenkaffee at buanenkofe (det)
Bohnenstroh *Wendg.* **dumm wie B.** dom üs buanensträ
bohnern waakse, boonre
bohren 1 bööre; **in der Nase b.** uun a nöös bööre - **2** *übertr:* grobe
Bohrer at böör, -en (det)
Bohrwurm at holtbüle, -lin (det), a holtwirem, -rmer (di)
Boje at bui, -en (det)
Boldixum (Föhr) Bualagsem
Boldixumer a bualagsamer, - (di)
Bollerwagen a bolerwaanj, -er (di)
Bolzen a boolt, -er (di)
Bombe a/at bom, -en (det)
Bonbon at kakinje, -jin (det), at kinje, -jin (det)
Boot at buat, -en (det)
Bootsbesatzung a/at buatslidj (det)
Bootsmann a buatsmaan, -er (di)
[1]**Bord 1** *Schiffsb.* at buurd (det); **Mann über B.!** maan auer buurd! - **2** *übertr:* **über B. werfen** auer buurd smitj *u*
[2]**Bord** *Regal* at bürtje, -jin (det)
Bordstein a kaantstian, -er (di)
borgen 1 lian - **2** *übertr:* **B. macht Sorgen** burgin maaget surgen *Sprw*
Borgsum (Föhr) Boragsam
Borgsumer a boragsamer, - (di)
Borke 1 at buark (det) - **2** *übertr:* **zwischen Baum und B. sitzen** tesk holt an buark sat *u*
Borste at bas, -en (det)
Borstengras a swinsbasen (jo)
borstig rüch
Borte (am Trachtenrock) at snuur, -en (det); **ein Rock mit blauer B.** en blä-snuureten pei (Festtagstracht)
bösartig 1 *böse* böösaardag [z], ewlag; **ein b.-er Hund** en ewlagen hünj - **2** *lebensbedrohlich* desag [z], fülk; **eine b.-e Krankheit** en fülk kraankes
böse 1 *ärgerlich* iarag, dol; **darüber bin ich nicht b.** diar san ik ei dol auer - **2** *boshaft* fülk - **3** *übertr:* **b.-s Blut** fülk blud; **es nicht so b. meinen** at ei so iarag men
Böse 1 at iarags (det); **B.-s tun** iarag du *u* - **2** *übertr:* **im Guten und B.-n** uun guudem an uun iaragem
boshaft ewlag, fülk
Boshaftigkeit a/at fülkhaid (det)
Bosheit a/at fülkhaid (det)
böswillig bööswalag [z]
Botschaft a bööd (di)
Böttcher (Fassmacher) a küper, -s (di)
Bovist (Pilz) a haasfiis, -en (di) [z]
Bowle at boole, -lin (det)
Box *Pferdeb.* at hok, -en (det)
brach *ungepflügt* braak
brachen fialage
Brachland at braaklun (det)
Brachvogel a rintüüter, -s (di)
Brachvogel, Großer a rüütj, -en (di)
brackig brak
Brackwasser (Mischung v. Süß- u. Salzwasser) at brakweeder (det)
Brand 1 *Feuer* a brant, -er (di); **in B. stecken** uun brant steeg *u* - **2** *Rausch:* **einen gehörigen B. haben** en fiksen brant haa
Brandblase at weederblees, -en (det) [z]
Brandeisen at nöömiisen (det) [z]

Brachvogel a rintüüter

Brandgans at baragan, -en (det)
Brandkasse at brantkas (det)
Brandseeschwalbe at huuchstäärnk, -en (det), a stianbaker, -n (di)
Brandstätte at brantsteed, -en (det)
Brandung a braanang (di)
Brandzeichen (Pferde) at braanmarke, -kin (det)
Branntwein a baarenwin (di)
Branntweinbowle at baarenwinboole, -lin (det)
Brass *Wendg.* **in B. sein** uun a bras wees
Brasse (Segeltau) at bras, -en (det)
brassen brase
Bratapfel a braaset aapel, -pler (di) [z]
braten **1** braase [z] - **2** *übertr:* **im eigenen Fett b.** uun't aanj fäät braase
Braten a braas, -en (di) [z]; **kalter B.** kuul flääsk
Bratentopf at braaspot, -en (det) [z]
Bratkartoffeln a braaset eerpler (jo) [z]
Bratpfanne a/at braaspoon, -en (det) [z]
Brauch **1** a brük, -er (di), at wed, -en (det); **ein alter B.** en ualen brük; **alte Bräuche** ual weden - **2** *Sitte, Mode* a/at muude (det)
brauchbar tu brüken
brauchen **1** *benötigen* brük, haa skel; **ich brauche noch eine Fahrkarte** ik skal noch en foorkoord haa - **2** *nötig sein* (nur verneint) ei säär (säär; sost; sosten); **du brauchst nicht zu warten!** säärst ei teew!
Braue a/at uugbriad, -en (det), at uughiar, -en (det), at uugenbrau, -en (det)
brauen brui, brau; **Bier b.** biir brau
braun **1** brün - **2** *übertr:* **b. und blau schlagen** brons an blä slau *u*
bräunen brüne; (Braten) brönke, brööge
Brause *Dusche* at duusje, -sjin (det)
brausen *Wind* brüüse [z]
Braut a/at bridj, -en (det)
Bräutigam a bradgung, -er (di)
Brautkrone at bridjkrüün, -en (det)
Brautpaar at bradlepspaar, -en (det), at bridjpaar, -en (det)
brav broow
Brecheisen a breegbeitel, -tler (di), a letj küfut, -s (di), at breegiisen, -s (det) [z]
brechen **1** *etw.* breeg (bräächt; bruch; breegen) - **2** *erbrechen* spei - **3** *übertr:* **nichts zu b. und zu beißen haben** nant tu breegen an tu bitjen haa; **auf Biegen und B.** üüb hualen/bügen an breegen
brechendvoll breegenfol
Brecher **1** a breeger, -n (di) - **2** *übertr:* **ein großer B.** en graten breeger
Brechreiz *Verb.* **einen B. verspüren** speiag tu mud wees
Brechstange at breegiisen, -s (det) [z], a küfut, -s (di)
Bredstedt (Nordfriesl.) Briadsteed
Brei **1** *Speise* a brei (di), at muus (det) - **2** *weiche Masse* at kwaas (det) [z]

B

breit **1** briad, **b. werden** ütjlei *u*, briad wurd, naar jin a smook luup ('eng gegen das Frauenhemd laufen'); **was ist sie b. geworden!** wat hää't ham ütjlaanj! - **2** *übertr:* **weit und b.** widj an sidj; **lang und b.** lung an briad

breitbeinig strödag, strötjag; **b. gehen** ströde

Breite **1** *Ausdehnung* a/at breedje, -jin (det) - **2** *Breitengrad:* **nördliche B.** noorderk breedje - **3** *übertr:* **in die B. gehen** uun a breedje gung *u*

breiten briad (bräät; bräät; bräät)

breitmachen, sich ham briadmaage

Breitopf (i. friesischen Wappen) a breipot

breitschultrig briadskolert

breittreten briadtreed *u*

Bremen Breem/Breemen

[1]**Bremse** (Insekt) at mag, -en (det), a ööksenwirem, -rmer (di)

[2]**Bremse** (Auto) a/at brems, -en (di), a stoper, -n (di)

bremsen bremse, stope

brennen **1** braan; **lichterloh b.** helerap braan - **2** *schmerzen* swiis [z] (swast; swus; swesen [z]); **die Wunde brennt** at siar swast/braant - **3** *übertr:* **auf den Nägeln b.** üüb a nailer braan

Brennglas at braangläás, -glees [z] (det)

Brennholz at braanholt (det)

Brennnessel at näädel, -dler (det)

Bresche *Wendg.* **in die B. springen** uun a bocht spring *u*

Brett **1** at burd, -en (det), at plank, -en (det) - **2** *übertr:* **einen Stein im B. haben** en stian uun't burd haa

Bretterboden (Abdeckung d. Dachbodens in d. Scheune) at hilang, -en (det)

Bretterzaun at staach, -en (det)

Brezel a kringel, -gler (di); (mit Kümmel) a köömenkringel, -gler (di)

Brezelbeißen (Kindervergnügen) at kringelbitjen (det)

Brief a briaf, briaw [u:] (di)

Briefkasten at briafkasje, -jin (det)

Briefmarke at freimarke, -kin (det); **B.-n sammeln** freimarkin saamle

Brieftasche at jilbuk, -en (det), at briaftasj, -en (det)

Briefträger a postluuper, -n (di), a post (di)

Briefträgerin at postluuper, -n (det), at post (det)

Briefumschlag a amslach, -er (di), at kuwäär, -s (det)

Brikett *Presskohle* at presklöön, -en (det)

Brille a/at bral, -en (det); **die B. verlieren** a bral wechslitj *u*

Brillenetui at bralhüsje, -sjin (det)

Brillenglas at bralgläás, -glees [z] (det)

bringen **1** *befördern* bring (brangt; broocht; broocht); **zu Bett b.** tu baad bring; **bringst du mir die Zeitung?** könst mi at bleed bring? *od.* brangst mi't bleed? - **2** *begleiten:* **nach Hause b.** tüsbring *u*, ambring *u* - **3** *ergeben:* **das bringt nicht viel** det brangt ei föl - **4** *übertr:* **es nicht über sich b. können** at ei teme/ei harde kön; **auf die Seite b.** tu sidj fu *u*; **um die Ecke b.** am a huk bring; **zur Sprache b.** tu snaaks bring; **an den Mann b.** uun a maan bring

Brise a briis (di) [z]

bröckeln brögle

Brocken *Brot* a brokel, -kler (di), a brökel, -kler (di)

brocken kraame; **in die Milch b.** iin uun't moolk kraame

brodeln borle

Brombeere at bromelbei, -en (det)

Brombeerstrauch a bromelbeibosk, -er (di)

Bronchitis *Verb.* **B. haben** at üüb a brast haa

Bronze at bronse (det)

Bronzezeit a/at bronsetidj (det)

Brosche at brastnäädel, -dler (det)

Brot **1** at bruad (det); **frisches B.** nei bruad; **trocken B.** drüg bruad; **ein Laib B.** en liaf bruad; **belegte B.-e** apkliamd/üübkliamd bruad; **B.-e schmieren** bruad üübkliam **- 2** *übertr:* **sein B. verdienen** sin bruad fersiine; **jmdm. aufs B. schmieren** hoker üüb't bruad du *u*; **bei Wasser und trocken B.** bi weeder an drüg bruad; (Vaterunser) **unser tägliches B.** üüs doogelks bruad

Brotauflage *Belag* **als B.** tu üüb't bruad

Brötchen at runstük, -en (det)

Brotknust a stütj, -er (di)

Brotkorb *Wendg.* **den B. höher hängen** a kurew wat huuger hinge

Brotkorn at bruadkurn (det)

brotlos *Wendg.* **b.-e Künste** bruadluas konster

Brotmaschine a/at bruadmaskiin, -en (det)

Brotmesser at bruadknif, -kniiwer (det)

Brotrinde a bruadrinj, -er (di)

Brotscheibe at stak bruad, staken (det)

Bruch **1** *Zerbrechen* at breeg, -en (det); **zu B. gehen** uun gruus/uun gnuus gung *u*, uunstakengung *u* **- 2** *Eingeweidebruch:* **sich einen B. heben** ham en breeg laft **- 3** *Mathemat.* at breeg, -er (det) **- 4** *übertr:* **in die Brüche gehen** uunstakengung *u*, ütjenöödergung *u*

Bruchband at breegbäänk, -er (det)

bruchrechnen breegreegne

Brücke a/at brag, -en/-er (det)

Bruder a bruder, breder (di)

Brühe at soos (det)

brühen brui; (Schwein nach d. Schlachten) skrui

brüllen **1** brole; (Vieh) brole, ruate **- 2** *übertr:* **b. wie am Spieß** brole, üs wan 'ar en swin stäät woort ('abgestochen')

Brummbass a brombas, -en (di)

brummen brome

Brummer (Insekt) a bromer, -n (di)

brummig bromag

Brummkreisel a bromküüsel, -sler (di) [z]

Brunnen a suas, suaser [z] (di)

brünstig *in d. Brunst* walag (Stute); ööksen (Kuh); bremsk (Sau); blesmag [z] (Schaf)

Brust **1** *Körperteil* a/at brast (det) **- 2** *Busen* a/at brast, -en (det); **ein Kind an der B. haben** en letj bi tetj haa; **B. geben** tetj du *u* **- 3** *übertr:* **schwach auf der B. sein** swak üüb a brast wees

brüsten, sich apbloose [z], brüste; **sich damit b.** diarmä uundu *u*

Brustlatz (Tracht) a brastlaap, -er (di)

Brustschmuck (am Brustlatz d. Tracht) at salwer (det); (ohne d. Knöpfe) at haag an leenk

Brustschmuck at salwer

Brustwarze at uart, -en (det)
Brut at brud, -en (det)
brüten bred/bräät (bräät; bräät; bräät); (Geflügel) sat (seed; seeden)
Bube *Spielkarte* a büür, -en (di); **ein Grand mit vier B.-n** en grang mä sjauer
Buch **1** at buk, -en (det) - **2** *übertr:* **die Nase ins B. stecken** a nöös iin uun't buk steeg *u*; **reden wie ein B.** snaake üs en buk; **davon kannst du ein B. schreiben** diar könst en buk faan maage; **ein B. mit sieben Siegeln** en buk mä sööwen segler
Buchbinder a bukbinjer, -n (di)
Buchdrucker a bukdrüker, -s (di)
Buche **1** *Baum* a böökebuum, -er (di) - **2** *Holzart* at bööke (det), at böökin holt
buchen buke
Bücherei at bibleteek, -en (det)
Bücherregal at bukbürtje, -jin (det)
Buchfink a bokfink, -en (di), a tualagfink, -er (di) ('Talgfink')
buchführen bukfeer
Buchführung at bukfeerang (det)
Buchhandlung a buklooden, -s (di)
Buchhändler a bukhenler, -s (di)
Buchprüfer a rewiiser, -n (di) [z]
Buchsbaum a buksbuum (di); (unspezifisch) at buksbuums (det)
Büchsenöffner a eebner, -n (di)
Buchstabe a buksteew, -er (di) [u:]
[1]**Bucht** *Meeresbucht* a/at bocht, -en (det)
[2]**Bucht** *Koben* at hääk, -en (det)
Buchweizen **1** *Getreideart* at bokwiaten (det) - **2** *Pflanze* a bokwiaten (di)
Buckel a pokel, -kler (di)
bücken, sich ham büke
bucklig poklag
Bückling (Räucherfisch) a boklang, -en/-er (di)
buddeln bode, bodle, grobe
Bude **1** at buud, -en (det) - **2** *übertr:* **jmdm. die B. einrennen** hoker üüb a dör luup *u*, hoker a dör iinrään
büffeln okse
Bug (Vorderteil d. Schiffes) a buch, buuger (di); **vor den B. segeln** fööр a buch siil *u*
Bügel a bögel, -gler (di)
Bügelbrett at pletburd, -en (det); (veralt.) at strikburd, -en (det)
Bügeleisen at pletiisen, -s (det) [z]; (veralt.) at strikiisen, -s (det) [z]
bügeln plete; (veralt.) strik (strakt; strääg; stregen); **die Hose b.** at boks plete
bugsieren *Seefahrt* buchsiare
Bugspriet at buchspret (det), at buchspriit
Buhne (Uferschutz) at buun, -en (det)
Bühne a/at büüne, -nin (det), at spelrak, -en (det)

Bühnenstück at komeedespal, -en (det), at komeedestak, -en (det)
Bullauge at boluug, -en (det)
Bulle a hole, -lin (di); (verschnitten) a holeoks, -en (di)
Bullkalb at holekualew, -lwer (det) [u:]
Bummelant a bomelant, -en (di)
bummelig **1** *langsam* bomlag - **2** *ungefähr* bomlag, ambi; **das hat so b. eine halbe Million gekostet** det hää so bomlag/ambi en hualew miljuun koostet
bummeln **1** *schlendern* dangle, dingle, bangle - **2** *trödeln* bomle, njaaske
[1]**Bund** **1** *Strohbund* a skuug, -er (di) - **2** *Gemüsebund* at binj, -en (det); **ein B. Petersilie** en binj/en hunsfol peetersile
[2]**Bund** *Kleidung* at linlis, -en (det)
Bündchen a steefken (jo)
bunt **1** bruket - **2** *übertr:* **b. Reihe** bruket rä; **b. zugehen** bruket tugung *u*; **bekannt wie ein b.-er Hund** bekäänd üs en bruketen hünj
Bürde at lääst (det), at dial (det)
Burg at borag, -rger (di)
Bürge a bürag, -rger (di)
bürgen bürag wees, gudsai *u*
Bürgermeister a bürgermääster, -n (di)
Bürgersteig a bürgerstich, -stiiger (di)
Bursche a jonggast, -er (di), a jongdring, -er (di)
Bürste a basel, -sler (di)
bürsten basle; **sich die Haare b.** ham at hiar basle
Bürstenbinder *Wendg.* **laufen wie ein B.** rään üs so'n baselbinjer
Bürzel (Fettdrüse b. Enten/Gänsen) a smeertüüt, -en (di)
Bus a bus, -en (di)
Busch a bosk, -er (di)
Büschel a bosk, -er (di); (Dünenhalm/Gras) a toost, -er (di); **ein B. Haare** en hunsfol hiar
Buschwerk at skrob (det), a bosker (jo)
Busen a böösem (di) [z], a brasten (jo); **ein großer B.** grat brasten
Buß- u. Bettag a bus-an-beedai
Bussard a hanjüger, -n (di)
Butt at bot, -en (det); **B. stechen** boten prege (jetzt verboten)
Butter a/at böder (det)
Butterblume at böderbluum -en (det), at böderkral, -en (det)
Butterbrot **1** at üübkliamd bruad, -en (det), at stak iidj, staken (det) - **2** *übertr:* **für ein Ei und ein B.** för en ai an en böderbruad
Butterfass (ehemals z. Butterstampfen) at saaren, -rnen (det)
Buttermilch at ooder (det)
Buttermilchbrei at ooderbrei (det)
Buttermilchklöße (Gericht) a ooderklömpken (jo)
Buttermilchsuppe at oodersop (det)
buttern (Butter stampfen) saarne
Butterspachtel at böderspat, -en (det)
butterweich wok üs böder
Buttgabel (Fanggerät; jetzt verboten) at preg, -en (det)

C

c, C

Charakter *Wesen* a karakter (di)
China Sjiina
Chinese a sjiinees, -en (di) [z]
Chor a koor (di)
Chorlied at koorliitje, -jin (det)
Chorraum (Kirche) at soonghüs (det)
Christ a krast, -en (di)
Christentum at krastelk liar (det)
christlich krastelk; **c. erziehen** krastelk aptji *u*
Christus Krast; **Jesus C.!** Jiises Krast!
Chronik at krönk, -en (det)
Clown a kloon (di)
Courage at kuraasj (det)
Cremeschnitte at kreemsjnit, -en (det)
Cuxhaven Kokshuuwen

---

d, D

[1]**da** *Adv* **1** *örtl.* diar, 'ar (nachgestellt u. unbetont); **d. ist nichts zu sehen** diar as niks tu sen - **2** *zeitl.* do, diar; **von d. an** sant do; **von d. ab** faan diar uf uun - **3** *hier*: **wer war d.?** hoker wiar diar?; **ist er da?** as'r 'ar? - **4** *übertr:* **hier und d.** hir an diar
[2]**da** *Konj* auer, auer dat, diar
[1]**dabei** *Pronominaladv* **1** *örtl.* diarbi - **2** *zeitl.:* **sie sind d., Betten zu machen** jo san diarbi tu baaden maagin - **3** *übertr:* **da ist doch nichts d.** diar as dach niks bi; **er findet nichts dabei** hi fanjt 'ar niks bi *u*
[2]**dabei** *Konjunktionaladv* diarbi; **d. hat sie es faustdick hinter den Ohren** diarbi hää't at sjok bääft a uaren
dabeibleiben diarbibliiw [u:] *u*
dabei sein **1** diarbi wees; **er war auch d.** hi wiar 'ar uk bi - **2** *übertr:* **ich bin dabei** ik san diarbi *od.* ik san mä
dabeistehen bitustun *u*
dableiben diarbliiw [u:] *u*
Dach **1** at saag, -en (det); **das D. decken** (Reetd.) at saag driiw *u*; (Hartd.) at saag belei *u* - **2** *übertr:* **jmdm. aufs D. steigen** hoker ap üüb saag stiig *u*; **kein D. über dem Kopf haben** nian saag auer't hood haa
Dachboden (im alten Friesenhaus) a böön, -er (di), a spitsböön, -er (di); **auf dem D.** üüb bualkem, üüb böön
dachdecken poonenlei *u*; (Reetdach) driiw [u:] (draft; drääw [u:]; drewen)
Dachdecker a poonenleier, -n (di); (Reetdach) a driiwer, -n (di)
Dachfenster at saagwönang, -wönger (det)
Dachfirst a frast, -er (di)
Dachklopfer (Gerät) at driiwburd, -en (det) [u:]
Dachpfanne a/at poon, -en (det)
Dachrinne at saagrön, -en (det)
Dachschräge at sküünsen (det)
Dachsode (auf d. Reetdach) at ialsuad, -en (det)
Dachsparren at späär, -en (det)

Dachstuhl a saagstuul (di), a laaten (jo)

Dachtraufe a ööksen (jo)

Dachwinkel a grööd, -er (di)

[1]**dadurch** *Adv* **1** *Grund* sodenang, diartroch - **2** *örtl.* diartroch

[2]**dadurch** *Konj* **d., dass ...** diartroch, dat ...

dafür **1** Ggs. *dagegen* diarför; **d. sein** diarför wees; **nicht d. sein** diar niks am wees *od.* ei diarför wees - **2** *als Entgelt:* **d. geben** diarför du *u* - **3** *Wendg.:* **vielen Dank! - nicht d.!** föl soonk! - ei diarför!

dafürkönnen diarförkön; **er kann doch nichts d.** hi koon 'ar dach niks för

Dagebüll Doogebal; **nach D.** (von Amrum aus) ap tu Doogebal

[1]**dagegen** *Pronominaladv* **1** diarjin, uunjin - **2** Ggs. *dafür:* **d. sein** diarjin wees; **d. ist nichts zu sagen** diar as niks jin tu saien

[2]**dagegen** *Adverbialkonj* jinauer det, diarefter; **d. war gestern das schönste Wetter** jinauer det/diarefter wiar't jister at smokster weder

dagegenkommen jinkem *u*, bikem *u*

dagegenstellen jinstel, apjinstel

daheim aran

[1]**daher** *Pronominaladv* **1** faan diar - **2** *Grund* diaram, diarfaan; **das kommt d., dass ...** det komt diarfaan, dat ...

[2]**daher** *Konj* diaram

[1]**dahin** *Pronominaladv* **1** *räuml.* diarhen, diar - **2** *zeitl.* do; **bis d.** bit do

[2]**dahin** *Adv* hen; **die Schönheit ist d.!** at smokhaid as hen/as weesen!

dahinschleppen, sich ham henslebe

dahinten diarbääft

dahinter diarbääft

dahinterkommen diarbääftkem *u*

dahinterstecken diarbääftstege

damalig *Wendg.* **der d.-e Bürgermeister** a bürgermäänster tu det tidj

damals iar, iarjuaren, do, domools, tu det tidj; **ja, d.!** ja, iar! *od.* ja, do!

Damast at damas (det)

Dame (Spielkarte) at wüf, -en (det)

Damenfahrrad at wüfenswel, -en (det)

Damespiel at damspal (det)

[1]**damit** *Pronominaladv* diarmä; **d. ist es nicht getan** diar as't ei mä den

[2]**damit** *Konj* diarmä; **d. das nicht wieder vorkommt** diarmä det ei weder föörkomt

dämlich deemlag, deemelk, dömkag, dom

Damm **1** a doom, -er (di) - **2** *übertr:* **nicht auf dem D. sein** ei üüb'n dam wees

dämmerig (abends) hualewjonk [u:]

dämmern **1** (morgens) daage; (abends) jonke - **2** *übertr:* **einem d.** ään daage

Dämmerung (Morgend.) at daagin (det); (Abendd.) at hualewjonken (det) [u:]

Dampf **1** at damp (det) - **2** *übertr:* **D. hinter etw. setzen** damp bääftlei *u*; **unter D. stehen** oner damp stun *u*

dampfen dampe

dämpfen däämp

Dampfer a damper, -n (di)

Dämpfer a demper, -n (di)

danach **1** *zeitl.* diarefter - **2** *nach diesem:* **sich d. richten** ham diarefter racht - **3** *dementsprechend:* **d. sein** diarefter wees

Däne a däänsk, -en (di)

[1]**daneben** *Pronominaladv* **1** bitu, bi; **dicht d.** sacht bi - **2** *übertr:* **ein**

D

D

bisschen d. ist auch vorbei en betj bitu as uk föörbi *Sprw*
[2]**daneben** *Wendg.* **er ist völlig d.** hi as ünmögelk
[3]**daneben** *Konj* bitu; **d. hat er noch einen Posten beim Amt** bitu hää'r noch en baantje bi't amt
danebengehen **1** *zur Seite* bituluup *u*, bitugung *u* - **2** *misslingen* masluup *u*, swäärsluup *u*; **das ist danebengegangen** det as swäärslepen *od.* det as skiaflepen
danebenschießen föörbisjit *u*
danebenstehen bitustun *u*
Dänemark Denemark; **nach D.** ap tu Denemark; (nach Nordschleswig) ap uun't däänsk
Dänin at däänsk, -en (det)
dänisch **1** däänsk; **d. sprechen** däänsk snaake, däänske - **2** *übertr:* **er ist d. gesinnt** hi as däänsk
Dänisch at däänsk (det)
Dank a soonk (di); **vielen D.!** föl soonk!
dankbar soonkboor
Dankbarkeit a/at soonkboorhaid (det)
danke! föl soonk!; **nein, d.!** naan, föl soonk!; **d. gleichfalls!** soonk, ment uk so! *od.* föl soonk, di uk!
danken soonke
danksagen soonksai *u*
Danksagung at danksaagung, -en (det)
dann **1** do - **2** *übertr:* **d. und wann** uf an tu, hen an weder
daran **1** *örtl.* diaruun - **2** *hinweisend:* **d. habe ich nicht gedacht** diar haa'k ei am soocht - **3** *übertr:* **nichts d. sein** niks bi wees; **etw. d. sein** wat mad/ wat bi wees
darangehen bigung *u*
darankommen bikem *u*
darauf **1** *örtl.* diarüüb, üüb - **2** *danach* diarüüb - **3** *auf dieses:* **d. zugehen** üübtugung *u*; **d. wollen wir trinken!** diar skel/wel wi ään üüb drank! *od.* diar skal ään üüb stun!; **d. habe ich gerade gewartet** diar haa'k jüst üüb teewd; **d. aus sein** diarüüb ütj wees
daraufhin diarüübhen
daraus diarütj; **d. wird nichts** diar komt niks efter
darben derew [u:] (dareft; doorew [u:]; dürwen)
darbieten föörfeer
Darbietung at föörfeerang, -en (det)
darin diaruun; **was ist d.?** wat as 'ar uun?
Darm a siarem, -rmer (di)
darstellen **1** *schildern* diarstel - **2** *bedeuten* föörstel
darüber **1** *örtl.* diarauer - **2** *über dieses:* **sich d. freuen** ham diartu/diarauer freue; **d. hinweg sein** diarauer wech wees
darüberhalten auerhual *u*
darüberhinaus üübtu
darüberlegen henauerlei *u*
[1]**darum** *Adv* diaram
[2]**darum** *Konj* diaram, diarauer
darunter **1** *örtl.* diaroner, iinoner; **nichts d. haben** niks uunoner haa - **2** *dazwischen* diartesken, diarmad
darunterhalten onerhual *u*, iinonerhual *u*
[1]**das** *Art.* **1** *A-Art.* at, 't (nachgest.) - **2** *D-Art.* det, 't (nachgest.); **d. hübsche Mädchen** det smok foomen - **3** *übertr:* **d. heißt** det het
[2]**das** *Demonstrativpron* det
[3]**das** *Relativpron* wat, diar

dasein diarwees; **das ist noch nie dagewesen** det as noch nimer diarweesen

Dasein at daasein [z]

dasitzen **1** *herumsitzen* ambisat *u*, diarsat *u* - **2** *übertr:* **d. wie ein Affe auf einem Schleifstein** diarsat üs en aab üüb en slipstian

dasjenige detdiar, dethir

dass dat

dasselbe atsalew [u:], detsalew [u:]

Dasselfliege at daselfleeg, -en (det), at besfleeg, -en (det) [z]

dastehen **1** *herumstehen* ambistun *u*, tustun *u* - **2** *übertr:* **er steht da, wie der Ochse vorm Scheunentor** hi stäänt diar tu, üs en oks fòör en nei busemdör ('einer neuen Stalltür')

datieren dootiare

Datum at dootem (det)

Daube a stääf, steewer (di)

Dauer **1** a/at düür (det); **auf die D.** üüb a düür, mä a tidj - **2** *übertr:* **nicht von D.** ei faan düür

dauern *währen* **1** düüre, waare - **2** *übertr:* **das dauert ewig und drei Tage** det waaret iiwag an trii daar

dauernd imer, oner ääne aanj, a hialer tidj

Dauerwellen a kralen (jo)

Daumen **1** a süm, -er (di); **auf dem D. lutschen** am/üüb a süm tetje - **2** *übertr:* **den D. drücken** a süm trak/hual *u*; **über den D. peilen** auer a süm piile/slompe

daumendick sümsjok

Daune at dün, -en (det)

Daunenbett at dünbaad, -en (det)

davon **1** *örtl.* diarfaan - **2** *Teil von etw.* **etw. d. abbekommen** wat diarfaan uffu *u* - **3** *Verb.:* **d. weiß ich nichts** diar witj ik niks faan

davonfliegen wechflä *u*

davongehen wechgung *u*

davonkommen **1** diarfaankem *u*, faanufkem *u* - **2** *übertr:* **er ist gut davongekommen** hi as 'ar gud faanufkimen

davonlaufen wechluup *u*, faanluup *u*, ütjknip *u*, ütjnei

davonmachen, sich ufbasle, ütjnei, ham fertrak

davonziehen uftji *u*

davor **1** *räuml.* diarfòör - **2** *zeitl.* fòöruf - **3** *vor etw.:* **Angst d. haben** baang diarfòör wees; **sich d. in Acht nehmen** ham diarfòör waare/uun aacht nem *u*

[1]**dazu** *Pronominaladv* **1** *zusätzlich* bitu, üübtu; **etw. d. bekommen** wat üübtu fu *u* - **2** *zu diesem* diartu, diarbi; **wie bist du d. gekommen?** hü beest dü diartu/diarbi kimen?; **d. habe ich keine Lust** diar haa'k nian last tu *od.* diar mei'k ei auer wees

[2]**dazu** *Konjunktionaladv* diartu; **d. hat er noch einen Posten bei der Behörde** diartu hää'r noch en baantje bi't amt

dazugeben diartudu *u*

dazugehören diartuhiar

dazukommen hentukem *u*, diartukem *u*

dazutun tudu *u*, bifu *u*; **du musst noch etw. Salz d.** dü skel 'ar noch wat saalt bifu

dazuzählen diartutääl

dazwischen **1** *örtl.* diartesken, diartwesken, diarmad - **2** *darunter:* **d. sind mehr schlechte als gute** diar

D

D

san muar slachten üs guden mad - **3** *zeitl.* diartesken

dazwischenfunken diarmadfuurte, diartwesken-/diarteskenfuurte

dazwischengehen diartwesken-/diarteskengung *u*

dazwischengeraten iinmadraage, iintwesken-/iinteskenkem *u*

dazwischenkommen **1** iinmadkem *u*, iintwesken-/iinteskenkem *u* - **2** *übertr:* **mir ist etw. dazwischengekommen** mi as 'ar wat tesken kimen

dazwischenreden diarmadsnaake, iinmadsnaake, diartwesken-/diarteskensnaake

dazwischentreten iinmadgung *u*, diartwesken-/diarteskengung *u*

Deck at dek, -en/-s (det); *Befehl:* **alle Mann an D.!** aler maan üüb dek!

Deckbett at üübins, -en (det), at deeken, -s (det)

Decke **1** *Zud.* at deeken, -s (det) - **2** *Tischd.* a duk, -er (di) - **3** *Zimmerd.* a böön, -er (di) - **4** *übertr:* **unter einer D. stecken** oner ian deek stege

Deckel **1** at lad, -en (det) - **2** *übertr:* **auf jeden Topf passt ein Deckel** diar as nian pot so skiaf, dat diar ei en lad tu paaset *Sprw*

decken **1** *etw. über etw.* dek; **die Farbe deckt nicht** at farew dekt ei - **2** *mit etw. belegen:* **das Dach d.** at saag lei *u*/ (Reetdach) driiw [u:] *u* - **3** *Tisch* üübflei *u*/tuflei *u* - **4** *Tiere* dek, spring (sprangt; sproong; sprüngen); **die Stute ist gedeckt worden** at hoos as sprüngen wurden - **5** *Schulden*: **die Unkosten d.** a ünjilen dek - **6** *übertr:* **ihn deckt auch schon der Rasen** ham leit uk al en suad üüb a nöös ('Rasensode')

Deckenbalken a böönbualk, -er (di)

Deckenluke at böönlük, -en (det)

defekt uunstaken, göks

Defekt *Verb.* **einen D. haben** wat bi/ wat mä wees *od.* wat uunstaken wees

Deich **1** a dik, -er (di) - **2** *übertr:* **damit über den D. gehen** diar auer'n dik mä gung *u*

deichen dike

Deichgraf a dikfööges, -en (di)

Deichsel a saksel, -sler (di)

dein **1** *Sg* dan. *m*, din *f/n*; *Pl* din, dinen (o. Subst.); **das ist d.-s** det as din; **„D. Reich komme!"** Din rik mei deelkem! ('Vaterunser') - **2** *übertr:* **D. und Mein nicht unterscheiden können** din an min ei onerskias kön

deinesgleichen dinsgliken

deinetwegen auer di, am di

dekolletiert ütjskäären; **tief d.** naagelt ütjskäären ('nackt')

Dekor at mal, -en (det)

dekorieren bui, turochtmaage

Delphin a tümler, -s (di)

Demat (Landmaß) at deemes, -en (det)

dementsprechend diarefter

demnächst uun kurten, bal

dengeln (Sense schärfen) heere

denken **1** *überlegen* seenk (soocht; soocht); **d. an** seenk am - **2** *annehmen:* **wo denkst du hin!** wat dü wel seenkst! - **3** *beabsichtigen:* **sie d. nicht daran auszuziehen** jo seenk 'ar ei am ütjtutjin - **4** *übertr:* **nicht weiter d. als von zwölf bis Mittag** ei widjer seenk üs faan twaalew tu made

Denkmal at iarenmool, -en (det), at denkmool, -en (det)

[1]**denn** *Konj* auer
[2]**denn** *Modalpart* do; **was d.?** wat do?
[3]**denn** *konjunktionale Wendg.* **es sei d.** at mei do wees
dennoch likes, alikewel
deprimiert benaud, deeltrakt, slükuaret
[1]**der** *Art.* **1** *A-Art.* a - **2** *D-Art.* di
[2]**der** *Demonstrativpron* di
[3]**der** *Relativpron* wat, diar
derb deftag, grööw [u:]
[1]**deren** *Relativpron* huarfaan
[2]**deren** *Demonstrativpron* san *m*, sin *f/n; sin Pl*, diarfaan; **d. Mutter** sin mam *od.* at mam diarfaan
derjenige didiar, dihir
derlei sok
derselbe disalew [u:]; **ein und d.** ään an disalew
derzeit tu tidj(s)
deshalb diaram, diarauer
[1]**dessen** *Relativpron* huarfaan
[2]**dessen** *Demonstrativpron* san *m*, sin *f/n*, diarfaan; **d. Vater** san aatj *od.* a aatj diarfaan
Dessert at efterspiis, -en (det)
desto **1** am so; **d. besser** am soföl beeder - **2** *übertr:* **je älter, d. schlimmer** a oler, a doler *Sprw*
deswegen diarauer, diaram
Deut at deut (det)
deuten **1** *auf etw.* düüde - **2** *auslegen:* **Träume d.** druumer düüde
deutlich dütelk; **d. erkennen** rocht kään
Deutlichkeit a/at dütelkhaid (det)
deutsch sjiisk
Deutsch at sjiisk (det); **auf D.** üüb sjiisk; **D. sprechen** sjiiske, sjiisk snaake
Deutsche(-r) (Staatsangeh.) **1** *m* a sjiisk, -en (di), *f* at sjiisk, -en (det) - **2** *allgem.:* **die D.-n** a sjiisken
Deutschland Sjiisklun
Dezember a deetsembermuun
Dialekt at spriakwiis, -en (det) [z]
dich di
dicht **1** *nahe* sacht, nai; **d. bei** nai bi - **2** *undurchlässig* sacht; **vollkommen d.** potensacht - **3** *übertr:* **nicht ganz d. sein** loong ei sacht wees *od.* ei gans sacht wees
[1]**dichten** *verschließen* sacht maage
[2]**dichten** *verfassen* dacht, riime
Dichter a dachter, -n (di)
dichthalten sachthual *u*
dichtmachen **1** *abdichten* sachtmaage - **2** *übertr:* sachtmaage, slütj (slot; slood; slööden); **der Kaufmann hat dichtgemacht** a kuupmaan hää slööden
Dichtung *Werk* at dachtang, -en (det)
dick **1** Ggs. *dünn* sjok; **das D.-e** at sjokens (det) - **2** *beleibt* büket, sjok - **3** *geschwollen:* **d.-e Füße haben** sjok fet haa - **4** *übertr:* **ein d.-es Fell haben** en sjok skan haa
Dickdarm a bääksiarem (di)
Dicke *Umfang* at sjokte (det)
dicken *Soße* stiiwre
dickfellig ufbruid; **d. sein** en sjok skan haa
dickflüssig siamag
Dickkopf at swäärshood, -hööd (det)
dickköpfig aanjhoodet, swäärshoodet
Dickmilch at hobel (det)
[1]**die** *Art. Sg* **1** *A-Art.* a, at - **2** *D-Art.* det; (veralt.) jü; **d. hübsche Blume** det smok bluum

D

[2]die *Art. Pl* **1** *A-Art.* a - **2** *D-Art.* jo; **d. kleinen Kinder** a letj jongen
[3]die *Demonstrativpron* det; *Pl* jo
[4]die *Relativpron* wat, diar
Dieb a siif, siiwer (di)
diejenige detdiar
diejenigen jodiaren, jodiarmen
Diele **1** *Flur* a masaalem, -er (di) - **2** *Bodenbrett* at burd, -en (det)
Dieme (Anhäufung v. Stroh/Heu) a klaamp, -er (di); (Heud.) a ruuk, -er (di)
dienen siine
Dienst a siinst, -er (di)
Dienstag teisdai
dienstags am teisdaiem, di teisdai; **d. gehen sie immer essen** di teisdai gung jo leewen tu iidjen
dies det
diese *Sg f* det, dethir, detdiar; *Pl* jodiar, johir, johirem, jodiar, jodiarem, jodiarmen
dieselbe atsalew [u:], detsalew [u:]
dieselben a salwen, josalwen
dieser di, dihir, didiar
dieses det, dethir, detdiar; **d. Mal** dethir tooch, das tooch
diesig mistag, diisag [z]
diesmal dethir tooch, det tooch, das tooch
diesseits üüb dihir äåg, üüb dethir sidj
Dietrich (Nachschlüssel) a dirk, -er (di)
Ding **1** *Gegenstand* at ding, -en (det) - **2** *Angelegenheit* at saag, -en (det) - **3** *Mädchen* at ding (det); **ein kleines lebendiges D.** en letj laben ding - **4** *übertr:* **nicht mit rechten D.-en zugehen** ei mä rocht saagen tugung *u*; **unverrichteter D.-e heimkehren** mä blank saiel amkem *u*/wederkem *u* ('mit bloßem Segel')
Diphtherie a breune
dir di
direkt *geradewegs* lik, liktu, pal; **der Wind kommt d. von vorne** a winj komt pal faan föören
Distel a fisel, -sler (di)

Distel a fisel

Disziplin at ordnang (det)
[1]doch *Adv* dach, al; **das kommt doch heraus** det komt dach ütj
[2]doch *Konj* man
[3]doch *Modalpart* dach; **es gibt d. noch ehrliche Menschen!** at jaft dach noch iarelk minsken!
[4]doch *Bestät.* al; **d., ich komme** al, ik kem
Docht at kwes, -en (det)
Dohle at dool, -en (det), a likenfögel, -gler (di)
Doktor a dochter, -n (di); **zum D.** tu dochters *od.* tu a dochter
Dolde *Traube* at drüüw, -en (det) [u:]
Dollar a dooler, -s (di)
Dolmetscher a auersaater, -n (di), (veralt.) a tolk, -er (di)
Domino *Verb.* **D. spielen** dumle
Dominostein at dumlis, -en (det)

Donner a soner (di); **D. und Blitz** soner an laid

Donnergrollen a loner (di)

donnern sonre; (entfernt) lonre

Donnerschlag a sonerslach, -er (di), a sonersliak, -er (di)

Donnerstag süürsdai

donnerstags am süürsdaiem, di süürsdai

Doppelgänger *Verb.* **einen D. haben** uun twanen gung *u*

Doppelkinn at onerkan, -en (det), at dobelkan, -en (det)

doppelt dobelt, tweisis/-se

Doppelfenster at dobelwönang, -nger (det)

Doppelzimmer a/at sliapkoomer för tau, -n (det), at dobelrüm, -en (det)

Dorf at saarep, -en (det); **oberhalb des D.-es** boowen saarep; **unterhalb des D.-es** oner saarep; **außerhalb des D.-es** bütj saarep; **durch das D.** loongs/troch saarep

Dorfabend a saarepsinj, -er (di)

Dorfbewohner *Pl* a saarepslidj (jo)

Dorfkinder a saarepsjongen (jo)

Dorfstraße a stich, stiiger (di), at saarepsstruat, -en; (Nebenstraße) at jaat, -en (det)

Dorn 1 a pik, -er (di), a praker, -s (di) - **2** *übertr:* **ein D. im Auge sein** en pik uun't uug wees

dort 1 diar, 'ar (nachgest.); **von d.** faan diar; **von hier bis d.** faan hir tu diar - **2** *übertr:* **hier und d.** hir an diar

dorthin diarhen

Dose at duus, -en (det) [z]

dösen dööwe, daie

Dosenöffner a eebner, -n (di)

dösig sompag, dömkag, toflag

Dotter a aisaapel, -pler (di), at aigüül, -en (det)

Drachen (Kinderspielzeug) a fliiger, -n (di)

Dragoner *übertr:* a draguuner, -n (di)

Draht at wiir, -en (det)

Drahtbürste a stialbasel, -sler (di)

Drahtwurm a güülwirem, -rmer (di)

dran 1 *an der Reihe:* **d. sein** uun a rä wees - **2** *übertr:* **da ist nichts d.** diar as niks bi; **da ist was d.** diar as wat mad

Drang a drang (di)

drängeln drengle, kröge

drängen 1 *schieben* dring (droong; drüngen) - **2** *fordern:* **darauf d.** diarüüb dring *u*

dränieren dreniare

Dranktonne (früher f. flüssige Essensabfälle) at droonktan, -en (det)

drauf üüb

drauflosgehen üübdeelgung *u*

drauflosleben üübdeellewe

draufzahlen üübtubetaale

draufzugehen üübtugung *u*

draußen 1 bütjen, ütj; **nach d.** efter/tu bütjen, ütjbütjen; **von d.** faan bütjen - **2** *übertr:* **drinnen und d.** bütjen an banen

draußenstehen ütjbütjenstun *u*, bütjenstun *u*

drechseln drei, swarwe

Drechsler a dreier, -n (di), a swarwer, -s (di)

Dreck 1 at skitj (det); **im D. spielen** botje - **2** *übertr:* **das geht dich einen D. an** det gongt di en skeet/en skitj uun; **seine Nase in jeden D. stecken** a nöös iin uun arke skeet steeg *u*

D

dreckig **1** fül, iinoret - **2** *übertr:* **einem d. gehen** ään skitj/ään slacht gung *u*

Dreckspatz at ösje, -sjin (det), at swenke, -kin (det) ('Schweinchen')

Dreh a drei (di)

drehen **1** *etw. wenden* drei - **2** *Richtung wechseln* drei; **das Schiff dreht** at skap dreit; (Wind) amluup *u* - **3** *regulieren:* **auf klein d.** üüb letj drei - **4** *zusammenbinden* trä (trest; trest; trest); **Halmseile d.** riaper trä (vormals wichtig. Broterwerb auf Amrum) - **4** *übertr:* **sich d. um** ham drei am

Drehung a drei, -er (di)

Drehwurm (Schafkrankheit) at eegelk, -en (det)

drei **1** trii - **2** *übertr:* **er sieht aus, als ob er nicht bis drei/fünf zählen kann** hi sjocht ütj, üs wan'r ei tu trii/ tu fiiw tääl koon

dreibeinig triibianet

dreiblättrig triibleedet

Dreieck a triihuk, -er (di)

dreieckig triihuket

dreieinhalb triianhualew

dreierlei triierlei; **d. Fleisch** trii slacher flääsk

dreifach trebelt, triisis, triise; **ein d.-es Hoch** en triise huuch

dreihundert triihunert

dreijährig triijuars, trii juar ual

dreikantig triikaantet

dreimal triisis, triise; **d. täglich** triisis a dai

Dreirad at letjjongenswel, -en (det), at triiwel (det)

dreißig dörtag

dreist drist, frech, snütjag

Dreistigkeit a drist

dreistimmig triistemag

dreiviertel triisjuard

dreizehn trataanj

dreschen saask (sosk; sosken)

Drescher a sosker, -n (di)

Dreschflegel a flaiel, flailer (di)

Dreschmaschine a/at saaskmaskiin, -en (det), a saasker, -n (di)

Dreschtenne (Raum z. Dreschen) a saal, -er (di)

drillen (Saat einbringen) drile

Drilling a tranlang, - (di)

drin **1** uun; **was ist da d.?** wat as 'ar uun? - **2** *übertr:* **das ist nicht d.** det könst ferjid

dringen **1** *drängen* dring (droong; drüngen) - **2** *verlangen:* **darauf d.** diarüüb dring

dringend nuadag; **ich muss dich d. sprechen** ik skal di nuadag tu wurd haa

drinnen **1** banen; **nach d. gehen** iinbanen gung *u* - **2** *übertr:* **d. und draußen** bütjen an banen

dritt *Verb.* **zu d. sein** mä/tu triien wees *od.* trii tuup wees

dritte traad

Drittel at traaden (det), a traad paart (di)

drittens tu't traad, för't traaden

drohen trüüwe; (mit d. Faust) höfke

dröhnen brome, dröne

Dröhnen at bromin (det), a drön (di)

drollig potsag, drolag, snorag

Drossel a kraansfögel, -gler (di), a kramper, -s (di)

drüber **1** auer - **2** *übertr:* **da ist alles drunter und d.** diar as onerst tu boowenst *od.* diar as hole uun ruuk ('Bulle im Heudiemen')

Druck *Abdruck* a drük (di)
drucken drük
drücken 1 trak; **die Hand d.** a hun trak - **2 sich d.** ham trak; **sich vor der Arbeit d.** ham föör't werk trak - **3** *übertr:* **den Daumen d.** a süm trak/hual *u*
Drucker a drüker, -s (di)
Drücker *Klinke* a greb, -er (di)
Druckerei at drükerei, -en (det)
Druckfehler a drükfeeler, -n (di)
Drum *Wendg.* **mit allem D. und Dran** mä ales, wat diar tuhiart
drum diaram
drunter 1 oner - **2** *übertr:* **da ist alles d. und drüber** diar as onerst tu boowenst *od.* diar as hole uun ruuk ('Bulle im Heudiemen')
drunterlegen onerlei *u*, iinonerlei *u*
drunterliegen onerlei *u*
Drüse a karlang, -er (di), at drüüs, -en (det) [z]
du dü (entfällt häufig nachgestellt); **wann bist d. zu Hause?** wan beest aran?; **bist d. es?** as't di?
ducken, sich ham dük
dudeln düüdle
Duft a stirem (di)
duften stirme; **was d. die Rosen!** wat stirme a ruusen!
dulden tuläät
dumm 1 Ggs. *klug* dom, deemlag, sompag, toflag - **2** *unsinnig:* **d.-es Gerede** en dom stak snaak - **3** *unangenehm:* **das ist zu d.** det as tu dom - **4** *übertr:* **sich d. stellen** dömkag du *u,* ham dom stel; **auf d.-e Gedanken kommen** üüb dom staken kem *u*; **d. wie Bohnenstroh** dom üs buanensträ
dummdreist domdrist
Dummheit a/at domhaid, -en (det)
Dummkopf a tofel,-fler (di), at dömke, -kin (det)
dümmlich dömkag, sompag, dömelk
dumpf dof, onerhoolsk, hool
Düne a dün, -er/-ger (di); **in den D.-n** uun dünem
Dünengras at halem (det)
Dünengraswurzeln a dünraabler (jo)
Dünenrand a dünemkaant, -er (di)
Dünental at dääl, -en (det)
Dung at njoks (det)
düngen ged (gäät; gäät; gäät)
Dünger (von Tieren) at ged (det)
dunkel jonk; (Farbton) jonkelk; **d. werden** jonke, jonk wurd
dunkelblau jonkblä
dunkelbraun jonkbrün
dunkelgrau jonkgrä
dunkelgrün jonkgreen
dunkelhäutig jonkhidjet
Dunkelheit at jonken (det); **von der D. überrascht werden** bejonke
dunkeln jonke
dunkelrot jonkruad
Dunkelwerden at jonkwurden (det)
dünken sank (socht; socht); **mich dünkt** mi sankt
dünn 1 *wässrig* san; **der Kaffee war man d.** a kofe wiar man san - **2** Ggs. *dick* klian, smääl; **d.-e Arme** smääl iarmer - **3** *fein:* **d.-es Haar** fiin hiar; **d. schälen** fiin/senket (sehr dünn) skele
dünnbeinig skringelbianet, sanbianet
dünnblütig sanbludet
Dünndarm a kliansiarem (di)
dünngliedrig sanleset [z]
dünnhäutig 1 sanhidjet - **2** *übertr:* naunemen

D

dünnschalig sanskelet
Dunst **1** *Ausdünstung* a/at donst (det), a/at damp (det) - **2** *Lufttrübung* a diis (di) [z]
dunstig *neblig* diisag [z], mistag
Dunsum (Föhr) Dunsam; **Groß D.** Grat Dunsam, **Klein D.** Letj Dunsam
Dunsumer a dunsamer, - (di)
Dünung a diinang (di), a waagen (jo)
[1]**durch** *Adv* **1** troch - **2** *übertr:* **der Bus ist schon d.** a bus as al troch; **d. und d.** döör an döör, troch an troch; **einem d. und d. gehen** ään troch an troch gung *u*; **ich bin ganz d.** ik san njoksweederwiat ('mistwassernass')
[2]**durch** *Präp* **1** *örtl.* troch; **d. das Haus** troch hüüs - **2** *mittels:* **d. drei teilen** troch trii dial - **3** *übertr:* **mit dem Kopf d. die Wand** mä't hood troch a woch
durcharbeiten trochwerke
durchatmen trochhaale, trochöösme [z]
durchaus döörütj
durchbacken trochbaag *u*
durchbeißen trochbitj *u*
durchblättern trochbleede/-bleedre
durchblicken **1** trochluke - **2** *übertr:* **da blicke ich nicht mehr durch** diar luke ik ei muar troch
durchbohren trochbööre
durchbrechen trochbreeg *u*
durchbrennen **1** *Glühbirne* trochbraan - **2** *übertr:* trochbraan, ütjnei
durchbringen **1** *jmdn.* trochbring *u* - **2** *verschwenden* **das Erbteil d.** at arewdial trochbring *u*
durchbrochen (Muster) trochbreegen
durchdrehen **1** trochdrei - **2** *übertr:* **nun dreht er ja wohl durch!** nü dreit'r jo wel troch!
durcheinander **1** trochenööder, madenööder - **2** *übertr:* konfuus, trochenööder
Durcheinander at trochenööder (det), at madenööder (det)
durcheinanderbringen uun huup bring *u*, trochenööder bring *u*
durcheinanderkommen uun huup raage, uun hobel kem *u*
Durchfall at trochskeeren (det); (Tiere) a luup (di)
durchfallen trochfaal *u*
durchfechten trochfecht
durchfeuchten trochfochte
durchfeiern trochfeire
durchfinden trochfinj *u*
durchfragen, sich ham trochfraage
durchfressen trochfreed *u*
durchführen trochfeer
Durchgang a trochgung, -er (di)
durchgehen **1** *durch etw.* trochgung *u*; trochluup *u* - **2** *Pferd* lääpels luup *u*, trochbraan - **3** *übertr:* **d. lassen** trochgung läät
durchgehend trochgungen
durchgucken trochluke
durchhalten trochhual *u*
durchhecheln troch a hegel tji *u*
durchhelfen trochhalep *u*
durchkämmen trochtjim
durchkneten trochkneed *u*; (Hackfleisch) äält
durchkommen trochkem *u*
durchkrabbeln trochkraule, trochlofe
durchkriechen trochkrep *u*
durchlassen trochläät
durchlaufen **1** *Wasser* trochluup *u* - **2** *verschleißen:* **die Sohle d.** at sööl trochluup *u*
durchlesen trochlees *u* [z]

durchleuchten trochlocht
durchmachen trochmaage
Durchmesser a döörmeeder (di)
durchnässt trochwiat; **völlig d.** njokswiat, njoksweederwiat
durchnehmen trochnem *u*
durchrasseln trochrasle
durchrechnen trochreegne
durchregnen trochriin *u*
durchreißen trochriiw [u:] *u*
durchrosten trochroste
durchrühren trochreer, amreer
durchsägen trochseege
durchschauen **1** trochluke - **2** *übertr:* **ich habe ihn gleich durchschaut** ik haa gliks wost, wat det för ään wiar
durchscheinen trochskiin *u*
durchschimmern trochskemre, trochluke
durchschlafen trochsliap *u*
Durchschlag *Sieb* a/at döörslach, -en (det), at sew, -en (det) [u:]
durchschlagen trochslau *u*
durchschlüpfen trochglüp *u*
durchschneiden trochskeer *u*; (Schere) trochklap
durchschnittlich **1** *mittelmäßig* madelmiatag – **2** *im Allgemeinen* uun sjnit, sowat
durchschütteln trochsköde
durchschwitzen trochswäät; **völlig durchgeschwitzt sein** uun iane swäät wees
durchsehen **1** *durch etw.* trochluke, trochsä *u* - **2** *korrigieren* efterluke, trochluke
durchsetzen **1** trochsaat - **2** **sich d.** ham trochsaat
durchsichtig döörsichtag
durchsieben trochsiale, troch sew fu *u*
durchsitzen trochsat *u*
durchspülen trochspeel *u*
durchstechen trochsteeg *u*
durchstecken trochsteeg *u*
durchstehen trochstun *u*
durchstöbern trochstöögle
durchstreichen trochstrege, en streg maage auer
durchsuchen trochstöögle, trochsjük *u*
durchtanzen trochdaanse
durchtrieben faalsk, luurag
durchtropfen trochdrip, trochdrööbe
[1]**durchwachsen** *Vb* trochwaaks *u*
[2]**durchwachsen** *Adj* trochwoksen
durchweg trochwech
durchziehen *durch etw.* trochhaale
dürfen **1** *erlaubt sein* mut (moost; moosten); **das darfst du nicht!** det mutst dü ei! - **2** *vermuten:* **sie dürfte bald sechzig sein** hat moost bal söstag wees
dürftig knaap, skraal
Dürre a/at drööchte (det)
Durst a sast (di); **ich habe großen D.** ik san määchtag sastag
dursten saste
durstig sastag
Dusche a/at duusje, -sjin (det)
duschen duusje
düster jonk
Dutzend at duts, - (det)
duzen dü tu hoker sai *u*

e, E

E

Ebbe a ääb, -er (di), a/at ääbtidj (det); **zweimalige E.** a twiiääb (di); **bei E.** bi ääb; **E. und Flut** ääb an flud; **von der E. überrascht werden** beääbet wurd

ebben ääbe

Ebbstrom a ääbstruum (di)

Ebbzeit a/at ääbtidj

[1]**eben** *Adv* jüst, eewenst; **gerade e.** jüst eewenst, man jüst

[2]**eben** *Adj* eewen, plat; **auf e.-er Erde** üüb a eewen grünj

[3]**eben** *Modalpart* jüst; **wir wissen nur e., dass er geheiratet hat** wi witj man jüst, dat'r ham befreid hää

[4]**eben** *Gradpart* jüst; **sie sind nicht e. reich** jo san jüst ei rik

Ebenbild at eewenbil (det); **ganz das E. des Vaters/der Mutter sein** apdaaget a aatj/at mam like

ebenfalls uk, jüst so

ebenso uk so, jüst so, lacht so, net so, lik so

ebenso gern jüst so hal

ebenso gut jüst so gud

ebenso lange jüst so loong

ebenso oft jüst sofölsis

ebenso viel jüst soföl

ebenso wenig jüst so letjet, jüst so man

Eber a ooren, -rner (di)

ebnen **1** eewne, slachte - **2** *übertr:* eewne

echt **1** Ggs. *falsch* rocht, echt; **e. Gold** rocht gul - **2** *wahrhaft:* **ein e.-er Friese** en rochten öömrangen

Eckbrett at hukburd, -en (det)

Ecke **1** a huk, -er (di); (Hausecke) a hörn, -er (di); **um die E. biegen** am a huk büg *u* - **2** *übertr:* **um die E. bringen** am a huk bring *u*; **um die E. wohnen** am a huk wene

eckig hukag, huket

Eckkneipe at lokool/at wiartskaft am a huk (det)

Eckplatz at steed am a huk (det)

Eckregal at hukbürtje, -jin (det)

Eckschrank at hukskaab, -en (det)

Eckstein a hukstian, -er (di)

Eckzahn a huktus, -tes (di)

Eckzimmer at hukrüm, -en (det)

edel eedel

Edelstein a eedelstian, - (di)

Efeu at eefeu (det)

egal egool, likedenang, ianerlei, atsalew [u:], ians; **das ist e.** det as saacht atsalew

Egge at harew, -wen (det)

eggen harwe

eh *Wendg.* **seit e. und je** sant iar an wan, al imer

ehe iar, beföör, föör det

Ehe *Verb.* **eine glückliche E. führen** lokelk befreid wees; **ein Kind aus erster E.** en letj faan a iarst wüf/a iarst maan

Ehefrau a/at wüf, -en (det)

Eheleute maan an wüf, a befreid lidj (jo)

ehemalig ual, iar; **unser e.-er Lehrer** üüs ual skuulmääster; **der e.-e Bürgermeister** di ual bürgermääster

ehemals iar, iartidjs

Ehemann a maan, -er (di)

Ehepaar at paar, -en (det), at befreid paar, -en (det)

eher iar, iarer; **je e., desto besser** am so iarer, am so beeder *od.* a iarer, a beeder

ehrbar iarboor

Ehre a/at iar, -en (det); **in E.-n halten** uun iaren hual *u*

ehren iare

Ehrenamt at iarenamt, -en (det)

Ehrenplatz *Verb.* **auf dem E. sitzen** huuchst ap sat *u od.* (im alten Friesenhaus) oner a speegel sat *u* ('unter dem Spiegel')

Ehrenpreis 1 *Pflanze* at eerenpris (det) - **2** *Auszeichnung* a iarenpris, -en (di)

Ehrentag a iarendai, -daar (di)

Ehrenwort at iarenwurd (det); **sein E. geben** sin iarenwurd du *u*

Ehrgeiz a iargits (di)

ehrgeizig iargitsag

ehrlich 1 iarelk, aprocht; **es gibt noch e.-e Menschen** at jaft noch iarelk lidj - **2** *übertr:* **um e. zu sein** am iarelk tu weesen; **e. währt am längsten** iarelk waaret lingst *Sprw*

Ehrlichkeit a/at iarelkhaid (det)

Ei 1 at ai, -er (det); (ohne Dotter) at hongerai (det); (ohne Schale) at wonskelet ai (det), at wanai, -er (det); **E.-er werfen** (Kinderbrauch zu Ostern) aier smitj *u*; **E.-er legen** warep (worep; worpen); **E.-er mit Speck** (Gericht) a/at aipoon (det) - **2** *übertr:* **jmdn. wie ein rohes E. behandeln** amgung mä hoker üs mä en rä/en stöönk ai *u* ('angebrütet'); **wie aus dem E. gepellt** üs ütj at ai pelet/skelet *od.* skir an kant; **für ein E. und ein Butterbrot** för en ai an en böderbruad; **das E. will klüger sein als die Henne** at ai wal kluuker wees üs at han *Sprw*

Eibe a iiwenbuum, -er (di)

Eiche a iakebuum, -er (di)

Eichel at eker, -n (det)

eichen *Adj* iakin

Eichenholz at iakeholt (det)

Eichentruhe a/at iakin kast, -en (det)

Eichhörnchen at kaateker, -n (det)

Eid a ias, -er (di) [z]; **einen E. ablegen** en ias ufdu *u*

Eidechse at eideks, -en (det), a eerdglüper,-n (di), a eersglüper, -n (di)

Eiderente at eidergus [z], -ges [z] (det)

Eiderente at eidergus

Eidotter a aisaapel, -pler (di), at aisgüül, -en (det)

Eierbecher a ai-/aierbecher, -n (di)

Eierkuchen at pankuuk, -en (det)

Eierlöffel at aiskeik, -en (det), at aierskeik, -en (det)

Eierschale at aiskel, -en (det)

Eieruhr a/at aierklook, -en (det)

Eifer a iiwer (di)

eifern iiwre

eifrig iiwrag

Eigelb a aisaapel, -pler (di), at aisgüül, -en (det)

eigen 1 *zugehörig* aanj; **ein e.-es Zimmer** en aanj rüm - **2** *genau* aanj, akeroot, peniibel, pötjrag; **darin ist er ganz e.** diar as'r gans aanj bi/aanj

E

uun - **3** *übertr:* **auf e.-e Faust** üüb aanj hun/fist; **vor der e.-en Tür kehren** föör sin aanj dör faage; **sein e.-er Herr sein** san aanj her wees

Eigenarten a nüken (jo), a treker (jo)

eigenartig nüürag, apartag, wonerlik; **ein e.-er Mensch** en apartagen kiarel

Eigennutz at aanjnat (det)

eigennützig aanjnatag

eigens amtians, bluat diarför

Eigenschaft a/at eegenskap, -en (det)

Eigenschaftswort at biwurd, -en (det), at eegenskapswurd, -en (det)

Eigensinn a/at swäärshaid (det), a/at aanjhoodethaid (det)

eigensinnig aanj, swäärs, swäärshoodet

[1]**eigentlich** *Adj* rocht; **sein e.-er Name** san rocht nööm

[2]**eigentlich** *Modalpart* **1** *in Wirklichkeit* eentelk, eegentelk, rocht; **e. ist er Maurer** eentelk as'r müürmaan - **2** *überhaupt* eentelk; **weißt du e., wie spät es ist?** witjst dü eentelk, hü leed at as?

Eigentum at eegendum (det)

eignen, sich ham eegne

Eile **1** a/at iil (det), a/at faard (det); **das hab ich in der E. vergessen** det haa'k uun a faard ferjiden - **2** *übertr:* **E. mit Weile** eewen, man aleewen

eilen **1** iile, streewe, bese [z] - **2** *unpers.:* **das eilt nicht** at iilet ei

eilig **1** *rasch* gau - **2** *dringend:* **es e. haben** at splitjendrok haa

Eimer a amer, -n (di); **ein E. Wasser** en amer weeder

Eimerchen at emerk, -en (det)

[1]**ein** *unbest. Art.* **1** en, 'n (Kurzform) - **2** *Verb.:* **e. bisschen** en betj; **so e.** so'n; **was für e.** wat'n; **was für e. Zufall!** wat'n tufaal!

[2]**ein** *Zahladj* **1** *einzig* ään *m.*, ian *f/n*; **sie haben nur e.-e Tochter** jo haa man ian foomen - **2** *Zeit* ian; **es ist e. Uhr** a klook as ian - **3** *übertr:* **sein e. und alles** sin ian an ales; **e. und dasselbe** ian an detsalew; **es regnet in e.-em fort** at rinjt uun ians/uun ianen wech; **e. Abwasch sein** ian dun wees; **unter e.-er Decke stecken** oner ian deek stege

[3]**ein** *Adv* **1** *eingeschaltet* uun - **2** *hinein* iin; **e. und aus** iin an ütj - **3** *übertr:* **nicht mehr e. noch aus wissen** ei muar ütj an iin wed *u*

einander arkööder, enööder

einarbeiten **1** iinwerke - **2 sich e.** ham iinwerke

einarmig ianiaremt

einäschern ferbraan; **er/sie wird eingeäschert** at lik woort ferbraand

einatmen iinöösme [z]

einäugig ianuuget

einbauen iinbau

einberufen iinberep *u*

Einbettzimmer at enkeltrüm, -en (det)

einbeulen iinboole, iindelke

einbiegen iinbüg *u*

einbilden, sich **1** ham iinbil, ham iinbilde - **2** *übertr:* **darauf kannst du dir was e.** diar könst di wat üüb iinbil/iinbilde

Einbildung at iinbilang (det)

einbinden iinbinj *u*; **ein Buch e.** en buk iinbinj

einbleuen iinbleu

einbrechen iinbreeg *u*

Einbrecher a iinbreeger, -s (di)

einbrennen iinbraan

einbringen **1** *Gewinn* iinbring *u*, auersmitj *u*, bi auer wees; **die Landwirtschaft bringt nichts mehr ein** a büürerei brangt niks muar iin/smat niks muar auer/muar uf - **2** *ernten* iinkeer, iinfu *u*, iinberag *u*, berag (baragt; boorag; bürgen); **die Ernte ist eingebracht** a fung as bürgen

einbrocken **1** iinkraame, iinbrökle - **2** *übertr:* **was man sich eingebrockt hat, muss man auch auslöffeln** wat'am ham iinkraamet hää, skal'am uk salew apiidj *Sprw*

einbuchten iinspunse, iinbochte

eincremen iinsmere

eindeichen iindike

eindeutig iandüüdag

eindicken sjok/siamag maage

Eindruck a iindrük, -er (di)

eindrücken iintrak

eineinhalb ööderhualew

[1]**eine(r, -s)** *Indefinitpron* **1** *jemand, etw.* ään, ääner *m*, ian *f/n*; **e.-r nach dem anderen** ään bääft di ööder; **da ist e.-r** diar as hoker; **so e.-r hat uns gerade noch gefehlt** so ääner hää üs jüst noch feelet/waant - **2** *man:* **das kann e.-n freuen** det koon ään freue/ frööge

[2]**eine(r, -s)** *Zahladj* **1** ään *m* ian *f/n*; **e.-r von beiden** ään faan biasen; **das e. oder andere** ian of ööder - **2** *übertr:* **e.-n können wir noch haben** diar koon noch ään üüb stun *od.* diar kön'f noch ään üüb fu; **das läuft auf eins hinaus** det lääpt üüb ians ütj

einerlei likeföl, ianerlei; **das ist e.** det as ianerlei, det as ian dun *od.* det as pot an poon

einesteils üüb ään sidj

[1]**einfach** *Adj* **1** *nur einmal* ianfach, enkelt; **ein e.-er Faden** en enkelten triad - **2** *leicht* lacht; **das ist e.** diar as niks bi *od.* det as lacht tu - **3** *schlicht* ianfach; **e. gekleidet** ianfach uun tjüch

[2]**einfach** *Modalpart* ianfach; **das habe ich e. vergessen** det haa'k ianfach ferjiden

einfahren **1** Ggs. *ausfahren* iinkeer; (Schiff) iinfaar *u* - **2** *Ernte* iinkeer, iinberag *u*

Einfahrt a/at iinfaart, -en (det)

Einfall a soocht, -er (di), a iinfaal, -er (di)

einfallen **1** *einstürzen* tuupromle, tuupfaal *u* - **2** *abmagern* iinfaal *u*; **ein eingefallenes Gesicht** en iinfäälen gesicht - **3** *in den Sinn kommen* iinfaal *u* - **4** *sich erinnern* besoocht fu *u*; **es fällt mir nicht mehr ein** ik kön't ei muar besoocht fu - **5** *übertr:* **was fällt dir ein!** wat fäält di iin! *od.* wat gongt't di dach uun!

einfältig aanjpregelt, sanwatag, ianfualag

einfangen iinfang, iinfu *u*

einfärben iinfarwe

einfarbig ianklööret

einfassen iinfaade

einfetten iinfääte

einfeuchten iinfochte, iinfochtage

einflößen **1** iindu *u*; **Tropfen e.** drööber iindu - **2** *übertr:* **Angst e.** baang maage

einflussreich wichtag

einfriedigen iinfense, iinfääne; (mit Draht) iinwiire; (mit einem Wall) iindike; (mit einem Zaun) iinstaache

einfrieren **1** *konservieren* iinfriis [z] *u* - **2** *festfrieren* befriis [z] *u*, iinfriis [z]

E

einführen iinfeer
einfüllen iinfal
Eingang a iingung, -er (di)
Eingangslied (im Gottesdienst) at iingungsstak (det)
eingeben *einflößen* iindu *u*; **Tropfen e.** drööber iindu
eingebildet aabag, prumandag
eingeboren iinbäären
eingehen **1** *Pflanzen* iingung *u*; **der Baum ist eingegangen** di buum as iingingen - **2** *Tiere* kripiare - **3** *Stoff* iinskromp *u*, tuupskromp *u* - **4** *übertr:* **darauf e.** diarüüb iingung *u*
Eingemachtes at iinmaageten (det)
eingenommen *angetan* iinnimen; **sehr von sich e. sein** en grat meenang faan ham salew haa
eingerenkt uun las
eingeschaltet *Gerät* uun
eingeschnappt iinsnapt, mopsag
eingestehen tudu *u*
Eingeweide at iingeweid (det); (Fische, Vögel) at grum (det)
eingewöhnen, sich ham iinwene
eingießen iinjit *u*, apjit *u*
eingreifen iingrip *u*
einhaken **1** *etw.* iinhaage, iinhanke - **2** *jmdn.* uunsnaare, onerhaage; **hake mich man ein** snaare mi man uun
einhalten iinhual *u*
einhängen iinhinge
einheimisch iinbäären
einheiraten iinfrei
einholen **1** *einkaufen* äärne, iinkuupe *u* - **2** *noch erreichen* iinhaale; (zu Fuß) apluup *u,* beluup *u*; **ich hole ihn noch ein** ham fu'k noch aplepen/ noch belepen - **3** *herunter-/heraufziehen:* **die Flagge e.** a flag deelhise; **das Netz e.** at näät iinhaale; **die Segel e.** a saiels berag *u*
einhüllen behal, iinhal
einig ianag, ians; **sich darüber e. werden** ham diar ians/ianag am wurd
einige enkelt, enkelten (o. Subst.); hög, högen (o. Subst.); en paar
einigen, sich aueriankem *u*, ham ianage
einigermaßen ianagermooten, jüst an jüst
einiges ianages
Einigkeit a/at ianaghaid (det)
einjagen üübjaage, iinjaage; **einen Schreck e.** en skrek üübjaage
einjährig juarag; **ein e.-es Kalb** en juarag kualew
Einkauf a iinkuup (di); **Einkäufe machen** äärne
einkaufen äärne, iinkuupe *u*
Einkaufspreis a iinkuupspris, -en (di)
einkerben iinskeer *u*, iinkirwe
einklagen iinklaage
einkleben iinklewe
einkleiden iinklääs [z]; **sich neu e.** ham apklääs [z]
einknicken iinknik
einknoten iinknat, iinknoote
einkochen iinkööge
Einkommen a fersiinst (di), at iinkemst (det), at iinkemen (det); **ein ständiges E. haben** rocht werk haa
einkräuseln iinrei
[1]**einladen** *Besuch* nuadage; **zum Kaffee e.** nuadage am kofe
[2]**einladen** *Fracht* iinlees [z] *u*
Einladung at iinloodang, -en (det), at nuadagang, -en (det); **E.-en verschicken** iinloodangen wechsjüür
Einlage a/at iinlaag, -en (det)

einlagern *Ernte* iinberag *u*
einlassen **1** iinläät - **2** **sich e.** ham iinläät
Einlauf a iinluup (di)
einlaufen **1** *Schiff* iinluup *u* - **2** *Stoff* iinluup *u,* tuupskromp *u*, skromp (skrompt; skrompen)
einläuten iinring *u*; **den Feierabend e.** a halaginj iinring
einleben, sich ham iinlewe
einlegen **1** *konservieren* iinlei *u* - **2** *übertr:* **ein gutes Wort e.** en gud wurd iinlei *u*
einliefern iinleewre
einlösen iinliase [z]
einmachen iinmaage, iinkööge
[1]**einmal** *Adv* **1** *ein einziges Mal* iansis, ans; **man lebt nur e.** ham lewet man iansis üüb a welt; **noch e.** noch ans - **2** *früher* ans; **es lebte e. ein König** diar lewet ans en könang - **3** *plötzlich:* **auf e.** mätians, üüb('n) mool; (veralt.) klakluas - **4** *zugleich*: üüb('n) mool, emsk; **sie kamen alle auf e.** jo kaam altmaal üüb'n mool - **5** *übertr:* **e. ist keinmal** iansis as niansis *Sprw*
[2]**einmal** *Gradpart* ans; **nicht e.** ei ans; **da war nicht e. ein Stuhl!** diar wiar ei ans en stuul!
einmalig *unvergleichlich* iansis, ianmoolag
Einmaleins at ian mool ian
einmauern iinmüüre
einmischen, sich ham iinmiske
einnähen iinsei
einnehmen **1** *bekommen* iinnem *u*; **Geld e.** jil iinnem - **2** *Medizin:* **etw. e. gegen** wat iinnem jin
einnehmend iinnemen
einnicken iinnek, tunek
einnisten, sich ham iinnäästle
einölen iinööle
einpacken **1** iinpaake - **2** *übertr:* **sich warm e.** ham warem iinwole
einparken iinstupe; **rückwärts e.** turag iinstupe
einpflanzen iinplaante
einrahmen iinraame
einrammen iinrame
einrasten iinglidj *u*
einräumen **1** *Schrank* iinrüme - **2** *zugestehen* iingestun *u*
einreden föörsnaake, iinsnaake
einreiben iinrofe, rofe, iinsmere; (mit Schnee) iinwreske; **den Rücken e.** a rag iinrofe
einreichen iinling; **die Scheidung e.** ham skias läät
einreisen iinraise
einreiten turidj *u*
einreißen iinriiw [u:] *u*; **sie haben die Wände eingerissen** jo haa a woger oner a fet/üüb a rag
einrenken **1** iinrenke - **2** **sich e.** tuupglidj *u*; **das wird sich schon wieder e.** det skal nooch weder tuupglidj
einrennen **1** iinrään - **2** *übertr:* **jmdm. die Tür e.** hoker a dör iinrään
einrichten iinracht
Einrichtung at iinrachtang (det)
einrollen iinrole
einrosten iinrostage, iinroste
einrühren iinreer
[1]**eins** *Zahladv* **1** *Kardinalzahl* ian - **2** *Note*: **eine E. bekommen** en ian fu *u* - **3** *Uhrzeit:* **die Uhr ist e.** a klook as ian
[2]**eins** *Adj* ians; **sich e. werden** ians am wurd; **auf e. herauskommen** üüb ians ütjkem *u*

E

[3]**eins** *Indefinitpron* ian; **bis auf e.** bit üüb ian; **e. muss ich dir noch sagen** ian mut/skal ik di noch sai

[1]**einsacken** *einsinken* iinsake

[2]**einsacken** *einfüllen* iinsääke, uun sääker fu *u*

einsam alian, alianang, iansoom

Einsamkeit a/at iansoomhaid (det), at alianweesen (det) [z]

einsammeln iinsaamle

einsargen kastlei *u,* uun kast lei *u*

einschalten *Gerät* uunmaage, uundrei

einschenken iinskeenk, apskeenk; **eine Tasse Kaffee e.** en kop kofe apskeenk

einschicken iinsjüür

einschiffen, sich uun buurd gung *u*

einschlachten (Schlachttiere z. Eigenverbrauch) iinslaachte

einschlafen 1 tusliap *u*, uun sliap kem *u*; **ich konnte nicht e.** ik küd a sliap ei faad fu - **2** *nachlassen* iinsliap *u*; **das Schreiben ist ganz und gar eingeschlafen** at skriiwen as hialandaal iinslepen - **3** *übertr:* **er/sie ist eingeschlafen** hi/hat as iinslepen

einschlagen 1 *etw.* iinslau *u* - **2** *treffen* iinslau *u*; **da hat der Blitz eingeschlagen** diar hää at laid iinslaanj - **3** *auf jmdn.* deelslau *u* - **4** *sich entwickeln:* **der Junge/das Mädchen ist gut eingeschlagen** di dring/det foomen as gud iinslaanj/as tu'n guuden iinslaanj

einschlemmen iinsläämpe

einschleppen iinslebe

einschließen 1 *etw.* iinslütj *u*, wechslütj *u* - **2** *jmdn.* belük *u*, iinslütj *u*

einschlummern tusliap *u*

einschmieren iinsmere

einschnappen iinsnap

einschneiden iinskeer *u*; (Schere) iinklap

einschneien iinsnei, besnei

Einschnitt (Gelände) at iingaap, -en (det), at iinskeer, -en (det)

einschnüren iinsnire

einschränken, sich ham beknaape, ham iinsjrenke,

einschreiben iinskriiw [u:] *u*

einschulen iinskuule; **eingeschult werden** tu skuul kem *u*

einsehen iinsä *u*

Einsehen *Wendg.* **ein E. haben** en iinsen haa

einseifen iinsiape

einsenden iinsjüür

einsetzen 1 iinsaat; **eine Scheibe e.** en rütj iinsaat - **2** *übertr:* **sich e.** diarför streewe, ham iinsaat

einsinken iinsake, iinsank *u*; **bis zu den Knien e.** iinsake bit tu a knöbian

einspannen iinspään

einsparen iinspaare

einsperren belük *u*, iinspere

einsprengen iinfochte, iinfochtage

Einspruch a iinspruch (di); **E. einlegen** iinspruch iinlei *u*

einst ans, iartidjs; **es lebte e. ein König** diar lewet ans en könang

einstallen apstaale

einstechen iinsteeg *u*

einstecken iinsteeg *u*

einstehen likstun *u,* iinstun *u*; **dafür e.** diarför likstun

einsteigen iinstiig *u*, iinstaap

einstellen 1 *jmdn.* iinstel, iinsaat - **2** *beenden:* **die Arbeit e.** aphual mä't werk

einstimmen iinsteme

einstimmig ianstemag
einstmals iar ans
einstreichen **1** *bestreichen* iinstrik *u* - **2** *übertr:* **Geld e.** jil iinstrik
Einstreu (Strohunterlage i. Stall) at streiels (det), at streilang (det)
einstürzen tuupstört, iinstört, tuupromle
eintauchen iindük
eintauschen iinbütje
einteilen iindial, apskaft
einträchtig trau; **e. nebeneinander sitzen** trau bienööder sat *u*
einträglich iindreegelk; **e. sein** ham luane
eintreffen uunkem *u*
eintreten **1** *hineingehen* iinkem *u*, iintreed *u*; **tritt ein!** kom iin!; **einzeln e.!** enkelt iintreed! - **2** *Tür* iintreed *u* - **3** *beitreten:* **in den Verein e.** iintreed uun a ferian *u*
eintrichtern iintraachtre
Eintritt a iintreed (di)
Eintrittskarte at koord, -en (det)
eintrocknen iindrüge
eintrüben, sich ham betji *u*, ham bedobe, jonk wurd uun't weder
eintunken iindiiwe, iindük
einüben iinööwe
einundzwanzig ianantwuntag
einverstanden iinferstenen; **e. sein** iinferstenen wees, ja tu sai *u*
[1]**einwachsen** *Skier* iinwaakse
[2]**einwachsen** **1** *Fußnagel* iinwaaks *u* - **2** *durch Unkraut* begred
Einwand a iinwant (di); **Einwände haben** wat diarjin haa
Einwanderer a iinwaanerer, -s (di)
einwandern iinwaanre
Einwanderung at iinwaanrang (det)
einweben iinweew [u:] *u*
einweichen iinwoke, uun wok du *u*
einweihen iinwei
einwenden iinwen
Einwendung at iinwenang, -en (det)
einwerfen iinsmitj *u*; **die Fenster e.** a wönger iinsmitj
einwickeln iinwole
einwilligen iinwalage, ferloof du *u*, ja tu sai *u*
Einwilligung at ferloof (det)
Einwohner a lidj (jo); **wieviel E. hat Amrum?** hüföl lidj wene üüb Oomram?
Einzahl at iantaal (det)
einzäunen iinfense, iinfääne; (Staket) iinstaache; (Draht) iinwiire
einzeln enkelt, ianseln; **e. eintreten** enkelt iintreed *u*
einzelne enkelten
einziehen **1** iintji *u* - **2** *übertr:* **den Schwanz e.** a stört tesken a bian nem *u* ('Beine')
einzig iansag; **e. und allein** iansag an alian
einzuckern iinsokre
Eis **1** at is (det) - **2** *Speiseeis:* **E. lutschen** is slake
Eisbär a isbäär, -en (di)
Eisberg a isberag, -rger (di)
Eisbrecher a isbreeger, -n (di)
Eischnee at slaanj aiswitjen (det)
Eisen **1** at iisen (det) [z] - **2** *übertr:* **man muss das E. schmieden, solange es heiß ist** ham skal at iisen smese, so loong üs wat at hiat as *Sprw*
Eisenbahn a/at boon (det), a/at iisenboon (det) [z]
Eisente at gaulüt, -en (det)
Eisenzeit a/at iisentidj [z]

E

eisern 1 iisen [z] - **2** *übertr:* **e. bleiben** iisern bliiw *u*
eisfrei isfrei; **e. sein** nian is muar wees
eisig iisag [z]
eiskalt iskuul
Eisklumpen a isknol, -er (di)
Eismöwe at iskub, -en (det)
Eisregen at hesel (det) [z]; **E. sein** hesle [z]
Eisscholle at isskos, -en (det)
Eiswürfel a isknol, -er (di)
Eiszapfen a egel, -gler (di)
Eiszeit a/at istidj
eitel aabag
Eitelkeit a/at aabaghaid (det)
Eiter at ääter (det)
Eiterbeule at ääterbool, -en (det)
eitern äätre, boolne
Eiterpropfen at ong, -en (det)
eitrig äätrag
Eiweiß (Hühnerei) at aiswitjen, - (det)
Ekel a eekel (di)
ekeln, sich eeklag wees föör, ham eekle
eklig eeklag, eekelk
Elbe a Ialew [u:]
Elefant a eelefant, -en (di)
Element 1 at eelement (det) - **2** *übertr:* **in seinem E. sein** uun sin eelement wees
elend 1 *kümmerlich* eelendag - **2** *kränkelnd* ring; **sich e. fühlen** desag tumud wees, ham ring feel *u*
Elend 1 *Armut* at eelent (det), at aaremmud (det) - **2** *Leid* at greemes (det), at eelent (det); **was für ein E.!** wat en eelent!
elf elwen
elfte elwenst
Ellbogen a äälemböög, -er (di)
Elle at äälen, - (det)
Elster a heister, -n (di)
Eltern a aalern (jo)
Elternhaus at aalernhüs (det); **aus dem E. sein** faan/ütj hüüs wees
elternlos aalernluas
Empfang a emfang (di)
empfangen 1 *erhalten* fu (feest/feist; feit; füng; füngen) - **2** *aufnehmen* emfang, begrööte, apnem *u*
empfänglich emfengelk
empfinden feel (felt/feelt; feld/feeld; feld/feeld), emfinj *u*
empfindlich 1 *schmerze.* emfintelk, piiblag, siarkren - **2** *leicht beleidigt* nainemen, naunemen
Empfindung at gefüül, -en (det), at emfinjen (det)
emporarbeiten, sich ham huuchwerke
Empore *Kirche* a maanerböön (di); (veralt.) a karmensböön (di) ('Männerboden')
emporkommen 1 amhuuchkem *u* - **2** *übertr:* amhuuchkem, ham maage
empört apbroocht
emsig iiwrag, flitjag, reerag
Ende 1 *Endpunkt* a aanj, -er (di); **E. Mai** aanj meimuun; **am E. des Feldes** at aanj faan at fial - **2** *Strecke:* **ein ganzes E.** en hialer aanj; **das obere E.** a boowenaanj; **das untere E.** a oneraanj - **3** *übertr:* **das E. von weg sein** a aanj faan wech wees; **kein E. nehmen** nään aanj nem *u*; **letzten E.-s** üüb't aanj; **ein schlechtes E. nehmen** en ringen/en böösen aanj nem *u*; **am E.** at aanj *od.* at leetsten; **von Anfang bis E.** faan aanj tu aanj *od.* faan began tu aanj; **zu E. gehen** tu aanj gung *u*

enden aanjage, en aanj nem *u*
endlich entelk
Energie *Tatkraft* a kaluun (di), a/at krääft (det)
energisch **1** reselfiaret - **2** *übertr:* **e. werden** a knoren apsaat *od.* a äärger ääg apsaat
eng **1** *schmal* naar - **2** *fest anliegend:* **die Hose ist zu e.** at boks as altu naar - **3** *nahe, dicht:* **e. bei jmdm. sitzen** naar bi hoker sat *u* - **4** *übertr:* **einem e. ums Herz werden** ään benaud am't hart wurd
Enge **1** at naarens (det) - **2** *übertr:* **in die E. treiben** uun a knip fu *u*
Engel a engel, -gler (di)
England Ingelun
Engländer a ingeluner, -s (di), a ingelsmaan, -er (di)
englisch ingels
Englisch at ingels
Enkel a enkel, -kler, (di)
Enkelin at enkelin, -en (det)
Enkelkinder a enkeljongen (jo), a jongensjongen (jo)
entarten ütj a aard slau *u*
entbehren **1** *jmdn./etw. vermissen* mast; **wir können ihn gar nicht e.** wi kön ham goor ei mast - **2** *nicht haben:* **er hat viel e. müssen** hi hää föl mast moosten
entblößt naagelt
entdecken **1** *Unbekanntes* ütjfinj *u*; (Land) en(t)deke - **2** *herausfinden* apfinj *u*, ütjfinj *u*
Ente at an, -en (det); **E.-n rupfen** anen plooke; **die E.-n schnattern** a anen waape; **eine Schar E.-n** en skööl anen
Entenbraten at braaset an (det) [z], a anbraas (di) [z]
Entenei at anai, -er (det)
Entenflott *Wasserlinsen* a podkluaser (jo) [z] ('Krötenkleider')
Entenküken at enk, -en (det)
Entennest at annääst, -nees [z] (det)
Entenstrich a flacht (di)
Ententeich at anküül, -en (det)
enterben arewluas maage
Enterich a wörd, -er (di)
entfallen Ggs. *einfallen* **einem e. sein** at ferjiden haa *od.* at ei muar besoocht fu kön
entfernen **1** wechmaage - **2** **sich e.** wechgung *u*, ham faanmaage
entfernt **1** *räuml.:* **weit e. von** widjuf faan - **2** *übertr:* **e. verwandt sein** widjloftag frinjer wees; **nicht im E.-esten** binant an binai ei
Entfernung at fiirens (det)
entgegengehen uunjingung *u*
entgegenkommen uunjinkem *u*
entgegenkommend uunjinkemen
entgegenlaufen uunjinluup *u*
entgegennehmen uunnem *u*, uunjinnem *u*
entgegnen swaare
entgehen en(t)gung *u*; **sich etw. e. lassen** ham wat en(t)gung läät
enthalten **1** *darin sein* uun wees - **2** **sich e.** ham en(t)hual *u*; **sich der Stimme e.** ham a stem enthual
entkleiden, sich ham uftji *u*
[1]**entlang** *Adv* loongs
[2]**entlang** *Präp* loongs; **den Weg e.** loongs a wai
entlanggehen loongsluup *u*
entlangfahren loongskeer
entlassen entläät
entlaufen wechluup *u*
entleeren leesag maage [z]

E

E

entlegen ferweid
entleihen lian, ütjlian
entloben *sich trennen* **sie haben sich entlobt** det as ütjgingen mä jo
entmündigen entmünjage
entrahmen uffleed *u*
entrichten betaale; **Steuern/Zoll e.** stüüren/tol betaale
entsaften en(t)safte
entscheiden **1** riad (räät; räät; räät), enskias *u* [z] - **2 sich e.** ham enskias
entschließen, sich ham enslütj *u*
entschlossen reselfiaret
entschuldigen **1** enskilage - **2 sich e.** ham enskilage; **er hat sich hundertmal entschuldigt** hi hää ham hunertsis enskilagt
Entschuldigung at enskilagang, -en (det); **ich bitte vielmals um E.!** dää mi rocht iarag!; **E.!** enskilage!
entsetzlich skrekelk, furchboor; **ein e.-es Unwetter** en skrekelk/furchboor ünweder
entsinnen, sich ham diarüüb beseenk *u*
entstehen enstun *u*, diarfaan kem *u*
entweder **1** entweeder - **2** *übertr*: **e. oder!** ei of al!
entwickeln, sich ham kem *u*
entwischen ütjnei, ütjglüp *u*
entziehen wechnem *u*; **den Führerschein e.** a füürerskiin wechnem *u*
entzünden, sich *Wunde* sjüüre
entzündet sjüürag, boolent
entzwei uunstaken
entzweigehen uunstakengung *u*
Epidemie a amgung (di)
epileptisch *Adj* **ein e.-er Anfall** en uunfaalsküür
er hi, 'r/'er (Kurzf.); **wo ist er?** huar as'r?; **e. ist es!** det as ham! *od.* det as'n!

Erachtens *Verb.* **meines E.** efter min meenang
erbarmen, sich ham erbarme
erbärmlich komerlik, erbermelk
erbauen **1** apbau, bau - **2** *übertr:* **erbaut sein von** uunden wees faan
[1]**Erbe** *Person* a arew, -en (di) [u:], a arwang, -en (di)
[2]**Erbe** *Erbteil* at arew (det) [u:], at arewdial (det) [u:]
erben arwe (areft; arewd; arewd)
erbetteln tuupbeedle, tuuptrögle
Erbin at arew, -en (det) [u:]
erblicken tu sen fu *u*, waar wurd
erblinden blinj wurd
erbrechen, sich apspei, spei
erbringen bring (brangt; broocht; broocht); **das hat nicht viel erbracht** det hää ei föl broocht
Erbrochenes at speiang (det)
Erbse at irt, -en (det)
Erbsenschale at irtskel, -en (det)
Erbsenschote at irtbong, -en (det)
Erbsensuppe at irtensop (det)
Erbstück at arewdial, -en (det) [u:]
Erbteil at arewdial (det) [u:], at arwang (det)
Erdball a äärderk
Erdbeere at eerbei, -en (det)
Erdbeermarmelade at eerbeimameloode (det)
Erdbeerpflanze at eerbeiplaant, -en (det)
Erdboden a grünj (di)
Erde **1** *Welt* a eerd; **Himmel und E.** hemel an eerd - **2** *Bodenart* at eerd (det) - **3** *Erdboden* a grünj (di) - **4** *Erdball* a äärderk - **5** *übertr:* **den Himmel auf E.-n haben** a hemel üüb a welt haa; **schon unter der E.**

liegen al en suad üüb a nöös haa ('Rasensode')
erden eerde
erdichten apdacht
erdig eerdag
Erdklumpen a eerdknol, -er (di)
Erdöl at eerdööle (det)
erdrosseln wirge
erdulden ütjstun *u*, ufhual *u*
ereifern, sich ham eriiwre, iiwrag wurd, sin saagen uungung *u*
ereignen, sich ham tudreeg *u*, ham bejiw [u:] *u*, (veralt.) skä (skest; skest; sken), pasiare
Ereignis a/at begeebenhaid (det)
[1]**erfahren** *Vb* tu weden fu *u*, hiar, fernem *u*; **hintenherum e.** bääftam tu weden fu *u*
[2]**erfahren** *Adj* kluuk
Erfahrung at erfaarang (det)
erfassen *begreifen* begrip *u*, begreben fu *u*
erfinden **1** *entdecken* ütjfinj *u* - **2** *sich ausdenken* apleeg *u*, ham ütjseenk *u*
Erfolg *Verb.* **zum E. kommen** tu brud kem *u*
erforderlich nuadag
erfragen befraage
erfreut bliis [z]
erfrieren ferfriis [z] *u*
erfrischen, sich ham frisk maage
erfüllen erfal; **einen Wunsch e.** en wansk erfal
Erfüllung *Verb.* **in E. gehen** tu folang kem *u*
ergeben **1** *als Resultat* jiw [u:] (jaft; jääw [u:]/juf; jiwen) - **2 sich e.** *jmdm.* ham auerjiw [u:] *u*, ham auerdu *u*
ergehen *geschehen* **einem e.** ään gung *u*
ergiebig drech, jiftag; **ein e.-er Regen** en drechen rin
ergrauen grä wurd
ergreifen **1** *festhalten* grip (grapt; grääb; greben) - **2** *festnehmen* faad fu *u*, fäästnem *u* - **3** *übertr:* **die Gelegenheit e.** a glüptooch/a geleegenhaid waarnem *u*
ergründen üüb a grünj gung *u*
[1]**erhalten** *Vb* **1** *bekommen* fu (feest, feit; füng; füngen); **einen Brief e.** en briaf fu *u* - **2** *bewahren* bewaare, behual *u*; **„lasst uns unsere friesische Sprache e.!“** „läät's bewaare üsens öömrang spriak!“
[2]**erhalten** *Adj* behäälen; **e. bleiben** behäälen bliiw *u*
erhältlich *Adj* **e. sein** tu fun wees
erhängen **1** aphinge - **2 sich e.** ham aphinge; **er hat sich in der Scheune erhängt** hi hää ham aphinget uun skine
erheben, sich *aufstehen* apstun *u*
erhitzt uun a brant, uun a hatj
erhitzen hiat maage
erhoffen, sich ham ferspreeg *u*
erhöhen huuger maage
erholen, sich ham ferhaale, ham kem *u*
Erholung at ferhaalang (det)
erinnern **1** *jmdn.* erinre, tu seenken halep *u* - **2 sich e.** ham diarüüb beseenk *u*, at seenk kön
Erinnerungsvermögen *Verb.* **ein gutes E. haben** en gud hood haa *od.* gud wat behual kön
erkälten, sich ham ferkeel *u*
erkältet ferkeld
Erkältung at ferkeelang, -en (det); **eine schlimme E.** en böös/en slim ferkeelang

erkennen 1 *identifizieren* kään; **jmdn. am Gang e.** hoker üüb a/uun a gank kään - **2** *deutlich sehen* ütjmaage, rocht sä *u*

erklären 1 *erläutern* ferklaare, bedüüdet fu *u* - **2 sich e.** ham erkleere; **ich kann mir das nicht e.** ik koon't ei begreben fu

erkranken kraank wurd

erkundigen, sich fraage am; **sich nach dem Weg e.** am a wai fraage

erlauben 1 *zulassen* ja tu sai *u,* ferloof du *u* - **2 sich e.** ham gon, ham tjüüg - **3** *übertr:* **was erlaubst du dir?** wat fäält di iin? *od.* wat erlaubest dü di?

Erlaubnis at ferloof (det); **E. erhalten** ferloof fu *u*

Erle at eler, -n (det), a elerbuum, -er (di)

erleben 1 belewe - **2** *übertr:* **der wird noch was e.!** hi skal noch wat tu belewin fu!

erledigen berede, bereegle, ütjracht; (Besorgungen) beäärne

erledigt 1 *erschöpft* tukaant, tunant; **völlig e.** hialandaal tukaant - **2** *ausgeführt* klaar

erleichtert aplacht

Erleichterung at aplachtang (det)

erlernen liar

erlogen aplaanj, apdacht

erlöschen *Feuer* ütjgung *u*

erlösen 1 erliase [z] - **2** *übertr:* **erlöst sein** ei muar liis [z]

ermahnen moone

ermöglichen mögelk maage

ermorden 1 ambring *u* - **2** *übertr:* **ich hätte ihn e. können!** ik hed ham sjit/wringle küden! ('erschießen' - 'Hals umdrehen')

ernähren 1 erneere - **2** *übertr:* fersurge, onerhual *u* - **3 sich e.** ham erneere

erneuern neimaage

ernst 1 Ggs. *heiter* iarnst - **2** *bedrohlich:* **etwas E.-es** wat slims - **3** *übertr:* **e. nehmen** för iarnst nem *u*; **ein e.-es Wort mit jmdm. reden** en iarnst wurd mä hoker snaake

Ernst a iarnst (di) - **2** *übertr:* **im E.?** rocht woor?

Ernte a fung, -er (di), a/at ernte, -in (det); **die E. einbringen** a fung berag *u*

ernten berag (baragt; boorag; bürgen), iinberag *u*

Erntezeit a/at kurntidj (det), a kooskert (di); (Heuernte) a/at foodertidj (det)

eröffnen *Geschäft* eebenmaage

erörtern besnaake

Erpel *Enterich* a wörd, -er (di)

erraten riad (räät; räät; räät)

erregen, sich *aufregen* ham apreege

erreichen 1 *Gegenstand* ling, beling - **2** *jmdn.* raaget fu *u,* faad fu *u* - **3** *übertr:* **etw. e.** wat diarbi wurd

errichten *erbauen* apsaat

erröten ruad/apsaat am't hood wurd, ruad/apsaat wurd

erscheinen apdaage, fööŕn dai kem *u*

erschießen 1 sjit (skot; skood; skööden), duadsjit *u*; **der Hund muss erschossen werden** di hünj skal skööden - **2 sich e.** ham salew sjit

[1]**erschlagen** *Vb* duadslau *u*

[2]**erschlagen** *Adj* tukaant, fiks an klaar

erschöpft tukaant, uf

erschrecken 1 *jmdn.* en skrek üübjaage - **2** *Schreck bekommen* en skrek fu *u* - **3 sich e.** ham ferjaage, ham ferfiar, en skrek fu *u*

erschrocken ferfiard
ersetzen **1** *entschädigen* ersaat - **2** *austauschen* ütjbütje
ersinnen apdacht, ütjseenk *u*, ütjspikeliare
[1]**erst** *Adv* iarst; **e. überlegen!** iarst besan/auerlei!
[2]**erst** *Gradpart* iarst; **er kommt e. am Nachmittag** hi komt iarst di eftermade; **gerade e.** nü man jüst
[3]**erst** *Modalpart* iarst, jüst; **nun tue ich es e. recht!** nü du ik at jüst!
erstarren stif wurd; **vor Kälte e.** stif bekolage/-kolge, bestorke
erstatten turagbetaale, turagdu *u*
erstaunen ham wonre
erstaunt ferwonert
Erstbeste at iarstbest, -en (det)
erste **1** *Ordnungszahl* iarst; **das E.** at iarst; **das e. Mal** a/at iarst tooch; **ihre e. Liebe** hör iarst frinj - **2** *Reihenfolge:* **ich bin E.-r** ik san iarst; **zum E.-n** tu't iarst - **3** *Rangfolge:* **E.-r Offizier** iarst ofisiar - **4** *übertr:* **aus e.-r Hand** ütj iarst hun; **fürs e.** för't iarst
ersteigern ersteigre; (veralt.) miine
ersteinmal iarst ans
erstens iarstens
ersticken kwark
ertragen ütjstun *u*, ütjhual *u,* düüre
ertränken **1** drinke, fersüp *u* - **2 sich e.** ham salew fersüp *u*
ertrinken drinke, fersüp *u*
erwachen apwrääkne, wrääken wurd
erwachsen woksen
Erwachsene *Pl* a woksen lidj (jo), a woksenen (jo)
erwähnen nääm, sai (saad; saad)
erwärmen **1** warem maage **- 2 sich e.** warem wurd
erwarten **1** *abwarten* ufteew [u:]; **es nicht e. können** at ei ufteew kön - **2** *vermuten* fermuude - **3** *übertr:* **ein Kind e.** en letj fu *u*
erweitern ütjwidje, grater maage
erwidern swaare
erwischen faad fu *u*, bi a boks fu *u*, tu paakin fu *u*
erzählen fertel; **lang und breit e.** lung an briad fertel
Erzählung at stak, -en (det), at fertelang, -en (det), at teel, -en (det)
erziehen aptji *u*
Erziehung a aptooch (di)
erzürnen, sich ham fertörne
[1]**es** *Personalpron* hat, 't (Kurzf.); **e. krabbelt schon** hat lofet al
[2]**es** *formales Subjekt/Objekt* at; (veralt.) hat, 't (Kurzf.); det; **e. tut mir leid** at spiit mi; **wie geht e.?** hü gongt't?; **e. ist schon spät** at/det as al leed; **e. war einmal ein König** diar wiar ans en könang
Esche a eskebuum, -er (di)

Esche a eskebuum

Esel a eesel, -sler (di)
Eselsohr *übertr:* a dobel, -bler (di)
essen **1** iidj (at; ääd; eden); **sich satt e.** ham sat iidj; **beim E. sein** bi boosel

E

sat *u* - **2** *übertr:* **e. wie ein Scheunendrescher** iidj üs en diker ('Wallsetzer'); **es wird nicht so heiß gegessen wie gekocht** at woort ei so hiat eden, üs't apden woort ('aufgetischt wird') *Sprw*

Essen **1** *Speise* at iidjen (det), at iidj (det); **ein gehaltvolles E.** en drech iidjen - **2** *Mahlzeit:* **das E. auftragen** at iidjen üüb/tu boosel fu *u* - **3** *Verpflegung* a/at koost (det); **das E. für umsonst haben** a koost för't kauin haa

Esser a iidjer, -n (di); **ein guter E.** en gooden/en guden iidjer

Essgeschirr a kniiwer an furken (jo)

Essig at eetj (det)

Esslöffel at iidjskai, -er (det), at grat skai, -er (det)

Essservice at iidjserwii (det)

etliche flook, flooken (o. Subst.), ianag, ianagen (o. Subst.)

Etui at hüsje, -sjin (det)

etwa **1** *ungefähr* sowat, ambi, bomlag, so'n, en; **e. zweihundert Pfund** bomlag tauhunert pünj; **e. 50 Leute** en föftag lidj; **e. eine Woche** en weg of wat, sowat en weg - **2** *womöglich* goor; **habt ihr e. gewartet?** haa'm goor teewd?

[1]**etwas** *Indefinitpron* **1** wat; **e. vorhaben** wat föörhaa, wat uun a reer haa, wat föör ääg haa (‚Seite') - **2** (ein wenig) wat, en betj; **e. Salz** wat saalt

[2]**etwas** *Adv* wat, en betj; **e. müde sein** wat träät wees

euch jam, 'em/'m (Kurzformen); **setzt e.!** sat'em wat deel!

euer jau, jamens; (veralt.) jauens; **wie geht es euren Eltern?** hü gongt't jau aalern?

Eule **1** *Vogel* at kadüül, -en (det) - **2** *Handfeger* (nordd.) at üül, -en (det)

eulen *fegen* (nordd.) üüle, faage

euretwegen auer jam, am jam

Euter at jider, -n (det)

Euterleiste at jiderburd (det)

ewig **1** iiwag; **das e.-e Leben** at iiwag leewent - **2** *übertr:* **das dauert e. und drei Tage** det waaret/det düüret iiwag an trii daar; **e. nach der Brille suchen** iiwag am at bral sjük *u*

Ewigkeit a/at iiwaghaid (det)

Examen at eksoomen, -mnen (det)

---

f, F

Fabrik at faabrik, -en (det)

Fach **1** *Regal* at fääk, feeg (det); **das oberste/unterste F.** det boowenst/onerst fääk - **2** *Maßeinheit des Friesenhauses:* **ein Haus von zwölf F.** en hüs faan twaalew feeg - **3** *Schulfach* at fääk, -en (det); **Mathematik war ihr liebstes F.** reegnin wiar hör lefst fääk

Fachmann a maan faan't fääk, lidj (di)

fackeln fakle; **nicht lange f.!** ei loong fakle!

fade labrag

Faden **1** *Bindfaden* a triad, -er (di); triads (unspezif.); **ein einfacher/ein doppelter F.** en enkelten/en dobelten triad - **2** *Längenmaß* a fiasem, - (di) [z] - **3** *übertr:* **den F. verlieren** ütj a kurs kem *u*, a triad ferlees *u*; **keinen trockenen F. mehr auf dem Leib haben** nään drügen triad muar üüb a les haa; **an einem seidenen F. hängen** bi en siisenen triad hinge

Fahne **1** a/at flag, -en (det); **die F. hissen/einholen** a flag hise/deelhise - **2** *übertr:* **die F. nach dem Wind drehen** a flag efter a winj drei

Fahnenmast a flagenmääst, -mees (di) [z], a flüger, -n (di)

Fahnenstange a flagstook, -er (di)

Fähranleger a uunleier, -n (di), a/at damperbrag, -en (det)

Fähre at skap, skeb (det), a damper, -n (di); **von der F. abholen** ufhaale faan a damper

fahren **1** *als Fahrgast* keer; **mit dem Zug f.** mä a boon keer - **2** *als Seemann* faar (fäärt; foor; fäären); **zur See f.** tu sia faar; **als Kapitän f.** för koptein faar - **3** *Schiff* siil (sild/siild; sild/siild); **als wir kamen, fuhr das Schiff schon ein Stück nach Föhr** üs wi kaam, sild at skap al en stak tu Fer - **4** *selbst f.* keer; **Auto f.** autu keer - **5** *übertr:* **in die Parade f.** uun a paraade keer, **in Urlaub f.** uun uurlaup keer

Fahrensmann a faarensmaan, -lidj (di)

Fahrenszeit a/at faartidj (det)

Fahrer a keerer, -n (di)

fahrig faarag, horlag

Fahrkarte at foorkoord, -en (det)

Fahrplan a foorploon, -er (di)

Fahrpreis a faarpris, -en (di)

Fahrrad at wel, -en (det); **F. fahren** welkeer; **mit dem F.** mä wel

Fahrradklingel a/at klingelklook, -en (det), at klingel, -n (det)

Fahrrinne at faarweeder (det)

Fahrschein a faarskiin, -er (di)

Fahrschule at faarskuul, -en (det)

Fahrstuhl a aptooch, -er/-tööger (di)

Fahrstunde at faarstünj, -en (det)

Fahrt **1** *Reise* at faart, -en (det), at tuur, -en (det) - **2** *Geschwindigkeit* a faard (di); **in voller F.** uun en stifen faard; **das Schiff macht gute F.** det skap maaget gud faard - **3** *Seefahrt:* **Kapitän auf kleiner/großer F.** koptein üüb letj/üüb grat faard - **4** *übertr:* **in F. sein** uun a faard wees; **in F. bringen** uun a faard bring *u*/fu *u*

Fahrwasser **1** at faarweeder (det) - **2** *übertr:* **in seinem F. sein** uun sin faarweeder wees

Fahrzeug at faartjüch, -en (det)

Falke a falk, -en (di)

Fall **1** *Sturz* a faal (di) - **2** *Umstand:* **auf jeden F.** üüb arke faal, dach juu, aals - **3** *Tatbestand* a faal, -er (di); **ein klarer F.** en klaar saag/en klaaren faal - **4** *übertr:* **auf keinen F.** juu ei, aals ei; **das tue ich auf keinen F.** det du ik loongen ei; **auf alle Fälle** juu, üüb arke faal

Falle at fääl, -en (det)

fallen **1** *stürzen* faal (fäält; fool; fäälen); **er ist von der Leiter gefallen** hi as faan a lääder fäälen - **2** *sinken* deelgung *u*, sake; **der Dollar ist wieder gefallen** a dooler as weder deelgingen - **3** *übertr:* **auf die Füße f.** üüb a fet faal; **mit der Tür ins Haus f.** mä dör an aal iinkem *u*; **zur Last f.** tu läädst faal; **er ist in Russland gefallen** hi leit fäälen uun Ruslun

F

fällen ufhau *u*
fällig felag
Falltür at lük, -en (det)
falsch **1** *hinterlistig* faalsk - **2** *unecht:* **f.-e Zähne** faalsk tes - **3** *verkehrt* ferkiard; **f. schreiben** ferkiard skriiw *u,* **f. singen** ferkiard sjong *u* - **4** *übertr:* **in den f.-en Hals bekommen** uun't ferkiard halshool fu *u*
Falschheit a/at faalskhaid (det)
Falte at fual, -en (det); (Knitterf.) a knuarsel, -sler (di); (genähte F.) at reilis, -en (det); **F.-n schlagen** fualen slau *u*
falten **1** *zusammenlegen* doble - **2** *Hände* fualge, fualage
faltig *Haut* fualag
Falz a fals (di)
Familie at famile, -lin (det); **die engere F.** a naisten, a aanjen; **zur F. gehören** tu ääns frinjskap/tu't famile hiar
Familienfest a/at huuchhaid, -en (det)
Familienmitglieder a aanjen (jo)
Familienname a bääftnööm, -er (di)
Fang **1** a fang, -er (di), a fangst, -er (di) - **2** *übertr:* **einen guten F. machen** en guden greb/fang maage
fangen **1** *erbeuten* fang - **2** *ergreifen* grip (grapt; grääb; greben), fang; **den Ball f.** a baal grip *u*
Fanggraben (Teil d. Vogelkoje) at piip, -en (det) ('Pfeife')
Farbe **1** *Farbton* a/at klöör, -en (det); **eine schöne F.** en smok klöör - **2** *Anstrich* at farew (det) [u:], a/at klöör (det) - **3** *Kartenfarbe* a/at klöör, -en (det); **bei der F. bleiben** bi a klöör bliiw *u* - **4** *Teint:* **die F. wechseln** a klöör smitj *u*
färben farwe, klööre; (Haar) apfarwe
Färber a farwer, -n (di)
farbig bruket
Farbton a/at klöör, -en (det)
Färse at kwiig, -en (det)
Fasan at fasaan, -en (det)
faseln kwaake, pjate, dööwe
Fass at fäät, feed (det), at tan, -en (det)
Fässchen at feetje, -jin (det)
fassen **1** *greifen* faade; **zu f. bekommen** faad fu *u*, tu paakin fu *u*; **an die Hand f.** bi hun nem *u* - **2** *einfassen:* **den Stein neu f. lassen** a stian nei faade läät - **3** *begreifen:* **es noch nicht f. können** at noch ei faade/begrip kön; **nicht zu f.!** bütj a miaten! *od.* ei tu liawen! - **4** **sich f.** ham faade; **sich kurz f.** ham kurt faade - **5** *übertr:* **sich an die eigene Nase f.** ham bi a aanj nöös faade
fast **1** *nicht ganz* miast, bal; **er ist f. achtzig** hi as miast tachentag - **2** *beinahe* bal; **er wäre f. ertrunken** hi wiar bal drinket
fasten fääste
Fastenzeit a fääst
fauchen **1** *Katze* kese [z] - **2** *übertr:* fauche
faul **1** *verdorben* röödag, ferröödet; (Eier) stöönk; (Fleisch) amgingen - **2** *arbeitsunlustig* lui - **3** *übertr:* **da ist etw. f.** det sjonkt
faulen rööde
faulenzen luilonte, lonte
Faulheit **1** a/at luihaid (det), at luilonterei (det) - **2** *übertr:* **vor F. stinken** sjonk faan/föör luihaid
Faulpelz a luilont, -er (di), a luibonk, -er (di)

Faust **1** a fist, -er (di) - **2** *übertr:* **auf eigene F.** üüb aanj hun/fist; **das passt wie die F. aufs Auge** det paaset üs a fist üüb uug

Fäustchen *Wendg.* **sich ins F. lachen** ham uun a fist laache ('Faust')

faustdick *Wendg.* **es f. hinter den Ohren haben** at fistsjok bääft a uaren haa

Fausthandschuh a fistet honkluas, -kluader (di) [z]

Februar a febrewooremuun

Feder **1** at feeder, -n (det) - **2** *übertr:* **nicht aus den F.-n finden** ei ütj a feedern finj *u*

Federbett at feederbaad, -en (det)

Federfüllung (Oberbett) at feeder (det)

federleicht feederlacht; lacht üs en feeder/en flenerk ('Schmetterling')

federn *nachgeben* feedre

Federwolken a kaathiaren (jo)

fegen **1** faage - **2** *übertr:* **vor der eigenen Tür f.** föör a aanj dör faage; **neue Besen f. gut** nei beesemer faage gud *Sprw*

fehlen **1** *nicht da sein* feele, waant; **in der Schule f.** feele uun skuul - **2** *ermangeln* waant; **an Geld f.** uun jil waant - **3** *übertr:* **fehlt dir was?** feelet di wat?; **das fehlt mir noch** det waant mi noch; **so einer hat uns gerade noch gefehlt!** so ääner hää üs jüst noch waant!

Fehler a feeler, -n (di)

Fehlgeburt a masgung, -er (di), a amsliak, -er (di); **eine F. haben** uun huup smitj *u*

Fehlgriff at masgrip (det)

Fehlschlag a feelslach, -er (di)

fehlschlagen masloke

Feier at feier, -n (det), at fest, -en (det); (Familienfeier) a/at huuchhaid, -en (det)

Feierabend a halaginj, -er (di); **F. machen** halaginj maage

feierlich feierlik

feiern feire

Feiertag a feierdai, -daar (di); (christl. F.) a halagdai, -daar (di)

feige baangskitjag, feige, baangboksag

Feige at fiig, -en (det)

Feigling a baangskitjer, -n (di), a/at baangboks, -en (det)

Feile at fiil, -en (det)

feilen fiile

Feilspäne at fiilang (det)

fein **1** *dünn* fiin; **f.-e Haare** fiin hiar - **2** *elegant* fiin, best; **im f.-sten Hotel** uun't fiinst/best hotel - **3** *genau* fiin, gud; **eine f.-e Nase haben** en fiin nöös haa - **4** *anständig* fein; **ein f.-er Kerl** en feinen gast - **5** *gut* fein; **das hast du f. gemacht** det heest fein maaget

Feind **1** a fiind, -en (di) - **2** *übertr:* **nicht seinem ärgsten F. wünschen** ei san eragst fiind wanske

feindlich fiintelk

Feindschaft a/at fiindskap (det)

Feingebäck at fiin gewörts (det)

feinmachen, sich ham apfiine, ham fiinmaage

feingliedrig fiinleset [z], fiinket

Feld **1** *Ackerfeld* at fial, -en (det), at stak, -en (det); **aufs F. gehen** tu fial gung *u* - **2** *Schlachtf.:* **im F.-e** uun't fial - **3** *übertr:* **das F. räumen** at fial rüme

F

Feldarbeit at fialwerk, -en (det)
Feldblume at kral, -en (det)
Feldlerche at laask, -en (det)

Feldlerche at laask

Feldmark at fialmark (det), at gemarkang (det)
Feldmaus at fialmüs, -en (det)
Feldrain a madelbualk, -er (di)
Feldspark (Pflanze) at jiir (det)
Feldsperling a sarksparag, -rger (di)
Feldstein a dikstian, -er (di), a fialstian, -er (di)
Feldweg a fialwai, -er (di)
Felge at felang, -en (det)
Fell 1 at skan, -en (det) - **2** *übertr:* **ein dickes F. haben** en sjok skan haa; **jmdm. das F. über die Ohren ziehen** hoker at skan auer a uaren tji *u*
Felsen a fels, -en (di)
felsenfest *Adv* spikerfääst; **f. glauben** spikerfääst liaw *od.* was an seeker liaw
Fenne *Weide* a/at fään, -en (det)
Fenster 1 at wönang, -nger (det); **F. putzen** wönger sau *u* - **2** *übertr:* **das Geld zum F. hinauswerfen** at jil at/tu wönang ütjsmitj *u*
Fensterbank a wönangbeenk, -er (di)
Fensterbürste a wönangbasel, -sler (di)
Fensterflügel (bewegl. Fenster im Friesenhaus) at slaiwönang, -nger (det)
Fensterkitt at stookfarew (det) [u:]
Fensterlade at wönanglük, -en (det)
Fensterpfosten (im Friesenhaus) a wönangpoost, -er (di)
Fensterrahmen a wönangraam, -er (di)
Fensterscheibe at wönangskiiw, -en (det) [u:]; (im Friesenhaus) at rütj, -en (det)
Fenstersprosse at spiilk, -en (det)
Ferien a feerien (jo)
Ferieninsel at feerieninsel, -sler (det)
Ferienwohnung at feerienwenang, -en (det)
Ferkel at gris, - (det); (klein) at greske, -kin (det); (kastriert) at barag, -en (det); (Kinderspr.) at ösje, -sjin (det), at swenke, -kin (det) - **2** *übertr:* **du kleines F.!** dü letj ösje/letj swenke!
ferkeln ufsmitj *u*, gris fu *u*; **die Sau hat geferkelt** at sög hää ufsmeden
fern widj wech, fiir; **von f. und nah** faan fiir an nai
Ferne at fiirens (det); **aus der F.** faan widjen, faan fiirens
ferner widjerhen
Fernglas a kiiker, -n (di)
fernsehen fernsee luke
Fernsehen at fernseen (det), at kasje (det); **was gibt es im F.?** wat jaft at uun't kasje?
Fernseher at kasje, -sjin (det)
Ferse 1 a haiel, hailer (di) - **2** *übertr:* **auf den F.-n sein** üüb a hailer wees
fertig 1 *bereit* klaar, sowidj, paroot - **2** *beendet:* **f. werden** klaar wurd; **nicht mit der Arbeit f. werden** ei amkem mä't werk *u* - **3** *übertr:* **mit jmdm. f. sein** mä hoker klaar wees; **f. werden mit jmdm.** her auer hoker wurd; **fix**

und f. sein tukaant an klaar wees *od.* klaar mä a welt wees
fertigbringen 1 *zustandebringen* turochtfu *u*, klaarbring *u* - **2** *übers Herz bringen* at ei teme/ei harde kön
Fertighaus at klaarhüs, -sang [z] (det)
fertigmachen 1 *beenden* klaarmaage - **2 sich f.** ham rede - **3** *übertr:* **jmdn. f.** hoker deelmaage
Fessel *Fußgelenk* at klianst (det)
fesseln fäästbinj *u*, uunbinj *u*
fest 1 fääst - **2** *übertr:* **f. zusagen** was tusai *u*; **einen f.-en Schlaf haben** en fäästen sliap haa
Fest at fest, -en (det); (Familienf.) a/at huuchhaid, -en (det)
festbeißen, sich ham fäästbitj *u*
festbinden fäästbinj *u*, uunbinj *u*
festdrehen fäästdrei
festfahren, sich ham fäästkeer
festhalten 1 bihual *u*, fäästhual *u* - **2 sich f.** ham fäästhual - **3** *übertr:* **alte Bräuche f.** ual weden fäästhual
Festland at fäästlun (det); (das nordfriesische F.) a fäästääg; **auf dem F.** üüb fäästääg; **aufs F.** tu fäästääg *od.* ap üüb a fäästääg
Festlandsfriese a fresk, -en (di); **die F.-n** a fäästäägsen
festlandsfriesisch fresk
Festlandsfriesisch at fresk (det); (selten) at fäästäägöömrang (det)
festlegen 1 fäästlei *u* - **2 sich f.** ham fäästlei
festlich feierlik, festelk
Festlichkeit a/at huuchhaid, -en (det)
festmachen fäästmaage
festnageln fäästspikre
festnehmen fäästnem *u*
Festrede at festreede, -din (det)
festreden, sich ham fäästsnaake
festschrauben fäästskrüüwe
festsetzen fäästsaat
festsitzen fäästsat *u*; **mit dem Auto f.** fäästsat mä waanj
feststecken 1 fääststege - **2** *etw. befestigen* fääststeeg *u*; (Saum, Kopftuch) bak; (Halstuch d. Tracht) amplak
feststehen fääststun *u*
feststellen fääststel
Festtag a festdai, -daar (di)
Festtagskleidung at best tjüch (det); (Tracht) at öömrang tjüch (det)
fett 1 fäät - **2** *übertr:* **ein guter Hahn wird selten f.** en guden höön woort ei lacht fäät *Sprw*
Fett 1 at fäät (det); (vom Fleisch) at fääts (det), at fääten (det); **schneide das F. man ab!** skeer at fääten man uf! - **2** *übertr:* **im eigenen F. braten** uun't aanj fäät braase; **F. schwimmt oben!** fäät swäämt boowen! *Sprw*
Fettauge at fäätuug, -en (det)
Fettdunst a smuasem (di) [z]
Fettfleck a fäätplak, -er (di)
fettig fäätag
Fettschleifen (Fettgebäck) at bakels (det)
Fettwulst a waal, -er (di)
Fetzen at letj stak, -en (det); **ein F. Papier** en letj stak papiir
feucht fochtag, wiat; **f.-e Augen bekommen** fochtag uunlei *u*
feuchten fochtage
Feuchtigkeit a/at focht (det)
Feudel *Aufwischtuch* (norddt.) at apdrügerslont, -en (det)
feudeln apdrüge; (oberflächlich) auerglatje

F

F

Feuer 1 at ial, -en (det); **F. machen** ial maage; **F. geben** ial du *u* - 2 *Herdfeuer:* **aufs F. setzen** tu ial fu *u* - 3 *Leuchtfeuer* at ial, -en (det); **ein stehendes F.** en stunen ial - 4 *übertr:* **F. fangen** ial fang *u*; **F. und Flamme sein** ial an löög wees; **Öl ins F. gießen** ööle iin uun't ial jit *u*; **mehrere Eisen im F. haben** muar iisens uun't ial haa

Feuerherd (gemauerter Herd i. Friesenhaus) a eldaag, -er (di)

Feuerlöscher a ialdääsker, -n (di)

Feuerlöschteich at brantküül, -en (det)

feuern 1 *heizen* braan - 2 *schießen* sjit (skot; skood; skööden) - 3 *entlassen* entlääṫ, ufsaat

feuerrot brantruad

Feuerschiff at ialskap, -skeb (det)

Feuerstein a flantstian, -er (di)

Feuerung at ialang (det)

Feuerversicherung at brantkas (det)

Feuerwehr a/at feuerweer, -en (det)

Feuerwehrgerätehaus at sprütjenhüs, -sang [z] (det)

Feuerwehrspritze a/at sprütj, -en (det)

Feuerzange a/at ialtaang, -er (det)

Feuerzeug at ialtjüch, -en (det)

feurig *entzündet* sjüürag; **f. werden** sjüüre

Fichte a granjebuum, -er (di), at sjüür, -en (det)

Fichtenholz at granje (det), at sjüürenholt (det)

Fieber at fiiber (det); **F. messen** fiiber meed *u*

Fieberschauer at redelsküür, -en (det)

fiebrig fiibrag

fieren (mit Seil befördern) fiire

Figur 1 *Gestalt* at figüür (det) - 2 *Spielf.* at figuur, -en (det), at pöpe, -pin (det), at menken, -s (det)

Filz at filtṣ (det)

filzen filtse

filzig filtsag

Filzpantoffel at slöfk, -en (det)

finden 1 *entdecken* finj (fanjt; foonj; fünjen) - 2 *erachten:* **wie findest du das?** hü fanjst dü det? - 3 **sich f.** *abfinden* ham finj; **sie konnte sich nicht in seinen Tod f.** hat küd ham ei uun san duas finj - 4 **sich f.** *anfinden* weder apdaage, weder tu'n föörskiin kem *u* - 5 *übertr:* **das wird sich alles f.** det komt ales turocht; **nicht zu Bett f.** ei tu baad finj; **Ruhe f.** rau finj; **den Tod f.** a duas finj

Findling (Stein) a dikstian, -er (di)

Finger 1 a fanger, -n (di) - 2 *übertr:* **auf die F. klopfen** üüb a fangern klupe; **keinen F. rühren** nään fanger reer

Fingerbreit a/at fangerbriad, -en (det)

fingerdick fangersjok; **der Staub lag f.** a stoof lai fangersjok

Fingerhandschuh a fangert honkluas, -kluader (di) [z]

Fingerhut 1 *Fingerschutz* a fangerhud, -er (di) - 2 *Pflanze* a fangerhud, -er (di)

Fingerhut a fangerhud

Fingerkuppe a stütj, -er (di)
fingern fangre
Fingernagel a naiel, nailer (di)
Fingerring a fangerring, -er (di)
Fink at fink, -en (det)
Finnland Finlun
finster **1** jonk - **2** *übertr:* **f. blicken** suart luke
Firmament a loft
First a frast, -er (di)
Firstfenster (im Friesenhaus) at frastwönang, -nger (det)
Firstsode (beim Reetdach) at ialsuad, -en (det) ('Feuersode')
Fisch **1** a fask, -er (di); (Gericht) at fask (det) - **2** *übertr:* **gesund wie ein F. im Wasser** sünj üs en fask uun't weeder
fischen **1** faske - **2** *übertr:* **im Trüben f.** uun't modrag weeder faske
Fischer a fasker, -n (di)
Fischerboot at faskerbuat, -en (det)
Fischerhemd at baseruntje, -jin (det)
Fischgabel at faskfurk, -en (det)
Fischgarten (Fangvorrichtung im Watt) a faskguard, -er (di)
Fischgeschäft a fasklooden, -s (di)
Fischkutter a faskkoder, -n (di)
Fischpfanne (Gericht aus Fisch u. Kartoffeln) a/at faskpoon (det)
Fischreuse a hööm, -er (di)
Fischrogen at ruuwlang (det)
Fischschuppe at skülep, -lpen (det)
Fischzaun (Teil d. Fischgartens) at fläächt, -en (det)
Fistel a fisel, -sler (di)
fix **1** *schnell* fiks, gau - **2** *tüchtig* fiks; **ein f.-es Mädchen** en fiks foomen - **3** *übertr:* **f. und fertig** klap an klaar *od.* fiks an klaar

flach **1** Ggs. *tief* flaak; **f.-e Teller** flaak telern - **2** *eben* plat, eewen, flaak; **Föhr ist eine f.-e Insel** Fer as en plat eilun
flachliegen **1** plat/flaak lei *u* - **2** *übertr:* **er liegt schon wieder f.** hi leit al weder plat/flaak
Flachs at flaaks (det)
Flachschaufel a luiskofel, -fler (di)
Flachzange at kriaknääb, -en (det)
flackern blaakre, flakre
Flagge **1** a/at flag, -en (det) - **2** *übertr:* **die F. streichen** a flag strik *u*; **die F. hissen** a flag hise
flaggen flage; **voll f.** aler flagen bi haa *od.* mä aler flerken bi wees; **halbmast f.** hualew stook flage *od.* a flag hualew stook saat
Flaggenmast a flüger, -n (di)
Flaggenstock a flagstook, -er (di), a stoner, -n (di)
Flamme **1** at flam, -en (det), at löög, -en (det) - **2** *übertr:* **Feuer und F. sein** ial an löög wees
flammen flame
flanieren flaniare
Flanke a/at sidj, -en (det)
Flasche **1** a butel, -tler (di); (Saugflasche) a tetjbutel, -tler (di); **die F. geben** a tetjbutel du *u* - **2** *übertr:* **an der F. hängen** bi a butel wees
Flaschenkorken a prop, -er (di), a dob, -er (di)
Flaschenlamm a süger, -n (di)
Flaschenöffner a eebner, -n (di)
Flaschenzug a taiel, tailer (di)
Flatterbinse at draiel, drailer (det), at rosk, -en (det)
flatterhaft flarag
flattern fladre, flabre; (knallend) flape

flau 1 *kraftlos* flau - 2 *unwohl* swümag, flau
Flaute 1 *Wind* at flau briis (det) [z] - 2 *Geschäft* at flau tidj (det)
Flechte (Moosart) at hiasmöösk (det) [z]
flechten flechte; **Zöpfe f.** störter toope
Fleck 1 *Schmutzfleck* a plak, -er (di) - 2 *Stelle:* **auf einem F. stehen bleiben** üüb ään plak stunen bliiw *u* - 3 *übertr:* **das Herz auf dem rechten F. haben** at hart üüb't rocht steed haa
flecken *schmutzen* plaker maage, plake
fleckig plakag
Fledermaus at flatermüs, -en (det), at fleedermüs, -en (det)
Flegel a flots, -en (di), a klots, -en (di)
flegelhaft flotsag
Fleisch at flääsk (det)
Fleischbeschauer a flääskbeskauer, -n (di)
Fleischbrühe at soos (det)
fleischig flääskag
Fleischklöße a flääskklömpken (jo)
Fleiß a flitj (di)
fleißig 1 Ggs. *faul* flitjag - 2 *eifrig:* **ein f.-er Kirchgänger** en flitjagen hööwgunger - 3 *übertr:* **f. wie die Ameisen** flitjag üs a miiren
Flensburg Flensborag
fletschen *Wendg.* **die Zähne f.** a tes wise [z]
flicken klütje, hialmaage
Flicken a klütj, -er (di)
Flickschuster a klütjer, -n (di)
Flickschusterei at klütjwerk, -en (det)
Flieder a sireenen (jo), a fliider (di)
Fliederbeersuppe at fliiderbeisop (det)
Fliederbusch a fliiderbosk, -er (di)
Fliege 1 at fleeg, -en (det) - 2 *übertr:* **zwei F.-n mit einer Klappe schlagen** tau fleegen mä ian klap slau *u*
fliegen 1 flä (flocht; floog; flaanj); **da fliegt eine Schar Enten** diar flocht en sköröl anen - 2 *stürzen:* **von der Leiter f.** faan a lääder flä - 3 *übertr:* **von der Schule f.** faan skuul flä
Fliegendreck at fleegskitj (det)
Fliegenfänger a fleegenfanger, -n (di)
Fliegenklatsche at fleegenklap, -en (det), a fleegenklaper, -n (di)
Fliegenschnäpper (Vogel) a fleegensnaper, -s (di)
Flieger *Flugzeug* a fliiger, -n (di)
Fliegerei at fliigerei (det)
fliehen flücht, ütjnei
Fliese a blankstian, -/(di), at fliis, -en (det) [z], at kachel, -chler (det), a gläädstian, - (di)
fließen 1 flet (flet; flet; fleeden), luup (lääpt; lep; lepen); **f.-des Wasser** luupen weeder - 2 *übertr:* **f.-nd Friesisch sprechen** flot öömrang snaake
flimmern flimre, mirle; **einem vor den Augen f.** ään föör a uugen mirle
flink fiks, flink, rap, gau - 2 *übertr:* **f. wie ein Wiesel** flink üs en huarem
Flinte at ruder, -n (det)
Flitzbogen 1 a flitsböög, -en (di) - 2 *übertr:* **krumm wie ein F.** krüm üs en flitsböög
Flocke at flook, -en (det)
Floh at noop, -en (det)
flöhen, sich ham noope
Flomen (Bauchfett) at ister (det)
florieren flooriare, luup (lääpt; lep; lepen)
Floß at floot, -en (det)

Flosse at fliker, -n (det); **F.-n abschneiden** flikre

Flöte at fleut, -en (det)

flöten **1** fleute - **2** *übertr:* **f. gehen** fleutin gung *u*

flott **1** *unbekümmert* flot; **ein f.-es Leben führen** flot lewe - **2** *rasch* gau, fiks - **3** *schwimmfähig* floot, driftag

Flotte at floot, flööd (det)

flottmachen (Schiff) flootmaage

Fluch a flek (di)

fluchen flek, roose, kiiwe

Flucht **1** a/at flücht (det) - **2** *übertr:* **in die F. schlagen** uun a flücht slau *u*

flüchten ütjnei, flücht, wechluup *u*

flüchtig **1** *geflohen* flüchtag - **2** *oberflächlich* flüchtag, sluurag, slofag - **3** *übertr:* **jmdn. nur f. kennen** hoker bluat so/boowenüüb kään

Flüchtling a flüchtlang, -s (di)

Flugasche at eemerang (det)

Flügel **1** *Vogelflügel* at jüg, -en (det); **die F. beschneiden** kerk; (Federwisch) at flünk, -en (det) - **2** *Mühlenflügel* at rua, -n (det)

flügge flag; **die jungen Enten sind schon f.** a jong anen san al flag

Flugsand at stüüwsun (det) [u:], a sunstoof (di)

Flugzeug a fliiger, -n (di); **wann geht euer F.?** wan gongt jau/jamens fliiger?

Flunder **1** at skol, -en (det) - **2** *übertr:* **platt wie eine F.** plat üs en skol

flunkern flünkre, tüüne

Flur a masaalem, -er (di)

Flurbereinigung at lunamleien (det)

flusen nope, fusle

flüssig **1** smolten, san, luupen, wok - **2** *übertr:* **f.-es Brot** luupen bruad (scherzh. für Bier)

Flussseeschwalbe a baker, -n (di)

Flussuferläufer a stonger, -n (di)

flüstern pisjle, tusjle

Flut a flud, -en (di); **Ebbe und F.** ääb an flud; **F. werden** flude; **von der F. überrascht werden** befludet wurd

fluten flude

Flutmarke at weedermarke, -kin (det)

Flutsaum a weederskaant, -er (di), a siakwaal, -er (di)

fohlen fööle

Fohlen **1** at fööl, -en (det) - **2** *übertr:* **herumspringen wie ein junges F.** spring üs en jong fööl *u*

Föhn (Gerät) a hiardrüger, -n (di)

föhnen drüge; **das Haar f.** at hiar drüge

Föhr Fer; **auf F.** üüb Fer; **nach F.** tu/efter Fer; **von F.** faan Fer

Föhre a sjüürenbuum, -er (di)

[1]**Föhrer** *Adj* ferang; **das F. Friesisch** at ferang *od.* a/at ferang spriak; **der F. Heimatabend** a ferang inj; **die F. Tracht** at ferang *od.* at ferang tjüch; **die F. Zeitung** at ferang bleed

[2]**Föhrer** *Subst.* a ferang, -en (di); **ein F.** en ferangen

Föhrerin at ferang, -en (det); **eine F.** en ferang

Folge at fulag, -lgen (det); **F.-n haben** wat efterkem *u od.* en efterspal haa

folgen **1** *nachgehen* fulage, fulge, bääftuunluup *u*, bääftefterluup *u* - **2** *gehorchen* harke; **der Hund folgt aufs Wort** di hünj harket üüb't wurd

folgern fulgre, slütj (slot; slood; slööden)

folglich also, sodenang

Fontanelle at moonk (det)

fordern ferlang, fordere

F

F

Forke at furk, -en (det)
forken firk
Form **1** *Äußeres* a skak (di); **das hat eine gute F.** det hää en guden skak - **2** *Werkzeug* a/at fuarem, -rmer (det) - **3** *übertr:* **noch gut in F. sein** noch gud bienööder/bi a rä wees
formen fuarme
forsch forsk
forschen forske
fort **1** *nicht anwesend* wech, ufsteed, tuwais, ütj hüüs [z]; **sind sie zu Hause oder sind sie f.?** san's aran of san's tuwais? - **2** *weiter:* **und so f.** an so widjer - **3** *übertr:* **in einem f.** uun ians/uun ianen wech, oner ääne aanj
fortbilden, sich ham widjerbilde, ham widjerbil
fortbleiben wechbliiw [u:] *u*
Förtchen (Schmalzgebäck) at fortjis, -en (det)
Förtchenpfanne a/at fortjispoon, -en (det)
fortfahren **1** *abreisen* wechkeer - **2** *weitermachen* widjermaage
fortführen widjerfeer
fortgehen gung (gongt; ging; gingen), wechgung *u*, widjergung *u*
fortjagen wechjaage
fortkommen *wegkommen* ufsteed kem *u*; wechkem *u*; **mach, dass du fortkommst!** maage, dat wechkomst!
fortlaufen wechluup *u*
fortmüssen wechskel
fortnehmen wechnem *u*
fortpflanzen, sich ham fermuare
fortschaffen wechskaafe, wechdreeg *u*
fortschleichen wechslik
fortschleppen wechslebe
forttragen wechdreeg *u*
fortwährend stüdag an gedüürag, oner ääne aanj, uun ianen wech
fortwerfen wechsmitj *u*
fortziehen wechtji *u*
fotografieren knipse; (veralt.) ufnem *u*; **sich f. lassen** ham knipse läät
Fracht at fracht, -en (det)
Frachtschiff at frachtskap, -skeb (det)
Frack a snipelrok, -er (di)
Frage **1** at fraag, -en (det); **eine F. stellen** en fraag stel - **2** *übertr:* **nicht in F. kommen** ei uun fraag kem *u*
fragen **1** fraage; **nach dem Weg f.** am a wai fraage - **2** **sich f.** ham fraage
frank *Wendg.* **frank und f.** frank an frei
Frankreich Frankrik
Fransen at franje, -jin (det)
fransig franjag
Franzbranntwein at fransbaarenwin (det)
Franzose a fransuus, -en (di) [z]
französisch fransöösk
Fraß at freeden (det), at gefrits (det)
Fratze at frats, -en (det), at grimas, -en (det); **F.-n schneiden** gesichter spele/maage
Frau **1** Ggs. *Mann* at wüf, -en (det); (allgem.) at wüfhood, -hööd (det); **Männer und F.-en** maaner an wüfen; (veralt.) wüfhööd an karmen - **2** *Ehef.* a wüf, -en (det); **meine F. und ich** ik an a wüf
Frauenarbeit at wüfenswerk (det)
Frauengeschichten a wüfensgesjichten (jo); **sie hält ihm immer wieder seine F. vor** hat haalet ham imer weder ap mä sin wüfensgesjichten
Fräulein (veralt.) at foomen, -mnen (det)
frech frech, snütjag, ünfersköömet

Frechheit a/at frechhaid (det); **so eine F.!** so'n frechhaid!

frei **1** *unabhängig* frei; **ein f.-es Land** en frei lun - **2** *ohne Zwang:* **f. herumlaufen** luasluup *u od.* frei ambiluup *u* - **3** *unbesetzt* frei; **ein f.-er Platz** en frei steed; **ist hier noch was f.?** as hir noch steeds/plaats? - **4** *übertr:* **aus f.-en Stücken** ütj frei/ütj aanj staken; **frank und f.** frank an frei

freibekommen frei fu *u*

freigeben frei du *u*

freigebig rünjhunet

Freigebigkeit a/at rünjhaid (det)

freihaben frei haa

Freihafen a freihuuwen, -wner (di)

freihalten freihual *u*

Freiheit a/at freihaid, -en (det)

freiheraus likütj, rianütj

freikommen freikem *u*

freilassen freiläät

freimachen freimaage

freisprechen freispreeg *u*

Freitag a freidai

freitags am freidaiem

freiwillig freiwalag, faan salew [u:]; **er ist f. gegangen** hi as faan salew gingen; **F.-e** freiwalagen

Freizeit a/at freitidj (det)

fremd **1** *unbekannt* frääm; **hier f. sein** hir frääm wees; **jmd. F.-es** hoker frääms; **das sind F.-e** det san fräämen - **2** *ausländisch:* **f.-e Länder** frääm lunen - **3** *anderen gehörend* frääm, ööderlidjs, öödermaans

[1]**Fremde** Ggs. *Heimat* a/at frääm (det); **in der F.** uun a frääm

[2]**Fremde** *m* a frääm, -en (di); *f* at frääm, -en (det)

fremdgehen auertjidere/-tjidre; **er geht auch gerne mal fremd** hi mei uk nooch ans ütj a fään ('außerhalb d. Weide')

Fremdsprache a/at frääm spriak, -en (det)

Fresse a snütj, -er (di)

fressen freed (frat; frääd; freeden); **die Tiere haben nichts zu f.** a tiiren haa niks tu freeden

Fressen at freeden (det)

Fresser a freeder, -n (di)

fressgierig frotsag

Fresssack a freedsääk (di)

Freude at fermaak (det), at freude (det), at frööges (det); (innere F.) at hööges (det); **F. haben an** mud haa faan; **F. machen** freude maage

freuen **1** freue; **das freut mich** det freuet mi - **2** **sich f.** ham freue; **die Kinder f. sich auf Weihnachten** a jongen freue jo üüb weinachten

Freund **1** *Vertrauter* a frinj, -er (di); **mein bester F.** man best frinj - **2** *Verehrer* a kawaliar, -en (di), a frinj, -er (di); **ihr erster F.** hör/san iarst frinj - **3** *übertr:* **kein F. sein von** nään frinj wees faan

Freundin **1** *Vertraute* at freundin, -en (det) - **2** *Geliebte* at foomen, -mnen (det)

freundlich frinjelk, bliis [z], net

Freundlichkeit a/at frinjelkhaid (det)

Freundschaft **1** a/at frinjskap (det); **F. schließen** frinjskap slütj *u* - **2** *übertr:* **bei Mein und Dein hört die F. auf** bi min an din häält a frinjskap ap

Frieden **1** a frees [z]; **F. schließen** frees maage; **F. auf Erden** frees üüb a eerd - **2** *Ruhe:* **in F. lassen** uun/tu frees läät - **3** *übertr:* **F. ernährt, Unfriede verzehrt** frees neeret, ünfrees teeret *Sprw*

Friedenszeiten *Verb.* **in F.** uun freestidjen [z]

Friedhof a/at sarkhoof, -er (det)

friedlich *ruhig* rauelk, stal

frieren 1 friis [z] (frist; froos [z]; freesen [z]; **es friert** at frist; **mich friert** ik san kuul; **f.-d herumstehen** ambikolage - **2** *übertr:* **Stein und Bein f.** stian an bian friis

Friese a fresk, -en (di); (Amrumer F.) a öömrang, -en (di)

Friesenhaus at öömrang hüs, -sang [z] (det)

Friesenhaus at öömrang hüs

Friesentracht at öömrang tjüch (det), at öömrang (det)

Friesin at fresk, -en (det); (Amrumer F.) at öömrang, -en (det)

friesisch fresk; (Amrumer Sprache) öömrang; **die f.-e Sprache** at fresk/at öömrang spriak

Friesisch at fresk; (Amrumer F.) at öömrang

Friesland (Nordf.) Fresklun

Frikadelle at frikadel, -en (det)

frisch 1 *neu* frisk; **f.-es Brot** frisk bruad - **2** *kühl* frisk; **noch etw. f. sein** noch wat frisk wees - **3** *übertr:* **f.-e Suppe** at fersoos (det); **ich muss mal frische L. schnappen** ik skal ans en müsfol frisk loft haa/(derb) ütj tu ütjsjonken ('ausdünsten')

Frischmilch at swet/frisk moolk (det)

Frischwasser at swetweeder (det)

Friseur a frisöör, -en (di); **ich muss zum F.** ik skal tu amklapen

Friseurin at frisöörin, -en (det)

Friseursalon a frisöörlooden, -s (di)

frisieren at hiar maage, at hood aprede; **gut frisiert sein** at hiar net turocht haa

Frist 1 *Zeitpunkt* a termiin, -en/-e (di); **eine F. setzen** en termiin saat - **2** *Zeitraum:* **die F. ist abgelaufen** a termiin as uflepen

Frisur at frisuur, -en (det)

froh 1 *fröhlich* bliis [z]; **ein F.-es Neues Jahr!** en seegend nei juar! - **2** *erleichtert:* **was bin ich f., dass ...** wat san'k bliis, dat ...

fröhlich lastag, fröölag, bliis [z]; **F.-e Weihnachten!** fröölag weinachten!

fromm 1 krastelk, froom - **2** *übertr:* **ein f.-er Wunsch** en froomen wansk

frömmelnd hilag

Frosch a hopelfaask, -er (di), at pod (det)

Froschauge at poduug, -en (det)

Froschlaich a hopelfaaskaier (jo)

Frost 1 *Witterung* a froost (di); **ein starker F.** en starken/stifen froost - **2** *Erfrierung* a kol (di)

Frostbeule a kolknob, -er (di)

fröstelig kolag

frösteln kolage, kolge

frostempfindlich (von Menschen) *Verb.* **f. sein** en kolkaat wees

frostig *kalt* froostag

Frostwetter at froostweder (det)
Frucht at frücht (det)
fruchtbar früchtboor
fruchten früchte
Fruchtsaft at sap (det)
Fruchtwasserblase a weederpöös, -er (di) [z]
früh **I.** *Adj.* ääder (*Komp* iar/iarer; iarst), bitidjs; **f. auf** ääder ap; **f. bei der Arbeit** ääder uun a wuug; **f. am Tage** ääder üüb a dai; **wir sind ein bisschen f.** wi san wat üüb a iar ääg *od.* san wat ääder - **II.** *Adv* **1** ääder; **morgen f.** di maaren ääder - **2** *übertr:* **von f. bis spät** faan am maarlem tu'n injem/bit di inj
Frühaufsteher a maarenminsk (di) ('Morgenmensch')
Frühe *Wendg.* **in aller F.** fäör dau an doog ('Tau u. Tag')
früher **I.** *Adv* **1** *damals* iar, iarjuaren, uun ualang tidjen; **f. einmal** iar ans; **von f. erzählen** faan iar fertel - **2** *ehemals* iar; **f. war er Maurer** iar wiar'r müürmaan - **II.** *Adj.* iar; **der f.-e Bürgermeister** di iar/di ual bürgermääster
frühestens ei iarer üs, üüb't iarst
Frühjahr a wos (di); **dieses F.** wosloong, ji wos; **im F.** auer wos, am wosem, wosdai
Frühjahrsbestellung at woswerk, -en (det)
Frühjahrsputz *Verb.* **F. machen** at hüs ütjsau *u*/deelsau *u*
Frühkartoffeln a ääder eerpler (jo)
Frühling a wos (di); **im F.** am wosem, auer wos, wosdai; **F. werden** apwose
frühlingshaft wosag
Frühlingsluft a wosloft (di)
Frühlingstag a wosdai, -daar (di)
frühmorgens äädermaarens, ääder am maarlem, ääder di maaren
Frühsommer a föörsomer (di)
Frühstück a doord (di); (zweites F.) at skoft (det)
frühstücken doord fu *u*
Frühtau a maarendoog (di)
frühzeitig bitidjs, ääder
Fuchs **1** *Raubtier* a foos, -en (di) - **2** *Pferd* a foks, -er (di)
fuchsteufelswild roosendol [z], splitjendol
Fuchtel a fochtel, -ler (di)
fuchteln fichle, fochtle
Fuder at lääs, lees [z] (det); **ein F. Heu** en lääs fooder
fuderweise lääswiis [z]
Fuge *Zwischenraum* at fuug, -en (det); **aus den F.-n gehen** ütj a fuugen/ütj a lim gung *u*
fugen ütjstrik *u*, fuuge
fügen, sich ham skake, letj bidu *u*
Fugenmesser a ütjstriker, -n (di), a müürstriker, -n (di)
fühlen **1** *wahrnehmen* feel (felt/feelt; feld/feeld; feld/feel), mark; **nichts mehr f.** niks muar feel - **2** *prüfen* feel; **fühl doch mal!** feel ans!; **den Puls f.** a pols feel - **3 sich f.** ham feel; **wie fühlst du dich?** hü feelst dü di?; **sich gut f.** gud feel
Fühlen at feelen (det)
Fuhre at lääs, lees [z] (det)
führen **1** *leiten* feer; **über Amrum f.** auer Oomram feer - **2** *verlaufen* gung (gongt; ging; gingen); **wohin führt diese Straße?** huarhen gongt dethir struat? - **3** *zum Verkauf haben:* **diese Sachen f. wir nicht** dethir

F

kroom haa wi ei - **4** *übertr:* **zu weit f.** tu widj gung *u*
Führer a feerer, -s (di)
Führerschein a füürerskiin, -er (det); **den F. machen** a füürerskiin maage; **den F. entziehen** a füürerskiin wechnem *u*

F

Fuhrwerk at fuurwerk, -en (det)
Führung at feerang, -en (det)
fuhrwerken fuurwerke
füllen **1** fal; *eine Torte f.* en tort fal - **2 sich f.** fol wurd - **3** *übertr:* **er ist nicht zu f.** hi as ei tu falen
Füllen *Fohlen* at fööl, -en (det)
füllig trinj, büket
Füllung at falang (det); (Torte) **mit F.** mä wat banen uun
Fummelei at fumelei (det)
fummeln fumle
Fund a fünj, -er (di)
fündig fünjag
fünf **1** fiiw [u:] - **2** *übertr:* **die f. Sinne** a fiiw
fünfte **1** fift - **2** *übertr:* **f.-s Rad am Wagen sein** batje bitu wees
Fünftel at fiftel (det)
fünfzehn fiftaanj
fünfzig föftag
Funke at fünk, -en (det)
funkeln glimre; (Sterne) flimre, skürne
funkelnd glimrag
funktionieren gung (gongt; ging; gingen); **wieder f.** weder geengs wees *od.* weder gung
für **1** *Zweck* för; **arbeiten f.** werke för - **2** *Bestimmung* tu, för; **da ist ein Brief f. dich** diar as en briaf tu di - **3** *Zeitangabe:* **Tag f. Tag** dai för dai - **4** *in Anbetracht:* **f. sein Alter ist er noch rüstig** för sin ääler as'r noch kral; **f. diese Jahreszeit ist es recht milde** för das juarstidj as at roch mil - **5** *Kauf, Tausch:* **f. Geld** för jil - **6** *Ausruf:* **was f. Leute!** wat en lidj!; **was f. ein hübsches Mädchen!** wat'n smok ding! - **7** *übertr:* **eine Sache f. sich** en saag för ham salew
Furche a forag, -rger (di)
furchen **1** forge - **2** *übertr:* **das Schiff furcht das Wasser** at skap foragt/pluuget at weeder
furchtbar **I** *Adj* furchboor, skrekelk - **II** *Adv* furchboor, skrekelk, grausoom; **f. nett!** furchboor net!
fürchten, sich baang wees; (im Dunkeln) fuuch wees
fürchterlich skrekelk, fürterlik; **ein f. -es Unwetter** en skrekelk ünweder
furchtsam baang, (veralt.) trong; (im Dunkeln) fuuch
Fürsorge (Einrichtung) at aaremkas (det) ('Armenkasse')
Fürsprache at förspreeg (det)
fürstlich fürstelk
Furt at flaakens (det), at flaak steed (det)
Furunkel at bool, -en (det), at swinsbool, -en (det), at tjitbool, -en (det)
Furz **1** a fört, -er (di) - **2** (leise) a fiis, -er (di) [z] - **3** *übertr:* **aus einem F. einen Donnerschlag machen** faan en fört en sonerslach maage
furzen fört; (leise) fiise [z]
Fuß **1** *Körperteil* a fut, fet (di); **zu F. gehen** tu fut gung *u*; **sich den F. verstauchen** ham a fut ferknui; **nasse Füße haben** wiat fet haa - **2** *Maßeinheit* a fut, - (di); **drei F.** trii fut - **3** *übertr:* **F. vor F.** futje fööor futje; **Hand und F. haben** hun an fut haa; **schlecht zu F.** stömpkag; **die Krank-**

heit kommt zu Pferde und geht zu F. weg en kraankes komt tu hingst an gongt tu fut *Sprw*
Fußball a futbaal, -er (di)
fußballspielen futbaale, futbal spele
Fußboden a grünj, -er (di); (Dielenf.) a beerd, -er (di)
Fußbreite a/at futbriad, -en (det)
Füßchen at futje, -jin (det)
fusselig **1** fuslag - **2** *übertr:* **sich den Mund f. reden** ham a müs franjag snaake
fusseln fusle
Fußende (Bett) at futin (det); **am F.** at futin
Fußgelenk at wrast, -en (det)
fußkalt kuul am a fet
Fußknöchel at oonklew, -en (det) [u:]
Fußmatte at mat, -en (det)
Fußnagel a futnaiel, -nailer (di)
Fußpfad a futstegelk, -er (di)
Fußspur at futelspöör, -en (det)
Fußsteig a futstegelk, -er (di)
Fußtritt a skup, -er (di)
Fußweg a futstich, -stiiger (di)
[1]**Futter** *Stoff* at fuder (det)
[2]**Futter** **1** *Tiernahrung* at fudrang (det) - **2** *übertr:* **gut in F.** gud uun fuder/ gud uun staad
Futtergabe at jift (det)
Futterkiste a/at fuderkasje -en (det)
[1]**füttern** *Kleidung* ütjfudre
[2]**füttern** *Vieh* fudre
Futterrübe at runkelrööw, -en (det) [u:]

G

g, G

Gabe at goow, -en (det)
Gabel *Besteckteil* at furk, -en (det)
gackern kaakle, gaakle, gakre
gaffen jibe, gafe, luke; **die Leute stehen und g.** at lidj stäänt diar tu jibin
gähnen jaaspre, jibe
Galgen a gualag, -lger (di)
Gallapfel a gaalaapel, -pler (di)
Galle **1** a gaal (di); **die grüne G.** a greene gaal; **die schiere G.** a riane gaal - **2** *übertr:* **Gift und G. spucken** gift an gaal spütje; **ihm ist die G. übergelaufen** a gaal as ham auerlepen
gallenbitter gaalbater, bater üs gaal
Gallenblase a gaal (di)
Gallenstein a gaalstian, -er (di)
Gallert at glüpels (det)
Galopp a sprüng (di); **im G.** uun a sprüng
galoppieren uun a sprüng ridj *u*, galopiare
Gang **1** *Gehweise* a gank (di); **am G. erkennen** bi a gank kään - **2** *Durchlass* a gung, -er (di) - **3** *Auto* a gung, -er (di); **im ersten G. fahren** uun a iarst gung keer - **5** *übertr:* **im G.-e sein** uun a gang/uun a reer wees; **in G. kommen** uun a gang/tugangs kem *u*; **in G. bekommen** uun a gang fu *u* *od.* geengs fu *u*
Gangspill (Vorricht. z. Aufwinden d. Ankerkette) at gungspal (det)
Gangway at gungburd, -en (det)
Gans at gus [z], ges [z] (det)

Gänseblümchen at meiblömk, -en (det)
Gänsebraten a gusbraas, -en (di) [z]
Gänsedistel a moolkfisel, -sler (di)
Gänseei at gusai, -er (det) [z]
Gänsefingerkraut a siamsk bleeden (jo)
Gänsefuß *Pflanze* at mial, -en (det)
Gänserich a ganer, -n (di)
ganz I. *Adj.* **1** *insgesamt* hialer, gans; **den g.-en Tag** a hialer dai; **das g.-e Dorf** at hialer saarep - **2** *unbeschädigt* hial; **die Tasse ist g. geblieben** at kop as hial blewen - **3** *beträchtlich:* **das ist ein g.-es Ende** det as en hialen aanj - **II.** *Adv* **1** hial, gans; **g. anders** hial ööders; **g. egal** saacht at salew, potegool; **g. und gar** hialandaal, tutaal, am an am, gans an goor
Ganze 1 at gehial (det), at ganse (det) - **2** *übertr:* **im G.-n** uun't gehial; **im Großen und G.-n** uun't gehial
[1]**gar** *Adj* **1** *fertig* nooch - **2** *übertr:* **nicht ganz g. sein** hualewbeegen wees
[2]**gar** *Modalpart* **1** *überhaupt* goor; **g. nicht** goor ei; **g. keiner** goor nään - **2** *etwa* goor; **habt ihr g. gewartet?** haa'm goor teewd? - **3** *übertr:* **ganz und g.** hialandaal, am an am
Garbe a hook, -er (di)
Gardine at reilook, -en (det)
garen nooch kööge
gären geere
Gärung at geerang (det)
Garn at juarn (det)
Garnele at por, -en (det)
Garnwinde at raielk, -en (det)
Garten a guard, -er (di); **im G.** uun guard; **den G. umgraben** a guard greew *u*/amgrobe

Garnele at por

Gartenarbeit at guardwerk, -en (det)
Gartenglockenblume at aklei, -en (det)
Gartenpforte at heeg, -en (det), at puurt, -en (det)
Gartenspötter (Vogel) at seesje, -jin (det)
Gartenwall a guarddik, -er (di)
Gartenweg a stegelk, -er (di)
Gartenzwerg a guardswerag, -rger (di)
Gärtner a gertner, -s (di)
Gärung at geerang (det)
Gast a/at besjük (det); **das ist unser G.** det as üüs besjük; **zu G. sein** tu/üüb'n besjük wees *od.* tu gast/tu gääst wees
Gästewechsel a waksel, -sler (di)
Gaststätte at wiartshüs, -sang [z] (det), a kruch, kruuger (di)
Gastwirt a wiart, -er (di), a kruuger, -n (di)
Gastwirtschaft a/at wiartskap, -en (det), a kruch, kruuger (di)
Gaumen a böön, -er (di)
Gauner a gauner, -s (di)
geachtet uunsen, tääld, aachtet
Gebäck a letj kuuken (jo)
Gebammel at gebangel (det), at gebomel (det)
Gebäude at gebüüde, -din (det)
Gebeine at gebian (det)
Gebell at geblakse (det)

geben *jmdm. etw.* **1** *reichen* du (deest, dää; ded; den); **die Hand g.** a hun du - **2** *zukommen lassen:* **Geld g.** jil du; **einen Rat g.** en riad du - **3** *hervorbringen:* **Milch g.** moolk du - **4** *erteilen:* **Unterricht g.** onerracht du - **5** *Spielkarten austeilen* du; **wer gibt?** hoker dää? - **6** *vorhanden sein* jiw [u:] (jaft; jääw [u:]; jiwen); **es gibt doch noch ehrliche Menschen!** at jaft dach noch iarelk minsken! - **7** *angeboten werden:* **was gibt es zu Mittag/zum Abendbrot?** wat jaft at tu ongud/tu naachtert? - **8** *geschehen:* **es wird gleich wieder was g.** det wal gelik weder wat jiw - **9** *schätzen:* **nicht viel g. auf** ei föl du üüb - **10 sich g.** ham du; **das gibt sich** det dää ham - **11** *übertr:* **das gibt es nicht!** det jaft at dach wel ei!; **sich Mühe g.** ham meut du; **jmdm. recht g.** hoker rocht du

Gebet at beed, -en (det), at gebeet, -en (det)

Gebiss a tes (jo); **ein neues G. bekommen** nei tes fu *u*

geblümt bluumet, blömket

geboren **1** *gebürtig* bäären; **wo bist du g.?** huar beest bäären? - **2** *Herkunft:* **sie ist eine g.-e Nielsen** hat as en bäären Nielsen

Gebot **1** *Glaubenssatz* at geboot, -bööd (det); **die Zehn G.-e** a gebööd *od.* a tjiin geboote - **2** *Auktion* at bot, -en (det)

Gebrauch **1** *Verwendung* at gebrük (det); **in G.** uun gebrük; **sparsam im G. sein** ei föl brük - **2** *Sitten* a weden; **alte Gebräuche** ual weden - **3** *übertr:* **G. davon machen** brük faan maage

gebrauchen brük, benatage; **zu nichts zu g. sein** tu niks tu brüken wees

Gebrauchsanweisung at brüksuunwisang, -en (det) [z]

gebrauchsfertig klaar tu brüken

gebraucht brükt

Gebrechen at gebrek, gebreegen (det), a komer, -n (di)

gebrechlich strükag, stömpkag

Gebrüll at gebrole (det), at gerooft (det); (Vieh) at ruatin (det)

Gebühr at gebüür, -en (det)

Geburt at gebuurt, -en (det); **eine schwere G.** en swaar gebuurt

Geburtsname a foomnensnööm (di)

Geburtstag a gebursdai, -daar (di)

Geburtswehe at sküür, -en (det)

Gebüsch a bosker (jo); **im G.** uun boskem

Gedächtnis a soocht (di); **ein gutes G. haben** en gud hood haa *od.* gud wat behual kön

Gedanke **1** a soocht, -er (di) - **2** *übertr:* **in G.-n** uun soochter; **auf dumme G.-n kommen** üüb dom staken/üüb treker kem *u*

gedankenlos saner eftertuseenken, soochtluas

Gedankenlosigkeit a/at soochtluasaghaid (det) [z]

gedankenverloren uun sin aanj soochter

Gedärme at gederme (det), a siarmer (jo); (Fische, Vögel) at grum (det)

gedenken **1** *beabsichtigen* diaram seenk *u* - **2** *an jmdn.:* **wir werden ihrer g.** wi wel am jo seenk

Gedeih *Verb.* **auf G. und Verderb** üüb gedei an ferderew

gedeihen **1** dei - **2** *übertr:* **unrecht Gut gedeihet nicht** ünrocht gud deit ei *Sprw*
Gedicht at stak üüb riimen, staken (det), at dacht, -en (det)
Gedränge at gewuug (det), at gemuuse (det) [z]
gedrängt noopag, bekrompen, aptrakt
gedrückt benaud, slükuaret
gedrungen drüngen, onersaat, büket
Gedudel at gedüüdel (det)
Geduld a/at dül (det), a/at gedüür (det), a/at gedult (det)
gedulden, sich teew [u:], ham geduldе
geduldig **1** gud an trau, dülag - **2** *übertr:* **g. wie ein Schaf** dülag üs en sjep
geeignet eegent; **nicht dafür g. sein** niks diartu duug *u*
Geest **1** *Bodenart* a/at geest - **2** *Geestland:* **auf der G.** üüb ääkrem *od.* üüb a geest
Gefahr **1** at gefoor, -en (det) - **2** *übertr:* **sich in G. begeben** ham uun gefoor bedu *u*
gefährden gefeerde
gefährlich gefeerelk
[1]**gefallen** *Vb* **1** *zusagen* gefaal *u*, ään gud uunstun *u*/tusai *u*; **das würde mir g.** det wul mi tusai - **2 sich g. lassen** ham gefaal läät
[2]**gefallen** *Part.Perf. umgekommen* fäälen; **ihr Mann ist in Russland gefallen** a/hör maan leit fäälen uun Ruslun
Gefallen a gefalen (di); **um einen G. bitten** am en gefalen bad *u*
gefällig *hilfsbereit* gefelag; **jmdm. g. sein** hoker gefelag wees
Gefälligkeit a/at gefelaghaid, -en (det)
gefaltet dobelt
gefangen nehmen gefangen nem *u*
Gefangenschaft a/at gefangenskap (det)
Gefängnis at hool (det), at suart hool (det)
gefärbt farewt, klööret
Gefäß at ding, -en (det)
gefasst *vorbereitet* **g. sein auf** fersoocht wees üüb, ferwaachtin wees
Gefieder a feedern (jo); **ein schönes G. haben** smok uun feeder wees
geflammt flamet
gefleckt plaket
Geflügel at feedertjüch (det)
Gefolge at gefulge (det)
gefragt fraaget; **dieses Jahr sind Ferienwohnungen sehr g.** juarlang fraage's altumaal am feerienwenangen
gefräßig frotsag
gefrieren friis [z] (frist; froos [z]; freesen [z])
Gefrierschrank a friiser, -n (di) [z], at isskaab, -en (det)
Gefühl **1** *Ahnung* at gefüül; **ein ungutes G. haben** nian gud gefüül haa - **2** *sinnl. Wahrnehmung* at feelen (det), at gefüül (det), at fernemen (det); **kein G. mehr in den Fingern haben** nian gefüül muar uun a fangern haa *od.* niks muar mark uun a fangern
gefühllos **1** *ohne Gefühl* gefüülluas, niks muar mark - **2** *herzlos* saner gefüül
Gegacker at gekaakel (det), at gegakre (det)
gegen **I** *Präp* **1** *zeitl.* henjin; **g. Abend** henjin inj; **g. zwei Uhr** henjin (a)

klook tau - **2** *örtl.* jin, apjin; **g. den Wind kreuzen** apjin a winj krüsage; **der Regen klatscht gegen die Fenster** a rin smat/klatsjet jin a wönger - **3** *verglichen mit:* **g. ihn bin ich noch schlank!** jinauer ham san'k noch slaank - **4** Ggs. *für:* **für oder g. jmdn. sein** för of jin hoker wees - **5** *im Austausch für*; **nur g. Bezahlung** bluat för jil - **II** *Adv* ambi, sowat; **g. hundert Leute** sowat hunert lidj

Gegend at geegent, -genden (det)

gegeneinander jinenööder

gegennähen (b. Reetdachdecken) wedersei, bansei, jinsei

Gegennäher (Reetdachdecker, der innen sitzt) a wederseier, -n (di), a banseier, -n (di)

gegenseitig jinsidjag

Gegenstand at ding, -en (det)

Gegenteil at jindial (det); **im G.** uun jindial *od.* jüst ööders

[1]**gegenüber** *Präp* **1** *räuml.* auerfööр - **2** *in Bezug auf* jinauer; **g. anderen Leuten** ööder lidj jinauer - **3** *verglichen mit:* **g. vorigem Jahr** jinauer at ferleeden/at föörge juar

[2]**gegenüber** *Adv* auerfööр; **gerade g.** lik auerfööр

Gegenwart a/at nütidj

gegenwärtig nütutidjs

Gegröle at gegrööl (det), at geroofte (det), at gejole (det)

Gehabe a gedunten (jo)

Gehalt *Lohn* a luan, -er (di), at gehalt, -en (det); **ein gutes G. bekommen** en guden luan fu *u*

gehaltvoll drech (dreger, drechst), deftag; **ein g.-es Essen** en drech iidjen

gehässig kröötag; **sei nicht so g.!** du ei so kröötag!

gehäuft huupet; **ein g.-er Teller** en huupeten teler

Gehäuse **1** *Behältnis* at gehüüs, -en (det) [z] - **2** *Kerngehäuse* at hüsje, -sjin (det)

Gehege *Wendg.* **jmdm. ins G. kommen** hoker uun't geheeg kem *u*

geheim gehiam; **im G.-en** uun't gehiam, uun't hiamelken

geheim halten hiamelk hual *u*

Geheimnis a/at hiamelkhaid, -en (det)

geheimnisvoll hiamelk; **g. tun** hiamelk du *u*

gehen **1** *sich fortbewegen* gung (gongt; ging; gingen), luup (lääpt; lep; lepen); (Kinderspr.) gönke; **auf und ab g.** ap an deel gung; **auf Krücken g.** üüb kraken luup; **am Stock g.** bi stook luup - **2** *fortgehen* gung *u*; **lass uns man g.!** läät üs man gung! - **3** *sich begeben:* **zu Bett g.** tu baad gung; **nach Hause g.** tüs gung; **zum Baden g.** ütj tu baasin gung - **4** *eine Beziehung haben:* **mit jmdm. g.** mä hoker luup/gung - **5** *abfahren* keer, gung; **wann geht die erste Fähre?** wan keert at iarst skap? - **6** *schwanger sein mit* gung; **damals ging sie mit Keike** dojütidj ging hat mä Keike - **7** *besuchen:* **aufs Gymnasium g.** tu't huuger skuul gung - **8** *sich entwickeln* luup *u*; **die Geschäfte g. gut** a gesjefte luup gud - **9** *Teig* laft; **der Teig will nicht g.** at dii wal ei laft - **10** *übertr:* **einem gut/schlecht g.** ään gud/ring gung; **in die Brüche g.** uunstakengung, ütjenöödergung; **zur Hand g.** tu hun gung; **vor sich g.**

G

föör ham gung *u*; **aus dem Weg g.** ütj a wai gung/luup

Gehilfe a halper, -s (di)

Gehirn at mörag (det), at hoodmörag (det)

Gehirnkrankheit at hoodkraankes (det)

Gehölz at holtang, -en (det)

G

Gehör **1** at gehöör (det) - **2** *übertr:* **sich G. verschaffen** ham gehöör ferskaafe

gehorchen harke; (Hund) pariare, harke

gehören **1** *Eigentum sein* hiar; **das Haus gehört ihm zur Hälfte** det hüs hiart ham tu a heleft - **2** *zugehören:* **zur Familie g.** tu't famile hiar - **3 sich g.** ham hiar; **das gehört sich nicht** det hiart ham ei *od.* so dää'm ei

gehörig düchtag, gehöörag, oordag, orntelk; **jmdm. g. die Meinung sagen** hoker gehöörag/fiks a meenang sai *u*; **einen g.-en Rausch haben** en orntelken brant haa

Gehstock a gungstook, -er (di)

Geige **1** a gichel, -chler (di), at fioliin, -en (det) - **2** *übertr:* **die erste G. spielen** a iarst gichel spele

geigen gichle

Geigenkasten a/at gichelkasje, -sjin (det)

Geigensaite a gichelstring, -er (di)

geil **1** *üppig* üpag; (veralt.) wialag - **2** *lüstern* ööksen, geil

Geißblatt a diiwelsklauen (jo)

Geist **1** *Erscheinung* a spuuk, -er (di), a geist, -er (di) - **2** *übertr:* **ein unruhiger G.** en ünrüst

geistern geistre, spuuke

geistesabwesend dööwag

geistesgestört ei rocht wis

Geiz a gits (di)

Geizhals a gitsknapel, -pler (di), a gitsknaker, -s (di), a panangskitjer, -s (di) ('Pfennigscheißer')

geizig gitsag, knipag, knipsk

Geizkragen a gitsknapel, -pler (di)

Gejammer at jaamerei (det), at jaamrin (det)

Gekakel at gekaakel (det)

Gekicher at giserei (det) [z]

Geklapper at geklööter (det)

Gekreisch at geskrik(e) (det)

Gekritzel at kliirerei (det), at gesmere (det), at geklader (det); **das ist bloß G.** det san bluat kriakfet an hantuanen ('Krähenfüße u. Hühnerzehen')

Geküsse at gekleeb (det)

Gelächter at gekaakel (det), at gelaache (det)

gelähmt loomet, stif

Geländer at rak, -en (det), at gelender, -n (det)

geläufig geleufag

gelaunt aplaanj, lüünet; **gut g. sein** gud aplaanj wees

Geläute at gebimel (det), at ringen (det)

gelb **1** güül; **das G.-e** at güülens - **2** *übertr:* **sich grün und g. ärgern** ham green an güül äärgre

Gelbe Meer, das a Güül Sia

Gelbfieber at güülfiiber (det)

gelblich güülag

Gelbsucht at güülsjocht (det)

Geld **1** at jil (det); **G. abheben** jil ufheew *u*/uflaft; **mit dem G. nicht auskommen** tu kurt luup mä't jil *u,* ei ütjkem mä't jil *u*; **G. genug haben** jil nooch haa *od.* jil di weut haa; **ich**

habe gerade kein G. bei mir ik haa jüst nian jil üüb skrääp - **2** *übertr:* **G. wie Heu haben** jil üs skitj haa; **das G. zum Fenster hinauswerfen** at jil at wönang ütjsmitj *u*; **nicht mit G. zu bezahlen sein** ei mä jil tu betaalin wees; **wer G. hat, kann den Teufel tanzen lassen** hoker jil hää, koon a diiwel daanse läät *Sprw*

Geldbeutel 1 a jilpung, -er (di) - **2** *übertr:* **ein Loch in den G. reißen** en hool iin uun a pung riiw *u*

geldgierig jirag efter jil

Geldschein a skiin, -er (di), a jilseedel, -dler (di)

Geldstück at jilstak, -en (det)

gelegen *Adv* geleegen, tupaas; **einem gerade g. kommen** ään jüst tupaas/geleegen kem *u*

Gelegenheit *Chance* **1** a/at geleegenhaid, -en (det); **die G. ausnutzen** a/at geleegenhaid waarnem *u*/geneet *od.* a glüptooch waarnem *u*; **ich hatte G. mitzufahren** ik hed geleegenhaid mätukeeren - **2** *übertr:* **bei G.** bi geleegenhaid

gelegentlich uf an tu, wilems, ans, geleegentelk

gelehrig geliarag

gelehrt geliard, liard

Gelehrte(r) *f* at geliard (det); *m* a geliard (di); **die G.-en** a geliarden

Geleit 1 at geleit (det) - **2** *übertr:* **das letzte G. geben** tu grääf fulge

geleiten fulage/-lge; **zur Tür g.** tu dör fulage/bring *u*; **du brauchst mich nicht zur Tür g.** ik nem at geleit mä

Gelenk at las, -en (det); **aus dem G.** ütj las

gelenkig lenag, slaank

Gelenkpfanne a/at poon, -en (det)

gelernt liard; **ein g.-er Tischler** en liarden snetjer

Geliebte at geliibte, -tin (det)

gelingen loke, klape, wat wurd

geloben lööwe - **2** *übertr:* **hoch und heilig g.** huuch an halag lööwe

gelten 1 *gültig sein* jil, gilde - **2** *anerkannt sein* tääld wurd

gemächlich määkelk, eewen

Gemarkung at fialmark, -en (det)

gemäß efter

gemein 1 *einfach* gemian - **2** *schäbig* gemian, fülk; **das ist g. von ihm** det as gemian faan ham

Gemeinde 1 *Kircheng.* a/at gemeen, -en (det) - **2** *Verwaltung* at saarep, -en (det), a/at gemeen, -en (det)

Gemeindehaushalt a/at saarepsreegnang (det), a hüshual faan a gemeen (di)

Gemeinderat a gemeenriad (di), a gemeinderaat (di)

Gemeindeschwester at gemeensaster, -n (det)

Gemeindevertretung a gemeinderaat (di), a/at saarepsfertreetang (det)

Gemeinheit a/at gemianhaid, -en (det), a/at fülkhaid (det)

gemeinsam tuup, mäenööder

Gemeinschaft a/at gemianskap (det)

gemeinschaftlich tuup

Gemüse at gemüüse (det) [z]

Gemüsegarten a greenguard, -er (di), a gemüüseguard, -er (di) [z]

gemütlich gemüütelk, määkelk, net; **ein g.-er Abend** en gemüütelken inj

gen *in Richtung* tu; **g. Osten** tu uasten; **die Augen g. Himmel schlagen** a uugen tu hemel slau *u*

G

[1]**genau I** *Adj* **1** *exakt* jüst, genau, nau, akeroot; **g. gleich** jüst likedenang - **2** *gewissenhaft* akeroot, nau; **es nicht so g. nehmen** at ei so nau nem *u* - **3** *ebenso:* **sie kocht g. wie ihre Mutter** hat kööget jüst so üs at mam - **4** *übertr:* **mit g.-er Not** tu nauer nuad - **II** *Adv Zustimmung:* **g.!** *jüst!*

[2]**genau** *Gradpart* jüst; **die Uhr ist g. zwölf** a klook as jüst twaalew

genauso 1 *exakt* jüst so, akeroot so - **2** *ebenso*: **er ist g. wie sein Vater** hi as jüst so üs san/a aatj

genehm *Verb.* **g. sein** mä wees; **Vater war das gar nicht g.** aatj wiar det goor ei mä

genehmigen 1 ja tu sai *u* - **2** *übertr:* **sich einen g.** ham ään gon

General a generool, -en (di)

Generation at generatsjuun, -en (det)

genesen weder sünj wurd

Genick a nääk (di), at genik (det); **sich das G. brechen** ham at genik breeg *u*

genieren, sich ham sjiniare, ham tiire; **genier dich nicht so!** tiire di ei so!

genießbar geneetboor, tu geneeten

genießen 1 geneet; **das Leben g.** at leewent geneet - **2** *übertr:* **er ist nicht zu g.** hi as ei tu geneeten

Genitalien a skunen (jo); (weibl.) at gemecht (det)

Genosse *Kamerad* a maaker, -n (di), a klant, -en (di)

genug 1 nooch, *Pl* nöögen; (nachgestellt) -enooch; **mehr als g.** muar üs nooch *od.* ap an auer nooch; **groß g.** gratenooch; **das sind g.** det san nöögen - **2** *übertr:* **halt, g.!** so, so!; **nun ist es g.!** nü as't gud!; **Manns g. sein** maans nooch wees

genügen ling; **das genügt** det lingt

genügend nöög, nöögen (o. Subst.)

geöffnet eeben; **das Geschäft ist g.** a looden as eeben

geordnet üüb steed, bi a rä

Gepäck at gepek (det), a kofern an tasjen (jo)

gepfeffert 1 pöbrag - **2** *übertr:* **g.-e Preise** pöberjüür prisen

Gepolter at holtergepolter (det), at knoltrin (det)

[1]**gerade I** *Adj.* **1** Ggs. *krumm* lik; **eine g. Linie** en liken streg - **II** *Adv soeben* jüst, eewenst; **g. eben** nü jüst, nü eewenst; **die Post ist g. gekommen** a post as eewenst kimen; **wir wollten g. gehen** wi wiar jüst klaar tu gungen

[2]**gerade** *Gradpart* **1** *erst recht* jüst; (veralt.) amtians; **g. darum** jüst diaram; **das hat mir g. noch gefehlt** det hää mi jüst noch feelet/waant; **das tue ich g. nicht!** det du ik jüst ei! - **2** *knapp* jüst, eewenst; **g. so** jüst an jüst; **wir sind noch g. davongekommen** wi san noch eewenst diarfaankimen - **3** *nicht besonders:* **sie sind nicht g. reich** jo san ei jüst rik

geradeaus likütj, liktu; **g. gehen** likütj gung *u*/luup *u*

geradehalten likhual *u*

geradeheraus likütj

geradeso likso, jüst so

geradestehen 1 likstun *u* - **2** *übertr:* **dafür g.** diarför likstun *u*/iinstun *u*

geradewegs *direkt* liktu; **g. über die Feldmark** liktu auer a fialmark

Gerät at rääskap, -en (det)
geraten **1** *gelingen* loke; **der Kuchen ist mir gut g.** di kuuk as mi gud loket - **2** *gelangen* raage; **der Wagen ist in den Graben g.** di waanj as tu gruug raaget - **3** *zu etw. werden:* **in Schulden g.** uun skilen raage; **in Streit g.** uun't stridjen raage - **4** *nach jmdm.:* **nach dem Vater g.** efter a aatj kem *u*
Geratewohl *Wendg.* **aufs G.** man so
geräuchert riaket; **g.-e Aale** riaket ialer
geräumig grat, rümag, rümelk
geräuschempfindlich sanhoodet
gerben garwe
Gerber a garwer, -s (di)
gerecht **1** gerocht - **2** *übertr:* **jmdm. g. werden** arken lik an rocht du *u*
Gerechtigkeit a/at gerochtaghaid (det)
Gerede **1** *Geschwätz* at tjaaperei (det); **das ist leeres G.** det as dom stak snaak - **2** *Klatsch* at snaak (det), at sladerei (det); **ins G. bringen** auer lun an lidj bring *u* ('Land und Leute'); **ins G. kommen** uun feruuf kem *u*
gereuen spiit; **das gereut mich** det spiit mi
[1]**Gericht** *Mahlzeit* at iidjen (det), at gericht (det); **es gab verschiedene G.-e** at jääw onerskiaselk/ferskeelag slacher iidjen
[2]**Gericht** *Behörde* at gericht, -en (det); **vor G. müssen** föör skel
Gerichtsvollzieher a ekskunter, -n (di)
gerieben *gerissen* trochdrewen
geriffelt riwelt
gering *wenig* letjet, man
geringelt ringelt
geringschätzen manaachte, letjet tääl
geringschätzig manaachtag
gerinnen hoble, tuupsjit *u*; (Blut) stiiwre; **geronnenes Blut** stiiwert blud
Gerippe at gerib, -en (det)
gerissen *verschlagen* trochdrewen
gerne **I** *Adv* **1** *mit Vergnügen* hal (*Komp* leewer, lefst); **das mag er zu g.** det mei'r altuhal - **2** *Wunsch:* **ich hätte g. fünf Brötchen!** ik maad hal fiiw runstüken! - **3** *übertr:* **jmdn. g. haben** hoker hal mei - **II** *Satzadv:* **so etw. kommt g. mal wieder** det mei hal ans wederkem; **ja, g.!** ja, hal!
Geröll at grus (det)
geröstet stiaket
gerötet ruad
Gerste at bere (det)
Gerstenfeld a bere, -rin (det)
Gerstengranne a beresting, -er (di)
Gerstenkorn **1** *Getreide* a berekurn, -er (di) - **2** *Entzündung am Auge* at blaanj, -en (det), a berekurn, -er (di)
Gerte *Peitsche* at swöb, -en (det)
Geruch a stirem, -rmer (di)
Gerücht at stak snaak (det), at saien (det)
gerüchteweise efter't snaak *od.* hü'am sait
geruhsam rauelk; **ein g.-es Leben** en rauelk leewent
Gerümpel at skitjkroom (det), at ünnatag kroom (det), at skitj an stront (det)
Gerüst at stelang, -en (det)
gesalzen saaltet
Gesang at sjongen (det)
Gesangbuch at salembuk, -en (det)
Gesäß a eers (di), a bääftaanj (di); **ein breites G. haben** en guden bääftaanj haa
Gesäßbacke a eersbaal, -er (di)

Gesäßknochen at eersknook, -en (det)
Geschäft **1** *Laden* a looden, -s (di), at gesjeft, -en (det) - **2** *Handel:* **G.-e machen** gesjefte maage; **die G.-e gehen gut/schlecht** a gesjefte luup gud/slacht
Geschäftsleben at wirtskaft (det)
Geschäftsmann a kuupmaan, -lidj (di), a gesjeftsmaan, -lidj (di)

G

geschäftstüchtig *Verb.* **g. sein** en guden gesjeftsmaan wees
geschehen *sich ereignen* pasiare, föör ham gung *u*, malööre; (veralt.) skä (skest; skest; sken), - **2** *widerfahren:* **einem g.** ään pasiare/auerkem *u*
gescheit **1** kluuk - **2** *übertr:* **nicht recht g. sein** ei rocht wis wees
Geschenk at goow, -en (det), at gesjenk, -e (det), at preesent, -en (det); **als G. bekommen** üs preesent fu *u*
Geschichte **1** *Geschichtliches* at histoore, at gesjichte - **2** *Erzählung* at stak, -en (det); **eine lustige G.** en spoosag stak - **3** *übertr:* **das sind alte G.-n** det san ual kamelen; **eine schöne G.** en dol stak; **eine schlimme G.** en böösen kroom
geschickt fiardag, henag
geschieden skääsd [z], **eine g.-e Frau** en skääsd wüf; **er/sie ist gerade g.** hi/hat as jüst faan a wüf/faan a maan
Geschimpfe at geroose (det) [z]
Geschirr at pottjüch (det), at gesjir (det); **das G. spülen** at gesjir ufsau *u*
Geschirrspülmaschine at ufsaumaskiin, -en (det)
Geschirrtuch at kopenhoonduk, -en (det)
Geschlecht **1** *männl./weibl.* at geslecht, -en (det) - **2** *Sippe* at famile, -lin (jo)
Geschlechtskrankheit at fülk kraankes (det)
geschlossen **1** Ggs. *geöffnet* tu, sacht, slööden; **sie haben schon g.** jo haa al sacht/al slööden - **2** *übertr:* **eine g.-e Gesellschaft** en slööden selskap
Geschmack **1** *Geschmackssinn* a smaag (di) - **2** *Schönheitssinn:* **einen guten G. haben** en gooden/guden smaag haa - **3** *übertr:* **G. an etw. finden** smaag üüb wat finj *u;* **nicht nach seinem G. sein** ei efter sin mots wees
geschmacklos *fade* smaagluas, saner smaag
geschmackvoll smok, net; **g. eingerichtet** net iinracht
geschmeidig *gelenkig* lenag
Geschnatter **1** at waapin (det), at snatrin (det) - **2** *übertr:* at gesnööter (det), at gebabel (det)
geschniegelt sniigelt
Geschöpf at kreatüür, -en (det)
Geschrei at jolerei (det), at geroofte (det)
geschrieben skrewen; **das G.e** at skrewenen
Geschwätz at geröötle (det), at gesnööter (det), at tjaaperei (det)
geschwätzig praatjag, snaakag, tjaapag
geschwind gau, flink, fiks
Geschwindigkeit a/at faard (det)
Geschwister *Verb.* **wir sind G.** det as man bruder/min saster
Geschwür at boolnang, -en (det), at bool, -en (det)
Geselle a gesel, -en (di)
Gesellschaft **1** *Bekanntenkreis* a/at selskap (det); **eine geschlossene G.** en slööden selskap - **2** *Umgang:* **G. leisten** selskap maage/haa

Gesellschaftsspiel at spal, -en (det)
Gesetz at gesets, -en (det)
Gesicht 1 at gesicht, -er (det); **ein saures/ein fröhliches G. machen** en sür/ en bliis gesicht maage; **G.-er schneiden** fratsen spele/maage - **2** *übertr:* **das Zweite G. haben** (seherische Fähigkeiten) at föörgungen sä kön; **er ist seinem Vater wie aus dem G. geschnitten** hi sjocht ütjskrobet ütj üs san aatj; **zu G. stehen** tu gesicht stun *u*
Gesichtsfarbe a/at klöör (det)
Gesichtsrose at belruus (det) [z]
Gesindel at pak (det)
gesittet maniarelk, orntelk
Gesöff at babelweeder (det), at geslaber (det), at droonk (det)
gesondert *getrennt* fersanrang; **die Äpfel g. hinlegen** a aapler fersanrang henlei *u*
gesonnen sans
Gespann at spään, -en (det)
gespannt *neugierig* neiskirag; **darauf bin ich g.** det skal mi neidu
Gespenst at gespenst, -er (det), a spuuk, -er (di)
Gespräch at stak snaak (det)
gesprächig praatjag, snaakag
gesprenkelt döpket, sprenkelt; **eine g.-e Ente** en sprenkelt an
Gestalt 1 *Person* at gestalt, -en (det) - **2** *unschöne Erscheinung:* **was für G.-en!** wat en gestalten!
Gestank a stöönk (di), a disem (di) [z]
gestatten tuläät, erlaube, ferloof du *u*
gestehen bekään, gestun *u*; **ich muss g., dass ...** ik mut sai, dat ...
Gestell 1 *Gerüst* at stel, -en (det) - **2** *Brilleng.* at gestel, -en (det)
gestern jister; **g. abend** jistrinj; **g. morgen** jister maaren; **erst g.** jister iarst
gestikulieren fiasme [z]
gestimmt aplaanj; **gut/schlecht g. sein** gud/ring aplaanj wees
gestreift *Adj* stripelt, streget; **schräg g.** sküüns stripelt
gestrichen *Verb.* **g. voll** liksen ääg/stregen fol
gesund 1 sünj, gud tuwais, kral, kernag - **2** *übertr:* **g. und munter** sünj an wel *od.* kral an kregel; **g. wie ein Fisch im Wasser** sünj üs en fask uun't weeder
gesunden ham weder kem *u*, sünj wurd
Gesundheit 1 a/at sünjhaid (det); **noch bei guter G. sein** noch sünj an gud wees - **2** *übertr:* **G. und ein langes Leben!** sünjhaid, loong skel lewe!
getönt klööret
Getränk at dranken (det), at gedrenk (det)
getrauen, sich däär (däär; dost; dosten); **ich getraue mich nicht aus dem Haus** ik däär ei ütj
Getreide at kurn (det)
getrennt *Verb.* **g. leben** ütjenööderlewe
Getriebe at gedriiw (det) [u:], at gungtjüch (det)
getrost getroost, drist
Getue a gedunten (jo), at gedue (det), at gemaage (det)
getüpfelt döpket, muunket
gewachsen *Wendg.* **er ist ihm nicht g.** ham as'r ei woksen
gewagt waaget
gewahr *Verb.* **g. werden** waar wurd, wis am wurd

gewähren *Verb.* **g. lassen** betem läät

Gewalt **1** *Herrschaft* a/at gewalt (det), a/at määcht (det); **in seine G. bringen** uun sin gewalt bring *u* - **2** *rohe Kraft:* **mit G.** mä määcht; **nicht mit G.!** ei mä doomkrääft/mä gewalt! - **3** *übertr:* **sich nicht in der G. haben** ham ei uun a gewalt haa

gewaltig gewaltag, orntelk, uuriibels, gefeerelk, hüshuuch; **ein g.-er Sturm** en gewaltagen sturem

gewärtig *Wendg.* **dessen g. sein** det fersoocht üüb wees

Gewäsch at pitjepatjekroom (det)

Gewehr at ruder, -n (det)

Gewehrkolben a klünj, -er (di)

Gewehrlauf a luup, -er (di)

Gewerbe at hoonwerk (det)

Gewicht **1** *Schwere* at gewicht (det) - **2** *Maß* at gewicht, -en (det), at luad, -en (det) - **3** *Uhrg.* at klünj, -en (det) - **4** *übertr:* **ein ganzes G. sein** rocht en laftang wees

gewillt walens, sans

Gewimmel at gegromel (det), at gemuuse (det) [z]

Gewinde a skrüüwgung, -er (di) [u:]

Gewinn a prufitj (di), a wanst (di)

gewinnen **1** *siegen* wan (woon; wonen); **wir haben gewonnen!** wi haa wonen! - **2** *etw. g.* **einen Preis g.** en pris wan *u* - **3** *übertr:* **gewonnenes Spiel haben** wonen spal haa; **sieh zu, dass du Land gewinnst!** sä tu, dat lun wanst!

gewiss **I** *Adj* **1** *sicher* was - **2** *bestimmt* was; **ab einem g.-en Alter** faan en was ääler uf uun - **II** *Satzadv sicher* was, saacht; **das haben sie g. vergessen** det haa's was/saacht ferjiden; **g. doch!** uk dach aal! *od.* ja was uk'n!

Gewissen **1** at geweeten (det); **ein reines G.** en rian geweeten - **2** *übertr:* **ein G. wie ein Schlachterhund haben** en geweeten üs en slaachterhünj haa (d.h. keins); **ins G. reden** uun't geweeten snaake

gewissenhaft geweetenhaft

gewissenlos saner geweeten, geweetenluas

Gewissheit a/at washaid (det); **sich G. verschaffen** ham washaid ferskaafe

Gewitter at sonerweder, -n (det), **ein schweres G.** en böös sonerweder; **da zieht ein G. auf** diar komt en sonerweder apsaaten/ap

gewitzt grüwlag, pliitsj

gewöhnen **1** wene; **daran g.** diartu wene - **2 sich g.** ham wene; **man gewöhnt sich an alles** ham wenet ham tu ales

Gewohnheit a wenst, -er (di), a uunwenst, -er (di)

gewöhnlich **I** *Adj* **1** *einfach* gewöönelk, normool - **2** *ordinär* gewöönelk - **II** *Adv üblicherweise* för gewöönelk wech; **g. fahre ich mit der ersten Fähre** för gewöönelk wech keer ik mä a iarst damper

gewohnt wen; **der Hund ist Kinder g.** di hünj as wen tu jongen

Gewühl at gewüül (det), at gemuuse (det) [z]

gewürfelt dööbelstianet, würfelt

Gewürz at gewürts, -en (det)

Gewürznelke at neegelk, -en (det)

gezackt taakag, taaket

Gezänk at kredelei (det), at stridjerei (det), at gekabel (det)

gezeichnet tiakent

Gezeiten ääb an flud

Gicht at jicht (det)

gichtig jichtag

Giebel a guugel, -gler (di), at guugelhüs, -sang [z] (det)

Giebelluke (b. Friesenhaus) at guugellük, -en (det)

Giebelzimmer (b. Friesenhaus) at guugelrüm, -en (det)

gieren giire

gierig haablag, ferhaabelt, giirag; (veralt.) jirag

gießen **1** *Blumen* jit (got; good; göödden) - **2** *stark regnen* güse, jit *u*, smitj tu riinen *u* - **3** *übertr:* **sich einen auf die Lampe g.** ham en letjen üüb a lamp jit

Gießkanne a/at jitkoon, -en (det)

Gift **1** at gift (det) - **2** *übertr:* **G. und Galle speien** gift an gaal spei

giftig giftag

Ginster at skrob (det)

Gipfel a toop, -er (di)

Girokonto at luupen konto (det)

Gischt at sküm (det)

Gitterstab at spiilk, -en (det)

Glanz a glans (di)

glänzen **1** skürne, glense, blinkre - **2** *übertr:* **es ist nicht alles Gold, was glänzt** at as ei ales gul, wat blinkert/skürent *Sprw*

glänzend **1** blank, glimrag - **2** *übertr:* **einem g. gehen** ään bestens gung *u*

glanzlos stomp, dof

Glas **1** *Material* at glääs (det); **aus G.** faan glääs - **2** *Behältnis* at glääs, glees [z] (det); **ein G. Wein** en glääs win; **Gläser spülen** glees ufsau *u* - **3** *übertr:* **zu tief ins G. schauen** tu jip iin uun't glääs luke

Gläschen at gleeske, -kin (det)

Glaser a gloosker, -n (di)

gläsern glääsen

glasig **1** *durchsichig* glääsnag - **2** *leblos:* **g.-e Augen** glaasag uugen [z]

Glasperle a parelstian, -er (di)

Glasscherben a glääsbetjen (jo), a gläässtaken (jo), a gläässkiiwen (jo)

Glasschüssel a glääsen dask, -er (di)

Glasteller a gläästeler, -n (di), a glääsen teler, -n (di)

Glasur at glasüür (det)

Glasvitrine at gläässkaab, -en (det), at glaiskaab, -en (det)

glatt **I** *Adj* **1** *rutschig* glääd, blank; (beim Gehen) **g. sein** faalsk tu luupen wees; (durch gefrierend. Regen) **g. werden** hesle [z]; **die Straßen sind g.** a struaten san glääd - **2** Ggs. *uneben* glääd; **g.-es Haar** glääd hiar; **g.-e Haut** skir hidj - **II** *Adv* glääd, drist; **das macht er g.** det dää'r glääd

Glatteis at gläädis (det); (durch gefrierend. Regen) at hesel (det) [z]

Glätte a/at gläädens (det)

glätten glääd maage

glatthobeln gläädheewle

glattrasiert skir am a müs

Glatze at kaal hood, hööd (det)

Glaube **1** *Annahme* a gluuw - **2** *Überzeugung:* **der christliche G.** a krastelk gluuw; **den G.-n wechseln** amliaw [u:] - **3** *übertr:* **im guten G.-n** uun di gud gluuw

glauben **1** *überzeugt sein von* liaw [u:]; **felsenfest g.** gans fäästspikerfäast liaw; **kaum zu g.!** ei tu liawen!;

G

an Gott g. uun God liaw - **2** *annehmen* men, liaw [u:]; **ich glaube wohl** ik liaw al *od.* ik men bal

Gläubiger a kraawer, -s (di)

[1]**gleich** *Modalpart* gliks; **wie heißt er noch g.?** hü het'r noch gliks?

[2]**gleich** *Adj* **1** *übereinstimmend* alike, like, likedenang; **g. groß** alike grat; **zu g.-er Zeit** tu liker tidj - **2** *gleichgültig:* **das ist mir g.** det as mi ianerlei

[3]**gleich** *Adv* glik, gelik, amletjet, amenletjet; **die Fähre kommt g.** a damper komt glik

gleichaltrig alike ual, uun like/salew ääler

gleichbleiben likbliiw [u:] *u*

gleichen like, lik wees; **ganz dem Vater g.** a aatj ap an deel like

gleichfalls jüst so, uk so; **danke, g.!** föl soonk, di uk! *od.* soonk, ment uk so!

gleichgeschlechtlich ööder wai am

Gleichgewicht at glikgewicht (det)

gleichgültig glikgültag, ianerlei, skitjegool

gleichmäßig eewen, likmiatag, glikmääsag

Gleichnis at gliknis, -en (det)

gleichviel likeföl, alikeföl

gleichwohl alik(e)wel, lik(e)wel, likes

gleichzeitig emsk, gliktidjag, tu liker tidj; **wir trafen g. ein** wi kaam emsk uun

Gleis at gleis, -en (det) - **2** *übertr:* **im alten G. gehen** uun ual gleis gung *u*

gleiten glidj (glat; glääd; gleden)

Glied 1 *Körperteil* at las, les [z] (det); **an allen G.-ern zittern** redle uun/bi aler les; **steife G.-er haben** stif uun a les wees - **2** *Kette* at leenk, -en (det) - **3** *Geschlechterreihe* at las (det) - **4** *Penis* a stört, -er (di), a taap, -er (di)

Gliedmaßen a les (jo) [z]

glimmen glam, gleu

glimpflich üüb't best; **noch g. abgehen** noch üüb't best ufgung *u*, noch jüst gudgung *u*

Glitsche at slidjris, -en (det)

glitschen slidjre, glost

glitschig glatjag, globrag, glibrag, glostrag

glitzern blinkre, glemre

Glocke 1 a/at klook, -en (det); **die G.-en läuten** a klooken gung *u*/ring - **2** *übertr:* **an die große G. hängen** bi a grat klook hinge

Glockenblume a fangerhud, -er (di)

Glockenblume, Blaue a blä huder (jo)

Glockenheide a hiasbluumen (jo) [z]

Glockenklöppel a bangelstook, -er (di)

Glockenschlag a klook(en)slach, -er (di)

Glockenstrang a klookstring, -er (di)

Glockenturm at klookhüs, -sang [z] (det)

Glotzauge a/at glöruug, -en (det)

glotzen gliise [z], glöre

Glück 1 at lok (det); **G. haben** lok haa - **2** *übertr:* **G. und Unglück** lok an ünlok; **auf gut G.** üüb gud lok; **von G. sagen** faan lok sai *u*; **zum G.** tu'n lok

Glucke (Bruthenne) at klok, -en (det), at klokhan, -en (det)

glucken (brüten) kloke

glücken loke

gluckern tjoltre

glücklich **1** *mit Glück* lokelk - **2** *froh* lokelk, bliis [z]; **g. verheiratet** lokelk befreid - **3** *übertr:* **eine g.-e Hand haben** en lokelk hun haa
glücklicherweise lokelkerwiis [z]
Glückssache at loksaag (det)
Glückwunsch a lokwansk, -er (di); **herzlichen G.!** gratliare uk!
Glühasche at eemerang (det)
Glühbirne at peer, -en (det)
glühen gleu, glam
glühend **1** glamen, gleuen - **2** *übertr:* **g.-e Augen** gleunag uugen
glühendheiß glamenhiat, gleuenhiat
Glühwürmchen a glemwirem, -rmer (di)
Glupschaugen a glüpsuugen (jo), a poduugen (jo); **G. haben** en paar glüpen uugen haa *od.* en paar uugen üs so'n skelfask haa ('Schellfisch')
Glut a/at gled (det)
Gnade a/at gnaad
gnaden gnaade; **dann gnade uns Gott!** do gnaade üs God!
gnädig **1** *barmherzig* gneedag - **2** *einigermaßen:* **noch g. abgehen** noch gneedag ufluup *u* - **3** *übertr:* **er hat einen g.-en Tod gehabt** hi as gneedag ütj/faan a welt kimen
Gold **1** at gul (det); **G. und Silber** gul an salwer - **2** *übertr:* **treu wie G.** trau üs gul; **es ist nicht alles G., was glänzt** at as ei ales gul, wat skürent *Sprw*
golden gulen; **g.-e Hochzeit** gulen bradlep; **g.-e Konfirmation** gulen freimaagin
Goldfisch a gulfask, -er (di)
Goldschmied a gulsmas, -smeser [z] (di), a salwersmas, -smeser [z] (di)
Golf (Sportart) at golf (det); **G. spielen** golfe
gönnen gon; **jmdm. etw. g.** hoker wat gonen wees; **sich etw. g.** ham salew wat gon
Gönner a goner, -s (di)
Goting (Föhr) Guatang; **G. Kliff** Guatang Klaf
Gotinger a guatanger, - (di)
Gott **1** (der christl. Gott) God, üüs Hergod; **in G.-es Namen!** uun Gods nööm!; **an G. glauben** liaw uun God - **2** *übertr:* **dafür haben sie G. weiß was bekommen** diar haa's God witj wat för füngen; **G. bewahre!** uuha naan! *od.* uu jidermenaan!; **oh G., oh G.!** uu hauaha!
Gottesdienst at hööw (det) [u:]; **zum G.** tu hööw
Gottesdienstbesucher a hööwgunger, hööwlidj (di) [u:]; **ein eifriger G.** en flitjagen hööwgunger
göttlich götelk
gottlob godlof
gottlos godluas
gottvoll godfol
Grab at grääf, greew (det) [u:], at küül, -en (det); **ein G. ausheben** en grääf maage; **ein G. schaufeln** en küül greew *u*; **zu G.-e tragen** tu küül bring *u*; **zum G. geleiten** tu grääf fulage; **das G. pflegen** at grääf rede
Grabbelei at graabelei (det)
grabbeln graable
graben **1** *ausheben* greew [u:] (grääft; gruf; greewen) - **2** *umgraben:* **den Garten g.** a guard greew
Graben a gruug, -er (di); **im G. landen** tu gruug raage
Grabenaushub a gruugswaal (di)

G

Grabenkante a gruugskaant, -er (di)
Grabesrand a küülääg (di), at gräätkaantje (det)
Grabhügel a gräätfhuug, -er (di)
Grabrede at likpretjei, -en (det)
Grabstein a likstian, -er (di), a gräätfstian, -er (di)
Grabstelle at gräätfsteed, -en (det)
Grad (Maßeinheit) at graad (det); **zwanzig G. Kälte/Wärme sein** twuntag graad kuul/warem wees
Gram at greemes (det)
grämen, sich ham greeme
grämlich greemelk
Granate at granaat, -en (det)
Granne (Borste b. Gräsern) a sting, -er (di)
Gras at gäärs (det); (abgestorben) at rüch (det); (überjährig) at raf (det); **G. mähen** gäärs hau *u*
Grasbüschel a gäärstoost, -er (di)
grasen greesage [z]
Grasfenne at gäärsfään, -en (det)
grasgrün kualgreen ('kohlgrün')
Grashüpfer a gäärshoper, -n (di)
Grasland at gred (det); **das G. unterpflügen** gred pluuge
Grasnarbe at gäärsnarew (det) [u:]
Grasnelke at hongerkral, -en (det), at strunnelk, -en (det)

Grasnelke at hongerkral

grassieren amgung *u*
grässlich greselk, skrekelk, **ein g.-er Kerl!** en greselken kiarel!
Grassode at suad, -en (det)
Grasstreifen a gäärsstripel, -pler (di), a gäärsstrimel, -mler (di)
Gräsung at greesang (det) [z]
Gräte at bian, -er (det), at faskbian, -er (det)
gratis üübtu̲
grätschen ströde, strötje
Gratulation at gratlatsjuun, -en (det)
gratulieren gratliare
grau 1 grä; **g.-es Haar** grä/witj hiar - **2** *übertr:* **alt und g.** ual an grä
Grauammer a kurnsparag, -sparger (di)
graublau gräblä
Graubrot at gräbruad (det)
grauen, sich ham grau, ham grist
Graugans at grägus [z], -ges [z] (det)
grauhaarig grähiaret, witjhiaret
gräulich gräelk
Graupen a gruuben (jo)
grausam grausaam
Grausamkeit a/at grausaamhaid (det)
grausen, sich ham grau, ham grist
Grausen at griisen (det) [z]
Gregoriustag (2. März) gregööre
greifen 1 grip (grapt; grääb; greben), ling; (gierig) grau - **2** *übertr:* **um sich g.** am ham grip
Grenze a/at grens, -en (det)
grenzenlos saner grensen, grensenluas
Grenzscheide at skiasang (det) [z]
Grenzstein a grensstian, -er; (veralt.) a dulstian, -er (di)
Grieben (ausgebrat. Speck) a sniadern (jo)
Griebenschmalz at spääksmeer (det)

Grieche a grik, -en (di)
Griechenland Grichenlun
griechisch griks
Griff 1 *das Greifen* a greb (di) - **2** *Haltegriff* a greb, -er (di); (Messergriff) at hääft, -en (det) - **3** *übertr:* **einen guten G. getan haben** en guden greb maaget haa; **die Sache im G. haben** a saag uun a greb haa *od.* a kaat bi a stört haa ('Katze b. Schwanz')
griffbereit tu hun
Grimasse *Verb.* **G.-n schneiden** gesichter spele/skeer *u*
grimmig *stark* grimag
Grind (Hautausschlag) at skürew (det) [u:]
grinsen griine, grinse; **schmierig g.** smerag griine
Grippe at grip (det), a/at sjocht (det)
grippig sjochtag
grob 1 grööw [u:] - **2** *übertr:* **aus dem Gröbsten heraus sein** ütj at grööwst wees [u:] *od.* ütj a knoot/ütj'n Jan wees
grobgliedrig grööwleset [u:] [z]
Grobheit a/at grööwhaid, -en (det) [u:], a/at rüchhaid, -en (det)
grobkörnig grööwkerent [u:]
Gröde (Hallig) a Grööd
Grog a grok (di)
grölen grööle
Groll *Wendg.* **einen G. auf jmdn. haben** en pik üüb hoker haa
grollen 1 *zürnen* grole - **2** *donnern* lonre
Grönland Greenlun
Grönländer a greenluner, -s (di)
Grönlandfahrer (früher Bezeichnung der Walfänger) a greenlunfaarer, -s (di)
groß 1 *ausgedehnt* grat; **das g.-e Amerika** det grat Ameerikoo - **2** Ggs. *klein:* **meine g.-e Schwester** min grat saster; **der g.-e Zeh** a grat tuan - **3** *hochgewachsen:* **ein g.-er Baum** en graten buum; **wie g. bist du?** hü grat beest? - **4** *zahlenmäßig g.:* **eine g.-e Familie** en grat famile - **5** *in hohem Grade:* **ihre g.-e Liebe** sin/hör grat liibe/leefde; **eine g.-e Hilfe** en grat halep - **6** *Verneinung:* **davon wird nicht g. geredet** diar woort ei grat faan snaaket - **7** *übertr:* **g. und klein** grat an letj; **im G.-en und Ganzen** uun't gehial; **das G.-e Wasser** (der Nordatlantik) at grat weeder; **der G.-e Wagen** (Sternbild) a grat waanj
großartig groosoortag, a meut wäärs
Größe 1 *Ausdehnung* a/at gratens (det) - **2** *Kleiderg.* a/at grate, -tin (det); **was hast du für eine G.?** wat heest för'n grate? - **3** *Körperg.:* **der G. nach** efter a gratens
Großeltern a ualaalern (jo); oome an ualaatj
großkariert briadrütjet
Großmaul a gratsnütj (di)
großmäulig gratsnütjag, gratmaanag
Großmutter 1 at oome, -min (det) - **2** *übertr:* **das kann meine G. auch spielen!** det koon min oome uk spele! (beim Kartenspiel)
großreinemachen at hüs ütjsau *u*/deelsau *u*
großschnauzig gratsnütjag, gratmaanag
Großstadt at gratstääd, -en (det)
größtenteils tu'n gratsten dial, gratstendials, för't miast

G

großtun gratdu *u*
Großvater a ualaatj, -en (di)
großziehen aptji *u*, grattji *u*
Grübchen at küdj, -en (det), at kölk, -en (det); **sie hat ein G. auf jeder Wange** hat hää en kölk üüb eder sjuuk
Grube 1 a/at küül, -en (det) - **2** *übertr:* **in die G. fahren** tu küül kem *u*
grübeln spikeliare
grün 1 green; **einem g. und blau vor Augen werden** ään green an blä föör uugen wurd; **die g.-e Galle** a greene gaal - **2** *übertr:* **g.-e Weihnacht, weiße Ostern!** en green weinachten, en witjen puask!; **auf keinen g.-en Zweig kommen** nimer üüb en greenen twiig kem *u*
Grün 1 *Farbe* at green (det); **G. steht dir nicht** green läät/stäänt di ei - **2** *Pflanzenschmuck* at greenen (det)
Grund 1 *Erdboden* a grünj (di) - **2** *Begründung* a grünj, -er (di); **aus diesem G.** auer't salew, diarför, sodenang - **3** *übertr:* **der Sache auf den G. gehen** a saag üüb a grünj gung *u*; **kein Bein an den G. bekommen** nian bian tu grünj fu *u*; **von G. auf kennen** ütj a grünj kään
gründen gründe, grünjlei *u*
grundehrlich grünjiarelk
grundfalsch grünjferkiard, potferkiard
grundgütig grünjgud
Grundlage a/at grünjlaag, -en (det)
gründlich I. *Adj* grüntelk, orntelk - **II.** *Adv* fiks; **jmdm. g. die Meinung sagen** hoker fiks a meenang sai *u*
Grundmauer a/at grünjmüür, -en (det)
Gründonnerstag greensüürsdai
Grundschule a/at grünjskuul, -en (det)
Grundsee (herüberschlagende Welle) at grünjsia, -n (det)
Grundstein 1 a grünjstian, -er (di); (veralt.) a salstian, -er (di) - **2** *übertr:* a grünjstian
Grundstück at grünjstak, -en (det)
Grundsatz a grünjsats, -er (di)
Grundwasser at grünjweeder (det)
grünen green wurd, greene
Grünfutter at greenfuder (det)
Grünkohl a greenkual (di)
Grünkohlsuppe at greenkualsop (det)
Grünland at greesanglun (det) [z], at gäärslun (det); (Mähland) at miadlun (det)
grünlich greenelk, efter't green
Grünfink a/at güülfink, -en (det)
Grünschnabel a snootleber, -n (di), a greensnoobel, -bler (di)
Grünspan at greenspuan (det)
grunzen gronte, gnore
Gruppe at skööl, -en (det); **eine G. leiten** en skööl fóörstun *u*
grüppeln (Gräben zur Entwässerung anlegen) grüple, slööske
gruppenweise sköölwiis [z]
Grus *Wendg.* **zu G. und Mus** tu grus an muus
Gruß at gröötnis, -en (det); **herzliche Grüße!** hartelk gröötnisen!
grüßen grööte; **ich soll schön g.!** ik skal fein grööte!
Grütze at groot (det)
gucken kek, luke
Guckfenster (inneres Fenster i. Friesenhaus) at kiikwönang, -nger (det)
gültig gültag, gud; **ist die Karte noch g.?** as det koord noch gud?

Gummi at gume (det)
Gummiband at gumebäänk, -er (det); (unspezif.) at gumebäänks (det)
Gummibaum a gumebuum, -er (di)
Gummieis at deuis (det)
Gummistiefel a gumesteewel, -/-wler (di)
Gunst a/at gonst (det)
günstig gonstag, gud; **ein g.-er Preis** en guden pris
Gurgel a gorel, -rler (di), a gurgel, -gler (di)
gurgeln gorle, gurgle
Gurke at gurk, -en (det)
gurren gore
Gurt **1** *Gürtel* a gort, -er (di) - **2** *Pferdegeschirr* at görlis, -en (det)
Gürtel a riam, -er (di)
Gürtelrose at belruus (det) [z]
Guss **1** *Regeng.* at beu (det), at jitang (det), a bäärs (di); **es gibt bald einen G.** diar komt glik en jitang - **2** *Torteng.* a gus (di)
Gut *Besitz* **1** at gud, güüder (det) - **2** *übertr:* **Hab und G.** haab an gud; **Geld und G.** gud an jil; **unrecht G. gedeihet nicht** ünrocht gud deit ei *Sprw*
gut **1** *qualitätsmäßig g.* gud (*Komp* beeder, best); **sehr g.** uu so gud, böös gud; **wir bekamen nur G.-es zu essen** wi füng bluat guuds tu iidjen - **2** *angenehm:* **g.-es Wetter** gud weder - **3** *mehr als:* **eine g.-e Stunde** en gud stünj - **4** *freundschaftl. verbunden:* **g. miteinander auskommen** gud mäenööder aueriankön - **5** *frisch:* **nicht mehr g. sein** ei muar gud wees - **6** *gesund:* **mir ist heute nicht so g.** ik haa't daalang ei so gud - **7** *hinreichend:* **so g. es geht** so gud üs wat at gongt - **8** Ggs. *schlecht:* **ein g.-es Wort** en gud wurd; **im G.-en** uun guuden, mä guud - **9** *übertr:* **G.-en Tag!** gudai!; **sei so g.!** wees so gud!; **zu g.-er Letzt** üüb't aanj, tu guuder leetst; **zu G.-e halten** tu guud hual *u*; **alles G.-e kommt von oben** aal at guuds komt faan boowen *Sprw*
gutartig gudaardag
gutaussehend smok
Güte *Wendg.* **in G.** uun guudem
gutgehen **1** *gesund sein* gudgung *u,* gud tuwais wees - **2** *glücken:* **das kann nicht g.** det koon ei gudgung
gutgestellt welsteld; **g. sein** wat faan't maagin haa
gutheißen ja tu sai *u*, gudhet
gutherzig grünjgud, faan harten gud
gütig gud
gutmachen gudmaage
gutmütig gudaardag, rauelk, dülag; (Tier) rauelk, määk
gutschreiben gudskriiw [u:] *u*
guttun gud du *u*
gutwillig gudwalag
Gymnasium at ooberskuul, -en (det), at huuger skuul, -en (det)

h, H

H

Haar **1** *einzelnes H.* at hiar, -en (det); **was liegen da für H.-e!** wat lei diar för hiaren! - **2** *Gesamtheit* at hiar (det); **glattes H.** glääd hiar; **kräftige H.-e** hingsthiar; **sich die H.-e schneiden lassen** ham at hiar klap läät *od.* ham amklap läät - **3** *übertr:* **H.-e auf den Zähnen haben** hiar üüb a tes haa; **einem die H.-e zu Berge stehen** *u* ään a hiaren tu berag stun *u od.* (veralt.) ään at hiar üüb't hood riis; **ein H. in der Suppe sein** en hiar uun a böder wees ('Butter'); **um ein H.** am en hingin hiar ('hängendes H.'); **kein H. besser sein** ei en hiar beeder wees; **kein gutes H. an jmdm. lassen** nian gud hiar bi/üüb hoker läät; **sich in den H.-en liegen** enööder uun a hiar haa; **mit Haut und H.** mä hidj an hiar

haaren hiare

Haaresbreite *Wendg.* **um H.** am en hiarbriad

Haarklammer a kniper, -n (di)

Haarkleid *Verb.* **das H. wechseln** at hiar smitj *u*

haarklein *Wendg.* **alles h. erzählen** ales üüb en hiarbriad fertel

Haarklette at klaat, -en (det)

Haarknoten a toop, -er (di)

Haarnadel at hiarnäädel, -dler (det)

Haarschleife at hiarsleuf, -en (det)

Haarspange at hiarspung, -en (det)

Haarwirbel at hiarwäärlis, -en (det), at hiartwarlis, -en (det)

Haarzopf a stört, -er (di); (Tracht) at snöötj, -en (det)

Hab *Wend.* **H. und Gut** haab an gud

Habe at guud (det); **die bewegliche H.** at iingud (det)

Habel (Hallig) Haabel

haben **I** *Vollvb* **1** *zugehören* haa (heest, hää; hed; hed); **sie haben drei Kinder** jo haa trii jongen; **sie hat schon einen Freund** hat hää al en frinj - **2** *besitzen:* **eine Wohnung h.** en wenang haa - **3** *erkrankt sein:* **Schmerzen h.** piin haa; **Masern h.** a meesel haa - **4** *Leben führen:* **es schwer h.** at swaar haa - **5** *erhalten, bekommen:* **woher hast du das?** huar heest det faandaan?; **sie hat ein Kind von ihm** hat hää en letj faan ham; **für Geld ist alles zu h.** för jil as ales tu haan - **6** *tun müssen:* **zu gehorchen h.** tu harkin haa - **7** *genehm sein:* **so etwas mag ich nicht h.** sok mei'k ei haa - **8** *geerbt haben:* **er hat viel von seinem Vater** hi hää föl wech faan a/san aatj - **9** *übertr:* **sie hat etw. mit ihm gehabt** hat hää wat mä ham hed; **davon habe ich nichts** diar haa ik niks faan; **sie h. es ja!** jo haa't jo! - **II** *Hilfsvb* haa (heest, hää; hed; hed); **das hätte ich nicht gedacht** det hed'k ei soocht

habgierig ferhaabelt, haablag; **ein h.-er Mensch** en haabelkuuk

Habicht a hanjüger, -n (di)

Habichtskraut at noopkrüüs (det) [z] ('Flohkraut')

Habseligkeiten at hap an skrap, a pakenelken (jo)

Hackbrett at hakburd, -en (det)

[1]**Hacke** **1** *Ferse* a haiel, -ler (di) - **2** *übertr:* **sich die H.-n ablaufen** ham a bian ufluup *u* ('Beine')

[2]**Hacke** (Gerät) a haker, -n (di)

hacken **1** *zerkleinern* hake - **2** *spalten:* **Holz h.** holt klüüwe - **3** *vom Unkraut befreien:* **Rüben h.** rööwen hake - **4** *Vögel* pike

Hackenzehe (bei Enten) a haieltuan, -er (di)

Hackfleisch at hak (det), at hakflääsk (det)

Hackmesser at hakknif, -kniiwer (det)

Häcksel (klein gehacktes Stroh) at haakels (det)

häckseln haakels skeer *u*

Hafen a huuwen, -wner (di)

Hafengeld at huuwenjil (det)

Hafenmeister a huuwenmääster, -n (di)

Hafer **1** *Getreide* at heewer (det) - **2** *Pflanze* a heewer (di)

Haferfeld a heewer (di), at fial heewer (det)

Haferflocken a heewerfloken (jo)

Haferschleim at heewerbrei (det)

Haft *Wendg.* **er bekommt 10 Tage H.** hi woort tjiin daar iinspunset/iinsperet

haften **1** *kleben* klewe, bak - **2** *aufkommen:* **h. für** apkem för *u*

Hagebutte at juup, -en (det), at soorenjuup, -en (det)

Hagedorn a haageduurn, -er (di)

Hagel at haiel (det)

Hagelkorn a haielkurn, -er (di)

hageln haile

Hagelschauer at haielbeu, -en (det)

hager skraal

[1]**Hahn** **1** *Vogel* a höön, -er (di) - **2** *übertr:* **der H. im Korb sein** at henk uun a kurew wees ('Küken'); **danach kräht kein H.** diar krest nään höön efter

[2]**Hahn** **1** *Absperrvorricht.* a höönk, -er (di) - **2** *Gewehrh.* a höönk, -er (di)

Hähnchen **1** at henk, -en (det) - **2** *Brath.* at heenchen, -s (det); **ein halbes H.** en hualew heenchen

Hahnenfuß (Pflanze) at böderkral (det), at böderbluum (det), a höönfut (di)

Hahnenkamm (Pflanze) at panangkral, -en (det)

Hahnentritt at treedlis, -en (det)

Hai a heifask, -er (di)

Hainbinse at haaspuat, -en (det) [z]

häkeln heekle

Häkelnadel at heekelnäädel, -dler (det)

Häkelzeug at heekeltjüch (det)

haken haage

Haken **1** at haag, -en (det); **H. und Öse** haag an guusk - **2** *übertr:* **die Sache hat einen H.** detdiar saag hää en haag *od.* bi det saag as noch wat bi

halb **I** *Adj* **1.** *zur Hälfte* hualew [u:]; **h. eins** klook hualew ian; **zum h.-en Preis** för a hualew pris *od.* tu hualew pris; **das h.-e Leben** at hualew leewent; **eine h.-e Schürze** en hualew skortluk *od.* en föörskortluk; **auf h.-em Wege** hualew wai - **2** *übertr:* **mit h.-em Auge** mä en hualew uug; **h. Amrum** hualew Oomram - **II** *Adv Verb.* **h. und h.** hualew an hualew; **h. so schlimm** hualew so slim

Halbbruder a hualewbruder, -breder (di) [u:]

halbdunkel hualewjonk [u:]

Halbe at hualew (det) [u:]

H

halbfett hualewfäät [u:]
halbgar hualewnooch [u:]
halbhoch hualewhuuch [u:]
halbieren uun a maden trochskeer *u*
halbjährlich arke hualew juar [u:]
halbleer hualew leesag [u:] [z]
halbmast hualewmääst [u:], hualewstook [u:]; **h. flaggen** a flag hualew stook saat
Halbmond a hualewmuun [u:]
halbnackt hualewnaagelt [u:]
halbpart hualewpaart [u:]
Halbschuh a hualewskuch, -skur (di) [u:], a liachskuch, -skur (di)
Halbschwester at hualewsaster, -n (det) [u:]
halbstündig arke hualew stünj [u:]
halbtags hualewdais [u:]
halbtot hualewduad [u:]
halbvoll hualewfol [u:]
halbwegs hualewwais [u:]
Hälfte a/at heleft (det); **zur H.** tu a heleft
Halfter a bansel, -sler (di)
Halle at hale, -lin (det)
Hallig at halag, -lgen (det)
Halligbewohner *m* a halagmaan, -er (di); *f* at halagwüf, -en (det); **die H.** a halaglidj
Hallignelke at oonbluum, -en (det)
Halligplätzchen at halagknerk, -en (det)
hallo haloo; **h., ist da jemand?** haloo, as 'ar hoker ?
Halm a halem, -er (di); **auf dem H.** üüb a rut
Halmseil (aus Dünengras) a riap, -er (det); **H.-e drehen** riaper trä *u* (vormals wichtiger Broterwerb auf Amrum)
Hals 1 a hals, -er (di); **es im H. haben** at uun a hals haa; **einen rauhen H. haben** rä/rüch uun a hals wees - **2** *übertr:* **H. über Kopf** hals auer hood *od.* auer hals an hood; **den H. nicht voll bekommen können** a hals ei fol fu kön; **in den falschen H. bekommen** uun't ferkiard halshool fu *u*; **einen Kloß im H. haben** en klömpk/en kink uun a hals haa; **einem zum H. heraushängen**ään rian ütj a hals hinge; **bis zum H. in Arbeit stecken** apskebet tu a hals uun werk wees
Halsausschnitt at halshool, -hööl (det)
Halsband at halsbäänk, -er (det)
Halsbandregenpfeifer at grank, -en (det)
halsbrecherisch halsbreegen, nääkbreegen
halsen (wenden b. Segeln) halse, amhalse
Halsgrube at halskölk, -en (det)
Halskette at halskeed, -en (det)
Halskrause (Teil d. Talars d. evang. Pastoren) a/at piipkraag, -en (det)
Halsriemen (b. Pferd) at halskaabel, -bler (det)
Halsschmerzen at halspiin (det)
halsstarrig stifnääket, swäärs
Halstuch (Teil d. Tracht) a halsnöösduk, -er (di) [z], a nöösduk, -er (di) [z]
Halsweh *Verb.* **H. haben** at uun a hals haa
Halt *moral. Stütze* at hual (det), at tuhual (det); **einen H. haben** en tuhual haa
halt! stunen bliiw! [u:], stop!; **h., genug!** so, so!
haltbar *Lebensmittel* **h. sein** ham hual *u*; **h.-e Sachen** hualen kroom

Halteleine (b. Schiff) at teuliin, -en (det)

halten **1** *festhalten* hual (häält; hääl/hel; häälen/helen); **die Leiter h.** a lääder hual - **2** *stehenbleiben* hual, uunhual *u*, stope; **da hält ein Auto** diar häält en waanj - **3** *standhalten:* **der Deich hält** a dik häält - **4** *einschätzen:* **davon halte ich nichts** diar hual ik niks faan *od.* diar san ik niks am; **viel voneinander h.** föl faanenööder hual - **5** *etw. halten:* **eine Zeitung h.** en bleed hual/fu *u* - **6** *zurückhalten:* **das Wasser nicht h. können** at weeder ei hual kön - **7** **sich h.** ham hual; **er/sie hat sich gut/wacker gehalten** hi/hat hää am gud/waaker häälen; **die Blumen h. sich nicht** a bluumen hual jo ei - **8** *übertr:* **halt die Klappe!** hual dan snütj/din klap!; **eine Rede h.** en reede hual; **Wort h.** wurd hual; **laufen, was das Zeug hält** luup, alwat at tjüch häält; **zugute h.** tuguud hual

Haltestelle at haltesteed, -en (det)

haltlos haltluas

haltmachen uunhual *u*

Hamburg Hamborag

Hamen (beutelförm. Fangnetz) a hööm, -er (di)

hämisch huansk, spiitag

Hammel a room, -er (di)

Hammelfleisch at sjepen (det), at sjepflääsk (det)

Hammer **1** a höömerk, -er (di) - **2** *übertr:* **unter den H. kommen** oner a höömerk kem *u*

hämmern temre, böge, klupe, höömre

Hampelmann a hampelmaan, -er (di)

hampeln hample

Hand **1** a/at hun, -en (det); **jmdm. die H. drücken** hoker a hun trak *od.* hoker en hunsfol du *u*; **H. in H. gehen** bi hun luup *u*; **die H. schütteln** a hun sködle; **linker/rechter H.** tu lachter/rochter hun - **2** *übertr:* **die H. geben** a hun du *u*; **H. in H. arbeiten** hun uun hun werke; **die H. im Spiel haben** a hun uun't spal haa; **weder H. noch Fuß haben** weeder/(veralt.) neder hun noch fut haa *od.* ei hood of stört haa ('Kopf' - 'Schwanz'); **einem die Hände gebunden sein** bünjen hunen haa; **sich die Hände reiben** ham a hunen wreske/rofe; **die Hände in den Schoß legen** a hunen uun skuat lei *u*; **in festen Händen sein** (Mädchen) hoker haa; **zwei linke Hände haben** tau lachter hunen haa; **aus erster H.** ütj iarst hun; **unter der H.** oner a hun; **von der H. in den Mund leben** faan a hun uun a müs lewe; **nicht von der H. zu weisen** ei faan a hun tu wisin; **zur H. haben** bi/tu hun haa; **schnell zur H. sein** gau bi a hun wees; **zur H. gehen** tu hun gung *u*; **eine H. wäscht die andere** ian hun swait det ööder *Sprw*

Handarbeit at hoonwerk, -en (det)

Handball a hoonbaal, -er (di)

Handballen a hunbaal, -er (di)

Handbreite at hoonbriad (det), a/at hunbreedje, -jin (det)

Handbremse at hunbrems (det)

Händchen at hantje, -jin (det), at hoontje, -jin (det)

Händedruck at hunsfol (det)

Handel a hanel, -nler (di)

Händel *Wendg.* **H. suchen** stridjag wees, stridj sjük *u*

handeln **1** *Handel treiben* hanle - **2** *von etw. h.* gung am *u*, hanle faan - **3** **sich h.** ham hanle; **worum handelt es sich?** huar gongt at am? - **4** *etw. tun* du (dää; ded; den); **wie kann man so h.!** wat en dun!

Handfeger a hunfaager, -n (di)

Handgelenk at wraslang, -en (det) [z]

handgemalt mä hun moolet

Handgepäck at hungepek (det)

H

handgeschrieben mä a hun skrewen, hunskrewen

Handgriff a hungreb, -er (di)

Handharmonika at hunharmoonika (det)

Handlanger a tulinger, -n (di), a tuupleeger, -s (di)

Händler a hanelsmaan, -lidj (di)

handlich hunag, hantelk

Handlung (Geschehen eines Stückes) huar am at gongt

Handlungsweise at dun (det)

Handschlag a hunslach (di); **mit H. bekräftigen** tuslau *u*

Handschrift a/at hunskraft, -en (det), at hoonskraft (det)

handschriftlich hunskraftelk, hoonskraftelk

Handschuh a honkluas, -kluader [z] (di); **H.-e überziehen** hunkluader auernem *u*

Handstand *Verb.* **H. machen** üüb hunen stun *u*

Handstock a gungstook, -er (di)

Handtasche at huntasj, -en (det)

Handtuch at hoonduk, -er (det)

Handvoll at hunsfol (det)

Handwerk **1** at hoonwerk (det) - **2** *übertr.:* **sein H. verstehen** sin hoonwerk ferstun *u*

Handwerker a hoonwerker, -s/hoonwerkslidj (di); **H. haben** hoonwerkers haa; **ein gelernter H.** en liarden hoonwerker

Handwerkszeug at hoonwerkstjüch (det)

Handwurzel at hoonwraslang -en (det) [z]

Hanf at henep (det)

Hänfling at irlits, -en (det)

[1]hängen *etw. befestigen* **1** hinge; **Wäsche auf die Leine h.** wesje üüb a liin/üüb a riap hinge **- 2** *übertr:* **den Mantel nach dem Wind h.** a mantel tu bias ääger hinge ('beide Seiten')

[2]hängen *befestigt sein* **1** hinge; **an der Wand h.** bi a woch hinge - **2** *übertr:* **wir h. so an dem Hund** wi hinge so bi di hünj; **mit H. und Würgen** üüb hingin an wirgin; **an der Flasche h.** bi a butel wees; **sie hängt nur noch am Telefon** hat sat bluat noch tu tilefuniarin

hängenbleiben hingin bliiw [u:] *u*

hängenlassen **1** hinge läät - **2** *übertr:* **den Kopf h.** at hood hinge läät

hänseln plaage, piire

Hanswurst a hanskak (di)

hantieren hantiare

hapern haapre

Häppchen **1** at betje, -jin (det); **in H. schneiden** tubetje - **2** *übertr:* **das ist nur ein H.** det as man en slach am a müs ('Mund')

Happen a bed, -er (di), a haps, -er (di)

happig hapag

Haps a müsfol, -er (di), a haps, -er (di)

Harde (frühere Verwaltungseinheit) at hiard, -en (det)

Harke at riiw, -en (det) [u:]

harken riiwe; **das Geharkte** at riiweten

harmlos haremluas, gudaardag

Harn at pasang (det); (von Männern; früher bei d. Wäsche verwendet) at wääsk (det)

Harnblase a/at blees, -en (det) [z]

Harpune at harpuun, -en (det)

Harpunier (b. Walfang) a harpuniar, -s (di)

hart **I** *Adj* **1** Ggs. *weich* hard; **das H.-e** at hardens - **2** *gefühllos* hardag - **3** *übertr:* **ein h.-er Schlag** en harden slach; **ein h.-er Winter** en stringen/en harden wonter - **II** *Adv* **1** *nahe* hard; **h. backbord!** hard bakbuurd!; **der Wind weht h. südwest** a winj weit hard süüdwaast - **2** *übertr:* **h. auf h. gehen** tu knipen kem *u* ('zu kneifen kommen')

Hartdach at poonensaag, -en (det)

härten harde

hartgekocht hardkööget

hartleibig hard uun liiw, hardliiwet

[1]**Harz** (Absonderung) at haarts (det), at kiin (det)

[2]**Harz** (Mittelgebirge) *Wendg.* **er ist damit über den H. gegangen** hi as diar auer'n dik mä gingen ('Deich')

harzig kiinag, haartsag

Häschen (Kinderspr.) at nine, -nin (det)

Hase **1** a/at haas, -en (di) [z] - **2** *übertr:* **sehen, wie der H. läuft** luke, hü a haas lääpt

Haselnuss at haselnöd, -en (det)

Haselnussstrauch a haselnödbosk, -er (di)

Hasenklee at stiankliawer (det)

Hasenscharte at haasskeer (det) [z]

Haspel a raiel, railer (di)

haspeln raile

Hass a haad (di)

hassen **1** Ggs. *lieben* feraachte, haade - **2** *verabscheuen* ei ütjstun kön

hässlich **1** Ggs. *schön* skoonk; **eine alte h.-e Hexe** en ual skoonk trool - **2** *gemein* fülk, heselk, gemian - **3** *übertr:* **ein h.-es Wetter** en eelendag weder

Hast a/at hääst (det)

hasten benske, jaage, hääste

hastig gau, häästag

hätscheln ferwene, bepötjre

Haube (Teil d. Tracht) **1** a/at hüüw, -en (det) [u:] - **2** *übertr:* **unter die H. kommen** oner a hüüw kem *u*

Haubenlerche at toopet laask, -en (det)

Haubitze (Geschütz) *Wendg.* **voll wie eine H.** fol üs en amer ('Eimer')

Haublock a haublook, -blöög (di)

Hauch (Atemzug) a öösem (di) [z]

hauchdünn gans san, senket

hauchen hoche

Haue a/at eersfol (det), at sliak (det); **H. bekommen** sliak fu *u*

häufeln hupe; **Kartoffeln h.** eerpler hupe

Haufen **1** *Anhäufung* a bonk, -er (di), a buul, -er (di) - **2** *Menge:* **ein H. Leute** bonker an berger faan lidj - **3** *übertr:* **über den H. rennen** onerrään; **ein H. Geld** en graten bonk jil; **der Teufel scheißt immer auf den größten H.** a diiwel skat altidjs bi/üüb a gratst bonk *Sprw*

häufen aphuupe, apbonke

haufenweise bonker an berger

häufig fölsis/-se, flooksis/-se

Hauhechel (Pflanze) a holepuurt, -er (di)

Haupt at hood, hööd (det)

Hauptfach at hoodfääk, -feeg (det)

Hauptperson *Wendg.* **immer die H. sein wollen** imer föörstun wel

Hauptsache a/at hauptsaag (det)

hauptsächlich hauptsechelk

Hauptsaison a/at hauptsaisong (det)

Haus **1** at hüs, hüsang/hüsger [z] (det); **ein H. errichten** en hüs apsaat; **H. bei H.** hüs bi hüs; **aus dem H.** ütj/faan hüüs [z]; **durchs H.** troch hüüs [z]; **im H.** uun/ban hüüs [z]; **im H. bleiben** banen bliiw *u*; **sich im H. auskennen** hüswen wees ('hausgewohnt'); **nach H.-e** tüs; **nach H.-e bringen** tüsbring *u*, ambring *u*; **ums H. herum** am hüüs [z], trinjenam hüüs [z]; **zu H.-e** aran; **zu H.-e ist es am besten** aran as best - **2** *übertr:* **das H. hüten** üüb't hüs paase *od.* hüskaat wees ('Hauskatze'); **das Haus auf den Kopf stellen** at hüs onerst tu boownen stel; **Herr im H. sein** her uun hüüs wees [z]; **mit der Tür ins H. fallen** mä dör an aal iinkem *u od.* mä a dör uun hüüs faal *u* [z]; **um H. und Hof bringen** am hüs an harbarag bring *u* ('Herberge'); **um H. und Hof kommen** am huuwen an stuuwen kem *u* ('Hafen u. Hofgrundstück')

Hausaufgaben a skuulwerken (jo)

Hausboden a böön, -er (di)

Häuschen **1** at höske, -kin (det) - **2** *übertr:* **ganz aus dem H. sein** rian ütj a tüüt wees *od.* rian ütj ham salew wees

hausen *wüten* hüüse [z]

Hausflur a masaalem (di)

Hausfrau at hüswüf, -en (det)

Hausgrille at staapk, -en (det)

Hausgrundstück at stuuwen, -wnen (det)

Haushalt *Hauswirtschaft* a hüshual (di), at hüshualang (det); **den H. machen** a hüshual maage

haushalten **1** hüshual *u* - **2** *übertr:* **mit den Kräften h.** mä't krääft hüshual

Hausherr a hüsher (di)

haushoch hüshuuch

hausieren amgung *u*, amluup *u*

Hausierer a ambiluuper, -s (di), a amgunger, -s (di)

Hauslauch a hüslook (di)

häuslich hüselk; **h. sein** en hüskaat wees ('Hauskatze')

Hausmarder at elk, -en (det)

Hausmarke *Hauszeichen* at hüsmarke, -kin (det)

Hausmittel at hüsmedel, -dler (det); a riad, -er (di); **ein altes H.** en ualen riad

Hausputz *Wendg.* **gründlich H. machen** at hüs deelskrobe/deelsau *u* ('herunterschrubben/-waschen')

Hausschuh at slöfk, -en (det)

Hausschwalbe at sarkswaalk, -en (det)

Hausstand a hüsstant (di)

Haustür a/at ütjerdör, -en (det)

Hausverkauf a hüsferkuup (di)

Haut **1** a/at hidj, -en (det), at skan, -en (det); (Milch) at hidjs (det); **eine glatte H.** en skir hidj - **2** *übertr:* **nur noch H. und Knochen sein** bluat noch hidj an knooken wees; **auf der faulen H. liegen** ambilei tu luilontin *u od.* üüb a lui ääg lei *u*; **bis auf die H. nass werden** en bäärs üüb a hidj

fu *u od.* njokswiat wurd; **mit H. und Haaren** mä romp an stomp ('Rumpf u. Stumpf') *od.* mä hidj an hiar
Hautabschürfung at skruilis, -en (det)
Hautfetzen a hidjlaap, -er (di)
Hebamme a/at föörstuner, -n (det)
Hebel a iarem, -rmer (di)
heben **1** laft - **2** **sich h.** ham laft - **3** *sich etw. h.:* **sich einen Bruch h.** ham en bröök laft - **4** *übertr:* **ordentlich einen h.** fiks ään fu *u*
Hechel (Werkzeug z. Flachsbereit.) a hegel, -gler (di)
Hecht a hek, -en (di); **ein sechspfündiger H.** en sääkspünjsen hek
Hecke a tuun, -er (di)
Heckenrose at wilruus, -en (det) [z]

Heckenrose at wilruus

Heckenschere at tuunsjuar, -en (det)
Hecktor at heeg, -en (det)
Hede (Flachsabfall) at hiad (det)
Hedehusum (Föhr) Hedehüsam [z]
Hedehusumer a hedehüsamer, - (di)
Hederich (Pflanze) at krook (det)
Hefe at kwegels (det)
Hefekuchen at kwegelskuuk (det), at laacht kuuk (det)
Hefeteig at kwegelsdii (det)
[1]**Heft** *Schreibh.* at heft, -en (det)
[2]**Heft** *Messerh.* at hääft, -en (det)
heften **1** *befestigen* hefte **- 2** *riegeln* sliawre
heftig hard, oordag, düchtag, orntelk, gehöörag; **ein h.-er Sturm** en harden sturem
Heftzwecke at wans, -en (det)
Hege *Wendg.* **H. und Pflege** heeg an pleeg
hehlen heele
Hehler a heeler, -s (di)
[1]**Heide** **1** *Heidefläche* a hias (di) [z] - **2** *Heidekraut* at hias (det) [z]; **H. schlagen** hias slau *u* (als Brennmaterial)
[2]**Heide** Ggs. *Christ* a heid, -en (di)
Heidebesen (aus Heide) a hiasbeesem, -smer (di) [z]
Heidefeld at hiasstak, -en (det) [z]
Heideglöckchen at hiasruus, -en (det) [z]
Heidekraut at hias (det) [z]
Heideland at hiaslun (det) [z]
Heidelbeere at bläbei, -en (det)
Heidengeld *Wendg.* **ein H. kosten** en heidenjil kooste
Heidenarbeit *Wendg.* **eine H. sein** en heidenwerk wees
Heidesense (z. Heideschlagen) at hiaslä, -en (det) [z]
Heidesode at hiassuad, -en (det) [z]
heil **1** *unverletzt* hial - **2** *ganz:* **die Tasse ist h. geblieben** at kop as hial blewen
heilen hiale
Heilfleisch at hialin flääsk (det); at hialflääsk (det)
heilig **1** halag; **das H.-e Land** at Halag Lun - **2** *übertr:* **hoch und h. versprechen** huuch an halag lööwe
Heiligabend a krasinj
heiligen halage
heillos heilluas
heilmachen hialmaage

Heilmittel a riad, -er (di)
heim tüs
Heimat at aran, a/at heimaat
Heimatabend a heimaatinj, -er (di); **der Amrumer H.** a öömrang inj
Heimatverein (auf Amrum) a öömrang ferian
Heimatvertriebener (nach 1945) a flüchtlang, -s (di), a flüchtling, -e (di)
heimkehren tüskem *u*, wederkem *u*; (von einer Seefahrt) amkem *u*
heimlich hiamelk, uun't hiamelken; **h. vorfühlen** hiamelk föörfeel *u*
Heimlichkeit a/at hiamelkhaid, -en (det)
Heimlichtuer a luurfögel, -gler (di)
Heimreise a/at rais am tüs (det)
Heimweg a tüswai (di), a wai am tüs (di)
Heimweh at lingen am tüs (det)
Heinzelmännchen a heintselmenkens (jo)
Heirat at bradlep, -en (det)
heiraten **1** *jmdn.* frei; **jmdn. aus der Nachbarschaft h.** hoker auer a njoksbonk frei ('Misthaufen') - **2** *Ehe schließen* ham befrei, bradlepe, bradlep maage; **er hat nach Nebel geheiratet** hi hää ham tu/efter Neebel befreid
Heiratsschwindler a bridjmaager, -n (di) ('Brautmacher')
heiser huask, huas
heiß **1** hiat, warem; **furchtbar h.** splitjenhiat, sjonkenhiat; **ein h.-er Tag** en hiaten dai; **ein h.-er Kaffee** en roosenden/en hiaten kofe - **2** *übertr:* **es wird nicht so h. gegessen wie gekocht** at woort ei so hiat eden, hü't apden woort ('aufgetischt') *Sprw*
heißblütig hatjag
heißen **1** *Namen tragen* het (het; het; het); **wie heißt du?** hü hetst dü? - **2** *lauten:* **wie heißt das auf Friesisch?** hü het det üüb öömrang? - **3** *bedeuten:* **was soll das h.?** wat skal det het/bedüüde?; **das will was h.** det wal wat sai; **das heißt** det het - **4** *auffordern:* **willkommen h.** welkimen bad *u*
Heißewecke (Gebäck) at heedewik, -en (det)
Heißhunger a hiathonger (di)
heißmachen **1** waremmaage, hiatmaage - **2** *übertr:* **einem die Hölle h.** ään a hääl hiatmaage
heiter **1** *fröhlich* gud tuwais, bliis [z] - **2** *Wetter* laacht - **3** *übertr:* **das kann ja h. werden** det koon jo noch wat wurd
heizen heitse
Heizöl at ööle (det)
Heizung a/at heitsung, -en (det)
Held (iron.) a helt, -lden (di); **ein schöner H.** en böösen helt
helfen **1** halep (holep; holpen) - **2** **sich h.** ham halep; **sich zu h. wissen** ham tu halpen wed *u* - **3** *unpers.:* **das hilft nichts** det halept niks - **4** *übertr:* **aus der Klemme h.** ütj a knip halep; **ihm ist nicht zu h.** hi/ham as ei tu halpen
Helfer a halper, -s (di)
Helgoland Halaglun
Helgoländer a halagluner, - (di)
Helgoländisch at haluner
hell **1** *Wetter* laacht; **ein h.-er Tag** en laachten dai; **h. werden** apklaare *od.* laacht uun't weder wurd - **2** *Farbton* laacht, laachtelk - **3** *Klang* skian; **h. und klar** rian an skian

hellblau laachtblä
hellblond rocht laachthiaret
hellbraun laachtbrün
hellgrau laachtgrä
hellicht *Wendg.* **am h.-en Tag** bi helerlaacht/helerlichten dai
Helligkeit at laachtens (det)
Helling (Schiffswerft) at helang, -en (det)
hellrot laachtruad
Helm a helem, -lmer (di)
Hemd **1** at sjürt, -en (det); **das H. wechseln** at sjürt waksle - **2** *übertr:* **kein H. über dem Hintern haben** nian sjürt auer a eers haa
Hemdenknopf a sjürtknoop, -er (di)
Hemdkragen a/at sjürtkraag, -en (det)
Hemdsärmel at sjürtsliaw, -en (det) [u:]; **in H.-n** sjürtsliawet, eebensliawet
Hemmungen *Verb.* **H. haben** baang wees
Hengst a hingst, -er (di)
Hengstfohlen at hingstfööl, -en (det)
Henkel **1** *Kleidung* at hank, -en (det) - **2** *Gefäß* at uar, -en (det)
Henker *Wendg.* **zum H.!** för'n hinger!
Henne **1** at han, -en (det) - **2** *übertr:* **das Ei will klüger sein als die H.** at ai wal kluuker wees üs at han *Sprw*
her **1** *örtl.* wech; **sie kommen von weit h.** jo kem faan widj wech - **2** *zeitl.* sant, turag **das ist schon lange h.** det as al loong sant/turag/heer; **wie lange ist das h.?** hü loong as det weesen? - **3** *übertr:* **hinter jmdm. h. sein** bääft hoker bääftuun wees; **hin und h.** hen an weder, hen an heer
herab **1** deel - **2** *übertr:* **von oben h.** faan boownen deel
herabhängen deelhinge
herablassen deelläät
herabsehen **1** deelluke - **2** *übertr:* **auf jmdn. h.** üüb hoker deelluke
herangehen bigung *u*
herankommen **1** *sich nähern* naier kem *u* - **2** *an etw.* bikem *u*
herannahen naier kem *u*, uun't kemen/uun't fööwweeder wees
heranreichen *an etw.* biling
heranschlendern uundangle
heranschleppen uunslebe

herauf ap; **die Straße h.** a struat ap; **h. und herunter** ap an deel
heraufholen aphaale
heraufkommen apkem *u*
heraufsetzen *Preise* huuchsaat
heraus **1** ütj - **2** *übertr:* **fein h. sein** gud faan uf wees; **rein h.** rian ütj
herausbekommen **1** ütjfu *u*; **ich bekomme den Korken nicht h**. ik fu di dob ei ütj - **2** *übertr:* ütjfu *u*, tu weden fu *u*
herausblicken ütjluke
herausbrechen ütjbreeg *u*
herausbringen **1** ütjbring *u* - **2** *übertr:* **kein Wort h.** ei en wurd ütjbring
herausfahren ütjkeer
herausfallen ütjfaal *u*
herausfinden **1** *aus etw.* ütjfinj *u*; **allein h.** (als Gast aus dem Haus) at geleit mänem *u* - **2** *entdecken* ütjfinj *u*, ütjfu *u*, diarbääftkem *u*
herausgeben **1** *Buch* ütjdu *u* - **2** *Geld* turag-/ütjdu *u*
herausgehen ütjgung *u*
herausgucken ütjluke; **das Hemd guckt aus der Hose** at sjürt luket ütj bi a boks
heraushalten, sich ham ütjmadhual *u*

heraushängen **1** *Wäsche* ütjhinge - **2** *übertr:* **einem zum Hals h.** ään rian ütj a hals hinge

herausholen ütjhaale

herauskehren ütjkiar; **die raue Seite h.** a rücher/a äärger ääg apsaat

herauskommen **1** *aus etw.* ütjkem *u* - **2** *bekannt werden* ütjkem *u*; **das kommt doch heraus** det komt dach ütj - **3** *sich ergeben:* **aufs Gleiche h.** üüb't salew ütjkem

herauskriegen ütjfu *u*

herauslassen ütjläät *u*

herauslaufen **1** *herausfließen* ütjluup *u* - **2** *hinauslaufen* efter/tu bütjen luup *u*

herauslegen ütjlei *u*; **neue Wäsche h.** nei tjüch ütjlei

herausmachen **1** *entfernen* wechmaage - **2** **sich h.** ham kem *u*; **er/sie hat sich ordentlich herausgemacht** hi/hat as ham määchtag/fiks kimen

herausnehmen **1** ütjnem *u* - **2** **sich h.** ham ütjnem *u*

herauspicken ütjpike

herausprusten trochkwark

herausputzen, sich ham apbui, ham apflei

herausquellen ütjkwel; (Fettwülste) ütjgrume, ütjkwaase [z]

herausreden, sich ham ütjsnaake

herausrücken ütjrük

herausschlagen **1** ütjslau *u* - **2** *übertr:* **Geld h.** jil ütjslau *u*

heraussehen ütjluke

herausreißen ütjriiw [u:] *u*, ütjrupe

herausspringen **1** ütjspring *u* - **2** *übertr:* **dabei springt nichts heraus** diar komt niks bi am

heraussteigen ütjstiig *u*

herausstellen **1** ütjsaat - **2** **sich h.** ham ütjstel *od.* föör'n dai kem *u* ('an den Tag')

herausstrecken ütjsteeg *u*; **jmdm. die Zunge h.** efter hoker a tong ütjsteeg

herausstürzen efter/tu bütjen stört

heraussuchen ütjmadsjük *u*

herauswachsen ütjwaaks *u*

herausziehen ütjtji *u*

herb string; **ein h.-er Geschmack** en stringen smaag

herbeieilen uunluupen kem *u*, uunräänen kem *u*

herbeischaffen ranfu *u*, bifu *u*

herbekommen faandaanfu *u*, faanfu *u*

Herberge a/at harbarag, -en (di); **„denn es war kein Raum mehr in der H."** auer diar wiar nian rüm muar uun a harbarag (Weihnachtsgeschichte)

herbringen hentubring *u*

Herbst a harewst; **H. werden** harewste; **diesen H.** ji harewst, harewstloong; **im H.** uun a harewst, auer harewst, harewstdai; **früh im H.** ääder am harewstem, ääder uun a harewst

Herbstanfang a harewstbegan (di)

Herbstblume a/at harewstbluum, -en (det)

herbsten harewste

Herbstferien a harewstfeerien (jo)

herbstlich harewstag

Herd a heert, heerder (di); (der gemauerte H. im Friesenhaus) a eldaag, -er (di)

Herde at skööl, -en (det); **eine H. Kühe** en skööl ki

herein! kom iin!

hereinbitten iinnuadage, iinbad *u*

hereinbringen iinbring *u*, iinhaale

hereingehen iingung *u*

hereinkommen iinkem *u*; **komm herein!** kom iin! *od.* kom naier!; **willst du nicht ein wenig h.?** wel ei en betj iin?

hereinlangen iinling

hereinlassen iinläät

hereinlegen *Wendg.* för nar hual *u*, för nar brük, nare ('zum Narren')

hereinrauschen iinstüüw [u:] *u*

Hergang a heergung (di), a ufluup (di)

hergeben **1** *zurückgeben* heerdu *u* - **2** *für Zweifelhaftes:* **dazu gebe ich meinen Namen nicht her** diar du ik man nööm ei tu - **3** *übertr:* **etw. h.** wat heerdu *u*; **nicht viel h.** ei föl heerdu *od.* ei föl ütjsä *u*

hergehen **1** *hinter jmdm.* bääft hoker gung *u* - **2** *zugehen* **rau h.** rüch heergung *u*

herhaben faandaanhaa; **wo hast du das her?** huar heest det faandaan?

herhalten **1** *hinhalten* henhual *u* - **2** *Schuld bekommen* heerhual *u*

Hering a hiarang, -er (di)

Heringsmöwe at grä kub, -en (det)

Heringssalat at hiarangssaloot (det)

herkommen **1** *von etw.* faandaankem *u* - **2** *zu jmdm.* heerkem *u*; **komm mal her!** kom ans heer!

Herkunft at ufkemst (det), at heerkonft (det)

hermachen **1** *Eindruck machen:* **etw. h.** efter wat ütjsä *u*; **überhaupt nichts h.** nochhuaren wat efter like - **2** *über etw.* **sich h. über** ham stört üüb

Herr **1** *Gebiet*er a her, -en (di) - **2** *Gott:* **der H.** di Her; **H. im Himmel!** Her Jiisus! *od.* uu jidemenaan uk dach! - **3** *übertr:* **einer Sache H. werden** her/maans wurd auer; **sein eigener H. sein** san aanj her wees

Herreise a/at henrais (det)

Herrenfahrrad at maanerswel, -en (det); (veralt.) at karmenswel, -en (det)

Herrenschuh a maanerskuch, -skur (di)

Herrgott a Hergod; **unser H. im Himmel** üüs Hergod uun hemel

herrichten **1** aprede, klaarmaage; **den Tisch h.** a boosel tuflei - **2** **sich h.** ham aprede, ham apfiine

herrisch regentag, komandiarag

herrlich fein, häärelk; **was für ein h.-es Wetter!** wat'n fein weder!

Herrschaft *Macht* at reegiment (det)

herrschen **1** *gebieten* regiare - **2** *übertr:* **hier herrscht Ordnung!** hir skal'am orntelk wees!

herrufen heerrep *u*, tu ään rep *u*

herschieben *Wendg.* **vor sich h.** föör ham loongs sküüw [u:] *u*

herstellen **1** *anfertigen* maage - **2** *hinstellen* henstel

herüber (abhäng. v. Standort d. Sprechers) auer, am; **h. zum Kaufmann** am tu a kuupmaan; **h. zum Nachbarn** auer tu naibers hüs/tu a naiber

herüberbringen auerbring *u*, ambring *u*; *die Zeitung h.* at bleed auerbring *u*

herübergehen auergung *u*, amgung *u*

herübergucken auerluke

herüberholen auerhaale, amhaale; **sonntags holen wir immer Oma zum Mittagessen herüber** am söndaiem/di söndai haale wi oome imer am/auer am ongud

herüberkippen auerkap

herüberkommen **1** *über etw.* auerkem *u* - **2** *besuchen* amkem *u*, auerkem *u*; **du kannst ja heute Nachmittag h.** dü könst eftermade jo man amkem/ auerkem

herüberlaufen auerluup *u*, amluup *u*

herüberschaufeln auerskofle

herübersehen auerluke

herübersetzen auersaat

herüberwerfen auersmitj *u*

H

herum **1** *räuml.* trinjenam, ambi, am; **hier h.** hir am; **um Nebel h.** bi Neebel ambi; **h. um Amrum** (Brauch zu Himmelfahrt) trinjenam Oomram - **2** *zeitl.* am, ambi; **um Ostern h.** ambi puask; **um zwei h.** ambi a klook tau - **3** *übertr:* **immer um jmdn. h. sein** imer am hoker trinjenam wees

herumaasen ambioose [z]

herumdoktern ambidochtre

herumdrehen **1** amdrei - **2** **sich h.** ham amdrei

herumfahren **1** *jmdn.* trinjenamkeer - **2** *ziellos* ambikeer

herumfuchteln ambifiasme [z]

herumführen **1** trinjenamfeer - **2** *übertr:* **an der Nase h.** bi a nöös haa

herumgeben amdu *u*, amling

herumgehen **1** *um etw..* trinjenamgung *u* - **2** *ziellos* ambiluup *u* - **3** *zirkulieren* amgung *u*; **h. lassen** trinjenamsjüür; **die Kuchenteller gingen herum** a kuukentelern ging am - **4** *übertr:* **einem im Kopf h.** ään troch hood gung *u*

herumhantieren ambipötjre

herumirren ambiwilage

herumjammern gren, ambikwise, klaage

herumkommandieren regente

herumkommen **1** *um etw.* amkem *u* - **2** *reisen* ambikem *u*; **er ist viel herumgekommen** hi as föl ambikimen - **3** *übertr:* **nicht darum h.** ei diarfaan ufkem *u,* ei amhenkem *u*

herumkriegen amfu *u*

herumlaufen **1** *um etw.* trinjenamluup *u* - **2** *umherlaufen* ambiluup *u*

herumlungern höntje, ambidangle

herumnörgeln ambikwise

herumreden trinjenamsnaake

herumreichen (bei Tisch) amdu *u*, amling, amgung läät; **die Kuchen h.** a kuuken amdu *u*

herumreisen ambiraise

herumreiten **1** ambiridj *u* - **2** *übertr:* **auf etw. h.** diar bibliiw *u*

herumrücken amrok

herumsausen ambiflä *u*, ambisüüse [z]

herumschleichen ambisnek

herumschleppen ambislebe

herumschnüffeln *spionieren* ambinööse [z], ambistöögle, ambisnek

herumsein **1** *abgelaufen sein* am wees - **2** *übertr:* **es ist schon überall herum** at as al aueraal trinjenam

herumspionieren ambinööse [z], ambisnek, ambistöögle

herumsprechen, sich ham amsnaake

herumspringen **1** ambispring *u* - **2** *übertr:* **h. wie ein junges Fohlen** spring üs en jong fööl

herumstehen ambistun *u*

herumstreifen ambistrik, ambiswalke

herumtoben ambiferrükte, ambidesage [z]

herumtollen ambijachte

herumtreiben, sich ham ambidriiw [u:] *u*, strik (strakt; strääg; stregen), ambidwaale

Herumtreiber a striker, -n (di), a daidriiwer, -n (di)

herumtrödeln ambidangle, ambidingle an dangle

herumwälzen, sich ambidrei *od.* ham faan ään sidj tu't ööder drei

herumwimmeln ambimuuse [z]

herumwirtschaften ambiwret, ambisluuwe, ambiweute

herunter deel; **herauf und h.** ap an deel

herunterbekommen 1 deelfu *u* - **2** *übertr:* **nichts h. können** niks deelfu kön

herunterbringen 1 deelbring *u* - **2** *übertr:* **ich kann es nicht h.** ik koon't ei ap an deelfu

herunterfallen deelfaal *u*

heruntergehen deelgung *u*

herunterhandeln deelhanle

herunterhängen deelhinge

herunterhauen *Verb.* **jmdm. eine h.** hoker ään ling

herunterholen deelhaale

herunterkommen 1 *örtl.* deelkem *u*, ufkem *u* - **2** *verarmen:* **sie sind völlig heruntergekommen** jo san bi a riap deelkimen ('Seil') - **3** *sittl. verwahrlosen:* **völlig heruntergekommen sein** tutaal uun a ferfaal wees

heruntermachen deelmaage, ufroose [z], ütjroose

herunternehmen deelnem *u*

herunterpoltern deelromle; (Obst) deeltaple

herunterreißen deelriiw [u:] *u*

herunterrutschen deelglidj *u,* deelglost

herunterschalten deelsjalte

herunterschauen deelluke

herunterschießen deelsjit *u*

herunterschlingen deelsling, iinpromse, iinhiawle

herunterschlucken deelsling

heruntersein tukaant wees, uf wees

herunterstürzen deelstört, deelfaal *u*

herunterwehen ufwei

herunterwerfen deelsmitj *u*

herunterwirtschaften tunantmaage, deelwiartskape

hervorgucken ütjbiluke, föörluke, föörkek

hervorholen ütjkroome, ütjstöögle

hervorkramen ütjkroome

hervorragend *ausgezeichnet* määsterlik, bütjen aler miaten gud, auermiatag; **ein h.-es Essen** en auermiatag gud iidjen

Herz 1 at hart, -en (det); **das H. klopft** at hart klupet/böget; **es mit dem H.-en haben** at bi't hart haa - **2** *Kartenfarbe:* **H. ist Trumpf** harten as truf - **3** *übertr:* **das H. auf dem rechten Fleck haben** at hart üüb a rocht steed haa; **ein H. und eine Seele sein** ian pot an ian poon wees ('Topf' - 'Pfanne'); **ein gutes H. haben** faan harten gud wees; **einem am H.-en liegen** ään boowenuun lei *u*; **ans H. legen** uun't hart lei *u*; **es nicht übers H. bringen können** at ei teme kön; **von H.-en alles Gute!** faan harten ales guuds!; **zu H.-en nehmen** tu harten nem *u*; **weites H., klarer Horizont!** rüm hart, klaar kimang! (fries. Wahlspruch)

Herzanfall at hartsküür, -en (det)

Herzas at harten as

Herzbeschwerden *Verb.* **H. haben** at mä't hart haa

Herzblatt at hartbleed (det)
Herzbube a harten büür
Herzdame at harten wüf/doom, at harten Leenoo
herzensgut faan harten gud
Herzgrube at hartkölk/-küül (det)
herziehen *übertr:* **über jmdn. h.** auer hoker heertji *u*
Herzinfarkt a hartslach, -er (di)
Herzklopfen at hartklupin/-bögin (det)
Herzkönig a harten könang
herzkrank *Verb.* **h. sein** at mä't hart haa
herzlich hartelk; **mit h.-en Grüßen** mä en hartelk gröötnis; **ich soll auch h. grüßen!** ik skal uk fein grööte!; **h.-es Beileid!** Kondeliare!; **h.-en Glückwunsch!** gratliare uk!
Herzmuschel at kaamk, -en (det); **H.-n fischen** kaamke

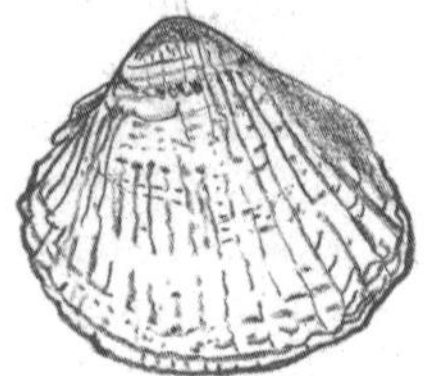

Herzmuschel at kaamk

Herzschlag **1** a hartslach, -er (di) **- 2** *Infarkt:* **er hat beim Füttern einen H. bekommen** hi hää bi't fudrin en slach füngen
Herzweh at hartsiar (det)
hetzen **1** *Wild* jaage - **2** *sticheln* hetse - **3 sich h.** ham ufjaage
Heu **1** at fooder (det); **ein Fuder H.** en lääs fooder - **2** *übertr:* **Geld wie H. haben** jil üs skitj haa ('Dreck')

Heuballen a fooderbalen, - (di)
heucheln hüchle
Heuchler a hüchler, -n (di); (veralt.) a filister, -n (di)
heuchlerisch smichlag, luurag
heuen swele
Heuer *Seemannslohn* at hüür (det)
Heuernte at meederlees (det) [z]; **bei der H. sein** uun't fooder wees
Heugabel at fooderfurk, -en (det)
Heulboje at hüülbui, -en (det)
heulen **1** *Wind* hüüle - **2** *weinen* hüüle, skrial, brole
Heuler (junger Seehund) a hüüler, -n (di)

Heuler a hüüler

Heulsuse at blaartuut (det)
Heupresse at fooderpres, -en (det)
Heuschrecke at skirskoot, -skööd (det)
heute **1** daalang; **h. abend** ilang; **h. Mittag** tumade, at made; **h. Morgen** maarlang, jimaaren; **h. Nachmittag** eftermade; **h. Nacht** auer naacht, jinaacht, naachtlang; **h. Vormittag** iarmade, föörmade; **von h. an** faan daalang uf uun - **2** *übertr:* **lieber h. als morgen** leewer daalang üs maaren; **h. rot, morgen tot** daalang beest üs moolk an blud, maaren gongst al faan din gud ('Milch' – 'Blut') *Sprw*

heutig **1** *von heute:* **der h.-e Tag** daalang di dai - **2** *gegenwärtig:* **die h.-e Jugend** at jonglidj faan daalang
heutzutage nü tu dais, nütidjs, daalang a dai, uun das tidj, taken tidj
Heuwender at wenmaskiin, -en (det)
Hexe at heks, -en (det), at trool, -en (det)
hexen **1** hekse, troole - **2** *übertr:* **ich kann auch nicht h.** ik koon uk ei hekse
Hexenschuss a gluai (di)
Hexerei at hekserei (det), at troolerei (det)
Hieb a slach, -er (di), a hau, -er (di)
hier **1** *örtl.* hir; **h. oben/unten** hir boowen/oner; **von h. bis dort** faan hir tu diar - **2** *zeitl.:* **h. und da** hir an diar; **von h. an** faan hir uf uun - **3** *übertr:* **das steht mir bis h.** det stäänt mi bit/ap tu hir
hierauf hirüüb
hieraus hirütj
hierbei hirbi
hierbleiben hirbliiw [u:] *u*
hierdurch hirtroch
hierein hiriin
hierfür hirför
hierher hirhen
hierherum hiram
hierhin hirhen
hierlassen hirläät, diarläät
hierüber hirauer
hieven aphaale, laft, hiiw [u:]; **den Anker h.** a anker laft
Hilfe **1** *Unterstützung* at halep (det); **H.!** halep mi!; **mit Gottes H.** mä Gods halep - **2** *Arbeitskraft:* **eine große H. sein** en grat halep wees
Hilferuf a nuadrooft, -er (di)
hilflos halepluas, weerluas
Himbeere at himbei, -en (det)
Himbeermarmelade at himbeimameloode (det)
Himbeersaft at himbeisaft/-sap (det)
Himbeerstrauch a himbeibosk, -er (di)
Himmel **1** *Firmament* a loft, a hemel - **2** *Sitz d. Seligen* a hemel; **in den H. kommen** ap uun a hemel kem *u*; **unser Herrgott im H**. üüs Hergod uun (a) hemel - **3** *übertr:* **den H. auf Erden haben** a hemel üüb a welt/üüb a eerd haa
Himmelfahrtstag a hemelfaardsdai
himmelhoch hemelhuuch
Himmelreich at hemelrik
Himmelsrichtung at hemelsrachtang, -en (det)
Himmelswillen *übertr:* **um H.!** am hemelswalen!
hin **1** *örtl.* hen; **h. und zurück** hen an turag - **2** *zeitl.:* **h. und wieder** uf an tu, hen an weder - **3** *übertr:* **h. und weg sein** hen an wech wees; **h. und her** hen an heer, hen an weder; **das H. und Her** at hen an heer, at hen an weder
hinab deel, deeluun
hinabfallen deelfaal *u*
hinabstürzen deelstört
hinauf ap; **h. auf** ap üüb
hinaufbringen apbring *u,* huuchbring *u,* apüübbring *u*
hinauffahren apkeer; (auf etw.) apüübkeer
hinaufgehen apgung *u,* huuchgung *u*; (auf etw.) apüübgung *u*
hinaufklettern apkliiwre, huuchkliiwre, apklemre; (auf etw.) apüübkliiwre, apüübklemre

hinauflegen aplei *u*; (auf etw.) apüüblei *u*
hinaufreichen apdu *u*, apling
hinaufschleppen apslebe, huuchslebe; (auf etw.) apüübslebe
hinaufsehen apluke, huuchluke
hinaufsteigen apgung *u*, apstiig *u*; (auf etw.) apüübgung *u*, apüübstiig *u*
hinauftragen apdreeg *u*, huuchdreeg *u*; (auf etw.) apüübdreeg *u*

hinaufwerfen apsmitj *u*, huuchsmitj *u*; (auf etw.) apüübsmitj *u*
hinaufziehen aptji *u*, huuchtji *u*
hinaus **1** ütj; **weit h.** widj ütj; **h. mit dir!** ütj mä di! - **2** *übertr:* **über das Alter h. sein** auer det ääler henwech wees
hinausbefördern ütjfichle, ütjsmitj *u*
hinausgehen **1** *etw. verlassen* ütjgung *u*, ütjbütjen/tu bütjen gung *u* - **2** *in Richtung auf* efter/tu bütjen gung *u*
hinausjagen ütjjaage
hinauslassen ütjläät, ütjbütjen/tu bütjen läät
hinauslaufen **1** ütjluup *u*, efter/tu bütjen luup *u* - **2** *übertr:* **das läuft auf eins hinaus** det komt üüb't salew ütj
hinauslehnen, sich ham ütjlöne, ham efter/tu bütjen löne
hinausreichen ütjling
hinausschicken ütjsjüür
hinaustreiben ütjdriiw [u:] *u*; (Vieh) ütjjaage
hinauswaten ütjwaad *u*
hinauswerfen ütjsmitj *u*
hinbekommen turochtfu *u*
hinbringen henbring *u*
hinderlich hanerlik; **h. sein** uun a wai wees
hindern hanre
Hindernis at hanris (det)
hindeuten hendüüde; **darauf h.** diarüüb hendüüde
hindrehen **1** hendrei - **2** *übertr:* **das hat er gut hingedreht** det hää'r gud hendreid füngen
hindurch troch
hindurcharbeiten, sich ham trochwerke
hindurchgehen trochluup *u*, trochgung *u*
hindurchsehen trochluke
hinein iin, iinuun
hineinbekommen iinfu *u*, iinuunfu *u*
hineinbitten iinbad *u*, iinböödage
hineinfahren iinkeer, iinuunkeer
hineinfallen iinfaal *u*, iinuunfaal *u*
hineinfinden, sich ham iinuunfinj *u*
hineingehen iingung *u*, iinuungung *u*
hineingeraten iinraage, madraage, iinmadraage
hineinhalten iinuunhual *u*
hineinkommen iinkem *u*, iinuunkem *u*
hineinkriechen iinkrep *u*, iinuunkrep *u*
hineinlegen iinlei *u*, iinuunlei *u*
hineinscheuchen iinjaage, iinuunjaage
hineinschlingen iinfrotse, iinuunfrotse
hineinschlüpfen iinglüp *u*, iinuunglüp *u*
hineinsehen iinluke, iinuunluke
hineinstechen iinsteeg *u*, iinuunsteeg *u*
hineinstecken iinsteeg *u*, iinuunsteeg *u*
hineinstopfen iinproope, iinuunproope, iinstoope, iinuunstoope; (Essen) iinpromse
hineinstürzen iinstört, iinuunstört
hineintreiben iindriiw [u:] *u*, iinuundriiw [u:] *u*
hineintun iindu *u*, iinuundu *u*

hineinversetzen, sich ham iinuunfersaat

hinfahren henkeer

Hinfahrt a/at henrais (det), a henwai (di)

hinfallen onerfaal *u*; **der Länge nach h.** likütj faal *u*

hinfällig *altersschwach* flau, stömpkag

hinfliegen 1 henflä *u* - **2** *übertr:* **er ist mit dem Fahrrad hingeflogen** hi as henflaanj mä't wel

hinführen henfeer

hingehen hengung *u*

hingehören henhiar

hinhalten henhual *u*

hinhängen aphinge, henhinge

hinhauen 1 henling - **2** *übertr:* henhau *u*; **das haut nicht hin** det woort niks

hinhören efterharke, tuharke

Hinkefuß a hompelbian (di)

hinken haalte, hinke

Hinkepinke (Kinderspiel) at hinkepinke (det), at hinkepot (det); **wollen wir H. spielen?** skel'f hinkepinke?

hinknallen onerskrap, henskrap, henknale

hinknien, sich uun knöbian gung *u*

hinkommen 1 *Ort* henkem *u* - **2** *bestimmte Stelle:* **wo kommen die Teller hin?** huar skel a telern hen? - **3** *unpers.:* **das könnte wohl h.** det küd wel so henkem **- 3** *übertr:* **damit h.** diarmä du kön

hinkriegen turochtfu *u*

hinlänglich nooch

hinlaufen henluup *u*

hinlegen 1 deellei *u*, henlei *u* - **2 sich h.** ham henlei *u*/likütj lei *u*

hinnehmen hennem *u*; **das muss man so h.** det skal'am so hennem *od.* det skal man so, üs wat at as

hinpassen henpaase

Hinreise a/at henrais (det), a henwai (di)

hinrichten henracht

hinschlagen 1 *schlagen* henhau *u* - **2** *stürzen* henskrap, likütj faal *u*

hinsehen henluke

hinsein 1 hen wees, tunant wees; **das Kleid ist h.** det kleet as tunant - **2** *übertr:* **der ist hin** di as hen

hinsetzen 1 *etw.* hensaat - **2 sich h.** ham hensat *u*; **setzt euch hin!** (zu Tisch) sat'm man am!

Hinsicht *Verb.* **in dieser H.** sodenang

hinsiechen henteere

hinstellen 1 hensaat, deelsaat - **2 sich h.** ham henstel - **3** *übertr:* henstel

hinstieren *Verb.* **vor sich h.** föör ham henstiare/henglöre

hinten 1 bääft, bääften; **nach h.** efter/tu bääften; **von h.** faan bääften - **2** *übertr:* **nicht wissen, wo vorne und h. ist** ei wed, huar föör an bääft as *u*

hintendrauf bääftap

hintenherum 1 bääftam, ambääft - **2** *übertr:* **etw. h. erfahren** wat bääftam tu weden fu *u*

[1]**hinter** *Adj* bääft; **das h.-e Haus** det bääfter/bääftermuar hüs; **in der h.-sten Reihe** uun a bääfst/leetst rä

[2]**hinter** *Präp* **1** bääft, ambääft; **h.-m Haus** bääft hüüs [z], ambääft at hüs - **2** *übertr:* **es h. sich haben** at hed haa *od.* at bääft ham haa

Hinterbacke a eersbaal, -er (di)

Hinterbein at bääftbian, - (det)

hinterdrein bääftuun, bääftefter

H

hintereinander bääftenööder
hintergehen bedreeg *u*
Hintergrund a bääftgrünj (di)
hinterhältig luurag
Hinterhand **1** (Skat) at bääfthun; **in H. sitzen** uun bääfthun/bääft sat *u* - **2** *übertr:* **etw. in der H. haben** wat uun achterbaks haa
hinterher **1** *örtl.* bääftuun, bääftefter - **2** *zeitl.* eftert; **h. liegst du auf der Nase** eftert leist üüb a nöös
hinterhergehen bääftuungung *u*
hinterherkommen bääftefterkem *u*, bääftuunkem *u*
hinterherlaufen bääftefterluup *u*, bääftuunluup *u*
hinterherräumen bääftuunrede
hinterherrufen bääftefterrep *u*, efter-rep *u*
hinterhersein bääftsat *u*, bääftuun wees
Hinterkopf at bääfthood, -hööd (det)
hinterlassen **1** *zurücklassen* turagläät - **2** *vererben* ferarwe, efterläät
Hinterlist a/at faalskhaid (det), a/at luuraghaid (det)
hinterlistig faalsk, luurag
Hintern **1** a eers, -er (di), a bääftaanj, -er (di); **einen breiten H. haben** en guden bääftaanj haa; **mit dem H. wackeln** mä a eers drei - **2** *übertr:* **in den H. gekniffen** ap uun a eers knee-ben; **kein Hemd über dem H. haben** nian sjürt auer't lif haa
Hinterrad at bääftwel, -en (det)
hinterrücks faan bääften
Hinterseite a/at bääftsidj, -en (det)
Hinterteil a bääftaanj, -er (di)
Hintertür a/at guarddör, -en (det), a/at bääft(er)dör, -en (det)

hintragen hendreeg *u*
hintreten hentreed *u*
hinüber **1** (abhängig vom Standort des Sprechers) auer, am; **h. zum Nachbarn** auer tu naibers hüs/tu a naiber; **h. zum Kaufmann** am tu a kuupmaan - **2** *übertr:* tunant; **die Hose ist h.** det boks as tunant
hinüberbringen auerbring *u,* ambring *u*; **das Paket h.** at pakeet auerbring
hinüberfahren auerkeer
hinübergehen auergung *u*
hinüberlaufen auerluup *u*
hinüberschreiten auerstraal
hinüberschwimmen auerswääm
hinüberwerfen auersmitj *u*
hinunter deel, efter/tu onern
hinunterbekommen deelfu *u*
hinuntergehen deelgung *u*
hinuntergleiten deelglidj *u*
hinunterlaufen deelluup *u*
hinunterschlucken deelslank *u*
hinunterwerfen deelsmitj *u*
Hinweg a henwai (di); **auf dem H.** üüb a henwai
hinwegsehen **1** henwechluke - **2** *übertr:* **darüber h.** diarauer hensä *u*
hinweisen henwise [z]
hinwerfen **1** hensmitj *u* - **2** **sich h.** ham deelsmitj *u* - **3** *übertr:* **alles h.** a klotsen smitj *u*
hinziehen **1** hentji *u* - **2** **sich h.** ham hentji
hinzu hentu, üübtu
hinzufügen tudu *u*, bidu *u*
hinzukommen **1** hentukem *u* - **2** *übertr:* diartukem *u*
hinzurechnen üübtureegne, diartu-reegne
hinzusetzen aptusaat, apbisaat

Hirn at hoodmörag (det); (Gericht) at mörags (det)
Hirsch a hirsk, -er (di)
Hirte a hörd, -er (di)
Hirtentäschel (Pflanze) at snoot (det)
hissen hise
Hitze a hatj (di)
Hitzewallung at hiat sküür, -en (det)
hitzig hitsag, hatjag
Hobel a heewel, -wler (di)
Hobelbank a heewelbeenk, -er (di)
hobeln heewle
Hobelspäne a spuuner (jo)
hoch **1** huuch (*Komp* huuger, huuchst); **ein hoher Baum** en huugen buum - **2** *übertr:* **eine hohe Summe** en grat som; **h. im Norden** widj ap am a nuurd/uun't nuurd; **h. und heilig versprechen** huuch an halag ferspreeg *u*; **höchste Zeit** huuchster tidj; **auf dem hohen Ross sitzen** huuch tu hingst sat *u*
Hoch **1** *meteorol.* at huuch (det) - **2** *Hochruf* at huuch (det); **auf jmdn. ein H. ausbringen** hoker huuchlewe läät; **ein dreifaches H.** en triise huuch
hochangesehen huuchuunsen
hochbeinig huuchbianet
hochbinden apbinj *u*
hochbringen apbring *u*, huuchbring *u*
hochdeutsch huuchsjiisk; **h. sprechen** sjiiske; **ein H.-er** (H. Sprechender) en huuchsjiisken
Hochdeutsch at huuchsjiisk
hochgehen **1** *hinaufgehen* huuchgung *u*, apgung *u* - **2** *explodieren* luasgung *u* - **3** *wütend werden* trochdrei
hochgelehrt huuchstudiaret
hochhackig huuchhaielt; **h.-e Schuhe** huchhaielt skur
hochhalten **1** huuchhual *u*, aphual *u* - **2** *übertr:* **alte Bräuche h.** ual weden huuchhual
Hochhaus at huuchhüs, -sang [z] (det)
hochheben aplaft, apheew [u:] *u*, huuchlaft
hochhelfen aphalep *u*
hochkant **1** huuchkaantag, huuchkaantet - **2** *übertr:* **h. zur Tür hinausfliegen** sjauerkaantag a dör ütjflä *u*
hochklettern huuchklemre, apklemere
hochkommen **1** huuchkem *u*, apkem *u*; (vom Bett) amhuuchkem *u*, ufkem *u* - **2** *übertr:* **da kam es mir hoch** diar speid ik lik apjin
hochkrempeln apsliawre
hochleben *Wendg.* **jmdn. h. lassen** hoker huuchlewe läät
Hochmut a huuchmud, a/at gratmaanaghaid
hochmütig gratmaanag
hochnäsig huuchnööset [z], huuchnöösag [z]
hochnehmen **1** apnem *u* - **2** *übertr:* **jmdn. h**. hoker för nar hual *u*
hochrot huuchruad, suartruad
hochschrecken amhuuchskrek
Hochschule at huuchskuul, -en (det)
hochschwanger fiir hen, bal at aanj
hochsehen apluke
höchstens huuchstens, üüb't huuchst
höchstwahrscheinlich huuchstwoorskiinelk, was, saacht
hochtreiben (Preis) apbad *u*
hochverschuldet huuchferskilagt; **h. sein** ap tu a nöös uun skilen sat
Hochwasser at huuchweeder (det)
hochwerfen huuchsmitj *u*
Hochzeit at bradlep, -en (det); **H. haben** bradlepe, bradlep haa; **Hölzerne**

H. holten bradlep; **Silberne H.** salwern bradlep; **Goldene H.** gulen bradlep

Hochzeitsgäste a bradlepslidj (jo)

Hochzeitstag a bradlepsdai, -daar (di)

hochziehen aptji *u*

[1]**Hocke** *Wendg.* **in der H. sitzen** uun hürkem sat *u*

[2]**Hocke** (hochgest. Garben) a hook, -er (di)

hocken hoke, hüke

Hocker a skaamelk, -er (di)

höckerig roblag, knoltrag

Hoden a stian, - (di), a klüüt, -en (di)

Hodensack a pöös (di) [z], a sääk (di)

Hof 1 *Bauernh.* at büürsteed, -en (det) - **2** *Lichtring* at hoof (det); **ein H. um den Mond** en hoof am a muun - **3** *übertr:* **Haus und H.** hüs an hoof; **von Haus und H. kommen** faan hüs an aal kem *u*

hoffen hööbe

hoffentlich *Verb.* **h. wird er wieder gesund** 'am wal't hööbe, dat'r weder sünj woort

Hoffnung a hööb (di); **voller H.** foler hööb; **keine H. mehr haben** gans auerhööb wees

hoffnungslos *Verb.* **h. sein** nian hööb muar wees

Hofgrundstück a/at stuuwen, -wnen (det)

höflich höfelk

Höflichkeit a/at höfelkhaid (det)

Höhe 1 a hööchte (di) - **2** *übertr:* **in die H. fahren** amhuuchjaage; **die H. sein** a hööe wees *od.* dach wel tu dol wees

hohl 1 *ausgehölt* hool - **2** *Klang* onerhoolsk

Höhle at hööle, -lin (det)

Hohlebbe (Zeit d. niedrigsten Ebbe) a hooläääb (di)

Hohleis at bongis (det)

Hohn a huan (di), a spiit (di); **H. und Spott** huan an spuan

höhnen huane, spiite

höhnisch huansk, spiitag

hohnlachen püchlaache

holen 1 haale; **den Arzt h.** a dochter haale - **2** *übertr:* **sich eine Erkältung h.** ham en ferkeelang apsake; **Luft h.** loft haale

Holland 1 Holun - **2** *übertr:* **jetzt ist H. in Not!** nü as Holun uun nuad!

Holländer a holuner, -s (di)

holländisch holuns

Holländisch at holuns

Hölle 1 a hääl - **2** *übertr:* **die H. heißmachen** a hääl hiatmaage

höllisch helisk, greselk

holperig knobrag, knoltrag

holpern romle

Holunder at fliider (det), a fliiderbuum, -er (di), a halüügenbuum, -er (di)

Holunderbeere at fliiderbei, -en (det)

Holunderbeersuppe at fliiderbeisop (det)

Holunderblüten a halüügen (jo)

Holz at holt (det); **H. hacken** holt klüüwe

Holzapfel a holtaapel, -aapler (di)

Holzbein at holten bian (det)

Holzbock (Insekt) a weederwirem (di)

hölzern 1 holten - **2** *schwerfällig:* **ein h.-er Kerl** en holten kiarel - **3** *übertr:* **H.-e Hochzeit** holten bradlep

Holzfußboden a holten beerd, -er (di)

Holzhammer at nöd, -en (det), a holthöömerk, -er (di)

holzig holtag

Holzschuh a holtskuch, -skur (di)
Holzschwamm at troolböder (det), at swaamp (det)
Holzspäne a spöönken (jo)
Holzsplitter a splinj, -er (di)
Holzwurm a holtwirem, -rmer (di)
Honig **1** at hönang (det); **flüssiger H.** luupen hönang - **2** *übertr:* **jmdm. H. ums Maul schmieren** hoker hönang am a snütj smere
Honiggras a ruad tooster (jo)
Honigwabe at hönangkuuk, -en (det)
Hooge (Hallig) a Huug
Hopfen at hoop (det); **H. und Malz** hoop an maalt
hoppeln hople
hopsen hope
horchen harke
hören **1** *etw.* hiar; **noch gut h. können** noch gud hiar kön - **2** *erfahren:* **davon h.** diarfaan hiar - **3** *gehorchen* harke; **der Hund will nicht h.** di hünj wal ei harke - **4** *Rat annehmen:* **auf jmdn. h.** harke efter hoker - **5** *übertr:* **von sich h. lassen** faan ham hiar läät
Hörensagen *Wendg.* **vom H.** faan hiaren an saien
Horizont a kimang (di); **weites Herz, klarer H.!** rüm hart, klaar kimang! (fries. Wahlspruch)
Horn **1** *Tiere* a hurn, -er (di) - **2** *Material* at hurn (det) - **3** *Instrument* at tuuthurn, -er (det) - **4** *übertr:* **ins selbe H. blasen** iin uun det salew hurn tuute/bloose; **sich die Hörner abstoßen** ham a hurner ufnütj *u*
Hörnchen (Kuchen) at hörnk, -en (det)
Hornhaut a/at hurnhidj (det)
Hornhecht a hurnfask, -er (di)
Hornklee at henk an höön (det)

Hornhecht a hurnfask

Hornlöffel at hurnen skai, -er (det)
Hörnum (Sylt) Hörnam; **der H.-er Leuchtturm** a ialtürn faan Hörnam
Hose **1** a/at boks, -en (det) - **2** *übertr:* **einem das Herz in die H. rutschen** ään at hart iin uun a boks faal *u*/sake; **die H.-n anhaben** a boksen uunhaa
Hosenbein at boksbian, - (det)
Hosenbund at bokslinlis (det)
Hosenschlitz a booder, -n (di)
Hosentasche a/at skrääp, -en (det)
Hosenträger a drachtbian, -er (di)
hü! hop!
hübsch **1** smok, net, uunsenelk, raar; **ein h.-es Mädchen** en smok foomen - **2** *übertr:* **eine h.-e Summe** en net som
Hucke *Wendg.* **jmdm. die H. volllügen** hoker at skan/at lif folleeg *u*
huckepack üüb a nääk
Huf a hingstfut, -fet (di)
Hufeisen a hingstskuch, -skur (di), at skuilis, -en (det)
Huflattich a föölfut (di)
Hüfte a knuurd, -er (di)
Hügel a berag, -rger (di), a knob, -er (di), at huugens, -en (det)
Huhn **1** at han, -en (det); (Kinderspr.) at tiipe, -pin (det) - **2** *übertr:* **mit den Hühnern zu Bett gehen** mä a hanen tu baad gung *u*; **ein blindes H. findet auch mal ein Korn** en blinj han fanjt uk ans en kurn *Sprw*

Hühnchen **1** at henk, -en (det) - **2** *übertr:* **mit jmdm. noch ein H. zu rupfen haben** noch en höön mä hoker tu plookin haa ('Hahn')

Hühnerauge at hanuug, -en (det); (veralt.) a likshurn, -er (di)

Hühnerbrühe at hansop (det), at hanfersoos (det)

Hühnerei at hanai, -er (det)

Hühnerfutter at hanfuder (det)

Hühnerhabicht a hanjüger, -n (di)

Hühnerstall at hanhok, -en (det), a hanstaal, -er (di)

Hühnerstange at hanrak, -en (det)

Hühnersuppe at hansop (det), at hanfersoos (det)

hui *Wendg.* **oben h., unten pfui!** faan bütjen begleden, faan banen beskeden! ('herausgeputzt' - 'beschissen')

hüllen hal

Hülse *Schote* at bong, -en (det)

Hummel a imkönang, -nger (di), a homel, -mler (di)

Hummel a imkönang

Hummer a homer, -n (di)

humpeln homple, haalte

Hund **1** a hünj, -er (di); (Kinderspr.) a wuufe, -fin (di); **ein bissiger H.** en ewlagen hünj; **die H.-e kläffen** a hünjer blakse - **2** *übertr:* **leben wie H. und Katze** lewe üs hünj an kaat; **bekannt wie ein bunter H.** bekäänd üs en bruketen hünj; **da liegt der H. begraben!** diar leit a hünj begreewen!; **den letzten beißen die H.-e** di leetst bat a hünj *Sprw*

Hündchen at höntje, -jin (det), at huntje, -jin (det)

Hundehütte at hünjhüs, -sang [z] (det)

Hundeleder *Verb.* **zäh wie H.** tuch üs tewleeder [u:] ('Hündin')

hundemüde träät üs en maask ('Made')

Hundenapf at hünjbak, -en (det)

hundert **1** *Zahladj* hunert - **2** *sehr viel* **h.-e von Leuten** hunerten faan lidj - **3** *übertr:* **vom H.-sten ins Tausendste kommen** faan hunertst uun't düüsenst kem *u od.* faan't elwenst tu't dörtagst kem *u* ('Elften' - 'Dreißigsten')

hundertmal hunertsis/-se

Hündin at tew, -en (det) [u:]; **die H. ist läufig** at tew as jachtag

Hundstage (vom 24.7. bis 23.8) a höntjendaar

Hünengrab at greewhuug, -er (det) [u:]

Hunger a honger; **H.-s sterben** honger sterew *u*

Hungerjahr at hongerjuar, -en (det)

hungern hongre

Hungertuch *Wendg.* **am H. nagen** am a fangern süg *u* ('Fingern saugen')

hungrig **1** hongrag - **2** *übertr:* **h. wie ein Wolf** hongrag üs en wulew

hupen tuute

hüpfen hope, höpke; (auf einem Fuß) hinke

huschen glüp (glopt; gloob; glööben), gluai

hurra! huroo!

husten **1** hooste; (ständig) kokse - **2** *übertr:* **dem werd' ich was h.!** ham wal'k wat ööders!

Husten a hoost (di); (tiefsitzend) a bromhoost (di); (trocken) a kokshoost (di)

Hustenbonbon at hoostkakinje, -jin (det), at brastsoker (det)

Hustentropfen a drööber jin a hoost (jo)

Husum Hüsam [z]

[1]**Hut** *Kofbedeckung* a hud, -er (di); **den H. abnehmen** a hud laft

[2]**Hut** *Wendg.* **auf der H. sein** üüb 'n huuden wees, üübpaase

hüten **1** hördre - **2** **sich h.** ham föörsä *u*, ham waare, ham weere - **3** *übertr:* **die Kinder h.** a jongen hördre *od.* üüb a jongen paase; **das Haus h.** üüb't hüs paase *od.* hüskaat wees ('Hauskatze')

Hutkrempe a skääg, -er (di)

Hütte at höske, -kin (det)

i, I

ich ik, 'k (Kurzf.); **i. und du** ik an dü

Idee **1** *Einfall* a soocht, -er (di), at idee, -n (det); **eine gute I.** en guden soocht - **2** *Kleinigkeit* at bitjebetj (det); **eine I. mehr Zucker** en bitjebetj muar soker

Idiot (Schimpfw.) **dieser I.!** hi as ei gans sacht! ('dicht')

idiotisch *Verb.* **das ist doch i.!** det koon dach ei uungung!

Igel a iigel, -gler (di), at pinswin, - (det)

Igelkolben a skääg, -er (di)

ignorieren ham ei am kiar

ihm ham, 'n (Kurzf.); **i. ist nicht zu helfen** hi/ham as ei tu halpen

ihn ham, 'n (Kurzf.)

ihnen jo, 's/'es (Kurzf.)

Ihnen jam; (veralt.) i; **kann ich I. helfen?** koon ik jam/di halep?

Igelkolben a skääg

[1]**ihr** *Personalpron* **1** *2. Pers. Pl* jam, 'em (Kurzf.); **kommt ihr auch?** kem jam/'em uk? - **2** *3. Pers. Sg f* ham/hör; **was schenkst du i.?** wat skeenkst dü ham/hör?

[2]**ihr** *Possessivpron.* **1** *3. Pers. Sg f* san *m*, sin *f/n*, hör *f Pl* sin, hör; **das sind i. Vater und i.-e Mutter** det san san/hör aatj an sin/hör mam - **2** *3. Pers. Pl* hör; hörens (mehrere Besitzer);

sie haben i.-e Karten vergessen jo haa hörens koorden ferjiden
ihretwegen 1 *3. Pers. Sg f* am ham - **2** *3. Pers. Pl* am jo
Illustration at bil, -en (det)
Iltis at elk, -en (det), a huarem, -rmer (di)
im uun a, uun't, uun; **i. Januar** uun a janewoore; **i. Haus** uun't hüs, uun hüüs; **i. Stall** uun busem
imitieren eftermaage, efteraabe
[1]**immer** *Adv* **1** *stets, ständig* imer, altidjs, leewen, aleewen; **noch i.** noch aleewen/imer; **i. freundlich und nett** leewen frinjelk an bliis - **2** *jedesmal:* **i. wieder** leewen/imer weder - **3** (vor *Komp*): **i. weiter** imer widjer - **4** *übertr:* **für i.** för imer
[2]**immer** *Modalpart* man; **lass sie nur i. reden!** läät jo man snaake!
Immergrün at imergreen (det)
immerhin imerhen, tutmansten
immerzu uun ianen wech
impfen imfe; (veralt.) pooksaat
importieren iinfeer
imstande *Verb.* **i. sein** kön (koon, könst, koon; küd; küden), soföl maans wees; **er ist nicht i., einen Nagel in die Wand zu schlagen** hi as ei soföl maans, en spiker iin uun a woch tu slauen
in 1 *örtl.* uun; **i. der Fremde** uun a frääm; **i. der Küche** uun köögem; **ins Wohnzimmer gehen** iin uun dörnsk gung *u* - **2** *zeitl.* uun, am; **i. den Ferien** uun a feeriien; **i. einer Woche** am en weg - **4** *modal* uun; **i. Not** uun nuad
indessen uundasen
Inder a injer, -n (di)
Indianer a indiooner, -n/-s (di)
Indien Inje
ineinander uunenööder; **i. übergehen** uunenööder auergung *u*
infizieren, sich ham uunsteeg *u*
Infarkt a hartslach, -er (di)
Inflation at inflatsjuun (det)
infolge auer, troch; **i. seiner Krankheit** auer/troch sin kraankes
infolgedessen auer't salew [u:], sodenang
informieren 1 beskias sai *u*, wed läät; **informiert sein** beskias wed *u* - **2** **sich i.** ham amhiar, ham amharke
Ingenieur a insjenöör, -en (di)
Ingwer (Gewürz) at ingefeer (det)
Inhalt (eines Werkes) huaram at gongt
Inhaltsverzeichnis wat diar uun as/diar uun stäänt
Inland at inlun (det)
inmitten maden faan
innen 1 banen - **2** *übertr:* **von i. und außen** faan bütjen an banen
Innenseite a/at banersidj, -en (det), a banerääg, -er (di)
Innentasche a/at banenskrääp, -en (det)
Innentür a/at banerdör, -en (det)
innere baner
Innereien (Eingeweide v. Tieren) at luasang (det) [z]
innerhalb ban, banen; **i. einer Woche** banen aagedaar; **i. des Dorfes** ban saarep
innerlich faan banen
ins uun't, iin uun't; **i. Friesische übersetzen** iin uun't öömrang auersaat
insbesondere fööraal
Inschrift wat diarüüb stäänt

Insekt at insekt, -en (det)
Insel at eilun, -en (det), a/at insel, -sler (det); **die I. Amrum** at eilun Oomram
Inselfriesen a eilunsfresken (jo)
Inselfriesisch at eilunsfresk (det)
inserieren iin uun't bleed saat
insgeheim uun't gehiam
insgesamt uun't gehial, uun't aals, uun aalem, ales tuup
insofern *insoweit:* **i. als** uun sowidj üs
instandhalten onerhual *u*, paase
inständig faan harten; **i. bitten** faan harten/faan hemel tu eerd bad *u* ('Himmel bis zur Erde')
instandsetzen aprede
intelligent kluuk
interessant intresant
Interesse at intrese, -sin (det)
interessieren, sich ham intresiare, wat auerhaa för
intus *Wendg.* **i. haben** banen/tu liiw haa
inwendig faan banen; **in- und auswendig kennen** faan bütjen an banen/ap an deel kään
inwiefern hüdenang
inzwischen uuntesken, uuntwesken
Ire a irluner, -s (di)
[1]**irgend** *Indefinitpron* irgent; **i. so ein Verrückter** irgent so'n ferrükten
[2]**irgend** *Modalpart* ianerlei hü; **wenn du i. kannst** wan dü ianerlei hü könst
irgendein irgentään, ään of ööder *m*; irgentian, ian of ööder *n*
irgendeine irgentian, ian of ööder
irgendeiner irgenthoker, ianerlei hoker, ään of ööder
irgendeins irgentian, ian of ööder
irgendetwas irgentwat, ianerlei wat
irgendjemand irgenthoker, ianerlei hoker, ään of ööder
irgendwann ans ans, ään dais, irgentwan
irgendwelche irgenthük, ianerlei hün
irgendwie irgenthü
irgendwo irgenthuar, ianerlei huar, huar, alhuar; **das muss doch i. liegen!** det mut jo huar lei!
Irland Irlun
irre *Verb.* **ich werde hier noch ganz i.!** mi lääpt hir noch ans at hood troch!
irregehen ham ferwilage, ferkiard wai am luup *u*
irren **1** mastak/ferkiard wees; **du irrst!** diar beest mastak! - **2 sich i.** ham fersä *u*, ham ferdu *u*, ferkiard/mastak wees
Irrer *Verb.* **wie ein I. fahren** keer üs en ferrükten
irrsinnig **I** *Adj* ferrükt - **II** *Adv* ünmiatag, ünwis
Irrtum *Verb.* **im I. sein** ferkiard wees
irrtümlich ütj fersen
Irrweg a ferkiard wai (di)
Island Islun
Isländer a isluner, -s (di)
Italien Itaaliien
Italiener a italjeener, -s (di)
italienisch italjeensk

j, J

[1]**ja** *Adv* **1** *Zustimm.* ja; (nachgest.) huar; **j. gerne** ja hal; **j. sicher** uk dach al, ja was, ja nooch; **du kommst doch, ja?** dü komst dach, huar? - **2** *Ausruf:* **ach j.!** och ja! - **3** *übertr:* **zu allem j. sagen** tu ales ja sai *u*; **ja oder nein?** ei of al?

[2]**ja** *Modalpart* **1** jo; **da seid ihr j.!** diar san jam jo!; **wir können j. anrufen** wi kön jo man uunrep - **2** *Verstärk.* juu, aals; **vergiss es j. nicht!** ferjid at juu ei/aals ei! - **3** *Ausruf* tja; **j., wenn ich das gewusst hätte!** tja, wan ik det wost hed!

Jacke **1** at jak, -en (det) - **2** *übertr:* **die J. voll bekommen** en eersfol fu *u* ('Hinternvoll')

Jagd at jacht, -en (det); **auf die J. gehen** üüb jacht gung *u*

Jagdhund a jachthünj, -er (di)

jagen **1** *Wild* jaage; sjit (skot; skood; skööden) - **2** *schnell fahren*: **jagt nicht so!** jaage'm ei so! - **3** *übertr:* **durch die Kehle j.** at halshool deeljaage

Jäger **1** a jeeger, -s (di) - **2** *übertr:* **der Wilde J.** a wil jeeger (d. h. Wotan)

Jahr **1** at juar, -en/ - (nach Zahlen) (det); **50 J.-e alt sein** föftag juar ual wees; **J. für J.** juar am juar; **alle zwei J.-e** arke ööder juar; **einmal im J.** iansis uun't/at juar; **in früheren J.-en** iarjuaren; **in diesem J.** juarlang, das juar; **jedes J.** arke juar, juar för juar; **nach ein paar J.-en** am en paar juar, am hög juar; **nächstes J.** naist juar; **seit J.-en** sant juaren; **voriges J.** ferleeden juar, föörge juar - **2** *übertr:* **in die J.-e kommen** tu juaren kem *u*; **seit J. und Tag** sant juar an dai; **zwischen den J.-en** tesk ual an nei (d.h. zwischen Weihnachten u. Neujahr); **ein Frohes Neues J.!** en seegend neijuar!

jahraus *Wendg.* **jahrein, j.** juarütj, juariin *od.* juar am juar

jahrelang juaren, juarenloong, juar an dai

Jahresanfang a began faan't juar (di)

Jahresbericht a juarsberacht, -en/-er (di)

Jahresende at aanj faan't juar (det)

Jahrestag a juarsdai, -daar (di)

Jahreszeit a/at juarstidj, -en (det); **in dieser J.** tas

Jahrgang a juargung, -er (di)

Jahrhundert at juarhunert, -en (det)

...jährig ...juarag

jährlich *Adv* arke juar, **zweimal j.** tweisis uun't juar

Jahrmarkt a juarmarkes (di); **der Wyker J.** a wiks markes; **während des J.-es** auer markes

Jahrtausend at juardüüsen, -en (det) [z]

Jahrzehnt at juartjiint, -en (det)

jähzornig dolhoodet

Jammer at eelent (det), at greemes (det); **was für ein J.!** wat spiitag/wat eelendag! *od.* wat en eelent!

Jammergestalt a strük, -er (di), at gestalt, -en (det)

Jammerlappen a jamerlaap, -er (di)

jämmerlich **1** *erbärmlich* komerlik, eelendag - **2** *elend* eelendag; **ein j.-er Tod** en eelendagen duas

jammern gren, kwise, jaamre
jammerschade *Verb.* **j. sein** rocht en san/rocht spiitag wees
Januar a janewoore
Japan Jaapaan
Japaner a jaapaaner, -s (di), a jaapaanees, -en (di) [z]
japanisch japaansk
Jauche at eedel (det)
Jaucherinne a grup, -er (di), at eedelsil, -en (det)
jaulen jaule
jawohl jawel, janooch
Jawort at jawurd (det); **sich das J. geben** enööder at jawurd du *u*
[1]**je** *Adv* **1** *jemals* wan, bit nü hentu; **seit eh und j.** sant iar an wan; **die schönste Frau, die ich j. gesehen habe** det smokst wüf, wat ik bit nü hentu sen haa - **2** *entsprechend:* **j. nachdem wie das Wetter ist** alhü at weder as
[2]**je** *Konj* **1** ji, am so, a; **j. eher, j. lieber** am so iarer, am so beeder *od.* a iarer, a beeder - **2** *übertr:* **j. älter, um so schlimmer** a oler, a doler (von alten Männern)
[3]**je** *Interj* **o j.!** uuha!; **o j., wenn das man gutgeht!** uuha, wan det man gudgongt!
jedenfalls üüb arke faal
jede(r, -s) **1** *attributiv* arke, arken; **j.-r zweite** arke ööder; **j.-s Jahr** arke juar; **zu j.-r Zeit** tu arke tidj; **der Bus fährt j. halbe Stunde** a bus keert arke hualew stünj - **2** *substantivisch* arken, enarken, arkenään *m*, arkeian *f/n* - **3** *übertr:* **j.-r ist sich selbst der Nächste** arken as ham salew naist *Sprw*
jedermann arkenään, alemaan; **j.-s** arkenääns, alermaans
jederzeit tu arke tidj
jedesmal arke tooch
jedoch dach, man, oober
jeher imer; **das ist von j. so gewesen** det as al imer so weesen
jemals al ans
jemand hoker; **j. anders** hoker ööders; **ist da j.?** as ’ar hoker?
jene(r, -s) didiar *m,* detdiar *f/n*; *Pl* jodiar, jodiaren, jodiarmen
jenseits üüb a ööder ääg
Jesus Jiises, Jiisus; *J. Christus* Jiises Krast
jetzig *heutig:* **seine j.-e Frau** det wüf, wat hi nü hää
jetzt **1** nü; **j. gleich** nü gelik, üüb’t steed; **bis j.** bit nü, bit nü hentu, tu nü hen; **von j. ab** faan nü uf uun - **2** *übertr:* **j. oder nie!** nü of nimer!
Job at baantje, -jin (det)
Joch at jok, -en (det)
Johanni (Johannistag; 24. Juni) johane
Johannisbeere, Rote at riiblis, -en (det)
Johannisbeere, Schwarze at solbei, -en (det)
johlen jole
Jolle at jol, -en (det), at fliitje, -jin (det)
Joppe at jop, -en (det)
jucken **1** bitj (bat; bääd; beden) - **2** **sich j.** ham kleese [z], ham kratse
Jude a juud, -en (di)
jüdisch jüüdsk, juudsk
Jugend **1** *Jugendzeit* at jööges (det); **in meiner J.** uun min jong juaren *od.* üs ik jong wiar - **2** *Jugendliche* a/at jong lidj (det); **die heutige J.** a/at jong lidj faan daalang
Jugendliche a/at jong lidj
Jugendliebe a/at ualfracht (det), a/at juugentliibe (det)

J

Jugendzeit a jong juaren
Juli a jüülemuun
jung **1** Ggs. *alt* jong; **ein j.-es Mädchen** en jong foomen - **2** *frisch vermählt:* **das j.-e Paar** det jong paar - **3** *übertr:* **j. und alt** jong an ual
[1]**Junge** Ggs. *Mädchen* a dring, -er (di); (nach der Konfirmation) a gast, -er (di)
[2]**Junge** *Tierjunges* at jong, -en (det); **J. bekommen** jongen fu *u*
jünger jonger; **er/sie ist zwei Jahre j.** hi/hat as tau juar jonger; **j. aussehen** jonger ütjsä *u*
Junggeselle a jongkiarel, -rler (di); **ein alter J.** en ualdring *od.* en ualen dring
Jungnamensand (Sandbank v. Amrum) Jongnaamen
jüngst **1** jongst - **2** *zeitl.* neis - **3** *übertr:* **der J.-e Tag** di jongste dai (d.h. der Tag des Gerichts)
Jüngste a/at jongst, -en (det/di), a/at letjst, -en (det/di)
jungverheiratet jong befreid
Jungvieh at jongtjüch (det)
Juni a jüünemuun
Jüte a jüt, -en (di)
jütisch jüts
Jütland Jütlun
Juwelier a gulsmas, -smeser [z] (di)
Jux a juks (det); **aus J.** ütj spoos

K

k, K

Kabel at kaabel, -bler (det)
Kabeljau a kabeljau, -en (di)
Kachel at kachel, -chler (det), a blankstian, - (di)
Kachelofen a kacheloonk, -er (di)
kacken skitj (skat; skääd; skeden)
Kaff *Spreu* at sjaaf (det), a aagen (jo)
Kaffee **1** *Pflanze* at kofe (det) - **2** *Getränk* a kofe (di); **eine Tasse K.** en kop kofe; **den K. schwarz trinken** a kofe kaal/suart drank *u* - **3** *Mahlzeit:* **zum K. einladen** nuadage am kofe
Kaffeebesuch a/at kofebesjük (det); (nur Frauen) at wüfensbesjük (det)
Kaffeebohne at kofebuan, -en (det)
kaffeebraun kofebrün
Kaffeefilter a kofepöös, -er (di) [z]
Kaffeegeschirr a kofeapsats (di), at kopentjüch (det), a telern an kopen (jo)
Kaffeekanne a/at kofekoon, -en (det)
Kaffeekuchen at böderkuuk (det)
Kaffeemaschine a/at kofemaskiin, -en (det)
Kaffeemühle a/at kofemaln, -en (det)
Kaffeesatz at kofeglum (det)
Kaffeetasse at kop, -en (det)
Kaffeetisch a kofeboosel, -sler (di)
Käfer a keefer, -n (di)
Käfig *Vogelk.* at büür, -en (det)
kahl **1** *unbehaart* kaal; **k. werden** kaal am't hood wurd - **2** *unbedeckt* naagelt, kaal; **k.-e Wände** naagelt woger
kahlgeschoren kaal amklapt
kahlköpfig kaalhoodet
Kai (Anlegestelle) a kei, -en (di)
Kaimauer a/at huuwenmüür, -en (det)
Kaiser a keiser, -n (di)
Kaiserkrone (Pflanze) at keiserkrüün, -en (det)

Kajüte at kajüt, -en (det)
Kakao at kakau (det)
Kakaopulver at kakaupolwer (det)
Kakerlak *Schabe* at kakelak, -en (det)
Kalb at kualew, -lwer (det) [u:]; (weibl.) at kükualew, -lwer (det); (männl.) at holekualew, -lwer (det); **ein neugeborenes K.** en ooftrang kualew (das noch nicht getrunken hat)
Kälbchen at kale, -lin (det), at kalke, -kin (det)
kalben kualwe
Kalbfleisch at kualews (det) [u:], at kualewfläsk (det) [u:]
Kalbsbraten a kualewbraas, -en (di) [u:] [z]
Kalender a kalender, -n (di)
Kalenderjahr at kalenderjuar, -en (det)
kalfatern (Boot abdichten) kalfaatre
Kalk at kalk (det)
kalken **1** kalke - **2** *übertr:* **weiß wie eine gekalkte Wand** bliak üs en kalketen woch
kalkulieren bereegne
kalt **1** kuul; **mir ist k.** ik san kuul *od.* mi as kuul; **im K.-en sitzen** uun't kuulen sat - **2** *übertr:* **einem k. über den Rücken laufen** ään kuul a rag deelluup *u od.* a gristen fu *u*
Kälte a kol (di); **ist das eine K.!** wat'n kol!; **vor K. zittern** beewre/redle föör kol
kälteempfindlich kolag; **k. sein** kolag wees *od.* en kolkaat wees
Kälteschauer a gristen (jo)
kaltlassen kuul läät, ianerlei wees; **das lässt mich kalt** det as mi jüst ianerlei *od.* det läät mi kuul
Kamel **1** at kameel, -en (det) - **2** *übertr:* **das K.!** det ual kameel!
Kamellen *Wendg.* **das sind alte K.!** det san ual kamelen!
Kamerad **1** *Gefährte* a maaker, -s (di) - **2** *Spielgefährte* a maaker, -s (di), a klant, -en (di), a halper, -n (di)
Kamille at kamel, -en (det), at stiremkral, -en (det)

Kamille at stiremkral

Kamille, Unechte at kaatkral, -en (det)
Kamillentee at kamelentee (det)
Kamm a kum, -er (di)
kämmen tjim; **sich die Haare k.** ham at hiar tjim
Kammer *Abstellraum* at rüm, -en (det), (klein) at römke, -kin (det)
Kampf a stridj (di)
kämpfen stridj (strat; strääd; streden); (Kinder) kemfe, knosle [z]
Kampfläufer (Vogel) at waalsk han, -en (det)
Kanal **1** *Wasserlauf* a kanaal, -en (di) - **2** *geograph. Name:* **der K.** a Ingels Kanaal
Kanarienvogel a sjongfögel, -gler (di)
Kandare **1** at bat, -en (det) - **2** *übertr:* **jmdn. an die K. nehmen** hoker tu stöölk saat

kandidieren ham apstel läät

Kandiszucker at brastsoker (det)

Kaninchen at kanin, -en (det); (Kinderspr.) at nine, -nin (det)

Kaninchen at kanin

Kaninchenbau at kaninhool, -hööl (det)

Kaninchenbraten a kaninbraas, -en (di) [z]

Kaninchenstall at kaninhok, -en (det)

Kanne a/at koon, -en (det)

Kännchen at letj koon, -en (det), at kenke, -kin (det); **ein K. Kaffee/Tee** en kenke kofe/tee

Kanone at kanuun, -en (det)

Kante 1 a kaant, -er (di) - **2** *übertr:* **etw. auf der hohen K. haben** wat efterbaks haa

kanten kaante

kantig kaantag, kaantet

Kanzel a pretjstuul, -er (di), a kansel, -sler (di)

Kanzler a kansler, -n (di)

Kanzlerin at kansler, -n (det)

Kap at kaap, -en (det)

kapieren faade, ferstun *u*

[1]**Kapelle** *kl. Kirche* at kapel, -en (det)

[2]**Kapelle** *Musikk.* at kapel, -en (det), a musik (di)

Kapellmeister a kapelmääster, -n (di), a diriigent, -en (di)

kapern kaapre, apbring *u*

Kapital at kapitaal (det)

Kapitän a koptein, -s (di); (auf Walfängern) a komandöör, -en (di); (Anrede) **der K.** di ual; **K. auf großer/kleiner Fahrt** koptein üüb grat/letj faard; **als K. fahren** för koptein faar *u*

Kapitel 1 at kapitel, -tler (det) - **2** *übertr:* **ein unangenehmes K.** en desag kapitel

Kappe 1 at kap, -en (det) - **2** *übertr:* **etw. auf seine K. nehmen** wat üüb sin kap nem *u*

kappen kape

kaputt 1 *defekt* uunstaken, tunant, göks; **ein k.-er Rücken** en uunstakenen rag - **2** *erschöpft* tunant, tukaant

kaputtarbeiten, sich ham tunantwerke, ham ufwerke, ham ufsluuwe

kaputtgehen uunstakengung *u*, tunantgung *u*

kaputtlachen, sich ham deellaache, ham wechsmitj *u*

kaputtmachen uunstakenmaage, tunantmaage, tunantbring *u*

Kapuze at kaputs, -en (det)

Karamel at slik (det)

Karbonade at rabstak, -en (det), at karbonaad, -en (det)

Kardamom (Gewürz) at kademom (det)

Karfreitag a stalfreidai ('stiller')

karg knaap, skraal

kariert rütjet; **ein k.-es Hemd** en rütjet sjürt

Karo (Kartenfarbe) rütjen; **K. spielen** rütjen spele

Karoass at rütjen as

Karobube a rütjen büür
Karodame at rütjen wüf
Karokönig a rütjen könang
Karpfen a karp, -en (di)
Karre *Schiebk.* a wentj, -er (di), a/at koor, -en (det)
karren kridj (krat; krääd; kreden)
Karte **1** *Landk.* at koord, -en (det) - **2** *Spielk.:* **K.-n mischen** koorden miske; **K.-n geben** koorden du *u*; **K.-n spielen** koorden spele, koorde; **K.-n kloppen** koorden klupe - **3** *Fahrk.:* **eine K. lösen** en koord kuupe *u*/liase - **4** *Ansichtsk.:* **eine Karte schicken** en koord sjüür - **5** *übertr:* **schlechte K.-n haben** ring/slacht koorden haa
Kartenhaus at koordenhüs, -sang [z] (det)
Kartenspiel **1** *Satz Spielkarten* at spal koorden (det) - **2** *Spiel* at koordenspal, -en (det)
Kartenspieler a koordenspeler, -n/-s (di)
Karthäusernelke at wil nelk, -en (det)
Kartoffel a eerpel, -pler (di); **K.-n setzen** eerpler saat; **neue K.-n** nei eerpler; **K.-n aufsetzen** eerpler auersaat; **gestobte K.-n** (m. Sahne gekocht) apstuuwet eerpler
Kartoffelpuffer at eerpelpankuuk, -en (det)
Kartoffelsalat a eerpelsaloot (di)
Kartoffelschälmesser at eerpelknif, -kniiwer (det)
Kartoffelstaude a rut, -er (di), a eerpelbosk, -er (di)
Karusell at karusel, -en (det)
Karwoche a/at stal weg
Käse a sees, -en (di) [z]; (als Belag) at sees (det) [z]
Käselab at lääpels (det)
Käsehobel a seesheewel, -wler (di)
Käsemesser at seesknif, -kniiwer (det) [z]
käsen seese [z]
Käsereibe at seesriiw, -en (det) [z] [u:]
Kasse **1** *Ladenk.* a/at kas, -en (det); **an der K. sitzen** bi a kas sat *u* - **2** *Spark.* a/at spaarkas, -en, a/at beenk, -en (det); **Geld zur K. bringen** jil üüb/tu a beenk bring *u* - **3** *übertr:* **gut bei K. sein** gud bi kas wees; **knapp bei K. sein** knaap mä't jil wees
kassieren kasiare
Kassiererin *Verb.* **K. sein** bi a kas sat *u*
Kastanie at kastanje, -jin (det)
Kastanienbaum a kastanjebuum, -er (di)
Kästchen at laatje, -jin (det), at kasje, -sjin (det)
Kasten **1** a/at kast, -en (det), at kasje, -in (det) - **2** *übertr:* **etw. auf dem K. haben** wat üüb kasje haa
kastrieren skeer (skäärt; skäär; skäären)
Kate at koot, -en (det)
Katechismus at katekismus
Kater **1** a/at maankaat, -er (di), a kooter, -n (di) - **2** *übertr:* **einen K. haben** uun sür lei *u od.* en kooter haa
Katholik *Verb.* **ein K.** en katuulsken; **eine K.-in** en katuulsk
katholisch katuulsk
Kätzchen at ketje, -jin (det)
Katze **1** a/at kaat, -er (det), a/at wüfkaat, -er (det); (Kinderspr.) at muusje, -sjin (det); **eine zugelaufene K.** en tulepen kaat - **2** *übertr:* **die K. aus dem Sack lassen** a kaat ütj a sääk läät

K

Katzenauge at kaatuug, -en (det)
Katzendreck at kaatskitj (det)
Katzenschüssel at kaatbak, -en (det)
kauen kaue; **auf den Nägeln k.** üüb a nailer kaue/bitj *u*
Kauf 1 a kuup (di); **ein guter K.** en guden kuup, en guden hanel - 2 *übertr:* **in K. nehmen** uun kuup nem *u*
kaufen kuupe (kääft; kääft; kääft)
Käufer a kuuper, -s (di)
Kaufhaus at kuuphüs, -sang [z] (det)
Kaufmann a kuupmaan, -lidj (di), a kriamer, -n (di)
Kaufpreis a pris, -en (di)
Kaulquappe at kwap, -en (det)
kaum I *Adv* knaap; **das ist k. zu glauben!** det as knaap tu liawen! - II *Satzadv* jüst, knaap; **wir waren k. zu Hause, da begann es zu regnen** wi wiar man jüst aran, do begand at tu riinen
Kautabak at prümtubak (det), at roltubak (det)
Kegel 1 a keegel, -gler (di) - 2 *übertr:* **mit Kind und K.** mä jongen an aal *od.* mä a hial kliresei
Kegelbahn at keegelboon, -en (det)
Kegelkugel a keegelkuugel, -gler (di)
kegeln keegle
Kehle 1 *Gurgel* at keel, -en (det) - 2 *Luft- u. Speiseröhre* at halshool, -hööl (det), a hals, -er (di); **eine rauhe K. haben** rüch uun a hals wees *u* - 3 *übertr:* **durch die K. jagen** at halshool deeljaage
[1]**kehren** 1 *wenden* amdrei, wen - 2 *zuwenden:* **jmdm. den Rücken k.** hoker a rag tudrei - 3 *übertr:* **sich an nichts k.** ham uun niks kiar
[2]**kehren** 1 *fegen* faage - 2 *übertr:* **jeder kehre vor seiner Tür** arken faage föör sin dör *Sprw*
Kehricht at faagsel (det), at kuad (det)
keifen roose [z], kiiwe,
Keil a kiil, -er (di)
keilen kiile
keilförmig kiilet
Keilriemen a kiilriam, -er (di)
Keim at sprööd, -en (det)
keimen kiime, sprööde; **die Kartoffeln k. schon** a eerpler sprööde al
Keimscheibe (im Ei) at treedlis, -en (det)
kein 1 nään *m*, nian *f/n*, *Pl* nian; **k. Mensch** nään minsk; **k.-e Zeit** nian tidj; **k. Geld** nian jil; **k. bisschen** ei en betj; **auf k.-en Fall** üüb arke faal ei *od.* juu ei; **k.-e Ursache!** ei diarför!
keine(r, -s) *m* näämen, *f/n* nian; **kein anderer** näämen ööders; **k.-r von beiden** näämen faan jo tau
keinesfalls aals ei, juu ei
keineswegs auerhood ei, üüb arke faal ei, gans an goor ei
keinmal 1 ei iansis - 2 *übertr:* **einmal ist k.** iansis as niansis *Sprw*
Keks at keek, -en (det)
Keksdose at keekduusje, -sjin (det)
Kekskuchen at doolerkuuk, -en (det)
Kelle 1 *Suppenk.* at sopskai, -er (det) - 2 *Maurerk.* at müürskai, -er (det), at müürmaanskel, -en (det)
Keller a kääler, -n (di); **im K.** uun kääler; **in den K.** deel uun kääler
Kellerassel at holtbüle, -lin (det)
Kellerhals (im Friesenhaus a käälerhals (di)
Kellerluke at käälerlük, -en (det)
Kellertreppe a/at käälerträäp, -en (det)

Kellner a kelner, -s (di)
Kellnerin at kelnerin, -en (det)
Kellerzimmer (Raum i. Friesenhaus über d. Keller) at käälerrüm, -en (det), a käälerdörnsk, -er (di)
kennen 1 kään - **2 sich k.** ham kään, enööder kään - **3** *übertr:* **da kennt er nichts!** diar käänt'r niks!
kennenlernen 1 käänenliar - **2** *übertr:* **der soll mich noch k.!** hi skal mi noch tu käänen fu!
Kenner a kääner, -n (di)
Kenntnis 1 *Wissen:* **gute K.-e haben** en mase wed *u* - **2** *übertr:* **davon keine K. haben** diar niks faan wed *u*
Kennung (Identifizierung eines Leuchtfeuers) at käänang, -en (det)
Kennzeichen at kääntiaken, -s (det); (b. Haustieren) at marke, -kin (det)
kennzeichnen kääntiakne; (Haustiere) mark
kentern kentre, kap, amkap
Kerbe at taak, -en (det), at kirew, -rwen (det) [u:]
kerben taake
Kerl a kiarel, -rler (di); **ein fixer K.** en fiksen kiarel
Kern a kern, -er (di); (Apfelk.) at leefk, -en (det); (Steinobst) a stian, -er (di)
Kerngehäuse at hüsje, -sjin (det)
kerngesund sünj üs man wat
Kerze at tualaglaacht, -en (det); **die K.-n anzünden** a laachten uunten/uunmaage
kerzengrade lik üs en laacht
Kerzenhalter a laachthualer, -n (di)
Kerzenlicht *Verb.* **bei K.** bi laacht
Kerzenständer a laachtstuner, -n (di)
Kessel a sedel, -dler (di); **den K. aufsetzen** a sedel auersaat
Kesselstein at weederstian (det)
Ketscher at glüp, -en (det)
Kette 1 *Fessel* at keed, -en (det); **an die K. legen** uun't/bi't keed lei *u* - **2** *Halsk.* a/at halskeed, -en (det); (silberne K. bei d. Tracht) at leenk, -en (det)
ketten keede
Kettenglied at leenk, -en (det)
keuchen püste, hime
Keuchhusten a kinkhoost (di)
Keule 1 *Oberschenkel d. Schlachtiere* at keule, -lin (det) - **2** *Schlagwaffe* a kluper, -n (di)
kicherig gisag [z]
kichern gise [z], gaakle, kege
Kiebitz at liap, -en (det)
Kiebitzei at liapai, -er (det)

Kiebitz at liap

[1]Kiefer *Baum* at sjüür, -en (det)
[2]Kiefer *K.-knochen* at tjaap, -en (det)
Kiefernholz at sjüüren (det)
Kieker *Wendg.* **jmdn. auf dem K. haben** hoker üüb a luur haa
[1]Kiel *Schiffsk.* a kil, -er (di)
[2]Kiel *Federk.* a pil, -en (di)
[3]Kiel *Stadt* Kiil
kielholen (früher drakon. Strafe) kilhaale

K

kieloben kilboowen
Kielschwein (Verstärkung d. Kiels) at kilswin (det)
Kieme at kim, -en (det)
Kien *Harz* at kiin (det)
Kies at singel (det), at kiis (det)
Kiesgrube at singelküül (det), at kiishool, -hööl (det)
killen *flattern* kile; **die Segel k.** a saiels kile
Kind **1** at kint, jongen (det); (Kleinkind) at letj, -en (det), at faantje, -jin (det); **ein schwächliches K.** en komerlik kint; **ein uneheliches K.** en üneehelik kint; (veralt.) en üniarelk kint; **ein K. adoptieren** en letj üs aanj uunnem *u*; **ein K. bekommen** en letj fu *u*; **ein K. stillen** en letj a brast du *u*/tetj du *u*; **leibliche K.-er** aanj jongen; **K.-er aus verschiedenen Ehen** tuupbroocht jongen - **2** *übertr:* **das K. beim Namen nennen** at kint bi a rocht nööm nääm; **mit K. und Kegel** mä jongen an aal; **von K. auf** faan letj uf uun
Kinderart at jongenswiis (det) [z]
Kinderarzt a jongensdochter, -n (di)
Kinderärztin at jongensdochter, -n (det)
Kinderbett at jongensbaad, -en (det)
Kinderbuch at jongensbuk, -en (det)
Kinderei at jongenskroom (det)
Kinderfahrrad at jongenswel, -en (det)
Kindergarten a jongensguard, -er (di)
Kindergeburtstag a jongensgebursdai (di), at jongensbesjük (det)
Kindergeld at jongensjil (det)
Kindergottesdienst at jongenshööw (det) [u:]
Kinderjahre a jongensjuaren (jo)
Kinderkleidung at jongenstjüch (det)
Kinderkram at jongenskroom (det)
Kinderkrankheit at jongenskraankes, -en (det)
Kinderlied at jongensstak, -en (det)
kinderlos *Verb.* **k. sein** saner jongen wees, nian jongen haa
kinderreich *Verb.* **k. sein** föl/en skööl jongen haa
Kinderschreck a busjemaan
Kinderschuhe a jongensskur (jo)
Kinderstuhl at stöölk, -en (det), a jongensstuul, -er (di)
Kinderwagen a jongenswaanj, -er (di)
Kinderzimmer at jongensrüm, -en (det)
Kindesbeinen *Wendg.* **von K. an** faan letj uf uun
Kindheit a jongensjuaren (jo), a/at kinthaid (det)
kindisch kinjag
kindlich kintelk, biarnsk
Kinn at kan, -en (det)
Kinnlade at kentjaap, -en (det)
Kippe *Wendg.* **auf der K. stehen** üüb'n wüp/üüb kantje wees
kippen kap
Kirche **1** *Gebäude* a/at sark, -en (det); **in der K.** uun sark - **2** *Gottesdienst* at hööw (det) [u:]; **zur K. gehen** tu hööw gung *u* - **3** *übertr:* **so sicher wie das Amen in der K.** so was üs at aamen uun a sark
Kirchenältester a juroot, -en (det)
Kirchenbesucher a hööwgunger, -n (di) [u:]; (Gesamtheit) a hööwlidj (jo) [u:]
Kirchendiener a sarkensiiner, -n (di), a klooker, -n (di)
Kirchenfenster at sarkwönang, -nger (det)

Kirche a/at sark (St. Clemens)

Kirchengemeinde at sarkengemeen, -en (det)
Kirchenglocke a/at sarkklook, -en (det)
Kirchenjahr at sarkenjuar (det)
Kirchenlied a salem, -lmer (di)
Kirchenmaus *Wendg.* **so arm wie eine K.** so aarem üs en müs uun a sark
Kirchensteuer at sarkenjil (det)
Kirchenschiff at sarkhüs (det)
Kirchentür a/at sarkdör, -en (det)
Kirchenvorstand a sarkenfööstant (di)
Kirchgänger a hööwgunger, -n (di) [u:]; (Gesamtheit) a hööwlidj (jo) [u:]; **ein fleißiger K.** en flitjagen hööwgunger
Kirchhof at sarkhoof, -er (det), at hoof (det)
kirchlich **1** *nach Regeln d. Kirche handelnd* **k. getraut werden** weid wurd - **2** *k. gesinnt* halag, froom; **er ist nicht sehr k.** hi as ei altu halag/ froom
Kirchspiel at sarkspal, -en (det)
Kirchturm a sarktürn, -er (di)
Kirchturmuhr a/at sarkklook, -en (det)
Kirchweg a hoofstich (di), a hoofwai (di)
Kirschbaum a käärsbuum, -er (di)
Kirsche at käärs, -en (det)
Kirschkern a käärsstian, -er (di)
Kirschmarmelade at käärsenmameloode (det)
Kirschsaft at käärssaft/-sap (det)
Kirschtorte at käärsentoort, -en (det)
Kissen at hoodinhegen, -gner (det)
Kissenbezug at hegensluup, -en (det), at hegenswaar, -en (det)
Kiste at kasje, -sjin (det); **eine K. Bier** en kasje biir
Kitt at kit (det), at stookfarew (det) [u:]
Kittel a kitel, -tler (di)
kitzeln kelke; (Kinderspr.) kile
kitzlig kelkag, tiklag
Klabautermann (Schiffskobold) a klaboltermaan
Klacks **1** a klaks, -er (di) - **2** *übertr:* **nur ein K. sein** man en klaks/en bigung wees
kläffen blakse
Kläffer a blakser, -n (di)
Klaffmuschel a paser, -n (di), a uaser, -n (di) [z]
Klafter a fiasem, - (di) [z]; **ein K. Holz** en fiasem holt
Klage at klaag, -en (det)
klagen **1** *jammern* kwise, jaamre - **2** *Gericht* klaage - **3** *übertr:* **nicht k. können** ei klaage kön
Kläger a klaager, -n (di); **wer ist der K.?** hoker klaaget?
kläglich *beklagenswert* jemerlik, kleegelk

K

klamm 1 kloom - 2 *übertr:* knaap

Klammer at klamer, -n (det)

Klamotten at kleedaasj (det); **neue K.** en nei kleedaasj

Klang a klang, -er (di)

[1]**Klappe** 1 *Verschluss* a/at klap, -en (det) - 2 *Mund* (derb): **die K. halten** a snütj/a klap hual *u*; **eine große K. haben** en grat klap haa

[2]**Klappe** *Wendg.* **zwei Fliegen mit einer K. schlagen** tau fleegen mä ian klap slau *u*

klappen 1 *auf-/zuschlagen* klape - 2 *gelingen* klape, loke; **das hat geklappt** det hää loket/klapet

K

Klapper at skringlis, -en (det), a/at knaabermaln, -en (det)

klapperig 1 *nicht mehr neu* klaprag; **ein altes k.-es Fahrrad** en ual klaprag wel - 2 *hinfällig* klaprag, stömkag

Klapperkiste a/at klaperkasje, -sjin (det)

klappern klapre; (Tür) lögre

Klappertopf (Pflanze) a panger (jo)

Klappstuhl a klapstuul, -er (di)

Klapptisch a klapboosel, -sler (di)

Klaps 1 a klaps, -er (di), a baks, -er (di); **einen K. bekommen** en baks fu *u* - 2 *übertr:* **einen K. haben** ei rocht uun't hood wees, hög taaken trinj haa ('Zacken rund')

Klapsmühle *Wendg.* **er ist reif für die K.** hi as rip för Sleeswich (Sitz einer psychatrischen Klinik)

klar 1 *durchsichtig* klaar; **eine k.-e Luft** en klaar loft - 2 *übertr:* **ein k.-er Fall** en klaar saag; **k.!** aal! *od.* uk dach aal!; **klipp und k.** klap an klaar; **nicht mehr ganz k. sein** ei muar gans nüchtern wees *od.* ei alianang wees; **sich im K.-en sein** ham uun klaaren wees; **k. Schiff machen** rian skap maage

klären 1 *reinigen* kleere - 2 *Angelegenheit* klaare, klaaret fu *u*

klargehen klaargung *u*

Klarheit a/at klaarhaid (det)

klarmachen 1 *fertigmachen* klaar maage - 2 *verdeutlichen:* **jmdm. etw. k.** hoker wat ferklaare/bedüüdet fu *u*; **sich k.** ham klaarmaage

klarwerden, sich ham klaar wurd

Klasse 1 *Schulklasse* a/at klas, -en (det) - 2 *Preisstufe:* **erster/zweiter K. fahren** uun a iarst/uun a ööder klas keer

Klassenkamerad a skuulkoleeg, -en (di)

Klassenlehrer a klasenleerer (di)

Klassentreffen at klasendraapen (det)

Klassenzimmer at klasenrüm, -en (det)

Klatsch at snaak (det)

klatschen 1 *Hände* klaape - 2 *Regen* smitj (smat; smääd; smeden), klatsje; **der Regen klatscht gegen die Fenster** a rin smat/klatsjet jin a wönger - 3 *abfällig reden* sladre, sluudre, skoonflaake

Klatscherei at sladrin (det), at sladerkroom (det)

Klatschmaul a sladerpöös, -er (di) [z]; at tjaap, -en (det), a/at sladersnütj, -er (di)

klatschnass njokswiat ('mistnass'), njoksweederwiat ('mistwassernass'), trochwiat

klatschsüchtig sladrag

Klatschweib at sladerwüf, -en (det), at sladerpöös, -er (det) [z]

Klaue 1 *Kralle* a/at klau, -en (det) - 2 *Rinderk.* at kleike, -kisen (det), at klötsk, -en (det) - 3 *übertr:* **eine fürchterliche K. haben** kriakfet an hantuanen skriiw *u* ('Krähenfüße u. Hühnerzehen')

klauen klau

Klauenseuche (Rinder, Schafe) at mooderhenk (det)

Klavier at klawiar, -en (det); **K. spielen** klawiar spele

Klavierunterricht at klawiarstünj (det)

kleben 1 klewe, bak - 2 *übertr:* **jmdm. eine k.** hoker ään ling

klebrig klewrag, baksag

Klebstoff at klewsel (det) [u:]

kleckern swine, ötje, oose [z]

Klecks a kleks, -er (di), a plak, -er (di)

klecksen klekse

Klee 1 at kliawer (det) - 2 *übertr:* **über den grünen K. loben** appoche üs man wat

Kleeblatt at kliawerbleed, -en (det); **ein vierblättriges K.** en kliawersjauer

Klei 1 at klei (det) - 2 *übertr:* **K. an den Füßen haben** klei bi fet haa (d.h. Grundbesitz)

Kleiboden a kleigrünj (di)

Kleid 1 at kleet, -en (det) - 2 *übertr:* **das bleibt nicht in den K.-ern hängen** det blaft ei uun a kluader saten/hingin

kleiden 1 *jmdn.* kluase [z] (klääst; klääsd [z]; klääsd [z]), uuntji *u* - 2 *jmdm. stehen* ään läät, ään stun *u*; **grün kleidet dich nicht!** green läät di ei!; **unvorteilhaft gekleidet** tutaakelt - 3 **sich k.** ham uuntji *u*; **sich modisch k.** imer det neist uunhaa

Kleiderbügel a bögel, -gler (di)

Kleiderbürste at kluaderbasel, -sler (det)

Kleiderschrank at kluaderskaab, -en (det)

Kleidung a kluader (jo), at tjüch (det)

Kleie (Viehfutter) at kleiang (det)

klein Ggs. *groß* letj; **der k.-e Finger** a letj fanger - 2 *geringfügig:* **ein k. wenig** en bitjebetj, en letjbetj; **einen k.-en Augenblick** en letjen uugenblak - 3 *übertr:* **der k.-e Mann** a ianfach maan; **es k. haben** at letj haa; **einen K.-en sitzen haben** en letjen oner a mots haa *od.* en letjen saten haa; **kurz und k.** kurt an klian; **k. anfangen** letj began; **k. beigeben** letj bidu *u*

Kleinbahn (von Dagebüll nach Niebüll) a letjboon

Kleine(r, -s) 1 *Kleinkind*; **der K.** a letj (di); **die K.** at letj (det); **etw. K.-s bekommen** wat letjs fu *u*; **das K. hochnehmen** det letj apnem *u* - 2 *junges Mädchen:* **die K.** det letj foomen - 3 *übertr:* **die K.-n** a letjen

Kleingeld at enkelt jil (det), at klianjil (det), at letj jil (det)

kleingeraten klenelk, skrablag

Kleinholz at fiinholt (det), at klianholt (det)

Kleinigkeit 1 at klianaghaid (det), at letjbetj (det), a bigung (di); **eine K. essen** en betj wat iidj *u*; **sich um jede K. kümmern** ham am arke letjbetj komre - 2 *übertr:* **keine K. sein** ei amletjet wees

Kleinkind at faantje, -jin (det), at letj, -en (det)

Kleinkram at pötjerkroom (det), at funtjekroom (det)

K

kleinkriegen *Wendg.* **sich nicht k. lassen** ham ei onerfu läät

kleinlich pötjrag

kleinmachen **1** letjmaage - **2** *übertr:* **den Schein k.** di skiin letjmaage

kleinschneiden letjskeer *u*

kleinschreiben letjskriiw [u:] *u*

Kleister at kliister (det)

kleistern kliistre

Klemme **1** *Haarklemme* at klamer, -n (det) - **2** *übertr:* **in der K. sitzen** uun a knip sat *u*; **aus der K. helfen** ütj a knip halep *u*

klemmen **1** klääm - **2** **sich k.** ham klääm, ham knip *u*

Klempner a klempner, -n (di)

Klette **1** *Pflanze* at bor, -en (det), at podbleed, -en (det) - **2** *Haark.* at klaat, -en (det) - **3** *übertr:* **wie eine K. sein** en letj bor wees

Kletterkatze at kliiwerkaat (det), at klemerkaat (det)

klettern **1** kliiwre, klemre - **2** *übertr:* stiig (sticht; stääg; stegen); **das Barometer ist geklettert** at baroomeeter as stegen

klettig klaatag; **k.-e Haare** klaatag hiar

klicken klak maage

Kliff at klaf (det); **Goting K.** (Föhr) Guatang Klaf

Klimmzug a klemtooch, -tööger (di)

Klinge at bleed, -en (det)

Klingel a/at klingerklook, -en (det), a/at klingel, -gler (det)

Klingelbeutel a klingelbüüdel (di)

klingeln klingle; (Fahrrad) ring

klingen **1** *tönen* klang, kling (klangt; kloong; klüngen); (Ohr) ringle, kling; (Glas) klingre - **2** *sich anhören* ham uunhiar

Klingen at ringen (det)

Klinke **1** a greb, -er (di), a kleenk, -er (di), at klink, -en (det) - **2** *übertr:* **K.-n putzen** kleenker potse

Klintum (Föhr) Klantam

Klintumer a klantamer, - (di)

klipp *Wendg.* **k. und klar** klap an klaar

Klippe at klap, -en (det)

Klippfisch at klapfask (det), at drüget fask (det), at saaltfask (det)

klirren klire

klitschenass njokswiat ('mistnass'), njoksweederwiat ('mistwassernass'), trochwiat

klitschig släämpag

klitzeklein litjeletj

Klo at sekreet, -en (det); **aufs K.** ütj a boks ('Hose')

klobig klomrag, losag; **ein k.-er Kerl** en klomre, en lose

klopfen **1** *leicht schlagen* klupe; **auf die Schultern k.** üüb a skolern klupe; - **2** *pochen* klupe, böge; (Entzündungen) dumpe, dupe - **3** *übertr:* **auf die Finger k.** üüb a fangern klupe

Klopfer (b. Reetdachdecken) at driiwerburd, -en (det)

Klöppel (Glocke) a bangelstook, -er (di)

Klöppelholz a tontelstook, -er (di)

klöppeln tontle

kloppen **1** klupe - **2** **sich k**. uun't klupin wees - **3** *übertr:* **Karten k.** koorden klupe

Klosett at sekreet, -en (det)

Kloß **1** a klömpk, -en (di); **Milch und Klöße** moolk an klömpken (Gericht) - **2** *übertr:* **einen K. im Hals haben** en klömpk uun a hals haa

Kloster at kluuster, -n (det)
klöterig (norddt.) *unwohl* klöötrag, ei gud tuwais
klötern klöötre, skrable
Klotz a klots, -en (di), a klünj, -er (di)
klotzig klotsag
Klub a klob, -er (di)
klug **1** kluuk - **2** *übertr:* **nicht aus jmdm. k. werden** ei ütj hoker kluuk/sjlau wurd
Klugheit a/at kluukhaid (det)
Klugredner a kluuksnaaker, -s (di)
Klugscheißer a kluukskitjer, -n (di)
klumpen klompe, knole; (Schnee) klünje
Klumpen a klomp, -er (di), a knol, -er (di)
Klumpfuß a klompfut, -fet (di)
klumpig klompag
Klunker a bomel, -mler (di)
klütern *herumbasteln* (norddt.) klütje, kluntje
knabbern knaabre, knubre
Knabberzeug at knaberkroom (det)
Knack a knak (di)
knacken **1** *krachen* knak, knaabre - **2** *aufbrechen:* **Nüsse k.** nöden knak
Knacks **1** a knaks, -er (di) - **2** *übertr:* **einen K. bekommen** en knaks fu *u*
Knäkente at leguart, -en (det), at legan, -en (det)
Knall **1** a knal, -er (di); (Tür) a skrap, -er (di) - **2** *übertr:* **K. und Fall** knalfal
knallen **1** *Schuss* knale; (Türen) skrap - **2** *ohrfeigen* nei, knale - **3** *übertr:* **sich einen k.** ham ään nei
knallig knalag; **k.-e Farben** knalag klöören
knallrot knalruad, bronsruad
knapp **1** *eng anliegend* naar; **der Rock sitzt etwas k.** at skort sat wat naar - **2** *sehr nahe* knaap; **k. vorbeigehen** knaap föörbigung *u* - **3** *gerade* jüst, eewenst; **k. zwanzig** eewenst/jüst twuntag - **4** *gerade noch* knaap, nau; **da ist k. Gras in der Marsch** diar as man knaap gäärs uun a maarsk - **5** *übertr:* **mit k.-er Not** mä aarmer/mä knaaper nuad; **k. bei Kasse sein** knaap mä't jil/för jil wees
Knappheit a/at knaaphaid (det)
knapsen knaape
knarren knare, knaabre, knaarke
Knast *Wendg.* **in den K. kommen** iin uun't suart hool/iin uun a knast kem *u*
Knäuel a knol, -er (di), at knöölen, -lnen (det); **ein K. Wolle** en knöölen ol
Knauf a knob, -er (di)
knauserig behualag, knipsk
knausern knipsk wees; **mit Geld k.** a jilkniper fäästhual *u*
kneifen **1** *zwicken* knip (knapt; knääb; kneeben), naape - **2** *sich drücken:* **er hat gekniffen** hi hää kneeben - **3** *übertr:* **in den Hintern gekniffen sein** ap uun a eers kneeben wees
Kneifzange a naaptaang, -er (di)
Kneipe a/at wiartshüs, -sang [z] (det)
kneten kneed (knat; knääd; kneeden); (Teig, Fleisch) äält
knicken **1** knik - **2** *übertr:* **geknickt sein** slükuaret/deelslaanj wees
knickerig knikrag, knipsk
Knie **1** at knöbian, - (det); **in die K.-e gehen** uun knöbian gung *u* - **2** *übertr:* **weiche K.-e bekommen** wok/swaak uun knöbian wurd
Kniekehle a bacht, -en (di)
knien uun knöbian sat *u*

K

Kniepsand (Amrum) a Kniipsun; **auf dem K.** üüb Kniip
Kniestrümpfe a lung höösen (jo) [z]
Kniff **1** *Falte* a dobel, -bler (di) - **2** *Trick* a kneep, -er (di)
knipsen knipse
Knipser *Schalter* a knipser, -n (di)
knirschen (m. den Zähnen) gnaase [z], graselbitj *u*, kesbese [z]
knistern knebre, knedre
knittern knuarsle
knobeln dööble, würfle
Knoblauch at knooplook (det)
Knöchel **1** *Fingerk.* a knookel, -kler - **2** *Fußk.* at oonklew, -en (det) [u:]; (Tiere) at futlas, -en (det)
Knochen **1** at knook, -en (det) - **2** *übertr:* **auf die K. gehen** tu a knooken kem *u*, üüb a knooken gung *u*
Knochenarbeit at knookenwerk (det)
Knochenmark at mörag (det)
knochentrocken knookendrüg
knöchern knooken, bianen
knochig knookag
Knolle a knol, -er (di)
Knopf **1** *Kleidung* a knoop, -er (di); (m. Kreuzmuster; Tracht) a malnstianet knoop, -er (di); (m. Lochmuster; Tracht) a poduuget knoop, -er (di); **einen K. annähen** en knoop üübsei - **2** *Einschaltknopf:* **auf den K. drücken** üüb a knoop trak
Knöpfchen at knöpk, -en (det)
knöpfen knoope
Knopfloch at knoophool, -hööl (det); (für d. Trachtenknöpfe) at strööbhool, -hööl (det)
Knorpel at grasel (det)
knorpelig graslag
Knospe a knob, -er (di)
knospen ütjslau *u*
knoten knat, knoote
Knoten **1** *Verschlingung* a knoot, -er (di) - **2** *Maßeinheit:* **das Schiff macht drei K.** at skap maaget trii miilen
Knuff a knof, -er (di), a puf, -er (di)
knuffen pufe
knüllen knole, knuarsle
knüpfen knat, knoote
Knüppel a knapel, -pler (di)
knüppeldick knapelsjok
knüppelhart knapelhard
knurren knore, gnore; **ein k.-der Magen** en knorin maag
Knurrhahn (Fischart) a knorhöön, -er (di)
knurrig gnorag, knadrag, wraantag
knusprig knubrag
Knust (Brotkante) a stütj, -er (di)
knutschen frachte, süüsne, mäenööder frei
k.o. *Wendg.* **ich bin k.** ik san tukaant/fiks an klaar
Koben (Verschlag f. Tiere) at hok, -en (det), at hääk, -en (det)
Kobold a trool, -er (di)
Koch a kook, -en (di)
Köchin at kook, -en (det)
Kochbuch at köögbuk, -en (det)
kochen **1** kööge; **zum K. bringen** uun a köög fu *u*; **kochend heiß** köögin hiat - **2** *übertr:* **die See kocht** a sia kööget
Kochlöffel at holten skai, -er (det)
Kochrezept at resept, -en (det)
Kochtopf a krooch, krööger (di)
Kochwurst at köögwurst, -en/-würste (det)
Köder at ias, -en (det) [z]
ködern (Fische) iase [z]

Koffer a kofer, -n (di)

Kohl a kual (di)

Kohle **1** at kööl, -en (det) - **2** *übertr:* **sie sitzt schon wie auf glühenden K.-n** hat sat al üüb aier ('auf Eiern')

Kohlkopf a kualtoop, -er (di)

Kohlmeise a tualagbitjer, -n (di)

Kohlrabi at koroobe boowen a grünj, -bin (det)

Kohlstrunk a kualstrük, -er (di)

[1]**Koje** *Schlafstelle* a kui, -n (di) - **2** *übertr:* **in die K. gehen** tu kuis gung *u*

[2]**Koje** *Vogelk.* a kui, -n (di)

Kojenente (Lockente in d. Vogelk.) a kuifögel, - (di)

Kojenhaus (Wärterhaus i. der Vogelk.) at kuihüs (det)

Kojenwärter (Wärter i. d. Vogelk.) a kuimaan (di)

Kokosnuss at kookusnöd, -en (det)

Kokosflocken a kookusraspel (di)

Kokostau at kookustoog, -en (det)

Kolben **1** *Gewehrk.* a klünj, -er (di) - **2** *Pumpenk.* at mik, -en (det) - **3** *Rohrk.* at lont, -en (det)

Kollege a koleeg, -en (di)

Kollekte at amsaamlang, -en (det)

Kölnisch Wasser at onjekolonje (det)

Köm (norddt.) *Schnaps* at baarenwin (det), a kööm (di)

Kombüse at kombüüs, -en (det) [z]

komisch **1** *witzig* witsag, lastag, grapag - **2** *sonderbar* nüürag, apartag, wonerlik - **3** *übertr:* **mir ist so k**. ik san so wonerlik

Kommandeur a komandöör, -en (di) (vormals Kapitän auf einem Walfangschiff)

kommandieren **1** *Truppen* komandiare - **2** *Befehle erteilen* regente

Kommando at komandoo, -s (det)

kommen **1** *eintreffen* kem (komt; kaam; kimen; *Imp* kom!); **sie k. mit der ersten Fähre** jo kem mä a iarst damper; **die Flut kommt** at weeder komt; **zuerst k.** iarst kem; **k.-de Woche** kemen/naist weg - **2** *hinkommen*: **an Land k.** tu ääg kem; **in die Schule k.** tu skuul kem; **ins Gefängnis k.** iin uun't suart hool kem; **nach Hause k.** tüskem; **nach Wittdün k.** tu Witjdün kem - **3** *zu etw.:* **zu Geld k.** tu jil kem; **zu nichts k.** tu niks kem - **4** *einbüßen:* **ums Leben k.** am't leewent kem - **5** *sich erinnern:* **darauf k.** diarüüb kem; **nicht auf den Namen k. können** ham ei üüb a nööm beseenk kön - **6** *herrühren:* **davon k.** diarfaan kem - **7** *geschehen:* **wie ist das gekommen?** hü as det kimen? - **8** *übertr:* **da soll etw. k.** diar skal wat kem; **du kommst wie gerufen!** dü komst, üs wan dü repen wiarst!; **zu kurz k.** tu kurt kem; **zu sich k.** ham bedaarage, tu ham salew kem; **unter die Haube k.** oner a hüüw kem; **von Herzen k.** faan harten kem; **zu Ohren k.** tu uaren kem; **wer zuerst kommt, mahlt zuerst** hoker iarst komt, granjt iarst *Sprw*

Kommode at kamuud, -en (det)

Komödie at komeedestak, -en (det)

Kompass a kumpaas, -er (di)

Kompassnadel at kumpaasnäädel (det)

komplett foldiadag, folstendag; **k. eingerichtet** foldiadag iinracht

Konferenz at tuupkemen (det), at tuupkemst (det)

Konfirmand a beedagster, -n (di)

K

Konfirmandenunterricht *Verb.* **zum K.** tu präästers ('zum Pastor')
Konfirmation at freimaagin (det)
konfirmieren freimaage
konfus trochenööder
König a könang, -nger (di)
Königin at könangin, -en (det)
Königreich at könangrik, -en (det)
Königsau (alter Grenzfluss i. Nordschleswig) a Könangsau
Königsring (Ringreiten) a könangsring
konkurs *Verb.* **k. machen** pleite gung *u*, auer hood gung *u*
können **1** *imstande sein* kön (koon, könst, koon; küd; küden); **Friesisch k.** öömrang kön; **aus dem Kopf k.** ütj hood kön - **2** *möglich sein:* **kann sein!** kön/mei wees! - **3** *dürfen* mut (mut; moost; moosten); **kann ich dein Fahrrad haben?** mut ik din wel haa? - **4** *übertr:* **gut mit jmdm. k.** gud mä hoker kön
konsequent konsekwent
Konsequenzen a konsekwensen (jo)
Konto at konto (det); **das K. überziehen** at konto auertji *u*
Kontor **1** at kontuur (det) - **2** *übertr:* **ein Schlag ins K.** en slach uun't kontuur
kontra *Verb.* **k. geben** jinuungung *u*
Kontrolleur a kontlöör, -en (di)
kontrollieren kontroliare
Koog (eingedeichtes Neuland) a kuuch, kuuger (di)
Kopenhagen Kopenhuuwen
Kopf **1** *Haupt* at hood, hööd (det); **mit bloßem K.** mä naagelt hood *od.* mä saner wat üüb hood; **einen roten K. bekommen** ruad am't hood wurd *od.* apsaat wurd - **2** *Person:* **pro K.** a maan - **3** *Pflanzenteil* a toop, -er (di); **ein K. Salat** en toop saloot - **4** *Anführer:* **der K. der Gruppe** at hood faan't sklöl - **5** *übertr:* **Hals über K.** hals auer hood; **K. und Kragen kosten** hals an hood kooste; **jmdm. den K. waschen** hoker at hood sau *u*; **sich in den K. setzen** ham uun't hood saat; **mit dem K. durch die Wand** mä't hood troch a woch; **vor den K. stoßen** föör't hood stupe; **ein Brett vorm K. haben** en burd föör't hood haa; **zu K. steigen** tu hood stiig *u*
Kopfbedeckung *Verb.* **eine K. tragen** wat üüb't hood haa
Kopfbeschwerden *Verb.* **K. haben** at uun't hood haa
Köpfchen at hötje, -jin (det)
Kopfende at hoodin (det); **am K.** at hoodin
Kopfkissen at hoodinhegen, -gner (det)
Kopfkissenbezug at hoodinhegensluup, -en (det)
kopflastig hoodläästag
kopflos hoodluas
kopfrechnen hoodreegne
Kopfsalat at toopsaloot (det)
Kopfschmerzen at hoodwark (det); **fürchterliche K. haben** greselk hoodwark haa
Kopfschuppen at skään (det)
kopfstehen **1** hoodstun *u* - **2** *übertr:* **du brauchst nicht gleich kopfzustehen, wenn sie kommen** säärst ei glik hoodstun, wan's kem
Kopftuch a nöösduk, -er (di) [z]; (Tracht) a braanjnöösduk, -er (di) [z]
Kopftuchnadel (Tracht) at braanjnöösduknäädel, -dler (det) [z]

kopfüber auer't hood, hoodföörtu, hoodloongs
Kopfweh at hoodwark (det)
Koppel (Weide) a/at fään, -en (det)
koppheister (norddt.) *Verb.* **k. schießen** auer't hood sjit *u* ('Purzelbaum')
Korb **1** a kurew, -wer (di) [u:] - **2** *übertr:* **jmdm. einen K. geben** hoker ufskofle/en kurew du *u*; **Hahn im K. sein** at henk uun a kurew wees ('Küken')
Körbchen at körefk, -en (det)
kören kööre
Korinthe at kurint, -en (det)
Korinthenkacker (Schimpfw.) a nödskitjer, -n (di), a poonskitjer, -n (di)
Kork at dölk (det), at kork (det)
Korken a proop, -er (di)
Korkenzieher a proop(en)tjier, -n (di)
Korn **1** *Getreide* at kurn (det) - **2** *Samenk.* a kurn, -er (di) - **3** *Getränk* a korn, - (di) - **4** *übertr:* **ein blindes Huhn findet auch mal ein K.** en blinj han fanjt uk ans en kurn
Kornblume at roogbluum, -en (det), at blä moonk, -en (det), at kurnkral, -en (det)
Körnchen at körnke, -kin (det)
Körnerfutter at hard fuder (det)
Kornfeld at kurnfial, -en (det)
Kornrade at klant, -en (det)
Körper a kroop (di), a romp (di), a körper (di); **ein kräftiger K**. en deegen romp
korpulent briad, sjok; **etw. k. sein** wat muar/wat büket wees
korrigieren **1** *verbessern* ferbeedre - **2** *durchsehen* trochluke
Kost a/at koost (det); **K. und Logis umsonst haben** a koost för't kauin haa
kostbar wäärdag, wäärsfol
[1]**kosten** *probieren* koste, smääk
[2]**kosten** **1** *wert sein* kooste - **2** *übertr:* **lass es doch was k.!** läät at dach en kü kooste! ('Kuh')
Kosten **1** a kosten (jo), a ünjilen (jo); **auf eigene K.** üüb aanj kosten - **2** *übertr:* **auf seine K. kommen** üüb sin kosten kem *u*
kostenlos kostenluas, amsunst
Kostgänger a koostgunger, -s (di)
Kot at skitj (det), at puupe (det); (Schaf, Kaninchen, Huhn) a luurt (di), a skeet (di)
Kotelett at karbonaad, -en (det)
Köter a kööter, -n (di)
kotig kuadag, fül
kotzen **1** spei - **2** *übertr:* **das ist ja zum K.!** diar küd ik efter spei!
Krabbe at por, -en (det)
krabbeln **1** krep (krääb; kreeben), kraule; (Kinder) lofe, krable; **es krabbelt schon** at lofet al - **2** *übertr:* **gehörig zu k. haben** nooch tu krablin/tu kraulin haa
Krabbenfischer a porenfasker, -n (di)
Krabbennetz at porenneet, -need (det); at porenglüp, -en (det) (halbkreisförm. Netz an einer Stange; nicht mehr in Gebrauch)
Krabbensuppe at porensop (det)
Krach **1** *Lärm* at spiktaakel (det), at leewent (det); (veralt.) at suat (det); **K. machen** gratem wees, (veralt.) suat maage - **2** *Streit* a stridj (di); **K. bekommen** stridj fu *u* - **3** *übertr:* **mit Ach und K.** man jüst an jüst
krachen *knacken* knaabre
Kraft **1** *Körperk.* a/at krääft (det), a/at määcht (det); **wieder zu Kräften**

K

kommen weder tu määcht kem *u* - **2** *Fähigkeit:* **mit aller K.** mä aler määcht; **aus eigener K.** ütj aanj määcht; **das geht über meine Kräfte** det gongt mi auer a määcht - **3** *Hilfsk.* at halep, -lper/-er (det); **eine neue K.** en nei halep; **mit eigenen Kräften** mä aanj halep

kräftig 1 *stark* krääftag, deeg, steewag - **2** *Farbton:* **k.-e Farben** krääftag klöören - **3** *nahrhaft:* **eine k.-e Mahlzeit** en deeg mialtidj - **4** *übertr:* **k. zulangen** orntelk/fiks tuling

kraftlos määchtluas, krääftluas

Kragen 1 a/at kraag, -en (det) - **2** *übertr:* **am K. packen** bi a kraag fu *u;* **mit Schlips und K.** apkraaget

Kragenweite *Verb.* **was hast du für eine K.?** hü grat skal din/dan kraag wees?

Krähe at kriak, -en (det)

krähen 1 krä (krest; krest; kren) - **2** *übertr:* **danach kräht kein Hahn** diar krest nään höön efter

Krähenbeere, Schwarze a beirut, -er (di); (Beere) at suartbei, -en (det)

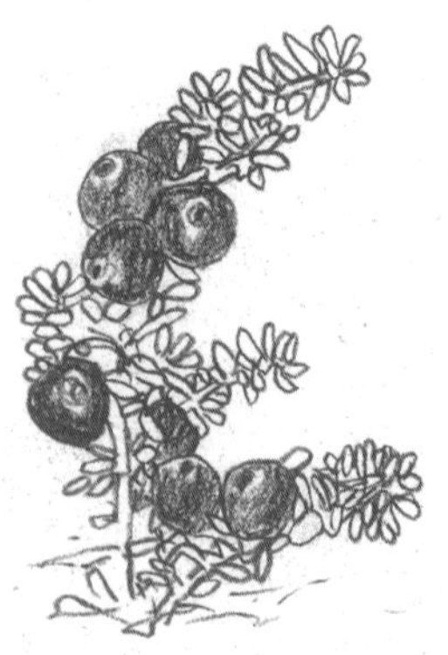

Krähenbeere a beirut

Krähennest at kriaknäást, -nees [z] (det)

krakelen krakeele

Krakeler a krakeeler, -n (di)

Kralle at kral, -en (det); (Greifvogel) a/at klau, -en (det)

Kram 1 a kroom (di) - **2** *übertr:* **einem nicht in den K. passen** ään ei uun a kroom paase

kramen kroome, stöögle

Krämer a kriamer, -n (di)

Krampe a krum, -er (di)

Krampf a kräämp, -er (di); **einen K. im Bein haben** en kräämp uun't bian haa

Krampfader at kräämpääder, -n (det)

krank kraank; **sich k. melden** ham kraank melde; **sich k. fühlen** kraank tu mud wees

Kranke a kraank, -en (di)

kränkeln sükle, ei gud wees

kranken kraanke

kränken krenke

Krankenbesuch *Verb.* **einen K. machen** funage (veralt.)

kränkend huan

Krankengeld at kraankenjil (det)

Krankenhaus at kraankenhüs, -sang [z] (det)

Krankenkasse a/at kraankenkas, -en (det)

Krankenlager at leeger (det)

Krankenschein a kraankenskiin, -er (di)

Krankenschwester at kraankensjwester, -n (det)

Krankenwagen a kraankenwaanj, -er (di)

Krankheit 1 at kraankes, -en (det), a/at kraankhaid, -en (det); **eine schlimme K.** en slim/fülk kraankes; **eine anste-**

ckende K. en amgungen kraankes - **2** *übertr:* **K. und Tod** duas an kraankhaid; **eine K. kommt zu Pferde und geht zu Fuße weg** en kraankes komt tu hingst an gongt tu fut *Sprw*

kranklachen, sich ham wechsmitj fóór laachin

kränklich komerlik, strükag, kraankelk

krankschreiben kraankskriiw [u:] *u*

Kranz 1 *Blumenk.* a kraans, -er (di) - **2** *Gebäck* a kringel, -gler (di)

Kranzblume at kraansbluum, -en (det)

Krätze a skrob (di)

kratzen 1 kratse; (Krallen) kleese [z] - **2** *schaben* skraabe; **den Topf leer k.** a krooch leesag skraabe - **3** *jucken* kraule, kratse; **der Pullover kratzt** di switer kratset/krauelt - **4** *sich k.* ham kratse - **5** *übertr:* **das kratzt mich nicht** det kratset mi ei *od.* det leit mi ei üüb

[1]**Kratzer** *Beschädigung* a raps, -er (di), a kratser, -n (di); (Schramme) a skrams, -er (di)

[2]**Kratzer** *Gerät* a skraaber, -n (di)

kraulen *streicheln* kraule

kraus 1 Ggs. *glatt* krüüs [z]; (Haar) krilag - **2** *zerknittert* knuarslag - **3** *übertr:* **k.-e Gedanken** krüüsag soochter

Kräuselfalte at reilis, -en (det)

kräuseln *fälteln* rei, krüüsle [z]

Krauseminze at krüsemant (det)

Kraut at krüüs (det) [z]; **ins K. schießen** uun krüüs apsjit *u*

krautig krüüsag [z]

Krawatte a binjer, -s (di), a slips, -er (di)

Krebs 1 *Krustentier* at kraab, -en (det) - **2** *Krankheit* at krääft (det)

Kreide 1 a/at kritj (det) - **2** *übertr:* **in der K. stehen** uun a kritj stun *u*

kreiden kritje

kreideweiß witj üs kritj

Kreissparkasse a/at kreisspaarkas

Kreisverwaltung a kreis

Kreis 1 *geometr. Form* a kreis, -ser [z] (di), a kring, -er (di), a kraans, -er (di); **im K.** uun a kraans, uun a kreis - **2** *Freundesk.* at skööl, -en (det); **ein netter K. sein** en net skööl wees - **3** *Landk.* a kreis, -ser [z] (di); **der K. Nordfriesland** a kreis Nuurdfresklun

kreischen skrik; **die Möwen k.** a kuben skrik

Kreisel a küüsel, -sler (di) [z]

kreiseln küüsle [z]

kreisen 1 *schweben* kreise [z]; **da kreist ein Habicht** diar kreiset en hanjüger - **2** *sich bewegen um etw.* drei

kreisrund trinj üs en wel

Kreissäge at kreisseeg, -en (det)

Krempe a skääg, -er (di)

Krempel at stront (det), at hap an skrap (det), at skitj an stront (det)

krepieren kripiare

kreuz *Wendg.* **k. und quer** krüs an swäärs, loongs an swäärs

Kreuz 1 *christl. Symbol* at krüs, -en (det); **das Rote K.** at ruad krüs **- 2** *Rücken* at kris, -en (det); **es im K. haben** at uun't kris haa - **3** *Kartenfarbe* krüs; **K. spielen** krüs spele - **4** *übertr:* **über K.** auer krüs; **zu K.-e kriechen** tu krüs krep *u*

Kreuzass at krüs as

Kreuzbube a krüs büür

Kreuzdame at krüs doom

kreuzen 1 *züchten* krüse - **2** *segeln* krüsage; **gegen den Wind k.** apjin a winj krüsage **- 3 sich k.** ham krüse

Kreuzer (Marine) a krüser, -n (di)

K

kreuzigen krüsage
Kreuzkönig a krüs könang
Kreuzkraut a stolt henerk (di)
Kreuzung at krüsang, -en (det)
Kreuzweg a swäärswai, -er (di)
kreuzweise auer krüs
kribbeln **1** *jucken* pregle, pöbre - **2** *wimmeln* mirle
Krickente at uart, -en (det)

Krickente at uart

kriechen **1** krep (krääb; kreeben); (Würmer) krääl; (Kleinkinder) lofe - **2** *übertr:* **ins Bett k.** tu baad krep; **ihm ist eine Laus über die Leber gelaufen** ham as en lüs auer a liwer lofet
Kriecher a kreper (di), a smeerskuch (di), a hoolfaager (di)
Kriechweide a pualemrut, -er (di)
Krieg a krich, kriiger (di); **er ist im K. gefallen** hi as fäälen uun a krich; **K. führen** kriige, krich feer
kriegen **1** *bekommen* fu (feest, feit; füng; füngen); **ein Kind k.** wat letjs fu; **zu fassen k.** faad fu; (Kinderspiel) **k. spielen** tik spele - **2** *dazu bewegen:* **jmdn. zu etw. k.** hoker tu wat fu - **3** *übertr:* **zuviel k.** tuföl fu; **sich k.** arkööder fu
Krieger a kriiger, -n (di)
Kriegsschiff at krichsskap, -skeb (det); (veralt.) at orlskap, -skeb (det)
Kriegszeit a/at krichstidj, -en (det); **in K.-en** uun krichstidjen
Kringel **1** *Kreis* a kringel, -gler (di), a ringel, -gler (di) - **2** *Gebäck* a kringel, -gler (di)
kringeln **1** kringle - **2** *übertr:* **sich k. vor Lachen** ham wechsmitj fõõr laachin
Krippe at krab, -en (det)
kritisieren kritisiare, kredle, wat ütjtusaaten haa
kritzeln moole
Krone **1** *Kopfschmuck* at krüün, -en (det) - **2** *übertr:* **einen in der K. haben** fiks ään saten haa
krönen krüüne
Kropf a kroop, -er (di)
Kröte at pod, -en (det)
Krücke at krak, -en (det); **an K.-n gehen** bi kraken luup *u*
Krückstock a krakstook, -er (di)
Krug **1** *Gefäß* a/at koon, -en (det), at kruas, -en (det) - **2** *Gastwirtschaft* a kruch, kruuger (di)
Krümel a brökel, -kler (di), at moot, -en (det)
krümelig bröklag, mootag
krümeln brökle, grömle, moote
krumm **1** krüm; *k. und schief* krüm an skiaf - **2** *übertr:* **k. wie ein Flitzbogen** krüm üs en flitsböög
krummbeinig krümbianet
krümmen **1** krüme - **2** *sich k.* ham krüme - **3** *winden:* **sich k.** ham krüme, ham krääl
krummnasig krümnööset [z]
krumm nehmen krüm nem *u*
Krümmung a bocht, -er (di)
Krüppel a krebel, -bler (di)
krüppelig kreblag

Krüppelwalm (Kurzseite d. Friesenhauses) a krebelaanj (di)

Kruste 1 *Wundschorf* at rööw, -en (det) [u:] - **2** *Brotrinde* a rinj, -er (di)

Kruzifix at krüs, -en (det)

Küche a köögem, -gmer (di); **in der K.** uun köögem; **in die K.** hen uun köögem

Kuchen at kuuk, -en (det); **fünf Sorten K.** fiiw slacher kuuken; **ein Stück K.** en stak kuuks

Kuchenblech at plaad, -en (det)

Küchenfußboden a köögembeerd, -er (di)

Kuchengabel at kuukenfurk, -en (det), at letj furk, -en (det)

Küchenherd a heert, heerder (di)

Küchenmaschine a/at köögemmaskiin, -en (det)

Kuchenplatte at plaad, -en (det)

Küchenschabe at kakelak, -en (det)

Küchenschrank at köögemskaab, -en (det)

Kuchenteig at kuukendii (det)

Küchentisch a köögemboosel, -sler (di)

Kuchentrommel a tromel, -mler (di)

kucken (norddt.) luke

Kuckuck a kukütj, -en (di); **der K. ruft** a kukütj rept

Kuckuckslichtnelke a prääastern (jo)

Kuckucksuhr a/at kukütjsklook, -en (det)

Kugel a kuugel, -gler (di)

Kügelchen at kuugelk, -en (det)

kugeln kuugle

kugelrund trinj üs en baal

Kugelschreiber a kuugelskriiwer, -s (di)

Kuh a/at kü, ki (det); (Kosename) at kuusje, -sjin (det)

Kuhfladen at sjaas, -en (det) [z]

Kuhfuß *Brecheisen* a küfut, -s (di)

Kuhhandel a kühanel (di)

kühl kuul; (Wetter) keelag

Kuhle at küül, -en (det)

kühlen keel (kelt; keld; keld)

Kühlschrank at keelskaab, -en (det)

Kühltruhe a froster, -n (di), at küültruue, -truuin (det)

Kühlung at keelang (det)

Kuhmist at künjoks (det); (getrocknet) at sjaas (det) [z]

kühn dristag

Kühnheit a drist (di)

Kuhstall a busem, -smer (di) [z]

Küken at henk, -en (det); (Entenk.) at enk, -en (det)

kullern trale, trümle; (Gedärme) gorle; **die Tränen k. über die Wangen** a tuaren luup deel auer a sjuuken

Kümmel a seesköömen (jo) [z]

Kümmelschnaps at baarenwin (det), at kööm (det)

Kummer a komer (di); **K. und Sorgen** komer an surgen; **K. bereiten** komer maage

kümmerlich komerlik, komerk, aaremmudag, ring, eelendag; **sich k. behelfen** ham komerlik behalep *u*; **ein k.-es Mittagessen** en komerliken/aaremmudagen ongud

kümmern 1 uungung *u*; **was kümmert mich das?** wat gongt det mi uun? - **2 sich k.** ham komre; **sich um nichts k.** ham am niks komre

[1]**Kunde** *Käufer* a kund, -en (di)

[2]**Kunde** *Nachricht* a bööd, -en (di); (veralt.) at tisang (det) [z]

kündigen kanage; **die Wohnung k.** at wenang kanage

Kündigung at kanang, -en (det)

K

Kundschaft *Wendg.* **viel/nicht viel K. haben** föl/ei föl iinluup haa
künftig *fortan* uun kemen tidjen
Kunst 1 *Fertigkeit* a/at konst, -er (det) - **2** *übertr:* **keine K. sein** nian konst wees; **das sind brotlose Künste** det san bruadluas konster
Kunstdünger a konstdünger (di)
künstlich konstelk
Künstler a konstler, -n (di)
Kunstmaler a konstmooler, -s (di)
Kunststück at konststak, -en (det)
Kunstwerk at konstwerk, -en (det)
Kupfer at kööber (det)
Kupferkessel a kööbern sedel, -dler (di)
kupfern kööbern
Kuppel a kopel, -pler (di)
Kur at kuur, -en (det); **zur K.** tu kuur
Kurbel a dreier, -n (di)
kurbeln drei
Kurgast a baade-/baasegast, baade-/baaselidj (di); (männl.) a baade-/baasemaan, -er (di); (weibl.) at baade-/baasewüf, -en (det)
kurieren 1 kuriare, ütjhiale - **2** *übertr:* **davon bin ich kuriert** diar san ik faan kuriaret
Kurort at bat (det)
Kurs a kurs (di); **K. halten** kurs hual *u*
kursieren amgung *u*
Kurve 1 a bocht, -er (di), a kring, -er (di) - **2** *übertr:* **nicht die K. bekommen** ei a bocht/a kring fu *u*
Kurverwaltung a/at kurferwaltang (det)
kurz 1 *räuml.* kurt; **ein k.-er Weg** en kurten wai - **2** *zeitl.:* **vor K.-em** eewenst, föör kurten; **k. danach** kurt efter; **in k.-er Zeit** ban kurt *od.* uun en kurt tidj - **3** *übertr:* **zu k. kommen** tu kurt kem *u*; **den Kürzeren ziehen** a kurtst bi tji *u od.* di kurter aanj tji *u*; **k. und klein** kurt an klian
kurzatmig püstag, kurtöösemt [z]; **k. sein** at am a loft haa
Kürze *Wendg.* **in K.** amletjet, uun kurtem
kürzen kert, kurter maage
kurzhalten kurthual *u*
kürzlich föör kurten
kurzsichtig kurtsichtag
kuschen kusje
Kusine at kusiine, -nin (det); (2ten Grades) at höpkekusiine, -nin (det)
Kuss a süüsen (di), a kleeb, -er (di); **einen K. geben** en süüsen du *u*
küssen kleebe, süüsne; (kleine Kinder) aapke
Küsserei at gekleeb (det), at süüsnin (det)
Küste a/at küst, -en (det), a ääg, -er (di); **die englische K.** a ingels ääg
Küstenseeschwalbe a witj baker, -n (di)

Küstenseeschwalbe a witj baker

Küster a klooker, -n (di)
Kutter a koder, -n (di)
Kuvert a amslach, -er (di), at kuweer, -s (det)

l, L

Lab (Ferment) at lääpels (det)
laben, sich ham laabe
Lache *Pfütze* a sluat, -er (di)
lächeln laache, griine
lachen 1 laache; **lauthals l.** gratem laache; **sich ausschütten vor L.** ham wechsmitj föör laachin *u*; **sich vor L. schütteln** skaabe/sköde tu laachin - **2** *übertr:* **gut l. können** saacht laache kön; **sich ins Fäustchen l.** ham uun a fist laache; **wer zuletzt lacht, lacht am besten** hoker tuleetst laachet, di laachet am besten *Sprw*
Lachen at laachin (det)
lachhaft *Wendg.* **das ist ja l.!** diar koon'am bluat auer laache!
Lachmöwe at suarthoodet kub, -en (det)

Lachmöwe at suarthoodet kub

Lack at lak (det)
lackieren lake, lakiare
[1]**laden 1** *Waren* lees [z] (lääst; lus; leesen [z]) - **2** *Gewehr:* **scharf l.** skarep lees - **3** *übertr:* **er hat schwer geladen** hi hää swaar leesen *od.* hi as potfol ('topfvoll')
[2]**laden** *auffordern* nuadage
Laden a looden, -s (di)
Ladung *Fracht* at leesang, -en (det) [z]; **L. einnehmen** leesang iinnem *u*; **die L. ist verrutscht** at leesang as auergingen
Lage 1 *Umgebung:* **das Grundstück hat eine gute L.** det grünjstak leit gud - **2** *Situation:* **in einer schlimmen L. sein** böös tusat *u*; **nicht in der L. sein** ei uun a laag wees - **3** *Schicht* a/at laag, -en - **4** *Lokalrunde* at runde, -din (det); **eine L. ausgeben** en runde ütjdu *u* - **5** *übertr:* **eine L. bekommen** en luusang fu *u* [z]
lagenweise laagwiis [z]
Lager 1 at looger, -n (det), at leeger, -n (det) - **2** *übertr*: **etw. auf L. haben** wat üüb looger haa
Lagerapfel a waaraapel, -pler (di)
lagern 1 *ruhen* loogre - **2** *aufbewahren* loogre, apwaare - **3 sich l.** (Getreide) ham leegre, ham deellei *u*
lahm 1 haalt, loom - **2** *übertr:* **ein l.-er Kerl** en lungwiilagen gast
lahmen haalte, loome
Lahnung (Uferschutz) at loonang, -en (det)
Laib a liaf, liawer; **ein L. Schwarzbrot** en saalen liaf, en liaf roogbruad; **ein L. Weißbrot** en witjen liaf *od.* en liaf witjbruad
Laich at ruuwlang (det) [u:]
Lake (Salzbrühe) at söl (det)
Laken 1 at blääch, -en (det) - **2** *übertr:* **weiß wie ein L.** witj üs en leneft/lanen
Lakritz at drop (det)
lamentieren gren, kwise
Lamm at lum, -er (det); (männl.) a lumroom, -er (di); (weibl.) at juarlum, -er (det), at lumseefk, -en (det)

L

Lämmchen at laamke, -kin (det); (Kinderspr.) at leme, -min (det)
lammen lem
Lämmerschwanz **1** a lumstört, -er (di) - **2** *übertr:* **der Mund geht wie ein L.** a müs gongt üs en lumstört
Lämmerwolken a stianbrag (di)
Lammfell at lumskan (det)
Lammfleisch at lumen (det), at lumflääsk (det); (Gericht) at lums (det)
Lammkeule a lumskink, -er (di), at lumkeule, -lin (det)
Lampe **1** at lamp, -en (det), at laacht, -en (det) - **2** *übertr:* **sich einen auf die L. gießen** ham en letjen üüb a lamp jit *u*
Lampenschirm a lampenskirem, -rmer (di), a laachtskirem, -rmer (di)
Land **1** *festes Land* at lun (det); **an L. kommen** tu ääg/tu lun kem *u*, belunage - **2** *bewirtschafteter Boden:* **das L. beim Haus haben** at lun am hüüs haa - **3** *ländl. Region:* **auf dem L.-e** üüb't lun - **4** *Bodenart:* **was ist das für L.?** wat as det för lun? - **5** *Staat* at lun, -en (det) - **6** *übertr:* **L. und Leute** lun an lidj; **kein L. mehr sehen** nian lun muar sä *u*
Landbevölkerung a lidj faan't lun (jo)
landen lunage
Landessprache a/at lunspriak, -en (det)
Landkarte at lunkoord, -en (det)
Landkreis a lunkreis, -ser [z] (di)
Landmarke at lunmarke, -kin (det)
Landrat a lunraat, -er (di), a lunriad, -er (di)
Landratte at lunroot, -en (det)
Landschaft a/at lunskap (det), a/at geegent, -genden (det)
Landseite a lunääg (di)
Landsleute a loonslidj (jo)
Landsmann a loonsmaan, -lidj (di)
Landspitze a hörn, -er (di), a/at ood, -er (det)
Landstraße at lunstruat, -en (det)
Landtag a lundai (di)
Landungsbrücke a/at damperbrag, -en (det)
Landvermesser a lunmeeder, -n (di)
Landwirt a büür, -en (di)
Landwirtschaft a/at büürerei (det), at lunwiartskaft (det); **L. betreiben** büüre, büürerei bedriiw *u*
[1]**lang** *Adj* **1** *örtl.* lung (*Komp* linger, lingst); (Kleidung) sidj - **2** *zeitl.:* **eine l.-e Reise** en lung rais; **länger werden** linge; **die Tage werden länger** a daar began tu lingin - **3** *Körpergröße:* **l. aufgeschossen** lung apskööden - **4** *übertr:* **l. und breit erzählen** lung an briad fertel; **etw. auf die l.-e Bank schieben** wat üüb a lung beenk sküüw [u:] *u*
[2]**lang** *Adv* loongs; **immer den Weg l.** imer a wai loongs
langbeinig lungbianet
lange **1** loong (*Komp* linger, lingst); **wie l.?** hü loong?; **das ist noch l. hin** det as noch loong tu; **das ist schon l. her** det as al loong weesen/turag; **nicht länger warten können** ei linger teew kön - **2** *übertr:* **das ist l. nicht alles** det as loong ei ales
Länge **1** *Ausdehnung* a/at lengde (det) - **2** *Längengrad:* **östlicher/westlicher L.** uastelk/waastelk lengde - **3** *übertr:* **sich in die L. ziehen** ham uun a lengde tji *u*, ham loong hentji *u*

langen 1 *greifen* ling; **l. nach** ling efter - **2** *ausreichen:* **das Geld langt nicht** det jil lingt ei - **3** *übertr:* **eine gelangt bekommen** ään lingd fu *u*; **jetzt langt es!** nü lingt at!

Langeness (Hallig) a Nääs, Lungnääs

Langeweile at lungwiil (det)

langgehen 1 loongsgung *u* - **2** *übertr:* **er weiß, wo es langgeht** hi witj, huar't loongsgongt

langhaarig lunghiaret

langlegen, sich ham likütj lei *u*

länglich lungelk

[1]**längs** *Adv* Ggs. *quer* föör loong(s)

[2]**längs** *Präp* **1** loongs, loongsen; **l. der Straße** loongs a stich - **2** *übertr:* **ein ganzes Stück l.** en hialer aanj loongs

langsam 1 Ggs. *schnell* eewen; **l. fahren** eewen keer - **2** *gemächlich* suutjis; **l. und bedächtig** suutjis an eewen - **3** *allmählich* almeelag, algemeelag, biletjen; **l. dunkel werden** biletjen jonk wurd - **4** *träge* eewen, losag; **l. bei der Arbeit** eewen bi't werk - **5** *übertr:* **l., aber sicher** suutjis, man seeker

Längsbalken (auf d. Außenmauer d. Friesenhauses) at rem, -en (det)

Langschläfer *Verb.* **ein L. sein** hal loong sliap mei

längsgehen loongsluup *u*

längskommen loongskem *u*

längsschiffs loongsskap

längsseits loongssidj, loongssidjem

längst al loong al

langstielig *umständlich* amstentelk, widjloftag, loong am; **l. erzählen** widjloftag fertel

Langstroh at loonem (det)

langweilig lungwiilag, loongwiilag

langwierig lungwiarag, loongwiarag

Lanze at lans, -en (det)

Lappen at slont, -en (det), a/at laap, -er (di/det)

Lärche a lerkebuum, -er (di)

Lärm at leewent (det), at spiktaakel (det), at krach (det), at suat (det)

lärmen krach maage, krakeele, spiktaakle

Larve at larew, -rwen (det) [u:]

lassen 1 *geschehen lassen* läät (läät; läät); **sich nicht bieten l.** ei bad läät; **das muss man ihm l.** det mut'am ham läät - **2** *unterlassen:* **etw. sein l.** wat bliiw läät - **3** *veranlassen:* **etw. machen l.** wat maage läät; **sich untersuchen l.** ham onersjük läät - **4** *etw. belassen:* **in Ruhe l.** uun rau läät - **5** *zurücklassen:* **wo habe ich wieder die Brille gelassen?** huar haa'k weder a bral läät?

Last 1 *Bürde* at lääst, -en (det) - **2** *Belastungen* a läästen (jo), a skilen (jo) - **3** *übertr:* **zur L. fallen** tu lääst faal *u*

lästern skoonflaake, lestre

lästig läästag

Lastwagen a lastwaanj, -er (di)

Latein at latiinsk (det)

lateinisch latiinsk

Laterne at latern, -en (det); **L. laufen** laterne luup *u*

Latte at laat, -en (det)

latten laate

Lattenzaun at staach, -en (det)

Lätzchen at kwiilbürtje, -jin (det)

lau 1 *Wasser* lau - **2** *Luft* lau, lei, mil; **eine l.-e Luft** en lauen loft

Laub a bleeden (jo); **das L. zusammenharken** a bleeden tuupriiwe

Lauch at boree (det)

L

Lauer *Wendg.* **auf der L. liegen** üüb a luur lei *u*

lauern luure

Lauf **1** a luup (di) - **2** *Gewehrl.* a luup, -er (di) - **3** *übertr:* **das ist der L. der Welt** det as a welts luup; **im L.-e des Tages** uun a luup faan a dai

laufen **1** *rennen* rään, luup (lääpt; lep; lepen); **um die Wette l.** am a wääd luup; (veralt.) tu häächt luup - **2** *gehen* luup - **3** *fließen:* **die Tränen liefen ihr über die Wangen** a tuaren lep ham/hör deel auer a sjuuken - **4** *übertr:* **l., was das Zeug hält** luup, alwat at tjüch hual koon; **l. wie ein Bürstenbinder** luup üs en baselbinjer; **von Pontius zu Pilatus l.** faan huuwen tu stuuwen luup *u* ('vom Hafen zum Hausplatz')

laufend luupen

laufenlassen luupläät

Läufer **1** *Sport* a luuper, -s (di) - **2** *Fußmatte* at mat, -en (det)

Lauferei at räänerei (det), at luuperei (det)

Lauffeuer *Wendg.* **sich wie ein L. verbreiten** gung üs en luupen ial *u*

läufig jachtag

Laufmasche at luupmääsk, -en (det), at luuplis, -en (det)

Laufwerk at luupwerk (det), at gungwerk (det)

Laufzettel (vormals Mitteilung von Haus zu Haus) a büürstook, -er (di)

Laune at lüün, -en (det); **guter L. sein** gud tuwais wees; **schlechter L. sein** ring tuwais/ei bi lüün wees

launisch lüünsk

Laus **1** at lüs, - (det) - **2** *übertr:* **ihm ist eine L. über die Leber gelaufen** diar as ham en lüs auer a liwer lofet ('gekrochen')

lauschen harke; (Kinder) haase [z]

lausen lüüse [z]

lausig lausag [z], eelendag, ongelk; **ein l.-es Wetter** en ongelk weder

[1]**laut** *Präp gemäß* efter

[2]**laut** *Adj* gratem; **nicht so l. sein!** ei so gratem wees!

Laut **1** *Geräusch* at gelüüt, -en/-er (det), a muks, -er (di); **keinen L. hören** nään muks/nian gelüüt faan't leewent hiar - **2** *Sprachlaut* at gelüüt, -en (det)

lauten **1** *als Inhalt haben* het; **wie lautet das?** hü het det? - **2** *registriert sein:* **die Papiere l. auf seinen Namen** a papiiren san/luup üüb san nööm

läuten ring; **die Glocken l.** a sarkklooken ring

lauter luter; **l. dummes Zeug reden** bluat dom tjüch snaake

lauwarm lauwarem, paswarem

lavieren lawiare

leben **1** *existieren* lewe; **die Eltern l. noch** a aalern lewe noch - **2** *wohnen:* **sie l. in Berlin** jo wene/lewe uun Berlin - **3** *von etw. l.:* **von den Zinsen l.** faan a renten lewe - **4** *übertr:* **wie eine Made im Speck l.** lewe üs en maask uun a skink ('Schinken'); **hoch soll er leben** huuch skal hi/'r lewe

Leben **1** *Lebensstrecke* at leewent (det); **im L.** uun't leewent; **sich das L. nehmen** ham tu kurt du *u*; **das ewige L.** at iiwag leewent - **2** *Lebensweise:* **das L. genießen** at leewent geneet - **3** *Trubel:* **was für ein L.!** wat en leewent! - **4** *übertr:* **um**

Leib und L. gehen am lif an leewent gung; **ums L. kommen** am't leewent kem *u od.* am en hals kem *u*

lebend **1** *am Leben* laben; **die L.-en** a labenen - **2** *existierend:* **eine l.-e Sprache wie das Friesische** en laben spriak üs at öömrang

lebendig **1** laben; **bei l.-em Leib** bi laben liiw - **2** *lebhaft:* **ein l.-es Ding** en laben ding

Lebensbeschreibung at leewentsbeskriiwang, -en (det)

Lebensgefahr at leewentsgefoor (det)

lebensgefährlich leewentsgefeerelk, halsbreegen, nääkbreegen

lebenslang leewentloong

Lebensmittel at iidjwaar, -en (det), at iidjkroom (det)

Lebensmut a leewentsmud (di), a mud tu lewin (di)

Lebenswandel a leewentswandel (di)

Lebensweg a leewentswai (di)

Lebensweise at leewentswiis (det) [z], at oort tu lewin

Lebenszeit at leewentstidj (det); **auf L.** üüb leewentstidj

Leber **1** *Organ* a/at liwer (det) - **2** *Tierl.* at liwers (det); **ein Pfund L.** ian pünj liwers - **2** *übertr:* **ihm ist eine Laus über die L. gelaufen** diar as ham en lüs auer a liwer lofet ('gekrochen')

Leberegel at liwerbot, -en (det)

Leberfleck a ooderplak, -er (di)

Lebertran at liwertroon (det)

Leberwurst at liwerwurst, -en (det); (als Belag) at liwerwursts (det)

Lebewohl *Wendg.* **jmdm. L. sagen** hoker adjis sai *u*; (veralt.) hoker faarwel sai *u*

lebhaft **1** *munter* laben, kral - **2** *lebendig* laben; **l. zugehen** laben tugung *u* - **3** *starkfarbig* kras; **l.-e Farben** kras klöören - **4** *deutlich* laben; **einem l. vor Augen stehen** ään laben föör uugen stun *u*

Lebkuchen at pöberkaag, -en (det)

Lebtag *Wendg.* **mein L. nicht** min leewedoog ei

Lebzeiten *Wendg.* **bei L.** bi leewentstidjen

leck lääk; **das Boot ist l.** det buat as lääk

Leck at lääk (det), at lääkens (det)

[1]**lecken** *schlecken* slake

[2]**lecken** *tropfen* lääk, drip

lecker leker, fein; **etwas L.-es** wat feins

Leckermaul a/at slaksnütj, -er (di)

Leder at leeder (det)

Lederhose a/at leedern boks, -en (det), at leederboks, -en (det)

ledern leedern

ledig ei befreid, ünbefreid

Lee (d. Wind abgewandte Seite) a lei, a luuwen ääg; **in L.** uun lei; **nach L.** efter lei

leer **1** *nicht voll* leesag [z] - **2** *unbeschrieben:* **ein l.-er Zettel** en blanken seedel

leeren leesage [z], leesag maage [z]; **ein Glas auf jmds. Wohl l.** en glääs üüb ääns sünjhaid drank *u*

leerpumpen lense, leesag pompe [z]

legen **1** *hinlegen* lei (lai; laanj); **das Buch auf den Tisch l.** det buk ap üüb boosel lei; **sich zu Bett l.** ham tu baad lei - **2** *ausbrüten* warep (worep; worpen); **die Hühner l. nicht mehr** a hanen haa ütjworpen - **3** *pflanzen:*

Bohnen l. buanen lei *u* - **4 sich l.** (Wind) ufluuwne - **5** *übertr:* **ans Herz l.** üüb't hart lei *u*
legieren *sämig machen* ufreer
Lehm at liam (det); **aus L.** liamen
Lehmfußboden a liamgrünj, -er (di), a liamen grünj, -er (di)
lehmig liamag
Lehne at lönlis, -en (det), at lön, -en (det)
lehnen löne
Lehnstuhl a lönstuul, -er (di)
Lehre 1 *Lehrmeinung* a/at liar, -en (det); **die christliche L.** a krastelk liar - **2** *Ausbildung* a/at liar (det); **in der L. sein** uun a liar wees - **3** *übertr:* **eine L. sein** en liar wees
lehren onerracht, bibring *u*
Lehrer a skuulmääster, -n (di)
Lehrerin at leererin, -en (det), at skuulmääster, -n (det)
Lehrgang a liargung, -er (di)
Lehrgeld 1 at liarjil (det) - **2** *übertr:* **L. bezahlen** liarjil du *u*/betaale
Lehrherr a liarher, -en (di)
Lehrjahr at liarjuar, -en (det)
Lehrling a liargast, -er (di); (weibl.) at liarfoomen, -mnen (det)
Lehrmeister a liarmääster, -n (di)
Lehrstelle a/at liarsteed, -en (det)
Lehrzeit a/at liartidj (det)
Leib 1 *Körper* at lif (det) - **2** *Unterleib:* **einen harten L. haben** hard uun't lif wees - **3** *übertr:* **mit L. und Seele** mä lif an sial
Leibeskräfte *Wendg.* **aus L.-n** ütj leewentskrääft
leibhaftig *Wendg.* **der l.-e Teufel** di apdaaget ualknecht
leiblich aanj; **l.-e Kinder** aanj jongen
Leibschmerzen at bükwark (det); **L. haben** bükwark haa *od.* at uun't lif haa
Leibwäsche at onertjüch (det)
Leiche at lik, -en (det)
leichenblass witj üs en lik
Leichenrede at likpretjei, -en (det)
Leichenträger a dreegster, -n (di)
Leichentuch a/at likenduk, -er (det)
Leichenwagen a likenwaanj, -er (di)
Leichenzug at gefulge (det)
Leichnam at lik, -en (det); **den L. ankleiden** (veralt.) at lik bereewe
leicht 1 Ggs. *schwer* lacht; **l. wie eine Feder** lacht üs en feeder - **2** *einfach*: **das ist l.** det as lacht tu - **3** *mühelos* lacht, saacht; **sie lernt l.** hat hää't lacht bi't liaren; **das schaffen wir l.** det skaafe wi saacht - **4** *unbeschwert:* **l. ums Herz** lacht am't hart - **5** *geringfügig:* **ein l.-er Wind** en lachten winj - **6** *übertr:* **ein l.-es Mädchen** en alermaans; **das ist l. möglich** det koon saacht wees; **auf die l.-e Schulter nehmen** üüb a lacht skoler nem *u*; **das ist l.-er gesagt als getan** det as lachter saad üs den; **sie haben es nicht l.** jo haa't ei lacht
Leichter *Schiff* a lachter, -n (di)
leichtfallen lachtfaal *u*
leichtfertig lachtfiardag
leichtherzig lachthartag
leichtlebig flarag
Leichtmatrose a lachtmatruus, -en (di) [z]
leichtnehmen lachtnem *u*
Leichtsinn a lachtsan (di), a/at lachtsanaghaid (det)
leichtsinnig lachtsanag, lacht
Leid at iarag (det)

leid *Verb.* **es tut mir l.** at spiit mi *od.* at dää mi iarag; **ich bin es so l.** ik san det so auerluf *od.* ik san diar so auerluf üüb

leiden **1** *ertragen* liis [z] (last; lus; lesen [z]), ütjhual *u*; **sie hat viel l. müssen** hat hää föl liis moosten - **2** *beeinträchtigt werden* liis; **das Zeug leidet so darunter** at tjüch last diar so faan - **3** *jmdn./etw. mögen* liis mei; **auf den Tod nicht l. können** bi a duas ei liis mei

Leiden *Krankheit* at liisen (det) [z]; **ein schweres L.** en swaar liisen

leidenschaftlich **1** *stürmisch* hatjag - **2** *begeistert*: **er ist ein l.-er Jäger** hi mei tu hal tu jacht

leider spiitag, spiitagenooch, spiitagerwiis [z]

leidig leidag, eelendag

leidlich ianagermooten, faalag

Leidtragende **1** *Trauernde* a suraglidj (jo) - **2** *übertr.:* **sie sind immer die L.-n** jo skel imer diaroner liis *od.* jo fu det imer uftuhualen

Leierkasten a liirenkasten, -s (di)

leihen lian; (von d. Bank) apnem *u*

Leiherei at lianerei (det)

Leim at lim (det); **aus dem L. gehen** ütj a lim gung *u*

leimen **1** lime - **2** *übertr.:* **jmdn. l.** hoker uunskitj *u*

Leine **1** *Tau* (seemänn.) at liin, -en (det) - **2** *Wäschel.* at liin, -en (det), a riap, -er (di) - **3** *übertr.:* **zieh L.!** sä tu, dat widjerkomst!

Leinen at lanen (det)

leinen lanen

Leinenstoff at lanentjüch (det)

Leinkraut a bridjen (jo)

Leinöl at liinööle (det)

Leinsamen at liinsiad (det)

Leinwand at leneft (det), at leinwant (det)

leise letjem; **seid l.!** wees'em stal!

Leiste **1** *Randeinfassung* at liist, -en (det) - **2** *Körperteil* at laask, -en (det)

leisten **1** leiste, skaafe, du (dää; ded; den) - **2** **sich l.** ham tjüüg; **sich ein neues Auto l.** ham en neien waanj tjüüg; **das können wir uns nicht l.** det kön wi ei betaale *od.* üs ei leiste

Leisten at lääst, -en (det) - **2** *übertr.:* **über einen L. schlagen** auer ian lääst maage

Leistenbeschwerden *Verb.* **L. haben** at uun a laasken haa

Leistenbruch at breeg, -en (det)

leiten **1** *führen* feer, leite; **den Chor l.** a koor feer/leite - **2** *in eine Richt.* leite

[1]**Leiter** *Vorgesetzter* a leiter, -n (di)

[2]**Leiter** a/at lääder, -n (det); **von der L. fallen** faan a lääder faal *u*

Leitersprosse at spiilk, -en (det)

Leitung **1** *Führung:* **die L. haben** at saien haa - **2** *Wasserleitung* at leitang, -en (det)

Lektion *Zurechtweisung* at leks (det); **eine L. erhalten** en leks fu *u*

Lembecksburg (Föhr) a Boragsam Borag

Lende at lurag, -rger (det)

lenken *steuern* sjüür

Lerche at laask, -en (det)

Lercheneі at laaskai, -er (det)

Lerchennest at laasknääst, -nees [z] (det)

lernen **1** *sich einprägen* liar; **er/sie ist beim L.** hi/hat as bi a buken - **2** *etw.*

L

schwimmen l. swäämen liar; **Zimmermann l.** tu temermaan liar

lesbar *Verb.* **l. sein** tu leesen wees [z]

Lesebrille at leesbral, -en (det) [z]

Lesebuch at leesbuk, -en (det) [z]

lesen 1 lees [z] (lääst; lus; leesen [z]) - **2** *übertr:* **jmdm. die Leviten l.** hoker a leefiiten lees

Leser a leeser, -n (di) [z]

Lesezeichen at leesetiaken (det) [z]

Letzt *Wendg.* **zu guter L.** üüb't leetst

letzte(r, -s) 1 leetst; **l.-r sein** leetst/a leetst wees; **l.-n Sonntag** ferleeden söndai; **das erste und das l. Mal** a/at iarst an a/at leetst tooch - **2** *übertr:* **l.-n Endes** üüb't aanj; **aus dem l.-n Loch pfeifen** ütj at leetst hool bloose; **den L.-n beißen die Hunde** di leetst bitj a hünjer *Sprw*

Leuchtboje at lochtbui, -en (det)

Leuchte 1 at laacht, -en (det) - **2** *übertr:* **keine große L. sein** nian grat laacht wees

leuchten 1 *jmdm.* locht; **kannst du mal l.?** könst ans locht? - **2** *Licht ausstrahlen* skiin (skinjt; skinjd/skiind; skinjd/skiind) - **3** *glänzen* straale; **ihre Augen l.** hör uugen straale

Leuchter a lochter, -n (di), at laacht, -en (det), at lamp, -en (det)

Leuchtfeuer at ial, -en (det); **ein stehendes L.** en stunen ial; **das Amrumer/das Hörnumer L.** at öömrang/at hörnamer ial

Leuchtturm a ialtürn, -er (di)

leugnen ufstridj *u,* löchne

Leugner a löchner, -n (di)

Leute 1 *Personen* a lidj (jo); **was für L.!** wat en lidj!; **junge/alte L.** jong/ual lidj - **2** *Gesamtheit* at lidj (det);

Leuchtturm a ialtürn

(Anrede) **L.!** lidj!; **einerlei, was die L. sagen** ianerlei, wat at lidj sait *od.* wat a lidj sai - **3** *Arbeitskräfte:* **er ist gut zu seinen L.-n** hi as gud tu sin lidj - **4** *Angehörige:* **unsere L.** üüs lidj - **5** *übertr:* **Land und L.** lun an lidj; **unter L. kommen** oner lidj kem *u*; **einfache L.** ianfach lidj

Leviten *Wendg.* **jmdm. die L. lesen** hoker a leefiiten lees *u*

Levkojen a lakeuen (jo)

Libelle at skirskoot, -en/sköödd (det)

licht laacht

Licht 1 at laacht, -en (det); **L. machen** laacht maage - **2** *übertr:* **ein L. aufgehen** en laacht apgung *u*; **ans L. kommen** fööر'n dai kem *u*; **bei L. betrachten** bi laacht besä *u*/beluke; **hinters L. führen** bääft at laacht feer; **sich selbst im L. stehen** ham salew uun't laacht stun *u*; **kein großes L. sein** nian grat laacht wees

lichten *hochziehen* hiiw [u:], laft; **den Anker l.** a anker hiiw

lichterloh helerap; **l. brennen** helerap braan

Lichtmess, Maria (2. Febr.) laachtmes, laachtems

Lichtschein a laachtskiin (di), a glem (di)

Lichtschimmer a laachtskem (di)

Lid at lad, -en (det)

lieb 1 *geschätzt* leew [u:] (*Komp* leewer, lefst); **l.-e Mutter!** leew mam!; **l.-e Amrumer!** leew loonslidj! - **2** *nett:* **sei so l.!** wees so gud! - **3** *übertr:* **unser l.-er Gott** üüs leewer God; **er ist am l.-sten zu Hause** hi as lefst aran

liebäugeln *Verb.* **l. mit** spikeliare üüb

Liebe 1 *Zuneigung* at leefde (det) - **2** (Verlangen) a hatj (di), at liibe (det); **mit der größten L. ist es wohl vorbei** a gratst hatj as 'ar wel ütj - **3** *Gegenstand der L.:* **ihre erste L.** hör iarst frinj; **seine/ihre große L.** sin/hör grat liibe *od.* sin/hör grat leefde

lieben 1 *Liebe empfinden* liibe, leew [u:]/lef haa; **sie liebt ihn** hat liibet ham - **2** *gern haben* hal mei; **gutes Essen l.** hal gud iidj mei

liebenswürdig frinjelk, bliis [z]

lieber *vorzugsweise* **1** leewer; **ich mag l. Tee als Kaffee** ik mei leewer tee üs kofe - **2** *übertr:* **l. tot als Sklave!** leewer duad üs slaaw! (friesischer Wahlspruch); **je eher, je. l.** am so iarer, am so beeder *od.* a iarer, a beeder

Liebeskummer at hartsiar (det)

liebhaben leewhaa [u:], hal mei, hal haa

Liebhaber *Geliebter:* **er ist ein guter L.** ham könst gud mä tu baad haa ('gut mit zu Bett haben')

liebkosen aije

lieblich leewelk; (Wein) swet

lieblos manaachtag

Liebschaft *Verb.* **er/sie hatte verschiedene L.-en** hi/hat wiar mä muar wüfen/muar maaner uun a gang

Lied at liitje, -jin (det), at stak, -en (det); **ein L. singen** en stak sjong *u*

Liederbuch at liitjebuk, -en (det)

liefern 1 leewre - **2** *übertr:* **der ist geliefert!** hi as leewert!

Lieferung at leewrang, -en (det); **sie warten auf eine L.** jo teew, dat jo leewre

liegen 1 Ggs. *stehen* lei (lai; laanj); **im Bett l.** üüb baad lei - **2** *sich befinden:* **im Schrank l.** uun skaab lei; **auf dem Tisch l.** üüb boosel lei - **3** *ausgerichtet sein:* **nach Süden l.** am a süüd lei - **4** *übertr:* **das liegt an dir** det leit uun di; **was liegt, das liegt!** wat leit, det leit! (Kartenspiel); **zum L. kommen** tu leien kem *u;* **vor Anker l.** föör anker lei; **unter der Erde l.** (d.h. tot sein) en suad üüb a nöös haa ('Grassoden'); **auf der Hand l.** üüb a hunen/üüb hun lei; **auf der Lauer l.** üüb a luur lei; **schwer im Magen l.** swaar üüb a maag lei; **auf der Nase l.** üüb a nöös lei; **im Sterben l.** uun sterwen lei *od.* üüb't leetst lei

liegen bleiben leien bliiw [u:] *u*

liegen lassen 1 lei läät - **2** *übertr:* **nichts l. können** niks lei läät kön

Liguster at lagoster (det)

Ligusterhecke a lagostertuun (di)

lila brons

Liliputaner at lilipuut, -en (det)

Linde at lind, -en (det)

lindern linre

Linderung at linrang (det)

Lineal at liinjeool, -en (det)

L

Linie **1** *Strich* a/at liinje, -jin (det), a streg, -er (di) - **2** *Reihe* a/at rä, -en (det); **in einer L.** uun ään/ian rä - **3** *Äquator* a liinje

linieren liinjiare

linke **1** Ggs. *rechte* lacht, lachter; **die l. Hand** a lachter hun; **das l. Bein** at lachter bian - **2** *örtl.* **auf der l.-n Seite** üüb a ünrocht/üüb a lachter ääg, tu lachter hun - **3** *Textilien:* **die l. Seite** a ünrocht ääg - **4** *übertr:* **zwei l. Hände haben** tau lachter hunen haa

Linke **1** *linke Seite:* **die L.** at lachter hun - **2** *Politk:* **die L.-n** a lachten

linkisch ünbeholpen

links **1** *Richtung* lachts, tu lachter hun/ääg; **l. abbiegen** lachts ufbüg *u*; **l. herum** lachts am - **2** *linkshändig:* **mit l. schreiben** mä lachts skriiw *u* - **3** *übertr:* **er steht mehr l.** hi stäänt muar lachts

Linkshänder *Verb.* **L. sein** lachtshunet wees

linkshändig lachtshunet

Lippe at lap, -en (det); **rote L.-n** ruad lapen; **rissige L.-n** rewen lapen

lispeln lasple, bi't snaakin uunstupe

[1]**List** at list, -en (det)

[2]**List** (Sylt) Last

Liste at list, -en (det), at register, -n (det)

listig laidag, listag

Liter a liter, -n/- (di)

Litermaß at literpot, -en (det)

Literatur at literatüür (det)

Lob at loop (det), at loof (det)

loben **1** apspreeg *u*, priise [z], gratspreeg faan *u* - **2** *übertr:* **jmdn. über den grünen Klee l.** hoker appoche üs man wat

Loch **1** at hool, hööl (det) - **2** *übertr:* **ein L. in den Geldbeutel reißen** en hool iin uun a jilpung riiw *u*; **jmdm. zeigen, wo der Zimmermann das L. gelassen hat** hoker wise, huar a müürmaan at hool läät hää ('Maurer'); **er säuft wie ein L.** hi sopt üs en hool; **aus dem letzten L. pfeifen** ütj at leetst hool bloose

lochen loche, hööl iin uun maage; (Fahrkarten) ufknipse

löcherig fol (faan) hööl

Locke at kril, -en (det)

locken looke

Lockente (in d. Vogelkoje) at lookan, -en (det), a lookfögel, -gler (di)

locker **1** *lose* luas - **2** *krümelig:* **ein l.-er Boden** en luasen grünj; (Kuchen) skuar - **3** *übertr:* **das Geld sitzt l.** at jil sat luas; **bei dem ist eine Schraube l.** hi hää en skrüüw luas

lockern wat luasmaage

lockig krilag; **l.-es Haar** krilag hiar

lodern flame; **das Feuer lodert** det ial flamet

Löffel at skai, -er (det); **ein silberner L.** en salwern skai

Löffelente at sloberan, -en (det)

Löffelvoll *Verb.* **ein L.** en skaifol *od.* en skeikfol

Logbuch at logbuk, -en (det)

logieren lusjiare, wene

Logis at lusjii (det)

Lohe at löög (det)

Lohn **1** *Arbeitsentgelt* a luan (di) - **2** *Belohnung* a luan (di); **zum L.** tu luans - **3** *Bestrafung* a luan (di)

lohnen, sich ham luane

Lohntüte a/at luantüüt, -en (det)

Longe at luupliin, -en (det)

Lorbeerblatt at loorbeerbleed, -en (det)

los 1 *nicht befestigt* luas; **der Knopf ist l.** a knoop as luas - **2** *nicht angebunden:* **der Bulle ist l.** a hole as luas - **3** *befreit von:* **den sind wir los!** ham san'f luas! - **4** *übertr:* **l. und ledig** luas an leedag; **etw. l. haben** wat luas haa; **viel/nichts l. sein** föl/niks luas wees; **wir müssen l.** wi skel tuwais

Los 1 *Lotteriel.* at loos, -e [z] (det), at loot, lööd (det) - **2** *Schicksal* at luas (di), at loot (det); **ein schweres L.** en swaar loot

losbinden luasbinj *u*, luasmaage

losbrechen luaskem *u*

losbrüllen luasbolre, luasbrole

[1]**löschen** (Feuer) **1** dääske - **2** *übertr:* **den Durst l.** a sast löske, wat drank *u*

[2]**löschen** (Schiffsladung) loose

Löschteich at brantküül, -en (det)

lose luas; **ein l.-s Brett** en luas burd - **2** *übertr:* **wir stehen noch in l.-r Verbindung** wi hiar noch ans wat faanenööder; **ein l.-es Mundwerk haben** en luas müswerk haa

Lösegeld at liasjil (det) [z]

losen loose [z], lööde

lösen 1 *lockern* liase [z], eebenmaage; **einen Knoten l.** en knoot eebenmaage - **2** *Fahrkarte l.* liase; **für die Fähre l.** liase tu a damper - **3** *abgehen:* **sich l.** ufgung *u* - **4** *übertr:* **er/sie hat sich von ihr/ihm gelöst** hi/hat as uf faan hör/ham

losfahren tuwaiskeer, ufsteed keer

losgehen 1 *beginnen* luasgung *u*, began - **2** *aufbrechen* tuwaisgung *u*; (veralt.) ufsteed strui; **lass uns man l.!** läät's man tuwais! - **3** *angreifen:* **auf jmdn. l.** üüb hoker üübdeelgung *u*; **aufeinander l.** üübenööder tu knast gung *u*

loskommen 1 *fortkommen* luaskem *u*, ufsteed kem *u* - **2** *übertr:* **nicht von der Flasche l.** ei faan a butel uf-/wechkem *u*

loslassen luasläät

losmachen luasmaage

Lösung *Resultat* at liasang (det) [z]

loswerden luas wurd

losziehen tuwaissteewle, ufsteedsteewle, ufdampe

Lot 1 *Senkblei* at luad, -en (det) - **2** *Gewichtseinheit* at luad, - (det) - **3** *übertr:* **Freunde in der Not gehen hundert auf ein L.** frinjer uun a nuad gung tauandörtag üüb en luad ('zweiunddreißig') *Sprw*

löten luade, tene

Lötkolben a tenboolt (det)

Lotse a luats, -en (di)

lotsen luatse

Lotsenboot at luatsbuat, -en (det)

Lotterie at loterii (det)

Löwe a lööw, -en (di) [u:]; (veralt.) at lau, -en (det)

Löwenzahn at imbluum, -en (det) ('Bienenblume')

Lücke at eeben steed, -en (det)

Luft 1 *Atmosphäre* a loft (di); **frische L.** frisk loft - **2** *Atemluft* a/at loft (det); **L. holen** loft haale; **schwer L. bekommen** at so am a loft haa - **3** *übertr:* **L. geben** loft du *u*; **ich muss mal frische L. schnappen** ik skal ans föör a dör *od.* ik skal ans en müsfol frisk loft haa; **an die L. setzen** uun a loft saat; **in der L. liegen** uun a loft lei *u*; **nun halt mal die L.**

L

an! nü hual ans a loft uun!; **die L. ist rein** a loft as rian
Luftballon a loftbalong, -s (di)
Luftblase a borel, -rler (di)
lüften lofte, loftage
luftig loftag
Luftikus a winjbüüdel, -dler (di)
Luftloch at lofthool, -hööl (det)
Luftpost a/at loftpost (det)
Luftpumpe at loftpomp, -en (det)
Luftröhre (b. Geflügel) at strööd, -en (det)
Luftzug a tooch (di)
Lug *Wendg.* **mit L. und Trug** mä luch an bedruch
Lüge **1** a/at laanj, -en (det); *das ist eine L.* det as laanj - **2** *übertr:* **L.-n in die Welt setzen** laanjen tu luups saat; **L.-n haben kurze Beine** laanjen san ei faan düür ('von Dauer') *Sprw*
lügen **1** leeg (locht; luch; laanj) - **2** *übertr:* **l., dass sich die Balken biegen** leeg, dat a bualker jo büg *od.* stian faan't steed leeg ('Steine von ihrem Platz lügen'); **l. und betrügen** leeg an bedreeg; **er lügt wie gedruckt** hi locht, üs wan't föör ham skrewen stäänt ('geschrieben steht')
Lügner a leeger, -s (di), a laanjpöös, -er (di) [z]
Luke at lük, -en (det)
Lump a lomp, -en (di)
lumpen *Wendg.* **sich nicht l. lassen** ham ei lompe läät
Lumpen at slont, -en (det), a plünjen (jo); **in L. herumlaufen** uun slonten luup *u*
Lumpensack a plünjensääk, -er (di)
lumpig **1** lompag - **2** *übertr:* **das l.-e Geld** detdiar lompag jil
Lunge **1** a/at long, -en (det); **schwach auf der L. sein** swak üüb a brast wees - **2** *übertr:* **sich die L. aus dem Hals laufen** ham a long ütj a hals luup *u*
Lungenentzündung at spatleeger (det)
lungenkrank *Verb.* **l. sein** at üüb a brast haa
lungern longre, höntje
Lunte at lont, -en (det)
Lust **1** *Freude* at last - **2** *Neigung:* **keine L. dazu haben** diar ei auer wees mei *od.* diar nian last tu haa
lustig **1** *fröhlich* lastag; **eine l.-e Gesellschaft** en lastag selskap/skööl; **l. zugehen** lastag tugung *u* - **2** *amüsant* spoosag; **eine l.-e Geschichte** en spoosag stak - **3** **sich l. machen** ham lastag maage - **4** *übertr:* **das kann ja l. werden!** det koon jo lastag wurd!
lutschen tetje, njable, slake; **auf dem Daumen l.** am a/üüb a süm tetje; **Eis l.** is slake
Luv (d. Wind zugewandte Seite) a luuf; **in L.** uun luuf; **nach L.** efter/tu luuf

m, M

Mache *Wendg.* **in der M.** uun werk haa

machen 1 *unternehmen* maage; **eine Reise m.** en rais maage - **2** *verursachen:* **Umstände m.** amstenden maage; **Arbeit m.** werk maage; **Spaß m.** spoos maage - **3** *zubereiten:* **Kaffee m.** kofe kööge/maage - **4** *tun:* **mit ihm kannst du es ja m.** mä ham könst at jo maage; **mach, dass du fortkommst!** maage, dat wechkomst! - **5** *ausführen:* **Hochzeit m.** bradlep maage - **6** *sich verhalten:* **was macht das Wetter?** wat maaget at weder? - **7** *ergeben:* **das macht 24 Euro** det san tuup/det maaget 24 euroo **- 8** *Aufhebens m.:* **von meinem Geburtstag wollen wir nicht so viel m.** faan man gebursdai wel wi ei soföl maage - **9** *etw. schätzen:* **ich mache mir nicht soviel aus Fleisch** ik san ei soföl am flääsk - **10** *sich m.* ham maage **der Junge/das Mädchen macht sich** di gast/det foomen maaget ham - **11** *übertr:* **ein gemachter Mann** en maageten maan; **da kann man nichts m.** diar koon'am niks bi maage/du *u*; **das macht nichts** det maaget niks

Macht *Gewalt* a/at määcht (det); (veralt.) a/at fermocht (det); **das liegt nicht in meiner M.** det leit ei uun min määcht

mächtig 1 *gewaltig* määchtag; **ein m.-er Baum** en määchtag graten buum - **2** *stark:* **m.-en Durst haben** määchtag sastag wees

machtlos määchtluas

Machtwort at määchtwurd (det); **ein M. sprechen** en määchtwurd spreeg *u*

Mädchen at foomen, -mnen (det)

Mädchenname a foomnensnööm, -er (di)

Made 1 at maask, -en (det) **- 2** *übertr:* **wie eine M. im Speck leben** lewe üs en maask uun a skink ('Schinken')

Magen 1 a/at maag, -en (det); **es mit dem M. haben** at mä a maag haa; **schwer im M. liegen** swaar üüb a maag lei *u* - **2** *übertr:* **etw. in den M. bekommen** wat uun a bük/uun't laatje fu *u*; **auf den M. schlagen** üüb a maag slau *u*; **Sand scheuert den M.** sun sküüret a maag *Sprw*

Magenbremse (Insekt) a ööksenwirem, -rmer (di)

Magenschmerzen at maagpiin (det)

Magenverstimmung *Verb.* **eine M. haben** at auer a maag haa

mager 1 maager, skraal - **2** *übertr:* **ein m.-er Vergleich ist besser als ein fetter Prozess** en maageren ferlik as beeder üs en fääten pruses *Sprw*

Magerkeit a/at maagerhaid (det)

Magermilch a/at maagermoolk (det)

mähen hau (haud; haud/hauen); **den Rasen m.** a raasen/at gäärs hau

mahlen 1 grinj (granjt; groonj; grünjen); (mit den Zähnen) gromse, grompe; **Kaffee m.** kofe grinj - **2** *übertr:* **wer zuerst kommt, mahlt zuerst** di iarst tu maln komt, feit iarst grünjen ('Mühle') *Sprw*

Mahlzeit a/at mialtidj, -en (det), at iidjen (det)

Mähmaschine a/at haumaskiin, -en (det)
Mähne at möönang, -en (det)
mahnen moone; (Geld einfordern) kraawe
Mai a meimuun, a mei; **der erste M.** a iarst mei
Mais **1** *Getreide* at meis (det) - **2** *Pflanze* a meis (di)
Maismehl at meismeel (det)
mäkeln ütjsaat, kwise; **überall etw. zu m. haben** aueraal wat bi tu kwisin/ütjtusaaten haa
mal **1** *multipliziert m.* mool; **fünf m. fünf** fiiw mool fiiw - **2** *einmal* ans; **nicht m.** ei ans; **noch m.** noch ans; **komm m. her!** kom ans heer! - **3** *übertr:* **du kannst mich m.!** dü könst mi ans!

[1]**Mal** **1** *Zeitpunkt* a/at tooch, tööger (det); **das erste/zweite M.** a/at iarst/ ööder tooch; **manches M.** manang tooch - **2** *übertr:* **ein für alle M.** ian för aler maal; **ein übers andere M.** ian am't ööder tooch *od.* det ian of ööder tooch
[2]**Mal** (beim Spiel) at mual, -en (det)
malen moole
Maler **1** *Handwerker* a mooler, -s (di) - **2** *Künstler* a konstmooler, -s (di)
Malerpinsel a farewkwaast, -er (di) [u:], a moolerpinsel, -sler (di) [z]
Malve at stookruus, -en (det) [z]
Malz at malt (det); **Hopfen und M.** hoop an malt
Mama mam
[1]**man** *Adv* man; **nun m. los!** nü man tu!
[2]**man** *Indefinitpron* **1** *jedermann* ham, 'am/'m (Kurzformen); **von dort kann m. über ganz Amrum sehen** faan diar koon'am auer hial Oomram luke - **2** *die Leute* ham, jo; **so etw. macht m. nicht** so dää'm ei; **m. sagt** jo sai - **3** *irgendeiner* ham, dü; **m. kann nie wissen** det witjst dü nimer; **da kann m. nichts machen** diar koon'am niks bi maage/bi du
manche(r, -s) manang, manag; *Pl* manangen, högen; (veralt.) somen; **m.-s Mal** manag tooch; **m. kriegen nie genug** högen haa/fu nimer nooch
mancherlei alerhant
manchmal wilems, uf an tu ans
Mandel **1** *Frucht* a mandel, -dler (di) - **2** *Organ* at mandel, -n (det); **sich die M.-n herausnehmen lassen** ham a mandeln ütjnem läät
Mangel **1** *Knappheit* a waant (di); **M. leiden** derew [u:] (dareft; doorew [u:]; dürwen) - **2** *Defekt:* **Mängel haben** wat bi wees
[1]**mangeln** *Wäsche glätten* mangle
[2]**mangeln** *fehlen* waant; **es mangelt an Geld** at waant uun jil
Manier at maniar, -en (det)
manierlich maniarelk, orntelk; **sich m. benehmen** ham orntelk benem *u od.* ham skake
Mann **1** a maan, -er (di); (Ggs. zur Frau) (veralt.) a karmen, - (di); **Männer und Frauen** (veralt.) wüfhööd an karmen - **2** *Ehemann* a maan, -er; **die Frauen kommen alle ohne ihre Männer** a wüfen kem altmaal saner a maan - **3** *Person:* **ein Pfund Fleisch pro M.** ian pünj flääsk a maan; **alle M. an Deck!** aler maan üüb dek! - **4** *übertr:* **das ist der M. meiner Träume!** faan so'n maan drem ik al linger!

M.-s genug sein nooch maans wees; **seinen M. stehen** san maan stun *u*; **der kleine M.** a ianfach maan; **an den M. bringen** uun a maan bring *u*; **mit M. und Maus** mä maan an müs *od.* mä lidj an aal

Männchen 1 *Sagengestalt* at menken, -s/-kner (det), at mantje, -jin (det) - **2** *Vogelm.* at mantje, -jin (det) - **3** *übertr:* **M. machen** menchen maage

Männerarbeit at maanerswerk (det); (veralt.) at karmenswerk (det)

Männerverschleiß *Wendg.* **was hat sie für einen M.!** wat slat hat en maaner ap!

männlich *Gramm* menelk

Mannschaft a/at maanskap, -en (det)

mannshoch maanshuuch

mannstoll maandesag [z], maanstol

manschen (Kinder) botje

Manschette 1 a/at hunkraag, -en (det) - **2** *übertr:* **M.-n bekommen** masjeten fu *u*

Mantel 1 a mantel, -tler (di) - **2** *übertr:* **den M. nach dem Winde hängen** a mantel tu bias ääger hinge ('Seiten')

Mantelmöwe at kub, -en (det)

Mappe at map, -en (det)

Märchen 1 at teel, -en (det), at meerchen, -s (det) - **2** *übertr:* **erzähl keine M.!** fertel niks!

Marder at elk, -en (det)

Margarethentag (13. Juli) margreetendai

Mariä Verkündigung (25. März) muuredaifääst

Marienblümchen at maleblömk, -en (det)

Marienkäfer at goodshenk, -en (det), at godsleewehenk, -en (det)

Mark *Knochenm.* **1** at mörag (det) - **2** *übertr:* **durch M. und Bein gehen** troch mörag an knooken gung *u*

Marke 1 *Zeichen* at marke, -kin (det) - **2** *Briefm.* at freimarke, -kin (det)

markieren 1 *kennzeichnen* mark - **2** *etw. vortäuschen* so du *u*; **der markiert nur** hi dää man so

Markt a/at markes (det); **der Wyker M.** a wiks markes; **zum M.** tu markes; **während des M.-es** a markes auer

Marktbezieher a markesmaan, -lidj (di)

Marktleute a markeslidj (jo)

Marktplatz a markesplaats, -en (di)

Marktstand at markesbuud, -en (det)

Marmelade at mameloode (det)

[1]**Marsch 1** *Fußm.* a wai (di) - **2** *Gangart* a marsj (di) - **3** *Musikstück* a marsj, -er (di)

[2]**Marsch 1** *Bodenart* at maask - **2** *Marschgebiet* a maask; **hinaus in die M.** ütj uun a maask *od.* ütj uun a miad

marsch *Wendg.* **m. ins Bett!** nü oober tu baad!

marschieren masjiare

Marschland at maasklun (det)

Marssegel at merssaiel, -s (det)

Martini (10. Nov.) martinidai

März a marts, a martsmuun

Masche *Strickm.* at määsk, -en (det)

Maschendraht at määskenwiir (det)

Maschine a/at maskiin, -en (det)

Masern a meesel [z]

Maske at maske, -kin (det); (veralt.) at skrabelkenhood, -hööd (det)

Maß 1 *Messeinheit* at miat, -en (det) - **2** *Körperm.:* **M. nehmen** miat nem *u*; **kennst du deine M.-e?** witjst dü din miaten? - **3** *übertr:* **über alle M.-en** bütjen aler miaten

Masse 1 *Menge* at mase (det) - **2** *Menschenm.:* **da waren M.-n von Leuten** diar wiar bonker an berger faan lidj

massenhaft *Verb.* **das gibt es m.** det jaft at uun buuler an bonker/uun bonker an berger

mäßig *in Maßen* mä miaten

mäßigen, sich ham turaghual *u*

maßvoll mä miaten

[1]**Mast 1** *Schiffsm.* a määst, mees [z] (di) - **2** *Fahnenm.* a flüger, -n (di)

[2]**Mast** (Tierm.) a määst (di)

Mastdarm a bääksiarem, -rmer (di)

mästen 1 fäät fudre - **2** *übertr:* meste

Mastspitze a toop, -er (di)

Matthiastag (25. Febr.) mateisdai

Matratze at madrats, -en (det)

Matrose a matruus, -en (di) [z]

Matsch a slober (di)

matschen (Kinder) botje

matschig slobrag, modrag

matt 1 *schwach* flau - **2** *glanzlos* dof, mat, stomp

Matte at mat, -en (det)

Mattigkeit a/at flauhaid (det)

Mauer a/at müür, -en (det)

Maueranker a müüranker, -n (di)

mauern müüre

Mauerfuge at müürfuug, -en (det)

Mauerputz at ufsaatang (det), at pots (det)

Mauerstein a müürstian, -er (di)

Mauerwerk at müürwerk (det)

Mauke (Pferdekrankh.) at mok

Maul 1 a snütj, -er (di); (Pferde) at flots, -en (det), a tül, -er (di) - **2** *übertr:* **das M. halten** a snütj hual *u*; **Honig ums M. schmieren** hönang am a snütj smere

maulen kwise, snobe

Maurer a müürmaan, -lidj (di)

Maurerhammer a müürmaanshöömerk, -er (di)

Maurerkelle at müürskai, -er (di), at müürmaanskel, -en (det)

Maus 1 at müs, -en (det) - **2** *übertr:* **mit Mann und M.** mä maan an müs

Mäuschen at müske, -kin (det)

mäuschenstill stal üs en müs

Mausefalle at müsfääl, -en (det)

Mäusekot a müspumler (jo), a müsbelken (jo)

Mauseloch at müshool, -hööl (det)

mausen müüse [z]

Mauser (Federwechsel) at geeres (det); **in der M. sein** uun geeres wees

mausern, sich geere, feedere

mausetot pögenduad, duad üs en suad ('Sode')

mausig *Wendg.* **sich m. machen** ham müüsag maage [z]

meckern mekre, kredle

Medaille at medalje, -jin (det)

Medaillon at medaljong, -en/-s (det)

Medizin 1 *Arznei* at meedisiin (det) - **2** *Wissenschaft:* **M. studieren** tu dochters liar, meedisiin studiare

Meer a sia, at weeder; (Wattenmeer) a waas [z]; **auf dem M.** üüb sia; **mit Blick aufs M.** mä ütjsicht üüb't weeder

Meeresboden a grünj faan a sia (di)

Meerjungfrau at meerwüf, -en (det)

Meerrettich a pöberrut, -er (di)

Meerstrandwegerich at südj, -en (det)

Mehl 1 at meel (det) - **2** *übertr:* **wenn die Maus satt ist, ist das M. bitter**

wan at müs sat as, as at meel bater (d.h. hat seinen Reiz verloren) *Sprw*

mehlig meelag

Mehlkloß a klömpk, -en (di)

Mehlpudding (gebacken. Teig) at oonsaatang (det), a meelpodang (di)

Mehlsoße at meeldiiwang (det), at meelsmeer (det)

Mehlspeise a/at meelkoost (det)

Mehlschwalbe at sarkswaalk, -en (det) ('Kirchenschwalbe')

Mehlschwalbe at sarkswaalk

Mehltau at meeltau (det)

[1]**mehr** *Indefinitpron* muar; **m. als genug** muar üs nooch

[2]**mehr** *Adv* **1** muar; **nicht m**. ei muar; **nichts m. auf dem Konto haben** niks muar üüb konto haa - **2** *übertr:* **m. oder weniger** muar of maner

mehrdeutig muardüüdag

mehren muare

mehrere **1** muar, muaren (o. Subst.), flook, flooken (o. Subst.); **das ist schon m. Jahre her** det as al flook juaren heer/turag - **2** *übertr:* **m. Eisen im Feuer haben** muar iisens uun't ial haa

mehrfach muarsis/-se

Mehrheit a/at muarhaid (det); **die M. ist dafür** a miasten san diarför

mehrmals muarsis/-se, flooksis/-se; **muss ich denn alles m. sagen?** skal ik do ales muarsis sai?

mehrstimmig muarstemag

mehrstöckig muaretaagis

mehrtägig muardaars

Mehrzahl **1** *Überzahl* a/at muarhaid (det); **in der M. sein** muaren wees - **2** *Gramm* at muartaal (det)

meiden miide

Meierei at meierei, -en (det)

Meile at miil, -en (det)

meilenweit miilenwidj

mein **1** man *m*, min *f/n*; *Pl.* min, minen (o. Subst.) - **2** *übertr:* **M. und Dein nicht unterscheiden können** min an din ei onerskias kön

Meineid a mianias, -er (di) [z]; **einen M. leisten** faalsk sweer *u*

meinen **1** *annehmen* men; **man sollte m.** ham skul men; **dazu m.** diartu men - **2** *jmdn.:* **wen meinst du?** hoker menst? - **3** *beabsichtigen:* **die Sonne meint es gut** a san ment at gud

meinesgleichen minsgliken

meinetwegen **1** *meinethalben* mintweegen, am mi - **2** *Zustimmung:* **m.!** mintweegen! *od.* faan mi ütj!

meinetwillen *Verb.* **um m.** am mi, för mi

Meinige *Wendg.* **ich habe das M. getan** min paart haa'k den

Meinung **1** *Ansicht* a/at meenang, -en (det); **meiner M. nach** efter min meenang; **seine M. ändern** amtörne, amhalse; **anderer M. sein** en ööder meenang haa; **eine hohe M. haben von** en grat meenang haa faan

M

- **2** übertr: **jmdm. die M. sagen** hoker a meenang sai *u od.* hoker wat lik föör a toop sai *u* ('Stirn')

Meißel a beitel, -tler (di)

meißeln beitle

[1]**meist** *Adv* miast

[2]**meist** *Indefinitpron* miast; **am m.-en** miast, am miasten; **die m.-en** a miasten *od.* a miast lidj; **die m.-e Zeit** a miast tidj

meistens miast, för't miast, miasttidjs, miastens; **er ist m. zu Hause** hi as miast aran

meistenteils gratstendials

Meister **1** *Könner* a määster, -n (di) - **2** *Handwerker:* **seinen M. machen** san määster maage - **3** *übertr:* **es ist noch kein M. vom Himmel gefallen** diar woort nään määster bäären ('geboren') *Sprw*

Meisterbrief a määsterbriaf, -briaw [u:] (di)

meisterhaft määsterlik

Meisterstück at määsterstak, -en (det)

meistern määstre

Meisterschule at määsterskuul, -en (det)

Melde (Pflanze) at mial (det)

melden **1** *benachrichtigen* melde - **2** **sich m.** *von sich hören lassen* ham melde, ham hiar läät - **3** **sich m.** *sich bemerkbar machen* ham melde - **4** *übertr:* **nichts zu m. haben** niks tu meldin haa *od.* (zu Hause) bi a woch sliap *u* ('an der Wand schlafen')

melken moolke

Melodie a/at wiis, -en (det) [z]

Menge **1** a/at mase (det), a buul (di), a bonk (di); **eine ganze M.** en gansen mase; **eine M. Geld** en mase/en buul/en bonk jil; **eine M. Leute** en mase/en buul/en bonk lidj - **2** *übertr:* **eine M. von jmdm. halten** en mase faan hoker hual *u*

mengen ming, miske

Mensch **1** *Individuum* a minsk, -en (di); **ein junger M.** en jongen minsk; **das ist ein netter M.** det as en neten ään - **2** *Menge:* **was für M.-en!** wat en lidj! *od.* wat en minsken! - **3** *Interj:* **M., das habe ich ganz vergessen!** man/mensj, det haa'k hialandaal ferjiden!; **M. nochmal!** minskenskinder! - **4** *übertr:* **hier ist kein M.!** hir as nään minsk/(derb) nian swin!

Menschenauflauf a apluup (di)

Menschengedenken *Wendg.* **seit M.** so loong üs wat'am seenk koon

Menschenleben at minskenleewent (det)

menschenscheu iansanrag

Menschenschlag a minskenslach (di)

Menschenseele *Wendg.* **da ist keine M.!** diar as nian minskensial! *od.* (derb) diar as nään swin!

Menschheit a/at minskhaid (det)

menschlich minskelk

Menschlichkeit a/at minskelkhaid (det)

Menstruation a daar

Mergel at mergel (det)

mergeln mergle

merken **1** *wahrnehmen* mark, mäfu *u*, waar/wis am wurd; **das hat keiner gemerkt** diar as näämen waar am wurden - **2** *im Gedächtnis behalten* mark; **sich m.** ham mark, behual *u*

merkwürdig nüürag, apartag, wonerlik

Messe (kath. Gottesdienst) a/at mas, -en (det)

messen **1** *etw. m.* meed (määt; määd; meeden); **Fieber m.** fiiber meed - **2** *übertr:* **sich mit jmdm. m.** at mä hoker apnem *u*

Messer **1** at knif, kniiwer (det) - **2** *übertr:* **er muss unters M.** hi skal oner't knif

Messergriff at hääft, -en (det)

Messerspitze **1** at knifsood (det) - **2** *Maßeinheit* at spas, -en (det); **eine M. Salz** en spas saalt

Messing at määsang (det); **aus M.** määsang, määsen

Metall at metaal (det)

Meter a meeter, -/-n (ohne Zahlenangabe) (di); **zwei M.** tau meeter

Meterbrot at fransbruad (det), at meeterbruad (det)

Mettwurst at isterbinj, -en (det)

meutern meutre

miauen maue

mich mi

Michaelistag (29. Sept.) machelsdai

mickerig strükag

Midlum (Föhr) Madlam

Midlumer a madlamer, - (di)

Mieder (Tracht) at aploot, -lööd (det)

Miene at miin, -en (det), at gesicht, -er (det)

Miesmuschel at hees, -en (det) [z]

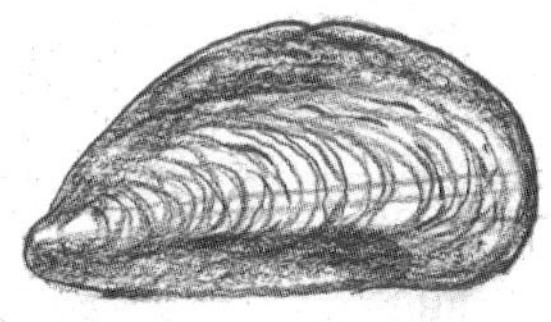

Miesmuschel at hees

[1]**Miete** (Stapel auf d. Feld) at miit, -en (det)

[2]**Miete** (Wohnentgelt) at miite, -tin (det), at hüür (det); **zur M. wohnen** tu hüür sat *u*/wene

mieten **1** *Wohnung* hüür - **2** *Fahrzeug* lian

Mieter *Wohnung* a miiter, -s (di), a hüürer, -s (di)

Milbe at mel, -en (det)

milbig melag

Milch **1** a/at moolk (det); **M. geben** moolk du *u*; **M. und Klöße** moolk an klömpken (Gericht) - **2** *übertr:* **aussehen wie M. und Blut** ütjsä üs moolk an blud *u*

Milchfieber at moolkfiiber (det); (veralt.) at hilagending (det)

Milchgeld at meiereijil (det)

milchig moolkag

Milchkännchen at moolkpötje, -jin (det)

Milchkuh a/at moolkkü, -ki (det)

Milchpulver at moolkpolwer (det)

Milchsuppe at moolksop (det)

Milchtopf a moolkpot, -en (di)

Milchtüte at moolktüüt, -en (det)

Milchwagen a moolkwaanj, -er (di)

Milchzahn a moolktus, -tes (di)

mild Ggs. *rau* mil; **eine m.-e Luft** en milen loft

Milliarde at miliard, -en (det)

Million at miljoon, -en (det)

Milz a/at melt

minder maner; **mehr oder m.** muar of maner

Minderheit a/at manerhaid (det)

minderjährig oner aagetaanj

mindern manre

minderwertig ring

mindeste manst; **das M.-e** at manst
mindestens tumansten, tu't manst
Mine *Bleistiftm.* at miin, -en (det)
minus Ggs. *plus* maner; **fünf m. vier** fiiw maner sjauer
Minute at minüt, -en (det)
Minze at stiremkrüüs (det) [z], at pöbermünt (det)
mir 1 mi; **von m. aus** faan mi ütj - **2** *übertr:* **wie du m., so ich dir** so dü deest, so dü feest *Sprw*
mischen ming; (Karten) miske, du (deest, dää; ded; den)
miserabel miseraabel, skitj; **ein miserables Wetter** en miseraabel/en skitj weder
missachten masaachte, manaachte
Missbrauch a masbrük (di)
missbrauchen masbrük

missen mast
missfallen masfaal *u*, ei paase
missgebildet ferwoksen, masskeeben, woonskeeben
missgelaunt mopsag, knarag, wraantag
Missgeschick at malöör (det)
missglücken masloke, masraage, malööre, ei loke
missgönnen masgon
Missgriff a masgreb, -er (di)
Missgunst a/at masgonst (det)
missgünstig masgonstag
misslich mis, miselk; **in einer m.-en Lage sein** desag tusat *u*
misslingen masloke, ei loke
Missmut a masmud (di)
missmutig masmudag, mopsag
missraten ei loke
misstrauen ei trau, mastrau
missverstehen masferstun *u*, ferkiard ferstun *u*
Misswuchs at maswaaks (det)
Mist 1 at njoks (det); **M. streuen** njoks streile/briad *u* - **2** *übertr:* **M.!** skitj!; **das ist nicht auf seinem M. gewachsen** det as ei üüb sin njoks woksen
misten njokse
Mistfliege at njoksfleeg, -en (det)
Mistgabel at njoksfurk, -en (det)
Misthaufen a njoksbonk, -er (di)
Mistkäfer a sjaasentoor, -en (di) [z]
Mistkarre a njokswentj, -er (di), at njokskoor, -en (det)
Mistrinne (im Stall) a grup, -er (di)
Miststreuer a njoksstreiler, -n (di)
[1]**mit** *Adv* mä; **willst du m.?** wel mä? **sie war m. das hübscheste Mädchen** hat wiar mä at smokst foomen
[2]**mit** *Präp* **1** *mit etw.* mä; **m. dem letzten Dampfer fahren** mä a leetst damper keer - **2** *mit jmdm:* **er kommt m. seiner Frau** hi komt mä a wüf - **3** *zeitl.*: **m. zehn Jahren** mä tjiin juar
mitarbeiten mäwerke
mitbekommen 1 mäfu *u* - **2** *übertr:* **nichts mehr m.** niks muar mäfu *u*
mitbringen mänem *u*, mäbring *u*; **etw. vom Kaufmann m.** wat mänem faan a kuupmaan
miteinander mäenööder
miterleben mäbelewe
mitessen mäiidj *u*
mitfahren mäkeer
mitfühlen mäfeel *u*
mitgeben mädu *u*
mitgehen mägung *u*; **ein Stück m.** en stak mä loongsgung *u*
mitgenommen *elend* tunant, tukaant
Mitgift at ütjstüür (det)
mithaben mähaa *u*
mithalten mähual *u*

mithelfen mähalep *u*
mithören mäharke
mitkommen **1** *begleiten* mäkem *u*, mä loongskem *u* - **2** *mit etw.:* **sind sie noch mit der Fähre mitgekommen?** san's noch mäkimen mä a damper? - **3** *übertr:* **in der Schule m.** mäkem uun skuul
mitkönnen mäkön *u*
mitlaufen mäluup *u*
Mitläufer a mäluuper, -s (di)
Mitleid at mäliisen (det) [z]
mitmachen **1** *teilnehmen* mämaage - **2** *erdulden* trochmaage - **3** *übertr:* **da mach ich nicht mit!** diar maage ik ei mä!
mitnehmen **1** *jmdn./etw.* mänem *u*; **jmdn. im Wagen m.** hoker mänem uun a waanj - **2** *einem zusetzen:* **das hat ihn sehr mitgenommen** det hää ham böös mänimen *od.* (seelisch) diar as hi böös tumud auer
mitreden **1** mäsnaake - **2** *übertr:* **auch noch ein Wörtchen mitzureden haben** uk noch wat mätusaien haa
mitsamt mä
mitschreiben mäskriiw [u:] *u*
mitschuldig *Verb.* **m. sein** mä skil haa
mitsingen mäsjong *u*
mitspielen **1** mäspele - **2** *übertr:* **da spiele ich nicht mit** diar maage/diar spele ik ei mä
[1]**Mittag** *Tageszeit* **1** a made, -din (di); **gegen M.** henjin made; **bis M.** bit made; **über M.** auer a madetidj; **heute M.** tumade; **morgen M.** maaren tumade; **gestern M.** jister tumade - **2** *übertr:* **nicht weiter denken als von zwölf bis M.** ei widjer seenk üs faan twaalew tu made
[2]**Mittag** *Mahlzeit* a ongud, -er (di), a made, -din (di); **was gibt es zu M.?** wat jaft at tu ongud?
Mittagessen a ongud, -er (di), a made, -din (di); **das M. aufsetzen** a ongud tu ial fu *u*/auersaat; **das M. auf den Tisch bringen** a made üüb boosel fu *u*
mittags tumade, am madim, at made; **wir legen uns m. immer eine Weile hin** wi lei üs tumade leewen en sküür hen
Mittagsruhe at maderau (det)
Mittagsschlaf a madesliap (di)
Mittagssonne a madesan
Mittagsstunde a/at madestünj (det)
Mittagszeit a/at madetidj (det), a/at ongudstidj (det); **um die M.** am made *od.* am a madetidj
Mitte *Mittelpunkt* a/at maden (det); **M. dreißig** maden dörtag; **M. des Monats** maden a muun
mitteilen mädial, sai (saad; saad), bööd du *u*
mitteilsam snaakag
[1]**Mittel** *Hilfsm.* at medel, -n (det)
[2]**Mittel** *Durchschnitt* at madel (det); **im M.** uun't madel
Mittelalter at madelääalerns (det)
Mittelding at madelding (det)
Mittelfinger a madelfanger, -n (di), a lungfanger, -n (di), a gratfanger, -n (di)
mittelgroß madelgrat
Mittelhand (beim Skat) **in M. sitzen** uun a maden sat *u*
mittellos *Verb.* **m. sein** niks haa
mittelmäßig madelmiatag
Mittelmeer a Madlunsia
Mittelname a madelnööm, -er (di)

M

Mittelpunkt **1** a madelpunkt (di) - **2** *übertr:* **immer im M. stehen wollen** imer a maden wees wel *od.* imer uun a madelpunkt stun wel

Mittelsmann a madelsmaan, -er (di)

Mittelstand a madelstant (di)

Mittelstück at madelstak, -en (det); (veralt.) at medelkirew, -rwen (det) [u:]

Mittelweg a madelwai (di)

mitten maden; **m. darunter** maden uun mad, maden mad; **m. dazwischen** maden iinmad; **m. am Tag** maden üüb a dai

mittendrin maden uun

mittendurch maden troch

Mitternacht a madennaacht; **um M.** am/tu madennaacht

mittlere(r, -s) madelst; **der m. Sohn** di madelst dring

mittlerweile iint(w)esken, uunt(w)esken

mittschiffs madskaps

Mittsommer a madsomer

Mittwinter a madwonter

Mittwoch wäärnsdai

mittwochs am wäärnsdaiem

mittzwanzig mad twuntag

mitunter wilems, uf an tu ans

mitverdienen mäfersiine

mitwirken mäspele

mitzählen mätääl

Möbel a mööbler (jo), at iinrachtang (det)

Mobiliar at iinrachtang (det)

möblieren iinracht

Möblierung at iinrachtang (det)

Mode **1** *Stil* a/at muude, -din - **2** *Gepflogenheit:* **das ist hier nicht M.!** det as hir ei muude! *od.* so dää'm hir ei!

Moder at mochel (det)

moderig mochlag, ualag, möfkag

[1]**modern** *zeitgemäß* neimuudis, neimuudsk

[2]**modern** *verrotten* rööde, mochle

modernisieren muudernisiare

modisch muudis, muudsk

mögen **I** *Vollvb* **1** *gernhaben* mei (mei, meest, mei; maad; maaden), hal haa, auer wees mei; **jmdn. m.** hoker liis mei; **so etwas mag ich nicht** diar mei ik ei auer wees - **2** *wünschen* mei; **ich möchte noch eine Tasse Kaffee!** ik maad noch en kop kofe! - **II** *Modalvb* **1** *wollen* mei, wel (wal, wel, wal; wul; wulen); **da möchte ich sein** diar maad ik wees; **sie möchte Medizin studieren** hat wal tu dochters liar/meedisiin studiare - **2** *vermuten* mei; **das mag sein** det mei wees

möglich mögelk; **soviel wie m.** soföl üs mögelk; **ist das m.?** as't mögelk? *od.* koon det uungung? - **2** *übertr:* **alles M.-e** alet/ales mögelke

möglicherweise mögelkerwiis [z]

Möglichkeit a/at mögelkhaid, -en (det)

möglichst mögelkst; **m. schnell** so gau üs mögelk

Mohn a moon (di)

Mohn a moon

Mohnkapsel at moonkoop, -en/-kööb (det)
Möhre a wochel, -chler (di)
Molke at wai (det)
Moment 1 a uugenblak (di); **jeden M.** arke uugenblak - **2** *übertr:* **M. mal!** teew ans!
Monat 1 a muun, -er/- (nach Zahlen) (di); **er verdient zweitausend im M.** hi fersiinet taudüüsen a muun - **2** *übertr:* **sie ist im dritten M.** hat as uun a traad muun
monatelang muuner loong
monatlich a muun, arke muun, muun för muun
Monatsanfang a began faan a muun (di); **zum M.** began faan a muun
Monatsende a aanj faan a muun (di); **zum M.** aanj faan a muun
Monatserster a muunsiarst (di)
Monatsletzter a muunsleetst (di)
Monatslohn a muunsluan (di)
Mond a muun; **zunehmender M.** tunemen muun; **abnehmender M.** ufnemen muun
Mondschein a muunskiin (di); **im M.** bi muunskiin
Montag mundai
Montagabend a mundaiinj (di)
montags di mundai, am mundaiem
Moor at muur, -en (det)
Moorboden a muurgrünj (di)
moorig muurag
Mooring (Fries. d. Bökingharde) at fäästäägfresk, at fäästägöömrang
Mooringer (Einwohner d. Bökingharde) a muurmaan, -lidj (di)
Moos at möösk (det)
Moosbeere at muurbei, -en (det)
moosgrün mööskgreen
Morast at slober (det), at moder (det)
morastig slobrag, modrag
Morastloch at sloberhool, -hööl (det), at moderhool, -hööl (det)
Mord 1 a muurd, -er (di) - **2** *übertr:* **M. und Totschlag** muurd an duadslach
morden moorde, muurde, muurdage
Mörder a muurder, -s (di), a muurdager, -s (di)
morgen 1 maaren; **m. früh** maaren ääder; **heute m.** jimaaren, maarlang - **2** *übertr:* **was du heute kannst besorgen, das verschiebe nicht auf m.** wat daalang beredet as, as maaren den *Sprw*
Morgen a maaren, -rner (di); **M. werden** maarne; **früh am M.** ääder di maaren; **Guten M.!** gud maaren!
Morgendämmerung at daagin (det); (veralt.) at daigraad (det)
Morgengrauen at daagin (det)
Morgenlicht at maarenlaacht (det)
Morgenmensch a maarenminsk (di)
Morgenrock a baademantel, -tler (di)
Morgenrot at dairuad (det)
morgens di maaren, en maarnem; **m. früh** ääder di maaren, ääder maarens; **von m. bis abends** faan maaren tu inj(s)
Morgensonne a maarensan
Morgenstunde 1 a/at maarenstünj, -en (det) - **2** *übertr:* **M. hat Gold im Munde** a maarenmaan hää't, a injmaan fää't ('Morgenmann' - 'Abendmann') *Sprw*
Morgentau a maarendau (di)
morsch röödag, mörag
Mörser *Stampfer* a mööser, -n (di) [z], a stup, -er (di)

M

Most *Wendg.* **jmdm. zeigen, wo Barthel den M. holt** hoker wise, huar Bartel a moster haalet ('Senf')
Mostrich at moster (det)
Motor a motoor, -en (di)
Motorrad at motoorwel, -en (det)
Motte at mot, -en (det); **von Motten zerfressen** ap faan a moten
Möwe at kub, -en (det)
Möwenei at kubai, -er (det)
Mücke 1 at moskiit, -en (det), at mag, -en (det) - **2** *übertr:* **aus einer M. einen Elefanten machen** faan en noop en eelefant maage *od.* faan en fört en sonerslach maage ('Furz einen Donner')
Mucken a nüken (jo)
Mückenstich a mükensteeg, -er (di)
Mucks a mok (di); **keinen M. mehr!** ei en mok muar!

mucksen, sich muke; **sich nicht zu m. wagen** ei muke däär *u*
mucksmäuschenstill stal üs en müs
müde 1 *schläfrig* träät - **2** *erschöpft* träät, tukaant; (veralt.) bekuf
Müdigkeit a/at träätheid (det)
Muff *Kleidungsstück* (veralt.) at mof, -en (det)
Muffe at mof, -en (det)
Muffel a mofel (di)
muffig mochlag, moflag, ualsk, möfkag
Mühe at meut (det); **sich M. geben** ham meut du *u*; **der M. wert sein** a meut däärs wees (auch: 'wunderbar sein')
mühelos lacht, saacht
mühen, sich ham meu, ham uunstringe
mühevoll maartlag, mä meut
Mühle 1 a/at maln, -en (det) - **2** *übertr:* **das ist Wasser auf seine M.** det as weeder uun san sluat ('Pfütze')
Mühlenflügel at malnrua, -n (det), at malnjüg, -en (det)
Mühlenwelle a wäälterbuum, -er (di)
Mühlstein a malnstian, -er (di)
Mühsal at maartel (det)
mühsam meusoom, mä meut
mühselig amstentelk, maartlag
[1]**Mulde** (Gefäß d. Schlachters) at uas, -en (det) [z]
[2]**Mulde** *Vertiefung* at küül, -en (det)
Müll at skitj (det), at stront (det)
Müller a maler, -n (di)
multiplizieren moolnem *u*
mümmeln mömke
Mumps at pööskesjocht (det)
Mund 1 müs, -er/müüser [z] (di); **sich den M. abwischen** ham am a müs drüge/wiske; **den M. verziehen** a müs fertji *u od.* mä a müs krim - **2** *übertr:* **den M. auf dem rechten Fleck haben** a müs üüb't rocht steed haa; **den M. halten** a snütj/a müs hual *u*; **sich den M. fusselig reden** ham a müs franjag snaake; **sich den M. verbrennen** ham a müs ferbraan; **hast du keinen M.?** heest a müs ferjiden?; **du hast doch einen M.!** dü heest a müs jo mä!; **einem das Wasser im M. zusammenlaufen** ään at weeder bi a tes luup *u*; **schon in aller M.-e sein** al trinjenam wees
Mündel a münjel, -jler (di)
Mündchen at muntje, -jin (det)
Mundgeruch *Verb.* **M. haben** ütj a hals stirme
mündig münjag
mündlich müntelk

Mundstück at müsstak, -en (det)
Mundvoll a müsfol (di)
Mundwerk **1** a klööter (di), a snööter (di), a/at klap (det), at müswerk (det) - **2** *übertr:* **ein loses M. haben** en luas müswerk haa *od.* luas üüb a müs wees
Mundwinkel a müsaanj, -er (det)
munkeln monkle
munter **1** *wach* munter; **wieder m. werden** ham bedaarage - **2** *lebhaft* wrääken, kral, laben - **3** *übertr:* **m. wie ein Fisch im Wasser** laben üs en fask uun weeder
Münze at jilstak, -en (det), at mönt, -en (det)
mürbe **1** mörag - **2** *übertr:* **jmdn. m. machen** hoker mörag fu *u*
Murmel a lööper, -n (di); **M. spielen** lööpre
Murmeltier *Wendg.* **er schläft wie ein M.** hi slääpt üs so'n root ('Ratte')
murren gnadre, wraante, gnore
mürrisch gnadrag, wraantag, mopsag
Mus **1** at muus (det) - **2** *übertr:* **zu Grus und M. werden** uun grus an muus wurd
Muschel at musjel, -sjler (det)
Muschelschale at skal, -en (det), at skel, -en (det)
musen muuse [z]
Musik at musik (det); **M. machen** musike
Musikantenknochen at süüsknook (det) [z], at musikknook (det)
Musiker a musiker, -s (di), a muskant, -en (di)
Musikkapelle a musik (di), at kapel, -en (det)
musizieren spele
Muskat at muskoot (det)
Muskel a muskel, -kler (di)
Muskelkater a muskelkooter (di)
[1]**müssen** **1** *irgendwohin m.* skel (skal, skel, skal; skul; skulen); **ich muss nach Hause** ik skal tüs - **2** *Notdurft verrichten:* **wenn jemand muss, hier ist die Toilette!** wan hoker skal, hir as at sekreet!
[2]**müssen** *Modalverb* skel (skal, skel, skal; skul; skulen), mut (mut; moost; moosten) **1** *erforderlich sein:* **der Brief muss heute noch weg!** di briaf skal daalang noch wech - **2** *wahrscheinlich sein:* **er müsste etwa dreißig sein** hi moost ambi dörtag wees - **3** *verpflichtet sein:* **wir m. ihnen helfen** wi skel's halep
Muster at münster, -n (det)
mustern **1** *ansehen* beluke, münstre - **2** *mit Muster versehen* münstre
Mut a mud (di), at kuraasj (det); **M. machen** mud maage; **M. schöpfen** mud skep
mutig mudag
mutlos mudluas, deelslaanj
mutmaßen gase, uunnem *u*
[1]**Mutter** at mam, -en; **meine M.** üüs mam; **Vater und M.** mam an aatj
[2]**Mutter** *Schraubenm.* at möderk, -en (det)
Mütterchen at memke, -kin (det)
Mutterherz at mamenhart (det)
Mutterkorn (Getreideschädling) a meelhurn (di)
mütterlicherseits üüb/faan mamen ääg
Muttermal a ooderplak, -er (di); (veralt.) a duadspoot, -er (di)
Muttermilch at tetj (det)

M

Mutterschaf at lemsjep, - (det)
mutterseelenallein alensalian
Muttersöhnchen a mamsuune, -nin (di)
Muttersprache a/at mamenspriak, -en (det)
mutwillig mudwalag, mä walem
Mütze 1 a/at mots, -en (det); **die M. abnehmen** a mots ufnem *u* - **2** *übertr:* **einem nicht nach der M. sein** ään ei efter a mots wees

---

n, N

na 1 *Gesprächseinleit.* na; **n., wie geht's?** na, hü as't? - **2** *Erstaunen* nö; **n., das hätte ich nicht gedacht!** nö, det hed'k ei soocht! - **3** *Ermahnung:* **n., n.!** ham, ham! *od.* fotje, fotje!
Nabel a naawel, -wler (di)
Nabelbinde a naaweltuum, -er (di)
Nabelschnur a/at naawelsnuur, -en (det)
nach 1 *örtl.* efter, tu; **n. draußen** efter/tu bütjen; **n. Wittdün** efter/tu Witjdün; **n. Amrum** tu Oomram; **n. oben** efter/tu boownen; **nach Hause** tüs; **n. Süden** efter/am a süüd - **2** *zeitl.* efter; **n. drei Tagen** efter trii daar; **n. einer Weile** efter en sküür; (Uhrzeit) auer; **viertel n. acht** kwart auer aacht - **3** *Reihenfolge* bääft; **einer n. dem anderen** ään bääft di ööder - **4** *gemäß* efter; **n. der neuesten Mode** efter a neist muude; **meiner Meinung n.** efter min meenang; **der Größe n.** efter a grate - **5** (bei Verben): **geraten n.** aarde efter; **aussehen n.** like/ütjsä efter *u*; **riechen n.** stirme efter; **sich richten n.** ham racht efter - **6** *übertr:* **n. und n.** biletjen
nachäffen efteraabe
nachahmen efteraame, eftermaage
nacharbeiten efterwerke
Nachbar 1 a naiber, -n (di); **in N.-s Garten** uun naibers guard - **2** *übertr:* **ein guter N. ist besser als ein Bruder in der Ferne** en gooden/guden naiber as beeder üs en bruder uun a frääm *Sprw*
Nachbardorf at naist saarep, -rpen/-en (det), at naibersaarep, -rpen/-en (det)
Nachbarhaus at naibershüs, -sger/-sang [z] (det)
Nachbarin at naiberswüf, -en (det)
Nachbarschaft a/at naiberskap (det); **auf N. gehen** tu naibers hüüs gung *u*; **jmdn. aus der N. heiraten** hoker auer a njoksbonk frei ('Misthaufen')
nachbestellen efterbestel
nachbilden eftermaage
nachbleiben 1 *zurückbleiben* efterbliiw [u:] *u*; **da kann leicht was n.** diar mei hal wat efterbliiw - **2** *nachgehen* efterke, slitj *u*; **die Uhr geht nach** a klook efterket/slat
nachbohren efterpore, eftergrobe
[1]**nachdem** *Konj* efter; **kurz n. wir zu Hause waren** kurt efter dat wi aran wiar
[2]**nachdem** *Verb.* **je n.** efter; **je n. wie das Wetter ist** efter üs't weder as
nachdenken efterseenk *u*

nachdrucken efterdrük
Nachdurst a eftersast (di)
nacheinander efterenööder
nacherzählen efterfertel
nachessen bääftuuniidj *u*
Nachfeier at efterbesjük (det)
Nachfolger a efterfulger, -n (di)
nachforschen efterfraage, efterforske
Nachfrage at efterfraag (det); **eine große N. sein nach** en grat fraag wees am
nachfragen efterfraage
nachfühlen efterfeel *u*
nachfüllen efterfal
nachgeben **1** *etw.* efterdu *u* - **2** *einlenken* efterdu *u*
nachgehen **1** *jmdm.* bääftuungung *u* - **2** *einer Sache* eftergung *u* - **3** *zu langsam gehen* efterke, slitj *u*; **die Uhr geht nach** a klook efterket/slat
Nachgeschmack a eftersmaag (di)
nachgießen efterjit *u*
Nachhauseweg a tüswai (di); **auf dem N.** üüb a wai am tüs
nachhelfen efterhalep *u*
nachher eftert; **bis n!** bit eftert!
Nachhilfe at efterhalep (det)
Nachhilfestunde a/at efterstünj, -en (det)
nachholen efterhaale; **Schlaf n.** sliap efterhaale
nachklingen efterklang
nachkommen **1** *folgen* bääftuunkem *u,* efterkem *u* - **2** *Folgen haben* efterkem *u*; **wenn da man nichts nachkommt!** wan diar man ei wat efterkomt!
Nachkommen a efterkemen (jo)
Nachkömmling a efterkreper, -s (di)
nachlassen **1** *geringer werden* maner wurd, letjeter wurd; (Schmerzen) ufsake - **2** *im Preis* efterläät
nachlässig sluurag, slofag
Nachlässigkeit a/at sluuraghaid (det), a/at slofaghaid (det)
nachlaufen **1** bääftefterluup *u*, bääftuunluup *u* - **2** *übertr:* **einem Mädchen n.** en foomen bääftuunluup; **auf Schritt und Tritt n.** üüb a hailer luup *u*
nachlesen efterlees *u* [z]
nachliefern efterleewre
nachlösen efterliase [z]
nachmachen eftermaage
nachmessen eftermeed *u*
Nachmittag a eftermade, -din (di); **am N.** di eftermade
nachmittags di eftermade, am eftermadim
Nachname a bääftnööm, -er (di)
nachprüfen efterpreewe
Nachrede at eftersnaak (det)
nachreisen bääftuunraise
Nachricht *Mitteilung* a bööd (di), at tisang (det) [z], a beskias (di); **N. schicken** bööd sjüür - **2** (Radio/Fernsehen): **die N.-en** at neis uun't raadio/fernseen, a nachrichten, a noorachten
Nachruf a efterrep, -en (di), a naachruuf, -e (di)
nachrufen efterrep *u*
nachsagen eftersai *u*; **sich nicht n. lassen** ham ei eftersai läät
Nachsaison a/at bääftsaison (det)
nachschenken efterskeenk
nachschicken eftersjüür; bääftefter-sjüür, bääftuunsjüür
nachschlagen *nachlesen* efterslau *u*
nachschleichen bääftuunslik, efterluure
nachsehen **1** *nachblicken* bääftuunluke - **2** *überprüfen* efterluke

N

Nachsehen *Wendg.* **das N. haben** en lung nöös mä't luupen fu *u*
nachsenden eftersjüür, bääftefter-sjüür, bääftuunsjüür
nachsitzen eftersat *u*
Nachsommer a eftersomer (di), a leeder somer (di)
Nachspeise at efterspiis (det) [z]; **als N.** tu bääftuun
Nachspiel **1** at efterspal (det), a efterklap (di) - **2** *übertr:* **das hat noch ein N.** diar komt noch wat efter *od.* diar komt was noch en efterklap
nachspionieren eftersnek
nachspüren efterspööre
nächste(r, -s) **1** *örtl.* naist; **am n.-n** am naisten - **2** *zeitl.:* **in den n.-n Tagen** uun a naist daar; **n. Woche** naist/kemen weg - **3** *Reihenfolge:* **wer ist der/die N.?** hoker as naist? *od.* hoker komt do naist?; **n.-s Mal** naist tooch - **4** *Verwandtschaft:* **jmdm. am n.-n stehen** hoker naist tu wees; **die n.-n Verwandten** a naisten, a aanjen - **5** *übertr:* **jeder ist sich selbst der N.** arken as ham salew naist *Sprw*
nächstens naistens
nachsuchen eftersjük *u*
Nacht **1** a naacht, -er (di); **bei N.** bi naacht; **heute n.** ji/auer naacht, naachtlang; **bis in die N.** tu/bit iin uun a naacht; **Gute N.!** gud naacht! *od.* (veralt.) en gooden naacht!; **Tag und N.** dai an naacht; **wo schläfst du heute n.?** huar beest naacht? - **2** *übertr:* **die zwölf heiligen Nächte** a halag naachter (24.12 - 6.1, d.h. Weihnachten bis Heilige Drei Könige); **hässlich wie die N.** skoonk üs a naacht
nachtblind naachtblinj
Nachteil a noodial, -en (di)
nächtelang naacht för naacht, naachter loong
Nachtfalter a troolflenerk, -en (di), at trooldöfke, -in (det)
Nachtfrost a naachtfroost (di)
Nachtglas a naachtkiiker, -n (di)
Nachthemd at naachtkleet, -en (det); (Männer) at naachtsjürt, -en (det); (Frauen) a naachtsmook, -er (di)
Nachtigall **1** at nachtigal (det) - **2** *übertr:* **wie eine N. singen** sjong üs en nachtigal *u*
Nachtisch at efterspiis (det) [z]; **als N.** tu bääftuun
nächtlicherweise naachtlang, tu naachtertidj
Nachtmahr (Gespenst) at naachtmäär, -en (det)
nachtragen **1** *verübeln* efterdreeg *u*; **nicht n.-d sein** ei efterdreeg - **2** *hinterhertragen* efterdreeg
nachträglich bääftuun
Nachtruhe at naachtrau (det)
nachts am naachtem, bi naachtertidj; **n. um halb drei** di naacht am a klook hualew trii
nachtschlafend *Wendg.* **zu n.-er Zeit** bi naachtsliapen tidj
Nachtschwalbe at naachtswaalk, -en (det)
Nachtschwärmer a naachtswalker, -n (di)
Nachtschwester at naachtsjwester, -n (det)
Nachttisch a naachtboosel, -sler (di)
Nachtwache *Verb.* **N. halten** apsat *u*
Nachtzeit a/at naachtertidj (det)
Nachtzeug at naachttjüch (det)

Nachweide at eftergäärs (det)
nachweisen efterwise [z]
Nachwinter a efterwonter (di), a leeder wonter (di)
Nachwort at wurd bääftefter/bääftuun (det)
nachzählen eftertääl
Nachzucht a aptooch (di)
Nachzügler **1** *Nachkömmling* a efterkreper, -s (di) - **2** *verspätet Kommender:* **da kommen noch einige N.** diar kem noch högen bääftuun
Nacken **1** a nääk, -er (di); **einen steifen N. haben** at uun a nääk haa *od.* en stifen nääk haa - **2** *übertr:* **einen Schelm im N. haben** en skelem uun a nääk haa
Nackenbraten a nääkbraas (di) [z], at nääkstak (det)
Nackenhaare a nääkhiaren (jo)
Nackenhaut at rabskan (det)
nackt **1** *unbekleidet* naagelt; **mit n.-en Armen** mä naagelt iarmer; **n. und bloß** naagelt an bluat - **2** *kahl:* **n.-e Wände** naagelt woger - **3** *übertr:* **n.-e Zahlen** rian taalen
Nadel **1** at näädel, -dler (det); **N. und Faden** näädelstriad, näädel an triad - **2** *Brosche* at brastnäädel, -dler (det)
Nadelkissen at näädelhegen, -gner (det)
Nadelkiste at näädelkasje (det), -sjin
nadeln näädle
Nadelöhr at näädelhool, -hööl (det)
Nagel **1** *Stift* a spiker, -n (di); **einen N. einschlagen** en spiker iinslau *u* - **2** *Finger-/Zehenn.* a naiel, nailer (di); **Nägel schneiden** nailer klap; **auf den Nägeln kauen** üüb a nailer kaue/bitj *u* - **3** *übertr:* **sich unter den N. reißen** ham oner a naiel riiw *u*; **den N. auf den Kopf treffen** a spiker üüb't hood raage
nageln spikre
nagelneu naagelnei, splindernei
Nagelwurzel a naielrut, -er (di)
nagen gnau, bedle, püle
nah *Wendg.* **von nah und fern** faan widj an sidj
nahe **1** *örtl.* nai; **n. am Hafen** nai bi a huuwen; **n. beieinander** naisoom, nai bienööder; **von n.-m betrachten** faan naien beluke - **2** *zeitl.:* **n. 50** nai bi föftag - **3** *übertr:* **n. verwandt sein** nai frinjer mäenööder wees *od.* nai tu wees
Nähe a/at naite (det); **in der N.** nai bi, uun a naite
nahebei nai bi̠
nahegehen naigung *u*
nahekommen naikem *u*, üüb a naite kem *u*; **komm mir nicht so nahe!** kom mi ei so/tu nai!
nahelegen nailei *u*
naheliegen nailei *u*
nahen naierkem *u*
nähen sei
näher **1** naier, naier bi; (von zweien) naiermuar; **das n. gelegene Haus** det naiermuar hüs - **2** *übertr:* **das Hemd ist n. als der Rock** (d.h. Jacke) at sjürt as naier üs a rok *Sprw*
näherkommen *übertr:* **sich n.** ham naierkem *u*
nähern, sich naierkem *u*
näherstehen *jmdm.* naier wees
nahestehen nai mäenööder wees
nahezu bal, miast, binai
Nähfaden a triad, -er (di)
Nähgarn at seijuarn (det)

N

Nähkasten at seikasje, -sjin (det)
Nähkästchen at seilaatje, -jin (det), at seikasje, -sjin (det)
Nähkorb a stoopkurew, -rwer (di) [u:], a seikurew, -rwer (di) [u:]
Nähmaschine a/at seimaskiin, -en (det)
Nähnadel at seinäädel, -dler (det)
nähren 1 *stillen* tetj du *u*, neere; **das Kind n.** at kint neere - **2** *nahrhaft sein* neere - **3 sich n. von** lewe faan
Nahrung at neerang (det), at iidjen (det); **die Tiere finden keine N.** a tiiren finj niks tu bitjen
Naht *Stoffn.* a suum, -er (di); **die N. ist aufgegangen** a suum as aplepen
Nähzeug at seitjüch (det)
Name 1 *Personenbezeichn.* a nööm, -er (di); **wie ist sein N.?** hü het hi?; **nicht auf den N. kommen** ham ei üüb a nööm beseenk kön *od.* a nööm ei muar besoocht fu kön; **auch im N.-n meiner Frau** uk faan min wüf; **in Gottes N.-n!** uun Gods nööm! - **2** *Ansehen:* **einen guten N.-n haben** en guden nööm haa; **seinen N.-n nicht dazu hergeben** san nööm diar ei tudu *u* - **3** *übertr:* **das Kind beim N.-n nennen** at kint bi a rocht nööm nääm
Namensliste at nöömrak, -en (det), at list mä nöömer, -en (det)
namentlich *mit Namen* mä nööm, bi nööm
nämlich nemelk
Napf at bak, -en (det)
Napfkuchen a pofer, -n (di)
Narbe 1 *Wundn.* at aard, -en (det); at narew, -rwen (det) [u:] - **2** *Grasdecke* at narew (det) [u:]
Narr 1 a gek, -en (di) - **2** übertr: **zum N.-en halten** för nar brük/hual *u*
narren nare, för nar brük/hual *u*
närrisch ünwis, ünkluuk
Narzisse at puaskbluum, -en (det)
naschen snupe
Näschen at nöösje, -sjin (det)
naschhaft snupag
Naschkatze at snupkatriin (det), at snupketje (det)
Naschwerk at snupkroom (det)
Nase 1 a/at nöös, -en (det) [z]; **eine spitze N.** en spas/en spits nöös; **in der N. bohren** uun a nöös püle/bode; **die N. rümpfen** mä a nöös krim; **sich die N. schnauben** a nöös ütjsnüüw *u* - **2** *übertr:* **pro N.** a maan; **nicht weiter denken als die N. lang ist** ei widjer seenk üs a nöös lung as; **seine N. überall dazwischen haben** a nöös aueraal mad haa; **sich die N. begießen** ham a nöös bejit *u*; **sich an die eigene N. fassen** ham bi a aanj nöös ling/faade; **an der N. herumführen** bi a nöös haa; **auf der N. tanzen** üüb a nöös spele/daanse; **unter die N. reiben** oner a nöös rofe/riiw *u*; **vor der N. wegschnappen** föör a nöös wechnem *u*; **vor der N. wegfahren** föör a nöös wechkeer
Näschen at nöösje, -sjin (det)
naselang *Wendg.* **alle n.** aler/arke nööslung [z]
näseln nöösle [z]
Nasenbein at nöösbian (det) [z], a/at nöösknook (det) [z]
Nasenbluten at nöösblääten (det) [z], at nöösbludin (det) [z]
Nasenloch at nööshool, -hööl (det) [z]
Nasenpopel at büle, -lin (det)

N

Nasenschleim at snoot (det)
Nasenspitze at nöösspits, -en (det) [z], at nööstip, -en (det) [z]
Nasentropfen *Pl* a nöösdrööber (jo) [z]
naseweis nööswis [z], wisnöösag [z]
nass wiat; **n.-e Füße haben** en höösbinj haa [z] *od.* wiat fet haa; **bis auf die Haut n. werden** en bäärs üüb a hidj fu *u od.* njokswiat wurd ('mistnass')
Nässe at wiatens (det)
nässen *Wunde* weedre
nasskalt wiatkuul
Nation at naatsjuun (det)
Natur **1** *Welt* a/at natüür - **2** *Veranlagung:* **von N. aus** faan natüür
natürlich **I** *Adj.* natüürelk - **II** *Satzadv* **n.!** ja was uk! *od.* uk dach al!
[1]**Nebel** *Niederschlag* a mist (di)
[2]**Nebel** (Amrum) Neebel
Nebeler a neebelaanjgen, - (di)
Nebelhorn a misthurn, -er (di)
Nebelkrähe at grä kriak, -en (det)

Nebelkrähe at grä kriak

neben **1** *an der Seite* bi, üüb sidj faan, bitu faan; **wen hattest du n. dir?** hoker hedst üüb sidj faan di? - **2** *außer* bitu faan; **n. der Landwirtschaft vermieten sie auch noch** bitu faan a büürerei ferhüür's uk noch
nebenan lik bitu; **nach n. gehen** hen uun't ööder rüm gung *u*
nebenbei bitu
Nebenbeschäftigung at baantje bitu (det), at werk bitu (det)
nebeneinander bienööder; **dicht n.** stram/nai bienööder
nebeneinanderstellen bienööder henstel
nebenher bitu
nebenherlaufen **1** bisidjluup *u* - **2** *übertr:* bituluup *u*; **die Landwirtschaft läuft nebenher** a büürerei lääpt bitu
Nebenkosten a ekstrakosten (jo)
neblig mistag; **n. werden** miste
Nebensache at neebensaag (det), at saag bitu
necken piire, nek, aptji *u*, plaage
Neffe a nefe, -fin (di)
nehmen **1** *ergreifen* nem (namt; naam; nimen); **an die Hand n.** bi hun nem; **ein Stück Kuchen n.** en stak kuuks nem - **2** *jmdn./etw. n.:* **die erste Fähre n.** a iarst damper nem; **Urlaub n.** frei nem - **3** *für etw.:* **etw. dafür n.** wat diarför nem - **4** *erachten:* **ernst n.** för iarnst nem - **5** *hinnehmen:* **man muss es n., wie es kommt** ham skal at nem, üs't komt - **6** *zu sich n.:* **die Pille n.** a pile nem *u* - **7** *übertr:* **sich in acht n.** ham uun aacht nem; **einen Kleinen n.** en letjen nem; **nicht leicht zu n. sein** ei lacht tu nemen/tu slitjen wees; **Platz n.** plaats nem *od.* (am Tisch) ham amsat *u*; (veralt.) ham hensat gung *u*
Neider a masgoner, -n (di)
neidisch masgonstag, ufgonstag

N

Neige *Wendg.* **zur N. gehen** tu aanj/ (veralt.) tu niig gung *u*
neigen **1** *beugen* neege - **2** *anfällig sein:* **zu Erkältungen n.** gau/lacht ferkeld wurd
nein naan, nee; **ja oder n.?** ei of al? *od.* ja of naan?; **n., das kann doch nicht wahr sein!** naan, det as jo dach wel ei woor!; **o n.!** uuha nee! *od.* uu naan dach!
Neinstimme at naanstem, -en (det)
Nelke **1** *Blume* at nelk, -en (det); (wild) at neegelk, -en (det) - **2** *Gewürz* at neegelk, -en (det)
nennen **1** *Namen geben* nääm, sai tu *u*; **nach dem Großvater n.** efter a ualaatj nääm - **2** *bezeichnen* sai (saad; saad); **er wird nur Jope genannt** jo sai bluat Joope tu ham - **3** *übertr:* **das Kind beim Namen n.** at kint bi a rocht nööm nääm
Nerv **1** a nerew, -rfen (di) [u:] - **2** *übertr:* **auf die N.-en gehen** üüb a nerfen gung *u*
nerven nerfe
nervenschwach swakhoodet
Nervenzusammenbruch *Verb.* **einen N. haben** ään at hood trochluup *u*
nervös nerwöös, hidlag
Nesselfieber at näädelsjocht (det)
Nest **1** at nääst, nees [z] (det); **ein N. bauen** näästle - **2** *übertr:* **das eigene N. beschmutzen** at aanj näast fül maage
nett **1** *freundlich* net - **2** *ansprechend:* **ein n.-es Mädchen** en net foomen - **3** *übertr:* **das kann ja n. werden!** det koon jo wat wurd!; **sei so n.!** wees so gud!
netto rian, neto
Netz at näät, need (det)
neu **1** Ggs. *alt* nei; **n.-e Kartoffeln** nei eerpler; **was gibt es N.-es?** wat jaft't neis? - **2** *nachfolgend:* **sie hat wieder einen N.-en** hat hää weder en neien - **3** *übertr:* **aufs N.-e** üüb't nei; **von N.-em** faan neien; **das ist ja nichts N.-es** det witj üüs kü/üüs kaat; **das N.-e Testament** det nei testament; **Frohes N.-es Jahr!** seegend neijuar!; **n.-e Besen fegen gut** nei beesemer faage gud *Sprw*
Neubau a neibau, -ten (di)
Neue at nei (det)
neuerdings neierdings
Neueste at neist (det)
neugeboren neibäären; **ein n.-es Kalb** en ooftrang kualew (das noch nicht getrunken hat)
Neugier a/at neiskiraghaid (det); **vor N. brennen/platzen** amkem *u*/baast *u* föör neiskiraghaid
neugierig neiskirag; **da bin ich n.** nü san ik neiskirag *od.* diar san ik nei tu
Neuheit a/at neihaid, -en (det)
Neuigkeit at neis (det)
Neujahr at neijuar; **Prost N.!** seegend neijuar!
Neujahrsabend (31.12., an dem man maskiert herumzieht) a hulkinj
Neujahrstag a neiersdai
neulich leetst, neis
neumachen neimaage
neumodisch neimuudis, neimuudsk
Neumond a neimuun, a jonk muun
neun njüügen
neunhundert njüügenhunert
neunmal njüügensis/-se
neunte njüügenst
Neuntel at njüügenstel, - (det)

neunzehn njüügentaanj
neunzig neegentag
Neuzeit a/at neitidj
[1]**nicht** *Negationspart* ei; **n. berühren!** ei bikem!; **n. schlecht** ei ferkiard; **bestimmt n.** was ei; **gar n.** goor ei
[2]**nicht** *Konj* **n. nur ... , sondern auch** ei bluat ... , man uk
[3]**nicht** *Modalpart* **n. wahr?** huar? *od.* ei woor?; **n. doch!** uk dach wel ei! *od.* ei so!, ei dach!
[4]**nicht** *Gradpart* **n. mal** ei ans; **n. im Geringsten** ei en betj
Nichte at nichte, -tin (det)
nichtig henfelag, nichtag; **Null und n.** nol an nichtag
nichts **1** niks, nant; **n. Neues** niks neis; **n. als Ärger** niks üs komer - **2** *übertr:* **für n. und wieder n.** för niks an weder niks; **der Regen war so gut wie n.** di rin wiar wat of nant *od.* bal soföl üs niks; **so mir n., dir n.** so mi niks, di niks; **zu n. ḳommen** tu niks kem *u*
Nichtsnutz a niksnat (di), a skrafel (di), a ündööcht (di)
nicken nek
Nickerchen a nek (di); **ein N. machen** en nek nem *u*, en betj daije
nie nimer; **n. wieder** nimer weder; **n. und nimmer** nii an nimer
Nieblum (Föhr) Njiblam
Nieblumer a njiblamer, - (di)
Niebüll Naibel, Niibel
nieder **1** deel; **auf und n.** ap an deel - **2** *übertr:* **n. mit ihm!** deel mä ham!
niederbrennen deelbraan
niederdrücken deeltrak
niedergeschlagen ring tu mud, slükuaret, benaud, deelslaanj
Niedergang a deelgung (di)
niederholen deelhise, deelhaale
niederkommen en letj fu *u*; **bald n.** bal at aanj wees
Niederlande, die Holun
Niederländer a holuner, -s (di)
niederländisch holuns(k)
Niederländisch at holuns(k)
niederlassen, sich ham deelläät
niederlegen **1** deellei *u* - **2** *übertr:* **ein Amt n.** en baantje ufdu *u*/deellei *u*
niederreißen deelriiw [u:] *u*
Niederschlag *Regen* a rin (di)
niederschlagen deelslau *u*
niederschreiben deelskriiw [u:] *u*
niedersetzen deelsaat
Niedertracht a/at niidertrechtaghaid (det), at fülkhaid (det)
niederträchtig fülk, heselk, niidertrechtag
niedertreten deeltreed *u*
Niederung at liagens, -en (det)
niedlich nögen; **die Kinder sind gerade im n.-sten Alter** a jongen san jüst üüb't nögenst
niedrig **1** Ggs. *hoch* liach (*Komp* liager; liachst) - **2** *gering:* **zu einem n.-en Preis** tu en liagen pris
Niedrigwasser at liachweeder (det)
niemals nimer
niemand näämen; **n. sonst** ööders näämen *od.* näämen ööders
Niere at niir, -en (det); (veralt.) at lenlaag, -en (det)
nieseln smode, sloke
Nieselregen a slokrin (di)
niesen pruuste, neese [z]
Nießbrauch (Nutzungsrecht) a naten (di), at geneet (det)
nieten niite, nööde

N

nimmer nimer; **das tut er nie und n.** det wul'r nimer du *od.* det dää'r nii an nimer

nippen nep, nipe

nirgends nochhuaren, noohuaren; **überall und n.** aueraal an nochhuaren

nirgendwo nochhuaren, noohuaren

Nisse *Läuseei* at ned, -en (det)

nisten nääste

[1]**noch** *Adv* noch; **schlafen sie n.?** sliap's noch?

[2]**noch** *Modalpart* noch; **er wird schon n. kommen** hi skal wel noch kem

[3]**noch** *Gradpart* **1** *zusätzlich* noch; **n. einmal** noch iansis, noch ans - **2** *gegenwärtig:* **n. heute** noch daalang di dai; **n. rüstig sein** noch kral/noch waat wees - **3** *zukünftig:* **ihnen wird es n. schlecht gehen!** jo kem noch nuad tu liisen! - **4** *verstärkend:* **und wenn es n. so schön ist!** an wan't noch so net as!

[4]**noch** *Verb.* **weder - n.** weder - noch

nochmals noch ans

Noppe at nöpk, -en (det)

Norddorf (Amrum) Noorsaarep; **nach N.** nus; **aus N.** faan Noorsaarep; **in N.** bi nuurd

Norddorfer a nuurdaanjgen, - (di)

Norden at nuurden; **im N.** uun a nuurd, bi nuurd, uun't nuurden; **nach N.** am a nuurd, efter/tu nuurden; **von N.** faan't nuurden, faan am a nuurd; **hoch im N.** widj ap am a nuurd

Nordfriese a nuurdfresk, -en; **ein N.** en nuurdfresken; **die N.-n** a nuurdfresken

Nordfriesin at nuurdfresk, -en

nordfriesisch nuurdfresk

Nordfriesisch at nuurdfresk, at öömrang

Nordfriesland Nuurdfresklun

nördlich **1** *örtl.* am a nuurd, tu't nuurden; **n. der Kirche** tu't nuurden faan a sark - **2** *Richtung* nuurdelk; **ein n.-er Wind** en nuurdelken winj

Nordlicht at nuurdlaacht (det)

Nordmarsch Nuurdmaask

nordost nuurduast

Nordpol a nuurdpool

Nordschleswig (Dänemark) Nuurdsleeswich; **nach N.** ap uun't däänsk

Nordsee a nuurdsia

Nordseestrand a nuurdsiastrun

Nordseite a nuurderaanj (di), a/at nuurdersidj (det), a nuurderääg (di)

Nordstrand (Halbinsel) Nuurdstrun

Nordwand a nuurderwoch (di)

nordwest nuurdwaast

nordwestlich nuurdwaastelk

Nordwind a nuurdenwinj, a nuurdwinj

nörgelig kwisag

nörgeln kwise, gren, nörgle

normal **1** normool - **2** *übertr:* **nicht ganz n. sein** ei gans rocht uun't hood wees *od.* ei rocht wis wees

Norwegen Noorweegen; **nach N.** ap tu Noorweegen

Norweger a noorsk, -en

norwegisch noorsk

Not **1** *Mangel* a nuad (di); **N. leiden** nuad liis *u* - **2** *schwierige Lage:* **in N. sein** uun nuad wees - **3** *übertr:* **das tut nicht N.** det dää ei nuadag; **mit knapper N.** tu nauer nuad *od.* mä aarmer nuad; **zur N.** tu nuad; **N. am Mann sein** nuad uun a maan wees; **nun ist Holland in N.!** nü as Holun uun nuad! *Sprw*; **spare in der Zeit, dann hast du in der N.** spaare uun a tidj, do heest dü uun a nuad *Sprw*

Notbehelf at nuadbehalep (det)
Notdurft *Wendg.* **seine N. verrichten** at nuadagst berede
Note **1** *Musikn.* at nut, -en (det) - **2** *Schuln.* at noote, -tin (det) - **3** *übertr:* **nach N.-n** efter nuten
notenfest wiisfääst [z]
Notfall a nuadfaal, -er (di); **im N.** tu nuad
notgedrungen nuaddrüngen
nötig **1** nuadag; **dringend n.** huuchnuadag - **2** *übertr:* **nicht das n.-e Geld haben** ei at jil diartu haa
nötigen nuadage
Nötigste at nuadagst (det)
notreif nuadrip
notschlachten nuadslaachte
notwendig nuadag
November a nofembermuun
Nu *Wendg.* **im N.** uun en snup, rips raps
nüchtern **1** *nicht alkoholisiert* nüchtern; (veralt.) edrag - **2** *mit leerem Magen* nüchtern; (veralt.) ooftrang
Nudel at nuudel, -dler (det)
Nudelauflauf a nuudelpot (di)
Null **1** at nol, -en (det) - **2** *übertr:* **in n. Komma nichts** uun nul koma niks
Nummer at nomer, -n (det)
[1]**nun** *Adv* nü; **von n. an** faan nü uf uun; **n. ist es genug!** nü as't gud!
[2]**nun** *Modalpart* nö; **n., seid ihr bald fertig?** nö, san'em bal klaar?
[1]**nur** *Gradpart* bluat; **ich habe n. ein Hemd mit** ik haa bluat ian sjürt mä
[2]**nur** *Modalpart* bluat, man; **n. noch** bluat noch
[3]**nur** *Wendg.* **nicht n. ..., sondern auch** ei bluat ... , man uk
Nuss at nöd, -en (det)
Nussknacker a nödknaker, -n (di)
Nüster at nooster, -n (det)
Nut Ggs. *Feder* at noot, nööd (det)
Nutzen a nat (di); **N. haben von** gud/nat haa faan
nützen natage
nützlich natelk, gud tu brüken
nutzlos ünnat

O

---

o, O

o *Interj* **o je!** uu ha!; **o Gott, o Gott!** uu hauaha!
[1]**ob** **I** *Konj* of; **ich weiß nicht, o. sie kommen** ik witj ei, of's kem; **als o.** üs wan; **o. arm, o. reich** of aarem, of rik - **II** *Satzeinleit.* of; **o. wir wohl pünktlich ankommen?** of wi wel tu tidjs uunkem?
[2]**ob** *Verstärk.* **und o.!** uk dach al!
Obdach at harbarag (det), at onerkrep (det), at iinkrep (det)
obdachlos saner harbarag
o-beinig krümbianet, bütjbianet
oben **1** boowen; **von o.** faan/tu boownen; **nach o.** amhuuch, efter/tu boownen - **2** *übertr:* **von o. herab** faan boownen deel
obenan boowenuun
obenauf **1** boowenüüb - **2** *übertr:* **wieder o. sein** weder boowenüüb wees *od.* weder a welt bi't hood haa

Odde Ood

obendrauf boowenüüb
obendrein üübtu
obenherum boowenam
obenhin boowenhen
Ober a kelner, -(n) (di)
Oberarm a booweniarem, -rmer (di)
Oberbett at üübins, -en (det)
Oberdörfer, die **1** (auf Föhr) a boowensaarepen - **2** (die Bewohner) a boowensaarepsen
obere(r, -s) **1** boowermuar, auermuar - **2** *übertr:* **die O.-en** (veralt.) a opersten
oberhalb boowen
Oberhand **1** a/at boowenhun (det) - **2** *übertr:* **die O. gewinnen** a wanbocht fu *u*
Oberhemd at auersjürt, -en (det)
Oberkante a boowenkaant, -er (di)
Oberkiefer at boowentjaap, -en (det)
Oberlippe at boowenlap, -en (det)
Oberschenkel a lurag, -rger (di)
Oberseite a/at boowensidj, -en (di); (Stoff) a rocht ääg (di)
oberste **1** boowenst, boowerst, alerboowenst - **2** *übertr:* (veralt.) **der O.-e** a operst
Oberteil at boowendial, -en (det); (Tracht) at aploot, -en (det), a peiromp, -er (di)
obgleich uk wan, of wan, ofwel
Oblate at oblaat, -en (det)
Obrigkeit a/at oobraghaid (det)
Obst at früücht (det)
Obstbaum a früüchtbuum, -er (di)
Obstgarten a früüchtguard, -er (di)
Obstkuchen at früüchtkuuk (det)
obwohl uk wan
Ochse **1** a oks, -en (di) - **2** *übertr:* **dastehen wie der O. vorm Berg** tustun üs en oks föör en neien boorder ('Stalltür')
ochsen okse
Odde, die (Amrum) Ood; **um die O.** am Ood; **auf der O.** at Ood
öde *verlassen* skraal, ias; **ö. und leer** ias an leesag
oder **1** of; **heute o. morgen** daalang of maaren - **2** *übertr:* **entweder o.!** ei of al!; **das tust du auch nicht wieder, o.?** det wel uk ei wederdu, huar?
Oevenum (Föhr) Ööwenam
Oevenumer a ööwenamer, - (di)
Ofen a oonk, -er (di)

Ofensetzer a pötjer, -n (di)

offen **1** *unverschlossen* eeben; **die Tür steht o.** a dör stäänt eeben - **2** *nicht eingeschlossen* **o.-es Wasser** eeben weeder - **3** *übertr:* **o. gesagt** likütj/rianütj saad; **eine o.-e Hand** en eeben hun

offenbar uunskiinend, eebenbaar, skiinboor

offenbaren eebenbaare

Offenbarung at eebenbaarang (det)

offenhalten eebenhual *u*

offenherzig eebenhartag

offenlassen eebenlääat

offensichtlich dütelk üs man wat

offenstehen eebenstun *u*

Öffentlichkeit at lidj (det)

Offizier a ofsiar, -s (di); **erster/ zweiter O.** iarst/ööder ofsiar

öffnen **1** eebenmaage - **2** **sich ö.** eebengung *u*

Öffner a eebenmaager, -n (di), a eebner, -n (di), at dings tu eebenmaagin (det)

Öffnung at hool, hööl (det), at eebnang, -en (det)

oft fölsis/-se, flooksis/-se

öfter fölsis/-se, muarsis/-se

öfters fölsis/-se, tidjelk

oftmals nöögsis/-se, manangsis/-se

oh uu; **o., wie schön!** uu, wat net!

[1]**ohne** *Konj* saner; **o. anzuklopfen** saner uuntuklupin

[2]**ohne** *Präp* **1** saner; **o. Geld** saner jil - **2** *übertr:* **das ist nicht o.** det as ei oone

ohnegleichen sanergliken

Ohnmacht at swüm (det)

ohnmächtig *Verb.* **o. werden** wechswüme, uun swüm faal *u*, wechraage

Ohnmachtsanfall at swümsküür, -en (det)

Ohr **1** at uar, -en (det); **abstehende O.-en** ufstunen uaren - **2** *übertr:* **die O.-en spitzen** a uaren spitse; **bis über beide O.-en verschuldet sein** ap tu a nöös an uaren uun skilen sat *u*; **sich aufs O. hauen** ham üüb uar hau *u*; **es faustdick hinter den O.-en haben** at sjok bääft a uaren haa; **übers O. hauen** auer't uar hau *u*; **jmdm. das Fell über die O.-en ziehen** hoker at skan auer a uaren tji *u;* **bis zu den O.-en in Arbeit sitzen** bit tu a uaren apskebet sat mä werk *u*

Ohrenarzt a uarendochter, -n (di)

Ohrenkneifer a uarklööger, -n (di)

Ohrenschmalz at uarsmeer (det)

Ohrenschmerzen at uarpiin (det)

Ohrfeige at uarfiig, -en (det); **eine O. bekommen** wat bääft a uaren fu *u*

Ohrläppchen at uarlepke, -kin (det)

Ohrmarke at uarmarke, -kin (det)

Ohrring a uarring, -er (di)

Ohrwurm a uarklööger, -n (di)

Oktober a oktuubermuun

okulieren puate

Öl **1** at ööle (det) - **2** *übertr:* **Ö. ins Feuer gießen** ööle iin uun't ial jit *u*

Oland (Hallig) Ualun

Oldsum (Föhr) Olersam

Oldsumer a olersamer, - (di)

ölen **1** ööle, smere - **2** *übertr:* **wie ein geölter Blitz** üs en ööleten laid

Ölfarbe at öölefarew (det) [u:]

Öltank at ööletenk, -s (det)

Ölzeug at ööletjüch (det)

Oma at oome, -min (det)

Onkel a unkel, -kler (di)

Opa a ualaatj, -en (di)

Operation at operaatsjuun, -en (det)

operieren operiare; **er muss operiert werden** hi skal oner't knif

Opfer at oofer, -n (det)

opfern oofre

orange aapelsiinklööret, oranje

Orange at aapelsiin, -en (det)

Orangensaft at aapelsiinsaft/-sap (det)

Orden a orden, -s (di)

ordentlich I *Adj* **1** *aufgeräumt* orntelk - **2** *anständig:* **sich o. benehmen** orntelk wees, ham orntelk apfeer - **3** *stark* orntelk; **einen o.-en Rausch haben** en orntelken/en fiksen brant haa - **II** *Adv sehr* rocht, orntelk; **sich o. betrinken** ham rocht/ham fiks besüp *u*

ordinär gewöönelk; **o. reden** en grööw stak snaak haa

ordnen aprede, ordne

Ordnung 1 *Disziplin* at ordnang (det) - **2** *Geordnetsein:* **O. schaffen** ordnang skaafe; **in O. bringen** bi a rä fu *u*; **sich in O. bringen** ham rede

Orgel a orgel, -rgler (di)

Ort 1 *Platz* at steed, -en (det) - **2** *Ortschaft* at saarep, -rpen/-en (det); **von O. zu O.** faan saarep tu saarep - **3** *übertr:* **alles an seinem O. sein** ales üüb sin steed wees; **alles an O. und Stelle sein** ales tu steed wees

Orthopäde a knookendochter, -n (di), a ortopeede, -din (di)

Öse at guusk, -en (det); **Haken und Ö.** haag an guusk

Ost (Richtung) uast

Osten at uasten; **nach O.** efter't/tu't uasten, uaster; **im O.** uun't uasten, bi uast, am a uast; **von O.** faan a uast, faan't uasten; **im O.** at uaster

Ostende a uasteraanj (di)

Osterblume at puaskbluum, -en (det)

Osterei at puaskai, -er (det); **O.-er werfen** (Brauch zu Ostern) puaskaier smitj *u*

Osterhase a puaskhaas [z]

Osterlandföhr Uasterlunfer

Osterlandführer a aadrang, -en (di)

Osterlandführer Friesisch at aadrang

Ostermontag a puaskmundai

Ostern puask; **Frohe O.!** fröölagen puask!

Osternest (Brauchtum) at puasknääst, -nees [z] (det)

Österreich Uasterrik

Österreicher a uasterriker, -s (di)

Ostersonntag puasksöndai

Ostertag a puaskdai, -daar; **in den O.-en** uun a puask, auer puask, tu puask

Ostfriese a uastfresk (di)

ostfriesisch uastfresk

Ostfriesisch at uastfresk

Ostfriesland Uastfresklun

östlich I *Adv* uaster; **ö. von** tu't uasten faan; **weiter ö.** uastermuar - **II** *Adj* uastelk; **ein ö.-er Wind** en uastelken winj

Ostseite a/at uastersidj (det), a uasterääg (di)

Ostwind a uastenwinj (di), a uastwinj (di)

oval lungwarpag

Ozean a ootseaan, -er (di)

p, P

paar 1 *Indefinitpron* en paar; hög, högen (o. Subst.); **ein p. Äpfel** en paar aapler; **ein p. Tage** hög daar - 2 *übertr:* **ein p. hinter die Ohren bekommen** högen bi a uaren fu *u*

Paar 1 *Zusammengehöriges* at paar, -en (det); **ein P. Schuhe** en paar skur - 2 *Mann u. Frau:* **ein P. werden** en paar wurd; **pro P.** at paar

paaren, sich ham paare

paarmal *Verb.* **ein p.** paarsis/-se, högsis/-se

paarweise bi paaren, paarwiis [z]

Pacht at hüür (det), at pacht (det); **P. bezahlen** hüür betaale

pachten hüür

Pächter a hüürer, -s (di), a pechter, -s (di)

Pack 1 at pak (det) - 2 *übertr:* **P. schlägt sich, P. verträgt sich** pak slait ham, pak ferdrait ham *Sprw*

Päckchen at pekchen, -s (det), at pak, -en (det), at paktje, -jin (det)

packen 1 *Koffer* paake - 2 *festhalten* paake, tu paak/tu paakin fu *u*, faad fu *u*; **am Kragen p.** bi a kraag/bi a krips fu *u*

Packpapier at paakpapiir (det)

Packung at pak, -en (det)

paffen pafe, dampe

pah! *Interj* pö!

Paket at pakeet, -en (det)

Palast 1 a palast, -en (di) - 2 *übertr:* **was für ein P.!** wat en palast faan hüs!

Palme at palem, -lmen (det)

Palmsonntag (Sonntag vor Ostern) palmaaram

Panne 1 *Missgeschick* at malöör, -en (det), at malesje, -sjin (det) - 2 *techn. Störung* at pane, -nin (det)

Pansen (Kuhmagen) a pans (di), at wom (det); (als Gericht) at woms (det)

Pantoffel 1 a tofel, -fler, at slöfk, -en (det); (abgetragen) at slar, -en (det) - 2 *übertr:* **unter dem P. stehen** oner a tofel stun *u od.* (zu Hause) bi a woch sliap *u* ('an d. Wand schlafen')

Panzer a panser, -n (di)

Panzerkette (Teil der Tracht) at panserkeed (det)

Papa aatj

Papagei a/at popegei, -en (det)

Papier 1 at papiir, -en (det); **zu P. bringen** tu papiir bring *u* - 2 *Dokument:* **die P.-e** a papiiren

Papierkorb a papiirkurew, -kurwer (di) [u:]

Pappe at pap (det)

päppeln pööske

Pappkarton at papkasje, -sjin (det)

Papst a paap, -en (di); (der jetzige P.) a paap

Parade 1 a/at paraade, -din (det) - 2 *übertr:* **in die P. fahren** uun a paraade keer

Paradies at paredіis

Paranuss at spääknöd, -en (det)

Pärchen at peerchen, -s (det)

Pardon at pardong (det), at parduun (det)

Parfüm at röökweeder (det), at onjekolonje (det) ('Kölnisch Wasser')

parieren 1 *abwehren* pariare - 2 *gehorchen* pariare, harke; **der Hund pariert nicht** di hünj pariaret/harket ei

P

parken parke; **hier ist P. verboten** hir mut'am ei parke/stun

Parkplatz **1** *Platz* a parkplaats, -en (di) - **2** *Stellplatz* at parksteed, -en (det)

Parlament at parlament, -en (det)

Partei **1** *Gruppe* at partii (det) - **2** *polit. Organisation* at partei, -en (det) - **3** *übertr:* **P. nehmen** partei nem *u*

parterre eewen a grünj

Partie **1** *Heirat:* **eine gute P. machen** en gud partii maage *od.* warem iinfrei, gud tu saten kem *u* - **2** *übertr:* **mit von der P. sein** mä faan a partii wees

Partner **1** *Geschäftsp.* a maaker, -s (di), a paartner, -s (di) - **2** *Lebensgefährte* a paartner, -s (di)

Partnerin at paartner, -s (det)

partout patuu

Pass a paas, -en (di), a ütjwis, -en (di)

Passagier a pasasjiar, -s (di)

Passatwind a pasaatwinj, -er

Passbild at paasbil, -en (det)

Passe a paas, -en (di)

passen **1** *in/auf etw.* paase, sat (seed; seeden) - **2** *recht sein* paase; **heute passt es nicht** daalang paaset at ei - **3** *zusagen:* **einem p.** ään paase, ään behaage, ään tupaas wees - **4** *Skat* pase; **ich p.** ik pase *od.* ik san wech - **5** *übertr:* **das könnte ihm so p.** det küd ham wel so paase; **auf jeden Topf passt ein Deckel** diar as nian pot so skiaf, dat diar ei en lad üüb paaset *Sprw*

passend **1** *angebracht* paaselk, uunbroocht - **2** *entsprechend* paasent

passieren **1** *vorbeilassen* pasiare - **2** *geschehen* pasiare, malööre; (veralt.) skä (skest; skest; skest/sken); **was ist passiert?** wat as 'ar pasiaret?; **das kann schnell p.** det as gau tu - **3** *zustoßen:* **einem p.** ään pasiare, ään auerkem *u* - **4** *Speisen p.* troch sew fu *u* ('Sieb')

Pastinak (Doldengewächs) a müürwochel, -chler (di)

Pastor a prääster, -n (di); (scherz.) a paap, -en (di)

Pastorat at pasteroot (det), at präästershüs, -sang [z] (det)

Pastorin at pastoorin, -en (det)

Pastorsfrau at präästerwüf (det), at wüf faan a prääster (det)

Pate a faader, -n (di); **P. sein** faader stun *u*

Patengeschenk at paatengesjenk (det); (veralt.) at faaderjift (det)

Patin at faader, -n (det)

Patrone at patruun, -en (det)

Patsche **1** *Feuerp.* a swaber, -s (di) - **2** *übertr:* **aus der P. helfen** ütj a skitj halep *u*

patschen patje, plaaske

patzig snütjag

Paulstag (10. Januar) paulidai

Pause **1** *Schulp.* at pause, -sin (det) [z] - **2** *Ruhep.* at skoft (det); **P. machen** ütjsaat, aphual *u*

pausenlos steedag, stüdag an gedüürag, am an am; **p. regnen** am an am riin *u*

Pech **1** *Material* at pak (det) - **2** *Unglück* at malöör (det), at pech (det); **P. haben** pech haa - **3** *übertr:* **zusammenhalten wie P. und Schwefel** tuuphual üs pak an swaawel

pechfinster oonjonk, pakjonk

pechschwarz paksuart, pikepakesuart

pedantisch naunemen, pötjrag

peilen peile, piile; **über den Daumen p.** auer a süm peile
Peilung at peilang, -en (det)
Pein a/at piin (det)
peinigen piinage
peinlich piinelk
Peitsche at pitsj, -en (det), at swöb, -en (det)
peitschen pitsge
Pelle at skel, -en (det)
pellen **1** pele; **Kartoffeln p.** eerpler pele - **2** *übertr:* **wie aus dem Ei gepellt** üs ütj at ai pelet
Pellkartoffeln a eerpler uun't skel (jo)
Pellworm (Insel) Pelweram
Pelz **1** a pels, -er (di); (Material) at pels (det) - **2** *übertr:* **eine Laus in den P. setzen** en lüs iin uun a pels/sjist saat ('Schaffellrock')
Pelzkragen a/at pelskraag, -en (det)
Pelzkrawatte (Teil d. Tracht) a/at pelskraag, -en (det)
Pension *Rente* at pensjuun (det)
pensionieren pensjuuniare
Pergamentpapier at böderbruadpapiir (det)
Periode *Menstruation* at tidj, a daar; **sie hat ihre P.** hat hää hör tidj/hör daar
Perle a parel, -rler (di)
perlen parle; **der Schweiß perlte ihm von der Stirn** a swäät parelt ham faan a braanj
Perlenborte (Teil d. Tracht) at keedenlits, -en (det)
Perlenschnur a ransel, -sler (di), at parelsnuur, -en (det), a pareltriad, -er (di)
Person **1** at persuun, -en (det); **pro P.** a maan - **2** *abwertend:* **eine fürchterliche P.** en skrekelk minsk
Personalausweis a ütjwis, -en (di)
persönlich persöönelk
Persönlichkeit a/at persöönelkhaid, -en (det)
Perücke at prük, -en (det), at faalsk hiar (det)
Pesel (die gute Stube d. Friesenhauses) a piisel, -sler (di) [z]
Peter, der (Strohpuppe, die b. Biikefeuer am 21. Februar verbrannt wird) a Piader
Peter und Paul (23. Juni) Piader an Pai
Petersilie at peetersile (det)
Petri Kesselfeier (1. August) Peeter Keetel
Petriabend (21. Februar) a piadersinj
Petritag (22. Februar) a piadersdai
Petroleum at pitrooleum (det)
Petze a/at ferklapsnütj, -er (di)
peu á peu pö am pö
Pfad a stegelk, -er (di)
Pfahl a pual, -er (di)
Pfand at puan, -en (det)
pfänden puanage
Pfännchen at pönk, -en (det)
Pfanne a/at poon, -en (det)
Pfannkuchen at pankuuk, -en (det)
Pfarrer a prääster, -n (di)
Pfarrerin at pastoorin, -en (det)
Pfarrhaus at präästerhüs, -sang [z] (det), at pasteroot (det)
Pfeffer **1** at pöber (det); **P. und Salz** pöber an saalt - **2** *übertr:* **ich wollte, er wäre, wo der P. wächst** ik wul, hi wiar, huar a pöber wääkst
Pfefferkorn at pöberkurn, -er (det)
Pfefferkuchen at pöberkaag, -en (det)
Pfefferminz at föfermüns (det), at pöbermünt (det)

P

Pfeffermühle a/at pöbermaln, -en (det)
pfeffern **1** pöbre - **2** *übertr:* **eine gepfeffert bekommen** ään neid/ään lingd fu *u*
Pfeffernüsse (Kleingebäck) a brünnöden (jo), a pöbernöden (jo)
pfeffrig pöbrag
Pfeife **1** *Tabaksp.* a/at piip, -en (det) - **2** *Trillerp.* a/at fleut, -en (det) - **3** *Fanggraben der Vogelkoje* a/at piip, -en (det) - **4** *übertr:* **nach jmds. P. tanzen** efter hokers piip daanse; **den kannst du in der P. rauchen** ham könst uun a piip rik
pfeifen fleute
Pfeifenbrett at piiprak, -en (det)
Pfeifenreiniger a piippröötel, -tler (di), a piiprensker, -s (det)
Pfeifente at smen, -en (det)
Pfeil a piil, -er (di)
Pferd **1** a hingst, -er (di); (Kinderspr.) at hope, -pin (det); **zu P.-e sitzen** tu hingst sat *u* - **2** *übertr:* **immer sachte mit den jungen P.-en!** imer suutjis mä a jong hingster an jong wüfen! ('...und jungen Frauen')
Pferdeapfel a hingstluurt, -er (di), a hingstskeet, -er (di)
Pferdebohne (Ackerbohne) at hingstbuan, -en (det)
Pferdedecke at hingstdeeken, -s (det)
Pferdefleisch at hingstflääsk (det)
Pferdefliege at hingstfleeg, -en (det)
Pferdegebiss *Wendg.* **ein P. haben** hingsttes haa
Pferdegeschirr at hingstgesjir (det), at hingsttjüch (det)
Pferdekur at hingstkuur (det)
Pferdemist at hingstnjoks (det)
Pferdenatur a/at hingstnatüür (det)
Pferdeschwanz a hingststört, -er (di)
Pferdestall a hingstbusem, -er/-smer (di) [z]
Pferdestand a hingststaal, -er (di)
pfiffig poliitsk, fifag, pliitsk
Pfingsten a pingster; **zu P.** uun a/tu pingster; **Frohe P.!** fröölagen pingster!
Pfingstmontag a pingstermundai
Pfingstrose at pingsterruus, -en (det) [z]
Pfingstsonntag a pingstersöndai
Pflanze at plaant, -en (det)
pflanzen plaante
Pflaster *Heftp.* at plooster, -n (det)
pflastern *Wunde* ploostre
Pflaume at plum, -en (det)
Pflaumenbaum a plumbuum, -er (di)
Pflaumenkern a plumstian, -er (di)
Pflaumenkuchen a plumkuuk, -en (di), at plumpei (det)
Pflaumenmus at plums (det), at plummuus (det)
Pflege **1** at pleeg (det), at paasang (det), at behiar (det); **seine P. erhalten** sin pleeg/sin behiar fu *u* - **2** *übertr:* **Hege und P.** heeg an pleeg
[1]**pflegen** **1** *versorgen* pleege - **2 sich p.** ham pleege
[2]**pflegen** *gewöhnlich tun* pleege
Pfleger a halper, -s (di)
Pflicht at plicht, -en (det); **seine P. und Schuldigkeit tun** sin plicht an skilaghaid du *u*
Pflichtteil at plichtdial, -en (det)
Pflock a plook, -er (di)
pflücken plooke
Pflug a pluch, pluuger (di)
pflügen pluuge
Pflugschar at pluchiisen, -s (det) [z]
Pforte at puurt, -en (det)

Pfosten a poost, -er (di), a pual, -er (di)
Pfote at puat, -en (det)
pfropfen **1** *hineinstopfen* proope - **2** *veredeln* puate
Pfropfen a proop, -er (di), a dob, -er (di)
pfui! *Interj.* fui!
Pfund at pünj, -en (det)
-pfündig -pünjs; **ein sechsp.-er Hecht** en sääkspünjsen hek
pfundweise pünjwiis [z], bi pünjen
Pfusch at fusjerkroom (det)
pfuschen fusje
Pfuscher a fusjer, -s (di)
Pfütze a sluat, -er (di), at weederküül, -en (det),
phantasieren (im Fieber) üüb en raag wees
Phlegma at kiar-di-am-niks (det)
picheln *Alkohol trinken* pichle, tötje
Picke at pik, -en (det)
Pickel at pik, -en (det)
pickelig pikag
picken pike
piepen piipe
Piepvogel a piipfögel, -gler (di)
piepsen piipe
Pier *Landungsbrücke* at piir, -en/-s (det)
Pierwurm a soongreewlang, -en (di)

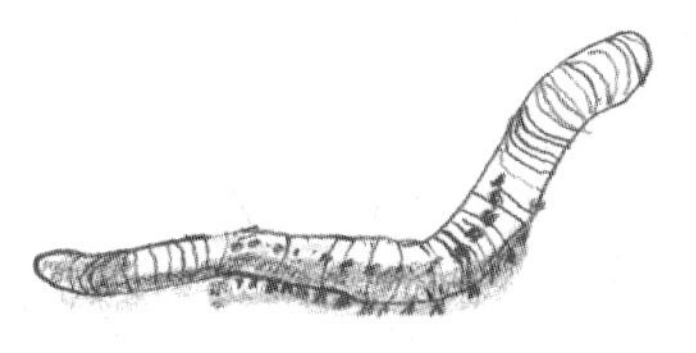

Pierwurm a soongreewlang

[1]**Pik** **1** *Kartenfarbe* at pik, -en
[2]**Pik** *Wendg.* **einen P. auf jmdn. haben** en pik üüb hoker haa
Pikass at pik as
Pikbube a pik büür
Pikdame at pik wüf
piken prake, pui, steeg (stäät; stäät; stäät)
Pikkönig a pik könang
Piksieben *Wendg.* **danebenstehen wie P.** diarbistun üs so'n piksööwen *u*
Pille **1** *Tablette* a/at pil, -en (det) - **2** *Verhütungsmittel* a/at pile (det); **die P. nehmen** a pile nem *u*
Pilz a/at hünjmots, -en (det)
pinkeln pase
Pinne (Teil d. Steuerruders) at pen, -en (det)
Pinsel a kwaast, -er (di), a pinsel, -sler (di) [z]
pinseln pinsle [z]
Pisse at pasang (det)
pissen pase
Pistole at pistuul, -en (det)
pladdern *klatschen* pledre
Plage **1** at plaag (det) - **2** *Belästigung:* **eine P. sein** en plaag wees
plagen **1** *belästigen* plaage, trebeliare - **2** *abmühen* **sich p.** ham plaage, ham ufmeu
Plagge *Grassoden* at suad, -en (det)
Plan a ploon, -er (di)
planen ploone, beraame, föörhaa *u*
Planke at plank, -en (det)
planschen planske, plaaske, boske
Plappermaul at snööter, -n (det), a/at babelsnütj, -er (di)
plappern bable, bebelke
plärren blare, blerke
platt **1** plat, flaak - **2** *übertr:* **p. sein** plat wees; **p. wie eine Flunder** plat üs en skol
Plattdeutsch at plaatsjiisk (det)

plattdeutsch plaatsjiisk; **p. sprechen** plaatsjiiske
Platte at plaad, -en (det)
Plätteisen at pletiisen (det) [z]; (veralt.) at strikiisen (det)
plätten plete; (veralt.) strik (strakt; strääg; stregen)
Plattfuß **1** a platfut, -fet (di) - **2** *übertr:* **P. haben** platfut haa
plattfüßig platfutet
plattliegen platlei *u*
Platz **1** *Ort* a plaats, -en (di) - **2** *Raum für etw.* at plaats (det), at rüm (det), at steeds (det); **P. machen** steeds/rüm maage - **3** *Sitzplatz* at steed, -en (det); **P. nehmen** ham deelsat *u*, ham hensat *u*, plaats nem *u*; **seid so gut und nehmt P.!** wees'em so gud an sat'em am! - **4** *übertr:* **alles am rechten P. sein** ales üüb steed wees
Plätzchen (Gebäck) at gewürts (det)
platzen **1** baast (bost; bosten), splitj (splat; splääd; spleden) - **2** *übertr:* **vor Neugier p.** baast föör neiskiraghaid *u*; **vor Lachen p**. trochkwark föör laachin
plaudern praatje
Plausch at stak snaak (det)
pleite bankrot; **p. machen** kopheister gung *u*
plieren *blinzeln* pliire
Plombe at blomb, -en (det)
plombieren blombiare
plötzlich **I** *Adj* skoor; **ein p.-er Tod** en skooren duas - **II** *Adv* üüb'n/üüb mool, ünfersens, ünferwaans; **er ist p. gestorben** hi as üüb('n) mool stürwen
plump plomp
Plumps a ploms, -er (di)
plumps! plums!
plumpsen skrap, plumse, plomp; **ins Bett p.** iin uun('t) baad plomp
Plunder at hap an skrap (det), at geslont (det), at plünjenkroom (det), at skitj an stront (det)
plündern **1** plünjre - **2** *übertr:* **den Weihnachtsbaum p.** a tanenbuum plünjre/uftaakle
Plüsch at plüüsk (det)
Plüschlitze (am Rocksaum d. Tracht) at plüüsklits, -en (det)
plustern, sich ham pluustre
Po a eers (di); (Kinderspr.) a moosje (di), a moos (di)
pochen **1** *klopfen* klupe; (im Ei) bake; **an die Tür p.** jin a dör klupe - **2** *übertr:* **darauf p.** diarüüb poche
Pocke at pook, -en (det)
pockig pookag
Pökelfleisch at peekelflääsk (det)
pökeln peekle
Pol a puul, -er
Polarlicht at nuurdlaacht
Polarstern a nuurdstäär
Pole a pool, -en (di)
politisch poliitsk
Politur at politüür (det)
Polizei a politsei, a putsen
Polizist a puts, -en (di), a sjandaarem, -rmer (di)
polnisch poolsk
polstern polstre
Polsterung at polstrang (det)
Polterabend a polterinj, -er (di)
poltern **1** *lärmen* knoltre, bolre - **2** *feiern* poltre
Poltern at geknolter (det)
Pontius *Wendg.* **von P. zu Pilatus laufen** faan huuwen tu stuuwen luup *u* ('vom Hafen zum Hausplatz')

Porree at look (det), at boree (det)

Portmonee **1** a jilkniper, -n (di) - **2** *übertr:* **den Daumen auf dem P. halten** a süm üüb a pung hual *u*

Portion **1** at potsjuun, -en (det) - **2** *übertr:* **nur eine halbe P. sein** man en haapk wees ('Häppchen')

Porträt at portret, -en (det)

Portwein a/at puurtwin (det)

Porzellan at pottjüch (det); **aus P.** pasleien

Porzellantasse at pasleien kop, -en (det)

possierlich nögen

Post **1** *Einrichtung* a post; **zur P. bringen** tu (a) post bring *u* - **2** *Gebäude* at posthüs (det) - **3** *Sendung:* **P. bekommen** post fu *u*

Postamt at posthüs (det)

Postbote a postluuper, -n (di), a postbüüdel, -s (di)

Posten **1** *Anstellung* at baantje, -jin (det); **einen guten P. haben** en gud baantje haa - **2** *übertr:* **nicht ganz auf dem P. sein** ei gans diar wees *od.* ei gans bi/üüb dek wees

Postkarte at postkoord, -en (det)

Postkasten at postkasje, -sjin (det)

Potte *Wendg.* **nicht zu P. kommen** ei tu pot/ei faan't ai kem *u* ('vom Ei')

Pracht at pracht (det), at stood (det); **eine wahre P.** en rocht/en woore pracht

prächtig fein, prechtag, stoodelk

prägen preege

prahlen poche, braske, uundu *u*, gratsnaake, gratspreeg *u*

Prahler a gratspreeger, -s (di), a uunduer, -n (di)

Prahlerei at praalerei (det), at uunduerei (det)

Prahlhans a poche, -chin (di), a uunduer, -n (di)

praktisch redag, handag

Praline at praliin, -en (det)

prall **1** pral - **2** *Wendg:* **in der p.-en Sonne** uun a praler san

prallen prale

prangen skürne

präsentieren preesentiare [z]

Präsentierteller *Wendg.* **auf dem P. sitzen** üüb a preesentiarteler wees

prassen prase

prasseln taple, knaple

Praxis at praksis (det)

predigen pretje

Prediger a pretjer, -n (di)

Predigt a/at pretjei, -en (det); **während der P.** oner't pretjei

Preis **1** *Geldwert* a pris, -en (di); **zum halben P.** för a hualew pris - **2** *Belohnung:* **einen P. gewinnen** en pris wan *u* - **3** *übertr:* **um keinen P.** för nian jil

preisen priise [z]

preiswert bilag, gonstag

prellen *betrügen* bedreeg *u*

Presse (landwirtschaftl. Gerät) at pres, -en (det)

pressen **1** *etw. p.* trak; (Heu, Stroh) prese - **2** *Geburtswehen* dring (droong; drüngen)

Preuße a preus, -en (di)

preußisch preus

Pricke (Seezeichen) at baag, -en (det)

Priel (Wattstrom) a priil, -er (di), at lua, -n (det), at jip, -en (det)

Priem (Kautabak) at prümtje, -jin (det), at prüümtubak (det)

priemen *Kautabak kauen* prüme

Priester a prääster, -n (di)

Primel at priimel, -n (det)

P

Prinz a prens, -en (di)
Prinzessin at prenses, -en (det)
[1]**Prise** (gekapertes Schiff) at priis, -en (det) [z]
[2]**Prise** at priis, -en (det) [z]; **eine P. Salz** wat saalt *od.* en betj saalt
pro *Wendg.* **p. Person** a maan, a persuun
Probe at preew, -en (det) [u:]; **zur P.** tu'n preew
proben ööwe, preewe
probeweise proobewiis [z], tu'n preew [u:]
probieren **1** *versuchen* preewe, fersjük *u* - **2** *kosten* prubiare, preewe, smääk, kooste
Problem **1** at probleem, -en (det) - **2** *übertr.:* **P.-e haben** komer/probleeme haa
Professor a prufeser, -n (di)
Profit a prufitj, -er (di)
Propeller a prupeler, -n (di)
proppenvoll proopetfol, propenfol
Propst a pruubst, -er (di)
prost! *Interj.* sünjhaid!
prosten uunstupe, tudrank *u*
Prozent a prusent, -en (di)
Prozess a pruses, -en (di)
prozessieren prusesiare
prüfen preewe
Prüfung at preewang, -en (det); (Konfirmandenunterricht) at preewin (det)
Prügel at sliak (det), a eersfol (di), a/at luusang (det) [z]; **P. bekommen** sliak fu *u*
Prügelei at kluperei (det)
prügeln hau (haud; hau/hauen), slau (slait; sluch; slaanj); **sich p.** uun klupin/uun hauen wees
Prunk at stood (det), at pronk (det)
prusten pruuste
Psalm a salem, -mer (di)
Pudding (Gericht) a podang (di)
Puddingform a/at podangduus, -en (det) [z]
Puddingpulver at podangpolwer, -n (det)
Pudel **1** *Hunderasse* a puudel, -dler (di) - **2** *Fehlwurf b. Kegeln* a puudel, - (di) - **3** *übertr.:* **dastehen wie ein begossener P.** tustun üs en begöödenen puudel
Pudelmütze a/at bomelmots, -en (det)
pudelnass njoksweederwiat ('mistwassernass'), njokswiat, wiat üs en baaset müs ('gebadete Maus')
Puder at puuder (det)
pudern puudre
Puderzucker at puudersoker (det)
Puff (Stoß) a pof, -er (di)
puffen pofe, knofe, gnupe
Pularbeit (schwierige Arbeit; norddt.) at pülkroom (det)
pulen püle; **in der Nase p.** uun a nöös püle
Pulerei at pülkroom (det), at pülerei (det)
Pullover a switer, -n (di)
Puls a pols (di)
Pulsader at polsääder, -n (det)
pulschen (Flüssigkeiten verschütten, norddt.) tjoltere
Pulsschlag a polsslach, -er (di)
Pulswärmer *Pl* a möfken (jo)
Pult at polt, -en (det)
Pulver at polwer, -n (det)
pummelig pomlag
Pump *Wendg.* **auf P.** üüb pomp
Pumpe at pomp, -en (det)
[1]**pumpen** *ansaugen* pompe

P

[2]**pumpen** *leihen* lian
Punkt 1 a punkt, -er (di) - **2** *Zeitpunkt:* **P. acht** am a klook aacht
pünktlich bitidjs, pünktelk
Pünktlichkeit a/at pünktelkhaid (det)
Punsch (Alkohol u. heißer Tee) a puns, -en (di); **P. trinken** punse; **eine Runde P.** en runde punsen
Punschbowle at punsboole, -lin (det)
Punschtasse at punskop, -en (det)
Pupille a uugstian, - (di)
Puppe 1 *Spielzeug* at pope, -pin (det) - **2** *Kokon* at puplis, -en (det)
Püppchen at pöpke, -kin (det)
Pups a fört, -er (di)
pupsen fört
pusselig prröötlag
pusseln pröötle, pöösle
Puste a püst (di), a loft (di)
Pustel at blaanj, -en (det)
pusten püste
pütscherig (umständlich; norddt.) pötjrag
pütschern (hantieren; norddt.) pötjre
Putz (Mörtel) at pots (det), at ufsaatang (det)
putzen 1 *säubern* rede, renske; (wienern) gnidjle; **Fenster p.** wönger sau *u*/potse; **die Zähne p.** a tes basle - **2 sich p.** (Enten) nubre
Putzlappen at slont, -en (det)
Pyjama a naachtuuntooch, -tööger (di)

---

q, Q

quabbelig kwoblag
quabbeln kwoble
Quacksalber a kwaksalwer, -n (di)
Quaddel a knob, -er (di), at blaanj, -en (det)
quaken 1 gnore; (Enten) kwaake - **2** *übertr:* **immer etw. zu q. haben** imer wat tu kwisin haa
Qual 1 at kwool, -en (det) - **2** *übertr:* **wer die Wahl hat, hat die Q.** hoker a wool hää, hää a kwool *Sprw*
quälen 1 *peinigen* piinage, kweele - **2** *bedrängen* plaage - **3 sich q.** ham ufmaartle, ham ufknise - **4** *übertr:* **er hat sich lange q. müssen** hi hää ham loong kweele moosten
Qualle at selagglag (det)

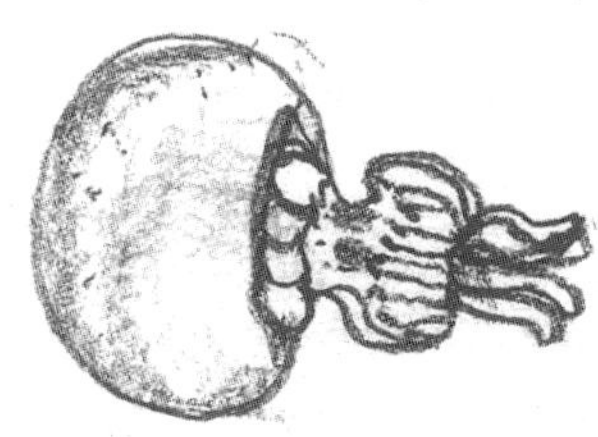

Qualle at selagglag

Qualm a kwalem (di), at riak (det)
qualmen 1 *rauchen* kwalme - **2** *paffen* kwalme, rik; **eine q.** ään kwalme, ään rik
qualmig kwalmag, riakag
Qualster at snoot (det)
Quark at tjuarel (det)

Quartal at kwartaal (det)
Quartier at kwatiar, -en (det)
Quast a kwaast, -er (di)
Quatsch **1** *Unsinn* at dom tjüch (det), at pitjepatjekroom (det) - **2** *Gerede*: **Q.!** pitjepatje!
quatschen *reden* tjaule, kwaake
Quecke (Unkraut) at kweg, -en (det); **voller Q.-n** kwegag

Quecke at kweg

Quecksilber at kwaksalwer (det)
Quelle **1** at kwel, -en (det) - **2** *übertr:* **an der Q. sitzen** bi a kwel sat *u*
quellen kwel
Queller (Pflanze) a rölken (jo)
quengelig kwisag
quengeln kwise, knare
quer **1** swäärs - **2** *übertr:* **kreuz und q.** loongs an swäärs *od.* krüs an swäärs

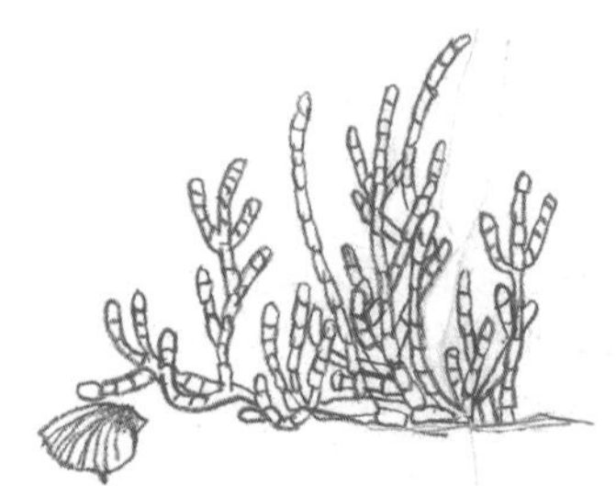

Queller a rölken

Querbalken a swäärsbualk, -er (di)
Quere *Wendg.* **in die Q. kommen** uun a määt/föör a buch kem *u od.* swäärs kem *u*
querfeldein liktu, auer a staken
quergestreift swäärsstripelt
querköpfig swäärshoodet
Querschiff (i. d. Kirche) at noorderstak (det)
querschiffs swäärsskaps
Quertreiber a swäärsdriiwer, -n (di)
querüber swäärsauer
Querweg a swäärswai, -er (di)
quietschen (Tür) piipe
Quirl a kwerel, -rler (di)
quirlen kwerle
quitt kwitj; **wir sind q.** wi san kwitj
Quitte at kwit, -en (det)
quittieren kwitjiare
Quittung at kwitjang, -en (det)

r, R

Rabe **1** at suart kriak, -en (det) - **2** *übertr:* **stehlen wie ein R.** steel üs en kriak *u*
Rachen *Wendg.* **in den R. werfen** iin uun a rachen smitj *u*
rächen reche
Racker a raker, -s (di), a wilspuuk, -er (di)
rackern sluuwe, rakre
Rad **1** *Wagenr.* at wel, -en (det) - **2** *Fahrr.* **R. fahren** welkeer; (veralt.) welluup *u* - **3** *übertr:* **fünftes R. am Wagen sein** batje bitu wees
rädeln (ein Schnittmuster) ritse
Radfahrer a welkeerer, -n (di); (veralt.) a welluuper, -n (di)
radieren ütjwiske
Radiergummi at wiskgume, -min (det)
Radieschen at radiis, -en (det)
Radtour at weltuur, -en (det)
Radweg a welwai, -er (di)
raffen raage, grapse; **an sich r.** tu ham raage
Raffgier a/at haablaghaid (det)
raffgierig haablag, grapsag, skraabag
raffig grapsag, skraabag
Rage *Wendg.* **jmdn. in R. bringen** hoker dol fu *u od.* hoker det hötje üüb rölken fu *u* ('Köpfchen auf Rollen')
ragen raage
Rahe at rua, -n (det)
Rahm at fliatang (det)
rahmen raame
Rahmen a raam, -er (di)
Rain a gredstripel, -pler (di), a loonbualk, -er (di)
Rainfarn a reenfreenken (jo)
Ramme at ram, -en (det), a staamper, -n (di)
rammen ram, ramp
Rammler a kaninbok, -er (di)
Rampe at ramp, -en (det)
ramponieren tunantmaage, beskaasage [z]
Ramsch at stront (det), at skitj an stront (det)
Rand **1** a kaant, -er (di) - **2** *übertr:* **den R. halten** a klap/a snütj hual *u*
randvoll ap tu a kaant fol, liksen ääg fol
rangieren rangsjiare
rank raank; **r. und schlank** raank an slaank
Ranke at rank, -en (det)
ranken ranke
ranzig ransag, haarsk; **r.-e Butter** haarsk böder
Raps **1** *Getreideart* at raps (det) - **2** *Pflanze* a raps (di)
Rapssaat at rapssiad (det)
rar raar, selten
rasch gau; **mach r.!** sä tu!
rascheln rasle
rasen **1** *schnell laufen/fahren* jaage, süüse [z] - **2** *toben* roose [z]; **vor Wut r.** roosendol wees [z]
Rasen **1** at guardgäärs (det), a raasen (di) [z]; **R. mähen** gäärs hau *u* - **2** *übertr:* **ihn deckt auch schon der R.** ham leit uk al en suad üüb a nöös ('Rasensode')
rasend roosen [z]
Rasenmäher at haumaskiin, -en (det)
Rasensode a/at suad, -en (det)

R

Rasierapparat a raagaperoot, -en (di)
rasieren **1** raage - **2** **sich r.** ham raage
Rasiermesser at raagknif, -kniiwer (det)
Rasierpinsel a raagkwaast, -er (di); a raagpinsel, -sler (di)
Rasierseife at raagsiap (det)
Rasierzeug at raagtjüch (det)
Raspel *Küchengerät* at rasp, -en (det), at raspel, -n (det)
raspeln rasp
Rasse (Tierr.) at aard, -en (det), a slach, -er (di)
Rassel at skringlis, -en (det), at skringelduus, -en (det) [z]
rasseln rasle
Rast at rast (det); **R. machen** rast maage
rasten **1** rau, raste, rüst - **2** *übertr:* **ruhen und r.** rau an rüst
Rastteich (in d. Vogelkoje) at kuiküül (det)
Rat **1** *Ratschlag* a riad, -er (di); **um R. fragen** am riad fraage - **2** *Ausweg:* **R. wissen** riad wed *u* - **3** *übertr:* **mit R. und Tat** mä riad an diad
Rate at raat, -en (det); **in R.-en bezahlen** uun raaten ufbetaale, stak för stak betaale
raten **1** *etw. erraten* riad (räät; räät; räät); **rate mal!** riad ans! - **2** *jmdm. zu etw.:* **ich rate dir** ik riad di
Ration at ratsjuun, -en (det)
ratlos riadluas; **r. sein** nian riad wed *u*
ratsam riadsoom, riadelk; **es wäre r.-er** at wiar beeder
ratschen, sich ham rapse
Ratschlag a riad, -er (di); **keine Ratschläge annehmen** nian snaak uunnem *u*
ratschlagen beriad *u*
Rätsel **1** at riadlis, -en (det); **R. raten** riadlisen riad *u* - **2** *übertr:* **ein R. sein** en riadlis wees
Ratte at root, -en (det)
Ratz *Wendg.* **schlafen wie ein R.** sliap üs en root
ratzekahl mä romp an stomp, mä rut an ring
rau **1** *uneben* rüch - **2** *heiser:* **einen r.-en Hals haben** rä/rüch uun a hals wees - **3** *übertr:* **r. zugehen** rüch tugung *u*
Raub a ruuw (di)
rauben ruuwe
Räuber a ruuwer, -n (di)
Räuberei at ruuwerei (det)
räubern ruuwre
Raubvogel a kläämfögel, -gler (di)
Rauch **1** *Qualm* a/at riak (det) - **2** *Räuchervorrichtung:* **in den R. hängen** iin uun/ap uun a riak hinge
rauchen **1** *qualmen* kwalme; (Schornstein) riake - **2** *Zigaretten r.* rik, dampe, kwalme; **hier ist R. verboten** hir mut'am ei rik - **3** *übertr:* **er raucht wie ein Schlot** hi rikt üs so'n skoorstian
Raucher a riker, -s (di)
Räucheraal a riaket ial, -er (di)
Räucherfass (Fass z. Räuchern von Fischen) at riakertan, -en (det)
Räucherfisch a riaket fask (di)
Räucherkate at riakerhüs, -sang [z] (det)
räuchern riake
rauchig riakag
Rauchschwalbe at hüsswaalk, -en (det)
Räude at skürew (det) [u:]

R

räudig 1 skürwag, sküreft - **2** *übertr:* **ein r.-es Schaf kann die ganze Herde anstecken** en sküreft sjep koon en hial hok uunsteeg ('Schafkoben')
rauf ap; **komm r.!** kom ap!
Raufutter (Heu, Stroh) at rüchfudrang (det)
Raum 1 *Platz* at steeds (det), a plaats (di), at rüm (det); **„denn es war kein R. in der Herberge"** „auer diar wiar nian rüm muar uun a harbarag" (Weihnachtsgeschichte) - **2** *Gebiet:* **im R. Niebüll** trinjenam Naibel **- 3** *Zimmer* at rüm, -en (det)
räumen 1 rüme - **2** *übertr:* **das Feld r.** at fial rüme
Raumpflegerin at potswüf, -en (det)
Raupe at rip, -en (det); **R.-n sammeln** ripe
Raureif at rip (det)
raus *Adv* **r.!** ütj!; **willst du rein oder r.?** wel iin of ütj?
Rausch (v. Alkohol) a brant (di), a süüs (di) [z;]; **mit einem R. nach Haus kommen** en brant tüsslebe
Rauschbeere at bläbei, -en (det), at swinbei, -en (det)
rauschen 1 *etw. rauscht* rüüse [z], süüse [z] - **2** *bewegen:* **das Wasser rauschte über den Deich** at weeder rüüset auer a dik
räuspern, sich ham roospre
rausschmeißen ütjsmitj *u*
rauswerfen ütjsmitj *u*
Raute at rütj, -en (det)
rebellisch rebelsk
Rebhuhn at ääkerhan, -en (det)
rechen riiwe
Rechen at riiw, -en (det) [u:]
Rechenfehler a reegenfeeler, -n (di)
Rechenschaft a/at reegenskap (det); **R. ablegen** reegenskap ufdu *u*
rechnen 1 *Zahlen* reegne; **im Kopf r.** uun't hood reegne - **2** *veranschlagen:* **ein Pfund pro Mann r.** ian pünj a maan reegne - **3** *wirtschaften:* **nicht r. können** ei reegne kön - **4** *erwarten:* **r. mit** reegne mä - **5** *sich verlassen:* **auf ihn kannst du nicht r.** üüb ham könst ei reegne
Rechnen at reegnin (det)
Rechner a reegner, -n (di)
Rechnung 1 a/at reegnang, -en (det); **eine R. schreiben** en reegnang ütjskriiw *u* - **2** *übertr:* **nicht auf der R. haben** ei üüb a reegnang haa; **einen Strich durch die R. machen** en streg troch a reegnang maage
recht 1 *richtig* rocht, rochter; **zur r.-en Zeit** tu rochter tidj; **etw. R.-es** wat rochts; **r. machen** rocht maage, tupaas maage; **da hast du r.!** det meest wel sai! - **2** *ziemlich:* **nicht r. gescheit sein** ei rocht kluuk/wis wees - **3** *passend:* **ist es r., wenn wir morgen kommen?** as't rocht, wan wi maaren kem? - **4** *übertr:* **nun erst r.** nü jüst *od.* nü iarst rocht; **alles am r.-en Platz sein** ales üüb steed wees; **nach dem R.-en schauen** luke, of ales bi a rä as
Recht at rocht (det); **R. geben** rocht du *u*; **von R.-s wegen** faan rochts weegen
rechte 1 Ggs. *linke* rocht, rochter; **auf der r.-n Seite** üüb a rochter ääg; **zur R.-n** tu rochter hun - **2** *Textilien:* **die r. Seite** a rocht ääg - **3** *polit.:* **die R.-n** a rochten
Rechte Ggs. *Linke* at rochter hun (det)

R

rechtens efter't rocht

rechtfertigen **1** rochtfiardage - **2 sich r.** ham rochtfiardage

Rechthaberei at rochthaaerei (det)

rechtlich rochtelk; **r. gesehen** rochtelk sen *od.* faan't rocht ütj sen

rechtlos rochtluas, saner rochten

rechts **1** Ggs. *links* rochts, tu rochter hun, tu rochter ääg; **von r.** faan rochts - **2** *rechtsshändig:* **mit r. schreiben** mä rochts skriiw *u* - **3** *polit.:* **er steht mehr r.** hi stäänt muar rochts

Rechtsanwalt a afkoot, -en (di)

Rechtschreibung at rochtskriiwang, -en (det)

Rechtshänder *Verb.* **R. sein** rochtshunet wees

rechtshändig rochtshunet

Rechtskurve at rochtskurwe, -n (det); **da ist eine R.** diar gongt at rochts am a huk

rechtswidrig jin't rocht

rechtzeitig tutidjs, tu rochter tidj, rochttidjag, bi gud tidjs

recken rääk; **Wäsche r.** lanen rääk; **sich r. und strecken** ham rääk an strääk

Rede **1** at reede, -din (det); **eine R. halten** en reede hual *u* - **2** *übertr:* **nicht der R. wert sein** niks am't dun wees *od.* at snaak ei säärs wees

redegewandt rap üüb a müs

reden **1** *sprechen* snaake, spreeg (sprääicht; sprääg/spruch; spreegen); **offen r.** likütj snaake; **mit jmdm. r.** en stak snaak haa mä hoker - **2** *übertr:* **lass die Leute r.!** läät a/at lidj man snaake!; **mit sich r. lassen** mä ham snaake läät; **er kann r. wie ein Buch** hi koon snaake üs en buk; **ihr habt leicht r.** jam kön saacht *od.* jam kön lacht snaake; **gegen eine Wand r.** tu/jin a woch snaake

Redensart at snaak (det)

redselig snaakag, praatjag

Reede (Ankerplatz) a riad (di), at reed (det), at ree (det)

Reeder a riader, -n (di), a reeder, -n (di)

Reederei at riaderei, -en (det), at reederei, -en (det)

reell gerocht, rocht,

Reet at raid, -en (det)

Reetabfall (b. Dachdecken) at rüch (det)

Reetdach at raidsaag, -en (det), at saag, -en (det); **das R. decken** at saag driiw [u:] *u;* **das R. ausbessern** at saag apstoope

Reetdachdecker a driiwer, -n (di)

Reetdachhaus at raidsaaghüs, -sang [z] (det), at öömrang hüs, -sang [z] (det)

Reetdachklopfer (Gerät) at driiwburd, -en (det) [u:]

Reetdachklopfer at driiwburd

Reetfläche a raiden (jo), at raidstak, -en (det)

reffen refe, reewe; **Segel r.** saiels reewe *od.* letj saiels maage ('kleine Segel')

Regal at bürtje, -jin (det)
rege reerag
Regel **1** *Vorschrift* at reegel, -n (det) - **2** *Menstruation:* **die R. haben** a daar haa
regelmäßig **1** *immer* reegelmiatag, imer; **wir essen r. um zwölf** wi iidj arke tooch/imer am a klook twaalew - **2** *gleichmäßig* reegelmiatag; **das Herz schlägt ganz r.** at hart klupet hial reegelmiatag
regeln **1** *ordnen* reegle; **den Verkehr r.** a ferkiar reegle - **2** *in Ordnung bringen* turochtfu *u*, beredet fu *u*
regelrecht reegelrocht, rocht
regen, sich reer; **es regt sich kein Blatt** diar reert ham nian bleed
Regen **1** a rin (di); **ein heftiger R.** en smitjenen rin - **2** *übertr:* **vom R. in die Traufe kommen** faan a rin iin uun a gööd kem *u*
Regenbö at rinbeu, -en (det)
Regenbogen a rinböög, -en/-er (di)
Regenguss at jitang (det)
Regenhaut at rinkeep, -en (det)
Regenmantel a rinmantel, -tler (di)
Regenpfeifer a rintüüter, -n (di)
Regenrinne at saagrön, -en (det)
Regenschauer at rinbeu, -en (det), at rinflaag, -en (det)
Regenschirm a rinskirem, -rmer (di)
Regentropfen a rindrööb, -er (di), a sproonkel, -kler (di),
Regenumhang (Teil d. Tracht) a bolfanger, -n (di)
Regenwasser at rinweeder (det)
Regenwetter at rinag weder (det), at rinweder (det)
Regenwolke at rinswark, -en (det)
Regenwurm a rinwirem, -rmer (di)
regieren regiare
Regierung at regiarang, -en (det)
Regiment *Wend.* **ein strenges R. führen** en string regiment feer
regnen riin (rinjt; rinjd; rinjd); **es regnet in Strömen** at smat/got tu riinen *od.* at güset
regnerisch rinag
Reh at ree, -en (det)
Reibe at riiw, -en (det) [u:]
reiben **1** *scheuern* rofe, gnofle - **2** *Käse* riiw [u:] (raft; rääw [u:]; rewen) - **3** *übertr:* **sich die Hände r.** a hunen wreske/rofe
reich **1** rik - **2** *übertr:* **arm und r.** aarem an rik
Reich **1** *Staat* at rik, -en (det) - **2** *R. Gottes:* **„Dein R. komme!"** „Din rik mei deelkem!" (Vaterunser)
reichen **1** *etw. geben* ling, du (dää; ded; den); **jmdm. die Hand r.** hoker a hun du *u* - **2** *sich erstrecken* ling; **soweit das Auge reicht** so widj üs'am luke koon - **3** *ausreichen* ling - **4** *übertr:* **mir reicht's** mi lingt't
reichlich **1** *genug* rikelk, ap an auer nooch - **2** *mehr als:* **r. ein Pfund** rikelk en pünj - **3** *ziemlich* rikelk, temelk; **r. spät kommen** temelk leed kem *u*
Reichtum at rikdum, -döömer (det); **zu R. kommen** rik wurd
reif rip
Reif *Raur.* at rip (det)
[1]**reifen** *reif werden* ripe, rip wurd
[2]**reifen** *sich mit Reif beziehen* ripe; **es hat gereift** at hää ripet
Reifen a reifen, -s (di)
Reigen a kraans (di)
Reihe **1** *Linie* at rä, -en (di); **in der ersten/letzten R.** uun a iarst/uun a

R

leetst rä - **2** *Reihenfolge:* **an der R. sein** uun a rä wees; **der R. nach** efter'n/bääft a rä - **3** *übertr:* **aus der R. tanzen** ütj a rä daanse

Reim a riim, -en (di)

reimen **1** riime - **2** *übertr:* **das reimt sich nicht** det riimet ei tuup *od.* det riimet ham ei

[1]**rein** **I** *Adj.* **1** *sauber* rian; **ins R.-e schreiben** uun't rianen skriiw *u* - **2** *unverfälscht:* **r.-es Friesisch sprechen** rian öömrang snaake - **3** *verstärk.:* **der r.-ste Betrug** di riane bedruch - **4** *übertr:* **r.-en Tisch machen** klaar kaant maage *od.* rian boosel maage; **die Luft ist r.!** a loft as rian! - **II** *Adv* rian; **r. heraus** rian ütj

[2]**rein** *Adv herein* iin; **komm r.!** kom iin!

[3]**rein** *Gradpart* rian; **ein r.-er Zufall** en rianen tufaal

reinemachen renske, rianmaage, rede

Reingewinn a rianfersiinst (di)

reinigen renske, rede, rianmaage; (Kleidung) renske

Reinigung **1** *Säubern* at renskin (det) - **2** *Betrieb* at reinigung, -en (det)

reinlich renelk; **eine r.-e Person** en renelk minsk

Reinlichkeit a/at renelkhaid (det)

Reinmachefrau at rianmaagerwüf, -en (det), at potswüf, -en (det)

Reinverdienst a rianfersiinst (di)

[1]**Reis** (veralt.) *Zweig* at ris, -en (det)

[2]**Reis** (Getreide) at ris (det)

Reisauflauf a/at rispoon (det)

Reisbrei at risbrei (det)

Reise a/at rais, -en (det), at tuur, -en (det)

Reisebüro at raisbüüroo, -s (det)

Reisegepäck at raisgepek (det)

reisen raise, en rais maage; **nach Florida r.** efter/tu Floorida raise

Reisepass a raispaas, -er (di)

Reisetasche at raistasj, -en (det)

Reisig at ris (det), at spridjelwerk (det)

Reisigbesen a risbeesem, -er/-smer [z] (di)

Reismehl at rismeel (det)

Reispudding a rispodang (di)

reißen **1** riiw [u:] (raft; rääw [u:]; rewen); **ein Loch r.** en hool (iin)riiw - **2** *übertr:* **sich unter den Nagel r.** ham oner a naiel riiw; **sich darum r.** ham diaram riiw; **r.-d weggehen** riiwend wechgung *u*

Reißzwecke at wans, -en (det)

reiten ridj (rat; rääd; reden)

Reiter a ridjer, -n (di)

Reithose a/at ridjboks, -en (det)

Reitpferd a ridjhingst, -er (di)

Reitweg a ridjwai, -er (di)

Reiz a reits (di)

reizbar reitsboor

reizen **1** *provozieren* aprets maage, piire; (Tiere) tare - **2** *verlocken* reitse, looke; **so was kann mich nicht r.** sowat koon mi ei reitse - **3** *Skat* reitse

reizend nögen

Religion a gluuw

religiös halag, froom

Reling at reilang (det)

Rendite at rent (det)

rennen **1** rään; (Kühe) bese [z] - **2** *übertr:* **jmdn. über den Haufen r.** hoker onerrään

renovieren aprede, neimaage, renuwiare

Rente at rent, -en (det)

rentieren, sich ham rentiare, ham betaalet maage, ham luane

Rentierflechte (Moos) at rentiarmöösk (det)

Rentner a rentjee, -s (di), a rentner, -s (di)

Reparatur at reparatuur, -en (det)

reparieren hialmaage, klütje, repariare

Reserve *Wendg.* **etw. in R. haben** wat efter/wat achterbaks haa

reservieren buke, reserwiare

resignieren apdu *u,* a klotsen smitj *u*

Respekt at aachtang (det)

respektieren respektiare, aachte

Rest **1** a rest, -er (di), at auerbliiwsel, -n (det) [u:]; **heute gibt es R.-e** daalang jaft at rester - **2** *übertr:* **den R. geben** a rest du *u*; **ein trauriger R.** en komerliken rest

restlos hialandaal

Resultat at resultoot (det)

retten **1** rede, berag (baragt; boorag; bürgen); **sich r.** ham berag

Retter a reder, -s (di)

Rettungskreuzer a reder, -s (di)

reuen iarag du *u*, spiit

Reuse (Fangvorricht.) a hööm, -er (di)

Revolution at rewolutsjuun (det)

Rezept at resept, -en (det)

rezeptfrei saner resept

rezitieren föördreeg *u*

[1]**richten** racht; **r. über** racht auer; **sich r.** (Selbstmord begehen) ham racht, ham tu kurt du *u*

[2]**richten** **1** *auf etw. r.* racht - **2** *schienen* saat; **das Bein r.** at bian saat - **3** *aufstellen* laft; **ein Haus r.** en hüs laft - **4** *in Ordnung bringen* turochtmaage; **die Betten r.** a baaden turochtmaage - **5** *zurechtmachen:* **sich r.** ham rede - **6** *nach etw./jmdm.:* **sich r. nach** ham racht efter

Richter a rachter, -n (di)

Richtfest at hüslaften (det), at hüsrachten (det), at rachtfest (det)

richtig **I** *Adj.* **1** *fehlerlos* rocht - **2** *zutreffend:* **richtig!** rocht! - **3** *passend*: **etw. R.-es** wat rochts - **4** *anständig*: **das finde ich nicht r.** det finj ik ei gud/ei rocht - **5** *wirklich* rocht; **sie ist nicht seine r.-e Mutter** hat as ei sin rocht mam - **6** *übertr:* **nicht ganz r. sein** ei gans rocht uun't hood wees - **II** *Adv* rocht; **ich war r. erleichtert** ik wiar rocht aplacht

Richtigkeit a/at richtaghaid (det)

Richtkrone a kraans, -er (di)

Richtung at rachtang, -en (det); **in die andere R.** ööder wai am; **aus allen R.-en** faan aler ääger; **aus welcher R.?** faan hün ääg? *od.* faan wat för'n ääg?

riechen **1** *Blumen* stirme - **2** *schnuppern:* **lass mich mal r.!** läät mi ans stirme! - **3** *übertr:* **jmdn. nicht r. können** hoker ei ütjstun kön

Riegel **1** *Verschluss* at wäärlis, -en (det) - **2** *Schokolade* a strimel, -ler (di)

Riegelfaden a sliawertriad, -er (di)

riegeln *heften* sliawre

[1]**Riemen** (seemänn. *Ruder*) a riam, -er (di)

[2]**Riemen** a riam, -er (di)

Riese a riis, -en (di) [z]

riesengroß griisegrat [z], riisengrat [z]

riesig riisag [z]

Rille at ril, -en (det)

Rind at nuat, -en (det), at beest, -en (det); (Rindfleisch) at nuaten (det)

Rinde **1** *Baumrinde* at buark (det) - **2** *Brotrinde* a rinj, -er (di)

Rinderbraten a nuatenbraas (di) [z]

R

rindern (Kühe) ööksen wees
Rindertuberkulose at perlsjocht (det)
Rinderviertel at sjuarden nuat (det)
Rindfleisch at nuaten (det), at nuatenflääsk (det)
Rindvieh **1** *Pl* at tjüch (det), at kreiter (det) - **2** *Schimpfw.:* **so ein R.!** so'n oks!
Ring **1** *Schmuck* a ring, -er (di) - **2** *Kreis* a ringel, -gler (di); **R.-e unter den Augen haben** ringler oner/am a uugen haa
Ringel **1** a ringel, -gler (di) - **2** *übertr:* **R., Rangel, Rose** ringel, rangel, ruusen
Ringelgans at suartgus [z], -ges [z] (det), at groltergus [z], -ges [z] (det)
ringeln, sich ham ringle, ham apkrale, ham kringle
Ringelschwanz a kringelstört, -er (di)
Ringeltaube at wildüüw, -en (det) [u:]
Ringelwurm (Hautkrankheit) a rääfwirem (di)
ringen **1** *kämpfen* knosle [z]; (Kinder) kemfe - **2** *mit etw.* ring (ringd/roong; rüngen); **mit dem Schlaf/mit dem Tod r.** mä a sliap/mä a duas ring
Ringfinger a ringfanger (di)
ringreiten (Brauchtum) ringridj *u*
Ringreiten at ringridjen (det)
Ringreiterball a ringridjerbal (di)
Ringreiterkönig a könang
ringsumher trinjenam
Rinne at rön, -en (det), at sil, -en (det)
rinnen luup (lääpt; lep; lepen), sile
Rinnsal at selke, -kin (det)
Rinnstein a rönstian, -er (di)
Rippe **1** at rab, -en (det) - **2** *übertr:* **nichts auf den R.-n haben** niks üüb a raben haa
Rippenfell at rabskan (det)
Rippenfellentzündung *Verb.* **eine R. haben** at bi a raben haa
riskant riskant, waaget
riskieren däär (däär; dost; dosten), riskiare, waage; **das würde ich nicht r.** det dost ik ei waage
Rispe at risp, -en (det); (Beerensträucher) at ris, -en (det)
Riss at spled -en (det), a sprüng, -er (di); (Kleidung) at rew, -en (det) [u:]
rissig rewen; **r.-e Lippen** rewen lapen
Ritter a reder, -n (di)
Ritze at rits, -en (det), at spled, -en (det)
ritzen **1** ritse - **2** **sich r.** ham skramse
Robbe at rob, -en (det)
Robbenfang a robenfangst (di), a robenslach (di)
robust sünj, stark
röcheln röchle
Rochen at roch, -en (det)
Rochenei at rochai, -er (det)
Rock at skort, -en (det); (Trachtenrock) a pei, -er (di)
Rocksaum a suum, -er (di)
rodeln slede
Rogen (Laich) at ruuwlang (det) [u:]
Roggen **1** *Getreideart* at roog (det) - **2** *Pflanze* a roog (di)
Roggenbrot at roogbruad (det)
Roggenfeld a roog, -er (di)
Roggengeister (mytholog. Wesen auf Föhr) a roogslaadern
Roggenmehl at roogmeel (det)
Roggenstroh at roogsträ (det)
Roggentrespe (Pflanze) a heken (jo)
roh **1** *ungekocht* rä; **ein r.-es Ei** en rä ai - **2** *unbearbeitet* rüch, rä; **r.-es Holz** rä holt - **3** *gefühllos* grööw [u:]
Rohbau a räbau, -ten (di)

Rohr 1 *Röhre* at röör, -en (det) - **2** *Schilfrohr* at raid (det)

Rohrbruch *Verb.* **einen R. haben** en uunstaken röör haa

Rohrdommel a raidtromp, -er (di)

Röhre 1 at röör, -en (det) - **2** *übertr:* **in die R. gucken** uun a röör luke

Rohrkolben at boberrosk, -en (det), at lont, -en (det)

Rohrspatz 1 a raidsparag, -rger (di) - **2** *übertr:* **schimpfen wie ein R.** roose üs so'n raidsparag

Rohrstock at spaansraid, -en (det)

Rohrweihe a hanjüger, -n (di)

Rohrweihe a hanjüger

Röllchen at rölk, -en (det)

Rolle 1 *Papier* a/at rol, -en (det) - **2** *Flaschenzug* a blook, blöög (di) - **3** *Theaterr.* a/at rol, -en (det) - **4** *übertr:* **keine R. spielen** nian rol spele

Rollen, Saure (Gericht) sür rolen

rollen 1 *vorwärts bewegen* role - **2** *kugeln* trale - **3** *heftig bewegen:* **die See rollt** a sia rolet - **4** *drehen:* **mit den Augen r.** mä a uugen drei

Rollo at ruloo, -s/-en (det)

Rollschuh a rolskuch, -skur (di)

Rollstuhl a rolstuul, -er (di)

Rollwurst at rol, -en (det)

Röm (dän. Insel) Rem

Roma a taader, -n (di), a sigeuner, -n (di)

Roman 1 a romoon, -en (di) - **2** *übertr:* **das ist Stoff für einen R.** diar könst en romoon faan maage

röntgen trochlochte

rosa roosa [z], laachtruad

rosarot roosaruad [z]

Rose 1 *Pflanze* a/at ruus, -en (det) [z] - **2** *Krankheit* a ruus [z]

Rosenknospe a ruusknob, -er (di) [z]

Rosenkohl a ruusenkual (di) [z]

Rosenstrauch a/at ruus, -en (det) [z]; (hochstämmig) a ruusenbuum, -er (di) [z]

Rosine 1 at sink, -en (det) - **2** *übertr:* **große R.-n im Kopf haben** grat sinken uun a sääk haa ('Sack')

Rosinenbrot a sinkliaf, -liawer (di)

Ross 1 a hingst, -er (di) - **2** *übertr:* **auf dem hohen R. sitzen** huuch tu hingst sat *u*

Rosshaar at hingsthiar (det)

rossig walag

[1]**Rost 1** *Belag* at rost (det) - **2** *Pflanzenkrankheit* a brant (di)

[2]**Rost** *Bratenr.* a rooster, -n (di)

rosten roste, rostage

rösten röst; (über offen. Feuer) stiake; **Schollen r.** skolen stiake

Rostfleck at rostag steed, -en (det), a rostplak, -er (di)

rostig rostag

rot 1 ruad; **r. werden** ruad am't hood wurd - **2** *übertr:* **heute r., morgen tot** daalang ruad, maaren duad *Sprw*

rotäugig ruaduuget

rotbackig ruadsjuuket

rotbunt (Rinderrasse) ruadbruket; **die R.-en** a ruadbruketen
Rotdorn at ruad haageduur (det)
Röte at ruadens (det)
Rote Bete at ruad beet, -en (det)
Rote Grütze at ruadgroot (det), at stifgroot (det)
Röteln a ruad hünj
rothaarig ruadhiaret
Rotkehlchen at ruadbrast, -en (det), at ruadkeelk, -en (det)
Rotklee at ruad kliawer (det)
Rotkohl a ruadkual (di)
Rotkohlkopf a ruadkualtoop, -er (di)
rötlich ruadelk
Rotschenkel at kleer, -en (det)

Rotschenkel at kleer

Rotschnabel at ruadnääb, -en (det)
rotten rööde
rotwangig ruadsjuuket
Rotwein a/at ruadwin (det), a/at puurtwin (det)
Rotwurst at bludwurst (det)
Rotz **1** at snoot (det) - **2** *übertr:* **R. und Wasser heulen** snoot an kwiil skrial
rotzig snootag
Rotznase a snootleber, -n (di)
rubbeln roble, gnofle
Rübe at rööw, -en (det) [u:]
Rübenblatt *Viehfutter* at rööwbleed (det) [u:]
Rübensirup at rööwensirep (det)
Ruck a rok, -er (di)
rucken roke
rücken **1** *Platz machen* rük - **2** *Möbel* skaake, rok; (geräuschvoll) rotse
Rücken **1** a rag, -er (di); **den Wind im R. haben** a winj uun a rag haa - **2** *übertr:* **einem kalt über den R. laufen** ään kuul a rag deelluup *u*
Rückenlehne at raglönlis, -en (det)
Rückenschmerzen at ragpiin (det); **R. haben** at uun a rag haa, ragpiin haa
Rückfahrt a turagwai (di), a/at ragrais, -en (det)
rückgängig *Verb.* **etw. wieder r. machen** wat weder ammaage
Rückgrat at ragknook (det)
Rückkauf a turagkuup (di)
Rücklicht at bääftlaacht, -en (det)
rücklings raglang
Rückreise a/at turagrais, -en (det), at ragrais, -en (det)
Rückschlag *Krankheit* a efterklap (di)
Rückseite a/at bääftsidj, -en (det); (Stoffe) a ünrocht ääg, -er (di)
Rückstand *Verb.* **in R. sein** turag wees, ambääft/bääftütj wees
rückständig bääftü̱tj
Rückstrahler at kaatuug, -en (det)
rückwärts turag
Rückweg a ragwai (di), a wai turag (di), a turagwai, -er (di)
ruckweise rokwiis [z]
Ruder **1** *Ruderstange* a riam, -er (di) - **2** *Steuerr.* at ruder, -n (det) - **3** *übertr:* **aus dem R. laufen** ütj ruder luup *u*
Ruderbank a ruibeenk, -er (di); (veralt.) a sooft, -er (di)

Ruderboot at ruibuat, -en (det)

rudern **1** *Boot* rui - **2** *mit d. Armen* ruile

Ruf **1** *Ausruf* a rooft, -er (di), a jol, -er (di) - **2** *Leumund* a nööm (di); **keinen guten R. haben** nään guden nööm haa

rufen **1** *ausrufen* rep (rep/rept; repen) - **2** *sich bemerkbar machen* roofte, jole - **3** *kommen lassen:* **den Arzt r.** a dochter rep - **4** *ertönen lassen:* **der Kuckuck ruft** a kukütj rept - **5** *übertr:* **du kommst wie gerufen** dü komst, üs wan dü repen wiarst

Rüge at rüüg, -en (det)

Ruhe **1** *Stille* at rau (det) - **2** *Ungestörtheit:* **R.!** stal nü! **in R. lassen** uun rau läät - **3** *Ruhestand:* **sich zur R. setzen** ham tu rau saat **- 4** *übertr:* **immer mit der R!** iarst ans gans rauelk!

ruhen **1** *ausruhen* rau; **er ruhe in Frieden!** hi mei rau uun frees! - **2** *sich nicht bewegen:* **der Teig muss noch r.** at dii skal iarst noch ans stun - **3** *übertr:* **r. und rasten** rau an rüst.

[1]**ruhig** *Adj* **1** *unbeweglich* rauag, stal; **sitz r.!** sat stal! **- 2** *still* stal **- 3** *friedlich* rauelk, rauag; **r. bleiben** rauelk bliiw *u*

[2]**ruhig** *Modaladv* rauelk/rauag; **du kannst r. kommen** dü könst rauelk kem

rühmen rüüme, gratspreeg *u*, appoche

Rührei at reerais (det); **R. mit Schinken** reerais mä skinks

rühren **1** *bewegen* reer - **2 sich r.** ham reer; **sich nicht r. können** ham ei rap an reer kön - **3** *innerlich bewegen*: **einen r.** ään reer - **4** *übertr:* **keinen Finger r.** nään fanger reer

rührig reerag

Rührlöffel at holten skai, -er (det)

Ruin a/at ruiin (det)

ruinieren **1** *zugrunde richten* tunantbring *u* - **2** *beschädigen* tunantmaage, tunantfu *u*; **du ruinierst noch deinen Anzug!** dü feest noch dan uuntooch tunant!

rülpsen rooke, aprooke

rum **1** *örtl.* trinjenam - **2** *zeitl.* am; **die Zeit ist r.** a tidj as am

Rum at rum (det)

rumfummeln ambifangre

Rummel **1** *Plunder* a romel (di) - **2** *Aufhebens:* **einen R. davon machen** en romel/en staheu diarfaan maage

Rumpelkammer at romelrüm, -en (det), at romelhool, -hööl (det)

rumpeln romle

Rumpf (von Menschen, Tieren) a romp, -er (di)

rümpfen krim; **die Nase r.** krim mä a nöös

Rumpunsch a rumpuns, -en (di)

rums! rums!, skrap!

[1]**rund** **I** *Adj* trinj - **II** *Adv* **1** *rundherum* trinjenam; **r. um den Tisch** trinjenam a boosel - **2** *übertr:* **r. um die Uhr** trinjenam a klook

[2]**rund** *Gradadv* amanbi, sowat

Runde **1** *Umkreis* a/at runde (det) - **2** *Gesellschaft* a/at runde, -din (det); **eine R. ausgeben** en runde ütjdu *u* - **3** *übertr:* **damit über die R.-n kommen** diar am mä kem *u*

rundheraus likütj, liktu; **r. gesagt** likütj saad

rundherum trinjenam

rundlich trinjelk, trinj, büket

Rundung at trinjens (det)

Rundreise a/at trinjenamrais (det), a/ at runtrais (det)
rundweg kurtuf
runter deel; **die Straße r.** a jaat deel
runterhauen *schlagen:* **jmdm. eine r.** hoker wat loongs du *u*
runtermachen deelmaage
Runzel at fual, -en (det)
runzeln runsle, fuale; **die Stirn r.** a braanj uun fualen tji *u*
runzlig skromplag, fualag
rupfen 1 rupe, plooke, püle - **2** *übertr:* **ich habe noch ein Hühnchen mit ihm zu r.** ik haa noch en höön mä ham tu plookin
rups! raps!
Ruß at sut (det)
Russe a rus, -en (di)
Rüssel (Schweine) a wrot, -en (di)
rußig sutag
russisch rus
Russland Ruslun
rüsten *vorbereiten* tustel
rüstig waat, rüstag, kral
Rüstigkeit a/at rüstaghaid (det)
Rute 1 *Längenmaß* at ruad, - (det) - **2** *Reisigbündel* at ris, -en (det)
rutschen 1 *ausgleiten* glostre, glidj (glat; glääd; gleden) - **2** *nicht fest sitzen* slebe; (Schuhe) sloke
**rutschig* glääd, glostrag
rütteln rödle

---

s, S

’s (Kurzform) ’t; **wie geht’s?** hü gongt’t?
Saal a sool, -er (di); **auf dem S.** üüb (a) sool
Saat 1 *Saatgut* at siad (det) - **2** *grünes Getreide*: **die S. steht gut** at siad stäänt gud - **3** *Samen:* **in S. schießen** uun siad sjit *u*
Saatgans at grä gus [z], ges [z] (det)
Saatgut at siadgud (det)
Saatkartoffeln a siadeerpler (jo)
Saatkorn a siadkurn, -er (di)
Saatkrähe at siadkriak, -en (det)
Sabber at kwiil (det), at kwiilang (det)
Sabberlätzchen at kwiilbürtje, -jin (det), at bleetje, -jin (det)
sabbern kwiile

Saatkrähe at siadkriak

Säbel a soobel, -bler (di)
Sache 1 *Angelegenheit* a/at saag, -en (det); **die S. im Griff haben** a saag uun a greb haa *od.* a kaat bi a stört haa ('Katze b. Schwanz'); **eine einfache S. sein** en bigung/en wiseten wai wees; **keine einfache S. sein** en saag för ham salew wees; **eine schlimme S. sein** en böös spal/en böösen kroom wees; **das ändert nichts an der S.** det dää ’ar niks tu; **zur S. kommen** tu saag kem *u* - **2** *Gegenstand:* **die**

besten S.-n anhaben at best tjüch uunhaa *u*; **es gab nur gute S.-n** at jääw bluat at best - **3** *übertr:* **die S. hat einen Haken** detdiar saag hää en haag; **eine eigene S. sein** en aanj ding wees; **keine saubere S. sein** nian rian kroom wees; **was macht ihr bloß für S.-n!** wat maage jam bluat för'n skitj!

sachlich sachelk

sächlich sechelk

sachte **1** sanag, eewen, suutjis - **2** *übertr:* **nur immer s. mit den jungen Pferden!** imer eewen mä jong wüfen an jong hingster! ('mit jungen Frauen ... ')

Sack **1** a sääk, -er (di); - **2** *übertr:* **in den S. hauen** uun a sääk hau *u*

sacken sake, ufsake

Sackgasse a blinjwai, -er (di), a stomp wai, -er (di); **in einer S. enden** blinjluup *u*

sackhüpfen sääkhope

säen sä (sest; sest; sen)

Safran at saweraan (det), at safraan (det)

Saft **1** *Pflanzensaft* at sap (det), at saft (det) - **2** *Bratensaft* at braasweeder (det) [z]

saftig sapag, saftag

Sage at teel, -en (det), at saag, -en (det)

Säge at seeg, -en (det)

Sägeblatt at seegbleed, -en (det)

Sägebock a seegbok, -er (di)

Sägemehl at seegsel (det)

sagen **1** *etw. äußern* sai (saad; saad); **kein Sterbenswörtchen s.** nian sterwenswurd sai - **2** *Rat annehmen:* **sich nichts s. lassen** ei snaak uunnem *u od.* ään niks sai läät - **3** *befehlen*: **das S. haben** at saien haa *od.* at regiment haa; **du hast nichts zu s.!** dü slääpst bi a woch! ('Wand') - **4** *bedeuten*: **das hat nichts zu s.** det hää niks tu saien - **5** reizen (Skat): **sag was!** sai ans wat! - **6** *übertr:* **gesagt, getan** so saad, so den; **sag mal!** sai ans!; **was ich noch s. wollte** wat ik noch sai wul an ei leeg ('lügen'); **das kannst du wohl s.** det meest wel sai; **davon kann man nichts s.** diar koon'am ei föl faan sai; **das ist noch lange nicht gesagt** det as noch loong(en) ei saad

sägen seege

Sägespäne a seegspuuner (jo)

Sago (Stärkemehl) at saage (det)

Sahne **1** *Rahm* at fliatang (det); **saure S.** sür fliatang, sür moolk; **die S. will nicht steif werden** at fliatang wal ei stun - **2** *Kaffeesahne:* **nimmst du S.?** namst moolk?

Sahnekännchen at fliatangpötje, -jin (det)

Sahnestück at fald kuuk, -en (det)

Sahnetorte at sjlachsaanetoort (det)

Saison at seesong (det), at saisong (det)

Saite a string, -er (di)

Sakko at jak, -en (det)

Sakristei a garewkoomer, -n (di) [u:]

Salat **1** a/at saloot (det) - **2** *übertr:* **jetzt haben wir den S.!** nü as't so gud! *od.* nü haa wi di saloot!

Salatblatt at salootbleed, -en (det)

Salbe at sualew, -lwen (det) [u:]

Salbei at salwei (det)

salben sualwe

Salon *Schiffss.* a salong, -s (di)

Salpeter at salpeeter (det)

Salz at saalt (det); **Pfeffer und S.** saalt an pöber

S

salzen **1** saalte - **2** *übertr:* **gesalzene Preise** pöberjüür prisen
Salzhering a saaltet hiarang, -/-er (di)
salzig saaltag, saalt; **S.-es** at saalten (det)
Salzkartoffeln a skelet eerpler (jo), a saalteerpler (jo)
Salzlake at söl (det), at peekel (det)
Salznapf at saaltpötje, -jin (det)
Salzstreuer a saaltstreiler, -n (di)
Salzwasser at saaltweeder (det)
samen siad smitj *u*
Samen **1** *Sperma* a saamen (di); (Tiere) at lübs (det) - **2** *Pflanzens.* at siad (det)
Samenkapsel a siadknob, -er (di)
sämig siamag
sammeln **1** *zusammentragen* saamle; **für das Rote Kreuz s.** för't Ruad Krüs saamle - **2** *aufsammeln:* **Steine s.** stianer saamle (auf dem Acker)
Sammlung at saamlang, -en (det)
Samstag söninj
samt mä; **s. seinem Gepäck** mä sin gepek an aal
Samt at samet (det)
Samtborte (am Kopftuch d. Tracht) a raam, -er (di)
sämtlich altumaal, semtelk
Sand **1** at sun (det) - **2** *übertr:* **S. in die Augen streuen** sun iin uun a uugen streile; **S. scheuert den Magen** sun sküüret a maag *Sprw*
Sandbank a sunbeenk, -er (di), a sunrag, -er (di); **auf den Sandbänken** (vor Amrum) üüb sunem; **außerhalb der Sandbänke** bütj sunem
Sandflug a sunstoof (di)
Sandhaufen a sunbonk, -er (di)
sandig sunag
Sandkasten a/at sunkasje, -sjin (det)
Sandklaffmuschel a uaser, -n (di) [z]

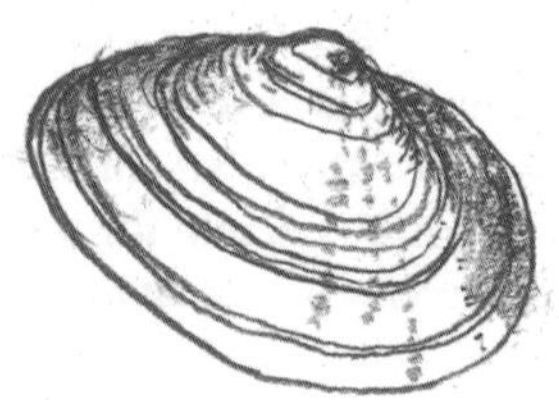

Sandklaffmuschel a uaser

Sandkorn a sunkurn, -er (di)
Sandkuchen at sunkuuk (det), a güül pofer, -n (di)
Sandkuhle at sunküül, -en (det)
Sandpapier at sunpapiir (det)
Sandregenpfeifer at mösk, -en (det)
Sandsack a sunsääk, -er (di)
Sandscholle at sunskol, -en (det)
Sandspierling *Sandaal* a soongreewlang, -en (di)
Sandstrand a sunstrun, -en (di)
Sandsturm a sunstoof (di)
Sandtorte at suntort, -en (det)
Sanduhr at sunglääs, -glees [z] (det), at stünjglääs, -glees [z] (det)
Sandwall *Sandanhäufung* a sunwaal, -er (di), a soonwaal, -er (di); (Strandstr. i. Wyk a. Föhr) a sunwaal
Sandweg a sunwai, -er (di)
Sandwicke at dünemirt, -en (det)
Sandwurm a waaswirem, -rmer (di) [z]
sanft **1** *milde* mil - **2** *leicht:* **ein s.-er Regen** en eewenen rin
Sänger a sjongster, -n (di)
Sarg **1** a/at kast, -en (det); a/at likkast, -en (det), a/at duadenkast, -en (det) - **2** *übertr:* **dü bist ein Nagel zu meinem S.!** dü beest en spiker tu min kast!

Sargdeckel at kastlad, -en (det)
Satan a sootan
Saterland (südl. von Oldenburg) at Saaterlun
Satin (Stoffart) at sateng (det)
satt **1** sat; **s. sein** sat wees; **er ist nicht s. zu kriegen!** hi as ei tu falen! - **2** *übertr:* **etw. s. haben** at auerluf wees; **wenn die Maus s. ist, ist das Mehl bitter** wan at müs sat as, as at meel bater (d.h. hat seinen Reiz verloren) *Sprw*
Sattel a saadel, -dler (di)
Satteldecke at saadeldeeken, -s (det)
Satteldüne (auf Amrum) Saateldün
satteln saadle
sättigen saadage
Sattler a saadler, -n (di)
Satz **1** *zusammenhängende Wörter* a sats, -er (di); **einige Sätze auf Friesisch schreiben** hög satser üüb öömrang skriiw *u* - **2** *Sprung* a sats, -er (di), a jump, -er (di), a sprüng, -er (di); **mit einem Satz** mä en jump - **3** *Anzahl* a saat, -er (di); **ein S. Schüsseln** en saat dasker/baken
Satzung at statuut, -en (det)
Sau **1** at sög, -en (det); **die S. hat geferkelt** at sög hää ufsmeden - **2** *übertr:* **da ist keine S.!** (derb) diar as nian swin
sauber **1** *rein* rian; **ein s.-es Hemd anziehen** en rian sjürt auertji *u*/uuntji *u* - **2** *sorgfältig* orntelk - **3** *übertr:* **keine s.-e Sache sein** nian rian kroom wees
Sauberkeit a/at renelkhaid (det)
saubermachen rianmaage, rede, renske
säubern **1** renske, rianmaage, rede - **2** **sich s.** ham rede
Sauce at smeer (det), at diiwang (det)
Sauciere at diiwangpötje, -jin (det), at diiwangding, -en (det)
Saudistel a moolkfisel, -sler (di)
sauer **1** Ggs. *süß* sür - **2** *verärgert* fereragt, sür - **3** *mühselig:* **s. verdientes Geld** sür fersiinet jil - **4** *übertr:* **in S. liegen** uun sür lei *u*; **ein saures Gesicht machen** en sür gesicht maage, mopse
Sauerampfer a sürstaaler (jo)
Sauerbraten a sürbraas (di) [z]
Sauerei at swinerei (det)
Sauergras at sürgäärs (det), at weedergäärs (det)
Sauerkirsche at sürkäärs, -en (det)
Sauerklee at henk an höön (det) ('Hühnchen u. Hahn')
Sauerkraut a sürkual (di)
säuerlich wat sür, sürket, sürelk
Sauermilch at oorder (det), at sürmoolk (det)
säuern süre
Sauerteig at sürang (det), at sürdii (det)
Saufbold a süper, -n (di), at süptan, -en (det), a süpstört, -er (di)
saufen **1** süp (sopt; soob; sööben); (Vieh) drank (droonk; dronken), süp - **2** *übertr:* **er säuft wie ein Loch** hi sopt üs en hool
Säufer a süper, -s (di), at süptan, -en (det), a süpstört, -er (di)
Sauferei at süperei (det)
Säufernase a spriitnöös (di) [z]
saugen **1** süg (socht; soog; sögen/saanj); (Säugling) tetje; (Lämmer) plak, plooke - **2** *staubsaugen* stoofsüg - **3** *übertr:* **sich etw. aus den Fingern s.** ham wat ütj a fangern süg
Sauger *Saugflasche* at spen, -en (det)

S

Saugflasche a tetjbutel, -tler (di)
Saugkalb at tetjkualew, -lwer (det) [u:]
Sauglamm a süger, -n (di)
Säugling at letj, -en (det), at faantje, -jin (det)
Saum *Umschlag* a suum, -er (di), a hääm, -er (di); **der S. ist aufgegangen** a suum as aplepen
[1]**säumen** *zögern* süme
[2]**säumen** *Kleidung* hääm, amham
säumig sümag, trai; **ein s.-er Zahler** en sümagen betaaler
saumselig sluurag
Saus *Wendg.* **in S. und Braus leben** bi saasen an braasen lewe [z] ('Gesottenes u. Gebratenes') *od.* uun süüs an brüüs lewe [z]
sausen **1** *brausen* süüse [z] - **2** *eilen* flä (flocht; floog; flaanj) - **3** *schnell fahren* kajuule
Saustall (Schimpfwort) a swinstaal (di)
Sauwetter at skitjweder (det)
Schabeisen a skraaber, -n (di)
schaben skraabe
Schabernak at skaabernak (det)
schäbig *gemein* fülk, gemian
Schach at sjach (det)
schachern skachre
Schachspiel at sjachspal, -en (det)
Schachtel at sjachtel, -tler (det), at kasje, -sjin (det); (veralt.) at eesk, -en (det); **eine S. Zigaretten** en sjachtel sigareten
Schachtelhalm a rölken (jo), at küduad (det)
Schachzug a tooch, tööger (di)
schade **1** *bedauerlich* spiitag; **S.!** det as jo spiitag!; **wie s.!** wat spiitag! - **2** *wertvoll:* **dazu bin ich mir zu s.** diar san ik mi salew altu gud tu

Schädel **1** *Kopfknochen* at hoodskrook, -en (det) - **2** *Kopf:* **mir brummt der S.** mi bromet at hood
schaden skaase [z]; **es schadet nichts** at maaget niks
Schaden **1** *Verlust* a skaas, -en/-er (di) [z]; **S. anrichten** skaas uunracht - **2** *Nachteiliges:* **keinen S. davon haben** nian haner faan haa - **3** *Beschädigung:* **zu S. kommen** tu skaas/tu maloör kem *u* - **4** *übertr:* **wer den S. hat, braucht für den Spott nicht zu sorgen** hoker a skaas hää, feit spiit an spoot üübtu *Sprw*
schädigen skaase [z], skaasage [z]
schädlich **1.** *nachteilig* ei gud - **2** *gesundheitl. s.* ei sünj
Schädlinge at üntjüch (det)
Schaf **1** at sjep, - (det); **S.-e scheren** sjep klap - **2** *übertr:* **so ein S.!** so'n sjep!; **geduldig wie ein S.** dülag üs en sjep
Schafbock a room, -er (di); (kastriert) a weeder, -n (di)
Schäfchen *Wendg.* **seine S. im Trockenen haben** sin skap üüb't drügen haa ('Schiff')
Schäfchenwolken a kaatstörter (jo)
Schaffell at sjepskan (det)
schaffen **1** *zustandebringen* skaafe; skaafet fu *u*; **das s. wir schon** det skel wi nooch fu; **wir haben die Fähre gerade noch geschafft** wi füng a damper jüst noch skaafet - **2** *erschaffen* maage, skeeb (skääbt; skääb; skeeben); **dafür bin ich nicht geschaffen** diarför san ik ei maaget; **Gott hat die Welt erschaffen** God hää a welt skeeben - **3** *etw. tun:* **sich zu s. machen** ham tu skaafin maage

- **4** *zu tun haben:* **nichts zu s. haben mit** niks tu skaafin/tu fun haa mä - **5** *übertr:* **völlig geschafft sein** fiks an klaar wees *od.* hial tukaant wees
Schaffleisch at sjepen (det)
Schafhirte a sjephörd, -er (di)
Schafkäse at sjepsees (det) [z]
Schaflaus at teg, -en (det)
Schafmilch a/at sjepmoolk (det)
Schafmist at sjepnjoks (det), a sjepluurter (jo)
Schafschere at sjaabsjuar, -en (det), at sjepsjuar, -en (det)
Schafschur at sjepklapen (det)
Schafschwingel at dönkemgäärs (det)
Schafskopf at sjephood, -hööd (det)
Schafspelz at sjist, -en (det); **aus S.** sjisten
Schafstall at sjephääk, -en (det)
Schaft at skääft, -en (det)
Schaftalg at sjeptualag (det)
Schafwolle at sjepol (det)
Schafzecke at sjepteg, -en (det)
schäkern deike
Schal a sjool, -er (di)
Schälchen at skelke, -kin (det)
[1]**Schale** *Gefäß* at skeel, -en (det), at bak, -en (det)
[2]**Schale** **1** *Fruchts.* at skel, -en (det) - **2** *Muschels.* at skal, -en (det); (kleine Muscheln) at skelk, -en (det); (als Futterbeigabe) at skelks (det)
schälen **1** skele; (Getreide) pile; **Kartoffeln s.** eerpler skele - **2** *flach pflügen* fialge
Schalk a grüwel, -wler (di)
schalkhaft grüwlag
schallen hal, klang; **s.-d lachen** skabe tu laachin
Schalotte at skalot, -en (det)
schalten **1** *Auto* sjalte - **2** *begreifen:* **schnell s.** gau begrip *u*/gau sjalte - **3** *übertr:* **s. und walten** sjalte an riad
Schalter **1** *Licht* a knipser, -n (di), a sjalter, -n (di) - **2** *Verkaufsstelle* a foorkoordensjalter, -n (di), a sjalter, -n (di)
Schaltjahr at skregeljuar, -en (det)
Schalttag a skregeldai, -daar (di)
Scham at sköömes (det)
schämen, sich ham sklööme; **schäm dich!** skööme di wat!
schamlos skköömluas
schamrot skööruad
Schamteile (männl.) a skunen (jo)
Schande **1** at skun (det) - **2** *übertr:* **mit Schimpf und S.** mä skun an skköömes *od.* mä skun an spiktaakel, mä skun an skan
schänden skään
schändlich skentelk, skunelk
Schankstube a skeenkdörnsk, -er (di), at skeenkrüm, -en (det)
Schar at skööl, -en (det), at flööd, -en (det); **S.-en von Leuten** bonker an berger faan lidj; **eine S. Enten** en skööl anen
scharen, sich trinjenamstun *u*
scharenweise bi skköölen, uun skköölen
scharf **1** Ggs. *stumpf* skarep - **2** *schneidend:* **ein s.-er Wind** en skarepen winj - **3** *mit Munition:* **s. laden** skarep lees [z] *u* - **4** *sehr dicht:* **s. um die Ecke** skoor/skarep am a huk - **5** *plötzlich:* **s. bremsen** skarep bremse - **6** *übertr:* **s. sein auf** skarep wees üüb
schärfen wääte, skarpe, skarep maage
Scharlach at skarlach (det)
scharlachrot skarlooken

S

Scharnier at hing, -en (det)
scharren skore; (Hühner) skrobe
schartig taakag; **ein s.-es Messer** en taakag knif
Schatten a skaas, -er (di) [z], a skaad, -er (di)
schattig skaasag [z], skaadag
Schatz a skats, -er (di)
schätzen **1** *ungefähr bestimmen* sjetse; (Position auf See) gase - **2** *veranschlagen* sjetse, seenk (soocht; soocht); **wie alt schätzt du ihn?** wat seenkst dü, hü ual hi as? - **3** *bewerten* taksiare; (in etwa) slompe - **4** *achten* föl faan hual *u*; **etw. nicht s.** diar niks am wees
Schauder a gristen (jo)
schauderhaft greselk
schaudern grist; **einen s.** ään grist
schauen **1** luke - **2** *übertr:* **zu tief ins Glas s**. tu jip iin uun a butel luke ('Flasche')
Schauer *Regenguss* at beu, -en (det), at flaag, -en; **einen S. abwarten** en beu ufteew [u:]
Schaufel *Werkzeug* a skofel, -fler (di); (klein) at skup, -en (det)
schaufeln skofle; **Schnee s.** snä skofle
Schaufenster at loodenwönang, -nger (det)
Schaukasten at kasje, -sjin (det)
Schaukel at steulis, -en (det), at sjaukel, -kler (det)
schaukeln **1** *schwingen* steule, sjaukle - **2** *Kinder s.* waage, daije
Schaukelpferd a skompelhingst, -er (di), a sjaukelhingst, -er (di)
Schaukelstuhl a sjaukelstuul, -er (di)
Schaum at sküm (det); (Milch; veralt.) at fuum (det)
schäumen sküme; (Milch; veralt.) fuume
schaumig skümag
Schaumlöffel at skümskai, -er (det)
Schauspiel at teooterstak, -en (det), at komeedespal, -en (det)
Schauspieler a teooterspeler, -n (di), a sjauspeler, -s (di)
Scheck a sjek, -s (di)
scheckig brögelket
Scheibe **1** *Brots.* at skiiw, -en (det) [u:], at stak, -en (det) - **2** *Fensters.* at rütj, -en (det) - **3** *Schießs.* at skiiw, -en (det) [u:] - **4** *übertr:* **sich eine S. davon abschneiden können** ham en skiiw faan ufskeer kön
Scheide *Schwerts.* at sjuas, -en (det) [z]
scheiden **1** *sich trennen* skias [z] (skääst; skääsd [z]; skääsd [z]) - **2** *Ehe beenden:* **sich s. lassen** ham skias läät
Scheidung at skiasang, -en (det), **die S. einreichen** ham skias läät [z]
Schein **1** *Lichtschein* a skiin (di) - **2** *Anschein:* **der S. trügt** a skiin drait *u* - **3** *Bescheinigung* a skiin, -er (di), a seedel, -dler (di) - **4** *Geldschein* a skiin, -er (di), a jilseedel, -dler (di)
Scheinanliegen a hünjäären (di); **mit einem S. kommen** uun en hünjäären kem *u*
scheinbar *Satzadv* skiinboor, uunskiinend
scheinen **1** *strahlen* skiin (skinjt/skiint; skiind; skiind) - **2** *Anschein haben*: **wie es scheint** üs't skiint *od.* hü't ütjsjocht - **3** *so vorkommen:* **mir scheint** mi sankt
scheinheilig hilag
Scheiß *Wendg.* **so ein S.!** so'n skitj!

Scheiße **1** at skitj (det) - **2** *Ausruf:* **S., das habe ich vergessen!** skitj, det haa'k ferjiden!

scheißen **1** skitj (skat; skääd; skeden), puupe - **2** *übertr:* **der Teufel scheißt immer auf den größten Haufen** a diiwel skat altidjs bi/üüb a gratst bonk *Sprw*

scheißfreundlich skitjfrinjelk, auerfrinjelk

Scheißkerl a skitjkiarel (di), a skitjert (di)

Scheißwetter at skitjweder (det)

Scheit a skidjel, -djler (di)

Scheitel a sjuarel, -rler (di)

scheiteln uun sjuarel tjim, sjuarle

scheitern *misslingen* ei tu brud kem *u*; niks wurd *u*, ei loke

Schellfisch a skelfask, -er (di)

schellen klingre

Schelm **1** a grüwel, -wler (di), a skelem, -lmer (di) - **2** *übertr:* **einen S. im Nacken haben** en skelem uun a nääk haa

schelmisch grüwlag, skelmsk

Schelte *Verb.* **S. bekommen** en roosang fu [z] *u,* en delang/en rais fu *u*

schelten roose [z]

Schemel a skeemel, -mler (di)

Schenke *Gastwirtschaft* a/at skeenk, -en (det)

Schenkel a skink, -er (di), a lurag, -rger (di)

schenken skeenk, feriare

Scherbe at potstak, -en (det); (Glas) at glääsbetj, -en (det), at gläässkiiw, -en (det) [u:]; **in S.-n** uun staken, uun betjen

Schere at sjuar, -en (det)

scheren klap; **Schafe s.** sjep klap

scheren, sich **1** *sich kümmern* ham kiar, ham komre - **2** *sich begeben:* **scher dich aus dem Haus!** sä tu, dat dü ütj hüüs komst!

Scherenschleifer a sjuarensliper, -n (di)

Schermaus at weederroot, -en (det)

Scherz a spoos (di), at grap, -en (det)

scherzen spoose, spoos maage

scherzhaft lastag

scheu baang; (Pferde) skregel

scheuen baang wees föör; (Pferde) skrek

Scheuerbürste a sküürbasel, -sler (di)

Scheuerlappen at apdrügerslont, -en (det)

scheuern sküüre; (Fußboden) skrobe; **sich s.** ham skrobe, ham sküüre

Scheune **1** at skine, -nin (det) - **2** *übertr:* **voll wie eine S.** skinefol (d.h. betrunken)

Scheunendrescher *Wendg.* **essen wie ein S.** iidj üs en diker ('Deicharbeiter')

scheußlich skrekelk, eel<u>e</u>ndag; **ein s.-es Wetter** en eelendag weder

Schicht **1** *Lage* at laag, -en (det) - **2** *Arbeitszeit* at skaft, -en (det)

schichten luuge

schichtweise laagwiis [z], uun laagen

Schick a skak (di); **keinen S. haben** nään skak haa

schicken **1** *senden* sjüür - **2** *übertr:* **das schickt sich nicht** so dää'm ei *od.* so koon'am ei; **in den April s.** uun a april sjüür

Schicksal at luas (det)

schieben **1** sküüw [u:] (skoft; skoow [u:]; sköwen) - **2** *übertr:* **auf die lange Bank s.** üüb a lung beenk sküüw

S

Schiebkarre a wentj, -er (di), at koor, -en (det)

schief 1 skiaf; **krumm und s.** krüm an skiaf - **2** *übertr:* **jmdn. s. ansehen** hoker skiaf uunluke

Schiefer at sjiifer (det)

Schiefertafel (früher Hilfsmittel in d. Grundschule) a reegenstian, -er (di), a sjiifertoofel, -fler (di)

schiefgehen skiafgung *u*, skiafluup *u*

schieflachen, sich ham stiflaache, ham skiaflaache

schielen skelage, skelge

Schienbein at skenbian, - (det)

Schiene 1 *Gleis* at skiin, -en (det), a boonstring, -er (di) - **2** *med. Hilfsmittel* a skidjel, -djler (di)

schienen skidjle

schier skir; **s.-es Fleisch** skir flääsk

schießen 1 *abfeuern* sjit (skot; skood; skööden) - **2** *treffen:* **einen Hasen s.** en haas sjit - **3** *schnell wachsen:* **in Saat s.** uun siad sjit - **4** *stürzen:* **das Blut schoss ihr ins Gesicht** at blud skood hör tu hood **- 5** *Schnappschuss machen:* **ein Foto s.** en bil knipse - **6** *übertr:* **einen Bock s.** en bok sjit

Schiff 1 at skap, skeb (det) - **2** *übertr:* **klar S. machen** rian skap maage

Schiffchen at skepke, -kin (det)

Schiffer a skaper, -n (di)

Schiffermütze a/at skapermots, -en (det)

Schifffahrt at skebfaard (det)

Schiffsbesatzung a/at skebslidj (det)

Schiffsjunge a skapsjong, -en (di), a skapsdring, -er (di)

[1]**Schild** *Wendg.* **etw. im S.-e führen** wat uun san haa

[2]**Schild** *Tafel* at skilt, -en (det)

schildern fertel

Schildkröte at skelpod, -en (det)

Schilf at raid (det)

Schilfkolben at lont, -en (det)

Schilfrohr a heenen (jo)

Schilfrohrsänger a raidpiiper, -n (di)

Schimmel 1 *Pilz* at skemel (det) - **2** *Pferd* a skemel, -mler (di)

schimmelig skemlag

schimmeln skemle

Schimmer 1 a glem (di), a skemer (di), a blink (di) - **2** *übertr:* **keinen S. haben** faan niks wat ufwed *u*/wed *u*

schimmern skemre, glimre, glemre, blinkre

Schimpf *Wendg.* **mit S. und Schande** mä skimp an skun; mä skun an sköööömes ('Schande u. Scham')

Schimpfe *Verb.* **S. bekommen** en rais/en delang/en roosang fu [z] *u*

schimpfen 1 roose [z]; **auf jmdn. s.** üüb hoker roose **- 2** *übertr:* **s. wie ein Rohrspatz** roose üs so'n raidsparag

schinden, sich ham ufmaartle, ham ufsluuwe

Schinderei at sluuwerei (det), at rakerei (det)

Schinken a skink, -er (di); (Aufschnitt) at skinks (det)

Schinkensuppe at skinksop (det)

Schinn (Kopfschuppen) at skään (det)

Schippe a skofel, -fler (di)

schippen skofle

schippern skapre

Schirm a skirem, -rmer (di)

Schirmmütze a/at skiremmots, -en (det)

Schirmständer a skiremstuner, -n (di), a skiremstender, -n (di)

Schiss 1 a skeet (di) - **2** *übertr:* **S. haben** baang wees

Schisshase a baangskitjer, -n (di), a baangboks, -en (di)

schlabberig slabrag, slontag

schlabbern slaabe; (Enten) slobre

Schlacht a slacht, -er (di), a sliak, -er (di)

Schlachtbank a slaachtbeenk, -er (di)

schlachten slaachte

Schlachter (norddt.) a slaachter, -n (di)

Schlachterei at slaachterei, -en (det)

Schlachterhund *übertr:* **ein Gewissen haben wie ein S.** en geweeten üs en slaachterhünj haa (d. h. keins)

Schlachthaus at slaachthüs, -sang [z] (det)

schlachtreif rip för't/tu slaachtin

Schlachtrind at slaachtbeest, -en (det)

Schlacke at slaak, -en (det)

Schlaf **1** a sliap (di); **keinen S. finden können** a sliap ei faad fu kön; **mit dem S. kämpfen** mä a sliap ring *u*; **um den S. bringen** am a sliap bring *u* - **2** *übertr:* **sein Geld im S. verdienen** sin jil uun a sliap fersiine

Schlafanzug a naachtuuntooch, -tööger (di), a sliapuuntooch, -tööger (di)

Schläfchen *Verb.* **ein S. machen** en betj daie, en nek nem *u*

Schläfe at uartenang, -en (det)

schlafen **1** *im Schlaf liegen* sliap (slääpt; slep; slepen); **ich habe überhaupt nicht geschlafen** ik haa ei en lük/en wink uun uugen hed - **2** *übernachten:* **wo schläfst du heute?** huar beest naacht *od.* huar slääpst daalang? - **3** *Geschlechtsverkehr ausüben* **mit jmdm. s.** mä hoker tu baad gung *u* - **4** *übertr:* **wie ein Stein/eine Ratte s.** sliap üs en stian/en root

Schlafenszeit a/at baadtidj (det)

Schläfer a sliaper, -n (di)

schlaff slap, lenag

Schlafittchen *Wendg.* **am S. kriegen** bi a slafiten/bi't rabskan fu *u*

schlaflos sliapluas, saner sliap

Schlafmütze a/at sliapmots, -en (det), a dremstört, -er (di), a drembüüdel, -dler (di)

schläfrig sliapag

Schlafstelle at sliapsteed, -en (det)

schlaftrunken uun a dööw [u:]

Schlafzimmer a sliapdörnsk, -er (di), a sliapkoomer, -n (di)

Schlag **1** *Hieb* a slach, -er (di), a sliak, -er (di); (mit der flachen Hand) a wei, -er (di) - **2** *Schlaganfall* a slach, -er (di) - **3** *Stromschlag*: **einen S. bekommen** en slach fu *u* - **4** *Prügel:* **Schläge bekommen** wat auer/wat loongs fu *u*, sliak fu *u* - **5** *Uhr* a slach (di); **vom S. sein** faan a slach/faan a sliak wees; **S. acht** punkt aacht - **6** *Ackerstreifen* at tjüüg, -en (det) - **7** *Art:* **ein anderer S. Menschen** en ööder slach lidj *od.* en ööder aard minsken - **8** *übertr:* **ein harter S.** en harden slach; **ein und derselbe S.** ään slober an ään slach

Schlagader at slachääder, -n (det)

Schlaganfall a slach, -er (di); **einen S. bekommen** en slach/at mä en slach fu *u*

schlagen **1** *Schlag versetzen* slau (slait; sluch; slaanj), hau (haud; hauen/haud); **jmdn. braun und blau s.** hoker brons an blä slau; **einen Nagel in die Wand s.** en spiker iin uun a woch hau - **2** *sich prügeln* uun hauen/uun klupin wees - **3** *ausschlagen*: **das Pferd schlägt** a

S

hingst slait - **4** *schaumig s.:* **Sahne s.** fliatang apslau *u* - **5** *knallen* skrap; **mit den Türen s.** mä a dören skrap - **6** *ertönen:* **die Uhr schlägt zehn** a klook slait tjiin - **7** *flattern* flap; **die Segel s.** a saiels flap - **8** *mähen* slau; **Heide s.** hias slau (vormals Brennmaterial auf Amrum) - **9** *besiegen:* **wir haben sie geschlagen** wi haa wonen - **10** *übertr.:* **auf den Magen s.** üüb a maag slau; **nach dem Vater s.** efter a aatj slau; **mit Dummheit/mit Blindheit geschlagen sein** mä domhaid/mä blinjhaid slaanj wees; **zu Buche s.** tu buk slau; **er hat sich tapfer geschlagen** hi hää ham waaker/rocht gud häälen

Schlagen *Prügeln* at slauen (det), at hauen (det)

schlagfertig rap üüb a müs

Schlagseite a/at slachsidj (det)

schlaksig lungläänträg

Schlamm at slober (det); (Grabenschlamm) at moder (det)

schlammig slobrag; (Gräben) modrag

Schlampe at slatj (det)

Schlamperei a/at sluuraghaid (det), at sluurkroom (det), at sluurerei (det), at slofaghaid (det)

schlampig sluurag, slofag

Schlange **1** at slaang, -en (det) - **2** *übertr.:* **S. stehen** uunstun *u*

schlank slaank; **rank und s.** raank an slaank

schlapp *müde* träät, slap

schlappohrig slapuaret

Schlappschwanz a slapstört, -er (di)

schlau kluuk, pliitsk, slau

Schlauch a slauch, -er (di)

Schlaufe at sleuf, -en (det); (i. Tau) at uug, -en (det)

Schlaumeier a slaumeier, -n (di), a kluukskitjer, -n (di)

schlecht **1** Ggs. *gut* slacht, ring, desag [z]; **nicht s.** ei desag, ei slacht - **2** *unangenehm:* **eine s.-e Nachricht** en ringen bööd - **3** *unwohl:* **einem s. werden** ään slacht wurd *od.* ään speiag/ring tu mud wurd - **4** *nicht gesund:* **er sieht s. aus** hi sjocht man ring ütj; **s. auf den Beinen sein** ring tu bians wees - **5** *nicht ertragreich:* **eine s.-e Ernte** en ringen fung - **6** *Lebensmittel:* **s. werden** slacht wurd - **7** *moralisch s.* slacht, ring; **einen s.-en Umgang haben** en ringen amgung haa - **8** *übertr.:* **ein s.-es Gewissen** en slontag geweeten; **ein s.-es Ende nehmen** en böösen aanj nem *u*; **s. bei jmdm. angeschrieben sein** ring tu buk(s) wees bi hoker

schlechtgelaunt slacht aplaanj

schlechtmachen deelmaage, ringmaage

schlecken slaabe

Schleckermaul a/at slaksnütj, -er (di)

schleichen slik; (heimlich) snek; (auf Zehenspitzen) telke; **ums Haus s.** am hüüs snek

Schleier a sleier, -n (di)

Schleiereule at kadüül, -en (det)

Schleife *Schlinge* at sleuf, -en (det), at snaar, -en (det)

[1]**schleifen** *schärfen* slip

[2]**schleifen** **1** *berühren* slore, slebe, sliire; **der Trachtenrock schleift auf dem Boden** di pei slebet üüb a grünj - **2** *übertr.:* **die Zügel s. lassen** a töögler slip läät

Schleifstein a slipstian, -er (di)

Schleim at slim (det), at slaner (det); (Nasenschleim) at snoot (det)

schleimen slime

schleimig slimag, slanrag

schleißen slitj (slat; slääd; sleden)

schlendern dangle, bangle, dingle an dangle

schlenkern slingre; (mit d. Armen) fiasme [z]

Schlepp *Wendg.* **in S. nehmen** üüb'n sleb/uun sleb nem *u*

Schleppe at sleb, -en (det)

schleppen **1** *tragen* slebe, knise; **Säcke s.** sääker slebe - **2** *fortbewegen:* **sich nach Hause s.** ham tüs slebe

schleppend slorag; **ein s.-er Gang** en sloragen gung

Schlepper (Schiff) a sleber, -n (di)

Schleppnetz at slebnäät, -need (det)

Schlepptau *Wendg.* **im S. haben** uun/üüb'n sleb haa

Schleswig Sleeswich

Schleswig-Holstein Sleeswich-Holstian

Schleuder **1** *Katapult* at slingris, -en (det), at sleudris, -en (det) - **2** *Wäsches.* at sjleuder, -n (det)

schleudern **1** *werfen* sleudre, wingle; **in die Ecke s.** iin uun a huk wingle - **2** *Wäsche s.* sjleudre - **3** *Spur verlassen* slingre; **ins S. kommen** uun't slingrin kem *u*

schleunigst gau, fet fëër'n eers

Schleuse at slüüs, -en (det) [z]

schleusen slüüse [z]

schlicht **1** *einfach* slacht, ianfach; **ein s.-es Kleid** en ianfach kleet - **2** *einfältig* aanjpregelt - **3** *direkt:* **s. um s. tauschen** lik am lik bütje

schlichten slachte

Schlick at moder (det)

schlickern (Kinderspr. f. *naschen*) snupe

Schlickerstange a/at slikstaang, -er, -en (di)

schlickig slobrag, modrag

schließen **1** Ggs. *öffnen* slütj (slot; slood; slööden), sachtmaage, tumaage; **die Tür s.** a dör slütj - **2** *zusperren* sachtmaage; **die Geschäfte haben geschlossen** a loodens haa tu/haa sacht - **3** *übertr:* **in die Arme s.** uun a iarmer nem *u*; **die Augen s.** a uugen slütj/tumaage; **Frieden s.** frees maage [z]

[1]**schließlich** *Adv* tuleetst, at aanj, amende, at leetsten

[2]**schließlich** *Modalpart* imerhen

schlimm **1** *nachteilig* slim, iarag; **eine s.-e Sache** en böösen kroom; **das S.-ste hinter sich haben** at ääragst/at slimst hed haa - **2** *krank* slim, siar; **ein s.-er Husten** en slimen hoost; **ein s.-er Finger** en siaren fanger - **3** *übertr:* **ein s.-es Ende nehmen** en ringen aanj fu *u*

schlimmstenfalls uun a slimst faal

Schlinge **1** *Schleife* at sling, -en (det), at snaar, -en (det) - **2** *Fanggerät* at snir, -en (det)

Schlingel a slüngel, -gler (di)

[1]**schlingen** *herumwinden* sling (slangt; slingd; slingd), amlei *u*; **die Arme um den Hals s.** a iarmer am a hals sling

[2]**schlingen** *gierig essen* sling (slangt; slingd; slingd), slank (sloonk; slonken), frotse; **schling nicht so!** sling at iidjen ei so iin!

schlingern slingre, giire

Schlips **1** a/at slips, -er/-en (det), a binjer, -n (di); **einen S. umbinden** en slips amnem *u*; **in S. und Kragen sein** apkraaget wees

Schlitten at sled, -en (det); **S. fahren** slede
schlittern slidjre
Schlittschuh at skor, -en (det); **S. laufen** skore, skorenluup *u*
Schlitz a slits, -er (di)
Schlitzaugen a swinsuugen (jo), a slitsuugen (jo)
schlitzäugig slitsuuget
Schloss **1** *Tür* at sloot, slööd (det) - **2** *Gebäude* at sloot, slööd (det)
Schlot **1** a skoorstian, -er (di) - **2** *übertr.:* **er raucht wie ein S.** hi kwalemt/rikt üs en skoorstian
schlotterig hinglag, släänträg
schlottern **1** *zittern* beewre, sköde; **vor Kälte s.** beewre fòör kol - **2** *lose hängen* slääntre
schluchzen snoke tu skrialen
Schluck a slöög, -er (di)
Schluckauf a nok (di); **einen S. haben** noke, en nok haa *u*
schlucken slank (sloonk; slonken); **schlecht s. können** at mä't slanken haa
Schlucker a strük, -er (di); **ein armer S.** en aarmen strük
schluckweise slöögwiis [z], mä letj slööger
schluderig slontag, slofag
schludern **1** *nachlässig arbeiten* slofag werke - **2** (norddt. für *tratschen*) sladre
schlummern slumre
schlupfen (Schuhe) sloke
schlüpfen glüp (glopt; gloob; glööben), gluai; **aus der Tür s.** ütj a dör glüp
Schlüpfer a/at onerboks, -en (det)
Schlupfloch at glüphool, -hööl (det)
schlüpfrig *glatt* glostag, glostrag
schlurfen slore, slare
schlürfen slobre
Schluss **1** a aanj (di); **am S.** at aanj; **zum S.** üüb't leetst, at aanj - **2** *übertr.:* **S. machen** sjlus maage; **er ist bis zum S. gesund gewesen** hi as tu/bit tuleetst sünj weesen
Schlüssel a kai, -er (di)
Schlüsselbart a kaibiard, -er (di)
Schlüsselbein at skolerbian, - (det)
Schlüsselblume at priimel, -n (det)
Schlüsselbrett at kaiburd, -en (det)
Schlüsselbund at kaibinj, -en (det)
Schlüsselloch at kaihool, -hööl (det)
Schlusswort at leetst wurd, -en (det), at sjluswurd, -en (det)
schmächtig letj, fiin, smechtag, hen, fiinket
schmal smääl
Schmalhans *Wendg.* **da ist S. Küchenmeister** skraalhans as diar kook ('Koch')
Schmaltief at smääljip (det)
Schmalz at spääksmeer (det), at ister (det)
schmatzen smaake
schmecken **1** *munden* smääk; **es sich s. lassen** ham at smääk läät - **2** *probieren:* **lass mal s.!** läät ans smääk! - **3** *übertr.:* **s. wie Knüppel auf den Kopf** smääk üs en knapel üüb a nääk ('Nacken')
Schmeichelei at smichelei (det)
Schmeichelkatze at smichelkaat, -er (det)
schmeicheln smichle, hoolfaage
schmeichelnd smichlag
Schmeichler a smichler, -s (di), a smeerskuch (di)

S

schmeißen **1** smitj (smat; smääd; smeden) - **2** *übertr:* **vor die Füße s.** föör a fet smitj

Schmeißfliege at bromfleeg, -en (det), a bromer, -n (di)

schmelzen smolt (smolt; smolten)

Schmerbauch a smeerbük, -er (di)

Schmerz **1** *körperlicher S.* at wark (det), a/at piin (det); **S.-en haben** piin haa; **der S. lässt nach** a piin saket - **2** *seelischer S.* at hartsiar (det)

schmerzempfindlich em

schmerzen **1** *körperlich* siar du *u*, wark; **der Arm schmerzt** a iarem dää mi siar - **2** *seelisch* siar du *u*

Schmetterling a flenerk, -en (di)

Schmied a smas, smeser [z] (di)

Schmiede at smes, -en (det) [z]

schmiedeeisern smesiisen [z]

schmieden smese [z]

schmiegen smiige

Schmiele *Grasart* at kaatbiard (det), at swinsbas, -en (det)

Schmiere at smeer (det)

schmieren **1** *einfetten* smere - **2** *unsauber schreiben* kliare, klekse, krakle - **3** *Brote bestreichen* üübkliam - **4** *übertr:* **Honig ums Maul s.** hönang am a snütj smere

Schmiererei at smerkroom (det)

schmierig **1** smerag, glatjag - **2** *übertr:* **s. grinsen** smerag griine

schminken uunmoole, smink; **sich s.** ham uunmoole

schmirgeln smeergle, smirgle

Schmirgelpapier at sunpapiir (det), at smirgelpapiir (det)

schmollen **1** *Mund verziehen* flääbe, en flääb tji *u* - **2** *maulen* snobe

Schmollmund at flääb (det), at flap (det)

Schmorbraten a smuurbraas (di) [z]

schmoren smuure

Schmuck at sjmuk (det); (Tracht) at salwer (det)

schmücken smok maage; **den Weihnachtsbaum s.** a tanenbuum aptaakle/bui

schmuddelig granjag

schmuggeln smogle

Schmuggler a smogler, -s (di)

schmunzeln smonsle, griine

schmusen smuuse [z]; (knutschen) frachte, mäenööder frei, süüsne, kleebe

Schmutz at skitj (det), at kuad (det), at fülen (det)

Schmutzfink a smerfink, -en (di), at ösje, -sjin (det); (Kinder) at swenke, -kin (det)

Schmutzfleck a plak, -er (di), at fül steed, -en (det)

schmutzig fül, ötjag, skitjag, granjag; **sich s. machen** ham fül maage, ham iinore

Schmutzwasser at fül weeder (det)

Schnabel **1** a snoobel, -bler (di); (veralt.) at nääb, -en (det) - **2** *übertr:* **den S. halten** a klap/a snütj hual *u* ('Klappe/Schnauze')

schnäbeln snooble

Schnake (Mückenart) at määder, -n (det)

Schnalle at spung, -en (det)

schnallen spään

Schnallendorn at pin, -en (det), at nääbk, -en (det)

schnalzen knap

S

schnappen **1** *nach etw. s.* snap - **2** *ergreifen* snap, faad fu *u*; **sie haben ihn geschnappt** jo haa ham snapt/faad füngen - **3** *übertr:* **frische Luft s.** ütj am frisk loft wees *od.* frisk loft haale, ütj tu ütjsjonken wees ('ausdünsten')

Schnappschloss a snaper, -n (di)

Schnaps at kööm (det), at snaps (det), at spriit (det)

Schnapsglas at snapsglääs, -glees [z] (det)

schnarchen snark

Schnarcher a snarker, -n (di)

schnattern **1** *Gänse, Enten* waape; **die Gänse s.** a ges waape - **2** *plappern* snöötre

schnauben **1** *hörbar atmen* snüüw [u:] (snoft; snoow [u:]; snöwen) - **2** *ausschnauben:* **sich die Nase s.** a nöös ütjsnüüw *u*

schnaufen püste

Schnauze **1** a snütj, -er (di) - **2** *übertr:* **die S. halten** a snütj hual *u*; **eine große S. haben** en graten snütj haa

schnauzen snütje, blafe

Schnecke at snek, -en (det)

Schneckengehäuse at höntj, -en (det), at köberk, -en (det)

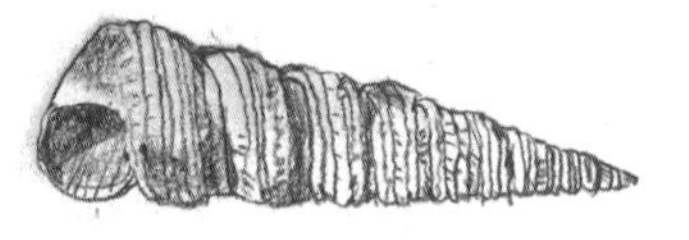

Schneckengehäuse (Turmschnecke)
at köberk

Schnee at snä (det); **S. schaufeln** snä skofle

Schneeball **1** *Schneekugel* a snäbaal, -er (di); **mit Schneebällen werfen** snäbaale - **2** *Zierstrauch* a snäbaal, -er (di)

Schneebeere a knaler, -s (di)

Schneebesen a fliatangslauer, -n (di), a slauer, -n (di)

Schneegestöber a snäjacht (di), a snästoof (di)

Schneehöhle (von Kindern) at snähüs, -sang [z] (det)

schneelos kaal; **ein s. Winter** en kaalen wonter

Schneeluft a snäloft (di)

Schneemann a snämaan, -er (di)

Schneepflug a snäpluch, -pluuger (di)

Schneeschieber a snäsküüwer, -n (di)

Schneesturm a snästurem (di)

Schneetreiben a snästoof (di), a snästurem (di)

Schneeverwehung a snäwaal, -er (di)

schneeweiß snäwitj, spiirwitj

Schneewittchen Snäwitken

Schneid a sjneit (di), a kaluun (di)

Schneide a ääg, -er (di), at skeer, -en (det)

schneiden **1** *in Stücke s.* skeer (skäärt; skäär; skäären); **Brot s.** bruad skeer - **2** *verletzen:* **sich s.** ham skeer - **3** (mit der Schere) klap; **sich die Haare s. lassen** ham amklap läät *od.* ham at hiar klap läät; **sich die Nägel s.** ham a nailer klap - **4** *übertr:* **Fratzen s.** gesichter spele *od.* fratsen maage

schneidend (Kälte) skarep

Schneider **1** a skruader, -n (di) - **2** *übertr:* **aus dem S. sein** ütj'n jan wees

schneidern skruadre

schneien snei

schnell **1** Ggs. *langsam* gau; **s. fahren** gau/hard keer - **2** *rasch:* **etw. s. erledigen** wat gau berede; **nun man s.!**

nü man fiks *od.* nü man tu!; **mach s.!** sä tu! - **3** *übertr:* **auf s.-stem Wege** üüb a gaust wai

Schnelligkeit a/at gauhaid (det)

Schnepfe at snep, -en (det)

schneuzen, sich ham ütjsnüüw [u:] *u*

Schnippchen *Wendg.* **jmdm. ein S. schlagen** hoker en nöös drei

schnippeln sniple, telge

schnippen *schnipsen* knap; (mit den Fingern) klak

schnippisch snups, patsag

Schnitt 1 *Einschnitt* a skeer, -en (di); (mit der Schere) a klap, -er (di) - **2** *Machart* at maaksel (det) - **3** *Durchschnitt:* **im S.** liktroch - **4** *übertr:* **einen S. machen** en sjnit maage

Schnittbohnen a saaltet buanen (jo)

Schnitte at skiiw, -en (det) [u:], at stak, -en (det)

Schnittlauch at greente (det)

Schnittmuster at mal, -en (det), at münster (det)

Schnittwunde at skeer, -en (det)

Schnitzel at sjnitsel, - (det)

schnitzen telge

schnorren snore

schnüffeln 1 snüüw [u:] (snoft; snoow [u:]; snöwen) - **2** *übertr:* snöwle, snek

Schnüffler a snöwler, -n (di)

Schnupfen a snöwel (di), at ferkeelang (det); **S. haben** a snöwel haa; **sich einen S. holen** ham en ferkeelang apsake

schnupfen snüüw [u:] (snoft; snoow [u:]; snöwen); **Tabak s.** tubak snüüw

Schnupftabak at snüüwtubak (det) [u:]

schnuppe *Wendg.* **einem s. sein** ään skitjegool/potegool wees

schnuppern snubre, snöwle

Schnur at snuur, -en (det), a tuum, -er (di); (unspezif.) wat snuurs, wat tuums

schnüren snaare, snire

Schnurrbart a snorbiard, -er (di)

schnurren snore

Schnurrhaare a snorhiaren (jo)

schnurrig nüürag, snorag

Schnürsenkel at skuchbäänk, -er (det)

schnurstraks snuurstraks

Schokolade at sakelaad (det); **eine Tafel S.** en plaad sakelaad

[1]**Scholle** *Eisscholle* at skos, -en (det)

[2]**Scholle** *Plattfisch* at skol, -en (det); **S.-n stechen** skolen prege (jetzt verboten); **S.-n treten** skolen treed *u* (alte Fangmethode); **S.n rösten** skolen stiake

Scholle at skol

Schollenstecher (Fanggerät, heute verboten) at preg, -en (det)

[1]**schon** *Adv* al; **s. lange** al loong al; **ich gehe s. los** ik luup al tu

[2]**schon** *Modalpart* wel, al, nooch; **das schaffst du s.** det skaafest dü nooch/al; **das wird s. gehen** det wal wel/nooch gung; **das s.!** det al!

[3]**schon** *Gradpart* al; **es ist s. Mittag** at as al madetidj

schön I. *Adj* **1** Ggs. *hässlich* smok; **eine s.-e Frau** en smok wüf - **2** *gut:*

S

etwas S.-es wat feins/wat smoks - **3** *angenehm* net, smok; **ein s.-er Abend** en neten inj; **das s.-ste Wetter** at smokst(e) weder - **4** *beträchtlich* net; **eine s.-e Summe** en net som - **5** (verstärk. zu Kindern) fein, net; **s. die Nase putzen!** fein ütjsnüüw!; **s. essen!** net iidj! - **6** (iron.) sjöön, net; **eine s.-e Bescherung** wat sjööns; **du bist mir ein S.-er!** dü beest mi en neten ään! - **7** (Zustimmung) gud; **s., dann komme ich morgen!** gud, do kem ik maaren! - **8** *höflich:* **bitte s.!** wees so gud!; **danke s.!** soonk! *od.* föl soonk!; **ich soll auch s. grüßen!** ik skal uk fein grööte! - **II.** *Adv* sjöön; **s. dumm!** sjöön dom!

schonen **1** skuane - **2** **sich s.** ham skuane - **3** *übertr:* **die Sonne schont sich** a san skuanet ham (d.h. scheint nicht)

Schoner (Segelschiff) a skuuner, -n (di)

Schönheit a/at smokhaid (det); **die S. ist dahin** at smokhaid as ’ar uf

schönmachen, sich ham fiinmaage, ham apfiine; (spött.) ham aptaakle

schöntun net du *u*

Schonzeit a/at skuantidj, -en (det)

Schopf a toop, -er (di)

schöpfen **1** skep, uase [z] - **2** *übertr:* **Mut s.** mud skep

Schöpfkelle at sopskai, -er (det)

Schöpfung a skeebang (di)

Schorf at rööw (det) [u:]; (Kopfschorf) at skürew (det) [u:]

schorfig skürwag

Schornstein **1** a skoorstian, -er (di) - **2** *übertr:* **in den S. schreiben** iin uun a skoorstian skriiw

Schornsteinfeger a skoorstianfaager, -n (di)

Schoß **1** a skuat, -er (di) - **2** *übertr:* **die Hände in den S. legen** a hunen iin uun skuat lei *u*

Schössling a skoot, skööder (di), a ufleger, -n (di)

Schot (Segelleine) a skuat, -er (di)

Schote at bong, -en (det)

Schott (Querwand i. Schiff) at skot, -en (det)

Schotte a skotsmaan, -er (di)

Schotter at grant (det), at stiangrus (det)

schottisch skotsk

Schottland Skotlun

schraffieren skrafiare

schräg sküüns; **s. gestreift** sküüns stripelt; **s. gegenüber** sküüns auerföör/jinauer

Schrägband a sküünsstripel (di)

Schräge at sküünsen (det)

Schramme at skram, -en (det)

schrammen skramse

Schrank **1** at skaab, -en (det) - **2** *übertr:* **nicht alle Tassen im S. haben** ei aler kopen uun skaab haa

Schrankbett at klapbaad, -en (det)

Schranktür at skaablük, -en (det), a/at skaabdör, -en (det)

schrappen skraabe; **Möhren s.** wochler skraabe

Schrapper a skraaber, -n (di)

Schraube **1** at skrüüw, -en (det) [u:] - **2** *übertr:* **bei ihm ist eine S. locker** hi hää en skrüüw luas

schrauben skrüüwe

Schraubenschlüssel a skrüüwenkai, -er (di)

Schraubenzieher a skrüüwentjier, -n (di), a skrüüwendreier, -n (di)
Schraubstock a skrüüwstook, -er (di) [u:]
Schreck a skrek, -er (di); **einen S. einjagen** hoker en skrek üübjaage/iinjaage; **ein Ende mit S.-en nehmen** en böösen aanj nem *u*
schrecken skrek
schreckhaft (Pferde) skregel
schrecklich **I.** *Adj* **1** *furchtbar* skrekelk; **ein s.-es Unwetter** en skrekelk ünweder - **2** *unangenehm:* **ein s.-er Kerl** en skrekelken kiarel - **II.** *Adv* böös [z], furchboor; **einem s. Leid tun** ään böös iarag du *u*
Schrei a skrik, -er (di), a jol, -er (di), a rooft, -er (di)
schreiben **1** skriiw [u:] (skraft; skrääw [u:]; skrewen); **richtig/verkehrt s.** rocht/ferkiard skriiw; **eine Rechnung s.** en reegnang ütjskriiw *u*; **sich s.** enööder skriiw - **2** *übertr:* **in den Schornstein s.** iin uun a skoorstian skriiw
Schreiben at skriiwen (det)
Schreiber a skriiwer, -n (di)
Schreibheft at skriiwheft, -en (det) [u:]
Schreibtisch a skriiwboosel, -boosler (di) [u:]
schreien **1** *laut rufen* roofte, jole, skrik, brole; **das Kind schreit** at letj brolet - **2** *kreischen* skrik, skriame; **die Möwen s.** a kuben skrik - **3** *übertr:* **s. wie ein abgestochenes Schwein** skrik üs en ufstäät swin
Schreihals at blartuut (det), a rooft (di)
schreiten skridj (skrat; skrääd; skreden), straal
Schrift **1** *Hands.* a/at skraft, -en (det); **eine unleserliche S. haben** kriakfet an hantuanen skriiw *u* - **2** *Text* a/at skraft, -en (det); **die Heilige S.** (Bibel) a skraft
schriftlich skraftelk
Schriftsteller a dachter, -n (di), a skribent, -en (di)
Schriftstück at skraftstak, -en (det)
schrillen skringle
Schritt **1** a straal, -er (di), a skred, -er (di), a staap, -er (di) - **2** *Gangart* a treed (di), a skred (di); **im S. gehen** uun treed luup *u*, uun skred gung *u* - **3** *Hosenschritt:* **zu eng im S. sein** tu naar tesken a bian wees - **4** *übertr:* **S. für S.** skred för skred *od.* straal för straal
schroff **1** *steil* skoor - **2** *abweisend* bot; **s. antworten** bot swaare
Schrot **1** *Munition* at haiel (det), at luad (det) - **2** *Viehfutter* at sjroot (det)
schrubben skrobe
Schrubber a skrober, -n (di)
Schrubberbürste a skrober, -n (di)
Schrulle at skrol, -en (det)
schrumpelig skromplag
schrumpfen skromp (skrompt; skrompen)
Schubfach at sküf, -en (det)
Schublade **1** at sküflaas, -en (det) [z], at sküf, -en (det) - **2** *übertr:* **aus der untersten S.** ütj at onerst sküf (abwert.)
Schubs a skup (di), a fuur, -en (di)
schubsen skup, fuure
schüchtern skülag, sküchtern; (veralt.) blich
Schüchternheit a/at blichhaid (det) (veralt.)
[1]**Schuft** (Lump) a lomp, -en (di)
[2]**Schuft** (Schulterstück v. Großtieren) a skooft, -er (di)

S

schuften sluuwe, wret, maartle, rakre
Schufterei at sluuwerei (det)
Schuh 1 a skuch, skur (di); **S.-e putzen** skur wikse/potse - **2** *übertr:* **in die S.-e schieben** uun a skur sküüw *u*
Schuhabsatz a haiel, hailer (di)
Schuhanzieher a skuchhurn, -er (di)
Schuhbürste a skuchbasel, -sler (di), a wiksbasel, -sler (di)
Schuhcreme at skuchwiks (det)
Schuhgeschäft a skuchlooden, -s (di)
Schuhmacher a sütjer, -n (di)
Schuhregal at skuchbürtje, -jin (det)
Schuhschrank at skuchskaab, -en (det)
Schuhsohle at sööl, -en (det)
Schuhwerk at futtjüch (det)
Schularbeiten a skuulwerken (jo)
Schulbus a skuulbus, -en (di)
Schulbuch at skuulbuk, -en (det)
Schuld *Verantwortung* a/at skil; **wer ist S.?** hoker hää/as skil?; **S. daran sein** diar skil uun/tu wees
schulden skilage, skilag wees; **jmdm. Geld s.** hoker jil skilage
Schulden 1 a/at skil (det), a skilen (jo); **in S. geraten** uun skilen iinraage - **2** *übertr:* **mehr S. als Haare auf dem Kopf haben** muar skilen üs hiar üüb't hood haa
schuldenfrei skilenfrei
schuldig 1 Ggs. *schuldlos* skilag; **jmdn. s. sprechen** hoker skilag spreeg *u* - **2** *verpflichtet:* **was bin ich dir s.?** wat san ik di skilag? *od.* wat skel haa?
Schuldigkeit *Wendg.* **seine Pflicht und S. tun** sin plicht an skilaghaid du *u*
Schule 1 *Gebäude* a/at skuul, -en (det), at skuulhüs, -sang [z] (det) - **2** *Einrichtung* a/at skuul (det); **in die S. gehen** tu skuul luup *u*/gung *u*

S

[1]**Schüler, der** *m* a skuuldring, -er (di); **ein guter S. sein** at lacht bi't liaren haa
[2]**Schüler, die** *Pl* a skuuljongen (jo)
Schülerin at skuulfoomen, -mnen (det)
Schulfach at skuulfääk, -en (det)
Schulferien a feerien (jo)
schulfrei skuulfrei
Schulfreund a skuulfrinj, -er (di)
Schulfreundin at skuulfreundin, -en (det)
Schulgarten a skuulguard, -er (di)
Schulgebäude at skuulhüs, -sang [z] (det)
Schulheft at skuulheft, -en (det)
Schulhof a skuulplaats, -en (di)
Schuljahr at skuuljuar, -en (det)
Schuljunge a skuuldring, -er (di)
Schulkind at skuulkint, -jongen (det)
Schulklasse at skuulklas, -en (det)
Schulleiter a skuulleiter, -s (di)
Schullehrer a/at skuulmääster, -n (di)
Schulmädchen at skuulfoomen, -mnen (det)
Schulpause at pause, -sin [z] (det)
Schulplatz a skuulplaats, -en (di)
Schulranzen a ransel, -sler (di)
Schulstunde at stünj, -en (det)
Schultag a skuuldai, -daar (di)
Schultasche at skuultasj, -en (det), at skuulmap, -en (det)
Schulter 1 a skoler, -n (di); **mit den S.-n zucken** mä a skolern tak; **auf die S. klopfen** üüb a skoler klupe - **2** *übertr:* **auf die leichte S. nehmen** üüb a lacht skoler nem *u*
Schulterblatt at skolerbleed, -en (det)
Schulweg a skuulwai, -er (di)
Schulzeit a/at skuultidj (det)
Schulzeugnis at tjüchnis, -en (det)

schummeln bedreeg *u*, sjumle
schummerig skomrag, hualewjonk; **s. werden** al wat jonk wurd, tu jonkin began
schummern jonk wurd, skomre
Schummerstunde at hualewjonken (det) [u:]
Schund at stront (det), at skitj (det)
Schuppe 1 *Pl Fischschuppen* at skülep (det) - **2** *Pl Kopfschuppen* at skään (det); **S. -n haben** skään üüb't hood haa
schuppen skülpe; **Fische s.** fask skülpe
Schuppen *Gebäude* a sjupen, -s (di)
Schüreisen a puuker, -s (di)
schüren *Feuer s.* stuuke, puukre
Schurke a skork, -en (di)
Schürze a skortluk, -er (di); (Trachtenschürze) a aprederskortluk, -er (di); **eine halbe S.** en hualew skortluk, en föörskortluk
schürzen skört, skortle
Schürzenjäger *Wendg.* **er ist ein großer S.** hi as imer bääft a wüfen
Schuss 1 *Gewehr* a skoot, sköööd (di) - **2** *kleine Menge:* **Tee mit einem S. Rum** tee mä en slööög rum - **3** *Wachstum* a skoot (di); **einen ordentlichen S. machen** en orntelken skoot fu *u*/maage - **4** *übertr:* **in S. sein** bi a rä wees
Schüssel a dask, -er (di); (klein) at kum, -en (det); (flach) at bak, -en (det)
schusselig sompag, toflag
Schüsseltuch at daskerslont, -en (det), at daskelslont, -en (det)
Schuster 1 a sütjer, -n (di) - **2** *übertr:* **S. bleib bei deinen Leisten!** sütjer bliiw bi din läästen! *Sprw*
Schusterahle a swerelk, -er (di)
schustern (unordentl. arbeiten) sütjre, kluntje, klütje
Schutt 1 at grus (det) - **2** *übertr:* **in S. und Asche** uun grus an muus
Schüttelfrost at rödelsküür (det)
schütteln 1 sködle; **die Hand s.** a hun sködle - **2** *übertr:* **aus dem Ärmel s.** ütj a sliawen sköde/sködle
schütten 1 sköde; **die Decke s.** a deek sköde - **2** *übertr:* **es schüttet nur so** at smat tu riinen *od.* at güset man so
schütter *Verb.* **er hat schon s.-es Haar** sin hiar wurd al maner
Schutz (vor Witterung) at skül (det); **S. suchen** sküle, tu skül krep *u*
Schütze a sjiter, -n (di)
schützen 1 bewaare - **2 sich s.** ham bewaare
schwach I. *Adj* **1** *kraftlos* swak, ring; **alt und s.** ual an stömkag - **2** *wenig leistungsfähig* swak, flau; **s. auf den Beinen sein** swak üüb a bian wees; **noch etw. s. sein** noch wat flau wees - **3** *gehaltlos* flau; **ein s.-er Kaffee** en flauen kofe - **4** *übertr:* **mach mich nicht s.!** sai sowat ei!; **ein s.-er Trost** en leidagen/en swaken trääst - **II.** *Adv* knaap; **sich s. an etw. erinnern** ham knaap üüb wat beseenk
Schwäche 1 *körperl.* a/at swakhaid (det), a/at ringhaid (det) - **2** *Schwächegefühl* a/at flauhaid (det) - **3** *übertr:* **er hat eine S. für Blondinen** hi mei hal laachthiaret wüfen liis *u*
schwächen swake
Schwachkopf a sanwat (di)
schwächlich komerlik, strükag, swakelk; **ein s.-es Kind** en komerlik kint
Schwächlichkeit a/at swakelkhaid (det)

S

Schwächling a slapsteewel, -wler (di), at wokai, -er (det)

Schwachsinn *Wendg.* **so ein S.!** so'n pitjepatjekroom!

schwachsinnig 1 sompag; **s. sein** rocht wat mä't hood haa - **2** *übertr:* **das ist doch s.!** det as dach dom kroom/dom tjüch!

Schwade *Reihe gemähtes Gras* at swääs, -en (det) [z]

schwadronieren *angeben* swaadroniare

Schwager a swooger, -n (di)

Schwägerin at sweegerin, -en (det)

Schwalbe at swaalk, -en (det)

Schwalbennest at swaalk(en)näast, -nees [z] (det)

Schwamm 1 *Werkzeug* a/at swaamp, -er/-en (det) - **2** *Hauss.* a swaamp (di)

schwammig 1 *weich* swaampag - **2** *aufgedunsen* büket

Schwan a swaan, -en (di)

schwanen swaane

schwanger swaanger; **s. sein** mä letj wees *od.* en letj fu *u*

schwängern 1 en letj maage - **2 sich s. lassen** ham wat apsake, ham en letj maage läät

Schwangerschaft a/at swaangerskap (det)

schwanken 1 *unsicher gehen* skiawle, sköödre, sköödre tu gungen - **2** *sich bewegen* (Boden) deue - **3** *übertr:* noch ei so rocht wed *u*

Schwanz 1 a stört, -er (di) - **2** *übertr:* **kein S. war da!** nian swin wiar diar! ('Schwein'); **den S. einziehen** a stört tesken a bian nem *u*

Schwanzfeder at störtfeeder, -n (det)

Schwanzriemen a störtriam, -er (di)

schwappen tjoltre, poltre

Schwarm a swarem, -rmer (di); (Vogelschwarm) at flacht, -en (det), at skööl, -en (det); **ein S. Enten** en flacht anen

schwärmen 1 *umherfliegen* swarme - **2** *übertr:* **für jmdn. s.** för hoker swerme *od.* grat faan hoker spreeg *u*

Schwarte at swörd, -en (det); (geräuchert) at swörds (det)

schwarz 1 Ggs. *weiß* suart; **das S.-e** at suartens (det) - **2** *übertr:* **einem s. vor Augen werden** ään suart fóór uugen wurd; **den Kaffee/Tee s. trinken** a kofe/a tee kaal/suart drank *u*; **s. auf weiß haben** suart üüb witj haa

schwarzarbeiten suartwerke

schwarzbraun suartbrün

Schwarzbrot at roogbruad (det)

schwarzbunt (Kühe) suartbruket

schwärzen suart maage

schwarzfahren suartkeer

schwarzhaarig suarthiaret

schwarzköpfig suarthoodet

schwärzlich suartelk

schwarzsehen suartluke; *pessimistisch sein* suart sä *u*

schwarzseiden suartsiisen [z]

schwarzweiß suartwitj

Schwatz at stak snaak (det)

schwatzen tjaape, tjable, praatje, sladre, tjaule; (Schule) kwatsje

Schwätzer a sladerpöös, -er (di) [z], a praatje, -tjin (di)

schwatzhaft praatjag, snaakag, sladrag

schweben 1 sweewe - **2** *übertr:* **im siebten Himmel s.** uun a söówenst hemel sweewe; **zwischen Leben und Tod s.** tesken leewent an duas sweewe

S

Schwede a sweed, -en (di)
Schweden Sweeden
schwedisch sweedsk
Schwefel 1 at swaawel (det) - 2 *übertr:* **zusammenhalten wie Pech und S.** tuuphual üs pak an swaawel
schwefelgelb güül üs swaawel
schwefeln swaawle
schweflig swaawlag
Schweif a stört, -er (di)
schweifen sweewe, dwaale
schweigen 1 swige, stalswige, a müs hual *u*; **schweig!** swige stal!; **dazu kann ich nicht mehr s.** diar koon ik min uaren ei muar tudu *od.* diar koon ik ei muar tu swige; **s.-d** swigend - 2 *übertr:* **zum S. bringen** tu swigin bring *u*
Schweigen at swigin (det)
schweigsam *wortkarg* ei föl sai *u*
Schwein 1 at swin, - (det); (Kinderspr.) at ösje, -sjin (det) - 2 *übertr:* **bluten wie ein S.** bläät üs en ufstäät swin *u* ('abgestochenes S.'); **schwitzen wie ein S.** swäät üs so'n hingst ('Pferd'); **das arme S.!** det aarem/det stakels swin!; **S. haben** lok haa
Schweinchen (Kinderspr.) at ösje, -sjin (det), at swenke, -kin (det)
Schweinebacke at swinsjuuk, -en (det)
Schweinebraten a swinbraas (di) [z]
Schweinedistel at moolkfisel, -sler (det)
Schweinefleisch at swinflääsk (det), at swinen (det)
Schweinehälfte at hualew swin (det) [u:]
Schweinehund a swinjak, -er (di), a swinlaap, -er (di)
Schweinekoben at swinhääk, -en (det)
Schweineleber a/at swinsliwer (det)
Schweinemagen a/at swinsmaag, -en (det)
Schweinerei at swinkroom (det)
Schweinerippe at swinsrab, -en (det), at swinsrebke, -kin (det)
Schweineschmalz at ister (det)
Schweinestall 1 a swinbusem, -smer/ -er (di) [z] - 2 *übertr:* **das sieht hier aus wie im S.** det sjocht hir ütj üs uun en swinstaal
Schweinigel a swinjak (di), a swineegel (di)
schweinigeln (obszön reden) swinsk snaak haa
schweinisch swinsk
Schweinskopf at swinshood, -hööd (det)
Schweinskotelett at swinskarbenaad, -en (det)
Schweinswal a swinswaal, -er (di)
Schweiß at swäät (det); **der S. stand ihm auf der Stirn** at swäät sted ham föör a braanj; **in S. gebadet** uun iane swäät
schweißen sweise, sjweise
Schweißfuß a swäätfut, -fet (di)
schweißig swäätag
schweißnass trochwiat faan swäät, uun iane swäät
Schweiz a Sweits, a Sjweits
Schweizer a sweitser, -n (di), a sjweitser, -n (di)
schweizerisch sweitsk, sjweitsk
Schwelle *Türs.* a drampel, -pler (di); (steinern) a döörstian, -er (di)
schwellen *anschwellen* sünj (sanjt; soonj; sünjen), sjok wurd, boolen
Schwellung at apsünjen steed (det)
Schwemmsand at luupen sun (det)

S

Schwengel *Pumpens.* at mik, -en (det)
schwenken 1 *Arm* wiafte - **2** *Richtung ändern* büg (bocht; boog; baanj), sweenk, amhaale
Schwenkung a sweenk (di)
schwer I. *Adj* **1** Ggs. *leicht* swaar - **2** *heftig:* **ein s.-es Gewitter** en böös sonerweder; **eine s.-e See** en swaar sia - **3** Ggs. *locker:* **ein s.-er Boden** en swaaren grünj - **4** *nicht einfach*: **ein s.-es Leben** en swaar leewent - **5** *übertr:* **s. von Begriff** kurt faan ferstant; **ein s.-es Los** en swaar loot - **II.** *Adv* swaar; **s. im Magen liegen** swaar uun/üüb a maag lei *u*; **s. arbeiten** swaar werke; **s. krank** swaar/gans slim kraank; **s. machen** swaar maage; **s. nehmen** swaar nem *u*; **sich s. tun** ham swaar du *u*
schwerfallen swaarfaal *u*
schwerfällig swaarfelag, ünbeholpen, losag
schwerhörig duuf
Schwerhörigkeit a/at duufhaid (det)
schwermütig swaarmudag, swaar tu mud, swaar
schwerreich stianrik
Schwert at swörd, -en (det)
Schwertlilien 1 (Sibirische S.) a blä wüfen (jo) - **2** (Sumpfs.) a güül wüfen (jo)
Schwester 1 at saster, -n (det) - **2** *Krankens.* at kraankensjwester, -n (det)
Schwiegereltern a swiigeraalern (jo)
Schwiegermutter at swiigermam, -en (det)
Schwiegersohn a swiigerdring, -er (di), a swiigersön, -s (di)
Schwiegertochter at swiigerdoochter, -n (det), at swiigerfoomen, -mnen (det)
Schwiegervater a swiigeraatj, -en (di)
Schwiele at el, -en (det), a elknol, -er (di)
schwielig elag, hard
schwierig swaar; **eine s.-e Zeit** en harden törn
Schwierigkeit a/at swiiraghaid, -en (det); **in S.-en sein** uun a knip wees, tusat *u*
Schwimmbad at swäämbat, -beeder (det)
schwimmen 1 swääm - **2** *übertr:* **in Geld s.** uun jil swääm
Schwimmer a swäämer, -n (di)
Schwimmhaut a/at swäämhidj, -en (det)
Schwimmunterricht a swäämoneracht (di)
Schwimmweste at swäämwest, -en (det)
Schwindel 1 *Betrug* at leegen (det), a bedruch (di), at bedreegerei, -en (det) - **2** *Gleichgewichtsstörung* a/at düüsaghaid (det) [z]
Schwindelei at leegerei, -en (det)
Schwindelgefühl a/at düüsaghaid (det) [z]
schwindelig düüsag [z]
schwindeln 1 *lügen* leeg (locht; loog; laanj), span (spoon; sponen) - **2** *schwindelig sein:* **mich schwindelt!** det gongt mi trinjenam!
schwinden swinj (swanjt; swoonj; swünjen), maner wurd
Schwindsucht at swinjsjocht (det), at teerin kraankes (det)
schwingen swing (swangt; swoong; swüngen); (im Tanz) swei; **die Röcke s.** a peier swei
Schwingrasen a döbel, -bler (di)

S

Schwips a süüs (di) [z], a swips (di); **einen kleinen S. haben** en letjen oner a hud haa

schwirren **1** swire - **2** *übertr:* **mir schwirrt der Kopf** mi bromet at hood

schwitzen **1** swäät - **2** *übertr:* **Blut und Wasser s.** blud an weeder swäät

schwitzig swäätag

schwören **1** *beeiden* sweer/swäär (swäärt; swäär; swäären) - **2** *fest glauben:* **ich könnte s.** ik küd sweer/swäär - **3** *übertr:* **Stein und Bein s.** stian an bian sweer/swäär

schwul ööder wai am, faan a ööder ääg

schwül bruiag, luurag, benaud

Schwung **1** a sjwung (di) - **2** *übertr:* **in S. bringen** uun sjwung fu *u*

Schwups a swup, -er (di)

Schwur a ias, -er (di) [z]

sechs sääks

sechshundert sääkshunert

sechsjährig sääks juar ual, sääksjuarag

sechsmal sääkssis/-se

sechste sääkst

Sechstel at sääkstel (det), at sääkst paart (det)

Sechsundsechzig (Spiel) sääksansöstag

sechzehn sääkstaanj

sechzig söstag

sechziger *Verb.* **in den S.-n** uun a söstager

Sedum (Pflanze) at stianpöber (det)

[1]**See** *Meer* a/at sia; **an der S.** bi't weeder; **zur S. fahren** tu sia faar *u*

[2]**See** *Sturzwelle* a/at sia, -en (det); **eine schwere S.** en swaar sia

[3]**See** *Binnengewässer* a see, -n (di)

Seeadler a oodler, -n (di)

Seebinsen a heenen (jo)

Seefahrer a siafaarer, -s (di)

Seefahrt a/at siafaard (det); **die S. aufgeben** a siafaard/a sia besoonke

seefest siafäast

Seegang a siagung (di), a/at sia (det); **ein schwerer S.** en swaar/en grööw sia

Seegras at fögelgäärs (det)

Seehund a selag, -lger (di)

Seehundsbank a selagknob, -er (di)

Seehundskadaver at kreng, -en (det)

Seeigel (versteinert) a sonerstian, - (di)

seekrank siakraank

Seekrankheit at siakraankes (det)

Seele **1** at sial, -en (det) - **2** *übertr:* **eine gute/eine treue S.** en gud/en trau sial; **einem schwer auf der S. liegen** ään boowenuun/ään beföör stun *u*; **ein Herz und eine S.** ian pot an ian poon ('Topf' - 'Pfanne')

Seeluft a sialoft (di)

Seemann a siamaan, -lidj (di)

seemännisch siamaans

Seemannskiste a/at skebskast, -en (det)

Seenot *Wendg.* **in S.** uun sianuad

Seeräuber a siaruuwer, -n (di)

Seeregenpfeifer at mösk, -en (det)

S

Seeregenpfeifer at mösk

Seesand at siasun (det)
Seescholle at siaskol, -en (det)
Seeschwalbe at stäärnk, -en (det), a baker, -n (di)
Seestern a fiiwfut, -fet (di) [u:]

Seestern a fiiwfut

Seetang at song (det)
Seevogel a siafögel, -gler (di)
Seezeichen at baag, -en (det); **S. setzen** baage
Seezunge at tong, -en (det)
Segel at saiel, -s (det); **S. setzen** saiels saat *od.* oner saiel gung *u*
Segelboot at saielbuat, -en (det)
Segelgarn at saieljuarn (det)
segeln siil (sild/siild; sild/siild)
Segelschiff at saielskap, -skeb (det)
Segeltuch at saielduk (det)
Segen **1** *Gnade* a seegen; **Gottes S.** Gods seegen - **2** *Heil:* **Glück und S.** lok an seegen
Segge (Pflanze) at botgäärs (det), at stäär (det)
segnen seegne
sehen **1** *Sehvermögen haben* luke; **ich kann noch gut s.** ik koon noch gud luke - **2** *blicken* luke; **man kann über ganz Amrum s.** ham koon auer hial Oomram luke - **3** *wahrnehmen* sä (sjocht; siig; sen); **man kann die Dünen von Sylt s.** ham koon a dünem faan Sal sä - **4** *sich kümmern* luke; **sieh mal nach dem Braten!** luke ans efter a braas! - **5** *Ausruf:* **sieh da!** luke diar!; **sieh mal!** luke ans! *od.* luke tu! - **6** *sich bemühen* tusä *u*; **ich will s., dass ich komme** ik wal tusä, dat ik kem - **7** *übertr:* **ich kann ihn nicht mehr s.!** ik koon ei muar efter ham luke!; **das sieht dir ähnlich!** det sjocht di eenelk!; **einem Hören und S. vergehen** ään hiaren an sen fergung *u*
sehenswert *Wendg.* **das ist s.** det as at uunlukin wäärs
Sehne at sen, -en (det)
sehnen, sich ling; **sich nach Hause s.** ling efter aran
Sehnsucht at lingen (det)
sehr böös [z], uu so, auermiatag, ünwis, furchboor; **s. gut** uu so gud, auermiatag gud, böös gud; **s. schön** böös net; **bitte s.!** wees/*Pl.* wees'em so gud!; **danke s.!** föl soonk!
seicht flaak
Seide at siisen (det) [z]
seiden **1** siisen [z] - **2** *übertr:* **an einem s.-en Faden hängen** bi en siisenen triad hinge
Seidenfaden a siisen triad, -er (di) [z]
Seife a/at siap (det)
seifen siape
Seifendose at siapduus, -en (det) [z]
Seifennapf at siapbak, -en (det)
Seifenpulver at siapenpolwer (det)
Seifenwasser at siapweeder (det)
seifig siapag
Seil a riap, -er (di), at toog, -en (det); (Seilspringen) at lenk, -en (det), at

S

liin, -en (det), at toog, -en (det); **S.-e drehen** riaper trä *u* (vormals Broterwerb auf Amrum)

Seiler *Seilmacher* a riapsleeger, -s (di), a riapslauer, -n (di)

seilspringen toogspring *u*

[1]**sein** *Possessivpron* **1** san *m*, sin *f/n*; *Pl* sin, (ohne Subst.) sinen; (unpers.) ääns; **das sind s.-e** det san sinen; **die S.-en** sin aanjen, sin aanj lidj - **2** *übertr:* **jedem das S.-e** arken sin aanj *Sprw*

[2]**sein I.** *Vollvb* **1** *etw. s.* wees [z] (san, beest, as; wiar; weesen [z]); **lustig s.** lastag wees; **sie ist Professorin** hat as prufeser - **2** *sich befinden:* **wo ist er?** huar as'r? - **3** *stammen:* **ich bin von Amrum** ik san faan Oomram - **4** *existieren:* **es war einmal ein König** diar wiar ans en könang - **5** mit Modalvb: **das kann s.** det mei/det koon wees - **6** *übertr:* **wie dem auch sei** läät at wees, üs wat at wal - **II.** *Hilfsvb.:* **wo bist du gewesen?** huar beest weesen?

seinerseits faan ham ütj

seinerzeit dojütidj, do, tu sin tidj

seinesgleichen sinsgliken

seinetwegen am/auer ham, sintweegen

seinige *Verb.* **die S.-n** sin aanjen, sin aanj lidj

[1]**seit** *Präp* sant; **s. wann?** sant wan?

[2]**seit** *Konj* sant dat; **s. ich in Süddorf wohne** sant dat ik uun Sössaarep wene

seitdem sant, santdeem

Seite 1 *Richtung* a/at sidj, -en (det), a ääg, -er (di); **von allen S.-en** faan aler sidjen/äänger - **2** *Buchs.* a/at sidj, -en (det); **auf der ersten S.** üüb a iarst sidj - **3** *Körpers.* a/at sidj, -en (det); **S. an S.** sidj bi sidj - **4** *die S. von etw.:* **auf der rechten/linken S.** üüb a rochter/lachter ääg/sidj; **von der S.** faan a sidj, faan sidjem - **5** *Stoffs.* **die rechte/linke S.** a rocht/ünrocht ääg - **6** *Abstammung* a/at sidj (det), at ääg (det); **von mütterlicher/väterlicher S.** faan mamens/aatjens ääg - **7** *Charakterzug* a/at sidj, -en (det); **er hat auch seine guten S.-n** hi hää uk sin gud sidjen - **8** *übertr:* **auf der anderen S.** üüb a ööder ääg/sidj; **auf die S. bringen** tu sidj fu *u od.* üüb a sidj bring *u*; **das ist seine schwache S.** det as sin swak sidj

Seitenausgang a ütjgung bi a sidj, ütjgunger (di), a sidjütjgung, -er (di)

seitenlang sidjenlung

Seitensprung *Verb.* **er macht auch gerne mal einen S.** hi mei uk hal ans ütj a fään/auertjidre ('auf fremdem Land weiden')

Seitenstechen *Verb.* **S. haben** at uun a sidj haa

Seitenteil at sidjstak, -en (det)

Seitentür a/at dör bi a sidj, dören (det)

seitenverkehrt ferkiard wai am

Seitenweg at jaat, jaadang (det)

Seitenwind a winj faan a sidj (di)

Seitenzahl at sidjtaal, -en (det)

seither sant, santdeem

seitlich sidjelk, üüb/tu sidj faan

seitwärts tu sidj, faan sidjem

seitwärtslaufen faan sidjem luup *u*; **Krebse laufen seitwärts** kraaben luup faan sidjem

Sekunde at sekund, -en (det)

selbe salew [u:]; **im s.-en Haus** uun't salew hüs; **zur s.-n Zeit** tu liker tidj

selber 1 salew [u:]; **von s.** faan salew - **2** *übertr:* **s. ist s.** salew as salew

[1]**selbst** *Demonstrativpron* **1** *persönlich* salew [u:]; **ich komme s.** ik kem salew - **2** *von allein:* **das ist von s. gekommen** det as faan salew kimen - **3** *übertr:* **sich s. im Licht stehen** ham salew uun't laacht stun *u*

[2]**selbst** *Gradpart* sogoor; **s. der Kapitän war seekrank** sogoor a koptein wiar siakraank

selbst bedienen, sich ham salew nem *u,* ham salew besiine

Selbstbedienung *Wendg.* **hier ist S.!** hir skel wi salew!

selbstgebacken aanjbeegen; **s.-er Kuchen** aanjbeegen kuuk

selbstgemacht aanjmaaget

Selbstgespräch *Verb.* **S.-e führen** för ham/bi ham salew snaake

selbstgestrickt aanjpregelt

Selbstmord *Verb.* **S. begehen** ham tu kurt du *u*

selbstverständlich I *Adj* was, natüürelk, selbstferstentelk, so was üs wat - **II** *Adv*: **ja, s.!** ja, was uk/was uk'n!

Selbstverständlichkeit *Wendg.* **das ist doch eine S.** det ferstäänt ham dach faan salew

selbstverursacht aanjmaaget

selig 1 seelag; (veralt.) soolag - **2** *übertr:* **Gott hab' ihn s.!** God frööge sin sial!; **in s.-er Ruhe** uun seelger rau

Seligkeit a/at seelaghaid (det); (veralt.) a/at soolaghaid (det)

Sellerie at silere (det)

selten I. *Adj* **1** selten, ei fölsis, letjet; **das kommt s. vor** det komt letjet föör - **2** *übertr:* **ein s.-er Vogel** en nüüragen fögel - **II.** *Adv besonders* raar, ünmiatag; **ein s. schöner Abend** en ünmiatag neten inj

Seltenheit a/at seltenhaid (det)

seltsam nüürag, apartag

seltsamerweise nüüragenooch

Semikolon a stregponkt, -er (di)

Semmel *Wendg.* **weggehen wie warme S.** wechgung üs warem bruad ('Brot')

senden 1 *schicken* sjüür, sään - **2** *Radio/Fernsehen* sende

Senf 1 *Gewürz* at moster (det) - **2** *Senfpflanze* at senep (det)

sengen 1 *Haare/Federn* swiis [z] (swast; swus/swääs [z]; swesen [z]); **Enten s.** anen swiis - **2** *brennen* braan; **die Sonne sengt** a san braant

senil kinjag

Senilität a/at kinjaghaid (det)

Senkblei *Lot* at luad, -en (det)

Senke a sleenk, -er (di), at liagens, -en (det)

senken 1 *herabsetzen* deelsaat, deelgung *u*; **die Preise s.** deelgung mä a prisen - **2 sich s.** ufsake; **der Boden hat sich gesenkt** di grünj as ufsaket

senkrecht 1 lik amhuuch, likap - **2** *übertr:* **halt dich s.!** hual di lik!

Senkrücken a sleenk uun a rag (di)

Sense at sen, -en (det); **die S. schärfen** at sen strik *u*

separat för ham salew [u:]

September a septembermuun

Service *Geschirr* a apsats, -er (di), at serwiis (det)

servieren *auftischen* besiine, serwiare

Serviette at serwiet, -en (det)

Sessel a sesel, -sler (di)

Sessellehne at lönlis, -en (det), at lön, -en (det)

S

setzen 1 *stellen* saat; **den Topf auf den Herd s.** a krooch üüb a heert saat; **Segel s.** saiels saat - **2** *pflanzen:* **Kartoffeln s.** eerpler saat - **3 sich s.** *ablagern* sake - **4 sich s.** *niederlassen* ham hensat *u*; **sich zu Tisch s.** ham amsat *u* - **5** *übertr:* **vor die Tür s.** föör (a) dör saat; **sich zur Ruhe s.** ham tu rau saat

Seuche at sjocht, -en (det)

seufzen sike, gren

Seufzer a sik, -er (di),

sich 1 (auf das Subj. zurückweisend) *Sg* ham *m/f/n*; hör *f* (selten); *Pl* jo; (unfries. ist *sik*); **sie hat s. geschnitten** hat hää ham skäären; **was haben sie s. gefreut!** wat haa jo jo freuet! - **2** (beim Infinitiv) **s. die Hände waschen** ham a hunen sau *u*; **s. die Nägel schneiden** ham a nailer klap - **3** (unpers.) ham; **s. lohnen** ham luane; **das lässt sich machen** det läät ham maage - **4** (wechselseitig) enööder; **s. küssen** enööder süüsne; **s. abknutschen** enööder ufkleebe - **5** (bei Präp) **an und für s.** uun ham salew; **eine Sache für s.** en saag för ham salew; **außer s. sein** ütj ham salew wees

Sichel at sakel, -kler (det)

sicheln sakle

sicher I. *Adj* **1** *gewiss* was, seeker, klaar; **ich bin mir nicht s.** ik san mi ei seeker - **2** *ungefährdet* seeker; **seines Lebens nicht s. sein** sin leewent ei seeker wees - **3** *übertr:* **so s. wie das Amen in der Kirche** so was üs at aamen uun a sark *od.* so was üs wat - **II.** *Adv* was; **das haben sie s. vergessen** det haa's was ferjiden - **III.** *Satzadv* was; **wollen wir noch einen haben? - ja s.!** skel'f noch ään haa? - ja was uk!

Sicherheit a/at seekerhaid, -en (det)

sicherlich was, saacht, was an seeker

sichern 1 *schützen* seekre - **2** *verschaffen:* **sich s.** ham seekre

Sicht a/at sicht (det); **in S.** uun sicht; **außer S.** ütj a sicht, ei muar tu sen

sichtbar sichtboor

sichten 1 *erblicken* sä (sjocht; siig; sen), waar wurd; **Land s.** lun sä - **2** *prüfen* trochluke

sickern sake

[1]**sie** *Nom. Sg f* hat, (Kurzf.) 'et/'t; (älter) jü, (Kurzf.) 's/'es; *Akk.* ham, (Kurzf.) et/'t; (älter) hör, (Kurzf.) 's; **das ist s.** det as ham; **ich habe s. auf der Fähre getroffen** ik määt ham üüb a damper

[2]**sie** *3. Pers. Pl* jo, (Kurzf.) 's/'es; **wo sind sie?** huar san's?

Sie *Nom. Sg* jam; (älter) i; *Akk.* jau; (die Höflichkeitsform wird gewöhnlich durch die Anrede in der 2. Person ersetzt)

Sieb at sew, -en (det) [u:], a/at döörslach, -en (det); (Milchsieb) at druug, -en (det)

[1]**sieben** *Zahlw* sööwen

[2]**sieben** *Vb* **1** siale - **2** *übertr:* ütjsortiare

Siebengestirn a sööwen stäären

siebenhundert sööwenhunert

siebenjährig sööwenjuarag

Siebensachen a pakenelken (jo), at hap an skrap (det)

Siebenschläfer (27.6.) a sööwensliaperdai

siebte sööwenst

Siebtel at sööwenst part (det)

siebzehn sööwentaanj

S

siebzig sööwentag
siedeln siidle
sieden siis [z] (sast/siist; soos; sesen [z]), kööge
Siedlung at siidlang, -en (det)
Siegel a segel, -gler (di)
siegen wan (woon; wonen), a wanbocht fu *u*
Sieger a siiger, -n (di)
Siel (Abzuggraben) at sil, -en (det)
Siele *Wendg.* **in den S.-n sterben** bi't werk leien bliiw *u*
Sielzug a kanaal, -en (di)
Sikkativ at drügsel (det)
Silbe 1 at silew, -lwen (det) [u:] - **2** *übertr:* **er hat keine S. gesagt** hi hää nian piip/wurd saad
Silber at salwer (det); **echt S.** rocht salwer
Silberbesteck at salwer (det)
Silberfädchen (Insekt) a glüper, -n (di)
Silberfischchen (Insekt) a trooldob, -er (di)
Silberhochzeit at salwern bradlep, -en (det)
Silbermöwe at kub, -en (det)

Silbermöwe at kub

silbern salwern; **ein s.-er Löffel** en salwern skai
Silberschmied a salwersmas, -smeser [z] (di)
Silberschmuck (z. Tracht gehörig) at salwertjüch (det), at salwer (det)
Silberschnalle (z. Tracht gehörig) at haks, -en (det)

Silberschnalle at haks

Silvester hulki̲nj, ualjuarsinj; **zu S. verkleidet herumziehen** (Volksbrauch) ütj tu hulkin wees
simpel 1 ianfach - **2** *einfältig* aanjpregelt, simpel
singen 1 *Lied* sjong (soong; süngen); **richtig/falsch s.** rocht/ferkiard sjong - **2** *Vogellaute:* **die Lerchen s.** a laasken sjong - **3** *übertr:* **wie die Alten sungen, so zwitschern die Jungen** so üs a ualen sjong, so piipe a jongen ('piepsen')
Singvogel a sjongfögel, -gler (di)
sinken 1 *untergehen* sank (soonk; sünken), onergung *u*; **die Sonne sinkt** a san gongt oner/gongt tu baad ('zu Bett') - **2** *niedriger werden* deelgung *u*, sake; **die Preise s.** a prisen gung deel - **3** *übertr:* **er ist tief gesunken** hi as rocht deelkimen
Sinn 1 *Sinnesorgan* a/at san, -en (det); **von S.-en** faan sanen - **2** *Meinung:* **anderen S.-es werden** amhalse, ööder sans wurd; **das ist ganz in meinem S.-e** det as rocht efter min mots;

das geht mir nicht aus dem S. det gongt mi ei ütj hood - **3** *Verständnis:* **einen S. für Schönes haben** en san för smoks haa - **4** *Zweck:* **es hat keinen S.** at hää nian san - **5** *übertr:* **ohne S. und Verstand** saner san an ferstant/wat

sinnen san, spikeliare, seenk (soocht; soocht)

sinnig sanag

sinnlos sanluas

sinnvoll sanfol

Sintflut a sanflud

Sippschaft at sipskaft (det); **mit der ganzen S.** mä a hialer sipskaft/kliresei *od.* mä Jan an alemaan

Sirene at sireen, -en (det); **die S.-n gehen** a sireenen luup *u*

Sirup at sirep (det)

Sitte a wiis, -er (di) [z], at wed, -en (det); **nach alter Amrumer S.** efter ual öömrang oord an wiis

Situation at laag, -en (det)

Sitz **1** *Sitzfläche* at siatlis, -en (det), a sits, -e (di) - **2** *Sitzgelegenheit* at steed, -en (det) - **3** *polit. Vertretung* a sits, -e (di) - **4** *Passform* at skak (det)

Sitzbank a beenk, -er (di)

sitzen **1** Ggs. *stehen* sat (seed; seeden); **s.-de Tätigkeit** saten werk - **2** *sich aufhalten:* **am Tisch s.** bi boosel sat - **3** *passen:* **das sitzt nicht** det sat ei - **4** *in Haft sein:* **wie lange muss er s.?** hü loong skal'r sat? - **5** *eingeübt sein:* **das Gedicht sitzt** det stak sat - **6** *übertr:* **nicht mehr zum S. kommen** a eers ei muar tu stuul fu *u*; **einen s. haben** ään saten haa *od.* ei alianang wees

sitzen bleiben saten bliiw [u:] *u*

sitzen lassen **1** *im Stich lassen* sat läät; **s. gelassen werden** (Mädchen) föör a bööd saten bliiw *u* - **2** *übertr:* **das kann ich nicht auf mir s. lassen** det koon ik ei üüb mi sat läät

Sitzfleisch *Wendg.* **kein S. haben** nään saten eers haa ('Hintern')

Sitzplatz at saten steed, -en (det), at steed, -en (det)

Sitzung at fersaamlang, -en (det)

Skabiose (Pflanze) at haasruus (det) [z], at haaspuat (det) [z], at haasuar (det) [z]

Skandal a skandool, -er (di); **das ist ein S.** det as en stak ütj a dolkast

Skat skoot; **S. spielen** skoote

Skatrunde a skootklob (di)

Skatspieler a skooter, -s (di), a skootspeler, -s (di)

Skelett a/at skrook, -en (di), at skelet, -en (det)

skilaufen sjiiluup *u*

Skiläufer a sjiiluuper, -s (di)

skispringen sjiispring *u*

Sklave **1** a slaaw/sklaaw, -en (di) - **2** *übertr:* **lieber tot als S.!** leewer duad üs slaaw! (fries. Wahlspruch)

Skorbut a skorbük (di)

Slip a/at onerboks, -en (det)

[1]**so** *Adv* **1** *Art und Weise* so; **s. ein** so'n; **s. oder s.** so of so *od.* hü of so; **und s. weiter** an so widjer - **2** *in diesem Maße:* **nicht s. laut!** ei so gratem! - **3** *in dieser Art* so, sok; **s. etwas** sowat, sok; **s. einer hat uns gerade noch gefehlt** so hoker hää üs jüst noch waant - **4** *ohne Entgelt:* **das hat er s. gemacht** det hää'r so den

[2]**so** *Konj* **1** so; **s. Leid es mir tut** so iarag mi't dää - **2** *folglich* sodenang;

S

s. bin ich etw. später gekommen sodenang san ik wat leeder kimen

[3]**so** *Gradpart* so, sowat; **s. im Januar** sowat janewoore

[4]**so** **1** (abschließend) so, soo; **s., nun muss ich gehen** so, nü skal'k luas - **2** (Frage) naa, soo; **morgen reisen sie ab! - s.?** maaren raise's ufsteed! - naa? *od.* soo?

sobald sobal, so gau; **s. wir fertig sind, kommen wir** so gau üs/sobal üs wat wi klaar san, kem wi

Söckchen at kurt höös, -en (det) [z]

Socke **1** at sook, -en (det); **auf S.-n gehen** üüb sooken luup *u*, höössooket luup *u* [z] - **2** *übertr:* **von den S.-n sein** faan a sooken wees

Sockel a fut (di)

Sodbrennen at suadsiisen (det) [z], at suadbraanen (det)

Sode **1** *Rasens.* at suad, -en (det) - **2** *Torfs.* at türew, -rwen (det) [u:]

soeben nü jüst, jüst eewenst, föör letjet, nü man jüst

Sofa at suufa, -n/-s (det)

Sofakissen at suufahegen, -gner (det)

sofern wan

sofort gelik, gliks, glik üüb steed

Sog a such (di)

sogar sogoor

sogleich glik, gliks, glik üüb steed

Sohle *Schuhs.* at sööl, -en (det)

Sohn a dring, -er (di); (veralt.) a sön, -en (di)

Söhnchen a/at suune, -nin (di), at söönke, -kin (det)

solange so loong; **s. warten** so loong teew

solche so'n, *Pl* sok, soken (o. Subst.), tak, taken tidj

Soldat a saldoot, -en (di); **S. spielen** saldoot spele

sollen **1** *Aufforderung* skel (skal; skel, skal; skul; skulen); **wir s. nach Hause kommen** wi skel tüskem - **2** *Bestimmung:* **das hat wohl so sein s.** det hää wel so wees skulen - **3** *Frage:* **was soll das?** wat skal det? - **4** *moral. Gebot:* **du solltest dich was schämen!** dü skulst di wat sköömе! - **5** *Vermutung:* **er soll auf dem Festland verheiratet sein** hi skal üüb a fäästääg befreid wees - **6** (nur Schleswig-Holstein) = *wollen:* **s. wir noch einen Punsch haben?** skel'f noch en puns haa?

Sommer a somer -n (di); **diesen S.** ji somer; **im S.** am somrem, somerdais; **während des S.-s** somerloong; **S. werden** somre

Sommerabend a somerinj, -er (di)

Sommeranfang a began faan a somer (di)

Sommerblume at somerbluum, -en (det); (wildwachsend) at somerkral, -en (det)

Sommerfahrplan a somerfaarploon, -er (di)

Sommerferien a somerfeerien (jo)

Sommergerste at somerbere (det)

Sommergetreide at somerkurn (det)

Sommerkleid at somerkleet, -en (det)

Sommerkleidung at somertjüch (det)

sommerlich somerlik

Sommermonate a somermuuner (jo)

Sommernacht a somernaacht, -er (di)

Sommersprossen a friaknang (jo)

sommersprossig friaknag

Sommertag a somerdai, -daar (di)

Sommerweizen at somerwiaten (det)

S

Sommerwetter at somerweder (det)
Sommerzeit a/at somertidj (det); **zur S.** tu somertidj
sonderbar nüürag, apartag, aparte, wonerlik; **das ist ja s.** det as jo aparte
sonderbarerweise wonerlikerwiis [z], nüüragerwiis [z]
Sonderbus a ekstrabus, -en (di)
sonderlich sanerlik; **nicht s.** ei jüst
[1]**sondern** *Konj* man; **nicht nur ..., s. auch** ei bluat ..., man uk
[2]**sondern** *Vb* sanre
Sonnabend a saninj, -er (di)
Sonnabendabend a saninjinj (di)
sonnabends am saninjem
Sonne a san; **die S. geht auf/geht unter** a san gongt ap/gongt oner
sonnen, sich uun a san lei *u*, ham sane
Sonnenaufgang *Verb.* **vor S.** iar a san apgongt
Sonnenblume at sanbluum, -en (det)
Sonnenbrand a brant (di)
Sonnenbrille at sanbral, -en (det)
sonnenklar klaar üs a san
Sonnenlicht at sanlaacht (det)
Sonnenschein a sanskiin (di)
Sonnenschirm a sanskirem, -rmer (di)
Sonnenstich a sansteeg (di)
Sonnenstrahl a sanstrual, -er (di)
Sonnentau (Pflanze) a fleegenfanger (di) ('Fliegenfänger')
Sonnenuntergang a sanonergung (di)
Sonnenwolfsmilch (Pflanze) a moolkstuul (di)
sonnig sanag, laacht uun't weder
Sonntag a söndai, -daar (di)
sonntags am söndaiem, söndais
Sonntagstracht at apredet (det)
sonst 1 *außerdem* ööders; **wer s.?** hoker ööders? - **2** *andernfalls:* **jetzt schnell, s. verpassen wir die Fähre!** man gau, ööders ferpaase wi a damper! - **3** *üblicherweise:* **wie s.** so üs imer *od.* so üs ööders
sonstwas ööderswat
sonstwo öödershuar
Sorge **1** *Angst* at surag, -rgen (det); **sich S.-n machen** ham surgen maage; **in S.** besuragt - **2** *Fürsorge:* **dafür S. tragen** diarför riad *u*, diarför surge **- 3** *übertr:* **Kummer und S.-n** komer an surag
sorgen **1** *sich kümmern* streewe, surge; **für die Familie s.** streewe för a famile - **2** *etw. veranlassen:* **dafür s.** diarför surge, diarför riad *u* **- 3 sich s.** ham surge
sorgfältig akeroot, nau, nögen
sorglos suragluas
Sorte a slach, -er (di), a suurt, -er (di)
sortieren sortiare
sosehr *Konj* soföl
so sehr *Adv* so hal
soso **1** (alleinstehend) **s.!** soso!, siiso! - **2** *einigermaßen:* **man s. gehen** man soso gung *u*
Soße at smeer (det), at diiwang (det)
Soßenlöffel at smeerskai, -er (det)
Soßenschüssel at smeerpötje, -jin (det)
soundso soanso
soundsoviel soansoföl
soviel *Konj* soföl; **s. ich weiß** soföl üs wat ik witj
[1]**so viel** *Indefinitpron* soföl; **nicht s. Umstände machen** ei soföl amstenden maage
[2]**so viel** *Adv* soföl; **s. wie möglich** soföl üs mögelk
soweit *Konj* sowidj; **s. ich weiß** sowidj üs wat ik witj

so weit *Adv* sowidj; **es ist s.** at as so widj
sowenig *Konj* soletjet
so wenig *Adv* so letjet; **s. wie möglich** so letjet üs mögelk
sowie **1** *sobald* so gau, so bal; **s. wir fertig sind, kommen wir** so gau üs wat wi klaar san, kem wi - **2** *wie auch* an uk
sowieso likewel, so an so
sowohl *Verb.* **s. als auch** so wel üs uk
sozusagen so tu saien, so üs wat ham sait
Spalier *Verb.* **S. stehen** spaliar stun *u*
Spalte at spled, -en (det)
spalten splitj (splat; splääd; spleden); (Holz) klüüwe, kiile
Span **1** a spuun, -er (di) - **2** *übertr:* **wo gehobelt wird, da fallen Späne** huar heewelt woort, faal spuuner *Sprw*
Spange a spung, -er (di)
Spanien Spanje
Spanier **1** a spanjer, -s/-n (di) - **2** *übertr:* **stolz wie ein S.** stolt üs so'n spanjer
spanisch **1** spaansk - **2** *übertr:* **einem s. vorkommen** ään spaansk föör-kem *u*
Spann a spään (di), a wrast (di); **ein hoher S.** en huugen spään
Spanne at spään (det); **eine kurze S.** en kurt spään
spannen **1** *anspannen* spään; **vor den Wagen s.** föör a waanj spään - **2** *zu eng sein:* **das spannt über dem Spann** det späänt auer a spään/auer a wrast
spannend intresant
Spannung at späänang (det)
Sparbuch at spaarbuk, -en (det)
Sparbüchse at spaarduus, -en (det) [z]
sparen **1** spaare, turaglei *u* - **2** *übertr:* **das hätten wir uns s. können** det hed wi üs spaare küden; **spare in der Zeit** (d. h. rechtzeitig)**, dann hast du in der Not** spaare uun a tidj, dan heest dü uun a nuad *Sprw*
Sparer a spaarer, -s (di)
Spark (Pflanze) at knobgäärs (det)
Sparkasse a/at spaarkas, -en (det), at beenk, -en (det)
Sparklub a spaarklob, -er (di)
spärlich letjet; **s. bekleidet** hualew naagelt, naagelt uuntaanj
Sparren at späär, -en (det)
sparsam spaarsoom, sünag; **s. wirt-schaften** sünage, at sünag amnem *u*
Sparsamkeit a/at sünaghaid (det)
Spaß **1** a spoos, -er (di); **S. machen** spoos maage, spoose; **zum S.** ütj spoos - **2** *übertr:* **kein S. sein** nian narin/nään spoos wees; **ein teurer S.** en jüür kop tee
spaßen **1** spoose - **2** *übertr:* **mit dieser Krankheit ist nicht zu s.** mä detdiar kraankes as ei tu spoosin
Spaßvogel a spoosmaager, -n (di)
Spat (Gelenkkrankheit b. Pferden) a spat (di)
spät **1** leed; **s. am Tage** leed hen üüb a dai; **wie s. ist es?** wat as a klook?; **wir sind etw. s. dran** wi san wat üüb a leeder ääg - **2** *übertr:* **von früh bis s.** faan ääder di maaren bit tu leed di inj
spätabends leed di inj
Spaten a rofel, -fler (di)
Spatenbreite **1** at spat, sped (det) - **2** *übertr:* **sieben S.-n unter der Erde** sööwen sped oner a eerd (d. h. im Grab)

Spatenstich at spat, sped (det)
Spatenstiel a rofelstaal, -er (di)
spatentief spatjip
später leederhen, leeder; **wenig s.** letjet leeder
Spätherbst *Verb.* **im S.** leed am harewstem, leed di harewst
Spätsommer *Verb.* **im S.** leed somerdai
Spatz **1** a sparag, -rger (di) - **2** *übertr:* **ein S. in der Hand ist besser als eine Taube auf dem Dach** en fögel uun a poon as beeder üs tjiin uun a loft ('Vogel' - 'Pfanne') *Sprw*
spazieren gehen wat luup *u*, ütj tu luupen wees, keure
Spaziergang *Wendg.* **wir wollen einen S. machen** wi wel ütj tu luupen/ tu keurin
Spaziergänger a luuper, -s (di)
Specht a holthaker, -n (di)
Speck at spääk (det)
speckig spääkag, fäätag
Specknacken a spääkag nääk, -er (di), a spääknääk, -er (di)
Speckpfannkuchen at spääkpankuuk, -en (det)
Speckschneider (vormals Beruf b. Walfang) a spääkskeerer, -n (di)
Speckschwarte at spääkswörd, -en (det)
Speckseite at sidjstak, -en (det)
Speiche **1** at spuuk, -en (det) - **2** *übertr:* **in die S.-en greifen** iin uun a spuuken grip *u*
Speichel at spütjang (det)
speichern speichre
speien **1** *spucken* spütje, spei; **Blut s.** blud spütje - **2** *erbrechen* spei - **3** *übertr:* **Gift und Galle s.** gift an gaal spei/spütje
Speise at iidj (det); **die S.-n auftragen** at iidj tu boosel fu *u*
Speisekammer a/at spiiskoomer, -n (det)
Speisekartoffel a iidjeerpel, -pler (di)
Speisekarte at spiiskoord, -en (det)
speisen iidj (at; ääd; eden)
Speiseröhre a wias, -er (di) [z], at spiisröör, -en (det)
Speisesaal a iidjsool, -er (di)
Speisezimmer at iidjrüm, -en (det), a iidjdörnsk, -er (di)
Spektakel *Lärm* at spiktaakel (det)
spekulieren **1** *grübeln* spikeliare - **2** *etw. erhoffen:* **s. auf** spikeliare üüb, ham spitse üüb
spenden spende, tudu *u*; **Blut s.** blud spende
spendieren spendiare, ütjdu *u*; **eine Runde s.** en runde ütjdu
Spendierhose *Wendg.* **die S.-n anhaben** a spendiarboks uunhaa
Sperber a/at düüwenfalk, -en (det)
Sperling a sparag, -rger (di)
Sperma a saamen (di); (Tiere) at lübs (det)
sperrangelweit sperangelwidj; **die Tür steht s. auf** a dör stäänt ap an häär eeben (veralt.)
Sperre at sper, -en (det)
sperren **1** spere; **der Anleger ist gesperrt** a uunleier as speret - **2** **sich s.** ham spere
Sphärosiderit (ausgehöhlter Stein am Strand) at heksendask, -er (det) ('Hexenschüssel')
spicken spike
Spiegel **1** a speegel, -gler (di) - **2** *übertr:* **sich hinter den S. stecken** ham bääft a speegel steeg *u*

S

spiegelblank speegelblank
Spiegelei at braaset ai, -er (det) [z]
spiegelglatt speegelglääd
spiegeln **1** speegle - **2** **sich s**. ham speegle
Spiel **1** *Zeitvertreib* at spal, -en (det) - **2** *Gesellschaftspiel:* **ein S. verlieren** en spal ferlees *u* - **3** *Satz:* **ein S. Karten** en spal koorden - **4** *übertr:* **gewonnenes S. haben** wonen spal haa
spielen **1** *ein Spiel* spele; **Versteck s.** fersteeg spele - **2** *ein Gesellschaftsspiel s.* spale; **Karten s.** koorde - **3** *musizieren:* **Geige s.** üüb a gichel spele - **4** *um etw. s.:* **um Geld s.** am jil spele - **5** *etw. vorgeben:* **krank s.** kraank spele - **6** *übertr:* **keine Rolle s.** nian rol spele
Spielfilm a film, -er (di)
Spielgefährte a halper, -s (di)
Spielkamerad a maaker, -s (di)
Spielkarte at koord, -en (det)
Spielmannszug a spellidj (jo)
Spielplatz a spelplaats, -en (di)
Spielverderber a spalferderwer, -s (di)
Spielzeug at speltjüch (det), at spelkroom (det), at ding tu spelin (det)
Spieß *Wendg.* **wie am S. brüllen** brole, üs wan 'ar en swin stäät woort ('Schwein', 'abgestochen')
Spießente a gräfögel, -gler (di)

Spießente a gräfögel

Spinat at spinaat (det)
Spindel (am Spinnrad) at rölk, -en (det), at spuul, -en (det)
spindeldürr holtenmaager
Spinne a koonker, -n/-s (di)
spinnen **1** span (spant; spoon; sponen) - **2** *übertr:* **der spinnt!** hi spant!
Spinner a spaner, -n/-s (di); **das ist ein S.** hi spant jo
Spinnerei at spanerei, -en (det)
Spinngewebe at spanwääb, -en (det)
Spinnrad at spanris, -en (det)
Spion a spijuun, -er (di)
spionieren *auskundschaften* neiskirage, nööse [z]
Spirale at spiraal, -en (det)
Spiralmuschel at kinkhurn (det)
Spiritus at spriit (det)
Spirituskocher a spriitkööger, -n (di)
spitz spas, spits; **eine s.-e Nase** en spas nöös
spitzbekommen spitsfu *u*, mäfu *u*
Spitzboden (i. alten Friesenhaus) a huuchsterböön (di), a spitsböön (di)
Spitzbube a spitsbuub, -en (di), a slüngel, -ler (di)
Spitze **1** *Messers.* at spits, -en (det) - **2** *höchster Punkt* a toop, -er (di) - **3** *Gewebeart* at spits (det), at knapels (det); **S.-n klöppeln** knaple - **4** *vorderste Position:* **an der S.** föörst; **an der S. stehen** boowen stun *u* - **5** *übertr:* **auf die S. treiben** üüb a spits driiw *u*
spitzen **1** spitse - **2** *übertr:* **die Ohren s.** a uaren spitse; (Kinder) tu haasin stun [z] *u od.* tu haasin sat *u* [z]; **sich s. auf** ham spitse üüb
Spitzenzeit a/at spitsentidj (det)
Spitzer a spitser, -n (di)

spitzkriegen spitsfu *u*, mäfu *u*
Spitzname a ukelnööm, -er (di), a spitsnööm, -er (di)
Spleen a spliin (di)
spleenig spliinag
Spleiß (naut.) a splas, -er (di)
spleißen (naut.) splase
Splitter a splinj, -er (di)
splittern spledre
splitternackt splindernaagelt; (Kinderspr.) niikenakenaagelt
Sporen a spöören (jo)
spornen *Wendg.* **gestiefelt und gespornt** uun steewler an spöören
Sport a/at sport (det); (Unterrichtsfach) at turnin (det); **S. treiben** sporte, sport driiw *u*
Sportkleidung at sporttjüch (det)
Sportplatz a sportplaats, -en (di)
Sporttasche at sporttasj, -en (det)
Spott **1** a spiit (di), a spoot (di) - **2** *übertr:* **mit Hohn und S.** mä huan an spuan; **wer den Schaden hat, braucht für den S. nicht zu sorgen** hoker a skaas hää, feit spiit an spoot üübtu *Sprw*
spotten spoote
Spötter a spiitfögel (di)
Sprache **1** *Einzels.* a/at spriak, -en (det); **die friesische S.** at öömrang spriak - **2** *Sprechweise* at snaak (det) - **3** *übertr:* **zur S. kommen** tu snaaks kem *u*; **einem die S. verschlagen** ään a spriak ferslau *u*
Sprachfehler a spreegfeeler, -n (di)
sprachlos faan a spriak
Sprachwissenschaft a/at spriakwedenskap (det)
sprechen **1** *reden* snaake; **laut/leise s.** gratem/letjem snaake - **2** *etw., jmdn. s.:* **friesisch s.** öömrang snaake; **ich muss dich dringend s.** ik skal di nuadag tu wurd haa - **3** *Vortrag halten:* **s. über** snaake auer/am - **4** *Anliegen vortragen* spreeg (spräächt; spruch; spreegen); **für niemanden zu s. sein** för näämen tu spreegen wees - **5** *übertr:* **ein ernstes Wort mit jmdm. s.** en klaar wurd mä hoker snaake
Sprecher a spreeger, -s (di)
Sprechstunde at spreegstünj, -en (det)
Sprechzimmer at spreegrüm, -en (det)
spreizen splare, ströde; **die Beine s.** mä a bian splare, a bian ströde; **die Flügel s.** a jügen eebenmaage
[1]**sprengen** *benetzen* spreenke
[2]**sprengen** *zerstören* sprenge
Spreu (Getreideabfälle) a aagen (jo)
Sprichwort at spreegwurd, -en (det)
sprießen piipe, grui
springen **1** spring (sprangt; sproong; sprüngen), jump; **ins Wasser s.** tu weeder(s) spring - **2** *Sprung bekommen* splitj (splat; splääd; spleden) - **3** *übertr:* **in die Bresche s.** uun a bocht spring *u*; **etw. s. lassen** wat spring läät
Springflut at spring (det), a springflud, -en (di)
springlebendig kral, laben
Springstock (früh. Hilfsmittel z. Hinübersetzen ü. Gräben) a plomperstook, -er (di), a klutstook, -er (di)
Springtau at springtoog, -en (det)
Spritze **1** a/at sprüt, -en (det) - **2** *übertr:* **erster Mann an der S.** iarst maan bi a sprüt
spritzen **1** *m. d. Spritze* sprüte - **2** *herausspritzen* spuutre; **nach allen Seiten s.** tu aler ääger spuutre

Spritzenhaus at sprütenhüs (det)
Spritzer *Tropfen* a spuuter, -n (di)
spröde **1** *Material* bros - **2** *Haut* rä; **s. Lippen** rä lapen
Spross *Trieb* at sprööd, -en (det)
Sprosse **1** *Leiters.* at trem, -en (det) - **2** *Fensters.* at spiilk, -en (det)
Sprossenfenster at spiilkenwönang, -nger (det)
Spruch a spröök, -er (di)
Sprudel at spruudel (det)
sprudeln borle, spruudle
sprühen sprüte
Sprühregen a slokrin (di), a smodrin (di)
Sprung **1** *Riss* at spled, -en (det), a sprüng, -er (di); **die Tasse hat einen S.** det kop hää en spled - **2** *Bewegung* a sats, -er (di), a jump, -er (di); **einen S. machen** en sats maage - **3** *Strecke:* **nur ein S. sein** bluat en letj stak wees - **4** *übertr:* **auf dem S. sein** üüb a sprüng wees; **keine großen Sprünge machen können** nian grat sprünge maage kön
Spucke at spütjang (det)
spucken **1** *ausspeien* spütje - **2** *erbrechen* spei - **3** *übertr:* **jmdm. in die Suppe s.** hoker iin uun a kual spütje ('Kohl')
Spuk a spuuk (di)
spuken spuuke, föörgung *u*
Spülbecken at sink, -en (det); (veraltet) a hunstian, -er (di)
Spule at spuul, -en (det); (Spinnrad) at rölk, -en (det)
spulen spuule
spülen speel (spelt/speelt; speld/speeld; speld/speeld); **Gläser s.** glees ufsau *u*; **Wäsche s.** wesje speel
Spülicht (flüssige Essensabfälle für Schweine) at droonk (det), at speelang (det)
Spülkasten at speelkasje, -sjin (det)
Spülmaschine at ufsaumaskiin, -en (det)
Spülwasser at speelweeder (det)
Spundloch at spuns, -en (det)
Spur **1** *Fährte* a/at spöör, -en (det) - **2** *Kleinigkeit:* **noch eine S. Salz** noch en biitjebetj saalt - **3** *Fahrbahn* at spuur, -en (det) - **4** *übertr:* **auf die S. bringen** üüb a spöör bring *u*; **keine S. von** nään spöör faan
spuren *gehorchen* spuure, harke
spüren mark, feel (felt/feelt; feld/feeld; feld/feeld)
Spürhund a spüürhünj, -er (di)
sputen, sich ham flat
Staat **1** *Land* a stoot, -en (di) - **2** *festliche Kleidung:* **im vollen S.** uun a foler stood - **3** *Prunk:* **was für ein Staat!** wat en stood! - **4** *übertr:* **damit kannst du nicht viel S. machen** diar könst ei föl stood mä maage
staatlich stootelk
Stab **1** *Stock* a stook, -er (di) - **2** *Mitarbeiter* a staap (di)
Stachel **1** *Insektens.* puurt, -er (di) - **2** *Rosens.* at pik, -en (det)
Stachelbeerbusch a stikelbeibuum, -er (di), a stikelbeibosk, -er (di)
Stachelbeere at stikelbei, -en (det)
Stacheldraht at pikwiir (det)
stachelig pikag
Stadt at stääd, -en (det)
Städter **1** a stäädsmaan, -er (di); **ein S.** en stäädsen - **2** *Gesamtheit:* **die S.** a stäädsen
Städterin at stäädswüf, -en (det)

städtisch stääds
Stahl at stial (det)
stählen stiale
stählern stialen
Stahlnagel a stialspiker, -n (di)
Staket (Lattenzaun) at staach, -en (det)
Stall a busem, -smer/-er (di) [z]
Stamm **1** *Baums.* a stam, -er (di) - **2** *übertr:* **der Apfel fällt nicht weit vom S.** a aapel fäält ei widj faan a stam *Sprw*
Stammbaum a stambuum, -er (di)
Stammbuch at stambuk, -en (det)
stammeln stöömre
stammen stame, faankem *u*
Stammhaus at stamhüs (det)
stämmig stemag, steewag
stampfen **1** *heftig auftreten* trape; **mit dem Fuß s.** mä a fut trape - **2** *zerkleinern* stompe, staampe; **Rüben/Kartoffeln s.** rööwen/eerpler staampe - **3** *in der See rollen* staampe; **das Schiff stampft** at skap staampet
Stampfer a staamper, -n (di)
Stampfkartoffeln at eerpelmuus (det), a muuset/staampet eerpler (jo) [z]
Stand **1** *Standplatz* a stant (di) - **2** *Zustand:* **gut im S. sein** gud bi a rä/gud uun staad wees
Ständer (tragender Balken i. Friesenhaus) a stoner, -n (di)
standhalten stanthual *u*
ständig *Adv* altidj, steedag, stüdag, stendag, oner ääne aanj, gedüürag, iiwag; **s. über Geld reden** stüdag faan jil snaake; *s. krank sein* altidj kraank wees
Standpauke *Wendg.* **jmdm. eine S. halten** hoker a leefiten lees *u*
Standpunkt a/at meenang, -en (det), a stantpunkt (di); **auf seinem S. beharren** üüb sin stak stunen bliiw *u*
Standuhr a/at stunklook, -en (det)
Stange **1** a/at staang, -er/-en (det) - **2** *Hühners.* at rak, -en (det) - **3** *übertr:* **eine S. Geld kosten** en staang jil kooste
Stängel a staal, -er (di)
Stangenkaneel at piipkaneel (det)
Stänkerer at sjonkdrüüs, -en (det) [z], a stöönkmaager, -s (di)
stänkern ambikwaake, stöönk maage
Stapel **1** *Haufen* a staabel, -bler (di), a bonk, -er (di); **ein S. Holz** en staabel holt - **2** *Schiffbau:* **vom S. laufen** faan staabel luup *u*
stapeln staable
stapfen staap
[1]**Star** (Vogel) a sprian, -er (di)
[2]**Star** (Augenkrankh.) a staar (di); **den S. haben** stäärblinj wees
Starenkasten at spriankasje, -sjin (det)
stark **1** *kräftig* stark; **gesund und s.** sünj an stark - **2** *beleibt* sjok - **3** *gehaltvoll:* **ein s.-er Kaffee** en starken/en roosenden kofe [z] - **4** *wirkungsvoll:* **eine s.-e Brille** en stark bral - **5** *dick:* **ein s.-es Brett** en sjok burd - **6** *erheblich:* **ein s.-er Frost** en slimen froost; **s. erkältet** böös ferkeld - **7** *übertr:* **das ist ein s.-es Stück** det as en stak ütj a dolkast *od.* en dol stak
Starke (junge Kuh) at kwiig, -en (det)
Stärke **1** *Kraft* a/at krääft (det), a/at starkhaid (det) - **2** *Wäsches.* at starkels (det)
stärken **1** *unterstützen* stark - **2** *Wäsche:* **ein gestärktes Hemd** en starkt sjürt - **3 sich s.** ham stark, ham ferhaale

S

starkknochig grööwknooket [u:], stark faan knooken
starr stif
starren glöre, stif luke; **er starrt schon den ganzen Abend nach ihr** hi sat al a hialer inj efter ham/hör tu glörin
starrköpfig swäärshoodet, swäärs
Starrköpfigkeit a/at swäärshaid (det)
Starrsinn a/at swäärshaid (det)
starrsinnig stifhoodet, swäärshoodet
starten began, starte
Station at statsjuun, -en (det)
statt uunst<u>ee</u>d för; **s. Blumen** uunsteed för bluumen
stattdessen uunst<u>ee</u>d, uunsteed diarför; **wer kommt s.?** hoker komt uunsteed?
stattfinden wees [z] (as; wiar; weesen [z]); **wo findet die Versammlung statt?** huar as a/at fersaamlang?
stattlich preut
Statut at statuut, -en (det)
Staub **1** a stoof (di); (i. Haus) at stoof (det) - **2** *übertr:* **sich aus dem S. machen** ham ütj a stoof maage
Staubbesen at üül, -en (det)
stauben stüüw [u:] (stoft; stoow [u:]; stöwen); (im Haus) stoofe
Staubfänger a stooffanger, -s (di)
staubig stoofag
staubsaugen stoofsüg *u*
Staubsauger a stoofsüger, -n (di)
Staubtuch at stoofslont, -en (det)
staubwischen stoofdrüge
Staubwolke at stoofwolk, -en (det)
Staude a bosk, -er (di)
stauen **1** *Wasser* stau - **2** *verladen* luuge - **3** **sich s.** ham stau
staunen ham wonre; *gewaltig s.* ham man so deelwonre
Stecheisen a steegbeitel, -tler (di)
stechen **1** *verletzen* steeg (stäächt/stäät; stäät; stäät), pui, prake; (Dornen) prake, pike; **die Rosen s.** a ruusen pike - **2** *Fische aufspießen* (jetzt verboten): **Schollen s.** skolen prege; **Aale s.** ialer stonge - **3** *graben:* **Torf s.** iad greew *u* - **4** (Kartenspiel) steeg - **5** *übertr:* **in See s.** faan ääg gung *u od.* uun sia gung *u*; **die Sonne sticht** a san stäät; **es sticht in der Nase** at bat uun a nöös
Stechginster a güülpuurter (jo)
Stechmücke at mag, -en (det)
Steckdose at steegduus, -en (det) [z]
stecken **1** *in etw. s.* steeg (stäächt/stäät; stäät; stäät), stege; **in die Tasche s.** tu/iin uun skrääp steeg; **ins Gefängnis s.** iin uun't suart hool stoope - **2** *sich befinden* stege, wees [z] (beest, as; wiar; weesen [z]); **wo steckst du?** huar beest/stegest? - **3** *in etw.* stege, sat (sat; seed; seeden); **der Schlüssel steckt** a kai steget/sat
steckenbleiben steginbliiw [u:] *u*
steckenlassen stege läät, sat läät
Stecker a steeger, -n (di)
Stecknadel at knoopnäädel, -dler (det)
Steckrübe at koroobe, -bin (det)
Steenodde (Amrum) Stianood
Steenodder a stianoodsk (di)
stehen **1** Ggs. *liegen* stun (stäänt; sted; stenen); **nicht mehr s. können** ei muar stun kön - **2** *nicht in Bewegung sein:* **die Uhr steht** a klook stäänt - **3** *sich befinden:* **das Essen steht auf dem Tisch** at iidjen stäänt üüb boosel - **4** *kleiden:* **das steht dir nicht** det stäänt/det läät di ei - **5** *übertr:* **wie**

S

steht's? hü gongt't?; **sich die Beine in den Bauch s.** ham a bian uun't lif stun; **sich gut s.** nooch haa; **sich gut mit jmdm. s.** gud kön mä hoker; **sich selbst im Licht s.** ham salew uun't laacht stun; **im Wege s.** uun a wai stun; **auf einem Bein kann man nicht s.** üüb ian bian koon'am ei stun *Sprw*

stehen bleiben stunen bliiw [u:] *u*

stehen lassen stun läät

Stehlampe at stunlamp, -en (det)

stehlen 1 steel (stäält; stääl; stäälen), wechnem *u*, klau - **2** *übertr:* **er stiehlt wie ein Rabe** hi stäält üs en kriak

Stehplatz at stunen steed, -en (det)

steif 1 *unbeweglich* stif; **s.-e Glieder haben** stif uun a les wees; **s. vor Kälte werden** stif bekolge - **2** *fest:* **s. schlagen** (Sahne) stif slau *u*; **die Sahne wird nicht s.** at fliatang wal ei stun - **3** *stark:* **ein s.-er Wind** en stifen winj; **ein s.-er Grog** en stifen grok

steifbeinig stifbianet

Steifbock a stifbok, -er (di)

steifhalten *Wendg.* **die Ohren s.** a uaren stif hual *u*

steifnackig stifnääket

Steigbügel a stichbögel, -gler (di)

steigen 1 *emporsteigen* stiig (sticht; stääg; stegen); **das Wasser steigt noch immer** at weeder sticht noch imer - **2** *sich begeben:* **aufs Fahrrad s.** ap üüb't wel stiig; **in den Bus s.** iin uun a bus stiig; **aus dem Auto s.** ütj a waanj stiig - **3** *mehr werden* amhuuchgung *u*; **der Dollar ist wieder gestiegen** a dooler as weder amhuuchgingen - **4** *übertr:* **jmdm. aufs Dach s.** hoker ap üüb saag stiig; **einem zu Kopf s.** ään tu hood stiig

steigern (Gramm.) steigre

steil skoor; **eine s.-e Treppe** en skoor trääp; **s. nach oben** lik amhuuch; **s. nach unten** lik deel

Stein 1 a stian, -/-er (di) - **2** *Edels.:* **ist der S. echt?** as di stian echt? - **3** *übertr*: **über Stock und S.** auer stook an stian; **einem ein S. vom Herzen fallen** ään en stian faan't hart faal *u*; **einen S. im Brett haben** en stian uun't burd haa; **ein Tropfen auf den heißen S.** en drööb üüb en hiaten stian; **zwei harte S.-e mahlen selten kleine** tau hard stianer grinj ei gud ('mahlen nicht gut'; in Bez. auf Ehepartner) *Sprw*

steinalt stianual

Steinbock (Sternbild) stianbok

Steinbutt at stianbot, -en (det)

Steinchen at steenk, -en (det), at steenke, -kin (det)

Steindamm a stiandik, -er (di)

steinern stianen

Steinfußboden (i. Friesenhaus) a stiangrünj (di)

Steingut at pottjüch (det); **aus S.** poten

steinhart knapelhard, stianhard, hard üs en stian

Steinhaufen a stianbonk, -er (di)

steinig stianag

Steinkohle at stianklööl (det)

Steinmetz a likstianmaager, -s (di)

Steinpflaster (um d. Friesenhaus) a/at brag (di), at brageten (det); **das S. säubern** brag renske/plooke

Steinplatte at fliis, -en (det) [z]

steinreich stianrik

S

Steinschmätzer (Vogel) a diker, -n (di)
Steintrog (als Viehtränke) a noost, -er (di)
Steinwall (als Einfriedigung) a stiandik, -er (di); **Steinwälle setzen** dike
Steinwallsetzer a diker, -n (di)
Steinwurf a stiansmed (di)
Steinzeit a/at stiantidj (det)
Steißknochen at eersknook, -en (det), at fiisknook, -en (det) [z]
Stellage at stelang, -en (det), at stelaasje, -sjin (det)
Stelle 1 *bestimmter Ort* a/at steed, -en (det) - **2** *Wunde:* **eine wunde S.** en siar steed - **3** *Position:* **an seiner S.** uun sin steed - **4** *Arbeitsplatz:* **eine S. annehmen** en steed uunnem *u* - **5** *übertr:* **an erster S.** üüb iarst steed; **auf der S.** üüb steed; **eine empfindliche S. treffen** en em steed raage
stellen 1 *irgendwohin s.* saat, stel; **das Rad gegen die Wand s.** at wel jin a woch saat; **die Schüssel auf den Tisch s.** at bak hen üüb/deel üüb boosel stel - **2** *regulieren* stel; **die Uhr s.** a klook stel - **3** *etw. vortäuschen:* **sich dumm s.** dömkag du *u*, ham dom stel - **4** (mit Subst.): **einen Antrag s.** en uundrach stel - **5** *übertr:* **gut gestellt sein** welsteld wees; **auf die Beine s.** üüb a bian stel
stellenweise steedenwiis [z], bi steeden
Stellmacher (früh. Wagenmacher) a welmaager, -n (di), a stelmaager, -n (di)
Stellung *Anstellung* at stelang (det)
stellungslos ütj at werk, saner werk
Stellvertreter a stelfertreeder, -n (di)
Stelze at stolter, -n (det)
stelzenlaufen stoltre
Stemmeisen a kuulbeitel, -tler (di), at stemiisen, -s (det) [z]
stemmen 1 steme - **2 sich s.** ham steme
Stempel a stäämp, -er (di)
stempeln stäämp
Steppdecke at stepdeeken, -s (det)
Sterbebett at sterewbaad (det) [u:], at duadbaad (det)
Sterbefall a sterewfaal, -er (di) [u:]
Sterbehaus at sterewhüs (det) [u:]
Sterbehemd 1 a sterewkitel, -tler (di) [u:] - **2** *übertr:* **das S. hat keine Taschen** a sterewkitel hää nian skrääpen (d.h. man kann nach dem Tod nichts mitnehmen)
Sterbekleidung at sterewtjüch (det) [u:]
sterben 1 sterew [u:] (stareft; stoorew [u:]; stürwen), diarfaangung *u*; **im S. liegen** üüb a duas lei *u*, uun sterwen lei *u*, üüb't leetst lei *u*; faangung *u*; **nicht leben und nicht s. können** ei lewe an ei sterew kön - **2** *übertr:* **der ist für mich gestorben** di/hi as för mi stürwen
sterbensangst sterwensangst
sterbenskrank sterwenskraank
sterbenslangweilig sterwenslungwiilag
Sterbenswörtchen *Wendg.* **kein S. sagen** nian sterwenswurd sai *u*
Sterbetag a sterewdai (di) [u:]
[1]**Stern** (Himmelskörper) a/at stäär, -en (det)
[2]**Stern** (Schiffsheck) at stäär, -en (det)
Sternenhimmel a stäärhemel
sternenklar stäärlaacht, stäärklaar
sternhagelvoll potfol
Sternschnuppe a/at stäär, -en (det), a stäärsjiter, -n (di)

S

stetig steedag, stüdag
stets aleewen, altidjs, imer
[1]**Steuer** (Lenkrad) at sjüür, -en (det)
[2]**Steuer** (Abgabe) a/at stüür, -en (det)
Steuerbord (rechte Seite d. Schiffes) at sjüürbuurd (det); **hart S.!** hard sjüürbuurd!
Steuerklasse at stüürklas, -en (det)
Steuermann a sjüürmaan, -lidj (di)
steuern sjüür
Steuerruder at ruder, -n (det)
Steuerung at sjüür (det)
stibitzen stiibitse, mopse
Stich **1** *Einstich* a steeg, -er (di), a pui, -er (di) - **2** *Säuerung:* **die Milch hat einen S.** at moolk hää en stich - **3** *übertr:* **im S. lassen** uun stich läät
sticheln piire, plaage, stichle; **er kann das S. nicht lassen** hi blaft bi tu piirin
Stichelei at stichelei, -en (det), a/at spiiterei (det)
Stichling at stegelpod, -en (det)
Stichstraße a steegwai, -er (di)
Stichwort at steegwurd, -en (det)
sticken stike, ütjsei
Stickerei at ütjseiden (det)
Stickgarn at stikjuarn (det), at ütjseijuarn (det)
Stiefbruder a sjipbruder, -breder (di)
Stiefel a steewel, -wler (di)
stiefeln steewle, straal
Stiefeltern a sjipaalern (jo)
Stiefmutter at sjipmam, -en (det)
Stiefmütterchen at sjipmuderkral, -en (det)
Stiefschwester at sjipsaster, -n (det)
Stiefsohn a sjipdring, -er (di)
Stieftochter at sjipdoochter, -n (det), at sjipfoomen, -mnen (det)
Stiefvater a sjipaatj, -en (di)
Stiege (20 Stück) at snias (det) [z]; **eine S. Eier** en snias aier
Stieglitz a peder, -n (di)
Stiel **1** *Stab* a staal, -er (di) - **2** *Stängel* a staal, -er (di) - **3** *übertr:* **mit Stumpf und S.** mä rut an ring *od.* mä romp an stomp
Stier **1** a hole, -lin (di) - **2** *übertr:* **er brüllte wie ein S.** hi brolet üs en oks ('Ochse')
stieren stiire, glöre, stif luke
Stierkalb at holekualew, -kualwer (det) [u:]
Stift (Metallnagel) a spiker, -n (di)
stiften **1** stifte - **2** *bewirken:* **Unfrieden s.** iarag stifte
stiftengehen ufhau, ütjnei
Stiftung at stiftang, -en (det)
still **1** *lautlos* stal - **2** *ohne zu sprechen:* **sei s.!** stal nü! *od.* wees stal!, **sei s., ich will davon nichts hören!** swige stal, ik wal 'ar niks faan hiar! - **3** *ruhig:* **ein s.-es Gewässer** en stal weeder - **4** *übertr:* **im S.-en** uun stalen
Stille at stalens (det)
stillen **1** *Brust geben* tetj du *u* - **2** *etw. s.* stale
stillhalten stalhual *u*
stilllegen stallei *u*
stillschweigend stalswigins
stillsitzen stalsat *u*; **nicht s. können** nään saten eers haa
stillstehen stalstun *u*
Stillstand *Wendg.* **zum S. kommen** tu stal stunen/tu stunen kem *u*
Stimme **1** *Stimmlage* a/at stem, -en (det); **eine helle S.** en skian/en laacht stem, **eine tiefe S.** en liach/en jip

S

stem - **2** *Gesangsstimme:* **die erste/ die zweite S.** at iarst/at ööder stem - **3** *Wählerstimme:* **sich der S. enthalten** ham a stem enthual *u*

stimmen **1** *richtig sein* steme; **hier stimmt was nicht** hir stemet wat ei *od.* hir as't ei uun't rocht - **2** *Stimme abgeben:* **für jmdn. s.** för hoker steme - **3** *Musikinstrument s.:* **das Klavier s.** at klawiar steme - **4** *übertr:* **gut gestimmt** gud tuwais

Stimmung **1** *Gemütslage* at stemang (det); **nicht in S. sein** ei gud aplaanj wees - **2** *Fröhlichkeit:* **es wollte keine rechte S. aufkommen** diar wul nian rocht stemang apkem

stinkbesoffen stifbesööben

stinken **1** sjonk (sjonkt; stoonk; stünken) - **2** *übertr:* **vor Faulheit s.** sjonk föör luihaid; **das stinkt wie die Pest** det sjonkt üs en kreng ('Seehundskadaver') *od.* det sjonkt üs a pest

stinkfaul sjonkenlui

stinkreich sjonkenrik

Stint (Fisch) a stint, -en (di)

Stirn a braanj, -er (di), a bles, -en (di)

stoben (i. Sahne kochen) stuuwe; **gestobte Kartoffeln** stuuwet eerpler

stöbern snöwle, stöögle, kroome

stochern (im Feuer) puukre

S

[1]**Stock** *Stockwerk* a stok, -s (di), at etaasj, -en (det)

[2]**Stock** **1** *Stab* a stook, -er (di); **am S. gehen** bi stook luup *u* - **2** *übertr:* **über S. und Stein** auer stook an stian

stockbetrunken sjonkbesööben, stifbesööben

stockdumm stookdom

stockdunkel oonjonk, pakjonk

stocken stege

Stockente at wilan, -en (det)

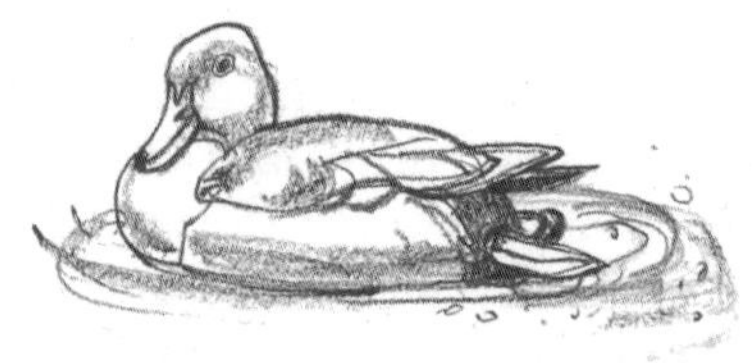

Stockente at wilan

stockfinster oonjonk, pakjonk

Stockfisch (getrockn. Fisch) at drüget fask (det), at saaltet fask (det), at stookfask (det)

Stockrose at stookruus, -en (det) [z]

stocksteif stif üs en stook

stocktaub stookduuf, so duuf üs en stook

Stockwerk at etaasj, -en (det), at stokwerk, -e (det)

Stoff **1** *Gewebe* at tjüch (det); **aus S.** tjüchen - **2** *Thema* a stof (di); **das ist S. für einen Roman** diar könst en romoon faan maage

stöhnen gren, kwise

Stollen *Gebäck* at sinkenkaag, -en (det)

stolpern knoltre, snöwle

stolz **1** *selbstbewusst* stolt - **2** *eingebildet* prumandag - **3** *übertr:* **ein s.-er Preis** en huugen/en stolten pris; **s. wie ein Spanier** stolt üs so'n spanjer

Stolz a stolt (di), a/at stolthaid (det)

Stolzer Heinrich (Kreuzkraut) a stolt henerk (di)

stolzieren struise, stoltsiare

stopfen **1** *ausbessern* stoope; **das Gestopfte** at stoopeten (det) - **2** *hineinstopfen* stoope, proope - **3** *verschließen:* **Löcher s.** hööl stoope

- **4** *Verdauung behindern:* **Äpfel mit Schale s.** aapler mä skel stoope - **5** *übertr:* **jmdm. den Mund s.** hoker a müs stoope

Stopfgarn at stoopjuarn (det)

Stopfnadel at stoopnäädel, -dler (det)

Stoppel (Halmteil) a stööbel, -/-bler (di)

Stoppelacker a stööbelääker, -n (di)

Stoppelfeld (abgeerntet. Feld) at stööbelfial (det), at stööbelstak, -en (det)

stoppelig rüch

stoppen stope

Stör (Fisch) a ster, -en (di)

Storch a aarebaare, -rin (di)

Storchennest at aarebaarenääst, -nees [z] (det)

stören stiar

störrisch swäärs

Störung a/at stiarang, -en (det)

[1]**Stoß** *Stapel* a bonk, -er (di)

[2]**Stoß** **1** *Schlag* a stup, -er (di), a fuur, -en (di) - **2** *Knuff* a knof, -er (di)

stoßen **1** *Stoß versetzen* stupe, pufe, rump; (Tiere) nütj (not; nood; nööden); **die Kuh stößt** det kü not *od.* as en nütjer - **2 sich s.** ham stupe - **3** *übertr*: **jmdn. mit der Nase auf etw. s.** hoker mä a nöös üüb wat stupe

stößig nedlag

stottern stöömre

strafbar stroofboor

Strafe **1** a/at stroof, -en (det); **zur S.** tu'n stroof - **2** *übertr:* **dieser Mann ist eine S.!** didiar maan as en stroof!

strafen **1** stroofe - **2** *übertr:* **sie sind genug gestraft** jo san nooch stroofet

straff stram

straffziehen stramtji *u*

Strahl a strual, -er (di)

strahlen **1** *Sonne* struale - **2** *glücklich aussehen* straale; **du strahlst ja so!** wat straalest dü!

Strahler (Gerät) a straaler, -n (di)

Strähne at stor, -en (det)

strähnig borag, storag

stramm stram; **s. sitzen** stram sat *u*

strammen strame

strammstehen stramstun *u*

strammziehen stramtji *u*

Strampelhöschen a/at strampelboks, -en (det)

strampeln strample

Strand a strun (di); **am S.** bi strun; **auf dem S.** üüb strun; **zum S.** ap bi/deel bi strun (abhängig v. Standort d. Sprechers)

Strandaster at wil aster, -n (det), a buanstook, -er (di)

Strandbeifuß at noopkrüüs (det) [z]

stranden strunage

Strandflieder a oonbluumen (jo)

Strandgut at strungud (det)

Strandhafer at halem

Strandhafer at halem (det)

Strandholz at strunholt (det)

Strandkorb a strunkurew, -kurwer (di) [u:]

Strandkorbvermieter a strunkurewferhüürer, -s (di) [u:]
Strandkrabbe at kraab, -en (det)

Strandkrabbe at kraab

Strandläufer a strunluuper, -s (di)
Strandnelke at hongerkral, -en (det), at halagruus, -en (det) [z]
Strandräuber a strunruuwer, -s (di)
Strandrecht at strunrocht (det)
Strandroggen (Dünenpflanze) at halem (det)
Strandschnecke at höntje, -jin (det)
Strandsimse a heenen (jo)
Strandvogt (vormals Strandaufseher) a strunfööges, -en (di)
Strandwegerich at südj, -en (det)
[1]**Strang** *Wolle* at dook, -en (det)
[2]**Strang** **1** *Seil* a string, -er (di) - **2** *übertr:* **über die Stränge schlagen** auer a stringer slau *u*; **wenn alle Stränge reißen** wan aler stringer riiw *u*; **an einem S. ziehen** uun ään riap/ään string tji *u*
Strapaze at tuur, -en (det), at strapaats, -en (det)
strapazieren strapsiare
Straße a/at struat, -en (det), a wai, -er (di); **auf der S.** üüb struat; **über die S.** auer a struat; **von der S. abkommen** faan a struat ufkem *u*
Straßenbahn a/at struatenboon (det)
Straßengraben a gruug, -er (di)
Straßenlaterne at struatenlamp, -en (det)
Straßenname a struatennööm, -er (di)
Straßenrand a waiskaant, -er (di)
Straßenschild at struatenskilt, -en (det)
Strauch a bosk, -er (di)
straucheln stromple, snöwle
Strauchwerk at boskwerk (det)
[1]**Strauß** (Blumengebinde) a straus, -er (di)
[2]**Strauß** (Laufvogel) a straus, -en (di)
Strebe at streew, -en (det) [u:]
streben **1** *nach etw.* streewe; **danach s.** diarför streewe - **2** *zu etw.*: **zur Kirche s.** ap tu sark streewe
Streber a streeber, -n (di), a streewer, -n (di)
strebsam flitjag, reerag
Strecke *Wegabschnitt* a wai, -er (di); **das ist eine ordentliche S.** det as en lungen aanj
strecken **1** *dehnen* strääk; **die Beine s.** a bian strääk - **2 sich s.** ham strääk; **sich recken und s.** ham rääk an strääk - **3** *Speisen verlängern:* **die Suppe s.** at sop strääk/fersane; (Futter) ütjling
streckenweise steedenwiis [z]
Streich *Unfug* a streich, -e (di), a trek, -er (di); **jmdm. einen S. spielen** hoker för nar brük/hual *u*
streicheln strik (strakt; strääg; stregen), sleechtje, streichle; (kleine Kinder) aije
streichen **1** *bestreichen* smere, kliam; **ein Brot s.** en stak bruad üübkliam - **2** *malen* moole, strik (strakt; strääg; stregen); **das Haus s.** det hüs strik - **3** *tilgen* strege; **ein Wort s.** en wurd

S

strege - **4** *mit d. Hand berühren* strik (strakt; strääg; stregen), strege; **dem Kind über die Wangen s.** at letj auer a sjuuken strik - **5** *übertr:* **die Flagge s.** a flag strik

Streichholz a swaawelstook, -er (di)

Streichholzschachtel at swaawelstookkasje, -sjin (det)

streifen **1** *leicht berühren* bereer - **2** *ziellos wandern* strik (strakt; strääg; stregen)

Streifen **1** *längliches Stück* a strimel, -mler (di), a streg, -er (di), a stripel, -pler (di); **in S. schneiden** striple - **2** *Film* a film, -er (di)

Streik a streik, -s (di)

streiken streike, at werk deellei *u*

Streit **1** a stridj (di); **S. bekommen** stridj fu *u od.* at stridjen fu *u* - **2** *übertr:* **Zank und S.** stridj an spiktaakel

streiten **1** *sich zanken* stridj (strat; strääd; streden), kredle; **sie streiten den ganzen Tag** jo stridj a hialer dai - **2** *kämpfen:* **für das heiligste Erbteil s.** stridj för at halagst arewdial - **3** *diskutieren:* **darüber lässt sich s.** diar läät ham am stridj

Streiterei at stridjerei, -en (det), at stridjen (det)

Streithahn a stridjhöön, -er (di)

Streithammel a stridjsääk, -er (di)

streitig stridjag; **s. machen** stridjag maage

Streitigkeiten a stridjereien (jo)

Streitsache at stridjsaag, -en (det)

streitsüchtig stridjag, kredlag

streng **1** *sehr kalt* string; **ein s.-er Frost** en stringen froost; **s.-er werden** (Winter) stringe - **2** *herb:* **s. riechen** string stirme - **3** *unnachgiebig s.:* **ein s.-er Lehrer** en stringen skuulmääster - **4** *übertr:* **werden die Tage länger, so wird die Kälte strenger** wan a daar began tu lingen, begant a wonter tu stringin *Sprw*

strenggenommen naunimen

Stress *Verb.* **im S. sein** at drok haa

Streu (Unterlage i. Stall) at streilang (det); **S. geben** streile

streuen streile

streunen strik (strakt; strääg; stregen), dwaale

Strich **1** *Linie* a streg, -er (di) - **2** *Straßens.:* **auf den S. gehen** üüb a streg gung *u* - **3** *Vogelschwarm* at flacht (det); **ein S. Enten** en flacht anen - **4** *übertr:* **einen S. durch die Rechnung machen** en streg troch a reegnang maage

strichweise stregwiis [z]

Strick **1** at toog, -en (det) - **2** *übertr:* **wenn alle S.-e reißen** wan aler stringer riiw *u*

stricken pregle; **zwei links, zwei rechts s.** steefke

Strickgarn at pregeljuarn (det)

Stricknadel a pregel, -gler (di)

Strickzeug at pregeltjüch (det)

Striegel a striigel, -gler (di)

striegeln striigle

Striemen a streg, -er (di)

strittig stridjag

Stroh at strä (det)

Strohballen a sträskuug, -er (di)

Strohblume at sträbluum, -en (det)

Strohdieme (gestapeltes Stroh) a sträklaamp, -er (di)

strohdumm strädom

Strohfeuer at sträial (det)

S

Strohhalm 1 at strä, -en (det), a strähalem, -lmer (di) - 2 *übertr:* **nach einem S. greifen** efter en strä grip *u*

Strohhut a strähud, -er (di)

Strohwisch at sträwaas, -en (det) [z]

Strom 1 *Fluss* a struum, -er (di) - 2 *Elektrizität* a struum; **den S. abschalten** a struum ufsjalte

strömen 1 *fließen* struume - 2 *sich zu etw. bewegen* strööme: **die Leute s.** a/at lidj ströömet

Stromer (norddt.) *Umhertreiber* a swalker, -s (di)

Strömung 1 a struum, -er (di) - 2 *übertr:* a/at rachtang, -en (det)

Strophe at fääs, fees [z] (det)

strubbelig borag

Strumpf at höös, -en (det) [z]; **auf Strümpfen** üüb höösen/üüb sooken, höössooket; **selbstgestrickte Strümpfe** aanjpregelt höösen

Strumpfhosen a siisen höösen (jo) [z]

Strunk a strük, -er (di)

strunkig strükag

struppig borag, rüch

Stubbe a stob, -er (di)

Stube *Wohnzimmer* a dörnsk, -er (di); **in der S.** uun dörnsk; **die Gute S.** a piisel, -sler (di) [z]

Stück 1 *Teil von etw.* at stak, -en (det); **ein S. Brot** en stak bruad; **ein S. Kuchen** en stak kuuks - 2 *Bruchstück:* **in S.-e gehen** uunstakengung *u*; **in kleine S.-e schneiden** tubetje - 3 *ein Ganzes:* **in einem S.** uun ianen - 4 *Strecke:* **das ist ein ganzes S. zu gehen** det as en guden aanj/en hialer stak tu luupen - 5 *Anzahl:* **zwei S. Vieh** tau stak tjüch - 6 *Theaterstück:* **ein S. aufführen** en stak apfeer - 7 *unangenehme Person:* **ein freches S.** en frech ding - 8 *übertr:* **große S.-e halten von** grat staken hual faan *u od.* rocht woner faan men; **ein starkes S.** en dol stak; **aus freien S.-en** ütj aanj staken *od.* ütj frei staken

Stückchen at betj, -en (det)

stückeln stake

Stückgut at stakgud (det)

stückweise stakwiis [z], stak för stak

Stückwerk at klütjkroom (det)

Stückzahl at staktaal, -en (det)

Student a student, -en (di) - 2 *übertr:* **so spielt man mit Studenten!** so spelet'am mä studenten! (d. h. mit Anfängern)

Studentin at studentin, -en (det)

Studienplatz at studiensteed, -en (det)

studieren studiare

studiert *akadem. gebildet:* **das ist ein s.-er Mensch** det as en studiareten

Stufe *Treppens.* at trem, -en (det)

Stuhl 1 a stuul, -er (di); **auf dem S.** üüb stuul - 2 *übertr:* **jmdm. den S. vor die Tür setzen** hoker a stuul föör a dör sküüw *u*

Stuhlbein at stuulbian, - (det)

Stühlchen at stöölk, -en (det)

Stuhlgang a ufgung (di), a stuulgung (di)

Stuhlkissen at stuulhegen, -gner (det)

Stuhllehne at stuullönlis, -en (det)

stülpen stalpe, tiarwe

stumm stom

Stummel 1 a stomel, -mler (di) - 2 *übertr:* **mein kleiner S.** man letj stomel

stümperhaft klöötrag, ring

stumpf 1 Ggs. *scharf* stomp, bol - 2 *glanzlos* stomp; (Farbe) dof; (Haar)

S

struf - **3** Ggs. *glatt* dof, stomp; **das Eis war ganz s.** at is wiar gans dof/ stomp

Stumpf 1 a stomp, -er (di), a stob, -er (di) - **2** *übertr:* **mit S. und Stiel** mä rut an ring *od.* mä romp an stomp ('Rumpf')

Stunde 1 at stünj, -en/- (nach Zahlenangab.) (det); **drei S.-n** trii stünj; **das dauert S.-n** det waaret/düüret stünjen; **in einer S.** am en stünj - **2** *übertr:* **seine S.-n sind gezählt** sin stünjen san tääld

stunden stünjage

Stundenglas (Messgerät) at stünjglääs, -glees [z] (det)

stundenlang stünjenloong, stünjen

Stundenlohn a stünjenluan, -er (di)

stundenweise stünj(en)wiis [z], bi stünjen

stündlich arke stünj; **der Bus fährt s.** a bus keert arke stünj

Stunk a stöönk (di); **S. machen** stöönk maage

stupsen stupse

Stupsnase at apstupet nöös, -en (det) [z]

stur swäärs, bolbraanjet

Sturheit a/at swäärshaid (det)

Sturm a sturem, -rmer (di); **ein schwerer S.** en harden/en slimen sturem

stürmen 1 *stark wehen* brüüse [z], wei - **2** *Fußball* stürme - **3** *rennen* süüse [z]

Sturmflut a sturemflud, -en (di)

stürmisch brüüsag [z], rüüsag [z]

Sturmmöwe at meew, -en (det) [u:]

Sturmvogel a sturemfögel, -gler (di)

Sturmwarnung at sturemwarnang, -en (det)

sturzbetrunken sprütjbesööben

stürzen 1 stört, onerfaal *u*, henflä *u*; **er ist mit dem Fahrrad gestürzt** hi as stört mä't wel - **2 sich s.** ham stört; **sich aufs Essen s.** ham üüb't iidjen stört

Sturzsee a/at störtsia

Sturzwelle a breeger, -n (di), a sia, -n (di)

Stute a/at hoos, -en (det)

Stutfohlen at hoosfööl, -en (det)

Stütze 1 *Stützpfeiler* a stoner, -n (di), at stöön, -en (det) - **2** *Hilfe* at stöön (det); at halep (det); **seine Frau ist für ihn eine große S.** sin wüf as rocht en halep för ham

stutzen *verkürzen* klap, beklap, kert; (Flügel) kerk

stützen *abst.* stööne

Substanz *Wendg.* **sie leben von der S.** jo teere faan a bonk ('zehren vom Haufen')

subtrahieren uftji *u*

Suche *Verb.* **auf der S. sein nach** tu sjüks/tu sjüken wees am

suchen 1 *etw./jmdn.* sjük (sjükt; soocht; soocht); **sie sucht ständig nach ihrer Brille** hat sjükt iiwag am a bral - **2** *versuchen* fersjük *u* - **3** *übertr:* **hier hast du nichts zu s.** hir heest dü niks tu sjüken

Süddeutschland Süüdsjiisklun

Süddorf (Amrum) Sössaarep; **in S.** bi Süüs [z]; **nach S.** süder; **von S.** faan süder

Süddorfer a sössaareper, - (di)

sudeln njaaske, oose [z]

Süden a süüd; **aus dem S.** faan a süüd; **nach S.** am/efter a süüd, süder; **weit im S.** widj deel

Süderende (Föhr) Söderaanj

S

Süderender a söderaanjer, - (di)
südlich am a süüd, söderk
südost süüduast
Südseite a söderääg (di)
Südstrand a süüdstrun
Südwand a söderwoch (di)
südwärts efter/tu süüden
südwest süüdwaast
Südwind a süüdenwinj (di), a söderk winj (di)
Suff a suf (di); **im S.** uun en dronken hood/dronken eers ('Kopf' - 'Hintern')
süffeln sööpke, söpke
Sülze at soltsees (det) [z]
Summe at som, -en (det)
summen **1** *Melodie s.* some - **2** *Kessel* süüse [z], soongre
Sumpf at deu (det); *Morast* a slober (di)
Sumpfschachtelhalm at küduad (det)
Sünde a/at san, -en (det); **die S.-en vergeben** a sanen ferjiw *u*
Sünder a saner, -n (di)
sündhaft **1** sanelk - **2** *übertr.:* **s. teuer** pöberjüür
sündigen **1** *Sünde begehen* sanage - **2** *unvernünftig essen:* **jetzt haben wir mal wieder gesündigt!** nü haa'f weder ans wat sanagt!
Suppe **1** at sop, -en (det); **Frische S.** (Gericht) at fersoos (det), at frisk sop (det) - **2** *übertr.:* **ein Haar in der S. sein** en hiar uun a böder wees ('Butter'); **jmdm. in die S. spucken** hoker iin uun a kual spütje ('Kohl')
Suppenfleisch at sopenflääsk (det)
Suppenhuhn at sopenhan, -en (det)
Suppenkelle at sopskai, -er (det)
Suppenkraut at greente (det), at sopenkrüüs (det) [z]
Suppenlöffel at sopskai, -er (det)
Suppenschüssel at sopteriin, -en (det), at sopbak, -en (det)
süß **1** Ggs. *sauer* swet; **etw. S.-es** wat swets - **2** *niedlich:* nögen; **o, wie s.!** uu, wat nögen!; **ein s.-es Baby** en nögen letj
süßen swet maage
Süßigkeiten at snupkroom, - (det), at sweten (det)
süßlich swetelk
süßsauer swetsür
Süßwasser at friskweeder (det)
Sylt Sal
[1]**Sylter** *Subst.* a salrang, -en (di)
[2]**Sylter** *Adj* salrang; **die S. Tracht** at salrang
sylterfriesisch salrang
Sylterfriesisch at salrang
symphatisch net
Synagoge a tempel, -n (di)
Syringen (Flieder) a kaatstörter (jo)

t, T

Tabak at tubak (det)

Tablette at tablet, -en (det), at pil, -en (det)

tadellos taadelluas

tadeln taadle, üüb wat sai *u*; **immer etw. zu t. haben** imer wat üüb tu saien haa

Tafel **1** *Gedenk-/Wandtafel* a toofel, -fler (di) - **2** *Schokolade*: **eine T. Schokolade** en plaad sakelaad - **3** *festlicher Tisch* a boosel, -sler (di)

Tafellappen at slont, -en (det)

täfeln toofle

Tag **1** *Zeitraum* a dai, daar (di); **acht T.-e** aagedaar; **bis auf den heutigen T.** bit/tu daalang tu; **am nächsten T.** di ööder dai - **2** *Zeit des T.-es:* **guten T.!** gudai!; **am hellichten T.** bi helerlaacht dai; **am T.** am daiem, di dai auer; **früh am T.** ääder üüb a dai - **3** *Menstruation:* **sie hat ihre T.-e** hat hää hör/sin daar *od.* hat hää hör/sin tidj - **4** *Ereignis:* **ein großer T.** en graten dai - **5** *übertr:* **T. und Nacht** dai an naacht; **das dauert ewig und drei T.-e** det waaret/düüret iiwag an trii daar; **auf seine alten T.-e** üüb sin ual daar; **einen guten T. leben** en gooden/guden dai lewe; **der Jüngste T.** (d.h. der Tag d. Gerichts) di jongste dai; **an den T. bringen** föör'n dai/uun a dai bring *u*; **man soll den T. nicht vor dem Abend loben** ham skal a dai ei föör a inj gudhet *Sprw*

tagaus *Wendg.* **t., tagein** dai för dai

Tagebuch at daibuk, -en (det)

Tagedieb a daidriiwer, -n (di)

tagein *Wendg.* **tagaus, t.** dai för dai

tagelang daarloong

[1]**tagen** **1** *Morgen werden* daage, maarne; **es fängt schon an zu t.** at begant al tu daagin

[2]**tagen** *Sitzung abhalten* tuupsat *u*

Tagesanbruch *Wendg.* **vor T.** föör't daagin, fööр dai

Tagesdecke at spriaddeeken, -s (det)

Tageslicht **1** at daislaacht (det); **bei T.** bi dai - **2** *übertr:* **ans T. bringen** föör'n dai/uun a dai bring *u*

Tageszeit a/at daistidj, -en (det)

tageweise daiwiis [z]

Tagewerk at daiwerk (det)

taghell *Verb.* **schon t. sein** al daislaacht wees

-tägig -daars; **eine dreit.-e Reise** en triidaars rais

täglich arke dai, doogelk, daielk; **dreimal t.** triisis a dai; **„Unser t. Brot"** üüs doogelks bruad (Vaterunser)

tagtäglich ään dai efter di ööder

Taglichtnelke at haasuar, -en (det) [z]

tagsüber di dai auer, auer dai, am daiem

Taille a kniap, -er (di); **eine schlanke T. haben** smääl uun a kniap wees; **keine T. haben** lik ap an deel wees

Takel at taakel, -n (det)

Takelage at taakelaasje (det)

takeln taakle

Takelung (Segeleinricht.) at taaklang (det)

Takt *Zeitmaß* a takt, -er (di)

Tal (Dünent.) at dääl, -en (det)

Talar a samoore, -rin (di)

Taler a dooler, -n (di)

Talg at tualag (det)
Tang at song (det); (angespült) at siak (det), a siakwaal, -er (di)
Tank a tank, -s (di), at tenk, -en (det)
tanken tanke
Tankstelle at tanksteed, -en (det)
Tankwagen a tankwaanj, -er (di)
Tanne a granjebuum, -er (di)
Tannenbaum *Weihnachtsbaum* a tanenbuum, -er (di), a weinachtsbuum, -er (di)
Tannenreisig at granje (det)
Tante at tante, -tin (det)
Tanz **1** a daans, -er (di); **einen T. abschlagen** skofle - **2** *Tanzveranstaltung* at daans (det), a/at bal (di); **zum T.** tu daans - **3** *übertr:* **einen T. aufführen** en daans faan maage
Tanzboden a sool (di); **auf dem T.** üüb (a) sool
tanzen **1** daanse - **2** *übertr:* **auf der Nase t.** üüb a nöös spele/daanse; **aus der Reihe t.** ütj a rä daanse; **wer Geld hat, kann den Teufel t. lassen** hoker jil hää, koon a diiwel daanse läät *Sprw*
Tänzer a daanser, -s (di); **ein guter T. sein** gud daanse kön
Tänzerin at daanser, -s (det)
Tanzschule at daansskuul, -en (det)
Tanzveranstaltung at daans (det), a bal (di), at rünjong (det)

Tapete at tapeet, -en (det)
tapezieren tapsiare
tapfer **1** mudag - **2** *übertr:* **er/sie hat sich t. geschlagen** hi/hat hää ham waaker/gud häälen
tappen tape
Tasche **1** at skrääp, -en (det); (Einkaufst.) at tasj, -en (det) - **2** *übertr:* **jmdm. auf der T. liegen** hoker üüb skrääp lei *u*
Taschengeld at skrääpjil (det)
Taschenkrebs at kraab, -en (det)
Taschenlampe a lochter, -n (di)
Taschenmesser at skrääpknif, -kniiwer (det)
Taschentuch a skrääpnöösduk, -er (di) [z]
Taschenuhr a/at skrääpenklook, -en (det); (veralt.) at aluusje, -sjin (det)
Tässchen at köpke, -kin (det)
Tasse **1** at kop, -en (det); **eine T. Kaffee** en kop kofe - **2** *übertr:* **nicht alle T.-n im Schrank haben** ei aler kopen uun skaab haa
Tassenbürste a kopenbasel, -sler (di)
tasten feel (felt/feelt; feld/feeld; feld/feeld), taste; (veralt.) palme
Tat **1** at diad, -en (det) - **2** *übertr:* **mit Rat und T.** mä riad an diad
Täter di, wat at den hää
Tatkraft a kaluun (di)
tatkräftig reselfiaret
tätlich *Verb.* **t. werden** hungripelk wurd
Tatsache *Verb.* **das ist T.** det stäänt fääst
tatsächlich **I** *Adj richtig* rocht; **sein t.-er Name** san rocht nööm - **II** *Satzadv wirklich* waraftag, taatsechelk; **t., sie ist es!** taatsechelk, hat as't!
Tattergreis a sköde, -din (di)
tatterig sködag
Tatze a/at klau, -en (det)
[1]**Tau** *Niederschlag* a doog (di) - **2** *übertr:* **vor T. und Tag aufstehen** fööר dau an doog apstun *u*
[2]**Tau** *Seil* at toog, -en (det); (unspezif.) at toogs

taub **1** *gehörlos* duuf (*Komp* duuwer); **schrei nicht so, ich bin doch nicht t.!** roofte ei so, ik san dach ei duuf! - **2** *leer:* **t.-e Ähren** duuf aaksen

Täubchen at düüwk, -en (det)

Taube at düüw, -en (det) [u:]

Taubenschlag at düüwenhok, -en (det)

Täuberich a dofer, -n (di)

Taubheit a/at duufhaid (det)

Taubnessel at hönangnäädel (det)

taubstumm duufstom

tauchen dük

Taucher a düker, -s (di)

[1]**tauen** *Eis* suai; **es taut** at suait

[2]**tauen** *Tauwetter* dooge

Taufbecken a krasenstian, - (di)

Taufe at krasnin (det)

taufen krasne

Taufkleid at kleet tu krasnin (det)

Taufpate a faader, -n (di); **T. sein** faader/paate stun *u*

Taufpatin at faader, -n (det); **T. sein** faader/paate stun *u*

Taufschein a krasenskiin, -er (di)

Taufstein a krasenstian, - (di)

Taufwasser at krasenweeder (det)

taugen **1** *brauchbar sein* duug (docht; doog; daagd/daagen) - **2** *wert sein:* **nichts t.** niks wäärs wees, niks duug

Taugenichts a ündööcht, -er (di)

Taumellolch (Pflanze) a dronken heken (jo)

Tausch a bütj (di)

tauschen **1** *wechseln* bütje; **die Plätze t.** a steeden bütje - **2** *gegen etw.:* **Briefmarken t.** freimarkin bütje

täuschen **1** *betrügen* för nar hual *u* - **2** **sich t.** ham ferdu̲ *u*, ferkia̲rd wees

tausend düüsen [z]

Tausend at düüsen (det) [z]; **da waren T.-e** diar wiar düüsenen

Tausendfüßler a düüsenbian, - (di) [z]

tausendmal **1** düüsensis/-se [z] - **2** *übertr:* **sich wohl t. entschuldigen** ham hunertsis an düüsensis enskilage

tauspringen toogspring *u*

Tautropfen a daudrööb, -er (di)

Tauwetter at suaiweder (det)

Taxi at takse, -sin (det)

taxieren taksiare; (veralt.) wardiare

Taxifahrer a taksekeerer, -s (di)

Taxistand a taksestant (di)

Tee **1** *Pflanze* at tee (det) - **2** *Aufguss* a tee (di); **der T. muss noch ziehen** a tee skal noch wat stun/tji

Teeblatt at teebleed, -en (det)

Teedose at teeduus, -en (det) [z]

Teekanne a/at teepot, -en (det), a/at träpot, -en (det)

Teekessel a sedel, -dler (di)

Teelöffel at skeik, -en (det)

Teepunsch a teepuns, -en (di)

Teer at tjaar (det)

teeren tjaare

Teerpappe at tjaarpap (det)

Teetasse at teekop, -en (det)

Teich at küül, -en (det)

Teichhuhn at letj weederhan, -en (det)

Teig at dii (det); **der T. will nicht gehen** at dii wal ei laft

teigig slääampag

Teil **1** *Stück* at dial, -en (det); **zum T.** tu'n dial; **zum größten T.** tu'n gratsten dial - **2** *Anteil* at paart, -en (det); **jeder bekommt seinen T.** arken feit sin paart - **3** *übertr:* **sich seinen T. denken** ham sin stak diartu seenk *u*

teilbar dialboor, tu dialen

T

teilen 1 *aufteilen* skaft; **das Erbe t.** at arewdial skaft - **2 sich t.** ham dial; **sich die Arbeit t.** ham at werk dial - **3** *dividieren:* **dreißig lässt sich durch fünf t.** dörtag läät ham troch fiiw dial

Teilhaber a paartner, -n (di)

teilnahmslos dialnaamsluas

teilnehmen dialnem *u*

Teilnehmer a dialnemer, -n (di)

teils *Verb.* **t., t.** dials, dials

Teilung at dialang, -en (det)

teilweise dialwiis [z], dialwis

Teint a/at hidj (det); **sie hat einen schönen T.** hat hää en fein hidj

Telefon at tilefoon (det)

telefonieren uunrep *u*, tilefooniare, aprep *u*

Teller a teler, -n (di); **ein tiefer/ein flacher T.** en jipen/en flaaken teler

Telleregge at telerharew, -harwen (det) [u:]

Temperatur 1 *Wärmegrad* at temperatuur, -en (det) - **2** *Fieber* at fiiber (det)

Tempo a/at faard (det)

Tenne (vormals Platz z. Dreschen) a saal, -er (di)

Teppich a tepich, -en/-e (di)

Teppichboden a tepichbeerd, -er (di)

Termin a termiin, -en/-e (di), a/at tidj (det); **einen T. vereinbaren** en termiin/en tidj ufmaage

Terrine at teriin, -en (det), a dask, -er (di), at bak, -en (det)

Testament 1 *letzter Wille* at testament, -en (det) - **2** *Teil der Bibel:* **das Alte/ das Neue T.** at ual/at nei testament - **3** *übertr:* **der kann sein T. machen!** hi koon sin testament maage!

testen teste

teuer 1 jüür; **sündhaft t.** pöberjüür - **2** *übertr:* **ein teurer Spaß sein** en jüür kop tee wees ('Tasse')

Teufel 1 *Verkörperung des Bösen* a diiwel, -wler (di); **der leibhaftige T.** di apdaaget ualknecht - **2** *bedauernswert. Mensch:* **ein armer T.** en aarem swin *od.* en aarmen strük - **3** *übertr:* **zum T.!** bi'n hinger!; **pfui T.!** fui deiwel; **der T. scheißt immer auf den größten Haufen** a diiwel skat aleewen bi/üüb a gratst bonk *Sprw*

Teufelskerl *Verb.* **ein T.** en diiwelsen kiarel

Theater 1 at teooter (det) - **2** *übertr:* **immer dasselbe T.** imer detsalew spalwerk/teooter

Theke a tuunbeenk, -er (di)

Thron a truun (di)

thronen trüüne

Trosse a/at tros, -en (det)

Thymian (Gewürz) at timijuun (det)

ticken tike

tief 1 Ggs. *flach* jip; **ein t.-er Teller** en jipen teler - **2** *Ton:* **eine t.-e Stimme** en liach/en jip stem - **3** *Kleidung:* **t. ausgeschnitten** naagelt ütjskäären - **4** *intensiv:* **t. schlafen** fääst sliap *u* - **5** *übertr:* **er hat zu t. ins Glas geschaut** hi hää tu jip iin uun a butel ('Flasche')/iin uun't glääs luket

Tief 1 *Wattstrom* at jip, -en (det); at lei, -en (det); **das Amrumer T.** at Öömrang Lei/Jip - **2** *Tiefdruckgebiet* at jip, -s (det), at tiif, -s (det)

tiefblau jonkblä

Tiefe at jipens (det), at jipte (det)

tiefgefroren jipfreesen [z]

Tiefkühltruhe a friiser, -n (di) [z]

tiefrot jonkruad

T

Tiegel a deegel, -gler (di), at pönk, -en (det)

Tier at tiir, -en (det), at diart, -en (det); (spez. Rinder) **die T.-e** at tjüch *od.* a tiiren

Tierarzt a tiirdochter, -n (di)

Tierärztin at tiirdochter, -n (det)

tilgen tilge, ufdreeg *u*

Tinte at blak (det)

Tintenfisch (nur Rückenschild d. T.-es) at sköderskal, -en (det)

Tisch **1** *Möbelstück* a boosel, -sler (di); **den T. decken** a boosel tuflei; **den T. abdecken** a boosel ufflei; **den T. abwischen** a boosel ufdrüge; **den T. herrichten** a boosel tuflei; **sich an den T. setzen** ham deel bi boosel sat *u* - **2** *Mahlzeit:* **bei T.** bi a boosel *od.* bi't iidjen; **sie sind zu T.** jo san tu iidjen; **kommt bitte zu T.!** sat'em jam am! *od.* kem'em tu boosel! - **3** *übertr:* **reinen T. machen** rian kaant/ rian boosel maage; **unter den T. fallen lassen** oner a boosel faal läät

Tischdecke a booselduk, -er (di)

Tischklappe at booselslap, -en (det)

Tischlappen at booselslont, -en (det)

Tischler a disjer, -s (di), a snetjer, -n (di)

tischlern disjre, snetjre

Tischplatte at booselplaad, -en (det)

Tischtuch a booselduk, -er (di)

Titel a tiitel, -tler (di)

Titelblatt at tiitelbleed, -en (det)

titulieren tiiteliare, benääm

Toast *Trinkspruch* a toost, -er (di); **einen T. auf jmdn. ausbringen** hoker huuchlewe läät

toben **1** *wüten* roose [z] - **2** *herumtollen* (Kinder) ferrükte, spiktaakle, toobe

Tochter at foomen, -mnen (det); (veralt.) at doochter, -n (det)

Töchterchen at dootje, -jin (det)

Tod **1** *Lebensende* a duas (di); **zu T.-e kommen** tu duas kem *u*; **er hat einen leichten Tod gehabt** hi as gud faan a welt kimen - **2** *symbol. Gestalt* a duas - **3** *übertr:* **um Leben und T. gehen** üüb leewent an duas gung *u*; **es auf den T. nicht leiden können** at bi a duas ei liis mei [z] *u*; **knapp dem T. entronnen sein** at bi a duas wechhaalet haa

Todesfall a duas, -er (di)

Todestag a sterewdai (di) [u:]

todkrank sterwenskraank

todmüde träät üs en maask ('Made')

todsicher was an seeker

Toftum (Föhr) Taftam

Toftumer a taftamer (di)

Toilette *Abort* at sekreet, -en (det); **auf der T.** üüb't/üüb sekreet

Toilettenpapier at sekreetpapiir (det)

toll **1** *vorzüglich* gans fein, groosoortag - **2** *ausgelassen* dol; **treibt es nicht zu t.!** driiw'em't ei tu dol!

Tollhaus *Wendg.* **ein Stück aus dem T.** en stak ütj a dolkast

tollkühn ferweegen

Tollpatsch a knolterpöös (di) [z], a tofel (di)

tollwütig dol

Tölpel a tofel, -fler (di)

[1]**Ton** *Material* at liam (det)

[2]**Ton** **1** *Klang* a tuun, -er (di) - **2** *übertr:* **den T. angeben** at föörst wurd haa *od.* at saien haa

[1]**tönen** *erklingen* klang

[2]**tönen** *färben* tööne, klöör du *u*; **das Haar t.** farew uun't hiar fu *u*

T

tönern *aus Ton* poten, liamen
Tönnchen at tenk, -en (det)
Tonne **1** *Fass* at tan, -en (det) - **2** *Seezeichen:* **T.-n legen** tanen lei *u* - **3** *Maßeinheit* a dobelsentner, -n (di) - **4** *übertr:* **was für eine T.!** wat'n gesjüts!
Tonnenleger a tanenleier, -n (di)
Tonnenreifen a hup, -er (di)
Tonscherbe at potstak, -en (det)
Topf **1** *Keramikgefäß* a/at pot, -en (det) - **2** *Kocht.* a krooch, krööger (di); **einen T. aufsetzen** en krooch auersaat - **3** *übertr:* **auf jeden T. passt ein Deckel** diar as nian pot so skiaf, dat diar ei en lad tu paaset *Sprw*
Topfbürste a kroochbasel, -sler (di), a skröberk, -en (di)
Topfdeckel at kroochlad, -en (det)
Töpfer a pötjer, -n (di)
töpfern pötjre
Topfkuchen a pofer, -n (di)
Topfschlagen (Kinderspiel) potslau *u*
Topp (Mastspitze) a top, -er; **über die T.-en geflaggt** mä aler flerken bi
Tor **1** *Gartentor* at puurt, -en (det); - **2** *Hecktor* at heeg, -en (det) - **3** *Fußballtor* at toor, -e (det)
Torf at iad (det); (Rasentorf) at türew (det) [u:]; **T. stechen** iad spat; **T. aufsetzen** (zum Trocknen) iad stüke
Torfsoden at iadsuad, -en (det)
torkeln sköödre, dangle; **nach Hause t.** tüs dangle
Tornister (Schulranzen; veralt.) a ransel, -sler (di)
Torte **1** at tort, -en (det); (unspezif.) torts; **möchtest du noch T.?** maadst noch wat torts?
Tortenboden a tortenböön, -er (di)
Tortenheber a tortenlafter, -n (di)
Tortenmesser at tortenknif, -kniiwer (det)
tot **1** duad; **t. umfallen** duad amkap/amfaal *u* - **2** *übertr:* **heute rot, morgen t.** daalang ruad, maaren duad *Sprw*
total hialandaal, tutaal
Tote **1** *m.* a duad, -en (de); **ein T.-r** en duaden - **2** *f* at duad, -en (det); **eine T.** en duad - **3** *Pl:* **die T.-n** a duaden
töten duadmaage, ambring *u*
Totenbett at sterewbaad (det) [u:], at duadbaad (det)
totenblass so witj üs en lik
Totenblässe at duadenklöör (det)
Totengräber a küülengreewer, -s/-n (di)
Totenglocke a/at sterewklook (det) [u:]
Totenschädel at hoodskrook, -en (det)
Totenschein a duadenskiin, -er (di)
Totensonntag duadensöndai
totenstill duadenstal
totgeboren duad bäären
totlachen, sich ham duadlaache, ham wechsmitj föör laachin *u*
totmachen duadmaage
totschießen duadsjit *u*
Totschlag *Wendg.* **Mord und T.** muurd an duadslach
totschlagen duadslau *u*, duadhau *u*
totstellen, sich ham duadstel
totschweigen duadswige
Toupet at perük, -en (det)
Tour **1** *Ausflug* at tuur, -en (det) - **2** *zwanghaftes Trinken:* **wenn er seine T. kriegt, säuft er drei Wochen** wan'r sin tuur feit, sopt'r trii weg - **3** *übertr:* **in einer T.** uun ianen wech *od.* uun iane tuur
Trab a traaw (di); **im T.** uun a traaw

T

traben traawe

[1]**Tracht** **1** *regionale Kleidung* a/at dracht, -en (det); **die Amrumer T.** at öömrang *od.* at öömrang tjüch; **T. anlegen** aprede

[2]**Tracht** *Wendg.* **eine T. bekommen** en eersfol/en luusang fu *u* [z]

Trachtengruppe at drachtensköösl, -en (det)

Trachtenknopf a malnstianet knoop, -er (di) (mit Kreuzmuster); a poduuget knoop, -er (di) (mit Lochmuster)

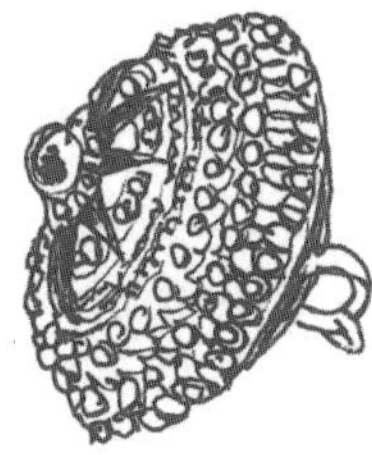

Trachtenknopf a poduuget knoop

Trachtenrock a pei, -er (di); (m. blauer wollener Borte) a bläsnuuret pei, -er (di)

trächtig *tragend* **t. sein** mä jongen wees (Hunde, Katzen); mä fööl wees (Pferde); mä kualew wees (Rinder); mä gris wees (Schweine); mä lum wees (Schafe)

Trage at traage, -gin (det)

träge **1** *langsam* slap, losag, eewen - **2** *faul* lui, trai

tragen **1** *Last* dreeg (drait; druch; draanj); **soll ich das für dich t.?** skal ik det dreeg för di? - **2** *finanz. Belastungen:* **das kann der Betrieb nicht t.** det koon a bedriiw ei dreeg - **3** *belastbar sein* dreeg, hual (häält; hel/hääld; helen/häälen); **trägt das Eis schon?** drait/häält at is al? - **4** *Ertrag bringen:* **der Baum trägt gut** di buum drait gud; **Zinsen t.** tsinsen bring *u* - **5** *Kleidung* dreeg, uunhaa *u*; **sie trägt immer dasselbe** hat hää imer detsalew uun - **6** *übertr:* **auf Händen t.** üüb hunen dreeg; **zu Grabe t.** tu küül bring *u*; **die Unkosten t.** a ünjilen dreeg

tragend **1** trächtig: **die Kuh ist t.** a/at kü as mä kualew - **2** *übertr:* **eine t.-e Rolle spielen** en wichtag rol spele

Träger **1** *Bauteil* a stuner, -n (di), a dreeger, -n (di) - **2** *Kleidung* a aakseltuum, -er (di) - **3** *Sargt.* a dreegster, -s/-n (di)

Traktor a treker, -n (di)

trampeln trample

Tran at troon (det)

Träne **1** at tuar, -en (det); **T.-n vergießen** tuaren läät - **2** *übertr:* **bittere T.-n weinen** bater tuaren skrial

tränen tuarne; **die Augen t.** a uugen tuarne

Tränensack a tuarenpöös, -er [z]

tranig troonag

Tränke (Steintrog) a noost, -er (di)

tränken barne

Tränkkuhle at barnküül, -en (det), at droonkküül, -en (det)

trappeln trape, trupe,

tratschen sladre; (negativ) skoonflaake

Tratschtante at sladre, -drin (det), at sladerpöös, -er (det) [z]

Traube at drüüw, -en (det) [u:]

trauen **1** *Glauben schenken* trau - **2** **sich t.** däär (däär; dost; dosten); **ich traue mich nicht nach draußen** ik däär ei ütj - **3** *ein Paar t.* wei; **sie sind**

T

gestern getraut worden jo haa jister at weien hed *od.* jo san jister weid wurden - **4** *übertr:* **dem Frieden nicht t.** a frees ei trau

Trauer 1 *Kummer* at surag (det) - **2** *Trauerzeit:* **T. haben** uun surag wees - **3** *Trauerkleidung:* **T. tragen** uun suart gung *u*/wees

Trauerfall *Wendg.* **einen T. haben** surag haa

Trauerflor at suragbäänk (det)

Trauergemeinde a suraglidj (jo)

Trauerkleidung at suragtjüch (det)

trauern surge; **die Kinder t. um ihre Mutter** a jongen surge am hör mam

Trauerseeschwalbe a blä baker, -n (di)

Trauerseeschwalbe a blä blaker

Trauerzug at liksköömöl (det)

Traufe 1 at drip (det); (b. Reetdach) at ööksendrip (det), a gööd, -er (di) - **2** *übertr:* **vom Regen in die T. kommen** faan a rin uun a gööd kem *u*

träufeln drip, dreble

Traum 1 a druum, -er (di) - **2** *Wunschbild:* **das ist der Mann meiner Träume!** faan so'n maan drem ik al linger! - **3** *übertr:* **nicht im T. einfallen** ei bi muunskiin am seenk *u* ('Mondschein')

träumen 1 drem; **träum schön!** drem wat feins! - **2** *geistig abwesend sein* dööwe - **3** *sich vorstellen:* **t. von** drem faan

Träumer a dremer, -n (di)

Traumfrau *Wendg.* **eine T.** en druum faan en wüf

traurig 1 *betrübt* bedrüüwet, benaud, ring tumud - **2** *unerfreulich* komerlik; **in t.-en Verhältnissen leben** komerlik tusat *u* - **3** *schmerzlich:* **eine t.-e Nachricht bekommen** en eelendagen bööd haa/fu *u* - **4** *übertr:* **ein t.-er Rest** en komerliken rest

Trauring a bradlepsring, -er (di)

Trauung 1 *kirchl. T.* at weien (det) - **2** *standesamtl. T.:* **wann ist die T.?** wan as standesamt?

treffen 1 *jmdn./etw.* draap; **hast du den Hasen getroffen?** heest a haas draapt? - **2** *ein Ziel* raage; **den Ring t.** a ring raage (b. Ringreiten) - **3** *jmdm. begegnen* määt, draap; **ich habe sie auf der Fähre getroffen** ik haa ham määt/draapt üüb a damper - **4** *kränken* draap; **das trifft mich nicht** det draapt mi ei - **5 sich treffen** ham määt, ham draap - **6** *übertr:* **den Nagel auf den Kopf t.** a spiker üüb't hood raage/draap; **wir haben es gut getroffen** wi haa't gud raaget; **eine empfindliche Stelle t.** en em steed raage/draap

Treffen at draapen (det)

treffend paaselk, paasin

Treibanker (zur Verlangsamung d. Fahrt) a driiwanker, -n (di) [u:]

Treibeis at driiwis (det) [u:]

treiben 1 *Tiere* driiw [u:] (draft; drääw [u:]; drewen), jaage; **das Vieh auf die Weide t.** at tjüch ütj üüb fään jaage/driiw - **2** *drängen:* **wir lassen**

uns nicht t. wi läät üs ei driiw - **3** *sich aufführen:* **treibt es nicht zu schlimm!** driiw'em't ei altu dol! - **4** *etw. betreiben:* **Sport t.** sport driiw - **5** *schwimmen*: **das Strandholz treibt im Wasser** at strunholt draft uun't weeder - **6** *sprießen:* **die Pflanzen t.** a plaanten driiw - **7** *harntreibend sein:* **Birnen t.** peeren driiw - **8** *geschehen lassen:* **sich t. lassen** ham driiw läät

Treiber (bei d. Jagd) a driiwer, -n (di)

Treibhaus at driiwhüs, -hüsang [z] (det) [u:]

Treibholz at driiwholt (det) [u:]

Treibjagd at driiwjacht, -en (det) [u:]

Treibsel (am Strand) at driiwsel (det) [u:]; (die Anhäufung von T.) a siakwaal, -er (di)

trennen **1** *voneinander lösen* trene, skias [z] (skäääst; skäääsd [z]; skäääsd [z]); **Eier t.** aier skias - **2** *getrennt schreiben* trene, ütjenööderskriiw *u* - **3 sich t.** faanenööder-/ütjenöödergung *u*; **sie hat sich von ihrem Mann getrennt** hat as faan a maan

Trense (Zaum m. Gebiss) at bat, -en (det), at hoodstak, -en (det)

Treppe a/at trääp, -en (det); **die T. herunterfallen** a trääp deelfaal *u*

Treppengeländer at trääprak, -en (det), a hunluup, -er (di)

treppensteigen trääpe

Treppenstufe at trem, -en (det)

Tresen a tuunbeenk, -er (di)

Trespe (Pflanze) a heken (jo)

treten **1** *auf etw.* treed (trääät; trääd; treeden); **auf den Fuß t.** üüb a fut treed - **2** *Schritte machen* kem (komt; kaam, kimen); **tritt näher!** kom naier! - **3** *mit dem Fuß* skup, spark; **die Kuh tritt** det kü skupt - **4** *begatten* treed; **das Huhn t.** at han trääät - **5** *übertr:* **er fühlt sich immer auf den Schlips getreten** hi felt/feelt ham leewen üüb a slips treeden

treu **1** *beständig i. der Partnerschaft* treu; **t. bleiben** treu bliiw *u* - **2** *anhänglich* trau; **ein t.-er Hund** en trauen hünj - **3** *übertr:* **eine t.-e Seele** en trau sial

Treue **1** a/at trauhaid (det) - **2** *übertr:* **auf Treu und Glauben** üüb trau an gluuw

treuherzig trauskilag

Trichine at trichiin, -en (det)

Trichter a traachter, -n (di)

trichtern traachtre

Trieb **1** *Antrieb* a draft (di), a drift (di), a drew (di) [u:] - **2** *Austrieb* a ütjskoot, -skööder (di), a sprööd, -er (di)

triefäugig dripuuget

triefen drip, sile

triezen piire, tare

Trift (Viehweg) at drift, -en (det)

trinken **1** Ggs. *essen* drank (droonk; dronken) - **2** *Alkohol konsumieren* drank, süp (sopt; soob; sööben); **er/sie trinkt** hi/hat sopt; **sich zu Tode t.** ham deelsüp *u*, ham tunantsüp *u*; **darauf wollen wir t.!** diar skel/wel wi ään üüb drank! *od.* diar skal ään üüb stun! - **3** *übertr:* **unter den Tisch t.** oner a boosel süp *u*

Trinker a süper, -s (di)

Trinkgeld at drankjil, -en (det)

Trinkspruch *Wend.* **einen T. auf jmdn. ausbringen** hoker huuchlewe läät

Trinkwasser at drankweeder (det)

trippeln treble
trist trist
Tritt 1 *Fußtritt* a skup, -er (di) - 2 *Gehweise* a treed (di), a gung (di); **T. halten** treed hual *u* - 3 *kleine Leiter* a treed, -er (di)
Trittleiter a treedlääder, -n (di)
trocken 1 Ggs. *nass* drüg - 2 *wenig Niederschlag:* **ein t.-es Jahr** en drüg juar - 3 *Kleinkinder:* **t. sein** drüg lei *u*; **noch nicht t. sein** noch wiat lei *u* - 4 *von Alkohol entwöhnt:* **er ist seit drei Monaten t.** hi as sant trii muuner drüg - 4 *übertr:* **t. Brot** drüg bruad; **seine Schäfchen im T.-en haben** sin skap üüb't drügen haa ('Schiff')
Trockenhaube a hiardrüger, -n (di)
Trockenheit a/at drööcht(e) (det), at drügen (det); **eine anhaltende T.** en uunhualen/uundüürin drööchte
trockenlegen (Kleinkind) drüg maage
trocknen drüge; **Wetter zum T.** drügin weder
Trockner a drüger, -n (di)
Troddel a kwaast, -er (di)
Trödelfritze a dremstört (di), a tjungelstört (di), a njaaskpöös (di) [z]
trödeln tjungle, duudle
Trog a trooch, trööger (di)
trollen, sich ufskiawle, ufdaanse
Trommel a trumel, -mler (di)
trommeln trumle
Trompete at trompeet, -en (det), a tuuthurn, -er (di); **er spielt T.** hi tuutet
Tröpfchen a dröbel, -bler (di)
tröpfeln drip, dրööbe; (Regen) sproonkle; **es hat nur getröpfelt** at hää bluat wat sproonkelt
Tropfen 1 a drööb, -er (di); (Hänget.) a drebel, -bler (di) - 2 *Medizin:* **T. einflößen** drööber iindu *u* - 3 *übertr:* **steter T. höhlt den Stein** en stüdagen drööb hölket en stian *Sprw*
tropfen drip, drööbe
tropfenweise drööbwiis [z]
Trosse (starkes Tau) at tros, -en (det)
Trost 1 a trääst (di) - 2 *übertr:* **ein schwacher T.** en leidagen trääst; **nicht ganz bei T. sein** ei rocht wis wees
trösten 1 trääst - 2 *übertr:* **sich mit einer anderen/einem anderen t.** ham mä en ööder/mä en öödern auerwechhalep *u*
trostlos *öde* troostluas
Trottel a tofel, -fler (di)
trottelig toflag
Trotz a trots (di); **zum T.** tu'n trots
trotz ofwel
trotzdem I. *Adv* jüst, likes; **ich tue es t.** ik du't likes - II. *Konjunktionaladv* alikwel; **er hatte fünf Bier; t. ist er noch Auto gefahren** hi hed fiiw biir; alikwel as'r noch auto keerd
trotzen trotse
trotzig swäärs, trotsag
trübe 1 *Wasser* glumag, modrag - 2 *Wetter* jonk, bedobet - 3 *trostlos* trist, troostluas - 4 *übertr:* **im T.-n fischen** uun't modrag weeder faske
Trubel at leewent (det), at staheu (det)
trübsinnig bedrüüwet
trudeln trümle, trale
Trug *Wendg.* **mit Lug und T.** mä luch an bedruch
trügen dreeg (drait; druch; draanj); **der Schein trügt** a skiin drait
Truhe a/at kast, -en (det); (m. gewölbtem Deckel) a kofer, -n (di)
Trumpf a truf, truuwer (di); **T. spielen** trufe, truf spele

T

Trunkenbold a süpsääk, -er (di)
trunksüchtig *Verb.* **t. sein** süp (sopt; soob; sööben), bi a butel wees
Truthahn a truuthöön, -er (di)
Tuberkulose at teerin (det), at teerin kraankes (det)
Tuch 1 *Stoff* at duk, -en (det) - **2** *Lappen* at slont, -en (det)
tüchtig I. *Adj* düchtag, fiks - **II.** *Adv* fiks, orntelk, rocht; **ihr müsst t. essen!** jam skel fiks wat iidj!
tückisch 1 *hinterhältig* faalsk - **2** *gefährlich* gefeerelk; **eine t.-e Krankheit** en gefeerelk kraankes
tüdelig (norddt.) **1** *benommen* tjunglag; **t. machen** uun tjungel fu *u* - **2** *verwirrt* kinjag
Tüder (Weideseil) at tjider (det)
tüdern (mit d. Weideseil anbinden) tjidre
Tüderpflock (Pflock z. Befestigen des Weideseils) a tjiderplook, -er (di), a tjiderstook, -er (di)
tugendhaft dögen
Tugendhaftigkeit a/at dögenhaid (det)
Tülle a tüüt, -en (di)
Tulpe at tolep, -lpen (det)
tummeln, sich ham tomle
Tümmler a tümler, -s (di)
Tümpel a sluat, -er (di), at küül, -en (det)
tun 1 *machen* du (dää; ded; den), maage; **viel zu t. haben** föl tu dun haa; **Kochen und Waschen tue ich noch selbst** kööge an sau du ik noch salew - **2** *jmdm. etw.:* **der Hund tut nichts** di hünj dää niks - **3** *hintun:* **in den Schrank t.** iin uun skaab du - **4** *so tun:* **so schön t. können** so net du kön - **5** *übertr:* **damit nichts mit zu t. haben** diar niks mä tu fun/tu dun haa; **das tut nichts zur Sache** det dää 'ar niks tu; **da tut sich was** diar as wat uun a gang/uun a reer; **den Teufel tun** di diiwel du
Tun at dun (det)
tünchen witje, kalke
Tunichtgut a iaragduer, -s (di), a niksnat (di)
Tunke at smeer (det)
tunken dip, diiwe
Tüpfel a tütel, -tler (di)
Tupfen a plak, -er (di)
Tupfer a dob, -er (det)
Tür 1 a/at dör, -en (det); **T. zu!** dör sacht/tu!; **zur T. bringen** (im Haus) tu dör fulge; **allein zur T. hinausfinden** at geleit mänem *u*; **mit der T. schlagen** mä a dör skrap; **aus der T. rennen** a dör ütjrään; **vor der T.** föör (a) dör, ütjbütjen - **2** *übertr:* **mit der T. ins Haus fallen** mä dör an aal iinkem *u od.* mä a dör uun hüüs faal *u*; **vor verschlossenen T.-en stehen** tu ferslööden dören kem *u*; **vor seiner eigenen T. fegen** föör sin aanj dör faage
Türangel a kruk, -er (di), a bian, -er (di), at hing, -en (det)
Türgriff a dörgreb, -er (di)
Türke a törk, -en (di)
Türkei a Törkei
Türklinke a dörgreb, -er (di), a dörkleenk, -er (di)
Turm a türn, -er (di)
[1]**türmen 1** *stapeln* türne, bonke - **2** **sich t.** ham bonke
[2]**türmen** *flüchten* ütjnei
Turmuhr a/at sarkklook, -en (det)
turnen turne

T

Turnhose a/at turnboks, -en (det)
Turnschuh a turnskuch, -skur (di)
Türpfosten a dörpoost, -er (di), a dörstuner, -n (di)
Türrahmen a dörraam, -en (di)
Türschloss at sloot, slööd (det)
Türschwelle a drampel, -pler (di)
tuscheln piisjle, tusjle
Tuschkasten at tusjkasje, -sjin (det)
Tüte a pöös, -er (di) [z], at tüüt, -en (det)
tuten tuute
tyrannisieren trebeliare

---

u, U

übel **1** *moral. schlecht* ring - **2** *widerlich* wederlik, fülk; **ein übler Geruch** en fülken stirem - **3** *unwohl:* **einem ü. sein** ään speiag tu mud wees - **4** *übertr:* **wohl oder ü.** of ham wal of ei; **gar nicht ü.** goor ei ring, goor ei ferkiard
übelgelaunt gnadrag, wraantag, mopsag
übelnehmen krüm nem *u*, iarag nem *u*
übelriechend mofag, möfkag
üben ööwe; **tüchtig ü.** fiks ööwe
[1]**über** **I.** *Adv* **1** muar üs, auer; **ü. eine Stunde** auer en stünj - **2** *übertr:* **ü. und ü.** auer an auer - **II.** *Adj* **1** *überlegen* auer; **da ist er mir ü.** diar as hi mi auer - **2** *lästig:* **das ist mir so ü.** det as mi so auer *od.* ik san det so auer - **3** *übrig:* **da ist noch etw. ü.** diar as noch wat auer

[2]**über** *Präp* **1** *örtl* auer; **man kann ü. ganz Amrum sehen** ham koon auer hial Oomram luke; (Ortsangabe) **ü. Niebüll** auer Niibül - **2** *zeitl:* **ü. Nacht** auer naacht - **3** *in Bezug auf:* **reden ü.** snaake auer; **sich freuen ü.** ham freue auer - **4** *übertr:* **ü. Stock und Stein** auer stook an stian
überall **1** aueraal, alerweegen - **2** *übertr:* **ü. und nirgends** aueraal an nochhuaren
überanstrengen, sich ham aueruunstringe
überarbeiten **1** *verbessern* auerwerke - **2** **sich ü.** ham ferwerke, ham auerwerke
überaus auerütj
überbacken auerbaag *u*
überbehalten auerhual *u*
überbekommen **1** *eine Sache* auerluf faan wurd; **man bekommt das so über** ham woort 'ar so auerluf faan - **2** *Schläge:* **eins ü.** wat auerfu *u*, wat loongs fu *u*
überbieten (Auktion) auerbad *u*
überbleiben efterbliiw [u:] *u*, auerbliiw [u:] *u*
Überbleibsel at auerbliiwsel, -n (det) [u:], a rest, -en (di)
überblicken auerluke
überbraten **1** auerbraase [z] - **2** *übertr:* **jmdm. eins ü.** hoker ään auerbraase
überbrücken auerbrüke, auerbrage
überdauern auerdüüre
überdecken auerdobe
überdenken rocht beseenk *u*
überdies diartu

überdrehen 1 auerdrei - 2 *übertr:* **überdreht sein** apdreid wees
überdrüssig *Verb.* **etw./jmds. ü. sein** wat/ään auer/auerluf wees
überdüngen auerged, auerdünge
übereck auerhuk
übereifrig aueriiwrag
übereilen auerstört, aueriile; **nichts ü.!** niks auerstört!
übereinander auerenööder
übereinanderschlagen auerenööder slau *u*
übereinkommen aueriankem *u*
Übereinkommen at aueriankemst, -en (det)
übereinstimmen aueriansteme
überfahren *jmdn./etw.* onerkeer
Überfahrt a auerfaard, -en (di)
Überfall a auerfaal (di)
überfallen auerfaal *u*
überfällig auerfelag
überfließen auerluup *u*
Überfluss a auerflööd (di)
überflüssig ünnatag, auerflöödag
überfluten auerflude
überfordern auerfordre
überfragt *Wendg.* **da bin ich überfragt** diar fraagest dü mi tu föl
überfressen, sich ham auerfreed *u*
[1]**überführen** auerfeer
[2]**überführen** (Leichnam) auerfeer
überfüllen auerfal
überfüttern ferfudre, auerfudre
Übergang 1 *Überwegung* a auergung, -er (di) - 2 *Wechsel* a auergung
übergeben 1 *aushändigen* du (dää; ded; den) - 2 *übertr:* auerdu *u*; **die Bauernstelle ü.** at steed auerdu *u* - 3 **sich ü.** spei; **ich muss mich ü.** ik skal spei

[1]**übergehen** *nicht beachten* auergung *u*
[2]**übergehen** 1 *Besitz* auergung *u* - 2 *zu etw./zu jmdm.:* **er ist zu den Rechten übergegangen** hi as auergingen tu a rochten - 3 *in etw.:* **ineinander ü.** uunenööder auergung - 4 *verrutschen* (Seefahrt): **die Ladung ist übergegangen** at leesang as auergingen
übergenau pötjrag, pinglag
übergenug muar üs nooch
übergeschnappt auersnapt, trochdreid
übergießen auerjit *u*
überglücklich auerlokelk
übergreifen auergrip *u*
Übergröße at grater gratens (det), at auergrate, -in (det)
überhaben 1 *satt haben* auerluf wees; **ich habe das so über** ik san det so auerluf - 2 *übrig haben* auerhaa *u*; **noch etwas Geld ü.** noch wat jil auerhaa - 3 *darüber anhaben* (Kleidung) amauerhaa *u* - 4 *schätzen* auerhaa; **sie hat nichts für ihn ü.** hat hää niks auer för ham
überhaken auerhaage
überhandnehmen auerhunnem *u*
überhängen auerhinge
überhasten auerhääste
überhäuft *Wendg.* **mit Arbeit ü. sein** apskept sat mä werk
überhaupt auerhaupt
überheblich gratmaanag
überheizen auerheitse
[1]**überholen** 1 *passieren* auerhaale; **er hat in der Kurve überholt** hi hää auerhaalet uun a bocht - 2 *reparieren* aprede, auerhaale

[2]**überholen** (sich neigen) auerhaale; **das Boot holt über** det buat haalet auer

überholt ual, ualmuudsk
Überholung (Reparatur) at auerhaalang (det)
überhören auerhiar
überkämmen auertjim
überkleben auerklewe
überklug auerkluuk
überkochen auerkööge
[1]**überkommen** *Verb.* **einen ü.** ään auerkem *u*; (veralt.) ään uunkem *u*
[2]**überkommen** *Adj althergebracht* auerkimen; **ü.-e Bräuche** ual/auerkimen brüker
[3]**überkommen** *herüberschlagen* (Seefahrt) auerkem *u*; **eine ü.-de See** en auerkemen sia (über das Deck gehende Welle)
überkreuz auerkrüs
überladen *Vb* auerlees *u* [z]
überlassen *jmdm. etw.* auerläät
überlasten auerlääst
überlastig *Schiff* auerläästag
[1]**überlaufen** *Vb* **1** *Gefäß* auerluup *u*; **voll bis zum Ü.** auerluupen fol - **2** *zur Gegenseite:* **er ist übergelaufen** hi as auerlepen - **3** *übertr:* **ihm ist die Galle übergelaufen** a gaal as ham auerlepen
[2]**überlaufen** *Adj* auerlepen; **völlig ü. sein** tutaal auerlepen wees
Überläufer a auerluuper, -n (di)
überleben auerlewe
[1]**überlegen** *Adj* auer; **im Rechnen ist sie ihm ü.** uun't reegnin as't ham auer

[2]**überlegen** *Vb* auerlei *u*; **eine Decke ü.** en deeken auerlei
[3]**überlegen** *Vb* **1** *nachdenken* auerlei *u*, besan, spikeliare; **hin und her ü.** hen an weder spikeliare - **2 sich ü.** ham auerlei *u*, ham beseenk *u*; **das will ich mir noch mal ü.** det wal ik mi noch ans auerlei
Überlegung at auerlei (det), at auerleiang, -en (det); **nach reiflicher Ü.** mä besoocht an auerleiang
überleiten auerleite
überlesen **1** *flüchtig lesen* trochluke - **2** *übersehen* auerlees [z] *u*
überliefern auerleewre
überlisten auerliste, auerdiiwle
Übermacht a/at auermäächt (det)
übermächtig auermäächtag
übermalen auermoole
übermäßig auermiatag
übermitteln widjerdu *u*; **Glückwünsche ü.** lokwansker widjerdu *u*/sai *u*
übermorgen auermaaren
Übermut a auermud (di)
übermütig auermudag, ütjläät
übernachten auernaachte, naacht bliiw [u:] *u*; **wo übernachtest du?** huar blafst naacht?
übernächtigt auernaachtagt, ferslepen
übernehmen **1** auernem *u*; **der Sohn hat das Geschäft übernommen** di dring hää di looden auernimen - **2 sich ü.** ham auernem
überprüfen auerpreewe
überqueren *überschreiten* luup auer *u*
überragen auerraage
überraschen auerrasje
überreden besnaake, föörsnaake
überreichen du (dää; ded; den), auerdu *u*
überreichlich uun bonker an berger, muar üs nooch, auerleidag nooch
überreif auerrip

überrumpeln auerromple
übersät auersen
überschätzen auersjetse
überschaubar tu auerlukin
überschauen auerluke
überschlafen auersliap *u*
[1]**überschlagen** **1** *überspringen* auerslau *u*; **eine Mahlzeit ü.** en mialtidj auerslau - **2** *abschätzen:* **im Kopf ü.** uun't hood auerslau *u* - **3** **sich ü.** auer't hood gung *u*, kapheister gung *u*
[2]**überschlagen** (Beine) auerslau *u*
überschlau auerkluuk
überschnappen auersnap; **die soll bloß nicht ü.!** hat skal man bluat ei auersnap/trochdrei!
überschreiben **1** *Text* auerskriiw [u:] *u* - **2** *übergeben* auerskriiw [u:] *u*; **den Bauernhof ü.** at steed auerskriiw
Überschrift a/at auerskraft, -en (det)
überschuldet tutaal ferskilagt
Überschuss a auersjus (di)
überschütten auersköde
überschwappen auertjoltre, auerluup *u*
überschwemmen auerswääm
[1]**übersehen** **1** *Fehler* auersä *u* - **2** *überblicken* auerluke
[2]**übersehen, sich** ham auerluke *od.* diar ei muar efter luke kön
[1]**übersetzen** auersaat; **ins Friesische ü.** iin uun't ömrang/tu't öömrang auersaat
[2]**übersetzen** (mit d. Boot) auersaat; **sich ü. lassen** ham auersaat läät
Übersetzung **1** *Text* at auersaatang, -en (det) - **2** *Drehzahl*: **das Rad hat eine große/kleine Ü.** det wel hää en grat/letj auersaatang
übersichtlich auersichtelk, gud tu auerlukin
übersparen auerspaare
überspielen auerspele
[1]**überspringen** (eine Klasse) auerspring *u*
[2]**überspringen** (Funke) auerspring *u*
[1]**überstehen** (Krankheit) auerstun *u*, auerdüüre - **2** *übertr:* **er hat es überstanden** hi hää't auerstenen (d. h. ist gestorben)
[2]**überstehen** (Dach) auerstun *u*
übersteigen auerstiig *u*
überstimmen auersteme
überstreichen auermoole
überstülpen auerstalpe
Überstunde at auerstünj, -en (det)
überstürzen auerstört
überstürzt hals auer hood
übertölpeln auerdiiwle
Übertopf a/at auerpot, -en (det)
übertragen **1** *Fernsehen* auerdreeg *u* - **2** *anstecken:* **Krankheiten ü.** kraankhaiden auerdreeg *u* - **3** *übersetzen:* **ins Friesische ü.** iin uun't öömrang/tu't öömrang auerdreeg *u*
übertreffen auerdraap
übertreiben auerdriiw [u:] *u*; **er übertreibt immer so** hi maaget imer faan en fört en sonerweder ('einem Furz ein Gewitter')
[1]**übertreten** *darübertreten* auertreed *u*
[2]**übertreten** (Gebot) auertreed *u*
übertrieben auerdrewen
überübermorgen auermaaren an do di dai

übervoll auerfol
übervorteilen beskitj *u*, hoker auer't uar hau *u*
überwachen auerwache
überwachsen *Adj* begredet
überwältigend bütjen aler miaten

Überweg a auergung, -er (di), a auerwai, -er (di)
überweisen auerwise [z]; **Geld ü.** jil auerwise
Überweisung at auerwisang, -en (det) [z]
überwerfen, sich ham fertörne
überwiegend för't miast
überwinden **1** auerwinj *u*; ferknuuse [z]; **es nicht ü. können** at ei ferknuuset fu *u* - **2 sich ü.** ham auerwinj
überwintern auerwontre
überwuchern onergrui *u*, begrede
überzeugen auertjüüg
überzeugt seeker, auertjüügd
Überzeugung at auertjüügang (det)
[1]**überziehen** *Konto* auertji *u*
[2]**überziehen** *anziehen* auertji *u*, auernem *u*; **Handschuhe ü.** honkluader auernem
Überzug a auertooch, -tööger (di)
üblich normool; **wie ü.** so üs imer; **das ist hier so ü.** det dää'm hir so
üblicherweise gewöönelk, normoolerwiis [z]
übrig **I.** *Adj* **1** *restlich* auer; **nichts ü. sein** niks auer wees; **das Ü.-e** det ööder; **die ü.-en** a öödern - **2** *übertr:* **etwas/nichts ü. haben für** wat/niks auer haa för
übrigbehalten auerbehual *u*
übrigbleiben efterbliiw [u:] *u*, auerbliiw [u:] *u*
übrigens *Wendg.* **ü.!** harke ans! *od.* wat ik noch sai wul an ei leeg! ('sagen wollte und nicht lügen')
übriglassen auerläät, efterläät
Übung **1** *das Üben* atööwang, -en (det); **ganz aus der Ü. sein** at loong ei muar den haa - **2** *Sportü.* at üübung, -en (det)

Ufer a kaant, -er (di), a ääg, -er (di), a weedersääg, -er (di), at auer, -n (det); **am U.** bi weedersääg
Uferkante a weederskaant, -er (di)
Uferschnepfe a rüütjer, -n (di)

Uferschnepfe a rüütjer

Uferschwalbe at sunswaalk, -en (det), at auerswaalk, -en (det)
Uhr **1** *Zeitmesser* a/at klook, -en (det); **die U. geht nach** a klook slat/gongt efter; **die U. geht vor** a klook gongt föör - **2** *Zeitangabe:* **es ist ein U.** a klook as ian; **wieviel U. ist es?** wat as a klook?; **um wieviel U.?** am hün/tu wat för'n klooktidj? - **3** *übertr:* **rund um die U. arbeiten** trinjam a klook werke
Uhrenarmband a/at klookbäänk, -er (det), a/at iarembian, -er
Uhrgehäuse at klookhüs, -sang [z] (det)
Uhrmacher a klookmaager, -n (di)
Uhrzeiger a wiiser, -n (di) [z]
Ulme a iiperbuum, -er (di), a iiper, -n (di)
[1]**um** *Präp* **1** *örtl.* am; **u. die Ecke** am a huk - **2** *zeitl.:* **u. sechs** am a klook sääks - **3** *betreffend:* **u. nichts in der Welt** am niks uun a/üüb a welt - **4** *bei Verben:* **u. Geld spielen** am jil spele - **5** *übertr:* **u. Himmelswillen!** am hemelswalen!

U

^{2}**um** *Adv* **1** *vorbei* am; **die Zeit ist u.** a tidj as am - **2** *ungefähr* en; **u. ... herum** amanbi; **u. die hundert Euro kosten** en hunert euroo kooste - **3** *übertr:* **u. und u.** am an am

^{3}**um** *Konj* **1** *beim Infinitiv* am; **es ist zu spät, u. noch viel zu tun** at as tu leed, am noch föl tu dun - **2** *bei Komp:* **je früher, u. so besser** am so iarer, am so beeder *od.* a iarer, a beeder; **je älter, u. so schlimmer!** a oler, a doler! (in Bezug auf ältere Männer) *Sprw*

umändern amaanre

umarbeiten ammaage, amwerke

umarmen amnem *u*, uun iarem nem *u*

umbauen ambau; **das Haus u.** at hüs ambau

umbenennen amnääm, en öödern nööm du *u*

umbiegen **1** *etw.* ambüg *u* - **2** *Richtung ändern:* **links u.!** lachts ambüg! *od.* lachts am!

umbinden ambinj *u*, amnem *u*; **das Kopftuch u.** a braanjnöösduk ambinj (Tracht)

umblättern ambleedre, ambleede

umblicken, sich ham amluke, efter/tu bääften luke

umbrechen ambreeg *u*

umbringen **1** ambring *u* - **2** **sich u.** ham ambring, ham tu kurt du *u* - **3** *übertr:* **ich hätte ihn u. können!** ik hed ham wringle/grem küden!

umdenken amseenk *u*

umdisponieren amhalse

umdrehen **1** *etw.* amdrei; (Vogel den Hals) wringle - **2** *wenden* amdrei, amwen, amkring - **3** **sich u.** ham amdrei

Umdrehung at amdreiang, -en (det)

umeinander amenööder

^{1}**umfahren** *überfahren* onerkeer

^{2}**umfahren** *etw.* trinjenamkeer

umfallen **1** *hinfallen* amkap, amfaal *u* - **2** *nachgeben* amkap - **3** *übertr:* **zum U. müde** träät üs en maask ('Made')

Umfang a amfang (di); **den U. messen** trinjenammeed *u*

umfärben amfarwe

^{1}**umfassen** **1** *neu fassen* nei faade; **den Stein u. lassen** di stian nei faade läät

^{2}**umfassen** *umarmen* amfaade, uun iarem nem *u* - **2** *enthalten* haa (hää; hed; hed); **das Buch umfasst 800 Seiten** det buk hää 800 sidjen

umfluten amspeel *u*, amflude

umformen amfuarme, en ööder fuarem du *u*

Umfrage at amfraag, -en (det)

umfragen amfraage

umfüllen amfal

Umgang a amgung (di); **einen schlechten U. haben** en ringen/en slachten amgung haa

umgänglich amgengelk, amgungelk

umgeben *Verb.* **das Haus ist von Bäumen u.** trinjenam't hüs san buumer

Umgebung at amgeegent (det); **in der U. von** trinjenam faan

^{1}**umgehen** **1** *Hindernis* trinjenamgung *u*, trinjenamluup *u* - **2** *vermeiden* amgung *u*, ütj a wai gung *u*

^{2}**umgehen** **1** *sich verbreiten* amgung *u*; **das Gerücht geht um** at woort saad - **2** *mit etw./mit jmdm.:* **er kann nicht mit Leuten u.** hi koon ei amgung mä lidj - **3** *spuken:* **der Tote geht um** di duad gongt am

umgehend gliks, üüb steed; (veralt.) anstuns

Umgehungsstraße a/at amgeeungsstruat, -en (det)
umgekehrt amkiard, ööder wai am; **das war gerade u.** det wiar jüst ööder wai am
umgewöhnen, sich ham amwene
umgießen amjit *u*
umgraben amgreew [u:] *u*, amgrobe
umhaben amhaa *u*
umhalsen a hunen am a hals fu *u*
umhängen **1** *Bild* amhinge - **2** *jmdm. etw.* amhinge; **sich eine Kette u.** ham en keed amhinge
umhauen **1** amhau *u*, amslau *u*; **einen Baum u.** en buum amslau - **2** *übertr:* **einen u.** ään amhau; **ein Glas Bier haut dich nicht um!** ian glääs biir haut di ei am!
umherblicken trinjenamluke
umhergehen ambigung *u*, ambikeure
umherirren ambidesage [z], ambiwilage
umherschauen ambiluke
umherschweifen ambisweewe
umherstreifen ambistrik *u*
umhertollen ambijachte
umherziehen ambistrik *u*, ambitji *u*
umhinkommen *Verb.* **nicht u.** ei amhenkem *u*
umhören, sich ham amharke, ham amhiar
umkehren **1** *umdrehen* amkiar, amdrei; (Schiff) bidrei - **2** *Kleidungsstück* amwen, faan banen tu bütjen drei
umkippen **1** *Glas* amkap, amstört - **2** *ohnmächtig werden* amkap, uun swüm faal *u*
umkleiden, sich ham amklääs [z], ham amtji *u*; (verkleiden) ham amtaakle

umknicken **1** *Buchseite* amknik - **2** *mit dem Fuß* amknui - **3** *Pflanzen* amnjak; **in dem Wind sind alle Blumen umgeknickt** uun di winj san aler bluumen amnjakt
umkommen **1** *sterben* amkem *u* - **2** *verderben* amkem *u*, ferkem *u*; **man soll nichts u. lassen** ham skal niks amkem/ferkem läät
Umkreis a amkreis (di)
umkrempeln aptiawle, aptiarwe, apwole; **die Hosenbeine u.** a boksbian aptiarwe/apwole
umladen amlees *u* [z]
Umlage a/at amlaag, -en (det)
Umlauf *Wendg.* **ein Gerücht in U. bringen** en stak snaak apbring *u*/tu gangs bring *u*
umlaufen **1** *umstoßen* onerrään - **2** *Richtung wechseln* apkramp; **der Wind läuft um** a winj krampt ap
umlegen **1** *jmdm./etw.* amlei *u* - **2** *übertr:* **jmdn. u.** hoker ambring *u*
umleiten amleite, ööder wai sjüür
ummelden ammelde
umnähen amsei
umpacken ampaake
umpflanzen amplaante, amsaat
umpflügen ampluuge
umpusten ampüste
umräumen amrüme; **das Haus u.** at hüs amrüme
umrechnen amreegne
umreißen *niederreißen* amriiw [u:] *u*
umrennen amrään, onerrään
umrücken *Möbel* amskaake, amrok
umrühren amreer
ums am't; **u. Haus** am't hüs; **u. Leben kommen** am't leewent kem *u* *od.* am en hals kem *u*

umsatteln amsaadle

Umsatz a amsliak (di)

umsäumen (Kleidungsstück) amham

umschalten amsjalte

umschauen, sich **1** ham amluke - **2** *übertr:* **sich u. nach** ham amluke am

Umschlag **1** *Verband* a amslach, -er (di), a amsliak, -er (di) - **2** *Briefu.* at kuwäär, -s (det), a amslach, -er (di)

umschlagen **1** *umwenden* amslau *u* - **2** *sich ändern:* **das Wetter schlägt um** at weder slait am - **3** *Ärmel* amtiawe

Umschlagtuch (Teil d. Tracht) a hoodnöösduk, -er (di) [z]

umschmeißen amsmitj *u*

[1]**umschreiben** **1** *Text* neiskriiw [u:] *u* - **2** *auf jmdn* amskriiw [u:] *u*

[2]**umschreiben** *umformulieren* amskriiw [u:] *u*, ferklaare

umschulen **1** *Schule wechseln* amskuule - **2** *Beruf wechseln* amliar

umschütten amsköde

umschwärmen **1** *Insekten* amswarme - **2** *jmdn.* amswerme, amswarme

umsehen, sich **1** *umdrehen* ham amdrei, ham amluke - **2** *nach etw. suchen* ham amluke; **ich will mich nach einem hübschen Kleid u.** ik wal mi amluke am en net kleet - **3** *übertr:* **sie wird sich noch u.** hat skal/wal ham noch wonre/amluke

umsetzen **1** *Gegenstände* amsaat; **ein Rad u.** en wel amsaat - **2** *Geschäfte machen:* **Geld u.** jil amsaat - **3** **sich u.** ham amsat *u*

Umsicht a/at amsoochtaghaid (det), at auerlei (det)

umsichtig amsoochtag

umsinken amsake

umsonst **1** *kostenlos* amsunst, för amsunst, so; **u. wohnen** för amsunst wene - **2** *vergebens* ferjiws [u:], amsunst; **ganz u.** för niks an weder niks - **3** *ohne Grund:* **das habe ich nicht u. gesagt** det haa'k ei man bluat so saad

umspringen **1** *Wind* amspring *u* - **2** *übertr:* **mit jmdm. u.** mä hoker amspring *u*

umspulen amspuule

[1]**umspülen** *umfluten* amspeel *u*, amflude

[2]**umspülen** *reinigen* amspeel *u*

Umstand **1** *Aufhebens* a amstant (di); **was für ein U.!** wat en staheu! - **2** *Beschwernisse:* **Umstände machen** amstenden maage, werk maage - **3** *übertr:* **in anderen Umständen sein** üüb a ööder wai wees; **unter Umständen** oner amstenden; **unter keinen Umständen** üüb arke faal ei, juu ei

umständlich **1** *kompliziert* amstentelk - **2** *langsam:* **u. sein** lungam wees

umstecken amsteeg *u*

umsteigen amstiig *u*

umstellen **1** amstel - **2** *übertr:* **sich u.** ham amstel

Umstellung at amstelang, -en (det)

umstimmen amsteme, amsnaake

umstoßen amstupe, amrään

umstürzen amkap

umtaufen amnääm

umtauschen ambütje

umtopfen ampote, amplaante

umtreiben (Vieh) amjaage, amdriiw *u* [u:]

umtun **1** (Kleidungsstück) amnem *u*; **eine Schürze u.** en skortluk amnem - **2** **sich u.** ham amluke

umwälzen amwäältre

umwandeln 1 ammaage - 2 *übertr:* **wie umgewandelt** üs ütjwakselt

Umweg a amwai, -er (di)

umwehen amwei, ampüste

Umwelt a amwelt

umwenden 1 amwen - 2 *Richtung ändern* wen, drei, amhaale - 2 **sich u.** ham amdrei

umwerfen 1 amsmitj *u*, amrään; **ein Glas u.** en glääs amsmitj *u* - 2 *übertr:* **einen u.** ään amsmitj; **ein Glas Bier, das wirft dich nicht um!** ian glääs biir, det smat di ei am!

umwickeln amwole

umwühlen amwret, amwüüle

umziehen 1 *Wohnung wechseln* skebe, amtji *u* - 2 **sich u.** ham amtji *u*, ham amklääs *u* [z]; (festlich) ham aprede - 3 *übertr:* **lieber einmal abbrennen als zweimal u.** leewer iansis ufbraan üs tweisis skebe *Sprw*

Umzug 1 *Wohnungswechsel* at skebin (det) - 2 *Festzug* a runtsuch (di)

unabänderlich ei tu aanrin

unabhängig ei ufhengag

unablässig oner ääne aanj, uun ianen wech

unabsichtlich ütj fersen

unachtsam ünaachtsoom; **u. sein** ei üübpaase

unangebracht ei uunbroocht

unangemeldet ei uunmeldet, saner beskias tu saien

unangenehm 1 *unerfreulich* ünangeneem, ei net, desag [z] - 2 *peinlich* piinelk - 3 *unsympathisch* leidag; **ein u.-er Mensch** en leidagen kiarel

unanständig gröööw [u:], fülk; **u.-e Witze** gröööw witse

Unart at ünoort, -en (det)

unartig ünoortag, stöönket

unauffällig hiamelk

unauffindbar ei tu finjen

unaufgeräumt ünorntelk, aueraalag; **ein u.-er Schrank** en aueraalag skaab

unaufhörlich oner ääne aanj, uun ianen wech; **es regnet u.** at rinjt uun ianen wech

unausstehlich ei ütjtuhualen, ei ütjtustunen, ei tu geneeten

unbändig ünbendag

unbarmherzig ünbarmhartag

unbeabsichtigt ei mä walem

unbebaut ünbebaud, ei bebaud

unbedeckt naagelt

unbedeutend ünbedüüdin, ünbedüüdend, ei faan bedüüdang

unbedingt *auf jeden Fall* patuu, apsaluut, ünbedingt, juu

unbefangen ünbefangd

unbegreiflich ünbegripelk, ei tu begripen; **das ist mir u.** det koon'k ei begrip

unbehauen ünbehauen

unbeherrscht *Verb.* **u. sein** ham ei uun a gewalt haa

unbehobelt ünbeheewelt, rüch

unbeholfen ünbeholpen

unbekannt frääm, ünbekäänd

unbekleidet naagelt

unbelehrbar ünbeliarboor, ei tu beliaren

unbeleuchtet saner laacht

unbeliebt ei gud lesen [z], ünlesen [z]

unbemerkt saner sen tu wurden

unbenutzbar ei tu brüken

unbenutzt ei brükt, ei benatagt

unbequem 1 ünbekweem, ünmääkelk - 2 *übertr:* **eine u.-e Frage** en ünbekweem fraag

unberechenbar ei ütjtureegnin
unberufen ünberepen
unbeschreiblich ei tu beskriiwen
unbeschrieben blank; **ein u.-er Zettel** en blanken seedel
unbesehen ünbesen
unbesorgt *Wendg.* **sei u.!** maage di man nian surgen! *od.* säärst ei baang wees!
unbeständig ünbestendag; **ein u.-es Wetter** en ünbestendag weder
unbestimmt ünbestimt; **noch u.** noch ei was, noch ei klaar
unbeugsam iisern [z], stifnääket
unbeweglich **1** *steif* stif wurd - **2** *unflexibel:* **u. sein** ei lacht amhalse kön
unbewiesen ei bewiset [z]
unbewohnbar ei tu bewenin
unbewohnt leesag [z]; **u. sein** leesag stun *u*
unbewusst ünbewost
unbezahlbar ei tu betaalin
unbezogen *Betten* ünbetaanj, ei betaanj
unbrauchbar ei tu brüken
unchristlich ei krastelk, ünkrastelk
und **1** *Reihung* an; **ich u. du** ik an dü - **2** *Satzgefüge:* **sie liest Zeitung, u. er sieht fern** hat lääst at bleed, an hi luket fernseen - **3** *Addition:* **zwei u. zwei** tau an tau - **4** *Verbindungen:* **durch u. durch** troch an troch; **über u. über** auer an auer - **5** *Verstärkung:* **u. wie!** an hü!; **na u.?** naa an? - **6** (regional anstelle von *zu*): **das ist nicht leicht u. ziehen alleine ein Kind auf** det as ei lacht tu an tji alianang en kint ap
Undank a ünsoonk (di)
undankbar ünsoonkboor
undenkbar ei föörtustelen, ei ütjtuseenken
undeutlich ündütelk
undicht ei sacht, lääk; **eine u.-e Stelle** en lääk steed
Unding *Wendg.* **ein U. sein** en ünding wees
unduldsam ündülag
undurchlässig sacht
undurchsichtig **1** ündöörsichtag - **2** *übertr:* **das ist eine u.-e Angelegenheit** det as en ündöörsichtag saag *od.* diar luket'am ei troch
uneben **1** knoltrag, üneewen - **2** *übertr:* **nicht u.** ei üneewen
unecht faalsk
unehelich üneehelik; (veralt.) üniarelk; **ein u.-es Kind** en üneehelik kint
unehrlich üniarelk
uneinig ünians, ünianag, ünsaacht
uneins ünians; **u. werden** ünsaacht wurd
uneinsichtig swäärs
unempfindlich ei emfintelk, ünemfintelk
unendlich **I.** *Adj* ünentelk - **II.** *Adv* iiwag; **u. viele Leute** iiwag föl lidj
unentbehrlich *Verb.* **u. sein** ei saner wees kön; **sie ist u.** ham koon ei saner ham
unentgeltlich amsunst, man so
unentschlossen twiiwlag, uun twiiwel
unentwegt stüdag, stüdag an gedüürag
unerfahren ünerfaaren
unerhört *Verb.* **das ist ja u.!** det as jo rian tu dol!
unerklärlich *präd* ei tu begripen, ei tu ferstunen

unermesslich ünmiatag
unersättlich *präd* ei tu falen
unerschwinglich *präd* ei tu betaalin
unerträglich *präd* ei ütjtuhualen
unerwartet *präd* ünferwaans
unerzogen ünoortag, stöönket
unfähig *präd* **1** *untauglich* ünfeeag, ei tu brüken - **2** *nicht imstande:* **er ist u., sich zu bewegen** hi koon ham ei reer
Unfall a ünfaal, -er (di), at malöör, -en (det); **einen U. haben** en ünfaal haa *u*, tu malöör/tu miat kem *u*
unfassbar *präd* ei tu liawen [u:]
unförmig ünfuarmag
unfreundlich ünfrinjelk
Unfriede **1** a ünfrees (di) [z]; **U.-n stiften** iarag stifte - **2** *übertr:* **Friede ernährt, U. verzehrt** frees neeret, ünfrees teeret *Sprw*
unfruchtbar ünfrüchtboor
Unfug at dom tjüch (det); **U. treiben** dom tjüch maage
ungebräuchlich ei föl brükt
Ungeduld at ündül (det); **voller U.** foler ündül
ungeduldig ündülag, ünhelen
ungeeignet ei tu brüken
ungefähr *Adv* üngefeer, sowat, amanbi, bomlag, slompag, en; **er ist u. achtzig** hi as amanbi tachentag; **u. hundert Leute** en hunert lidj
ungefährlich üngefeerelk, ei gefeerelk
ungefrühstückt saner doord
ungehalten ünhelen, üntumud
ungeheizt ei heitset
ungeheuer *Adv* bütjen aler miaten, ünwis, böös [z]; **u. groß** böös grat; **u. viel** ünwis föl
Ungeheuer at ündiart, -en (det)
ungehindert ünhanert
ungehobelt **1** ünbeheewelt - **2** *übertr:* üntumaaget
ungehörig ünmaniarelk; **so etw. ist u.** so dää'm ei
ungehorsam ünoortag; **u. sein** ei harke
ungekämmt ei tjimd
ungelegen üngeleegen, ünpaaselk, üntupaas; **ich möchte nicht u. kommen** ik maad ei üntupaas kem
ungelenkig stif
ungelogen üngeloogen, rocht woor, ei laanj; **der Aal war u. so dick wie mein Arm!** di ial wiar rocht woor so sjok üs man iarem!
ungelöst ei liaset [z]
ungemein üngemian, ünweden; **das hat mich u. beeindruckt** det hää mi üngemian beiindrüket
ungemütlich üngemüütelk
ungenau üngenau
ungenießbar ei tu geneeten
ungenügend ei nooch
ungepflegt ei bi a rä, ei pleeget
ungerade ünpaar, ünlik
ungerecht üngerocht, gemian
ungern ei hal; **das sehe ich u.** diar san ik ei föl am
ungeschickt toflag, dömkag, ünbeholpen
ungeschliffen *grob* grööw [u:]
ungesehen saner sen tu wurden
ungestört ei stiard; **allein und u. sein** at sklööl alianang haa
ungesund ünsünj, ei sünj; **Rauchen ist u.** riken as ei sünj
ungewandt ünbeholpen
ungewiss ei was, ei seeker

ungewöhnlich üngewöönelk

ungewohnt ünwens, ünwen; **u.-e Arbeit** ünwen werk

Ungeziefer at üntjüch (det)

ungezogen ünoortag, ünmaniarelk, stöönket

unglaublich **1** *nicht zu glauben* ei tu liawen [u:] - **2** *ungeheuer* ünwis; **u. viel** ünwis föl

ungleich ünlik, ei like; **u. verteilt** ünlik ferdiald

ungleichmäßig ünlikmiatag, ei likedenang

Unglück **1** *Missgeschick* at ünlok (det) - **2** *Pech* at malöör (det) - **3** *übertr:* **ein U. kommt selten allein** arke ünlok wal en maaker haa ('Begleiter') *od.* ian ünlok komt selten alianang *Sprw*

unglücklich **1** *nicht günstig* ünlokelk, desag [z]; **ein u.-es Ende nehmen** en desagen aanj nem *u* - **2** *niedergeschlagen* benaud, ünlokelk

ungültig üngültag; **u. sein** ei muar gültag wees

ungünstig üngonstag, ei gonstag

ungut *Wendg.* **nichts für u.!** niks för üngud!; **ein u.-es Gefühl haben** nian gud gefüül haa

unheilbar ei tu hialin

unheimlich **1** *nicht geheuer* ünhiamelk - **2** *gewaltig:* **gestern hatten wir einen u.-en Sturm** jister hed wi en ünhiamelken sturem; **u. viele Leute** ünhiamelk/bütjen aler miaten föl lidj

unhöflich ünhöfelk

Uniform a/at ünifor(e)m, -rmer (det); (Militär) at saldootentjüch (det)

uninteresant ünintresant, ei intresant

Universität at huuchskuul, -en (det)

unklar ei klaar

unklug ei kluuk

unkompliziert **1** ianfach - **2** *übertr:* **er/sie ist u.** hi/hat as gud tu haaen *od.* hi/hat as lacht tu slitjen

Unkosten a ünjilen (jo), a ünkosten (jo)

Unkraut **1** at kuad (det), at ünkrüüs (det) [z]; **U. jäten** jüde - **2** *übertr:* **U. vergeht nicht** ünkrüüs fergongt ei *Sprw*

unlängst föör kurten

unleserlich ei tu leesen [z]

unlösbar ei tu liasin [z]

unmanierlich ünmaniarelk, ünskakelk

unmäßig ünmiatag

Unmengen bonker an berger

Unmensch *Wendg.* **kein U. sein** nään ünminsk wees

unmenschlich ünminskelk

unmittelbar lik; **u. bevorstehen** lik beföörstun *u*

unmodern ütj a muude

unmöglich **1** *nicht möglich* ei mögelk; **u. sein** ei tu dun wees - **2** *normabweichend:* **ein u.-es Kleid** en ünmögelk kleet

unnatürlich ünnatüürelk

unnötig ei nuadag

unnütz ünnatag; **u.-es Zeug** ünnatag kroom

unordentlich ünorntelk; **u. angezogen** ei orntelk uun tjüch

Unordnung at ünortnang (det); **in U.** uun't hunertst an düüsenst, uun huup, uun hobel, ei bi a rä wees; **in U. bringen** uun huup fu *u*; **was für eine U.!** wat'n tustant!

unpassend **1** *ungelegen* ünpaasent - **2** *unschicklich* ei skakelk

unpässlich ei tu paas
unpersönlich ünpersöönelk
unpraktisch **1** *ungeschickt* amstentelk, lungam - **2** *nicht praktisch* ei redag
unpünktlich ünpünktelk, leed
unrasiert ei raaget, rüch
Unrat at skitj an stront (det)
unrecht **1** ünrocht - **2** *übertr:* **u. Gut gedeihet nicht** ünrocht gud deiet ei *Sprw*
Unrecht at ünrocht (det); **im U. sein** ferkiard wees
unregelmäßig ünreegelmiatag, ünstüdag; **der Puls geht u.** a pols gongt ünstüdag
unreif ei rip, ünrip
Unruhe at ünrau (det); **in U. versetzen** aprets maage, ünrauag maage
unruhig ünrauelk, ünrauag; **was für ein u.-er Mensch!** wat en ünrüst!
uns **I.** *Personalpron* üs; **das gehört u.** det hiart üs; **bei u. zu Hause** bi üs aran - **II.** *Reflexivpron* üs; **wir lieben u.** wi mei üs; (reziprog) **wir schreiben u.** wi skriiw üs *od.* wi skriiw enööder
unsauber granjag, swinag, ei rian, fül
unscheinbar ünskiinboor, niksag; **eine kleine u.-e Person** en letj niksag ian
unschicklich *Verb.* **das ist u.** det hiart ham ei *od.* so dää'm ei
unschlüssig *Verb.* **u. sein** ei gans ians wees
unschön ei net wees
unschuldig ünskilag, ei skilag
unser üüs, üüsen [z] (o. Subst); (mehrere Besitzer) üsens; **das ist u.-e Tochter** det as üüs foomen; **das sind u.-e** det san üüsen; **u. Verein** üsens ferian; **Vater U.** üüs aatj (die Bibel)
unsereiner so ään üs ik, üsään, üsmanag
unseresgleichen üsensgliken
unserethalben üsenshalwen, faan üs ütj
unseretwegen am üs, auer üs
unsicher ünseeker, ei seeker
Unsicherheit a/at ünseekerhaid, -en (det)
unsichtbar ünsichtboor
Unsinn **1** *dummes Zeug* a ünsan (di), at dom tjüch (det), piitjepatje kroom; **ach, U.!** piitjepatje! - **2** *Unfug:* **macht keinen U.!** maage'm nian dom tjüch!
unsinnig ünsanag
Unsitte at ünoort, -en (det)
unsrige üüsen [z]
unsymphatisch ünsümpaatisj; **er ist mir u.** ham mei ik ei
unten **1** oner, onern, deel; **u. am Hafen** deel bi a huuwen; **nach u.** tu/efter onern; **von u.** faan onern - **2** *übertr:* **dort u. leben** deel uun süüden lewe (d. h. in Süddeutschland)
untenherum oneram
untenliegen onerlei *u*
unter **1** *unterhalb* oner; **u. Wasser** oner weeder - **2** *zwischen:* **u. den Leuten** oner at lidj - **3** *weniger als:* **u. achtzehn** oner aagetaanj - **4** *während:* **u. dem Gottesdienst** oner a hööwtidj - **5** *übertr:* **u. einer Decke stecken** oner ian deek stege; **u. den Hammer kommen** oner a höömerk kem *u*; **u. der Hand** oner a hun; **das bleibt u. uns** det blaft oner üs; **u. der Erde** oner a eerd
Unterarm a oneriarem, -rmer (di)
Unterbett at onerbaad, -en (det)
unterbieten onerbad *u*

U

unterbinden onerbinj *u*

unterbleiben onerbliiw [u:] *u*

unterbrechen onerbreeg *u*

Unterbrechung *Wendg.* **ohne U.** oner ääne aanj, uun iane tuur

unterbringen 1 *beherbergen* onerbring *u*; **die Leute können wir leicht u.** wi fu at lidj saacht onerbroocht; **wieviel Leute könnt ihr u.?** hüföl lidj kön jam haa? - **2** *gedankl. einordnen* henbring *u*; **ich kann ihn nirgendwo u.** ik koon ham nochhuaren henbring

Unterbringung at kwatiar, -en (det); **wie war die U.?** hü san jam onerbroocht wurden?

unterdessen iintesken, iintwesken

unterdrücken 1 *unterjochen* onertrak - **2** *zurückhalten:* **das Lachen nicht u. können** at laachin ei läät/ei ferknip kön *u*

unterducken onerdük

unterdurch 1 onertroch - **2** *übertr:* **u. sein** onertroch wees

untereinander onerenööder

Unterfutter at onerfuder (det)

unterfüttern onerfudre

Untergang a onergung (di)

untergehen onergung *u*

untergraben onergreew [u:] *u*, onergrobe

Untergrund a onergrünj (di)

unterhaken onersnaare

unterhalb oner; **u. des Dorfes** oneram, oner saarep

Unterhalt a onerhual (di); **U. zahlen** onerhual betaale

[1]**unterhalten 1** *versorgen* onerhual *u*, apkem för *u* - **2** *in Stand halten:* **ein Haus u.** en hüs onerhual - **3** *zerstreuen:* **die Leute u.** a/at lidj onerhual - **4** *vergnügen:* **sich u.** ham onerhual, at net haa - **5** *reden:* **sich u.** ham onerhual, en stak snaak haa

[2]**unterhalten** *unter etw.* onerhual *u*, iinonerhual *u*

Unterhaltung 1 *Kosten* at onerhualang (det) - **2** *Gespräch* at stak snaak (det), at onerhualang (det)

Unterhemd at onersjürt, -en (det); (Frauenu.) a smook, -er (di)

unterhöhlen onerhölke, onerhööle

Unterhose a/at onerboks, -en (det)

Unterirdischer (Zwerg als Sagengestalt) at onerbäänke, -kin (det)

Unterkante a onerkaant, -er (di)

unterkellern onerkäälre

Unterkiefer at onertjaap, -en (det), at kentjaap, -en (det)

Unterkommen at onerkemen (det)

unterkommen onerkem *u*

unterkriechen onerkrep *u*

unterkriegen onerfu *u*; **sich nicht u. lassen** ham ei onerfu läät

unterkühlen onerkeel *u*

Unterkunft at kwatiar, -en (det)

Unterlage a/at onerlaag, -en (det)

Unterlass *Wendg.* **ohne U. regnen** a hialer tidj/uun ianen wech riin *u*

unterlegen *Vb* onerlei *u*, iinonerlei *u*

unterlegen *Adj* onerlaanj

Unterleib at onerlif (det)

Unterlippe at onerlap, -en (det)

untermengen iinonerreer,

unternehmen onernem *u*, maage; **etw. dagegen u.** wat diarjin onernem

Unternehmen 1 *Betrieb* at onernemen (det), a bedriiw, -en (di) [u:], a bedrift, -en (di) - **2** *Unterfangen:* **ein halsbrecherisches U.** en halsbreegen onernemen

Unternehmer a onernemer, -n (di)

Unteroffizier a onerofsiar, -s (di)

unterordnen, sich ham onerordne

unterpflügen onerpluuge

Unterricht **1** *Unterweisung* a onerracht (di); **U. geben** onerracht du *u* - **2** *Schulu.* at skuul (det), a onerracht (di); **der U. beginnt um acht** a onerracht begant a klook aacht

unterrichten **1** *unterweisen* onerracht; **sie unterrichtet Friesisch** hat onerracht öömrang - **2** *informieren:* **jmdn. davon u.** hoker bööd diarfaan du *u*

Unterrock a onerpei, -er (di)

untersagen ferbad *u*

unterschätzen onersjetse

unterscheiden **1** onerskias [z] *u*; ütjenööderhual *u*; **sich u.** ham onerskias *u*; **sich preislich u.** uun a pris skeel *u* - **2** *übertr:* **Mein und Dein nicht u. können** min an din ei onerskias kön (d.h. stehlen)

unterschieben onersküüw [u:] *u*

Unterschied **1** a onerskias, -er (di) [z]; **zwischen den beiden ist kaum ein U.** diar as man letjet onerskias üüb jo tau - **2** *übertr:* **ein U. wie Tag und Nacht** en onerskias üs dai an naacht

unterschiedlich onerskiaselk [z], ünlik

[1]**unterschlagen** *veruntreuen* onerslau *u*; **Geld u.** jil onerslau

[2]**unterschlagen** *etw. kreuzen* onerslau *u*; **die Beine u.** a bian onerslau

Unterschlupf at onerkrep (det), at iinkrep (det)

unterschlüpfen (iin)onerkrep *u*

unterschreiben onerskriiw [u:] *u*

Unterschrift a/at onerskraft, -en (det)

Unterseite a/at onersidj, -en (det)

untersetzen onerdu *u*, onersaat

untersetzt onersaat

Untersetzer a onersaater, -n (di), at poonburd, -en (det)

unterste **1** onerst; **die u. Karte** at onerst koord - **2** *übertr:* **aus der u.-n Schublade** ütj at onerst sküf

unterstehen **1** *jmdm.* onerstun *u* - **2** **sich u.** ham onerstun *u*; **untersteh dich!** dat dü det ei deest!

[1]**unterstellen** **1** *unter etw.* onerstel, iinonerstel - **2** **sich u.** ham sküle

[2]**unterstellen** *Negatives behaupten:* **jmdm. etw. u.** hoker wat eftersai *u*

unterstreichen **1** onerstrege - **2** *übertr:* onerstrik *u*, betuane

unterstützen halep (holep; holpen), onerstütse

Unterstützung at halep (det)

untersuchen onersjük *u*

Untersuchung at onersjükang (det), at onersjüken (det); **wie ist die U. ausgefallen?** hü as at onersjüken ütjfäälen?

Untertasse a skütel, -tler (di)

untertauchen **1** onerdük - **2** *übertr:* onerdük, ferswinj *u*

Unterteil at onerdial (det)

unterteilen apdial, apskaft

untertreiben onerdriiw [u:] *u*

unterversichert onerferseekert

Unterwäsche at onertjüch (det); **die U. wechseln** at onertjüch waksle

unterwegs **1** onerwai, üüb a wai - **2** *übertr:* **bei ihr ist wieder etw. u.** bi ham/hör komt weder wat *od.* diar as weder wat onerwai bi ham/hör; **ständig u. sein** imer tuwais wees

unterzeichnen onertiakne, onerskriiw [u:] *u*

unterziehen *Kleidung* onertji *u*, iinonertji *u*

Untiefe at flaakens (det), at flaak steed, -en (det)

Untier at ündiart, -en (det)

untreu üntrau, üntreu; **sie ist ihrem Mann noch niemals u. geworden** hat as a maan noch nimer üntreu wurden

unüberlegt saner tu auerleien

unübersehbar ei tu auerlukin

unumgänglich ei tu amgungen

ununterbrochen oner ääne aanj, uun iane tuur, uun ianen wech; **es regnet u.** at rinjt oner ääne aanj

unverändert alikedenang

unverantwortlich ünferoontwurdelk, ei tu feroontwurdin

unverbesserlich ünferbeederlik

unverfroren drist

unvergessen ei ferjiden

unverheiratet ei befreid, ünbefreid; **sie ist u. geblieben** hat as alianang blewen *od.* hat hää ham ei befreid

unverhofft ünferwaans, üüb mool

unverkäuflich ei tu ferkuupin

unverkennbar gliks tu käänen

unverletzt hial; **er ist u. geblieben** hi hää niks uffüngen

unvermittelt skoor, üüb mool

unvermutet ünfermuuden, ünferwaans

unvernünftig ünkluuk, ünfernünftag

unverputzt ei ferpotset

unverrichtet *Wendg.* **u.-er Dinge heimkehren** mä blank saiel amkem *u*/wederkem *u* ('mit blankem Segel')

unverschämt ünfersköömet; **eine u.-e Antwort geben** en ünfersköömet oonswaar du *u*

Unverschämtheit a/at frechhaid, -en (det)

unverschuldet saner aanj skil

unversehens mä mool, ünfersens, skoor; (veralt.) klakluas; **er ist u. gestorben** hi as skoor stürwen

unversehrt hial

Unverstand a ünferstant (di)

unverständig watluas

unverständlich ei tu ferstunen, ei tu begripen

unversucht *Verb.* **nichts unversucht lassen** ales fersjük

unverzagt ei ferknöt

unverzollt ei fertolet

unvollständig ei folstendag; **die Sammlung ist noch u.** at saamlang as noch ei folstendag

unvorhergesehen ünferwaachtet

unvorsichtig ünföörsichtag

unvorstellbar ei tu liawen [u:]

unvorteilhaft *ungünstig:* **u. gekleidet sein** grutjag uuntaanj wees, tugrutjet wees

unwahr ei woor

Unwahrheit *Wendg.* **die U. sagen** leeg (locht; loog; laanj)

unwahrscheinlich ünwoorskiinelk

unweit ei widj wech faan, nai bi; **u. Norddorf** nai bi Noorsaarep

Unwetter at ünweder, -n (det), at hemelsweder, -n (det); **ein schreckliches U.** en skrekelk ünweder

unwichtig ei wichtag, ei faan belang

unwillig swäärs

unwohl ring tu wais, slacht tu mud, ei gud

unzählige ünentelk föl

Unzeit *Wendg.* **zur U. kommen** tu'n üntidj kem *u*

unzerbrechlich ei uunstaken tu fun

unzertrennlich *Verb.* **sie sind u.** jo san ei faanenööder tu fun

unzufrieden üntufrees [z], üntumud

unzuverlässig *Verb.* **er ist u.** üüb ham könst di ei ferläät

uralt stianual

urbar uurboor

Urgroßmutter at ualoome, -min (det)

Urgroßvater a ualualaatj, -en (di)

Urenkel a uurenkel, -kler (di)

Urin at pasang (det), at weeder (det)

urinieren pase, struale

Urkunde a/at uurkunt, -kunden (det)

Urlaub a uurlaup (di); **in U. fahren** uun uurlaup keer

Urlauber **1** *Gast* a baademaan, -er (di), a baasemaan, -er (di) - **2** *Gäste* a baadelidj (jo), a baaselidj (jo), a uurlaubers (jo)

Urlauberin at baadewüf, -en (det), at baasewüf (det)

Ursache **1** a/at uursaag, -en (det), a grünj, -er (di) - **2** *übertr:* **keine U.!** ei diarför!

Urteil at ordial, -en (det)

urteilen ordiale, racht

usw. asw.

Utersum (Föhr) Ödersam

Utersumer a ödersamer, - (di)

---

v, V

Vagabund a striker, -n (di), a driiwer, -n (di)

Vanille at fanile (det)

Vanilleeis at fanileis (det)

Vanillepudding at güülpodang (det), at fanilepodang (det)

Vanillesoße at güül diiwang (det)

Vase a/at bluumpot, -en (det), at waas, -en (det) [z]

Vater a aatj, -en (di); **mein V.** man/üüs aatj; **von V.-s Seite** faan aatjens ääg; **ganz der V.** a aatj ap an deel; **V.unser** üüs aatj (Gebet)

Vaterland at feederlun

väterlicherseits faan/üüb aatjen ääg; **meine Großmutter v.** min ualmam üüb aatjen ääg

Vaterunser at faaterunser

Veilchen **1** at fiijuul, -en (det) - **2** *übertr:* at blä uug (det)

Ventil at klap, -en (det), at wentiil, -en (det)

verabreden **1** ufsnaake, ufmaage - **2** **sich v.** ham draap, ham määt; **ich habe mich um fünf Uhr verabredet** ik draap/määt mi mä hoker am a klook fiiw

verabschieden, sich adjis sai *u*, tsjüs sai *u*

verachten feraachte

veralten feruale

veraltet ual; **das Wort ist v.** det wurd as ual *od.* det wurd woort ei muar brükt

veränderlich lüünsk, feraanerlik
verändern **1** feraanre, aanre - **2** **sich v.** ham feraanre - **3** *übertr:* **sie beabsichtigen, sich zu v.** jo haa uun san/haa föör, jo tu feraanrin
Veränderung at feraanrang, -en (det)
verankern ferankre
veranlagen feruunlaage
veranlagt feruunlaaget; **so v. sein** at so oner ham haa
veranlassen *Verb.* **jmdn. v.** hoker diartu fu *u*
veranstalten ütjracht, feruunstalte
verantworten **1** feroontwurde, diarför likstun *u* - **2** **sich v.** ham feroontwurde
verantwortlich feroontwurdelk; **jmdn. dafür v. machen** hoker diarför feroontwurdelk maage *od.* hoker a skil du *u*
Verantwortung at feroontwurdang (det)
verarbeiten ferwerke
verarbeitet ferwerket; **v.-e Hände** ferwerket hunen
verärgern feräärgre *u*; **verärgert sein** fereragt wees
verarmen feraarme; **völlig verarmt** tutaal feraaremt
veräußern ferkuupe *u*
verballern ferbalre
Verband **1** *Wundverband* a ferbant, -er (di), at wolang, -en (det) - **2** *Zusammenschluss* a ferbant, -er (di)
verbannen ferbane
verbauen **1** *Baumaterial* ferbau - **2** *zubauen:* **die Aussicht v.** a ütjsicht ferbau - **3** *übertr:* **er hat sich alles verbaut** hi hää ham ales ferbaud
verbeißen **1** *Gefühl unterdrücken* ferbitj *u*, ferknip *u*; **sich das Lachen v.** ham at laachin ferbitj/ferknip - **2** *sich festbeißen* ham fäästbitj *u*
verbergen **1** fersteeg *u* - **2** **sich v.** ham fersteeg - **3** *übertr:* **nichts zu v. haben** niks tu ferhiamelkin haa
verbessern ferbeedre
Verbesserung at ferbeedrang, -en (det)
Verbeugung a diiner, -n (di) (nicht mehr gebräuchlich)
verbeult ferboolet, küdjag, delkag
verbiegen ferbüg *u*
verbiestern, sich (norddt.) *sich verirren* ham ferbistre
verbiestert (norddt.) *durcheinander* ferbistert
verbieten **1** ferbad *u* - **2** *übertr:* **sich den Mund nicht v. lassen** ham a müs ei ferbad läät *u*
verbilligen, sich bilager wurd
verbinden ferbinj *u*
verbindlich fääst, ferbintelk
Verbindung **1** *Verknüpfung* at ferbinjang, -en (det) - **2** *Kontakt:* **wir bleiben in V.!** wi hiar weder faanenööder!
verbissen *Verb.* **es nicht so v. sehen** at ei so naar sä *u*
verbitten ferbad *u*
verbittert ferbatert
verblassen ferblik, ufblik, ütjblik
verbleiben **1** *bleiben* bliiw [u:] (blaft; blääw [u:]; blewen) - **2** *vereinbaren* ferbliiw [u:] *u*; **wie wollen wir v.?** hü wel wi det nü?
verbleichen ferblik, ufblik, ütjblik
verblöden ferdome; **ich will hier nicht v.** ik wal hir ei ferdome
verblüffen auerrasje; **ich war ganz verblüfft** ik wiar rocht faan a fet ('von den Füßen')

verblühen ferbleu

verbluten ferblude, ferbläät *u*

[1]**verborgen** *Vb* (ausleihen) ütjlian

[2]**verborgen** *Adj* (heimlich) hiamelk

verboten **1** ferbeeden; **Rauchen ist hier v.!** hir mut'am ei rik! - **2** *übertr:* **das sieht v. aus** det sjocht ferbeeden ütj

Verbrauch a ferbrük (di)

verbrauchen **1** apbrük, ferbrük - **2** *übertr:* **alt und verbraucht** ual an apsleden

verbrechen ferbreeg *u*, ütjfreed *u*

Verbrechen at ferbreegen (det)

Verbrecher **1** a ferbreeger, -n/- (di); - **2** *übertr:* **das sind die reinsten V.** det san a rianste ferbreegern

verbreiten **1** *weitererzählen* oner't lidj bring *u*, fertel; **überall v.** auer lun an lidj bring *u* - **2** *vorkommen:* **verbreitet sein** föl föörkem *u* - **3** **sich v.** ham ütjbriad *u*, ham ferbriad *u* - **4** *übertr:* **sich wie ein Lauffeuer v.** gung üs en luupen ial *u*

verbreitern ferbriadre, briader maage

verbrennen **1** *etw.* apbraan, ferbraan - **2** *versengen* ferbraan; **die Weiden sehen ganz verbrannt aus** a fäänen sä gans ferbraand ütj - **3** **sich v.** ham braan - **4** *übertr:* **sich den Mund v.** ham a müs ferbraan

verbringen tubring *u*, ferbring *u*; **ein paar schöne Tage v.** hög net daar ferbring

verbrühen ferbraan

verbuchen ferbuke

verbuddeln fergrobe, ferbode

verbummeln ferduudle, ferbomle, fertjungle

verbürgen, sich ham ferbürge

Verdacht a ferdacht (di); **im V. haben** üüb'n kiiker/uun ferdacht haa

verdächtig ferdechtag

verdammen ferdame

verdammt **1** *sehr:* **v. hungrig sein** ferdreit hongrag wees - **2** *übertr:* **v. noch mal!** ferdreit noch ans tu!

verdampfen ferdampe

verdanken fersoonke; **wir haben ihm viel zu verdanken** wi haa ham föl tu fersoonkin

verdauen **1** ferdau - **2** *übertr:* **das muss ich erst mal v.** det skal ik iarst ans ferknuuse/ferdau [z]

Verdauung at ferdauang (det); **eine schlechte V. haben** hard faan't lif wees

Verdeck at ferdek (det); (Kinderwagen) at kap, -en (det)

verdenken ferseenk *u*; **ich kann es ihm nicht v.** diar koon ik ham ei uun ferseenk

verderben **1** *unbrauchbar werden* ferderew [u:] (ferdareft; ferdoorew [u:]; ferdürwen); **v. lassen** tunantkem läät - **2** *schädigen:* **sich die Augen v.** a uugen tunantmaage; **sich den Magen v.** ham a maag ferderew - **3** *übertr:* **den Abend v.** a inj ütjskään/ferderew; **es mit jmdm. v.** at mä hoker ferderew

Verderben **1** at ferderew (det) [u:] - **2** *übertr:* **auf Gedeih und Verderb** üüb gedei an ferderew

verdeutschen fersjiiske

verdeutlichen dütelk maage

verdienen **1** fersiine; **Geld v.** jil fersiine - **2** *übertr:* **Prügel v.** sliak fersiine

Verdienst **1** *Gehalt* a luan (di) - **2** *Leistung* a fersiinst (di)

verdonnern ferdonre
verdoppeln ferdoble
verdorren ferdrüge
verdrecken ferkuade
verdreckt fül, skitjag
verdrehen **1** ferdrei; **die Augen v.** mä a uugen gluai/drei - **3** *übertr:* **jmdm. den Kopf v.** hoker at hood ferdrei
verdreht ferdreid
verdreschen ferklupe, ferjakle
verdrießen fertret
verdrießlich fertretelk, mopsag
verdrossen grantag, wraantag
verdrücken **1** fertrak - **2** **sich v.** ham fertrak
Verdruss a komer (di), a fertret (di)
verduften ütjnei, ufhau
verdummen ferdome
verdunkeln **1** jonk maage - **2** **sich v.** jonke, jonk wurd
verdünnen fersane
verdursten **1** fersaste - **2** *übertr:* **wir sind am V.!** wi san uun fersastin!
verdutzt plat, baf, ferbaaset [z]
verehren feriare
vereidigen iinsweer *u*, fereidage
Verein a ferian, -er (di); **der Amrumer V.** a Öömrang Ferian
vereinbaren ufmaage, beraame, beslütj *u*
vereinfachen ianfacher maage, ferianfache
vereinigen **1** ferianage - **2** **sich v.** ham tuupslütj *u*
vereinsamt ferweid, ferläät
vereinen **1** ferianage; **wieder vereint sein** weder ferianagt/weder tuup wees - **2** *übertr:* **mit vereinten Kräften** mä maans halep
vereinzelte enkelten
vereisen friis [z] (frist; froos [z]; freesen [z]); apfriis [z] *u*
vereiteln ferhanre
verenden kripiare
vererben ferarwe
verfahren **1** *vorgehen* föörgung *u* - **2** *mit d. Auto:* **eine Menge Benzin v.** en bonk spriit ferkeer - **3** **sich v.** ferkiard keer
Verfahren at ferfaaren (det)
Verfall a ferfaal (di)
verfallen **1** *baufällig werden* ferfaal *u*; **die Vogelkoje ist v.** a kui as ferfäälen; **alt und v.** ual an romlag - **2** *ungültig werden* ferfaal *u* - **3** *abhängig werden von:* **dem Alkohol v.** iin uun't süpen raage - **4** *auf etw. v.* ferfaal üüb *u*
verfangen, sich ham ferfang
verfärben, sich **1** *Farbe ändern* ham ferklööre - **2** *blass werden* a klöör smitj *u*
Verfasser a skriiwer, -n (di), a ferfaader, -n (di)
Verfassung *Zustand* at ferfaadang (det); **in schlechter V. sein** uun en böös ferfaadang wees
verfaulen apröööde, ferrööde; **verfaulte Äpfel** ferröödet aapler
verfehlen **1** ei draap - **2** *sich v.* bienööder föörbiraage, ham masgung *u*; **wir haben uns verfehlt** wi san üs masgingen - **3** *übertr:* **den Beruf verfehlt haben** at ferkiard werk/at ferkiard baantje haa
verfeindet fertörnd, ferfiindet; **völlig v.** tuup üüb ääg an ood; **sie sind schon seit Jahren v.** jo san al sant juaren fertörnd
verfeinern fiiner maage, ferfiinre

verfilzt tuupsjistet
verfinstern, sich jonk wurd
verfliegen 1 *Aroma* fergung *u* - **2 sich v.** ferkiard flä *u*, ham ferflä *u*
verflixt *Interj* ferdreit, ferduure; **v. und zugenäht!** ferdreit noch ans tu! *od.* skitj uk!
verflossen ferleeden, fergingen
verflucht *Interj* ferdreit; **v. noch mal!** ferdreit noch ans tu!
verfolgen ferfulge
verfrachten ferfrachte
verfressen ferfreeden
verfroren 1 *durchgefroren* bekolagt, bestorket - **2** *kälteempfindlich:* **v. sein**: kolag *od.* en kolkaat wees
verfrüht tu ääder; **sich v. haben** üüb a iar ääg wees
verfügen 1 *bestimmen* besteme - **2** *über etw. v.:* **über genug Geld v.** nooch jil haa
verführen ferfeer
Verführung at ferfeerang (det)
verfüttern ferfudre
vergällen ütjskään
vergammeln ferrööde
Vergangenheit *Verb.* **in der V.** iar; **das ist V.!** det as weesen!
vergänglich fergengelk
vergeben 1 *verzeihen* ferjiw [u:] (ferjaft; ferjääw [u:]; ferjiwen); **die Sünden v.** a sanen ferjiw - **2** *weggeben:* **das Zimmer ist schon v.** det rüm as al wech - **3** *übertr:* **das ist vergessen und v.** det as ferjiden an ferjiwen

vergeblich ferjiws [u:], amsunst; **v. warten** ferjiws teew
vergehen 1 fergung *u*; **vergangenes Jahr** ferleeden juar; **die Zeit vergeht** a tidj fergongt - **2** *übertr:* **einem Hören und Sehen v.** ään hiaren an sen fergung *u*
vergelten ferjil
vergessen 1 ferjid (ferjat; ferjood; ferjiden); **das habe ich ganz v.** det haa'k tutaal ferjiden/ferswäät - **2** *übertr:* **den kannst du v.!** ham könst ferjid! *od.* ham könst iin uun a tan treed!; **das werde ich dir nie v.** det wal'k di nimer ferjid
Vergessenheit *Verb.* **in V. geraten** ferjiden wurd
vergesslich ferjidelk, tjunglag, duudlag, kurt faan soochter, dööwag; **v. werden** tjunglag wurd
vergewaltigen fergewaltage
vergiften 1 gift du *u*, fergifte - **2 sich v.** gift nem *u*
vergilben güül wurd
Vergleich 1 *Ausgleich* a ferlik, -er (di) - **2** *Gegenüberstellung:* **im V. zu ihr ist sie schlank** jinauer ham/hör as hat slaank - **3** *übertr:* **ein magerer V. ist besser als ein fetter Prozess** en maageren ferlik as beeder üs en fääten pruses *Sprw*
vergleichen 1 ferlike; **verglichen mit** bi, jinauer - **2 sich v.** ham ferlik
verglühen fergleu
vergnügen, sich at net haa
Vergnügen a spoos (det); **viel V.!** föl spoos!
vergnügt ferneed, fergnööcht; **ein v.-er Abend** en neten inj
vergolden fergulde; **eine vergoldete Kette** en ferguldet keed
vergönnen fergon; **nicht vergönnt sein** ei gonen wees
vergraben fergreew [u:] *u*, begrobe
vergrätzt gnadrag, gretsag

vergreifen, sich ham fergrip *u*
vergriffen fergreben; **das Buch ist v.** det buk as fergreben/ei muar tu fun
vergrößern fergratre, grater maage
vergüten fergüüde
verhaften ferhafte, fäästnem *u*, mänem *u*
verhaken, sich ham ferhaage
verhalten, sich 1 *aufführen* ham ferhual *u* - **2** *zusammenhängen* ham tuupsaat; **das verhält sich ganz anders** det saat ham hial ööders tuup
Verhalten at ferhualen (det)
Verhältnis 1 *persönl. Beziehung*: **ein V. mit jmdm. haben** tuup mä hoker wees - **2** *Beziehung:* **im V. zu** uun ferlik tu - **3** *soziale Lage:* **in guten V.-en leben** uun gud amstenden lewe
verhältnismäßig temelk; **einem v. gutgehen** ään temelk gudgung *u*
verhandeln ferhanle
Verhandlung at ferhanlang, -en (det)
verhangen *bedeckt* betaanj; **der Himmel ist v.** a loft/a hemel as betaanj
verhängen *etw. zuhängen* sachthinge; **die Fenster v.** a wönger sachthinge
verhärten, sich hard wurd; **der Boden hat sich verhärtet** a grünj as hard wurden
verhätscheln bepööske, ferpiible
verhauen 1 *verprügeln* ferhau *u*, ferjakle, ferklupe - **2** *verkehrt machen:* **eine Arbeit v.** en werk ferhau *u* - **3 sich v.** tutaal ferkiard wees
verheddern, sich uun tjungel/uun hobel kem *u*
verhehlen ferheele, ferhiamelke
verheilen hiale
verheimlichen ferhiamelke, hiamelk hual *u*
verheiraten, sich ham befrei; **sie hat sich nach Süddeutschland verheiratet** hat hää ham efter/tu Süüdsjiisklun befreid
verheiratet befreid; **eine v.-e Frau** en befreid wüf; **glücklich/unglücklich v.** lokelk/ünlokelk befreid
verheizen ferheitse
verhelfen ferhalep *u*
verheult ferskriald
verhexen 1 behekse, ferhekse, betroole - **2** *übertr:* **das ist wie verhext** det as üs ferhekset
verhindern ferhanre, ufbüg *u*; (veralt.) ferpore; **ich konnte es noch gerade v.** ik füng at noch jüst ufbaanj/ferhanert
verhökern ferhöökre, ferklupe
Verhör at ferhiar (det)
verhören 1 *befragen* ferhiar - **2 sich v.** ham ferhiar, ferkiard hiar
verhungern ferhongre
verhunzen ütjskään
verhüten ferhanre; (Schwangerschaft) ferhüüte
verirren, sich willuup *u*, ham ferwilage
verjagen 1 ferjaage - **2 sich v.** (norddt. *erschrecken*) ham ferjaage, ham ferfiar
verjubeln fernei, feroose, ferbring *u*, ferjuuble
verjüngen ferjonge
verjuxen ferjukse
verkalben at kualew smitj *u* [u:]
verkalken 1 ferkalke - **2** *übertr:* kinjag wurd
verkalkulieren, sich ham ferreegne
Verkauf a ferkuup (di); **zum V. stehen** tu'n ferkuup stun *u*

verkaufen 1 ferkuupe *u* - 2 *übertr:* **für dumm v.** för dom ferkuupe
Verkäufer a ferkeufer, -s (di)
Verkäuferin at ferkeuferin, -en (det)
verkäuflich tu fun/tu haaen
Verkehr 1 *Straßenv.* a ferkiar (di) - 2 *Kontakt* a amgung (di)
verkehren 1 *regelmäßig fahren* keer - 2 *Kontakt haben:* **miteinander v.** mäenööder ferkiar *od.* mäenööder amgung haa
Verkehrsschild at struatenskilt, -en (det)
verkehrt 1 *falsch* ferkiard; **v. gehen** ferkiard luup *u,* (Uhr) ferkiard gung *u*; **v. herum** ferkiard wai am - 2 *übertr:* **an den V.-en geraten** bi a ferkiard raage; **am v.-en Ende sparen** bi a ferkiard aanj spaare
verkeilen ferkiile; **sich v.** ham ferkiile
verkennen ferkään
verkitten ferkite, iinkite; *Fenster v.* wönger iinkite
verklagen ferklaage
verklaren (norddt.) *klarmachen* ferklaare
verkleben 1 *festkleben* ferklewe - 2 *klebrig werden:* **verklebte Hände** baksag hunen
verkleckern feroose [z]; **Geld v.** jil feroose
verkleiden, sich ham amtaakle
verkleinern ferletjre, letjer maage
verkloppen 1 ferklupe - 2 *übertr:* **das Haus v.** det hüs ferklupe
verknacksen ferknui; **sich den Fuß v.** ham a fut ferknui
verknallen, sich ham ferknale
verkneifen ferknip *u*
verkniffen naar; **nicht alles so v. sehen** ei ales so naar sä
verknoten ferknat, ferknoote
verknusen (norddt.) *ertragen* ferknuuse [z]; **jmdn. nicht v. können** hoker ei ferknuuse kön
verkochen ferkööge
[1]**verkommen** *Vb* 1 *verwahrlosen* ferkem *u*; **den Garten v. lassen** a guard ferkem läät - 2 *Lebensmittel* amkem *u*
[2]**verkommen** *Adj* ferkimen
verkrachen, sich ham fertörne
verkraften ferknuuse [z], ufkön *u*
verkriechen, sich ham ferkrep *u*
verkrüppelt kreblag, ferkrebelt
verkühlen, sich kuul wurd, ham ferkeel *u*
verkümmern ferkomre
verkürzen kurter maage
verlachen ütjlaache
verladen ferlees [z] *u*
Verlag a ferlach, -er (di)
verlagern ferloogre
verlangen 1 *fordern* ferlang, fordre, haa wel; **wieviel verlangt er?** hüföl wal'r haa? - 2 *jmdn. sprechen wollen:* **du wirst am Telefon verlangt** dü woorst bi't tilefun ferlangd - 3 *sich sehnen* ferlang
Verlangen at lingen (det)
verlängern linger maage, ferlingre; (Suppe) ütjling
Verlass at tuferläät (det), at ferläät (det); **auf ihn ist V.** üüb ham as tuferläät *od.* üüb ham könst üüb uf
[1]**verlassen** *Vb* 1 *jmdn.* ferläät; **sie hat ihn v.** hat hää ham ferläät - 2 *vertrauen:* **darauf kannst du dich v.** diar

könst di üüb ferläät *od.* diar könst üüb uf

[2]**verlassen** *Adj* ferläät, ferweid; **allein und v.** alian an ferläät

Verlauf a ferluup (di)

verlaufen 1 *ablaufen* ferluup *u*, ufluup *u*; **das ist gut/schlecht v.** det as gud/ slacht uflepen; **wie ist der Abend v.?** hü as a inj ferlepen? - **2 sich v.** ham ferluup *u*, willuup *u*; **sie haben sich im Watt v.** jo haa jo uun a waas ferlepen - **3 sich v.** *auseinanderlaufen* ütjenööderluup *u*

verlausen ferlüüse [z]

verleben 1 *Zeit v.* ferlewe, ferbring *u*; **ein paar schöne Tage v.** hög net daar ferlewe - **2** *durchbringen* ferlewe; **das Geld wird nun verlebt** det jil woort nü ferlewet

verlebt ferlewet; **v. aussehen** ferlewet ütjsä *u*

[1]**verlegen** *Vb* **1** *Dränage* ferlei *u* - **2** *verschieben:* **den Amrumer Heimatabend v.** a öömrang inj ferlei - **3** *verbummeln* ferlei *u*, ferduudle, fertjungle, ferdangle; **die Brille v.** at bral fertjungle - **4 sich v. auf** ham ferlei/ham smitj üüb *u*; **sich auf die Landwirtschaft v.** ham üüb a büürerei ferlei

[2]**verlegen** *Adj* **1** *befangen* ferleegen - **2** *Wendg:* **um etw. v. sein** ferleegen wees am/för

Verlegenheit *Wendg.* **in V. sein** uun a knip wees

verleihen 1 *ausleihen* ütjlian; **Fahrräder v.** welen ütjlian - **2** *zuerkennen:* **man hat ihm einen Orden verliehen** hi hää en orden füngen

verleiten ferfeer, ferleite

verlernen ferliar

verlesen, sich ferkiard lees *u*, ham ferlees *u*

verletzen 1 ferwunde - **2 sich v.** ham siar du *u*

verleugnen ferlöchne

verleumden ring maage, slacht maage, ütjmaage

verlieben, sich ham ferliibe; **er/sie hat sich verliebt** hi/hat hää ham ferliibet; **in jmdn. v. sein** uun hoker ferliibet wees *od.* hoker hal liis mei

verlieren 1 *einbüßen* wechslitj *u*; **die Brille v.** at bral wechslitj - **2** *im Spiel v.* ferlees [z] (ferlääst; ferlus; ferleesen [z]); **schlecht v. können** ei gud ferlees kön - **3** *übertr:* **den Faden v.** a triad ferlees; **sie hatte ihren Mann im Krieg verloren** hat hed a maan ferleesen uun a krich

Verlierer *Wendg.* **der V. bezahlt die Runde!** hoker ferlääst, betaalet a runde!

verloben, sich at ütjbring *u*; **v. sein** at ütjbroocht haa, ferlööwet/ferloobet wees

Verlobte, der a bradgung, -er (di)

Verlobte, die at bridj, -en (det)

Verlobung at ütjbringen (det)

Verlobungsring a ferloobungsring, -er (di)

verlocken ferlooke

verlogen faalsk

verlorengehen wechkem *u*, wechraage, uun a graabel kem *u*, uf hun kem *u*

verlöschen ütjgung *u*

verlosen ferloose [z], ferspele, ferlööde

verlöten ferluade

verlottern ferlotre, uun a ferfaal kem *u*

Verlust 1 *finanzielle Einbuße* a ferlust, -e (di); **als V. abschreiben** en streg

maage auer *od.* üs ferlust ufskriiw *u*; **mit V. verkaufen** mä ferlust ferkuupe *u* - **2** *Schaden:* **ihr Tod war ein großer V.** hör duas wiar en graten ferlust
vermachen fermaage
vermählen, sich ham befrei
vermasseln fermasle; (veralt.) ferpore
vermehren **1** fermeere - **2** **sich v.** ham fermeere, muar wurd; **die Möwen haben sich stark vermehrt** a kuben san fiks muar wurden
Vermehrung at fermeerang (det)
vermeiden amgung *u*; **nicht zu v. sein** ei tu amgungen wees
vermengen ming, ferming
vermerken apskriiw [u:] *u*, fermark
vermessen *Vb* **1** fermeed *u* - **2** **sich v.** ferkiard meed *u*, ham fermeed *u*
vermieten ferhüür; **an Badegäste v.** tu fräämen ferhüür
Vermieter a ferhüürer, -s (di)
Vermieterin at ferhüürer, -s (det)
vermindern, sich maner wurd
vermischen fermiske
vermissen mast, ham waant; **ich habe dich sehr vermisst** dü heest mi rocht waant
vermitteln **1** fermadle - **2** *etw. v.:* **eine Stelle v.** en steed fermadle
vermöbeln ferklupe, ferjakle
vermodern ferrööde
Vermögen **1** *Besitz* at fermöögen (det) - **2** *Macht* at fermocht (det), at määcht (det); **das liegt nicht in meinem V.** det leit ei uun min fermocht/ min määcht
vermögen kön (koon; küd; küden)
vermögend *Verb.* **v. sein** klei bi a fet haa, welsteld wees, wat uun a moolk tu kraamin haa
vermummen, sich ham amtaakle; (Silvesterbrauch auf Amrum) hulke
vermuten uunnem *u*, fermuude, gase, fermuuden wees, ferwaachte
vermutlich woorskiinelk
Vermutung at gasang (det), at fermuudang (det)
vernachlässigen **1** ei paase, fersluure - **2** **sich v.** ham gung läät, ham ei paase
vernageln sachtspikre, tuspikre
vernarrt wil, fernaret; **er ist ganz v. in dieses Mädchen** hi as gans wil efter detdiar foomen
vernaschen *Süßigkeiten* apsnupe
vernehmen **1** *befragen* fernem *u* - **2** *hören* fernem, hiar
Vernehmen *Wendg.* **dem V. nach** efter't fernemen/saien
Vernehmung at fernemen (det)
verneinen naan sai *u*
vernichten tunantmaage, ferniile; **vernichtet werden** tunantkem *u*
Vernunft at fernonft (det), at fernunft (det)
vernünftig **1** *besonnen* wis, fernünftag - **2** *einleuchtend:* **ein v.-er Gedanke** en guden soocht - **3** *ordentlich:* **etw. V.-es zu essen bekommen** wat rochts tu iidjen fu *u*
veröffentlichen **1** *bekanntmachen* bekäändmaage - **2** *publizieren* skriiw [u:] (skraft; skrääw [u:]; skrewen)
verölen feröööle
verordnen ferskriiw [u:] *u*, ferordne
verpachten ferhüür
verpacken ferpaake
verpassen **1** ferpaase; **die Fähre v.** a damper ferpaase - **2** **sich v.** enööder masluup *u*, enööder ferpaase

verpennen fersliap *u*
verpesten ferpeste
verpetzen ferklap
verpfänden fersaat, tu puan saat
verpflanzen amsaat
verpflegen **1** fersurge - **2 sich v.** ham fersurge; **er verpflegt sich selbst** hi fersuragt ham salew
Verpflegung a/at koost (det); **die V. umsonst haben** a koost för't kauin haa
verpflichten ferplichte
verpfuschen ferniile
verplanen ferploone
verplempern fertjungle, feroose [z]; **Geld v.** jil feroose
verprassen trochbring *u*, ferbring *u*, feroose [z], ferprase
verprügeln ferjakle, ferklupe, ferhau *u*
verpulvern ütjdu *u*, ferpolwre
verputzen **1** *Mauer v.* ufsaat - **2** *aufessen* ferpotse, apfrotse
verqualmen ferkwalme
verquer **1** ferswäärs; **das Kind lag ganz v. im Bett** det kint lai gans ferswäärs uun't/üüb't baad - **2** *übertr:* **v. gehen** skiafluup *u*
verramschen ferramsje
verraten **1** *jmdn./etw.* ferriad *u* - **2** *mitteilen* ferriad *u*, sai (saad; saad); **kannst du mir v., wo** ... könst dü mi ferriad/sai, huar ... - **3 sich v.** ham ferriad *u*
verrechnen **1** *ausgleichen* ferreegne; *miteinander v.* mäenööder ferreegne - **2 sich v.** ham ferreegne
verrecken ferrääk
verregnen ferriin *u*
verreiben ferrofe, fersmere
verreisen ferraise, üüb raisen gung *u*
verrenken, sich ham ferräänk, ham ferknui; **sich den Arm v.** ham a iarem ferräänk
verrichten berede
verrosten ferroste
verrotten aprööde, ferrööde
verrucht godluas
verrücken fersküüw [u:] *u*; (Möbel) ferskaake
verrückt **1** desag [z], ferrükt, hualewbeegen [u:], ei wis - **2** *übertr:* **v. spielen** ünkluuk spele, ferrükte; **v. sein nach** ferrükt/desag wees efter; **es ist zum V.-werden!** det as tu'n desag/tu ferrükt wurden!
Verrückte, der *u.* **die** *Wendg.* **er fährt wie ein V-er.** hi keert üs en ferrükten
Verruf *Wendg.* **in V. kommen** uun ferruuf kem *u*
verrufen ferrepen
verrutschen ferrutsje; (Schiffsladung) auergung *u*
Vers a fääs, fees [z] (di)
versacken **1** fersake, iinsake - **2** *übertr:* fersake
versagen *nicht ausreichen* fersai *u*; **seine Kraft versagte** sin krääft fersaad
versammeln fersaamle
Versammlung a/at fersaamlang, -en (det); **zur V.** tu fersaamlang
versanden sachtsune, fersune, fersunage
versaufen fersüp *u*
versäumen **1** *verpassen* fersüme, ferpaase; **du hast nichts versäumt** dü heest niks ferpaaset - **2** *unterlassen* fersüme
verschaffen ferskaafe; **sich Gewissheit v.** ham washaid ferskaafe

verschämt fersköömet
verschandeln ütjskään
verscharren fergrobe, ferbode
verschätzen, sich ham fersjetse
verscheiden sterew [u:] (stareft; stoorew [u:]; stürwen), ufskias [z] *u*; **er ist unerwartet verschieden** hi as üübmool stürwen
verschenken ferskeenk
verscheuchen wechjaage
verschicken wechsjüür
verschieben 1 *bewegen* ferskïüw [u:] *u* - **2** *vertagen:* **das Klassentreffen v.** at klasendraapen ferskïüw - **3 sich v.** ham ferskïüw
verschieden 1 *anders* onerskiaselk [z], ünlik, ferskeelag - **2 v.-e** *mehrere* hög, högen (o. Subst.), muar, muaren (o. Subst.)
verschießen 1 *Munition verbrauchen* fersjit *u* - **2** *ausbleichen:* **die Gardinen sind ganz verschossen** a reilooken san gans ferskööden - **3** *etw. v.:* **den Ball v.** a baal fersjit - **4** *übertr:* **er ist ganz in sie verschossen** hi as hialandaal ferskööden uun ham/hör
verschimmeln ferskemle
verschimmelt skemlag, ferskemelt; **v.-es Brot** skemlag bruad
verschissen *Wendg.* **er hat bei mir v.** hi hää bi mi ferskeden
[1]**verschlafen** *Vb* fersliap *u*; **wir haben heute morgen v.** wi haa maarlang ferslepen
[2]**verschlafen** *Adj* sliapag
Verschlag at hok, -en (det)
[1]**verschlagen** *Adj* laidag, luurag
[2]**verschlagen** *Vb* **1** *Ball v.* ferslau *u* - **2** *nutzen:* **das verschlägt nicht** det ferslait ei - **3** *übertr:* **die Sprache v.** a spriak ferslau *u*
verschlechtern, sich ringer wurd, ham ferslachtre
verschleimen ferslime
verschleißen apslitj *u*, ufslitj *u*
verschleppen ferslebe, wechslebe
verschleudern ferramsje, fersleudre
verschlicken ferslike
verschließen 1 ufslütj *u*, sachtslütj *u*; (veralt.) tulük *u* - **2 sich v.** ham ferslütj *u* - **3** *übertr:* **vor verschlossene Türen kommen** tu ferslööden dören kem *u*
verschlimmern 1 ferslimre - **2 sich v.** ham ferslimre, slimer wurd
Verschlingung (im Tau) at kink, -en (det)
verschlissen apsleden, fersleden
verschlossen *zugesperrt* ferslööden
verschlucken 1 ferslank *u* - **2 sich v.** ham ferslank
verschludern ferslofe
Verschluss *Wendg.* **unter V. sein** oner sloot wees
verschmerzen diar auerwechkem *u*, diar auerhenkem *u*, ferknuuse [z]
verschmieren fersmere
verschmutzen iinore
verschnaufen ferpüste
verschneien sachtsnei
verschnitten (kastriert) skäären
verschonen skuane
verschreiben 1 ferskriiw [u:] *u* - **2 sich v.** ham ferskriiw [u:] *u*
verschroben wonerlik, nüürag
verschulden 1 *Schuld haben* ferskilage, skil haa - **2** *in Schulden geraten:* **verschuldet sein** ferskilagt wees - **3 sich v.** ham ferskilage - **4**

übertr: **bis über beide Ohren verschuldet sein** ap tu a nöös an uaren uun skilen sat *u*

verschütten **1** *ausschütten* auerpoltre - **2** *bedeckt werden:* **verschüttet werden** beromle

verschüttgehen (norddt.) *verlorengehen* uun a graabel kem *u*, wechkem *u*

verschwägert *Verb.* **v. sein mit** swooger/sweegerin wees faan

verschwatzen **1** fersladre; **Zeit v.** tidj fersladre - **2 sich v.** ham fersladre

verschweigen ferswige

verschwenden feroose [z], trochbring *u,* rüchle, üüle

verschwiegen ferswiget, potensacht

verschwinden **1** ferswinj *u* - **2** *übertr:* **verschwinde!** sä tu, dat dü widjerkomst!; **ich muss mal v.** ik skal ans ütj a boks

verschwitzen **1** ferswäät; **völlig verschwitzt** uun iane swäät - **2** *übertr:* **das habe ich ganz verschwitzt** det haa'k tutaal ferswäät

verschwören, sich ham fersweer *u*

verschwunden ferswünjen, wech

versehen **1** *ausstatten* fersä *u,* fersurge - **2 sich v.** ham fersä *u*, ferkiard wees - **3** *übertr:* **bevor wir uns versahen, war er schon wieder draußen** iar wi üs fersiig/besoocht, wiar'r al weder bütjen

Versehen at fersen (det); **aus V.** ütj fersen

versehentlich ütj fersen

versenden wechsjüür

versessen *Verb.* **v. sein auf** desag wees efter [z] *od.* ferseeden wees üüb

versetzen **1** *umsetzen* fersaat - **2** *verpfänden:* **den Schmuck v.** at salwer fersaat - **3** *ein Schulkind v.:* **versetzt werden** fersaat wurd - **4** *etw. tun:* **einen Stoß v.** en fuur du *u* - **5** *nicht erscheinen:* **sie/er hat mich versetzt** hat/hi as ei kimen - **6** *erwidern* swaare - **7 sich v.** ham fersaat - **8** *übertr:* **Berge v.** berger fersaat

versichern **1** *etw./jmdn.* ferseekre - **2** *beteuern:* **er hat mir versichert, dass ...** hi hää mi ferseekert, dat ...

Versicherung at ferseekrang (det)

versickern fersake

versilbern **1** fersalwre - **2** *übertr:* **sie haben alles versilbert** jo haa ales fersalwert

versinken fersank *u*, fersake

versöhnen, sich ham fersööne, ham ferdreeg *u*

versorgen **1** *ausrüsten* fersurge - **2** *betreuen* paase, pleege, fersurge

Versorger a fersurger, -s (di)

verspäten, sich wat leeder kem *u,* wat üüb a leeder ääg wees

Verspätung at ferspeetang (det); **V. haben** leed wees

versperren ferspere

verspielen **1** ferspele - **2** *als Preis aussetzen:* **Enten v.** anen ferspele - **3** *übertr:* **er hat bei mir verspielt** hi as bi mi onertroch

verspielt spelag

Versprechen at ferspreegen (det); **ein V. halten** en ferspreegen hual *u*

versprechen **1** *geloben* ferspreeg *u*, lööwe; **hoch und heilig v.** huuch an heilag ferspreeg - **2 sich v.** ham fersnaake, ham ferspreeg *u*

Versprechung at ferspreegang, -en (det)

verspüren mark

Verstand 1 at wat (det), a ferstant (di); **bei V. sein** bi't wat wees; **jmdn. um den V. bringen** hoker faan a ferstant ufjaage - 2 *übertr:* **mehr Glück als V. haben** muar lok üs ferstant haa; **ohne Sinn und V.** saner san an ferstant/wat

verständig kluuk, wrääken, ferstendag; **ein v.-es Kind** en wrääken kint

verständigen 1 *Bescheid geben* ferstendage, beskias sai *u*, bööd du *u* - 2 **sich v.** *einigen* ham ianage, ianag wurd, aueriankem *u* - 3 **sich v.** *mitteilen* enööder ferstendage, enööder mädial; **wie habt ihr euch verständigt?** hü haa'm enööder mädiald?

verständlich 1 *hörbar* tu ferstunen; **kaum v.** knaap tu ferstunen - 2 *begreiflich:* **v. sein** ferstentelk wees, nooch tu ferstunen wees

verstärken 1 starker maage, ferstark - 2 **sich v.** (Wind) apbrüüse [z], aphaale

verstauben iinstoofe

verstauchen, sich ham ferknui; **sich den Knöchel v.** ham at oonklew ferknui; **sich die Hand v.** ham a hun fergrip *u*

verstauen luuge, ferstau

Versteck 1 at fersteeg, -en (det) - 2 *übertr:* **V. spielen** fersteeg spele

verstecken 1 fersteeg *u* - 2 **sich v.** ham fersteeg *u*

verstehen 1 *hören* ferstun *u* - 2 *etw. können:* **davon verstehe ich nichts** diar witj/kään ik niks faan uf; **sich auf etw. v.** ham üüb wat ferstun *u* - 3 *begreifen* ferstun *u*, begrip *u* - 4 **sich v.** mäenööder kön; **sie v. sich nicht** jo kön ei mäenööder

versteigern fersteigre

Versteigerung at ausejuun, -en (det)

verstellen 1 ferstel - 2 **sich v.** ham ferstel

versteuern ferstüüre

verstimmt 1 *Musikinstrument* ferstemet - 2 *ungehalten* fereragt - 3 *übertr:* **einen v.-en Magen haben** at auer a maag haa

verstohlen hiamelk

verstopfen ferstoope, sachtstoope

Verstopfung *Verb.* **an V. leiden** hard uun't liiw wees

verstorben stürwen

verstört ferstiard, uun huup

verstoßen *Vb* ferstupe

verstreichen 1 *verteilen* ütjstrik *u* - 2 *vergehen* fergung *u*

verstreuen ferstreile

verstummen ferstome

Versuch 1 *Experiment* a fersuuch, -e (di) - 2 *Erprobung* a fersjük, -er (di); **es auf einen V. ankommen lassen** at üüb en fersjük uunkem läät

versuchen fersjük *u*; **wir haben alles versucht** wi haa ales fersoocht

Versuchung at fersjükang (det), at uunfechtang (det)

versündigen, sich ham fersanage

vertauschen ferbütje

verteidigen 1 *jmdn. rechtfertigen* för hoker snaake - 2 **sich v.** ham weere

verteilen 1 ferdial; (Kuchen) amskaft; (Erbe) ütjskaft; (Spielkarten) du *u* - 2 **sich v.** ham ferdial

verteuern, sich jüürer wurd

vertiefen jiper maage

Vertiefung at jip steed (det), at jipens (det)

vertilgen 1 *vernichten* tunantmaage - 2 *aufessen* apfreed *u*; **es ist alles**

vertilgt worden det as apfreeden mä romp an stomp
Vertrag a ferdrach, -er (di), a kontrakt, -en (di)
vertragen **1** *etw.* ferdreeg *u*, ufkön *u*, haa kön; **Kaffee kann ich nicht gut v.** kofe koon'k ei gud haa - **2** **sich v.** ham ferdreeg *u*; **sich nicht v.** ei auerian kön
verträglich ferdreegelk
vertrauen fertrau, trau üüb
Vertrauen at tutrauen (det); **das V. missbrauchen** at tutrauen masbrük
verträumt dremag
vertraut **1** *eng verbunden* gud bekäänd, nai; *v. tun* nai du *u* - **2** *gewöhnt an:* **v. mit** wen tu
vertreiben **1** *etw./jmdn.* ferdriiw [u:] *u*; wechjaage - **2** *verkaufen* ferkuupe *u* - **3** *übertr:* **sich die Zeit v.** ham a tidj ferdriiw *u*
vertreten **1** *jmdn.* fertreed *u* - **2** *verstauchen:* **sich den Fuß v.** ham a fut fertreed - **3** *Part Perf:* **sie waren alle v.** jo wiar altmaal diar - **4** *übertr:* **ich muss mir mal die Beine v.** ik skal ans aueraanj *od.* ik skal mi ans a bian fertreed
Vertreter a fertreeter, -n (di)
vertrinken fersüp *u*
vertrocknen ferdrüge
vertrödeln fertjungle, ferduudle, ferdadle, feroose [z]; **Zeit v.** tidj ferduudle
vertrösten ferträäst
vertun **1** ferdu *u*; **Geld v.** jil ferdu - **2** **sich v.** ham ferdu *u*
verübeln iarag nem *u*
verunglücken **1** *Unfall haben* tu malöör/tu miat kem *u*, ferünloke - **2** *misslingen* masloke; **der Kuchen ist mir verunglückt** a kuuk as mi masloket
verunkrauten ferkuade; (Gras) fergrede; (Quecken) ferkwege
verunreinigen fül maage
verunsichern ferünseekre
verunstalten ütjskään
veruntreuen onerslau *u*
verurteilen feruurdiale
[1]**verwachsen** *Vb zusammenw.* tuupwaaks *u*
[2]**verwachsen** *Adj missgestaltet* ferwoksen
verwählen, sich ham ferweele
verwahren apwaare, ferwaare
verwahrlosen ferkem *u*; **den Garten v. lassen** a guard ferkem läät
verwahrlost ferkimen
Verwahrung *Wendg.* **in V. nehmen** uun ferwaarang nem *u*
verwaist *elternlos* aalernluas; **v. sein** nian aalern muar haa
verwalten ferwalte
Verwaltung at ferwaltang, -en (det)
verwandeln **1** *verändern* feraanre, ferwanle - **2** **sich v.** ham feraanre, ham ferwanle; (Märchen) **sich in einen Vogel v.** ham tu en fögel maage
verwandt *Verb.* **mit jmdm. v. sein** frinjer wees; **nahe/entfernt v. sein** nai/widjloftag frinjer wees; **miteinander v. sein** frinjer tuenööder wees; **gleich nahe v. sein** like nai tu wees
Verwandte(r) *Verb.* **ein V.-r/eine V. sein von** frinjer wees tu; **die engsten V.-n** a naisten, a aanjen
Verwandtschaft a/at frinjskap (det); **das ist alles V.** det as ales frinjskap
verwaschen ferswaanj, ufswaanj

verwechseln ferwaksle
Verwechslung at ferwakslang (det)
verwegen drist, ferweegen
verwehen 1 *bedecken* sachtwei - 2 *fortwehen* ferwei
verwehren ferweere, ufslau *u*
verweilen bliiw [u:] (blaft; blääw [u:]; blewen); ham aphual *u*
verweint ferskriald
Verweis a ferwis (di)
verweisen ferwise [z]
verwelken ferwele
verwenden 1 brük; **gut v. können** gud brük kön - 2 **sich v. für** ham iinsaat för
verwerfen (Tiere; Fehlgeburt haben) smitj (smat; smääd; smeden); **die Kuh hat verworfen** a/at kü hää at kualew smeden
verwerten brük
verwesen fergung *u*; **der Seehund war schon halb verwest** a kreng wiar al hualew fergingen
verwetten ferwääde
verwickeln 1 fertjungle - 2 *übertr:* **in etw. verwickelt sein** diar mä uun wees *od.* diar mad wees
verwinden ferwinj *u*, ferknuuse [z]
verwirklichen woormaage
verwirren 1 fertjungle - 2 *übertr:* trochenööder bring *u*, uun huup bring *u*
verwirrt 1 uun tjungel, uun hobel - 2 *übertr:* konfuus [z], ferbistert, trochenööder, uun huup raaget
verwirtschaften ferwiartskape
verwischen ferwiske
verwittern ferwedre
verwohnen ferwene
verwöhnen ferwene, fertji *u*
verworren trochenööder
verwunden ferwunde
verwunderlich ferwonerlik
verwundern ferwonre; **sich v.** ham ferwonre
Verwunderung at ferwonrang (det)
verwunschen *verzaubert* betroolet
verwünschen 1 ferwanske - 2 *übertr:* **verwünscht!** ferdreit noch ans tu!
verzagen fersooge
verzählen, sich ham fertääl
verzärteln be-eemke, bepööske, ferpiible
verzehren ferteere
verzeichnen fertiakne, registriare
Verzeichnis at fertiaknang, -en (det), at register, -n (det)
verzeihen ferjiw [u:] *u*
verzichten fersichte
verziehen 1 *verwöhnen* fertji *u*; **der Junge ist völlig verzogen** di dring as tutaal fertaanj - 2 *verzerren:* **den Mund v.** a müs fertji *u od.* mä a müs krim - 3 *ausdünnen* ütjsane; **Rüben v.** rööwen ütjsane/(veralt.) ütjlük *u* - 4 *umziehen* wechtji *u* - 5 **sich v.** ham fertji *u* - 6 *übertr:* **verzieh dich!** sä tu, dat wechkomst!
verzinsen fersinse, ferrente, ferrentage
verzögern, sich ham fersküüw [u:] *u*
verzollen fertole
verzweifeln 1 fertwiiwle - 2 *übertr:* **das ist zum V.** det as tu fertwiiwlin
Verzweiflung at fertwiiwlang (det)
verzweifelt fertwiiwelt
Vetter a feter, -n (di); (2. Grades) a höpkefeter, -n (di)
Vieh at tjüch (det), at kreiter (det)
Viehhandel a tjüchhanel (di)
Viehhändler a tjüchhanler, -n (di)

Viehstall a busem, -er/-smer (di) [z]
[1]**viel** *Indefinitpron* föl; *Pl* fölen*;* **v.-en Dank!** föl soonk!; **v. Vergnügen!** föl spoos!; **da sind v.-e** diar san fölen; **v. vertragen können** föl ufkön
[2]**viel** *Adv* föl; **v. mehr** föl muar; **v. besser** föl beeder; **v. zu viel** föl tu föl
vielfach fölsis/-se, managsis/-se
vielleicht ferlicht, amende
vielmals fölsis/-se; **ich möchte mich noch v. bedanken** ik maad mi noch fölsis besoonke
vielmehr fölmuar, beeder saad
vier 1 sjauer; **es ist v. Uhr** a klook as sjauer - **2** *übertr:* **auf allen V.-en** üüb aler sjauer
vierbeinig sjauerbianet
vierblättrig *Verb.* **ein v.-es Kleeblatt** en kliawersjauer
Viereck a/at sjauerhuk, -er (det)
viereckig sjauerhukag, sjauerhuket, sjauerkaantet
vierfach sjauersis/-se
vierhundert sjauerhunert
vierjährig sjauer juar ual; **ein v.-es Mädchen** en sjauer juar ual foomen
viermal sjauersis/-se
viertausend sjauerdüüsen [z]
vierte sjuard; **der v. Mai** a sjuard meimuun
Viertel *vierter Teil* at sjuarden, - (det); (Uhrzeit) **v. vor** kwart föör; **v. nach** kwart auer
Vierteljahr at kwartjuar (det)
vierteljährlich arke kwartjuar
Viertelliter a sjuarden liter (di)
Viertelpfund at sjuarden pünj (det)
Viertelstunde at kwartstünj (det)
viertens för't sjuard, tu't sjuard
vierzehn sjauertaanj
vierzig fiartag
violett brons
vital kral, laben
Vitrine at gläässkaab, -en (det), at glaiskaab, -en (det)
Vlies (Schaffell) at fäächt (det)
Vogel 1 a fögel, -gler (di) - **2** *übertr:* **den V. abschießen** a fögel ufsjit *u*; **ein V. in der Schüssel ist besser als zehn in der Luft** ian fögel uun a poon as beeder üs tjiin uun a loft ('Pfanne') *Sprw*
Vogelbauer at fögelbüür, -en (det), at finkbüür, -en (det)
Vogelbeere at fögelbei, -en (det)
Vögelchen at fögelk, -en (det)

Vogelbeere at fögelbei

Vogeldreck at fögelskitj (det)
Vogelfutter at fögelfuder (det)
Vogelkoje (Fanganlage für Enten) a/at fögelkui, -en (det)
Vogelkojenwärter a kuimaan, -er (di)
Vogelmiere (Pflanze) at swaamp (det), at iil (det)
Vogelnest at fögelnääst, -nees [z] (det)
Vogelscheuche at skau, -en (det)
Vogelschiss a fögelskeet (di)
Vogelschwarm at flacht, -en (det)

Vogelstimmen a fögelstemen (jo)
Vogelwart a fögelmaan, -er (di)
Vogt (vormals Verwaltungsbeamter) a fööges, -en (di)
Volk **1** *Nation* at folk, fölker (det) - **2** *Leute* at lidj (det); **das junge V.** at jong lidj
Volkstrauertag a heldengedenkdai (veralt.)
voll **1** *gefüllt* fol; **brechend v.** proopet fol, propenfol; **gestrichen v.** stregen fol - **2** *dicht:* **v.-es Haar** fol hiar - **3** *vollständig* fol, hial; **eine v.-e Woche** en hialer weg; **v. bezahlen** fol betaale - **4** *betrunken:* **er ist v.** hi as fol - **5** *übertr:* **nicht für v. nehmen** ei för folnem *u*; **v. und ganz** hialandaal, tutaal; **v. wie eine Haubitze** fol üs en sprütj ('Spritze'); **mit v.-en Händen schenken** mä fol hunen du *u*
vollauf folap; **v. genug** lacht nooch
volllaufen **1** folluup *u* - **2** *übertr:* **sich v. lassen** ham folluup läät
Vollbart a folbiard, -er (di)
vollbringen folbring *u*
vollenden tu aanj bring *u*, klaar maage
voller foler; **in v. Fahrt** uun foler faard; **mit v. Kraft voraus** mä foler krääft föörütj
vollführen folfeer
völlig tutaal, hial, hialandaal, am an am; **etw. v. anderes** hial wat ööders
volljährig foljuarag; **schon v. sein** al aagetaanj wees
volljammern folkwise

vollkleckern iinore; iinoose [z]
vollkommen **I.** *Adj* folkimen - **II.** *Adv* hialandaal, tutaal
vollkotzen folspei
vollkriegen folfu *u*
volllügen *Wendg.* **jmdm. die Hucke v.** hoker at lif/at skan folleeg *u* ('Leib', 'Fell')
vollmachen folmaage
Vollmacht a/at folmäächt, -en (det)
Vollmilch a/at swet moolk (det)
Vollmond a folmuun (di), a laacht muun (di)
vollnehmen *Wendg.* **den Mund v.** a müs folnem *u*
vollpacken folpaake
vollpropfen folproope
vollschenken folskeenk
vollschlagen *Wendg.* **sich den Bauch v.** ham a bük folslau *u*
vollschmieren folsmere
vollspucken folspei
vollständig folstendag, komplet; **das Haus ist v. eingerichtet** det hüs as folstendag iinracht
vollstellen sachtstel
vollstopfen **1** folstoope - **2** **sich v.** ham folstoope
volltanken foltanke
volltrunken sprütjbesööben, potfol
vollzählig alt(u)maal; **sie waren v. da** jo wiar altumaal diar
vom faan a, faan't; **v. Festland** faan a fäästääg; **v. Besten** faan't best
von **1** *örtl.* faan; **v. oben** faan boowen; **v. rechts** faan rochts; **v. vorne** faan föören; **v. Norddorf nach Süddorf** faan Noorsaarep tu Sössaarep - **2** *zeitl.:* **v. jetzt an** faan nü uf uun; **v. morgens bis abends** faan maaren tu inj - **3** *Zugehörigkeit:* **ich bin v. Amrum** ik san faan Oomram - **4** *Art u. Weise:* **v. einem Auto überfahren werden** onerkeerd wurd faan en waanj - **5** *Herkunft:* **ein Gedicht**

v. Arthur Kruse en dachtang faan A. K. - **6** *Trennung:* **sie hat sich v. ihrem Mann getrennt** hat as faan a maan - **7** *Beschaffenheit:* **ein Mann v. Welt** en maan faan welt - **8** *Verb.:* **erzählen v.** fertel faan; **halten v.** hual faan *u*; **wissen v.** wed faan *u*

voneinander faanenööder

[1]**vor** *Präp* **1** *örtl.* föör; **v. der Tür** föör (a) dör; **v. Anker liegen** föör anker lei *u* - **2** *zeitl.:* **v. einer Woche** föör en weg; **v. einer Weile** föör en sküür; **viertel v. acht** kwart föör aacht - **3** *Grund:* **v. Schreck** föör skrek; **v. Kälte** föör kol - **4** *Empfindung:* **Angst haben v.** baang wees föör; **sich hüten v.** ham waare föör

[2]**vor** *Adv* föör; **drei Schritte v.!** trii straaler föör!

vorab fööruf; **das hätte ich dir v. sagen können** det hed ik di fööruf/glik sai küden

Vorabend a inj tuföören (di)

voran fööruun, föörtu; **er immer v.!** hi imer föörtu *od.* hi imer üs iarst!

voranbringen widjerbring *u*

vorangehen **1** *vorne gehen* föörufgung *u,* fööruungung *u* - **2** *zeitl. vorausgehen:* **in der vorangegangenen Woche** uun a ferleeden weg - **3** *übertr:* **es geht voran** at gongt fööruun

Voranschlag a fööruunslach, -er (di)

vorankommen widjerkem *u*, fööruunkem *u*; (wirtschaftl.) amföörkem *u*

vorarbeiten at sowidj klaarmaage, föörufwerke

Vorarbeiter a föörmaan, -er (di)

voraus fööruf, föörütj; **im V.** uun't föörütj; **im V. bezahlen** fööruf betaale; **mit voller Kraft v.** mä foler krääft föörütj

vorausahnen föörufoone

vorausbezahlen föörufbetaale, föörütjbetaale

vorausschauend amsoochtag

vorausgehen föörufgung *u*, föörufluup *u*

vorausgaben föörütj haa

voraussagen föörufsai *u*; (prophezeihen) spuai

voraussehen föörütjsä *u*

voraussetzen föörütjsaat

voraussichtlich woorskiinelk

Vorbau a föörbau, -ten (di)

vorbauen *anbauen* föörbau

Vorbehalte a beseenken (jo)

vorbehalten föörbehual *u*

vorbei **1** *örtl.* föörbi; **an der Kirche v.** bi a sark föörbi - **2** *zeitl.:* **es ist v.** at as auer/föörbi - **3** *übertr:* **aus und v.!** ütj an föörbi!

vorbeibringen loongsbring *u*

vorbeifahren **1** föörbikeer - **2** *hereinschauen* loongskeer

vorbeigehen **1** föörbiluup *u*, föörbigung *u* - **2** *besuchen:* **bei jmdm. v.** bi hoker loongsluke - **3** *übertr:* **das geht vorbei** det gongt auer/föörbi

vorbeikommen **1** *an etw. v.* föörbikem *u* - **2** *besuchen:* **bei jmdm. v.** bi hoker föörkem/loongskem *u*; **kommt mal vorbei!** kem'em ans loongs!

vorbeilassen föörbiläät *u*

vorbeischauen föörbiluke

vorbereiten **1** berede, tustel; **alles ist vorbereitet** ales as sowidj klaar - **2** *sich v.* ham föörbereite

Vorbereitung *Wendg.* **V.-en treffen** uunstalten maage, tustel

vorbestellen föörbestel
vorbeugen, sich ham föörbüg *u*
Vorbild at föörbil, -en (det)
vorbinden föörbinj *u*; **eine Schürze v.** en skortluk amnem *u*
vorbringen uunbring *u*, föörbring *u*
vordem tuföören
vordere fööörst; **die v.-en Plätze** a föörst steeden/plaatsen
Vorderdeck at föördek, -s (det)
Vorderfuß a föörfut, -fet (di)
Vordermann a föörmaan, -er (di)
Vorderrad at föörwel, -en (det)
Vorderseite a föörääg (di), a/at föörsidj (det)
vorderst iarst, föörst; **in der v.-en Reihe** uun a iarst/a föörst rä
Vordertür a/at föördör, -en (det)
Vorderzahn a föörtus, -tes (di)
vordrängeln föördrengle
vordringen föördring *u*
voreilig altu gau, fööriilag**,** föör a lut uun a oonk ('Ofenkratzer' - 'Ofen')
voreinander föörenööder
voreingenommen fööriinnimen
voreinst föörians
vorerst för't iarst
Vorfahr a föörfaar, -en (di); **die V.-en** a föörfeeder
vorfahren **1** föörkeer - **2** *vorausfahren* föörufkeer
Vorfahrt a föörfaart (di)
Vorfall a föörfaal (di)
vorfallen pasiare, föörfaal *u*; (veraltet) skä (skest; skest; skest/sken); **ist etw. vorgefallen?** as 'ar wat weesen?
vorfinden föörfinj *u*
vorflunkern föörleeg *u*
Vorflur a föörmasaalem, -er (di)
Vorflut a föörflud (di)
Vorfluter (Abwasserkanal) a föörfluder, -s (di)
Vorfrühling *Wendg.* **im V.** ääder am wosem, ääder a/di wos
vorfühlen föörfeel *u*; **heimlich v.** hiamelk föörfeel
vorführen föörfeer
Vorführung *Vorstellung* at föörstelang, -en (det), at föörfeerang, -en (det)
Vorgänger a föörgunger, -n (di)
Vorgarten a föörguard, -er (di)
vorgehen **1** *vorausgehen* föörufgung *u*, föörufluup *u* - **2** *vor sich gehen:* **was mag in ihm v.?** wat mei uun ham föörgung? - **3** *Maßnahmen ergreifen:* **dagegen muss man v.** diar skal'am wat jin du - **4** *Vorrang haben:* **die Gesundheit geht vor** a sünjhaid gongt föör/komt iarst - **5** *Uhr* föörgung; (veralt.) forderke
Vorgeschmack a föörsmaag (di)
Vorgesetzter a sjef, -s (di)
vorgestern iarjister
vorgreifen föörgrip *u*
vorgucken ütjbiluke
vorhaben **1** *beabsichtigen* föörhaa *u*; **was habt ihr heute vor?** wat haa jam daalang föör? - **2** *etw. v.* föörhaa, amhaa; **eine Schürze v.** en skortluk föörhaa
vorhalten **1** *etw.* föörhual *u*; **die Hand v.** a hun föörhual - **2** *vorwerfen*: **das halten sie ihm das ganze Leben vor** det feit'r at hialer leewent föörhäälen - **3** *ausreichen, langen:* **das hält nicht lange vor** det häält ei loong föör
Vorhand **1** *Sport* a/at föörhun (det) - **2** *Kartenspiel:* **in V. sein** föör wees

vorhanden *Verb.* **v. sein** diarwees, jiw [u:] (jaft; jääw [u:]; jiwen)

Vorhang at reilook, -en (det); (Theater) a föörhang, -er/-henge (di)

vorhängen föörhinge

Vorhängeschloss at föörhingersloot, -slööd (det)

Vorhaut a/at föörhidj (det)

vorheizen föörwarme

vorher **1** *davor* tuföören, fööruf; **zwei Tage v.** tau daar tuföören - **2** *im Voraus:* **v. Bescheid sagen** tuföören beskias sai *u*

vorhergehend föörge; **der v.-e Tag** a dai tuföören, a föörge dai

vorhersagen **1** *prophezeien* spuai - **2** *Wetter* föörütjsai *u*

vorhersehen föörufsä *u*, kemen sä *u*

vorheulen föörskrial, föörhüüle

vorhin föörhen, föör'n sküür

vorig **1** *zeitl.* ferleeden, föörge, **v.-es Jahr** ferleeden/föörge juar; **v.-es Mal** ferleeden/föörge tooch; **v.-e Nacht** ji naacht - **2** *vormalig* föörge; **ihr v.-er Mann** a föörge maan

Vorjahr at föörjuar (det); **im V.** ferleeden juar

vorjammern föörkwise

vorkauen föörkaue

Vorkaufsrecht at föörkuupsrocht (det)

Vorkehrungen *Wendg.* **V. treffen** uunstalten maage

vorknöpfen *Wendg.* **sich jmdn. v.** ham hoker föörknoope

vorkochen föörkööge

vorkommen **1** *geschehen* föörkem *u*; (veralt.) skä (skest; skest; skest/sken) - **2** *vorhanden sein* jiw [u:] (jaft; jääw [u:]; jiwen) - **3** *jmdm. erscheinen:* **einem spanisch v.** ään spaansk föörkem

Vorlage *Muster* a/at föörlaag, -en (det)

vorlassen föörläät

vorlaufen fööruflluup *u*

vorläufig iarst ans, föör't iarst

vorlegen föörlei *u*

Vorleger at mat, -en (det)

vorlesen föörlees [z] *u*

Vorlesung at föörleesang, -en (det) [z]

vorletzt föörleetst; **v.-en Sommer** a somer föör tau juar

Vorliebe *Neigung:* **er hat eine V. für Blondinen** hi mei tu hal laachthiaret wüfen

vorliebnehmen *Wendg.* **v. mit** tu frees wees mä [z]

vorliegen föörlei *u*

vorlügen föörleeg *u*

vormachen **1** *zeigen* föörmaage - **2** **anbringen** föördu *u* - **3** *vorspiegeln* föörmaage, wismaage, föörsnaake; **du kannst mir nichts v.** dü könst mi niks föörmaage

vormalig ual, föörge; **der v.-e Lehrer** di ual/di föörge skuulmääster

vormals iar, iarjuaren, iartidjs

vormerken föörmark

Vormieter a föörmiiter, -s (di)

Vormittag a föörmade (di), a iarmade (di); **heute V.** daalang föörmade/iarmade

vormittags am iarmadim, di iarmade

Vormund a föörmünj, -er (di)

Vorname a föörnööm, -er (di)

vorne **1** föör, föören; **nach v.** amföör, apföör, efter/tu föören; **von v.** faan föören; **v. und hinten** föör an bääft; **nach v. kommen** amföörkem *u*; **nach v. gehen** efter/tu föören gung

u; **v. sitzen** föör sat *u* - **2** *übertr:* **von v. anfangen** faan föören began; **nicht wissen, wo v.-e und hinten ist** ei wed, huar föör an bääft as; **den Wind von v. bekommen** a winj faan föören fu *u*

vornehm fööneem, fiin; (veralt.) waat

vornehmen, sich **1** ham föörnem *u*; **das habe ich mir fest vorgenommen** det haa'k mi fääst föörnimen - **2** *übertr:* **sich jmdn. v.** ham hoker föörknoope

vornherein *Wendg.* **von v.** faan began uf uun

vornüber föörauer; **v.gehen** föörauer gung *u*

Vorrat a föörriad, -er (di); **solange der V. reicht** so loong noch wat diar as

Vorraum at föörrüm, -en (det)

vorrechnen föörreegne

Vorrecht at föörrocht, -en (det)

Vorrichtung at föörrachtang, -en (det)

vorreden föörsnaake

vorrücken **1** *Möbel* föörrok - **2** *nach vorne* föörrok, widjergung *u*; **könnt ihr etw. v.?** kön'em wat widjergung/föörrok?

vorsagen föörsai *u*, tusai *u*

Vorsaison at föörsesong (det)

Vorsänger a föörsjonger, -s (di)

Vorsatz **1** *Absicht:* **den V. haben** ham föörnem *u* - **2** *strafbare Handlung:* **mit V.** mä walem

vorsätzlich mä walem

Vorschein *Wendg.* **zum V. kommen** faandaankem *u*, föör'n dai kem *u*, tu'n föörskiin kem *u*, apdaage

vorschicken föörufsjüür

vorschieben **1** föörsküüw [u:] *u* - **2** *übertr:* **dem wollen wir einen Riegel v.** diar skal en sloot föör *od.* diar skel'f en wäärlis föörsaat

vorschießen föörsjit *u*

Vorschlag a föörslach, -er (di)

vorschlagen föörslau *u*

Vorschlaghammer a mooker, -n (di), a föörslachhöömerk, -er (di)

vorschreiben föörskriiw [u:] *u*

Vorschrift a/at föörskraft, -en (det); **ich lass mir keine V.-en machen** ik läät mi ei/nian föörskraften maage

Vorschuss *Wendg.* **einen V. bekommen** jil fööruf fu *u*

vorschwärmen föörswerme

vorschweben föörsweewe

vorschwindeln föörleeg *u*

vorsehen **1** *beabsichtigen* föörsä *u* - **2** **sich v.** ham föörsä *u*; **sieh dich vor!** sä di föör!

vorsetzen föörsaat

Vorsicht! *Interj* paase üüb!

vorsichtig **1** *besonnen* föörsichtag - **2** *behutsam* eewen, suutjis

vorsingen föörsjong *u*

Vorsitz a föörsits (di)

Vorsitzender a föörmaan, -er (di)

Vorsorge at amsurag (det); **V. treffen** föörriad *u*, föörsurge

vorsorgen föörütjsurge, föörsurge

vorspannen föörspään

Vorspeise at föörspiis, -en (det) [z]

vorspielen föörspele

vorsprechen föörspreeg *u*

Vorsprung a föörsprung (di)

Vorspuk (Volksglaube) at föörgungen (det); (Hausbrand) at föörbraanen (det)

vorspuken (Volksglaube) föörgung *u*

Vorstand a föörstant (di)
vorstehen **1** *vorragen* föörstun *u*, auerstun *u*; **v.-de Zähne** föörstunen tes - **2** *leiten* föörstun *u*; **einem Verein v.** en ferian föörstun
vorstellen **1** *vor etw.* föörstel - **2** *jmd. jmdm.* föörstel; **sich v.** ham föörstel - **3** *sich denken:* **sich v.** ham ütjmoole - **4** *übertr:* **man kann es sich gar nicht so verrückt v., wie es kommen kann** ham koon't goor ei so nüürag besoocht fu, üs wat at kem koon
Vorstellung at föörstelang, -en (det)
vorstrecken **1** *Kopf* ütjsteeg *u* - **2** *vorschießen* föörsjit *u*
vorstreichen föörmoole
Vortag a dai tuflöören
vortanzen föördaanse
vortäuschen föörspele; **eine Krankheit v.** en kraankes föörspele
Vorteil a föördial, -en (di), a prufitj, -er (di)
Vortrag a föördrach, -er (di)
vortragen föördreeg *u*; **ein Gedicht v.** en stak apsai *u*
vortrefflich alerbest; **das war v.!** det wiar alerbest!
vortreten efter/tu follen treed *u*
vorturnen föörturne
vorüber föörbi
vorüberfahren föörbikeer
vorübergehen **1** *an jmdm./etw.* föörbigung *u*; föörbiluup *u* - **2** *vorbeigehen* förbigung *u*; **das Gewitter geht v.** at sonerweder gongt föörbi
Vorurteil at fööruurdial, -en (det)
Vorverkauf a föörufferkuup (di)
vorverlegen föörferlei *u*
vorvorgestern iarjister an do di dai
Vorwahl a föörwool (di)
Vorwand *Wendg.* **unter einem V. kommen** mä en hünjäären kem *u*
vorwärmen föörwarme
vorwärts föörütj, föörwerts; **drei Schritte v.!** trii straaler föör!
vorwärtsgehen **1** föörütjluup *u* - **2** *übertr:* beeder wurd; **nicht v.** ei widjerkem *u*
vorweg fööruf, fööruun, föörwech; **v. gibt es Suppe** fööruf jaft at sop
vorweggehen föörufluup *u*
vorweisen föörwise [z]
vorwerfen föörsmitj *u*; (veralt.) ferwed *u*
vorwiegend föör't miast, gratstendials
Vorwort at wurd fööruf (det), at föörwurd (det)
vorzeichnen föörtiakne
vorzeigen föörwise [z]
Vorzeit a/at föörtidj; **in grauer V.** uun ualang tidjen
vorzeitig föör a tidj
vorziehen **1** *etw. zuziehen* sachttji *u* - **2** *bevorzugen* föörtji *u*; **Mädchen werden immer vorgezogen** foomnen wurd leewen föörtaanj; **ich ziehe ein Glas Rotwein vor** ik maad leewer en glääs ruadwiin haa
Vorzimmer at föörrüm, -en (det)
vorzüglich alerbest, uuso gud
vulgär grööw [u:]

w, W

Waage **1** at gewicht, -en (det); **er/sie steht jeden Morgen auf der W.** hi/hat as arke maaren üüb't gewicht - **2** *übertr:* **sich die W. halten** ham a waag hual *u*

waagerecht lik

Waagschale at waagskeel, -en (det)

wabbeln woble

wabblig woblag

Wabe at hönangkuuk, -en (det), at waab, -en (det)

Wabenhonig at waabhönang (det)

wach **1** Ggs. *schlafend* wrääken; **w. werden** wrääken wurd - **2** *aufgeweckt:* **ein w.-er Junge/ein w.-es Mädchen** en wrääknen gast/en wrääken foomen

Wache *Wachdienst* a/at waacht (det), a/at wache (det); **W. halten** wache hual *u*, a waacht hual *u*

wachen **1** *wach sein* wrääken wees - **2** *aufpassen* wache, üübpaase; **bei jmdm. w.** bi hoker sat tu üübpaasin *od.* apsat bi hoker

wach halten **1** wrääken hual *u* - **2** **sich w.** ham wrääken hual *u*

Wachhund a wachhünj, -er (di)

Wacholderdrossel at sjok, -en (det)

Wachs at waaks (det)

wachsam wrääken

Wachsbohnen a waaksbuanen (jo)

[1]**wachsen** *Ski* waakse

[2]**wachsen** **1** *größer werden* waaks (wääkst; woks; woksen), grat wurd; **was bist du gewachsen!** wat beest grat wurden! - **2** *gedeihen* waaks *u*, grui - **3** *übertr:* **das ist nicht auf seinem Mist gewachsen** det as ei üüb sin njoks woksen; **über den Kopf w.** auer't hood waaks

wächsern waaksgüül

Wachskerze at tualaglaacht, -en (det)

Wachstuch a waaksduk, -er (di)

Wachstum at waaksduum (det); (Pflanzen) a grui (di)

Wacht a/at waacht (det); **die W. halten** a waacht hual *u*

Wachtel at ääkerhenk, -en (det)

wackelig waklag, luas

wackeln **1** *nicht fest sein* wakle, luas sat *u*; **der Zahn wackelt** a tus sat luas - **2** *mit etw. w.:* **mit dem Kopf w.** mä't hood wakle

wacker waaker; **sich w. halten** ham waaker hual *u*

Wade at grööwstbian, - (det) [u:]

Waffel a wafel, -fler (di); (dünn) at iisenkuuk, -en (det) [z]; (als Gericht) at wafelkuuk, -en (det)

Waffeleisen at wafelkuukiisen (det) [z]; (für dünne Waffeln) at iisenkuukiisen (det) [z]

Wagehals a ütjhaaler, -n (di)

Wagemut a/at ferweegenhaid (det)

wagemutig dristag

wagen **1** waage, riskiare - **2** **sich w.** däär (däär; dost; dosten); **ich wage mich nicht nach draußen** ik däär ei ütj - **3** *übertr:* **wer nicht wagt, der nicht gewinnt** diar niks däär/waaget, want uk niks *Sprw*

Wagen **1** *Gefährt* a waanj, -er (di) - **2** *Sternbild:* **der Große W.** a grat waanj, a karelswaanj; **der Kleine W.** a letj waanj - **3** *übertr:* **das fünfte Rad am W. sein** batje bitu wees

wägen weeg (wääg; woog; waanj)
Wagenheber a waanjlafter, -n (di)
Wagenladung at waanjleesang, -en (det) [z]
Wagenspur at waanjspöör, -en (det); (veralt.) at waanjslus, -en (det)
waghalsig dristag, waaghaalsag
wagonweise waanjwiis [z]
Wahl **1** *Auswahl* a/at wool (det); **du hast die W.** dü heest a wool *od.* dü könst ütjsjük **- 2** *Abstimmung:* **zur W. gehen** tu wool gung *u* - **3** *übertr:* **wer die W. hat, hat die Qual** hoker a wool hää, hää a kwool *Sprw*
wählen **1** *aussuchen* weele, ütjsjük *u* - **2** *abstimmen* weele
Wähler a weeler, -n/- (di)
wählerisch (beim Essen) koonk; (veralt.) krijöörsk
wahllos waalluas; **w. kaufen** waalluas kuupe
Wahn a woon (di)
wahnsinnig **I.** *Adj übertr:* **ihr seid wohl w.!** jam san wel ei muar gans sacht! *od.* jam san wel ei!; **ich werde noch w.!** ik wurd noch gans nüürag! - **II.** *Adv Verstärk.:* **w. teuer** fürchterlik jüür
wahr **1** *richtig* woor; **das ist wirklich w.** det stemet rocht woor; **das darf doch wohl nicht w. sein!** det mut dach wel ei woor wees! - **2** *aufrichtig* rocht; **ein wahrer Freund** en rochten frinj - **3** *nachgest.:* **nicht w.?** ei woor? *od.* huar? - **4** *Verstärk.:* **eine w.-e Pracht** en rochten/en woore pracht
währen **1** düüre, waare; **nicht lange w.** ei loong waare - **2** *übertr:* **ehrlich währt am längsten** iarelk waaret lingst *Sprw*
während uun, oner, bi; **w. des Sommers** a somer auer
währenddessen uun detdiar tidj, uun a teskentidj
wahrhaben woorhaa; **nicht w. wollen** ei woorhaa wel
wahrhaftig waraftag
Wahrheit a/at woorhaid (det), a/at wiard (det); **die reine W.** a riane woorhaid/riane wiard
wahrmachen woormaage
wahrnehmen **1** *bemerken* waarnem *u* - **2** *übertr:* **sein Interesse w.** sin intrese waarnem *u*; **die Gelegenheit w.** a/at geleegenhaid waarnem *u od.* a glüptooch waarnem *u*
wahrsagen spuai
wahrscheinlich wel, woorskiinelk
Wahrzeichen at woortiaken (det)
Waise at wais, -en (det) [z]; **eine W. sein** nian aalern muar haa; **Witwen und W.-n** weden an waisen [z]
Waisengeld at waisenjil (det) [z]
Wake (offene Stelle im Eis) a tooch, tööger (di)
Wal a waalfask, -er (di)
Wald a walt (di); (Amrum) a tanen; **ein dunkler W.** en jonken walt
Walfang a waalfangst (di)
Walfänger a waalfenger, -n/- (di)
Wall a waal, -er (di); (Gartenwall) a dik, -er (di)
Wallach a walach, -en (di); (veralt.) a rüün, -en (di)
Wallsetzer a diker, -n (di)
Walnuss at waalnöd, -en (det)
walten walte, riad (räät; räät; räät)
Walze **1** a/at wals, -en (det) - **2** *übertr:* **auf der W. sein** üüb a wals wees

walzen walse
wälzen, sich ham wäältre; (im Bett) ham hen an weder drei; **das Pferd wälzt sich** a hingst wäältert ham
Walzer a walser, -n (di)
Wampe a fooderbük, -er (di)
Wand a woch, woger (di); **an der W.** bi a woch, bi wogem; **an der W. entlang** bi woch loongs - **2** *übertr:* **weiß wie eine gekalkte W.** bliak üs en kalketen woch; **mit dem Kopf gegen die W. laufen** mä't hood apjin a woch luup *u*; **die eigenen vier Wände** a aanj sjauer woger
Wandbett (i. Friesenhaus; Alkoven) at wochbaad, -en (det)
Wandbord at wochburd, -en (di), at büürtje, -jin (det)
Wandbrett at wochburd, -en (det)
Wandel at aanrang (det), a waanel (di)
Wanderdüne at waanerdün, -en (det)
Wanderer a waanrer, -s (di), a waanersmaan, -er (di)
wandern waanre; **über das Watt nach Föhr w.** auer'n waas tu/efter Feer waanre; **über das Feld w.** auer't fial waanre
Wanderschaft a/at waanerskap (det); **immer auf W.** aleewen üüb a wals
Wanderung at waanrang, -en (det)
Wandfliese a blankstian, -/-er (di)
Wandschrank at iinbaud skaab, -en (det), at wochskaab, -en (det)
Wandtafel a toofel, -fler (di), at burd, -en (det)
Wanduhr a/at wochklook, -en (det)
Wange at sjuuk, -en (det)
Wankelmut a waankelmud (di)
wankelmütig waankelmudag
wanken **1** waanke, dangle, skiawle; **nach Hause w.** tüs dangle - **2** *übertr.* waanke
wann **1** wan; **w. fährt die Fähre?** wan keert a damper?; **seit w.?** sant wan?; **w. auch immer** alwan - **2** *übertr:* **dann und w.** hen an weder ans, uf an tu
Wanne a/at wane, -nin (det)
Wanst a pans, -en (di)
Wanze at wochlüs, - (det)
Wappen at woopen (det)
wappnen, sich ham wapne
Ware at waar, -en (det)
Warenhaus at kuuphüs, -sang [z] (det)
Warft (erhöhter Siedlungsplatz) a/at wareft, -en (det)
warm **1** warem; **schön w.** fein warem; **mir ist so w.** ik san so warem; **ich kann gar nicht w. werden** ik koon mi goorei bewarme; **sich w. einpacken** ham warem iinwole; **warm halten** warem hual *u* - **2** *übertr:* **sich in ein w.-es Nest setzen** ham warem iinfrei; **weggehen wie w.-e Semmel** wechgung üs warem bruad ('Brot')
Wärme a/at waremk (det)
wärmen warme
Wärmflasche a warembutel, -tler (di)
warmhalten, sich jmdn. w. ham/hoker warem hual *u*
warmherzig waremhartag
Warmwasser at warem weeder (det)
warnen waarskaue, warne; **ich habe dich gewarnt!** ik haa di waarskauet!
Warnung at waarskauang, -en (det)
[1]**warten** teew [u:], luure; **auf jmdn. w.** üüb/efter hoker teew; **darauf habe ich nur gewartet** diar haa'k

jüst üüb teewd

[2]**warten** *betreuen* paase

Warterei at teewerei (det), at geteewe (det), at luurerei (det)

Wartezimmer at föörrüm, -en (det), at warterüm, -en (det)

warum huaram; **w. nicht?** huaram ei?

Warze at uart, -en (det)

was **I.** *Interrogativpron* **1** *Frage* wat; **w. ist passiert?** wat as pasiaret/luas?; **w. für Leute sind das?** hük lidj san det? - **2** *Ausruf:* **w. für Menschen!** wat en lidj!; **w. für ein hübsches Mädchen!** wat en smok ding! - **3** *Nachfrage:* **wie bitte?** wat? *od.* wa? - **II.** *Relativpron* wat; **sag, w. du willst** sai, wat dü wel - **III.** *Indefinitpron* wat; **hast du w.?** heest wat?; **w. du nicht sagst!** wat dü ei saist!; **ach w.!** och wat!

Waschbecken at saubeken, -s (det)

Waschbrett at sauburd, -en (det), at rofelburd, -en (det)

Wäsche **1** *Textilien zum Waschen* at lanen (det), a/at wesje (det); **W. waschen** wesje sau *u*; **W. aufhängen** wesje aphinge; **das Hemd ist in der W.** det sjürt as uun a wesje - **2** *Unterw.:* **die W. wechseln** at onerwesje waksle

Wäscheklammer a kniper, -n (di)

Wäschekorb a wesjekurew, -rwer (di) [u:], a lanenkurew, -rwer (di) [u:]

Wäscheleine at wesjeliin, -en (det); (veralt.) a lanenriap, -er (di)

Wäschemangel (Gerät) a mangel, -gler (di)

waschen **1** sau (swait; swuch, swaanj); **Hände w.** hunen sau - **2** **sich w.** ham sau; **sich die Haare w.** ham a hiar sau - **3** *übertr:* **jmdm. den Kopf w.** hoker at hood sau

Wäschepfahl a wesjepual, -er (di)

Wäscherei at wesjerei, -en (det)

Wäschestärke at starkels (det)

Wäschetrockner a drüger, -n (di)

Waschküche a sauköögem, -gmer (di); (veralt.) a stianem, -er (di), **in der W.** uun sauköögem

Waschlappen **1** at sauslont, -en (det) - **2** *übertr:* **der W.!** di wasjlapen!

Waschmaschine a/at saumaskiin, -en (det)

Waschpulver at saupolwer (det)

Waschschüssel at saubak, -en (det)

Wasser **1** at weeder (det), **warmes W.** warem weeder - **2** *Gewässer:* **das W. steigt/sinkt** at weeder sticht/saket; **auflaufend W.** apluupen weeder; **ablaufend W.** ufluupen weeder; **offenes W.** eeben weeder; **willst du mit ins W.?** wel mä tu weeder(s)? - **3** *Urin:* **das W. nicht halten können** at weeder ei hual kön; **kein W. lassen können** ei faan't weeder kem kön - **4** *Körperflüssigkeit:* **W. in den Beinen haben** weeder uun a bian haa - **5** *übertr:* **Blut und W. schwitzen** blud an weeder swäät; **das W. läuft mir im Mund zusammen** at weeder lääpt mi bi a tes ('Zähne'); **das ist W. auf seine Mühlen** det as weeder uun san sluat ('Pfütze') *od.* weeder üüb sin maln; **mit allen W.-n gewaschen** mä aler weedern swaanj; **das Große W.** at grat weeder (der Atlantik); **Kölnisch W.** onjekolonje; **bei W. und trocken Brot** bi weeder an drüg bruad; **sich über W. halten** ham auer

weeder hual *u*; **zu W. werden** tu weeders luup *u* (d. h. nichts werden); **W. hat keine Balken** at weeder hää nian bualker *Sprw*

Wasserblase a/at weederblees, -en (det) [z]

Wasserdampf a damp (di)

Wassereimer a weederamer, -n (di)

Wasserfarbe at weederfarew (det) [u:]

Wasserfleck a weederplak, -er (di)

Wasserglas at weederglääs, -glees [z] (det)

Wasserhahn a weederhöön, -er (di)

Wasserhose at weederhöös, -en (det) [z], at weedertaap, -er (det)

Wasserhuhn at weederhan, -en (det)

wässerig weedrag, sobag

Wasserkessel a weedersedel, -dler (di)

Wasserkopf at weederhood, -hööd (det)

Wasserleitung a/at weederleitung (det)

Wasserlinse (Pflanze) a podkluader (jo)

Wasserlösung (Abzugsgraben) at weederliasang (det) [z], at weederlöösang (det) [z]

Wassermangel a/at weederknaaphaid (det)

Wassermann (Sagengestalt) a weedermaan (di)

wässern weedre

Wasserpegel a weederpeegel (di)

Wasserpest (Pflanze) at ialkrüüs, -en (det) [z]

Wasserpfütze a weedersluat, -er (di)

Wasserpumpe at weederpomp, -en (det)

Wasserrohr at weederröör, -en (det)

Wasserscheide at weederskiasang, -en (det) [z]

wasserscheu baang föör't weeder; **er ist w.** hi mei ei tu weeder(s)

Wasserspiegel a weederspeegel (di)

Wasserstand a weederpeegel (di)

Wasserstrahl a strual, -er (di)

Wassertropfen a weederdrööb, -er (di)

Wasseruhr a/at weederklook, -en (det)

Wasserverbrauch a weederferbrük (di)

Wasserwaage at weederpaas, -en (det)

Wasserweg a siawai, -er (di)

Wasserwerk at weederwerk (det)

waten waate; (veralt.) waad (wäät; wood; wööden)

Watstelle at fuurd, -en (det)

Watt (trocken fallender Meeresboden) a waas [z]; **über das W. gehen** auer'n waas luup *u*

Watte at waten (det)

Wattenmeer a waas [z]

Wattschnecke at hörnk, -en (det)

Wattschnecken a hörnken

Wattstrom at jip, -en (det); (Priel) at lua, -n (det), a priil, -er (di)

Wattwurm a waaswirem, -wirmer (di) [z]

weben weew [u:] (wääft; wääwd/wuf; weewen)

Weberknecht (Insekt) a lankerbian, -er (di)

Weberschiffchen (Weberei) at skööd, -en (det)

Webstuhl a weewstuul, -er (di) [u:]

Wechsel **1** *Änderung* a waksel, -sler (di) - **2** *Gästew.* a waksel, -sler (di); **W. haben** waksel haa - **3** *Schuldschein:* **einen W. ausstellen** en waksel ütjstel/ütjskriiw *u*

Wechselbalg (untergeschobenes Kind; Volksglaube) at amskaftang, -en (det)

Wechselgeld at wakseljil (det), at enkelt jil (det)

wechselhaft ünbestendag

Wechseljahre a wakseljuaren (jo); **in den W. sein** uun a juaren wees

wechseln **1** *austauschen* waksle; **die Bettwäsche w.** a baaden betji *u*; **das Hemd w.** at sjürt waksle - **2** *umtauschen:* **Geld w.** jil waksle - **3** *sich verändern:* **die Meinung w.** amhalse, amhanse; **die Farbe w.** a klöör smitj *u*

wecken wrääkne

Wecker **1** a weker, -n (di) - **2** *übertr:* **er geht mir auf den W.** hi gongt mi üüb a weker

Weckglas at wekglääs, -glees [z] (det)

Weckring a gumering, -er (di)

wedeln fichle, wei; (Hund) winjsle, wakle

weder *Konj* **1 w. - noch** weeder - noch; (veralt.) neder - noch - **2** *übertr:* **w. Fisch noch Fleisch** ei flääsk noch fask

weg **1** *fort* wech; **die Fähre ist w.!** a damper as wech! - **2** *verschwunden:* **meine Uhr ist w.!** min klook as wech! - **3** *entfernt:* **die Fähre ist noch weit w.!** a damper as noch widj wech! - **4** *übertr:* **Finger w.!** fangern wech!; **in einem w.** uun ianen wech *od.* oner ääne aanj; **ich bin ganz w. davon** diar san ik man so wech uun/faan; **hin und w.** hen an wech; **darüber w. sein** at ferknuuset haa

Weg **1** *Verbindung* a wai, -er (di); **den W. abkürzen** a wai ufkert; **den W. zeigen** a wai wise; **abseits des W.-es** bütj a wai; **am W.** bi a wai, bi wailoong; **auf dem W. nach** onerwai(s) tu *od.* üüb a wai tu/efter; **nach dem W. fragen** am a wai fraage - **2** *Wegstrecke*: **auf halbem W.** hualewwais, üüb hualew wai - **3** *übertr:* **seinen W. gehen** san wai gung *u*; **wohin des W.-es?** huar wel hen?; **vom rechten W. abkommen** faan a rocht wai ufkem *u*; **sich auf den W. machen** ham üüb a wai maage, tuwais gung *u*; **auf dem schnellsten W.** üüb a gaust wai; **aus dem W. gehen** ütj a wai gung *u*/luup *u*; **im W. sein** uun a wai wees; **über den W. laufen** auer a wai luup *u*

wegbeißen (Küken) faanbitj *u*

wegbekommen **1** wechfu *u*; **einen Flecken w.** en plak wechfu - **2** *übertr:* **er hat etw. dabei wegbekommen** hi hää diar wat bi wechfüngen

wegbleiben wechbliiw [u:] *u*

wegbringen wechbring *u*

wegdrehen **1** wechkiar, wechdrei; **den Kopf w.** at hood wechkiar - **2 sich w.** ham wechdrei *u*, ham wechkiar; (veralt.) ham ööder wai amstun gung *u*

wegdrücken wechtrak

wegdürfen wechmut

wegen **1** auer, am; **w. des schlechten Wetters** auer det ring weder; **sie tun es w. des Geldes** jo du't am at jil - **2** *übertr:* **von w.!** faan weegen!; **w. nichts und wieder nichts** am niks an weder niks; **von Rechts w.** faan rochts weegen
Wegerich at waibleed (det)
Wegesrand *Wendg.* **am W.** bi wailoong
wegessen wechiidj *u*
wegfahren wechkeer, tuwaiskeer, ufsteed keer
wegfallen wechfaal *u*
wegfegen wechfaage
weggeben wechdu *u*
weggehen **1** *fortgehen* wechgung *u* - **2** *ausgehen* tuwaisgung *u*, ütjgung *u* - **3** *sich entfernen lassen:* **der Flecken geht nicht weg** di plak wal ei wechgung - **4** *übertr:* **geh mir weg damit!** gung mi uf diarmä!; **w. wie warme Semmeln** wechgung üs warem bruad ('Brot')
weggießen wechjit *u*
weggrapschen wechgrapse
weghaben wechhaa *u*
weghängen wechhinge
wegholen **1** wechhaale - **2** *übertr:* **sich etw. w.** ham wat apsake, ham wat wechhaale; **sich eine Erkältung w.** ham en ferkeelang wechhaale/apsake
wegjagen wechjaage
weglachen, sich ham wechlaache
wegkommen **1** *fortkommen* wechkem *u*; **sieh zu, dass du wegkommst!** sä tu, dat dü widjerkomst! - **2** *abhanden kommen:* **einem w.** ään wechraage, ään wechkem *u,* ään wechwurd *u*; **mir ist Geld weggekommen** mi as jil wechwurden/wechkimen - **3** *übertr:* **darüber w.** diarauer henwechkem; **gut w.** gud wechkem *u*
wegkönnen wechkön *u*
Wegkreuzung at waikrüsang, -en (det)
wegkriegen wechfu *u*
weglassen wechläät
weglaufen wechluup *u*, faanluup *u*, ütjnei
weglegen wechlei *u*
weglocken wechlooke
wegmachen **1** wechmaage - **2** *übertr:* **ein Kind w. lassen** en letj wechmaage/wechtjungle läät
Wegmalve a seesken (jo), at sees, -en (det) [z]
wegmüssen **1** *sich entfernen* wechskel *u*; **wir müssen weg** wi skel wech/tuwais - **2** *etw. entfernen:* **das Brot muss weg, es schimmelt schon** det bruad skal wech, at skemelt al
wegnehmen wechnem *u*
wegpacken wechpaake
wegräumen wechrüme, wechrede
wegrennen wechrään, wechluup *u*
wegschaffen wechskaafe, wechfu *u*, ütj a wai fu *u*
wegschicken wechsjüür
wegschleppen wechslebe
wegschnappen **1** wechsnap - **2** *übertr:* **vor der Nase w.** föör a nöös wechnem *u*/wechsnap
wegsehen wechluke
wegsetzen wechsaat
wegstellen wechstel
wegtragen wechdreeg, wechslebe
wegtun wechdu *u*
Wegweiser a waiwiser, -n (di) [z]
wegwerfen wechsmitj *u*
wegwischen wechdrüge

wegziehen wechtji *u*
wehtun siar du *u*
[1]**Wehe** *Schneew.* a snäwaal, -er (di)
[2]**Wehe** *Geburtsw.* a/at sküür, -en (det); **die W.-n setzen ein** a sküüren saat iin
wehen 1 wei, püste; **es weht aus südwest** at weit ütj süüdwaast - **2** *übertr:* **er redet, wie der Wind weht** hi snaaket, üs a winj weit
wehklagen kwise, gren
wehleidig kwisag; (veralt.) siarkren
wehmütig weemudag
Wehr *Wendg.* **sich zur W. setzen** ham tu weer saat
wehren, sich ham weere
wehrlos weerluas
Weibchen *Vogelw.* at wöfke, -kin (det), at wifke, -kin (det)
weibisch wüfag
weiblich (grammat.) weipelk
weich 1 wok; **das W.-e** at wokens - **2** *übertr:* **w.-e Knie bekommen** wok uun a knöbian wurd; **so w. wie Butter** so wok üs böder
Weiche *Flanke* at laask, -en (det)
[1]**weichen** *weich werden* woke
[2]**weichen** *zurückweichen* wik; **sie weicht nicht von seiner Seite** hat gongt/hat wikt ei faan sin sidj
weichgekocht wokkööget
weichherzig wokhartag
[1]**Weide** (Baum) a wichel, -chler (di), a wichelbuum, -er (di)
[2]**Weide** (Viehw.) a/at fään, -en (det); **auf die W. kommen** tu gäärs kem *u*; **das Vieh auf die W. treiben** at tjüch ütj üüb fään jaage
Weidedraht at glääd wiir (det)
Weideland at greesanglun (det) [z]; at lun tu greesagin (det) [z]
weiden greesage, greesge
Weidenkätzchen a ketjin (jo)
Weidenkorb a wichelkurew, -kurwer (di) [u:]
Weidenrute a wichel, -chler (di), a wichelstook, -er (di)
Weidepfahl (vormals z. Befestigen d. Weideseils) a wiirpual, -er (di)
Weideseil (vormals z. Anseilen einzelner Tiere auf d. Weide) at tjider (det)
Weidetor at heeg, -en (det)
Weidezaun *elektr.* at skregwiir (det)
weigern, sich ei wel, ham weigre; (veralt.) ham däärne
Weihnachten weinachten; (veralt.) jul; **die Kinder freuen sich auf W.** a jongen freue jo tu/üüb weinachten; **Fröhliche W.!** fröölag weinachten!
Weihnachtsabend krasinj
Weihnachtsbaum a tanenbuum (di), a weinachsbuum (di), a buum (di); (der nordfries. W.) a kenkenbuum; **den W. schmücken** a buum aptaakle; **den W. plündern** a buum uftaakle/plünjre
Weihnachtsbotschaft a weinachsbööd
Weihnachtsfeier at weinachsfeier, -n (det)
Weihnachtsfeiertag a krasdai, -daar (di)
Weihnachtsgeschenk at weinachsgesjenk, -e (det)
Weihnachtslied at weinachsstak, -en (det)
Weihnachtsmann a weinachsmaan
Weihnachtsschmuck at weinachskroom (det), a weinachssmuk (di)
Weihnachtstag a krasdai, -daar (di); **der erste W.** a iarst krasdai; **der zweite W.** a ööder krasdai

Weihnachtszeit *Wendg.* **in der W.** uun a krasdaar

Weihwasser at weiweeder (det)

weil auer, auer dat, am dat; **wir kommen etw. später, weil die Fähre festsitzt** wi kem wat leeder, auer dat a damper fäästsat

Weile **1** at sküür (det), at wiil (det); **eine W.** en sküürstidj, en sküür; **eine ganze W.** en hialer sküür - **2** *übertr:* **Eile mit W.** eewen man aleewen *Sprw*

Wein **1** *Getränk* a/at win (det); **ein Glas W.** en glääs win - **2** *Pflanze* at win (det)

weinen **1** skrial; (Kinder) brole, blare - **2** *übertr:* **es ist zum W.** diar koon ham bluat skrial

weinerlich blarag, skrialag, jaulag

Weinflasche a winbutel, -tler (di)

Weingrog a wingrok, -s (di)

Weinpunsch a winpuns, -en (di)

Weintraube at windrüüw, -en (det) [u:]

weise wis, kluuk

[1]**Weise** *Art* a wiis (di) [z]; **das ist keine Art und W.** det as nian oort an wiis; **auf diese W.** sodenang, so

[2]**Weise** *Melodie* at wiis, -en (det) [z]

weisen **1** *zeigen* wise [z]; **den Weg w.** a wai wise - **2** *von sich w.* wechsmitj *u*; **weise das nicht so weit von dir!** smitj at man ei so widj wech! - **3** *übertr:* **jmdm. die Tür w.** hoker a dör wise; **das ist nicht von der Hand zu w.** det as ei faan a hun tu wisin

weismachen wismaage, föörleeg *u*, fertel *u*; **das kannst du mir nicht w.** det könst dü mi ei fertel

weiß **1** witj; **das W.-e** at witjens - **2** *übertr:* **schwarz auf w. haben** suart üüb witj haa; **w. wie ein Laken** witj üs leneft/lanen; **w. wie die Wand** witj üs en kalketen woch

weissagen spuai

weißblond witjhiaret

Weißbrot at witjbruad (det); (Laib) at kaag, -en (det), a witj liaf, liawer (di)

Weißdorn at witj haageduur (det)

weißen witje, kalke

weißhaarig witj

Weißklee at witj kliawer (det)

Weißkohl at witjkual (det)

Weißkohlpudding (Gericht) a witjkualpodang (di)

Weißwäsche at lanen (det), at witjwesje (det)

weißwaschen witjsau *u*

Weißwein a witjwin (di)

weit **I.** *Adj* **1** *entfernt* widj; **am w.-esten** widjst/am widjsten; **w. draußen** widj ütj; **von w. her** faan widj wech; **von W.-em** faan widjen; **w. entfernt** widj uf, widj wech - **2** *lose:* **die Hose ist zu w.** a/at boks as tu widj - **3** *übertr:* **w. und breit** widj an sidj; **so w., so gut** so widj, so gud; **bei W.-em** widjütj; **bei W.-em nicht** loongen ei; **w. kommen** widj kem *u*; **ein w.-es Herz haben** en grat hart haa; **„W.-es Herz, klarer Horizont!“** „rüm hart, klaar kimang!“ (nordfries. Wahlspruch); **nicht w. her sein mit** ei widj heer wees mä; **in der w.-en Welt** uun a widje welt - **II.** *Adv* (Verstärk.): **er ist schon w. über 80** hi as al huuch uun a tachentager

weitab widjuf, widjwech

weitaus widjütj

Weite **1** *Umfang* a/at widje (det) - **2** *Ferne* at widjens (det) - **3** *übertr:* **das W. suchen** ütjnei

weiten 1 widje - **2 sich w.** ham widje; **die Schuhe w. sich noch** a skur widje jo noch wat

weiter I. *Adj* **1** *zusätzlich* muar; **w.-e Fragen?** muar fraagen? - **2** *übertr:* **Mädchen sind ja immer w. als Jungen** foomnen san jo leewen widjer üs dringer - **II.** *Adv* **1** *entfernter* widjer; **w. draußen** widjer ütj - **2** *weiterhin:* **die Amrumer Zeitung wollen wir w. halten** at öömrang bleed wel'f widjer hual - **3** *fortgesetzt:* **und so w./ usw**. an so widjer/asw.

weiterarbeiten widjerwerke

weiterbestehen widjerbestun *u*

weiterbilden, sich ham widjerbilde, ham widjerbild

weiterdenken widjerseenk *u*

weitererzählen widjerfertel

weiterfahren widjerkeer

weitergeben widjerdu *u*

weitergehen 1 *Weg fortsetzen* widjergung *u*, widjerluup *u*, widjerwuuge - **2** *sich fortsetzen* widjergung *u*; **geht es hier noch weiter?** gongt at hir noch widjer? - **3** *übertr:* **so geht das nicht weiter** so gongt at ei widjer *od.* so koon'am ei

weiterhelfen widjerhalep *u*

weiterhin widjerhen, widjer; **und w. alles Gute!** an widjerhen ales/bluat guuds!

weiterkommen widjerkem *u*

weiterleiten widjerdu *u*

weitermachen widjermaage

weiterreichen widjerdu *u*; (am Tisch) amling

weitersagen widjerfertel, widjersai *u*; **aber nicht w.!** oober ei widjersai!

weiterschlafen widjersliap *u*

weiterverbreiten widjerdreeg *u*

weiterverkaufen widjerferkuupe *u*

weiterwissen widjerwed *u*

weither 1 widjwech; **von w.** faan widjwech - **2** *übertr:* **mit seiner Gesundheit ist es nicht w.** mä sin sünjhaid as ei faan tu pochin

weithin widjhen

weitläufig 1 *ausgedehnt* widjloftag; **ein w.-es Dorf** en widjloftag saarep - **2** *übertr:* **w. verwandt sein** widjloftag frinjer wees

weitschweifig *Wendg.* **w. erzählen** lung an briad fertel

weitsichtig 1 Ggs. *kurzsichtig* widjsichtag **- 2** *übertr:* amsoochtag

weitspringen widjspring *u*

Weitsprung a widjsprung (di), at widjspringen (det)

Weizen 1 *Getreidesorte* at wiaten (det) **- 2** *Pflanze* a wiaten (di) - **3** *übertr:* **sein W. blüht** san wiaten bleut

Weizenfeld a wiaten (di)

Weizenmehl at wiatenmeel (det)

welch *Interj* wat; **w. ein schöner Tag!** wat en smoken dai!

welche(r, -s) I. *Interrogativpron* hün, hük; *Pl* (o. Subst.) hüken, högen; wat för; *Pl* (o. Subst.) wat för högen; **w.-s Kleid?** hün/wat för'n kleet?; **w. willst du?** hüken wel haa? - **II.** *Relativpron* wat, diar **- III.** *Indefinitpron* wat; *Pl* (o. Subst.) högen; **hast du w.?** heest högen?

welk wel, welag

welken wele

Wellblech at welblik (det)

Welle 1 *Woge* at waag, -en (det); **schäumende W.-n** skümag waagen - **2** *Maschinenteil* at wele, -lin (det) - **3**

Turnübung: **eine W. machen** en wele maage

Wellhornschnecke a tuuter, -n (di), a kuuker, -n (di), at hörnk, -en (det)

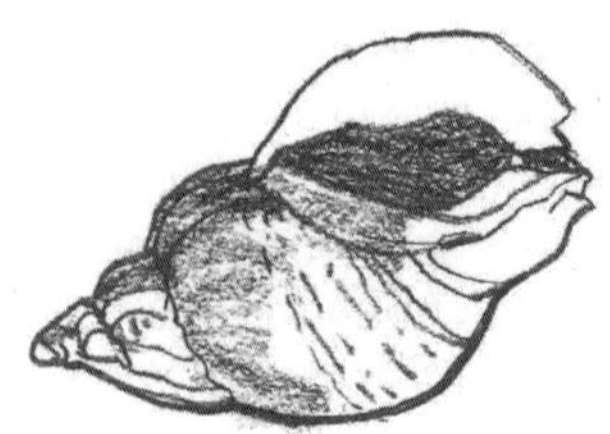

Wellhornschnecke at hörnk

wellig welag

Welt 1 a welt, a eerd; **auf dieser W.** üüb das welt; **die ganze W.** a hialer welt - **2** *übertr:* **der Lauf der W.** a welts luup *od.* a luup faan a welt; **aus der W. schaffen** ütj a welt skaafe; **zur W. bringen** tu welt bring *u*; **zur W. kommen** tu welt kem *u*

Weltall at weltal

weltbekannt weltbekäänd

weltfremd weltfrääm

Weltkrieg a weltkrich, -kriiger (di); **der erste/der zweite W.** a iarst/a ööder weltkrich

weltlich weltelk

Weltmacht a/at weltmäächt (det)

Weltsprache a/at weltspriak, -en (det)

Weltreise a/at weltrais, -en (det)

weltweit aueraal üüb a welt

wem hoker; **w. hast du das gegeben?** hoker heest at den?

wen hoker; **auf w. wartest du?** üüb hoker teewst?

Wende at aanrang, -en (det)

Wendeltreppe a/at winjelträäp, -en (det)

wenden 1 *etw. umdrehen* wen - **2** *Auto* wen, drei - **3** *Kleidungsstück* wen, kiar; **die Hose w.** at boks wen - **4 sich w.** ham drei; **der Wind hat sich gewendet** a winj hää ham dreid - **5 sich an jmdn. w.** ham uun hoker kiar/wen - **6** *übertr:* **sich zum Guten w.** ham tu'n guuden wen

Wendung at aanrang, -en (det)

[1]**wenig** *Adj* **1** *nicht viel* letjet (*Komp* maner, manst), man; **am w.-sten** manst/am mansten; **das W.-ste** at manst; **das ist nicht gerade w.** det as ei amletjet; **die Badegäste werden auch immer w.-er** a baadelidj wurd uk imer maner - **2** *minus:* **drei w.-er zwei** trii maner tau - **3** *übertr:* **mehr oder w.-er** muar of maner; **Opa wird immer w.-er** ualaatj woort imer maner; **dabei kam nur w. heraus** diar kaam man letjet bi ütj

[2]**wenig** *Adv* letjet; **ein w.** en betj, wat; **w. später** letjet leeder

wenigstens 1 *mindestens* tu't manst, tumansten - **2** *zumindest:* **das hätte sie w. sagen können!** det hed's tu't manst sai küden!

wenn 1 *Bedingung:* wan; **w. du zur Post gehst, ...** wan tu a post gongst, ... - **2** *Zeitpunkt:* **w. es regnet, ...** wan't rinjt, ... - **3** *Einräumung:* **und w. auch!** an wan uk! - **4** *Wunsch:* **w. wir man erst zu Hause wären!** wan'f man iarst aran wiar!

wennschon *Konj:* **w., dennschon** wan al, do al; **na w.!** an? *od.* an wan?

wer I. *Interrogativpron* hoker; **w. ist es?** hoker as't? - **II.** *Relativpron* hoker, diar; **w. nicht hören will, muss fühlen** hoker ei harke wal, skal feel -

III. *Indefinitpron:* **ist da wer?** as 'ar hoker?; **w. auch immer** alhoker uk, hoker uk imer

werben 1 *für etw.* werew [u:] (wareft/ wereft; woorew [u:]; würwen) - **2** *um jmdn. w.* am hoker werew [u:]; (Frau; veralt.) am hoker frei

werden I. *Vollvb* **1** *sich verändern* wurd (woort; wurd; wurden); **dunkel w.** jonk wurd - **2** *etw. werden:* **sie wird Ärztin** hat woort dochter - **3** *sich verwirklichen lassen:* **ob das noch was wird?** of det noch wat woort?; **daraus wird nichts** diar komt niks efter - **4** *übertr:* **er wird nicht mehr** hi woort ei muar - **II.** *Hilfsvb* **1** *Pass* wurd; **gefahren w.** keerd wurd - **2** *Fut* wel (wal, wel, wal; wul; wulen), skel (skal, skel, skal; skul; skulen); **du wirst dich noch wundern!** dü wel/skel di noch ans wonre! - **3** *Annahme:* **er wird schon noch kommen** hi wal/skal wel noch kem; **das würde mir gut gefallen** det wul/skul mi gud tusai

werfen 1 *schleudern* smitj (smat; smääd; smeden) - **2** *Tiere* ufsmitj *u*; **die Sau hat gestern zehn Ferkel geworfen** at sög hää jister tjiin gris ufsmeden - **3 sich w.** ham smitj - **4** *übertr:* **mit Geld um sich w.** mä jil am ham smitj; **sich jmdm. an den Hals w.** ham hoker am a hals smitj

Werft a/at helang, -en (det); **das Schiff muss auf die W.** at skap skal üüb a helang

Werg (Flachsreste) at hiad (det)

Werkbank at werkbeenk, -er (det)

Werkstatt at werksteed, -en (det)

Werktag a werkdai, -daar (di)

werktags werkdais, oner a weg

Werkzeug at werktjüch (det)

Wermut (Pflanze) at weremk (det)

wert 1 *teuer* wäärs; **nichts w.** niks wäärs - **2** *wichtig:* **nicht der Rede w.** at snaakin ei wäärs; **der Mühe w.** a meut wäärs - **3** *übertr:* **keinen Schuss Pulver w. sein** nään skoot polwer wäärs wees

Wert 1 a wäärs (di) - **2** *übertr:* **großen W. legen auf** föl du üüb *u*

wertbeständig *Verb.* **w. sein** en wäärs för imer wees

werten wäärse

wertlos wäärsluas, saner wäärs

Wertpapier at wäärspapiar, -en (det)

Wertsachen a wäärssaagen (jo)

wertvoll wäärdag, wäärsfol; **ein w.-er Ring** en wäärdagen ring

Wesen 1 *Charakter* at weesen (det) [z], at natüür (det) - **2** *Geschöpf* at ding (det); **ein kleines, zartes W.** en letj fiinket ding - **3** *übertr:* **viel W.-s von etw. machen** föl geweese [z]/ staheu am wat maage

wesentlich I. *Adv* weesentelk [z], alwat; **es geht ihm w. besser** at gongt ham alwat beeder - **II.** *Adj* weesentelk [z]; **du hast nichts W.-es verpasst** dü heest niks rochts ferpaaset

weshalb huaram; **w. nicht?** huaram ei *od.* wat do ei?

Wespe at wesp, -en (det)

wessen I. *Interrogativpron* hoker sin, hög sin, högens; **w. sind das?** högens san det? *od.* hoker sinen san det? - **II.** *Relativpron* hög; **w. auch immer** alhög

West (Windricht.) waasten; **der Wind weht aus W.** a winj weit faan waasten

Weste at west, -en (det)
Westecke (Haus) a waasterhuk (di)
Westen **1** *Himmelsricht.* a waast; **nach W.** efter/tu waasten, waasterap; **im W.** waaster, uun't waaster; **von W.** faan't waasten - **2** *politisch* a waasten
Westentasche at westenskrääp, -en (det)
Westerheide (Amrum) Waasterhias [z]
Westerland (Sylt) Waasterl_u_n
Westerlandföhr Waasterlunfer; **auf W.** bi waast
Westerlandföhrer a weesdrang, -en (di) [z]; **ein W.** en weesdrangen [z]
Westerlandföhrer *Adj* weesdrang [z]; **W. Friesisch** weesdrang
Westfriese a waastfresk, -en (di); **ein W.** en waastfresken
Westfriesisch at waastfresk
Westfriesland Waastfresklun
Westküste a/at waastküst
westlich waastelk, waasten; **w. von** tu waasterääg faan, tu waasten faan; **aus w.-er Richtung** faan a waaster ääg/sidj; **ein w.-er Wind** en waasten winj; **w. der Kirche** waastelk/waasten a sark
Westseite a waasteräägh (di)
Westwind a waastwinj (di)
weswegen huaram
Wette at wääd, -en (det); **um die W. laufen** am a wääd luup *u*; (veralt.) tu häächt luup *u*
wetteifern tu brual luup *u* (veralt.)
wetten wääde; **wollen wir w.?** skel'f wääde?; **um eine Kiste Bier w.** am en kasje biir wääde
Wetter **1** at weder, -n (det); **das schönste W.** at smokste weder; **nach dem W. sehen** iin uun't weder luke; **bei jedem W.** bi arke weder - **2** *übertr:* **in Wind und W.** uun winj an weder
Wetterbericht a wederberacht, -er (di)
Wetterfahne a flüger, -n (di)
wetterfest wederfääst
Wetterkarte at wederkoord, -en (det)
Wetterlage a/at wederlaag, -en (det)
Wetterleuchten at wederlaidagin (det), at wederlaidin (det)
wettern wedre, skandiare, roose [z]
Wetterseite a/at wedersidj (det), a/at winjsidj (det)
Wettstreit a wäädstridj (di)
wetzen **1** *schärfen* wääte; **das Messer w.** at knif wääte - **2** *rennen* benske, bese [z]
Wetzstein a wäätelstian, -er (di)
Wichse at wiks (det)
wichtig **1** *bedeutsam* wichtag; **eine w.-e Sache** en wichtag saag - **2** *einflussreich:* **ein w.-er Mann** en wichtagen maan - **3** *übertr:* **sich w. tun mit** at wichtag haa mä
Wichtigtuer a wichtikus (di)
wichtigtuerisch wichtag; **w. sein** wichtag du *u*
Wickel *Wendg.* **am W. kriegen** bi a boks fu *u* ('Hose')
wickeln **1** *aufwickeln* wole - **2** *in etw.:* **ein Kind w.** en letj wole
Widder (männl. Schaf) a room, -er (di), a weeder, -n (di)
wider jin
widerfahren wederfaar *u*
Widerhaken at wederhaag, -en (det)
widerlegen wederlei *u*
widerlich wederlik
widerrufen turagnem *u*
widersetzen, sich ham wedersaat

widerspenstig swäärs
widersprechen uunjinsnaake, apjinsnaake, jinuunsnaake
Widerstand a wederstant (di)
Widerstandskraft a kaluun (di); **eine starke W. haben** en gooden kaluun haa
widerstehen wederstun *u*; **nicht w. können** ham ei turaghual kön
widerwärtig eeklag, wederlik, ongelk
Widerwillen a wederwalen (di); **einen W. haben gegen** eeklag wees fòör
widmen widme
[1]**wie** *Interrogativadv* **1** *Art u. Weise* hü, hüdenang; **w. heißt du?** hü hetst dü?; **w. auch immer** alhü uk - **2** *Ausruf:* **w. schön!** wat smok! *od.* wat fein!; **und w.!** an hü!
[2]**wie** *Konj* üs, likùs, hü, lik; **so groß w.** so grat üs; **man kann nicht immer, w. man will** ham koon ei imer, liküs ham wal; **w. man sagt** üs wat ham sait
wieder **1** weder; **immer w.** imer weder; **nie w.** nimer weder; **schon w.** al weder - **2** *übertr:* **hin und w.** uf an tu ans
wiederbekommen wederfu *u*
wiederbeleben *jmdn.* weder turaghaale
wiederbesetzen wederbesaat
wiederbringen wederbring *u*
wiedereinführen wederiinfeer
wiedereinstellen wederiinstel
wiedererkennen wederkään
wiedererlangen wederfu *u*
wiederfinden wederfinj *u*
Wiedergänger (Spukgestalt) a wedergunger, -n (di); **als W. umgehen** amgung *u*
wiedergeben *zurückgeben* wederdu *u*
wiedergrüßen wedergrööte, turaggrööte; **ich soll auch von allen w.!** ik skal uk wedergrööte faan altumaal!
wiedergutmachen wedergudmaage
wiederhaben wederhaa
wiederherstellen *Verb.* **er ist ganz wiederhergestellt** hi as weder fol diar/weder kral
[1]**wiederholen** *zurückholen* wederhaale
[2]**wiederholen** *noch einmal tun* wederhaale
wiederholt flooksis/-se, muarsis/-se
wiederkäuen kwetkaue, twetkaue
wiederkommen wederkem *u*, turagkem *u*
wiederkriegen wederfu *u*
wiedersehen wedersä *u*
Wiedersehen *Verb.* **ich freue mich schon aufs W.** ik freue mi al diarüüb, wan wi üs wedersä; **auf W.!** adjis!
wiedertun wederdu *u*; **nicht w.!** ei wederdu!
Wiederwahl at wederwool (det)
wiederwählen wederweele
Wiege a/at waag, -en (det)
[1]**wiegen** *schaukeln* waage; (auf dem Arm) daije, sjiiwesjaue
[2]**wiegen** **1** *abwiegen* weeg (wäächt; wuch; waanj) - **2** *schwer sein:* **was wiegst du?** wat wäächst?
Wiegenlied at waagsoong, -en (det)
wiehern **1** *Pferd* näägre - **2** *w.-d lachen* näägre tu laachin
wienern gnidjle, wiinre
Wiesbaum (Ladebaum auf d. alten Erntewagen) a ponter, -n (di)
Wiese at miad, -en (det)

Wiesel **1** a huarem, -rmer (di) - **2** *übertr:* **flink wie ein W.** flink üs en huarem

Wiesel a huarem

Wiesenland at miadlun (det)
Wiesenweihe at letj gusiarn, -en (det)
wieso huaram; **w.?** hü do? *od.* hü so?, wat do?
wie viel hüföl; **wie viele Gäste könnt ihr unterbringen?** hüföl lidj kön'em haa?
wievielmal hüfölsis/-se
wievielte hüfölst; **das w. Glas trinkst du schon?** at hüfölst glääs drankst al?
wild **1** Ggs. *zahm* wil - **2** *ungezügelt:* **w. hergehen** wil heergung *u* - **3** *ungeordnet:* **die Haare sind so w.** a hiar san so wil - **4** *übertr:* **halb so w.** hualew so wil *od.* hualew so nai tu
Wild at wil (det)
Wildente at wilan, -en (det), a anfögel, -gler (di)
wildern wilre
Wildfang a wilspuuk (di), a heister (di)
wildfremd wilfrääm
Wildgans at grägus [z], -ges [z] (det), at wilgus [z], -ges [z] (det)
Wildnis a/at wilnis (det)
Wildschaden a wilskaas, -er (di) [z]
Wildschwein at wilswin, - (det)
Wildtaube at holtdüüw, -en (det) [u:]
Wille **1** a wal (di); **seinen W.-n haben** san walen haa - **2** *übertr:* **beim besten W.-n nicht** mä a/bi a beste walen ei
willens *Verb.* **w. sein** sans wees
willig walag
willkommen welkimen; **w. heißen** welkimen bad *u*
wimmeln mirle, grimle, gromle, wimle; **es wimmelt von Menschen** at wimelt faan minsken
wimmern wimre, kwise
Wimpel a wümpel, -pler (di), a staner, -n (di)
Wimpern a uughiaren (jo)
Wind **1** a winj (di); **ein nördlicher/ ein südlicher W.** en nuurdelken/en söderken winj; **der W. dreht sich** a winj lääpt am; **der W. verstärkt sich** a winj brüüset/haalet ap; **der W. flaut ab** a winj skraalet/namt uf *u*; **am W. segeln** bi a winj siil *u* - **2** *übertr:* **W. davon bekommen** winj faan fu *u*; **den Mantel nach dem W. hängen** a mantel efter bias ääger smitj *u* ('Seiten'); **in W. und Wetter** uun winj an weder
Windbeutel *Luftikus* a winjbüüdel (di)
Winde at winj, -en (det)
Windei at wanai, -er (det)

Wildgans at grägus

Windel at blääch, -en (det)
windeln wole; **das Kind w.** at letj wole
winden 1 winj (wanjt; woonj; wünjen) - **2 sich w.** krääl; **sich vor Schmerz w.** krääl föör piin - **3** *übertr:* **sich w. wie ein Aal** ham drei üs en ial
Windfahne a winjwiser, -n (di) [z]
Windfang (Vorraum) a winjfang (di)
Windfangtür a/at banerdör, -en (det)
windgeschützt skülag
Windhose at winjboks, -en (det)
Windhund *leichtfertige Person* a winjhünj (di)
windig winjag, üülag, püstag, brüüsag [z]
Windmühle a/at maln, -en (det)

Windmühle a/at maln

Windmühlenflügel at rua, -n (det)
Windpocken a winjpooken (jo), a stianpooken (jo)
Windrose at winjruus, -en (det) [z]
windschief winjsk
Windseite at luuwsidj (det)
windstill winjstal, luuwen
Windstoß a winjpüst, -er (di)
Windzug a blocht (di), a tooch (di)
Wink a wink, -er (di); **einen W. geben** en wink du *u*
Winkel 1 *Ecke* a huk, -er; **ein stiller W.** en stalen huk - **2** *Geom.* a winkel, -kler (di)
Winkelzug a kneep, -er (di)
winken wiafte, winke
winklig hukag
winseln winjsle
Winter 1 a wonter, -n (di); **W. werden** wontre, wonter wurd; **diesen W.** ji wonter; **im W.** am wontrem, üüb'n wontrem, wonterdai(s); **ein harter W.** en harden/en stringen wonter; **ein schneeloser W.** en kaalen wonter - **2** *übertr:* **draußen ist der reinste W.!** bütjen as di woore wonter!
Winterapfel a waaraapel, -pler (di), a wonteraapel, -pler (di)
Winterbirne at wonterpeer, -en (det)
Winterfahrplan a wonterfaarploon (di)
winterfest wonterfääst
Wintergerste a wonterbere (di)
Wintergetreide at wonterkurn (det)
Winterkartoffeln a leed eerpler (jo)
Winterkleidung at wontertjüch (det)
winterlich wonterlik
Wintermantel a wontermantel, -tler (di)
Winterroggen a wonterroog (di)
Winterschlaf a wontersliap (di)
Winterweizen a wonterwiaten (di)
Winterwetter at wonterweder (det)
Winterzeit at wontertidj; **zur W.** uun a wontertidj, wonterdai(s)
winzig liitje, liitjeletj
Wipfel a toop, -er (di)

Wippe wip, -en (det), at wigwaage, -gin (det), at wümplis, -en (det)
wippen wipe; (auf d. Wippe) wümpe
wir wi; 'ef, 'f (Kurzformen); **wir beide** wi tau; (veralt.) wat; **wollen w. gehen?** skel'f tuwais?
Wirbel **1** *Strudel* a horel, -rler (di) - **2** *Haarw.* at twarlis, -en (det) - **3** *drehbarer Griff* at wäärlis, -en (det)
wirbeln *Wind* horle
Wirbelsäule at ragknook, -en (det)
Wirbelwind a küüselwinj (di) [z], a horelwinj (di), at winjswarlang (det)
wirken **1** *arbeiten* wirke - **2** *Medizin* uunslau *u*, halep *u* - **3** *Eindruck vermitteln* ütjsä *u*; **sie wirkt müde** hat sjocht tukaant ütj
wirklich **I.** *Adj* rocht; **sein w.-er Name** san rocht nööm - **II.** *Satzadv* rocht, würelk, uu so; **ist das w. wahr?** as det rocht woor?; **das war w. nett!** det wiar uu so net!
Wirklichkeit **1** a/at würelkhaid (det) - **2** *übertr:* **in W.** rochtwoor, taatsechelk
wirr **1** *durcheinander* uun huup, uun hobel - **2** *geistig verwirrt* trochenööder; **er ist ganz w. im Kopf** hi as hial trochenööder uun't hood
Wirrwarr at tjungelkroom (det), at trochenööder (det)
Wirt a kruuger, -n (di), a wiart, -er (di)
Wirtin at wiartswüf, -en (det), at kruugerswüf, -en (det)
Wirtschaft **1** *Gastwirtschaft* a kruch, kruuger (di), at wiartshüs, -sang [z] (det) - **2** *Geschäftsleben* a/at wirtskaft (det) - **3** *Hausw.* a/at wiartskap (det); **die W. führen** a wiartskap feer - **4** *übertr:* **was ist das für eine W.!** wat as det för'n wirtskaft!
wirtschaften wiartskafte, wiartskape; **sparsam w.** sünag amnem *u*; **großzügig w.** flot mä't jil wees *od.* faan boowen deel wiartskape
Wirtschafterin at hüshualer, -n (det)
Wirtshaus a kruch, kruuger (di), at wiartshüs, -sang [z] (det); **im W.** uun kruch; **ins W.** tu kruch
wischen **1** drüge, wiske; (oberflächlich) amdrüge; **den Fußboden w.** a grünj/a beerd drüge; **Staub w.** stoof drüge - **2** *übertr:* **eine gewischt bekommen** ään neid fu *u od.* ään am a uaren fu *u*; (Stromschlag) ään wisket fu *u*
Wischtuch at slont, -en (det)
wispern piisjle, tusjle
wissen **1** *etw. kennen* wed (witj; wost; wost), kään; **woher soll ich das w.**? huarfaan skal ik det wed?; **soweit ich weiß** sowidj üs wat ik witj; **nichts davon w.** diar niks tu kään *od.* diar niks faan wed - **2** *sich erinnern:* **weißt du noch?** witjst dü noch?; **nicht dass ich wüsste!** ei dat ik wost! - **3** *mit Infin + zu:* **w. lassen** wed läät; **zu w. bekommen** tu weden fu *u*; **sich zu helfen w.** ham tu halpen wed - **4** *übertr:* **es w. wollen** at wed wel; **ich weiß nicht wie** ik witj ei wat; **sie weiß, was sie will** hat witj, wat hat wal *od.* hat as salew diar
Wissen **1** at weden (det); **ein großes W. haben** en grat weden haa *od.* en bonk wed *u* - **2** *übertr:* **ohne sein W.** saner, dat hi det wost
Wissenschaft a/at wedenskap (det)

Wissenschaftler **1** a wedenskapsmaan, -er (di) - **2** *Gesamtheit* **die W.** a wedenskapslidj (jo)

Wissenschaftlerin at wedenskapswüf, -en (det)

Witsum (Föhr) Wiisam

Witsumer a wiisamer, - (di)

Wittdün (Amrum) Witjdün

Wittdüner a witjdünsk, -en (di)

wittern stirme

Witterung *Wetterverlauf* a wedern (jo), at weder (det)

Witwe **1** at wedwüf, -en (det) - **2** *übertr:* **W.-n und Waisen** weden an waisen [z]

Witwer a wedmaan, -er (di), a wedern, - (di)

Witz *Anekdote* a wits, -e/-en (di); **W.-e erzählen** witse fertel

witzig witsag, spoosag

¹**wo** *Interrogativadv* huar; **w. bist du gewesen?** huar heest/beest weesen?; **von w. kommst du?** huar komst faandaan?; **ach w.!** och wat!

²**wo** *Relativadv* huar, diar; **das Dorf, w. er geboren ist ...** det saarep, huar hi bäären as ...

woanders ööders huar, huaröööders

¹**wobei** *Interrogativadv* huarbi; **w. hast du dich erkältet?** huarbi heest di ferkeld?

²**wobei** *Relativadv* huarbi; **w. zu bedenken ist ...** huarbi ham beseenk skal ...

Woche **1** at weg, -en (det); **diese W.** wegloong, das weg; **Anfang der W.** iarst uun a weg *od.* began faan a weg; **Mitte der W.** maden uun/faan a weg; **Ende der W.** leetst uun a weg *od.* aanj faan a weg; **im Laufe der W.** das weg, uun a luup faan a weg; **in dieser W.** wegloong, das weg; **in einer W.** am aagedaar, am en weg; **in drei W.-n** uun/am trii weg; **letzte W.** ferleeden weg; **nächste W.** kemen weg, naist weg - **2** *übertr:* **in die W.-n kommen** tu leien kem *u*

Wochenanfang a began faan a weg (di)

Wochenbett at wegbaad (det); **im W. sein** üüb baad sat *u*

Wochenende a/at wegaanj, -er (di); **am W.** at wegaanj, wegaanjs

wochenlang wegen, wegenloong

Wochenlohn a wegluan, -er (di)

Wochentag a wegdai, -daar (di)

wöchentlich a weg; **einmal w.** iansis a weg

wochenweise wegwiis [z]

wodurch huartroch

wofür huarför

Woge at waag, -en (det)

wogegen huarjin

wogen waage

woher huarfaan, huar faandaan; **w. hast du das?** huar heest det faandaan?

wohin huarhen

¹**wohl** *Adv* **1** *angenehm* gud (*Komp* beeder), wel; **lass es dir w. ergehen!** läät at di gud gung! - **2** *gesund:* **ich fühle mich nicht w.** ik san ei gud *od.* ik haa't ei so gud - **3** *übertr:* **w. oder übel** of ham wal of ei

²**wohl** *Modalpart* **1** *Annahme* wel; **wir bekommen w. Regen** wi fu wel rin - **2** *Ausruf:* **du hast w. einen Vogel!** dü heest wel en fögel! - **3** *Aufforderung:* **willst du w. hören!** wel dü wel harke!

[3]**wohl** *Konj* nooch; **„Deine Botschaft hör ich w., allein mir fehlt der Glaube!“** „Dan äären hiar ik nooch, man mi waant a gluuw!“ (Goethe: ‘Faust’)

Wohl *Wendg.* **zum W.!** sünjhaid!

wohlauf gud; **sie sind alle w.** jo san altumaal gud

wohlbehalten behelen, hial; **er ist w. angekommen** hi as behelen uunkimen

wohlerzogen wel/gud aptaanj

wohlgeformt welskeeben

wohlgelitten wel/gud lesen [z]

wohlgemeint gud/wel mend

wohlgemut gud tuwais

wohlgenährt gud bi stak

wohlgeordnet bi a rä; **da ist alles w.** diar as ales bi a rä

wohlhabend welsteld, gudsteld, rünj, waat

Wohlsein *Wendg.* **W.!** sünjhaid!

Wohlstand a welstant (di)

wohltun gud du *u*

wohnen wene; **zur Miete w.** tu hüür wene *od.* tu hüür sat *u*

Wohnhaus at wenhüs, -sang [z] (det)

wohnlich wenelk

Wohnraum at wenrüm, -en (det)

Wohnstube a wendörnsk, -er (di)

Wohnteil (Teil d. Friesenhauses) at wenhüs (det)

Wohnung at wenang, -en (det)

Wohnzimmer a wendörnsk, -er (di)

Wohnzimmertisch a dörnskboosel, -sler (di)

Wolf **1** a wulew, -lwer (di) [u:] - **2** *übertr:* **hungrig wie ein W.** hongrag üs en wulew

Wolfsmilch (Pflanze) at moolkstöölk, -en (det), a kaatstuuler (jo)

Wolfsmilch at moolkstöölk

Wolfsrachen (offener Gaumen) a eeben böön (di)

Wolke at swark, -en (det); **dunkle W.-n** jonk swarken

Wolkenbruch at jitang (det), at beu, -en (det), a gööd (di), at bäärs (det)

Wolldecke at olen deeken (det)

Wolle at ol (det)

[1]**wollen** *Adj* olen; **w.-e Strümpfe** olen höösen

[2]**wollen** *Modalvb* **1** *beabsichtigen* wel (wal, wel, wal; wul; wulen); **wir w. einen Spaziergang machen** wi wel ütj tu luupen/tu keurin - **2** *Vorsatz haben:* **sie will Medizin studieren** hat wal medisiin studiare - **3** *müssen:* **das will gelernt sein** det wal liard wees - **4** *nicht eintreten:* **das will nicht besser werden** det wal ei beeder wurd - **5** Wunsch: **ich wollte, dass ich schon zu Hause wäre** ik wul, dat ik al aran wiar

[3]**wollen** *Vollvb* **1** *wünschen* wel (wal, wel, wal; wul; wulen); **was willst**

du? wat wel/skel haa?; **na, dann w. wir mal!** naa, do läät üs man!; **er/ sie will so gerne Kinder** hi/hat wal so hal jongen haa; **w. wir noch ein Bier?** (regional: *sollen*) skel'f noch en biir haa? - **2** *Richtung:* **ich will nach Hause** ik wal tüs - **3** *übertr:* **sei es, wie es will** läät at wees, üs wat at wal

Wollfaden a olen triad, -er (di)

Wollgras a olbluumen (jo), at olgäärs (det)

wollig olag

Wollknäuel a olknol, -er (di)

Wollkratzer (früher z. Reinigen der W.) at kuard, -en (det)

Wollmütze at olen mots, -en (det)

Wollsocke at olen höös, -en (det) [z]

Wollzeug at olen tjüch (det)

womit huarmä

womöglich ferlicht

wonach huarefter

woran huaruun; **w. ist er gestorben?** huaruun as'r stürwen?; **w. denkst du?** huar seenkst dü am?; **w. liegt das?** huaruun leit det?

worauf huarüüb; **w. wollen wir trinken?** huarüüb skel'f ans drank?

woraus huarütj

worin huaruun

Wort **1** *Redeteil* at wurd, -en (det) - **2** *Äußerung:* **ein paar W.-e sagen** hög wurden sai *u*; **zu W. kommen** tu wurd kem *u*; **ohne ein W. zu sagen** saner en wurd tu saien - **3** *übertr:* **W. für W.** wurd för wurd; **W. halten** wurd hual *u*; **kein W. wahr davon sein** ei en wurd mad/woor wees; **hast du noch W.-e?** heest dü wurden?; **ein ernstes W. mit jmdm. reden** en iarnst wurd mä hoker snaake; **das erste W. führen** at iarst wurd feer; **ein gutes W. einlegen** en gud wurd iinlei *u*; **der Hund gehorcht aufs W.** di hünj harket üüb't wurd; **zu seinem W. stehen** tu sin wurd stun *u*; **ein W. gab das andere** ian wurd haalet det ööder

Wörtchen *Wendg.* **auch noch ein W. mitzureden haben** uk noch wat mä tu saien haa

Wörterbuch at wurdenbuk, -en (det)

Wörterbuchstelle (universitäre Einricht. in Kiel) at wurdenbuksteed

Wortführer *Wendg.* **W. sein** at iarst wurd feer

wortgetreu wurd för wurd

wortkarg snobag

wörtlich wörtelk, wurdelk

worüber huarauer, huarfaan, auer wat/am wat; **w. habt ihr gesprochen?** am wat haa'm snaaket?

worum huaram; **worum geht es?** huar gongt at am?

worunter huaroner

wovon huarfaan

wovor huarfòör

wozu huartu

Wrack at wrak, -s (det)

wricken (rudern m. einem Ruder) wrege, wrike

wringen wriis [z] (wrast; wrus; wresen [z]), wring (wrangt, wroong, wrüngen)

Wrixum (Föhr) Wraksam

Wrixumer a wraksamer, - (di)

Wucher a wuucher (di)

Wucherblume, gelbe at morgengüül (det)

wuchern wuuchre, ütjmoone

wühlen 1 *in etw.* wüüle; (Schweine) wret - 2 *schwer arbeiten* wret
Wühler a wreter, -n (di)
Wühlmaus at wüülmüs, -en (det)
Wulst a wolst, -er (di)
wund 1 rä, siar, em; (Säuglinge) wunt - 2 *übertr:* **ein w.-er Punkt** en desagen punkt
wund laufen, sich ham rä/ham troch luup *u*
wund liegen, sich ham wünj/ham troch lei *u*
Wunde at siar, -en (det), at steed, -en (det), at wund, -en (det)
Wunder 1 at woner, -n (det) - 2 *übertr:* **sich W. was darauf einbilden** woner wat tu men *u*
wunderbar *herrlich* wonerboor, wunderboor; **ein w.-er Abend** en rocht feinen inj
wunderlich 1 *merkwürdig* nüürag, wonerlik, apartag - 2 *sonderbar:* **w. werden** nüürag wurd
Wunderlichkeit a/at wonerlikhaid, -en (det)
wundern 1 wonre - 2 **sich w.** ham wonre; **du wirst dich noch w.** dü skel/wel di noch wonre
wunderschön gans smok, gans fein; **das war ein w.-er Abend** det wiar en gans feinen inj
wundervoll groosoortag
Wunderwerk at wonerwerk, -en (det), at wonerding, -en (det)
wundgescheuert rä
Wundpflaster at plooster, -n (det)
Wundschorf at rööw (det) [u:]
Wunsch a wansk, -er (di); **nach W.** efter wansk; **einen W. erfüllen** en wansk erfal - 2 *übertr:* **ein frommer W. sein** en froomen wansk wees
wünschen 1 wanske - 2 **sich w.** ham wanske; **was wünschst du dir zu Weihnachten?** wat wanskest dü di tu weinachten? - 3 *jmdm. etw.:* **das wünsche ich nicht meinem ärgsten Feind** det wanske ik man eragst fiind ei
wünschenswert tu wanskin
würdig feierlik
würdigen 1 würdage - 2 *übertr:* **jmdn. keines Blickes w.** hoker ei ans mä a eers uunluke ('Hintern')
Wurf *Ballw.* a smed, -er (di)
Würfel 1 *Speck-/Käsew.* a dööbel, -bler (di) - 2 *Spielw.* a dööbel, -bler (di), a dööbelstian, -er (di)
Würfelbecher a dööbelbecher, -n (di)
würfeln 1 *spielen* dööble, würfle - 2 *zerkleinern* dööble
Würfelzucker a sokerknol, -er (di); **ein Stück W.** en sokerknol
würgen 1 *jmdn.* wirge - 2 *Brechreiz haben* rääk, kwark - 3 *übertr:* **mit Hängen und W.** mä hingin an wirgin
Würger (Vogel) a wirger, -n (di)
Wurm 1 a wirem, -rmer (di); **von Würmern zerfressen** ap faan a wirem - 2 *übertr:* **sich winden wie ein W.** krääl üs en wirem
wurmen wirme; **das wurmt mich** det wiremt mi
Wurmkraut at wiremkrüüs (det) [z]
Wurmloch at wiremhool, -hööl (det)
wurmstichig wiremsteegag, wiremfreedag
Wurst at wurst (det), at marag (det)
Würze a smaag (di)

Wurzel **1** *unterer Pflanzenteil* a rut, -er (di) - **2** *Möhre* a wochel, -chler (di); **W.-n schaben** wochler skraabe - **3** *übertr:* **W.-n schlagen** ruter slau *u*

wuschelig borag, storag, brüüsag [z], rüchhoodet

Wut at dolhaid (det); **vor W. rasen** roose föör dolhaid

wüten roose [z], wüüte, tu kiar gung *u,* kesbese [z]

wütend dol, uun a faard, roosendol [z]

Wyk (Föhr) a Wik; **in W.** bi a/uun a Wik

[1]**Wyker** a wiker, - (di)

[2]**Wyker** *Adj* wiks; **der W. Markt** at wiks markes

x-beinig bantuanet, iksbianet; **x. gehen** banelk gung *u*

x-mal x-sis/-se, **das habe ich x. gesagt!** det haa'k x-sis saad!

---

z, Z

Zacke at taak, -en (det)

zacken taake

zackig *gezackt* taakag

zäh **1** tuch; **z.-es Fleisch** tuch flääsk - **2** *übertr:* tuch, tai; **ein z.-er Bursche** en tuchen/en taien gast

zähflüssig siamag, stif, sjok

Zähigkeit a/at tuchhaid (det)

Zahl **1** *mathem. Größe* at taal, -en (det); **die Z. drei** at taal trii - **2** *Anzahl:* **eine große Z. von Leuten** en mase/en bonk lidj

zahlen **1** betaale; **wer zahlt?** hoker betaalet? - **2** *übertr:* **Lehrgeld z.** liarjil betaale

zählen **1** *abzählen* tääl; **bis zehn z.** tu tjiin tääl - **2** *etw.:* **Geld z.** jil tääl - **3** *wichtig sein:* **nicht z.** niks tääl - **4** *sich verlassen*: **auf jmdn. z.** üüb hoker tääl - **5** *dazugehören:* **ich zähle ihn zu meinen besten Freunden** hi hiart tu min best frinjer - **6** *übertr:* **nicht bis drei z. können** ei tu trii tääl kön

Zahler a betaaler, -n (di); **ein schlechter/ein säumiger Z.** en ringen/en traien betaaler

zahlreich föl, en bonk, en buul, en mase; **z.-e Leute** en grat skööl/en bonk lidj

zahm määk, toom; **eine z.-e Ente** en toom an

zähmen toom maage, toome, toom fu *u*

Zahn 1 *Teil d. Gebisses* a tus, tes (di); **Zähne bekommen** tes fu *u*; **Zähne putzen** tes basle/potse; **künstliche Zähne** faalsk tes - **2** *Zacke am Zahnrad* a kum, -er (di) - **3** *übertr:* **die Zähne zusammenbeißen** a tes tuupbitj *u*; **mit langen Zähnen** (d.h. mit Widerwillen) **essen** mä lung tes iidj *u*;

Zahnarzt a tusmaan, -er (di), a/at tusdochter

Zahnbürste a tusbasel, -sler (di)

zahnen tes fu *u*

Zahnfleisch at hul (det)

Zahnkrone at krüün, -en (det)

zahnlos tusluas, saner tes

Zahnprothese a faalsk tes (jo)

Zahnputzbecher at weederglääs, -glees [z] (det)

Zahnrad at kumwel, -en (det)

Zahnschmerzen at tuswark (det)

Zahnwurzel a rut, -er (di)

Zange 1 a/at taang, -en (det) - **2** *übertr:* **den möchte ich nicht mal mit der Z. anfassen** ham maad ik ei ans mä a taang uunling

Zank *Wendg.* **Z. und Streit** stridj an spiktaakel

zanken, sich kredle, stridj (strat; strääd; streden)

zänkisch kredlag

Zäpfchen (Teil d. Gaumens) a huk, -er (di)

Zapfen a/at taap, -er (det)

zapfen taape

Zapfhahn a höönk, -er (di)

zappelig sprablag, wreglag

zappeln spalke, sprable, wregle; (mit d. Beinen) spadle, spraule, spraantle

zappenduster oonjonk

zart fiin; **eine z.-e Stimme** en fiin stem

zartgliedrig fiin faan les [z], fiinleset [z], fiinket

Zauberer a trool, -er (di)

Zauberin at trool, -er (det)

zaubern 1 troole, hekse - **2** *übertr:* **ich kann nicht z.!** ik koon ei hekse!

zaudern hen an weder auerlei *u*; (veralt.) harware, talme

Zaum 1 a tuum, -er (di) - **2** *übertr:* **im Z. halten** uun a tuum hual *u*

Zaumzeug at hoodstel (det)

Zaun a tuun, -er (di); (Lattenzaun) at spiilkenstaach, -en (det)

Zaunkönig a näädelkönang, -nger (di)

Zaunpfahl a pual, -er (di)

Zaunwicke at müsirt, -en (det)

zausen tüüse [z]

zechen punse, swiire, süp (sopt; soob; sööben)

Zechkumpan a süpkoleeg, -en (di)

Zechtour a/at swiir (det), a swutsj (di); **auf Z. sein** swiire, üüb a swiir/üüb a swutsj wees

Zecke at teg, -en (det)

Zeh 1 a tuan, -en (di); **der große/der kleine Z.** a grat/a letj tuan - **2** *übertr:* **auf die Z.-en treten** üüb a tuanen treed *u*

Zehennagel a tuannaiel, -nailer (di)

Zehenspitzen a tuanen (jo); **auf Z. gehen** üüb tuanen luup *u*, telke

zehn 1 tjiin - **2** *übertr:* **die Z. Gebote** a gebööd

zehnmal 1 tjiinsis/-se - **2** *übertr:* **das habe ich dir wohl z. gesagt** det haa'k di wel tjiin- an elwensis saad

Z

zehnte tjiinst
Zehntel a tjiinst paart (di)
zehntens för't/tu't tjiinst
zehren teere
Zehrgeld a slobergrüsjen (jo), at teerjil (det)
Zeichen at tiaken, -s (det); **ein Z. geben** en tiaken du *u*
Zeichenunterricht at moolin (det)
zeichnen **1** *kennzeichnen* tiakne - **2** *darstellen* moole, tiakne
Zeichnung at tiaknang, -en (det)
Zeigefinger a skootfanger, -n (di)
zeigen **1** *deuten auf* wise [z]; **auf jmdn. z.** efter hoker pore - **2** *jmdm. etw. erläutern:* **den Weg z.** a wai wise - **3** *vorführen:* **zeig mal!** wise ans! - **4** **sich z.** ham sä läät - **5** *herausstellen:* **das wird sich z.** det wel/skel wi tu sen fu - **6** *übertr:* **ich werde euch z., wo der Zimmermann das Loch gelassen hat** ik skal jam wise, huar a müürmaan at hool läät hää ('Maurer'; d.h. hinauswerfen)
Zeiger a wiiser, -n (di) [z]
Zeile at rä, -en (det)
Zeit **1** *Zeitraum* a/at tidj (det); **im Laufe der Z.** uun a luup faan a tidj - **2** *verfügbare Z.:* **Z. genug** tidj nooch; **die Z. ist um** a tidj as am - **3** *Zeitpunkt:* **um diese Z.** am dethir tidj; **zur rechten Z.** tupaas/tu rochter tidj; **zu solch einer Z.** tu so'n tidj; (veralt.) takliis [z] - **4** *Zeitabschnitt:* **in alten Z.-en** uun ualang tidjen; **an der Zeit sein** uun a tidj wees; **die ganze Z.** a hialer tidj; **in der heutigen Z.** nütutidjs; **zur Z.** tu tidj(s) - **5** *übertr:* **Z. vergeuden** tidj slitj *u od.* tidj feroose; **Z. vertrödeln** tidj ferduudle; **das hat wohl noch Z.** det hää wel noch nian nuad; **seine Z. ist gekommen** sin tidj as kimen; **dem lieben Gott die Z. stehlen** üüs Hergod a tidj steel; **höchste Z. sein** huuchster/huuge tidj wees; **mit der Zeit** mä a tidj; **zu jeder Z.** tu arke tidj; **von Z. zu Z.** ans ans, uf an tu ans; **spare in der Z.** (d. h. rechtzeitig), **dann hast du in der Not** spaare uun a tidj, do heest dü uun a nuad *Sprw*
zeitig tidjelk, tidjag, bitidjs, ääder
Zeit lang *Wendg.* **eine Z.** en tidjloong
zeitlebens leewent loong; **sie war z. krank** hat wiar hör leewent loong kraank
Zeitnot *Verb.* **in Z. sein** at drok haa *u*
Zeitpunkt *Verb.* **gerade zum richtigen Z.** jüst tu tidj, jüst rocht
Zeitrechnung a/at tidjreegnang (det)
Zeitschrift a/at tidjskraft, -en (det)
Zeitung at bleed, -en (det); **die Amrumer Z.** at öömrang bleed; **Z.-en austragen** ütj mä a bleeden wees; **in die Z. setzen** iin uun't bleed saat
Zeitungsannonce at uuntseige, -gin (det), at anongs, -en (det)
Zeitungsbericht a beracht, -er (di)
Zeitvertreib at tidjkertang (det), a/at tidjferdriiw (det) [u:]
zeitweilig tidjwiis [z], sküürenwiis [z]
zeitweise bitidjen, tidjwiis [z]
Zelt at telt, -en (det)
zelten telte
Zeltplatz a teltplaats, -en (di)
Zement at sement (det)
Zementfußboden a sementenen grünj (di)
zementieren semente
Zentner a sentner, -/-n (di); **drei Z.** trii sentner

Z

Zepter at septer, -n (det)
zerbeißen tubitj *u*
zerbrechen **1** breeg (bräächt; bruch; breegen), uunstakenbreeg *u* - **2** *übertr:* **sich den Kopf z.** at hood tubreeg
zerbrechlich **1** deger - **2** *übertr:* **eine kleine z.-e Person** en letj deger ding
zerdeppern uunstakensmitj *u*,
zerdrücken tutrak
zerfallen ütjenööderfaal *u*
zerfetzen uunstakenriiw [u:] *u*
zerfließen ütjenööderluup *u*
zergehen tugung *u*
zerhacken kape, uunstakenklüüwe
zerkleinern fiinmaage, tubetje
zerknautscht knuarslag
zerknirscht slükuaret, desag tumud [z]
zerknittern tuknuarsle
zerkratzen tukratse; (m. Klauen) tukleese [z]
zerkrümeln tukraame
zerlassen hiatmaage; **Butter z.** böder hiatmaage
zerlegen ütjenöödernem *u*; (Schlachttiere) tuhau *u*; **das Schwein z.** at swin tuhau
zerlumpt slontag
zerplatzen baast (baast; bost; bosten)
zerreißen riiw [u:] (raft; rääw [u:]; rewen), turiiw [u:] *u*
zerren tüüse [z]
zerschießen tusjit *u*; **ein zerschossener Hase** en tusköööden haas
zerschlagen **1** uunstakenhau *u*, tuslau *u* - **2** *übertr:* **sich z.** tu weeders luup *u*, niks wurd
zerschmettern uunstakensmitj
zerschneiden tuskeer *u*; (mit d. Schere) tuklap
zersplittern tusplitj *u*
zerspringen spring (sprangt; sproong; sprüngen)
zerstechen tusteeg *u*, uunstakensteeg *u*, uunstakenprake
zerstören uunstakenmaage, tunantmaage, ferniile, tunantbring *u*
zerstoßen tustupe
zerstreuen, sich *ablenken* üüb ööder soochter kem *u*, ham uflenke
zerstreut *abgelenkt* ei bi a saag, döö-wag
zerstritten fertörnd; **heillos z. sein** tuup üüb ääg an ood wees
zerteilen tudial
zertrampeln tutrample; **ein Beet z.** en baad tutrample
zertreten tutreed *u*, uunstakentreed *u*; (weichen Grund) apäält
zerzaust borag, tüüsag [z]
Zettel a seedel, -dler (di); **ein leerer Z.** en blanken seedel
Zeug **1** *Kleidung* at tjüch (det) - **2** *wertlose Sachen* at kroom (det); **weg mit dem Z.!** wech mä't kroom! - **3** *Takelage:* **mit vollem Z. segeln** mä fol tjüch siil *u* - **4** *übertr:* **das Z. dazu haben** at tjüch diartu haa *u*; **dummes Z.!** dom tjüch!; **er rannte, was das Z. hielt** hi räänd, wat at skitj man so hel/hääld
Zeuge a tjüüg, -en (di); **als Z. aussagen** tjüüg
Zeugnis at tjüchnis, -en (det)
Zichorie at siguure (det)
Zicke *Schimpfw.* at siig (det); **die blöde Z.!** det dom kriak! ('Krähe')
Ziege at siig, -en (det)
Ziegel **1** *Mauerz.* a tegelstian, -/-er (di) - **2** *Dachz.* a/at poon, -en (det)

Z

Ziegeldach at poonensaag, -en (det)

Ziegelei at tegelei, -en (det)

Ziegelstein a tegelstian, -/-er (di), a müürstian, -/-er (di)

Ziegenbock a siigroom, -er (di), a siigenbok, -er (di)

ziehen **1** *herausz.* tji (tjocht; toog; taanj); **aus dem Graben z.** ütj a gruug tji - **2** *Wohnsitz verändern* tji *u*, skebe; **er zieht nach Hamburg** hi tjocht/skebet efter/tu Hamborag - **3** *Luftzug haben* tooche; **es zieht!** at toochet! - **4** *sich fortbewegen:* **die Schwalben z. nach Süden** a swaalken tji am a süüd - **5** *zupfen* tüüse [z]; **nicht an den Haaren z.!** ei bi a hiar tüüse! - **6** *Kaffee, Tee:* **der Tee muss noch z.** a tee skal noch trek/tji - **7** *Rauch einz.:* **an der Zigarette z.** bi a sigaret tji - **8** *übertr:* **das zieht bei ihm nicht** det tjocht ei bi ham; **das Fell über die Ohren z.** at skan auer a uaren tji; **den Kürzeren z.** a kurter/a kurtst bi tji; **eine Lehre daraus z.** en liar diarütj tji; **an einem Strang z.** uun ään riap/string tji; **über den Tisch z.** auer a boosel tji

Ziehharmonika at hunharmoonika, -n (det)

Ziel at mual, -en (det)

ziemen, sich ham hiar, ham skake

[1]**ziemlich** *Adv* temelk; **z. spät** temelk leed

[2]**ziemlich** *Gradpart* sowat; **ihr seit so z. gleich groß** jam san sowat like grat

zieren, sich ham tiire

zierlich fiin, fiinket; **eine z.-e Person** en fiin minsk

Ziffer at taal, -en (det)

Zifferblatt at tsiferbleed, -en (det)

Zigarette at sigaret, -en (det)

Zigarre at sigaar, -en (det)

zigmal hunertsis/-se

Zimmer **1** *Raum* at rüm, -en (det), a dörnsk, -er (di) - **2** *Unterkunft:* **Z. vermieten** rümen ferhüür

Zimmerchen at römke, -kin (det)

Zimmerdecke a böön, -er (di); **eine niedrige Z. haben** liach oner a böön wees

Zimmermann **1** a temermaan, -lidj (di) - **2** *übertr:* **zeigen, wo der Z. das Loch gelassen hat** wise, huar a müürmaan at hool läät hää ('Maurer'; d.h. hinausweisen)

zimmern temre

zimperlich piiblag, stel di ei so uun

Zimt at kaneel (det)

Zimtstange a/at kaneelstaang, -er/-en (det), at piipkaneel (det)

Zink at tsink (det); **aus Z.** tsinken

Zinke a tinj, -en (di)

Zinn at tan (det); **aus Z.** tanen

Zinngeschirr at tantjüch (det)

Zinsen a renten (jo), a tsinsen (jo); **von den Z. leben** faan a renten lewe; **Z. bringen** tsinsen bring *u*

Zinseszins a rent üüb rent (di), a tsins üüb tsins (di)

Zipfel a snipel, -pler (di), at flar, -en (det), a huk, -er (di); (Spitze des Umschlagtuches d. Tracht) at slap, -en (det)

zipfelig sniplag

Zippe (weibl. Kaninchen) at wüftje, -jin (det)

zirka amanbi, sowat en, üngefeer

Zirkel (Messinstrum.) a paaser, -n (di)

zirkulieren amluup *u*, trinjenamluup *u*, trinjenamgung *u*

Zirkus **1** a sirkus (di) - **2** *übertr:* **so ein Z.!** wat en teooter/staheu!
zirpen tsirpe
zischen tsisje; (Gänse) spütje
Zitrone at sitruun, -en (det)
zittern **1** redle, sködle, hüdjre, tadre, skalwe, rödle; **z. vor Angst** skalwe/sköde föör angst - **2** *übertr:* **z. um** baang wees am
Zitterpappel a wilbuum, -er (di)
zittrig redlag, tadrag, sködag; **z.-e Hände** tadrag hunen; **mit z.-er Stimme** mä en tadrag stem
Zitze at spen, -en (det)
zögern teew [u:], töögre, nööle; (veralt.) talme
[1]**Zoll** **1** *Behörde* a tol (di) - **2** *Abgabe* at tol (det); **Z. entrichten** tol betaale
[2]**Zoll** (Maßeinh.) a süm, - (di)
Zollbeamter a tolmaan, -lidj (di)
zollfrei tolfrei
-zöllig sümsen; **ein vierz.-er Nagel** en sjauersümsen spiker
Zollkreuzer at tolbuat, -en (det)
Zollstation at tolhüs (det)
Zollstock a tolstook, -er (di), a sümstook, -er (di)
Zopf a toopet stört, -er (di); **Zöpfe flechten** störter toope; **falsche Zöpfe** faalsk störter (Tracht)
Zorn a/at dolhaid (det)
zornig dol
[1]**zu** *Präp* **1** *Richtung* tu; **z.-m Hafen** deel tu a huuwen; **z.-m Strand** ap/hen/deel tu/ütj bi strun (abhängig vom Standort d. Sprechers); **z.-r Schule** tu skuul; **z.-m Tanz** tu daans; **ich muss z. Bett!** ik skal tu baad! - **3** *Zeitpunkt:* **z. Weihnachten** tu weinachten; **z. Ostern** tu puask - **4** *vor Zahlenangaben:* **z.-m ersten** tu't iarst; **z.-r Hälfte** tu a heleft - **5** *Verbind.:* **von Haus z. Haus** faan hüs tu hüs; **z.-m Teil** tu'n dial; **z.-m Beispiel** tu'n bispal
[2]**zu** *Adv* **1** *zuviel* tu, altu; **z. spät** tu leed; **das ist z. dumm!** det as tu dom! - **2** *geschlossen* sacht, tu; **Tür z.!** dör sacht! - **3** *Aufforderung:* **nur z.!** man tu! - **4** *Zeit:* **ab und z.** uf an tu
[3]**zu** *Partikel* tu; **z. gehen** tu luupen; **ihm ist nicht z. helfen** hi/ham as ei tu halpen; (gelegentlich *und*) an; **es ist nicht so leicht, eine gute Stelle z. bekommen** at as ei so lacht an fu en gud steed
[4]**zu** (bei Konj.) tu; **um z.** am tu; **anstatt z.** uunsteed tu
zuallererst üs iarst
zuallerletzt üs leetst
zubauen sachtbau
Zubehör at tubehiar (det)
zubeißen tubitj *u*, tugnau
[1]**zubekommen** *schließen* sachtfu *u*
[2]**zubekommen** *zusätzl. erhalten* üübtufu *u*
zubereiten maage
zubezahlen tubetaale
zubinden sachtbinj *u*, tubinj *u*
zubleiben sachtbliiw [u:] *u*, tubliiw [u:] *u*
zublinzeln tublinke, tupliire
zubringen tubring *u*; **wo hast du die Nacht zugebracht?** huar heest a naacht tubroocht
Zucht **1** *Aufzucht* a aptooch (di); **zur Z. halten** tusaat - **2** *Ordnung* a tucht
Zuchtbulle a hole, -lin (di)
Zuchthaus at tuchthüs, -sang [z] (det)
Zuchthäusler a tuchthüsler, -s (di)

Zuchthengst a springhingst, -er (di)
zuckeln sjokle, tjukle, basle
zucken **1** *bewegen* tak; **mit den Schultern z.** mä a skolern tak - **2** *Licht* swupe; **die Blitze z.** a laiden swupe
Zucker **1** at soker (det); **Z. zum Kaffee nehmen** soker uun a kofe nem *u* - **2** *Diabetes:* **sie hat Z.** hat hää soker
Zuckerdose at sokerduus, -en (det) [z]
zuckerkrank sokerkraank
Zuckerkrankheit at sokerkraankes (det)
Zuckerkringel a sokerkringel, -gler (di)
zuckern sokre, swetmaage
Zuckerrübe at sokerrööw, -en (det) [u:]
Zuckerstange a/at sokerstaang, -en/-er (di), a/at slikstaang, -er (di)
zuckersüß *präd* swet üs soker
Zuckertopf at sokerpot, -en (det), at sokerpötje, -jin (det)
Zuckerzange a/at sokertaang, -en (det)
Zudecke at üübins, -en (det), at deeken, -s (det)
zudecken **1** *jmdn./etw.* tudobe, bedobe, tuhal; (Kinderspr.) tudöbke - **2** *verschließen* sachtdobe
zudenken tuseenk *u*; **das ist dir zugedacht** det as di tusoocht
zudrehen **1** *schließen* sachtdrei - **2** *jmdm. etw.:* **jmdm. den Rücken z.** hoker a rag tudrei
zudringlich naikemen; (gegenüber Mädchen) frech; **z. werden** frech wurd
Zudringlichkeit (gegenüber Mädchen) a/at frechhaid, -en (det)
zudrücken **1** tutrak - **2** *übertr:* **ein Auge z.** en uug sachtmaage/tutrak
zueinander tuarkööder, tuenööder
zuerkennen tukään
zuerst **1** *als erster* tu iarst, üs iarst; **z. da sein** üs iarst diar wees - **2** *anfänglich* tuiarst, tu began - **3** *übertr:* **wer z. kommt, mahlt z.** hoker iarst komt, granjt iarst *Sprw*
zufahren *schneller fahren* tukeer; **fahr zu!** gau tukeer!
Zufahrt a/at tufaart, -en (det)
Zufall a tufaal, -er (di); **so ein Z.!** wat en tufaal!
zufallen **1** *schließen* sachtfaal *u* - **2** *zuteil werden* tufaal *u*
zufällig tufelag, ünferwaans; **rein z.** rian tufelag
zufassen biling, binem *u*, bigrip *u*
zufliegen tuflä *u*
Zuflucht at tuflucht (det); (vor Unwetter) at skülsteed (det)
zuflüstern tupiisjle, tutusjle
zufrieden tufrees [z]
Zufriedenheit a/at tufreeshaid (det) [z]
zufrieden lassen tufrees läät [z]
zufrieden stellen tufrees stel [z]; **z.-d** gude(r)nooch
zufrieren sachtfriis [z] *u*, tufriis [z] *u*
zufügen **1** *hinzutun* tudu *u*, bidu *u* - **2** *jmdm. etw.* uundu
zufüttern tufudre, wat bitu fudre
Zug **1** *Eisenbahn* a/at iisenboon, -en (det) [z], a tsuch, tsüüge (di); **mit dem Z. fahren** mä a boon/mä a tsuch keer - **2** *Spielzug* a tooch, tööger (di); **das ist dein Z.!** dü beest uun a rä! - **3** *Luftzug* a tooch (di) - **4** *Zigarette:* **gib mir noch einen Z.!** läät mi noch ans tji! - **5** *Schar* a tooch, tööger (di); **ein ganzer Z.** en hialen tooch; (Vogelz.) **ein Z. Enten** en flacht anen

Z

- **6** *Drang:* **einen Z. in die Fremde haben** en tooch efter a frääm haa - **7** *übertr:* **zum Z.-e kommen** tu stak(s) kem *u*; **etw. in vollen Zügen genießen** wat folap geneet; **in einem Z.** uun ianen wech; **in den letzten Zügen liegen** sialtööge *od.* üüb't leetst lei *u*

Zugabe *Wendg.* **als Z.** üübtu

Zugang a tugung, -er (di)

zugange *Wendg.* **z. sein mit** tu gangs wees mä

zugänglich **1** tugengelk - **2** *übertr:* bliis [z], eebenhartag

zugeben **1** *hinzufügen* tudu *u*, diartudu *u*; **ein Stück Butter z.** en spat böder tudu - **2** *eingestehen* tudu *u*

zugegen *anwesend:* **z. sein** diar wees [z], diarbi wees [z]

zugehen **1** *schließen* sachtgung *u* - **2** *sich nähern* üübtugung *u*, tugung *u*, henskridj *u*, **auf die sechzig z.** üüb a söstag tugung; **es geht schon auf Weihnachten zu** at gongt al wat hen tu weinachten - **3** *schneller gehen* tuluup *u* - **4** *übertr:* **nicht mit rechten Dingen z.** ei mä rocht dinger tugung *u*; **bunt z.** bruket tugung *u*

Zügel **1** a tuum, -er (di); **in die Z. fallen** uun a tuumer grip *u* - **2** *übertr:* **die Z. schleifen lassen** a tuumer slore läät; **bei jmdm. die Z. anziehen** hoker uun a tuum nem *u*

zügeln betwing *u*

zugestehen tugestun *u*

zugetan tuden

zugießen tujit *u*

zugig toochag; **z. sein** tooche

zugleich **1** *zur selben Zeit* tuglik, tu likedenang tidj, tu salew tidj, emsk, **z. ankommen** emsk uunkem *u* - **2** *gleichzeitig* an uk; **er ist Kaufmann und z. Bürgermeister** hi as kuupmaan an uk bürgermääster

Zugluft a tooch (di)

zugreifen **1** *beim Essen* tuling; **bitte, greift zu!** wees'em so gud an ling'em tu! - **2** *Gelegenheit nutzen* tugrip *u*

zugrunde *Verb.* **z. richten** tunantmaage, tunantbring *u*

zugucken tuluke

zugunsten tugonsten

zugute tuguud; **z. halten** tuguud hual *u*; **z. kommen** tuguud kem *u*

Zugvogel a tsuchfögel, -gler (di)

Zugvögel a tsuchfögler

Zugwind a haalwinj (di)

zuhaben sachthaa *u*, tuhaa *u*

zuhaken tuhaage

zuhalten **1** *etw. schließen* sachthual *u*, tuhual *u*; **sich die Augen z.** ham a uugen sachthual/tuhual - **2** *zusteuern auf* tuhual *u*; **der Dampfer hält auf uns zu** det skap häält üüb üs tu

zuhängen sachthinge

Zuhause at aran (det), at tüs (det); **hier ist mein Z.** hir as min aran

zuheilen sachthiale, ferhiale

zuhinterst bääfst

zuhören tuharke; **aufmerksam z.** nip tuharke; (Kinder) haase [z]

Zuhörer a tuharker, -s (di), a tuhiarer, -s (di)

zukaufen tukuupe *u*; **Land z.** lun tukuupe

zukehren *zuwenden* tudrei; **jmdm. den Rücken z.** hoker a rag tudrei

zuklappen sachtklape, sachtmaage

zukleben sachtklewe, tuklewe

zukleistern sachtkliistre, tukliistre

zuknallen sachtsmitj *u*, tuskrap; **die Tür z.** a dör tuskrap

zukneifen sachtknip *u*, tuknip *u*; **die Augen z.** a uugen sachtknip

zuknöpfen sachtknoope; (Bluse) apknoope, tuknoope

zuknoten tuknoote, tuknat

zukommen 1 *hinbewegen* tukem *u*; **auf jmdn. z.** üüb hoker tukem - **2** *zustehen:* **das kommt dir nicht zu** det komt di ei tu - **3** *geben:* **jmdm. etw. z. lassen** hoker wat du *u,* hoker wat tukem läät - **4** *übertr:* **auf sich z. lassen** üüb ham tukem läät

zukriegen 1 *schließen* sachtfu *u* - **2** *dazu bekommen* üübtufu *u* - **3** *übertr:* **ich habe kein Auge zugekriegt** ik haa nian wink uun a uugen hed

zukucken (norddt.) tuluke

Zukunft a/at tukemst, a/at kemen tidj, a/at tukonft; **in Z.** uun a kemen tidj, uun tukonft

zukünftig I *Adj* tukemen - **II** *Adv* uun tukonft

zulächeln uunlaache, tulaache

Zulage a/at tulaag, -en (det)

zulangen 1 *bei Tisch* tuling; **langt bitte zu!** wees'em so gud an ling'em tu! - **2** *anpacken:* **er kann gut z.** hi koon gud tuling

zulassen 1 *erlauben* tuläät, teme (veralt.) - **2** *geschlossen lassen* sachtläät, tuläät

Zulauf a tuluup (di); **einen großen Z. haben** en graten tuluup haa *u*

zulaufen 1 *auf jmdn.* tuluup *u* - **2** *schneller gehen:* **du musst etw. z.!** dü skel wat tuluup! - **3** *jmdm. z.:* **eine zugelaufene Katze** en tulepen kaat - **4** *übertr:* **spitz z.** spas tuluup

zulegen 1 *hinzutun* tulei *u* - **2** *zunehmen:* **du hast ordentlich zugelegt** dü heest fiks wat tulaanj - **3 sich z.** ham tulei *u*

zuleide *Wendg.* **jmdm. etw. z. tun** hoker wat du *u*

zulernen tuliar

zuletzt 1 *zum letzten Mal* tuleetst, a/at leetst tooch - **2** *schließlich* at aanj, tu't aanj, at leetsten - **3** *als Letzter:* **er kam z.** hi kaam tuleetst/üs leetst - **4** *übertr:* **er war bis z. gesund** hi wiar tu aanj tu/tu tuleetst tu sünj - **5** *übertr:* **wer z. lacht, lacht am besten** diar tuleetst laachet, laachet am besten *Sprw*

zum 1 *Richtung* tu a, tu at; tu'n, tu't; **z. Arzt** tu a dochter; **z. Süden** tu't süüden - **2** *Auktion:* **z. ersten** tu'n iarsten, tu't iarst

zumachen 1 *schließen* sachtmaage, tumaage - **2** *sich beeilen* tumaage, tusä *u*, ham flat; **mach zu!** sä tu! *od.* maage tu! - **3** *übertr:* **ich habe kein Auge zugemacht** ik haa nian uug sacht hed *od.* ei en wink uun uugen hed

zumauern sachtmüüre

zumeist tu't miast, fööր't miast

zumindest tutmansten

zumutbar tutumudin

zumute tu mud; **gut z.** gud tu mud/tuwais

Z

zumuten tumuude
Zumutung **1** at tumudang, -en (det) - **2** *übertr:* **der Mann ist eine Z.!** di maan as en tumudang!
zunächst för't iarst, iarstens
zunageln sachtspikre, tuspikre
zunähen sachtsei, tusei
Zuname a bääftnööm, -er (di), a tunööm, -er (di)
zündeln tenre
zünden ten; **der Blitz hat gezündet** at laid hää tend
Zunder **1** at tener (det) - **2** *übertr:* **brennen wie Z.** braan üs tener
Zündholz a swaawelstook, -er (di)
Zündschlüssel a autokai, -er (di)
zunehmen **1** *mehr wiegen* tunem *u*, muar wurd; **er hat ordentlich zugenommen** hi as alwat muar wurden - **2** *größer werden* **z.-der Mond** tunemen muun; **die Tage nehmen zu** a daar nem tu *od.* wurd linger
Zunge **1** (Organ) a/at tong, -er (di); **die Z. herausstrecken** a tong ütjsteeg *u* - **2** *Aufschnitt* at tongs (det) - **3** *Schuhlasche:* **die Z. herausziehen** a tong ütjtji *u* - **4** *übertr:* **sich die Z. aus dem Hals rennen** ham a tong ütj a hals rään; **sie hat eine spitze Z.** hat hää en spas tong; **seine Z. nicht im Zaum halten können** sin tong ei uun a määcht hual kön *od.* a müs ei hual kön
züngeln tonge
zunichte tunant; **z. machen** tunantmaage
zunicken tunek
zuoberst tuboowerst
zupacken biling, tuling, tugrip *u*, tupaake
zupfen **1** *ziehen an etw.* tji (tjocht; toog; taanj), tüüse [z] - **2** *herausziehen* plooke; **Unkraut z.** kuad/ünkrüüs plooke
zuraten turiad *u*
zurechnungsfähig *Verb.* **nicht ganz z. sein** ei gans sacht wees
zurechtbiegen turochtbüg *u*
zurechtfinden, sich ham turochtfinj *u*
zurechtkommen turochtkem *u*
zurechtlegen **1** turochtlei *u*, klaar henlei *u*; **das Zeug z.** at tjüch turochtlei - **2** **sich z.** ham turochtlei *u*
zurechtmachen **1** turochtmaage, klaarmaage - **2** **sich z.** ham turochtmaage, ham fiinmaage, ham apfikse, ham apmaage
zurechtweisen turochtwise [z], tu stöölk saat
zurechtzimmern tuuptemre
zureden tusnaake; **jmdm. gut z.** hoker gud tusnaake
zureichen tuling
zureiten turidj *u*; **ein Pferd z.** en hingst turidj
zurichten turacht
zurren sore
zurück **1** *zum Ausgangspunkt* turag; **auf dem Weg z.** üüb a wai am turag; **hin und z.** hen an weder - **2** *zurückgekehrt:* **seit wann bist du z.?** sant wan beest turag? - **3** *hinterher:* bääftuun, ambääft; **mit der Arbeit z. sein** mä't werk ambääft/bääftuun wees - **4** *zurückgeblieben:* **das Kind ist etw. z.** det kint as wat turag
zurückbehalten **1** *etw.* turagbehual *u* - **2** *Krankheit* efterbehual *u*
zurückbekommen turagfu *u*; (Wechselgeld) wederfu *u*

Z

zurückbezahlen turagbetaale
zurückbleiben 1 *nicht mitkommen* turagbliiw [u:] *u* - 2 *Krankheit* efterbliiw [u:] *u*; **da kann leicht etwas z.** diar mei nooch wat efterbliiw
zurückblicken turagluke, amluke
zurückbringen turagbring *u*
zurückdenken turagseenk *u*; **soweit ich z. kann** so loong üs wat ik turagseenk koon
zurückdrängen turagkröge, turagsküüw [u:] *u*
zurückdrehen 1 turagdrei - 2 *übertr:* **die Zeit z.** a tidj turagdrei
zurückerstatten wederdu *u*
zurückfahren turagkeer
zurückfallen turagfaal *u*
zurückfinden turagfinj *u*
zurückfliegen turagflä *u*
zurückfordern turagfordre, wederferlang
zurückführen turagfeer
zurückgeben turagdu *u*, wederdu *u*
zurückgeblieben (eingeschränkt) turag
zurückgehen 1 *umkehren* turaggung *u* - 2 *sich vermindern* turaggung *u*, swinj (swanjt; swoonj; swünjen), sake; **das Wasser geht schon wieder zurück** at weeder gongt al weder turag
zurückgezogen turagtaanj; **z. leben** för ham salew lewe, iansanrag
zurückgreifen turaggrip *u*
zurückhaben turaghaa *u*, wederhaa *u*
zurückhalten 1 turaghual *u* - 2 **sich z.** ham turaghual
zurückhaltend turaghualen
zurückholen turaghaale
zurückkaufen turagkuupe *u*
zurückkehren turagkem *u*, wederkem *u*; (von einer Seereise) amkem *u*
zurückkommen 1 turagkem *u*, wederkem *u* - 2 *übertr:* **darauf z.** diarüüb turagkem
zurückkönnen turagkön *u*
zurücklassen turagläät
zurücklaufen turagluup *u*
zurücklegen (Gegenstand) turaglei *u*
zurücklehnen, sich ham turaglöne
zurückmüssen turagskel *u*
zurücknehmen turagnem *u*
zurückrufen turagrep *u*
zurückschauen 1 *zurückblicken* turagluke, ham amluke - 2 *auf Vergangenes* turagluke
zurückschicken turagsjüür
zurückschneiden turagskeer, turagklap
zurückschlagen 1 *Schlag erwidern* turagslau *u*, turaghau *u*, wederslau *u* - 2 *aufklappen* turagslau *u*; **das Bett z.** at baad turagslau
zurücksehnen, sich en lingen haa efter
zurücksetzen 1 *zurückstellen* turagsaat - 2 *benachteiligen:* **er fühlt sich immer zurückgesetzt** hi feelt ham leewen turagsaat - 3 *Auto* turagstupe
zurückstehen turagstun *u*; **er/sie will auch nicht immer z.** hi/hat wal uk ei imer turagstun
zurückstellen turagsaat, turagstel
zurückstoßen turagstupe
zurücktauschen turagbütje
zurücktreten turagtreed *u*
zurückweichen turagwik
zurückweisen 1 *abweisen* turagwise [z] - 2 *Korb geben* skofle; **sie hat ihn zurückgewiesen** hat hää ham skofelt
zurückwollen turagwel *u*
zurückzahlen turagbetaale
zurückziehen 1 turagtji *u* - 2 **sich z.** ham turagtji *u*

Z

zurückzucken turagtak
zurufen turep *u*, turoofte
Zusage at tsuusaage, -gin (det)
zusagen **1** *versprechen* tusai *u*; **fest z.** was tusai - **2** *gefallen:* **einem z.** ään tusai *u*, ään uunstun *u*, liis mei [z] - **3** *übertr:* **auf den Kopf z.** lik üüb hood tusai *u*
zusammen **1** *gemeinsam* tuup, emsk; **z. überlegen** tuup auerlei *u* - **2** *gleichzeitig* emsk; **z. ankommen** emsk uunkem *u* - **3** *insgesamt* tuup, uun't gehial; **alles z.** ales tuup - **4** *übertr:* **sie sind schon lange nicht mehr z.** jo san al loong al ei muar tuup
Zusammenarbeit at tuupwerkin (det)
zusammenarbeiten tuupwerke
zusammenbauen tuupbau
zusammenbeißen *Wendg.* **die Zähne z.** a tes tuupbitj *u*
zusammenbekommen tuupfu *u*; **das Geld z.** at jil tuupfu - **2** *übertr:* **ein Gedicht z.** en stak tuupfu
zusammenbinden tuupbinj *u*
zusammenbleiben tuupbliiw [u:] *u*
zusammenbrauen, sich tuupbrau; **wenn sich da man nichts zusammenbraut!** wan diar man ei wat tuupbraut!
zusammenbrechen tuupbreeg *u*
zusammenbringen **1** *etw. ansammeln* tuupbring *u*, tuupfu *u*; **das Geld z.** at jil tuupbring/tuupfu **- 2** *bekannt machen* tuupbring
zusammendrängen tuupkröge
zusammenfahren **1** *erschrecken* tuupskrek, tuupfaar *u* - **2** *zusammenstoßen* tuupkeer
zusammenfallen tuupfaal *u*, tuupromle
zusammenfalten tuupdoble, tuupfualge; **das Zeug z.** at tjüch tuupfualge
zusammenfassen tuupfaade
zusammenfegen tuupfaage
zusammenflicken tuupklütje
zusammenfügen tuupsaat
zusammenführen tuupfeer
zusammengehen **1** *sich vereinen* tuupgung *u* - **2** *schrumpfen* tuupskromp *u*
zusammengehören tuuphiar
zusammengeraten tuupraage
zusammengießen tuupjit *u*, tuuppoltre, tuuptjoltre
zusammenhaben *Geld* tuuphaa *u*
Zusammenhalt a/at tuuphual (det)
zusammenhalten **1** *Gruppe* tuuphual *u* - **2** *gut wirtschaften:* **seinen Besitz z.** sin kroom tuuphual - **3** *übertr:* **z. wie Pech und Schwefel** tuuphual üs pak an tjaar ('Teer')
zusammenhängen **1** *verbunden sein* tuuphinge - **2** *Sachverhalt:* **wie hängt das zusammen?** hü sat/hinget det tuup?
zusammenharken tuupriiwe; **das Laub z.** a bleeden tuupriiwe
zusammenkaufen tuupkuupe *u*
zusammenklappen **1** *etw.* sachtklape, tuupklape - **2** *zusammmenbrechen:* **sie ist richtig zusammengeklappt** hat as rocht tuupklapet
zusammenkneifen tuupknip *u*; **die Augen z.** a uugen tuupknip
zusammenknoten tuupknat, tuupknoote
zusammenknüllen tuupknuarsle
zusammenkommen **1** tuupkem *u* - **2** *übertr:* **so jung kommen wir nicht**

Z

wieder zusammen! so jong kem wi ei weder tuup!
zusammenkrachen **1** *entzweigehen* tuupbreeg *u*, tuupromle - **2** *zusammenstoßen* tuuprumse, tuupstupe
zusammenkratzen tuupskraabe, tuupkleese [z], tuupkratse
zusammenkriechen tuupkrep *u*
zusammenkriegen tuupfu *u*; **das Geld z.** at jil tuupfu
Zusammenkunft at tuupkemen (det)
zusammenlaufen tuupluup *u*
zusammenleben tuuplewe, mäenööder lewe
zusammenlegen **1** *vereinigen* tuuplei *u*; **die Ländereien/die Ämter z.** at lun/a amten tuuplei - **2** *Wäsche* tuupdoble, tuupfualge
zusammenleihen tuuplian
zusammenleimen tuuplim
zusammenlügen tuupleeg *u*
zusammennehmen **1** tuupnem *u* - **2** **sich z.** ham tuupnem *u*
zusammenpacken tuuppaake
zusammenpassen tuuppaase
zusammenprallen tuuprumse, tuupknale
zusammenpressen tuuptrak; **die Lippen z.** a lapen tuuptrak
zusammenraffen tuupraage
zusammenrechnen tuupreegne
zusammenreimen, sich ham tuupgase, ham tuupriime
zusammenreißen, sich ham tuupriiw [u:] *u*
zusammenrollen tuuprole
zusammenrücken **1** *näher rücken* tuupkröge; **wir können noch etw. z.** wi kön noch wat tuupkröge - **2** *Möbel* tuupskaake
zusammenrufen tuuprep *u*
zusammenrühren tuupreer
zusammenschlagen **1** *gegeneinanderschlagen* tuupslau *u* - **2** *zertrümmern* tuuphau *u*, tuupslau *u*
zusammenschließen, sich ham tuupslütj *u*
zusammenschrauben tuupskrüüwe
zusammenschrecken tuupskrek, tuupsjit *u*
zusammenschreiben uun ianen skriiw *u*, tuupskriiw *u*
zusammenschrumpfen tuupskromp *u*, tuupskromple
zusammenschütten tuupsköde
zusammensetzen **1** *zusammenfügen* tuupsaat - **2** *sich treffen:* **sich z.** ham tuupsat *u* - **3** *bestehen aus:* **sich z.** bestun ütj *u*
zusammensinken tuupsake
zusammensitzen bienöödersat *u*, tuupsat *u*
zusammensparen tuupspaare
zusammenspielen tuupspele
zusammenstecken **1** tuupsteeg *u* - **2** *übertr:* **die Köpfe z.** a hööd tuupsteeg *u*
zusammenstehen **1** tuupstun *u*, bienööderstun *u* - **2** *übertr:* tuupstun *u*
zusammenstellen tuupsaat, tuupstel
Zusammenstellung at tuupstelang, -en (det)
zusammenstoßen **1** tuupstupe - **2** *übertr:* tuupraage
zusammenstürzen tuupromle, tuupfaal *u*, tuupstört
zusammentreiben (Vieh) tuupjaage
zusammenwachsen tuupwaaks *u*
zusammenwerfen tuupsmitj *u*
zusammenzählen tuuptääl

Z

zusammenziehen tuuptji *u*
zusätzlich üübt<u>u</u>
zuschanden *Wendg.* **z. machen** tunantmaage
zuschauen tuluke
Zuschauer a tuluker, -s (di)
zuschaufeln sachtskofle
zuschicken tusjüür
zuschieben **1** *auffüllen* tusküüw [u:] *u*, sachtsküüw [u:] *u* - **2** *zukommen lassen* tusküüw [u:] *u*
zuschießen tusjit *u*
Zuschlag a tuslach (di)
zuschlagen **1** *Schlag versetzen* tuhau *u*, tuslau *u*, tuling - **2** *laut schließen:* **die Türen z.** mä a dören skrap *od.* a dören sachtsmitj *u* - **3** *Zuschlag erteilen* tuslau *u* - **4** *übertr:* **die Tür vor der Nase z.** a dör fóör a nöös tuslau *u*
zuschließen sachtslütj *u*
zuschmeißen **1** *zuwerfen* tusmitj *u* - **2** *zuschütten* sachtsmitj *u* - **3** *kraftvoll schließen:* **die Luken z.** a lüken sachtsmitj
zuschnappen tusnap
zuschneiden tuklap, tuskeer *u*
zuschrauben tuupskrüüwe
zuschreiben tuskriiw [u:] *u*
zu Schulden *Wendg.* **z. kommen lassen** tu skilen kem läät
zuschütten sachtsköde
zusehen **1** *beobachten* tuluke - **2** *sich bemühen* tusä *u*; **sieh zu, dass du fertig wirst!** sä tu, dat klaar woorst!
zusehends tusens
zusetzen **1** *dazutun* bidu *u* - **2** *verlieren:* **Geld z.** jil tusaat - **3** *nahegehen:* **einem z.** ään mänem *u*, ään tusaat - **4** *schwächen:* **das Fieber hat ihm sehr zugesetzt** det fiiber hää ham orntelk tusaat - **5** *übertr:* **er hat nichts zuzusetzen** hi hää niks tutusaaten
zusichern tuseekre
zuspielen tuspele
zusprechen **1** *zuerkennen* tuspreeg *u* - **2** *Mut machen:* **jmdm. gut z.** hoker gud tusnaake
Zustand **1** *Beschaffenheit* a tustant (di); **das Haus ist in einem guten Z.** det hüs as gud bi a rä - **2** *Befinden:* **wie ist ihr Z.?** hü gongt at ham? - **3** *Verhältnisse:* **was für Zustände!** wat en tustant! - **4** *übertr:* **ich kriege Zustände!** ik fu ään tuföl!
zustande **1** *Wendg.* **z. bringen** tu stak an saag bring *u,* tu staks bring *u,* tuupbring *u*, bedriiw [u:] *u*; **ich bringe nichts mehr z.** ik fu niks muar tuup/bedrewen - **2** *Wendg.* **z. kommen** faandaankem *u*; **wie kommt sowas z.?** hü komt sowat faandaan?
zuständig tustendag
zustechen tusteeg *u*
zustecken tusteeg *u*
zustehen tustun *u*
zusteigen tustiig *u*
zustellen **1** *davorstellen* sachtstel - **2** *Sendung* sjüür
zustimmen tusteme, diar jaa tu sai *u*
zustopfen sachtstoope
zustoßen **1** *mit etw.* tusteeg *u* - **2** *jmdm. geschehen:* **einem z.** ään tustupe, ään pasiare, ään auerkem *u*
zutage *Wendg.* **z. kommen** fóör'n dai kem *u*, apdaage
zuteilen tudial; (Portion) tuskaft
zutiefst auer aler miaten
zutragen **1** *mitteilen* widjerfertel - **2** **sich z.** pasiare, ham tudreeg *u*; (veralt.) skä (skest; skest; sken/skest)

Z

Zuträger *Hinterbringer* a pöösdreeger (di) [z]
zutrauen tutrau; **ihm ist alles zuzutrauen!** ham trau ik ales tu!
Zutrauen at tutrauen (det)
zutraulich tutrauelk; **z. sein** määk/ei baang wees
zutreffen steme, tudraap
zutrinken tudrank *u*, tuprooste
Zutritt a tutreed (di)
zutun **1** *hinzufügen* tudu *u*; **noch etw. Butter z.!** noch wat böder tudu! - **2** *schließen* tudu *u*, tumaage; **ich habe kein Auge zugetan** ik haa nian uug tuden/tumaaget
zuunterst gans oner
zuverdienen tufersiine
zuverlässig *verlässlich:* **z. sein** ferläät üüb wees
zuversichtlich tufersichtelk
[1]**zu viel** *Adv* **1** altu föl, tuföl - **2** *übertr:* **z. bekommen** tuföl fu *u*
[2]**zu viel** *Indefinitpron* altu föl; **sie haben viel z.** jo haa föl altu föl
zuvor fööruf, iarst, tuföören; **das Jahr z.** det juar tuföören
zuvorkommen tuföörkem *u*
zuvorkommend tuföörkemen
Zuwachs **1** a tuwaaks (di) - **2** *übertr:* **Z. erwarten** en letj fu *u*
zuwachsen sachtwaaks *u*; (Haus) iinwaaks *u*; **die Gräben sind zugewachsen** a gruuger san sachtwoksen
zuwandern tuwaanre
zuwege *Wendg.* **gut z.** gud tuwais; **z. bringen** henfu *u*, skaafe, tuwais bring *u*, tu staks bring *u*
zuwehen sachtwei
zuweilen bitidjen, wilems
zuweisen tuwise [z]
zuwenden *hinwenden* tudrei, tukiar; **den Rücken z.** a rag tudrei/tukiar
zu wenig tu letjet; **lieber zuviel als z.** leewer wat muar üs tu letjet
zuwerfen **1** *jmdm. etw.* tusmitj *u* - **2** *auffüllen* sachtsmitj *u* - **3** *etw. zuschlagen:* **die Luke z.** at lük sachtsmitj
zuwider wederlik, uunjin; **dies fette Essen ist mir so z.** ik san so wederlik üüb detdiar fäät iidjen
zuwinken tuwiafte, tuwinke
zuzahlen tubetaale
zuzählen tureegne
zuziehen **1** *Vorhänge* sachttji *u* - **2** *von außerhalb kommen:* **vom Festland z.** tutji faan a fäästääg *u* - **3** *etw. zusammenziehen* tuuptji *u*; **die Schleife z.** at sleuf tuuptji *u* - **4** **sich etw. z.** ham wat apsake, ham wat wechhaale; **sich eine Erkältung z.** ham en ferkeelang apsake
zuzwinkern tuplink, tupliire
Zwang a twang (di)
zwanzig twuntag
zwanziger twuntager; **in den z. Jahren** uun a twuntager juaren
zwanzigste twuntagst
zwar wel nooch, nooch; **er hat z. graue Haare, aber ...** hi hää wel nooch grä hiar, man ...
Zweck **1** *Ziel* at saag (det); **für einen guten Z.** för en gud saag - **2** *Sinn* at san (det); **das hat keinen Z.** det hää nian san
zwecklos *Verb.* **z. sein** nian san/nään wäärs haa
zwei tau; **die z.** jo tau
Zweibettzimmer at rüm mä tau baaden, rümen (det), at taubaadrüm, -en (det)

Z

zweiblättrig taubleedet
zweideutig taudüüdag
zweieinhalb tauenhualew [u:]; (veralt.) traadhualew [u:]
zweierlei tauerlei
zweifach dobelt
Zweifamilienhaus at taufamilinhüs, -sang [z] (det)
zweifarbig tauklööret
Zweifel a twiiwel, -wler (di); **darüber besteht kein Z.** diar jaft at goor nian tau meenangen am; **ohne Z.** saner twiiwel
zweifelhaft *unsicher* twiiwlag
zweifellos saner twiiwel
zweifeln twiiwle; **z. an** twiiwle uun
Zweig 1 a twiig, -en (di) - **2** *übertr:* **auf keinen grünen Z. kommen** nimer üüb en greenen twiig kem *u*
zweijährig taujuarag, tau juar ual
zweimal tweisis/-se, tau tööger; **zweimal am Tag** tweisis a dai
zweistimmig taustemag
zweitältest naistäälst
zweite ööder; **der z. Weihnachtstag** a ööder krasdai; **zu zweit** mä tau maan/mä tau lidj *od.* tu tauen
zweiteilig taudialag
zweitens tu't ööder, naistens, för't naist, tu'n öödern
zweitgrößt naistgratst
zweitletzt naistleetst
zweitürig mä tau dören, taudööret
Zweizimmerwohnung at wenang mä tau rümen (det)
Zwerchfell at madelskot (det)
Zwerg a/at swerag, -rger (di); (mythol. Wesen auf Amrum) a/at onerbäänke, -kin (det)
Zwerghuhn at sweraghan, -en (det)
Zwergseeschwalbe at stäärnk, -en (det)

Zwergseeschwalbe at stäärnk

Zwergtaucher at eersfööti, -en (det)
Zwetschge at plum, -en (det)
zwicken 1 *kneifen* naape, knip (knipt/knapt; knääb; kneeben) - **2** *schmerzen:* **da zwickt es hier, und da zwickt es da!** do twakt at hir, an do twakt at diar!
Zwieback at saartje, -jin (det)
Zwiebel at skalot, -en (det), at eu, -en (det)
Zwielicht at hualewjonken (det), at twiilaacht (det)
Zwilling a twanlang, - (di); **sie hat Z.-e bekommen** hat hää twanlang füngen
Zwinge at twing, -en (det)
zwingen 1 *zu etw. veranlassen* twing (twangt; twoong; twüngen); **er lässt sich nicht z.** hi läät ham ei twing - **2** *bewältigen:* **er zwingt es nicht mehr** hi feit at ei muar twüngen
zwinkern plink, pliire
Zwirn 1 *Garn* triads - **2** *Zwirnsfaden* a triad, -er (di); **ein zweifacher/dreifacher Z.** en dobelten/trewelten triad

zwirnen twine

Zwirnstern at moonk, -en (det), at stäär, -en (det)

zwischen **1** *örtl.* tesk, twesken, tesken, mad; **z. Föhr und Amrum** tesken Fer an Oomram - **2** *zeitl.* twesken, tesken; **z. Weihnachten und Neujahr** tesken ual an nei *od.* tesken a daar ('Tagen') - **3** *übertr:* **z. Leben und Tod schweben** tesken leewent an duas sweewe

Zwischenboden a tesken/twesken-böön, -er (di)

zwischendurch tesken-/tweskentroch, tesk-/tweskiin; **etw. z. erledigen** wat teskiin berede

Zwischenmahlzeit at skoft (det)

Zwischenzeit *Wendg.* **in der Z.** iintesken/-twesken, uuntesken/-twesken

zwitschern **1** sjong (soong; süngen) - **2** *übertr:* **wie die Alten sungen, so z. die Jungen** so üs a ualen sjong, so piipe a jongen *Sprw*

Zwitter a hualewslach, -er (di) [u:], at tautüüt, -er/-en (det)

zwölf **1** twaalew [u:]; **z. Uhr nachts** di naacht a klook twaalew - **2** *übertr:* **die z. heiligen Nächte** a twaalew halag naachter; **nicht weiter denken als von z. bis Mittag** ei widjer seenk üs faan twaalew tu made *u*

zwölfte twaalewst [u:]

Zylinder *Kopfbedeckung* a spint, -er (di)

Anhang: Tabellen zur Formenlehre

I. Konjugation

1. Hilfsverben

1.1 wees *sein*

Singular		Präsens	Präteritum	Perfekt	Plusquamp.
1. Pers.	ik	san	wiar	san weesen	wiar weesen
2. Pers.	dü	beest	wiarst	beest weesen	wiarst weesen
3. Pers.	hi/hat/at	as	wiar	as weesen	wiar weesen
Plural					
1. Pers.	wi	san	wiar	san weesen	wiar weesen
2. Pers.	jam	san	wiar	san weesen	wiar weesen
3. Pers.	jo	san	wiar	san weesen	wiar weesen

Infinitiv: wees/tu weesen *sein/zu sein*
Imperativ: wees/wees'em *sei/seid*

1.2 haa *haben*

Singular		Präsens	Präteritum	Perfekt	Plusquamp.
1. Pers.	ik	haa	hed	haa hed	hed hed
2. Pers.	dü	heest	hedst	heest hed	hedst hed
3. Pers.	hi/hat/at	hää	hed	hää hed	hed hed
Plural					
1. Pers.	wi	haa	hed	haa hed	hed hed
2. Pers.	jam	haa	hed	haa hed	hed hed
3. Pers.	jo	haa	hed	haa hed	hed hed

Infinitiv: haa/tu haaen *haben/zu haben*
Imperativ: haa/haa'm *hab/habt!*

Merke: *er muss da schon mal gewesen sein* hi mut diar al ans weesen haa ('haben')

1.3 wurd *werden*

Singular		Präsens	Präteritum	Perfekt	Plusquamp.
1. Pers.	ik	wurd	wurd	san wurden	wiar wurden
2. Pers.	dü	woorst	wurdst	beest wurden	wiarst wurden
3. Pers.	hi/hat/at	woort	wurd	as wurden	wiar wurden
Plural					
1. Pers.	wi	wurd	wurd	san wurden	wiar wurden
2. Pers.	jam	wurd	wurd	san wurden	wiar wurden
3. Pers.	jo	wurd	wurd	san wurden	wiar wurden

Infinitiv: wurd/tu wurden *werden/zu werden*
Imperativ: wurd/wurd'em *werde/werdet*

2. Modalverben

2.1 wel *wollen*

Singular		Präsens	Präteritum	Perfekt	Plusquamp.
1. Pers.	ik	wal	wul	haa wulen	hed wulen
2. Pers.	dü	wel	wulst	heest wulen	hedst wulen
3. Pers.	hi/hat/at	wal	wul	hää wulen	hed wulen
Plural					
1. Pers.	wi	wel	wul	haa wulen	hed wulen
2. Pers.	jam	wel	wul	haa wulen	hed wulen
3. Pers.	jo	wel	wul	haa wulen	hed wulen

Merke: *er/sie hat kommen wollen* hi/hat hää kem wulen ('gewollt')

2.2 skel *sollen*

Singular		Präsens	Präteritum	Perfekt	Plusquamp.
1. Pers.	ik	skal	skul	haa skulen	hed skulen
2. Pers.	dü	skel	skulst	heest skulen	hedst skulen
3. Pers.	hi/hat/at	skal	skul	hää skulen	hed skulen
Plural					
1. Pers.	wi	skel	skul	haa skulen	hed skulen
2. Pers.	jam	skel	skul	haa skulen	hed skulen
3. Pers.	jo	skel	skul	haa skulen	hed skulen

Merke: *er/sie hat kommen sollen* hi/hat hää kem skulen ('gesollt')

2.3 kön *können*

Singular		Präsens	Präteritum	Perfekt	Plusquamp.
1. Pers.	ik	koon	küd	haa küden	hed küden
2. Pers.	dü	könst	küdst	heest küden	hedst küden
3. Pers.	hi/hat/at	koon	küd	hää küden	hed küden
Plural					
1. Pers.	wi	kön	küd	haa küden	hed küden
2. Pers.	jam	kön	küd	haa küden	hed küden
3. Pers.	jo	kön	küd	haa küden	hed küden

Merke: *er/sie hat kommen können* hi/hat hää kem küden ('gekonnt')

2.4 mut *müssen, dürfen*

Singular		Präsens	Präteritum	Perfekt	Plusquamp.
1. Pers.	ik	mut	moost	haa moosten	hed moosten
2. Pers.	dü	mutst	moost	heest moosten	hedst moosten
3. Pers.	hi/hat/at	mut	moost	hää moosten	hed moosten
Plural					
1. Pers.	wi	mut	moost	haa moosten	hed moosten
2. Pers.	jam	mut	moost	haa moosten	hed moosten
3. Pers.	jo	mut	moost	haa moosten	hed moosten

Merke: *er/sie hat kommen müssen* hi/hat hää kem moosten ('gemusst')

2.5 mei *mögen*

Singular		Präsens	Präteritum	Perfekt	Plusquamp.
1. Pers.	ik	mei	maad	haa maaden	hed maaden
2. Pers.	dü	meest	maadst	heest maaden	hedst maaden
3. Pers.	hi/hat/at	mei	maad	hää maaden	hed maaden
Plural					
1. Pers.	wi	mei	maad	haa maaden	hed maaden
2. Pers.	jam	mei	maad	haa maaden	hed maaden
3. Pers.	jo	mei	maad	haa maaden	hed maaden

Merke: *er/sie hat kommen mögen* hi/hat hää kem maaden ('gemocht')

2.6 (ei) **säär** *brauchen*

Singular		Präsens	Präteritum	Perfekt	Plusquamp.
1. Pers.	ik	säär	sost	haa sosten	hed sosten
2. Pers.	dü	säärst	sost	heest sosten	hedst sosten
3. Pers.	hi/hat/at	säär	sost	hää sosten	hed sosten
Plural					
1. Pers.	wi	säär	sost	haa sosten	hed sosten
2. Pers.	jam	säär	sost	haa sosten	hed sosten
3. Pers.	jo	säär	sost	haa sosten	hed sosten

Merke: *er/sie hat nicht zu kommen brauchen* hi/hat hää ei kem sosten ('gebraucht')

2.7 däär *wagen*

Singular		Präsens	Präteritum	Perfekt	Plusquamp.
1. Pers.	ik	däär	dost	haa dosten	hed dosten
2. Pers.	dü	däärst	dost	heest dosten	hedst dosten
3. Pers.	hi/hat/at	däär	dost	hää dosten	hed dosten
Plural					
1. Pers.	wi	däär	dost	haa dosten	hed dosten
2. Pers.	jam	däär	dost	haa dosten	hed dosten
3. Pers.	jo	däär	dost	haa dosten	hed dosten

Merke: *er/sie hat nicht zu kommen gewagt* hi/hat hää ei kem dosten ('gewagt')

3. Regelmäßige Verben

3.1 fraage *fragen*

Singular		Präsens	Präteritum	Perfekt	Plusquamp.
1. Pers.	ik	fraage	fraaget	haa fraaget	hed fraaget
2. Pers.	dü	fraagest	fraagest	heest fraaget	hedst fraaget
3. Pers.	hi/hat/at	fraaget	fraaget	hää fraaget	hed fraaget
Plural					
1. Pers.	wi	fraage	fraaget	haa fraaget	hed fraaget
2. Pers.	jam	fraage	fraaget	haa fraaget	hed fraaget
3. Pers.	jo	fraage	fraaget	haa fraaget	hed fraaget

Infinitiv: fraage/tu fraagin *fragen/zu fragen*
Imperativ: fraage/fraage'm *frage/fragt*

3.2 **hanle** *handeln*

Singular		Präsens	Präteritum	Perfekt	Plusquamp.
1. Pers.	ik	hanle	hanelt	haa hanelt	hed hanelt
2. Pers.	dü	hanelst	hanelst	heest hanelt	hedst hanelt
3. Pers.	hi/hat/at	hanelt	hanelt	hää hanelt	hed hanelt
Plural					
1. Pers.	wi	hanle	hanelt	haa hanelt	hed hanelt
2. Pers.	jam	hanle	hanelt	haa hanelt	hed hanelt
3. Pers.	jo	hanle	hanelt	haa hanelt	hed hanelt

Infinitv: hanle/tu hanlin *handeln/zu handeln*
Imperativ: hanle/hanle'm *handle/handelt*

Ebenso gehen Verben wie öösme *atmen*, tiakne *zeichnen*, jaaspre *gähnen*, hanre *hindern*, arwe *erben*, d.h. Verben, die auf Konsonant + **-le, -me, -ne, -re** und **-we** enden.

3.3 **brük** *gebrauchen*

Singular		Präsens	Präteritum	Perfekt	Plusquamp.
1. Pers.	ik	brük	brükt	haa brükt	hed brükt
2. Pers.	dü	brükst	brükst	heest brükt	hedst brükt
3. Pers.	hi/hat/at	brükt	brükt	hää brükt	hed brükt
Plural					
1. Pers.	wi	brük	brükt	haa brükt	hed brükt
2. Pers.	jam	brük	brükt	haa brükt	hed brükt
3. Pers.	jo	brük	brükt	haa brükt	hed brükt

Infinitiv: brük/tu brüken *brauchen/zu brauchen*
Imperativ: brük/brük'em *gebrauche/gebraucht*

Ebenso gehen Verben wie snap *schnappen*, het *heißen*, d.h. Verben, die auf **-p, -t, -k** enden.

3.4 **swääm** *schwimmen*

Singular		Präsens	Präteritum	Perfekt	Plusquamp.
1. Pers.	ik	swääm	swäämd	haa swäämd	hed swäämd
2. Pers.	dü	swäämst	swäämdst	heest swäämd	hedst swäämd
3. Pers.	hi/hat/at	swäämt	swäämd	hää swäämd	hed swäämd

Plural		Präsens	Präteritum	Perfekt	Plusquamp.
1. Pers.	wi	swääm	swäämd	haa swäämd	hed swäämd
2. Pers.	jam	swääm	swäämd	haa swäämd	hed swäämd
3. Pers.	jo	swääm	swäämd	haa swäämd	hed swäämd

Infinitiv: swääm/tu swäämen *schwimmen/zu schwimmen*
Imperativ: swääm/swääm'em *schwimm/schwimmt*

Ebenso gehen Verben wie ling *langen*, dial *teilen*, braan *brennen*, reer *rühren*, liaw *glauben*, d. h. Verben, die auf **-g**, **-l**, **-m**, **-n**, **-r**, **-w** enden.

3.5 sei *nähen*

Singular		Präsens	Präteritum	Perfekt	Plusquamp.
1. Pers.	ik	sei	seid	haa seid	hed seid
2. Pers.	dü	seist	seidst	heest seid	hedst seid
3. Pers.	hi/hat/at	seit	seid	hää seid	hed seid
Plural					
1. Pers.	wi	sei	seid	haa seid	hed seid
2. Pers.	jam	sei	seid	haa seid	hed seid
3. Pers.	jo	sei	seid	haa seid	hed seid

Infinitiv: sei/tu seien *nähen/zu nähen*
Imperativ: sei/sei'em *nähe/näht*

Ebenso gehen Verben wie drei *drehen,* bui *zurechtmachen*, d.h. Verben, die auf Vokal enden.

3.6 saat *setzen*

Singular		Präsens	Präteritum	Perfekt	Plusquamp.
1. Pers.	ik	saat	saat	haa saat	hed saat
2. Pers.	dü	saatst	saatst	heest saat	hedst saat
3. Pers.	hi/hat/at	saat	saat	hää saat	hed saat
Plural					
1. Pers.	wi	saat	saat	haa saat	hed saat
2. Pers.	jam	saat	saat	haa saat	hed saat
3. Pers.	jo	saat	saat	haa saat	hed saat

Infinitiv: saat/tu saaten *setzen/zu setzen*
Imperativ: saat/saat'em *setze/setzt*

Ebenso gehen Verben wie läät *lassen*, laft *heben*, d.h. Verben, die auf **-t** enden.

4. Unregelmäßige Verben

4.1 luup *laufen*

Singular		Präsens	Präteritum	Perfekt	Plusquamp.
1. Pers.	ik	luup	lep	san lepen	wiar lepen
2. Pers.	dü	lääpst	lepst	beest lepen	wiarst lepen
3. Pers.	hi/hat/at	lääpt	lep	as lepen	wiar lepen
Plural					
1. Pers.	wi	luup	lep	san lepen	wiar lepen
2. Pers.	jam	luup	lep	san lepen	wiar lepen
3. Pers.	jo	luup	lep	san lepen	wiar lepen

Infinitiv: luup/tu luupen *laufen/zu laufen*
Imperativ: luup/luup'em *laufe/lauft*

4.2 bring *bringen*

Singular		Präsens	Präteritum	Perfekt	Plusquamp.
1. Pers.	ik	bring	broocht	haa broocht	hed broocht
2. Pers.	dü	brangst	broochst	heest broocht	hedst broocht
3. Pers.	hi/hat/at	brangt	broocht	hää broocht	hed broocht
Plural					
1. Pers.	wi	bring	broocht	haa broocht	hed broocht
2. Pers.	jam	bring	broocht	haa broocht	hed broocht
3. Pers.	jo	bring	broocht	haa broocht	hed broocht

Infinitiv: bring/tu bringen *bringen/zu bringen*
Imperativ: bring/bring'em *bringe/bringt*

Ebenso gehen Verben wie sai *sagen*, feel *fühlen*, d.h. Verben, die eine Änderung des Stammvokals haben, aber Präteritum und Partizip mit **-t** und **-d** bilden.

5. Verzeichnis der unregelmäßig gebildeten Verben

Infinitiv	Präsens	Präteritum	Partizip Perfekt	
äärgre	eragt	eragt	eragt	*ärgern*
baag	bäächt	buch	beegen	*backen*
baast	baast	bost	bosten	*bersten*
bad	bat	bääd	beeden	*bitten*
bedreeg	bedrait	bedruch	bedraanj	*betrügen*
berag	beragt	boorag	bürgen	*bergen*
binj	banjt	boonj	bünjen	*binden*
bitj	bat	bääd	beden	*beißen*
blude/bläät	bläät	bläät	bläät	*bluten*
bliiw [u:]	blaft	blääw [u:]	blewen	*bleiben*
bred/bräät	bräät	bräät	bräät	*brüten*
breeg	bräächt	bruch	breegen	*brechen*
bring	brangt	broocht	broocht	*bringen*
büg	bocht	boog	baanj	*biegen*
däär	däär	dost	dosten	*wagen*
derew [u:]	dareft	doorew [u:]	dürwen	*darben*
drank	drankt	droonk	dronken	*trinken*
dreeg	drait	druch	draanj	*tragen*
driiw [u:]	draft	drääw [u:]	drewen	*treiben*
dring	dringt	droong	drüngen	*dringen*
du	dää	ded	den	*tun*
duug	docht	doog	daagt/daagen	*taugen*
faal	fäält	fool	fäälen	*fallen*
faar	föärt	foor	fäären	*fahren*
feel	felt/feelt	feld/feeld	feld/feeld	*fühlen*
ferjid	ferjat	ferjood	ferjiden	*vergessen*
ferwed	ferwäät	ferwääd	ferweden	*vorwerfen*
finj	fanjt	foonj	fünjen	*finden*
flä	flocht	floog	flaanj	*fliegen*
fleed	fleet	fleed	fleeden	*entrahmen*
freed	frat	frääd	freeden	*fressen*
friis [z]	frist	froos [z]	freesen [z]	*frieren*
fu	feit/(veralt.) fää	füng	füngen	*bekommen*
glidj	glat	glääd	gleden	*gleiten*
glüp	glopt	gloob	glööben	*schlüpfen*

Infinitiv	Präsens	Präteritum	Partizip Perfekt	
greew [u:]	gräáft	gruf	greewen	*graben*
grinj	granjt	groonj	grünjen	*mahlen*
grip	grapt	gрääb	greben	*greifen*
gung	gongt	ging	gingen	*gehen*
haa	hää	hed	hed	*haben*
halep	halept	holep	holpen	*helfen*
hau	haut	haud	hauen/haud	*mähen*
heew [u:]	heeft	heewd [u:]	heewen	*erheben*
hual	häält	hel/hääl	helen/häälen	*halten*
iidj	at	ääd	eden	*essen*
jit	got	good	gööden	*gießen*
jiw [u:]	jaft	jääw [u:]/juf	jiwen	*geben*
keel	kelt	keld	keld	*kühlen*
kem	komt	kaam	kimen	*kommen*
kling	klangt	kloong	klüngen	*klingen*
knip	knapt	knääb	kneeben	*kneifen*
kön	koon	küd	küden	*können*
krep	krept	krääb	kreeben	*kriechen*
kuupe	kääft	kääft	kääft	*kaufen*
kneed	knat	knääd	kneeden	*kneten*
leeg	locht	luch	laanj	*lügen*
lees [z]	lääst	lus	leesen [z]	*lesen*
lees [z]	lääst	lus	leesen [z]	*laden*
läät	läät	läät	läät	*lassen*
lei	leit	lai	laanj	*liegen*
lei	leit	lai	laanj	*legen*
liis [z]	last	lus	lesen [z]	*leiden*
lük	lükt	lükt/loog	löögen	*schließen*
luup	lääpt	lep	lepen	*laufen*
meed	määt	määd	meeden	*messen*
mei	mei	maad	maaden	*mögen*
mut	mut	moost	moosten	*dürfen*
nem	namt	naam	nimen	*nehmen*
rep	rept	rep	repen	*rufen*
riad	räät	räät	räät	*raten*

Infinitiv	Präsens	Präteritum	Partizip Perfekt	
ridj	rat	rääd	reden	*reiten*
riin	rinjt	rinjd	rinjd	*regnen*
riis [z]	rist/rast	rääs [z]	resen [z]	*aufrichten*
riiw [u:]	raft	rääw [u:]	rewen	*reißen*
ring	ringt	ringd/roong	rüngen	*ringen*
sä	sest	sest	sen	*säen*
sä	sjocht	siig	sen	*sehen*
säär	säär	sost	sosten	*brauchen*
saask	saaskt	sosk	sosken	*dreschen*
sai	sait	saad	saad	*sagen*
sank	sankt	soonk	sünken	*sinken*
sank	sankt	socht	socht	*dünken*
sat	sat	seed	seeden	*sitzen*
sau	swait	swuch	swaanj	*waschen*
seenk	seenkt	soocht	soocht	*denken*
siil	siilt	sild/siild	sild/siild	*segeln*
siis [z]	siist/sast	soos	sesen [z]	*sieden*
sjit	skot	skood	skööden	*schießen*
sjong	sjongt	soong	süngen	*singen*
sjük	sjükt	soocht	soocht	*suchen*
skä	skest	skest	sken/skest	*geschehen*
skeeb	skääbt	skääb	skeeben	*erschaffen*
skeer	skäärt	skäär	skäären	*schneiden*
skel	skal	skul	skulen	*sollen*
skias [z]	skääst	skääsd [z]	skääsd [z]	*scheiden*
skiin	skinjt/skiint	skiind	skiind	*scheinen*
skitj	skat	skääd	skeden	*scheißen*
skridj	skrat	skrääd	skreden	*schreiten*
skriiw [u:]	skraft	skrääw [u:]	skrewen	*schreiben*
sküüw [u:]	skoft	skoow [u:]	sköwen	*schieben*
skromp	skrompt	skrompt	skrompen	*schrumpfen*
slank	slankt	sloonk	slonken	*schlingen*
slau	slait	sluch	slaanj	*schlagen*
sliap	slääpt	slep	slepen	*schlafen*
sling	slangt	slingd	slingd	*schlingen*
slitj	slat	slääd	sleden	*schleißen*
smitj	smat	smääd	smeden	*werfen*

Infinitiv	Präsens	Präteritum	Partizip Perfekt	
speel	spelt/speelt	speld/speeld	speld/speeld	*spülen*
spreeg	spräächt	spruch	spreegen	*sprechen*
spring	sprangt	sproong	sprüngen	*springen*
steeg	stäät	stäät	stäät	*stecken; stechen*
steel	stäält	stääl	stäälen	*stehlen*
sterew [u:]	stareft	stoorew [u:]	stürwen	*sterben*
stiig	sticht	stääg	stegen	*steigen*
sjonk	sjonkt	stoonk	stünken	*stinken*
stridj	strat	strääd	streden	*streiten*
strik	strakt	strääg	stregen	*streichen*
stun	stäänt	sted	stenen	*stehen*
stüüw [u:]	stoft	stoow [u:]	stöwen	*stauben*
süp	sopt	soob	sööben	*trinken*
süg	socht	soog	sögen	*saugen*
sünj	sanjt	soonj	sünjen	*schwellen*
swäär/sweer	swäärt	swäär	swäären	*schwören*
swiis [z]	swast	swus/swääs	swesen [z]	*sengen*
swinj	swanjt	swoonj	swünjen	*schwinden*
swing	swangt	swoong	swüngen	*schwingen*
tji	tjocht	toog	taanj	*ziehen*
treed	träät	trääd	treeden	*treten*
twing	twangt	twoong	twüngen	*zwingen*
waad	wäät	wood	wööden	*waten*
waaks	wääkst	woks	woksen	*wachsen*
wan	want	woon	wonen	*gewinnen*
warep	warept	worep	worpen	*Eier legen*
weeg	wäächt	wuch	waanj	*wiegen*
wees [z]	as	wiar	weesen [z]	*sein*
weew [u:]	wääft	wääwd/wuf	weewen	*weben*
wel	wal	wul	wulen	*wollen*
werew [u:]	wareft/wereft	woorew [u:]	würwen	*werben*
winj	wanjt	woonj	wünjen	*winden*
witj/wed	witj	wost	wost	*wissen*
wring	wrangt	wroong	wrüngen	*wringen*
wriis [z]	wrast	wrus	wresen [z]	*wringen*
wurd	woort	wurd	wurden	*werden*

II. Deklination

1. Nomen

Verändert wird das Nomen generell nur im Plural. Ausnahmen sind der Genitiv bei Namen und bei Familienangehörigen:

Keikes kleet *Keikes Kleid*
mamen bruder *Mutters Bruder*

1.1 Regelmäßige Pluralbildung

1.1.1 Endungen auf **-er**, **-en, -in, -n, -s**:

Singular	Plural	
a hünj	a hünjer	*Hunde*
at buk	a buken	*Bücher*
at baantje	a baantjin	*Ämter*
a mooler	a moolern	*Maler*
a koptein	a kopteins	*Kapitäne*

1.1.2 Mit Ausfall des unbetonten Vokals:

Singular	Plural	
at wönang	a wönger	*Fenster*
a witjel	a witjler	*Wolldecken*
a kurew [u:]	a kurwer	*Körbe*
at halag	a halgen	*Halligen*
at foomen	a foomnen	*Mädchen*

1.2 Unregelmäßige Pluralbildung

1.2.1 Konsonantenwechsel

Singular	Plural	
at knif	a kniiwer	*Messer*
a siif	a siiwer	*Diebe*
at grääf	a greew [u:]	*Gräber*
a briaf	a briaw [u:]	*Briefe*
a liaf	a liawer	*Brotlaibe*
at truf	a truuwer	*Trümpfe*

a krich	a kriiger	*Kriege*
a stich	a stiiger	*Dorfstraßen*
a woch	a woger	*Wände*
a kuuch	a kuuger	*Köge*
a pluch	a pluuger	*Pflüge*
a skuch	a skur	*Schuhe*
at glääs	a glees [z]	*Gläser*
at lääs	a lees [z]	*Fuder*
a määst	a mees [z]	*Masten*
at näähst	a nees [z]	*Nester*
a suas	a suaser [z]	*Brunnen*
at näät	a need	*Netze*

1.2.2 Vokalwechsel

Singular	Plural	
at skap	a skeb	*Schiffe*
at las	a les [z]	*Glieder*
a smas	a smeser [z]	*Schmiede*
at spat	a sped	*Spatenstiche*
a dai	a daar	*Tage*
a fääs	a fees [z]	*Verse*
at hood	a hööd	*Köpfe*
at wüfhood	a wüfhööd	*Frauen*
at hool	a hööl	*Löcher*
a krooch	a kröööger	*Töpfe*
at noot	a nööd	*Nuten*
at koop	a kööb	*leere Eierschalen*
at sloot	a slööd	*Türschlösser*
at loot	a lööd	*Geschicke*
a uuntooch	a uuntööger	*Anzüge*
a trooch	a tröööger	*Tröge*
a bruder	a breder	*Brüder*
at gus [z]	a ges [z]	*Gänse*
a tus	a tes	*Zähne*
at kü	a ki	*Kühe*

1.2.3 Endung auf **-ang**:

Singular	Plural	
at hüs	a hüsang [z]	*Häuser*
at jaat	a jaadang	*Nebenstraßen*

1.2.4 Wortänderung:

Singular	Plural	
at kint	a jongen	*Kinder*
a enkel	a jongensjongen	*Enkel*
a kuupmaan	a kuuplidj	*Kaufleute*
a loonsmaan	a loonslidj	*Landsleute*
a baadegast	a baadelidj	*Kurgäste*

1.2.5 Ohne Pluralendung:

Singular	Plural	
at bian	a bian	*Beine*
at skenbian	a skenbian	*Schienbeine*
at knöbian	a knöbian	*Knie*
at gris	a gris	*Ferkel*
a karmen	a karmen	*Männer*
at lüs	a lüs	*Läuse*
at sjep	a sjep	*Schafe*
a stian	a stian(er)	*Steine*
at swin	a swin	*Schweine*
a twanlang	a twanlang	*Zwillinge*

2. Adjektive

2.1 Deklination

2.1.1 nach bestimmtem Artikel:

Singular	Maskulinum	Feminin./Neutrum
	di brün hingst	det smok foomen
Plural	jo brün hingster	jo smok foomnen
Plural o. Subst.	jo brünen	jo smoken

dt. *das braune Pferd/das hübsche Mädchen*

2.1.2 nach unbestimmtem Artikel:

Singular	Maskulinum	Feminin./Neutrum
	en brünen hingst	en smok foomen
Plural	brün hingster	smok foomnen

dt. *ein braunes Pferd/ein hübsches Mädchen*

2.2 Komparation

2.2.1 Regelmäßige Steigerung:

Positiv	Komparativ	Superlativ	
grat	grater	gratst	*groß*
gratem	gratemer	gratemst	*laut*

mit Konsonantenwechsel:

Positiv	Komparativ	Superlativ	
huuch	huuger	huuchst	*hoch*
duuf	duuwer	duufst	*taub*

2.2.2 Unregelmäßige Steigerung:

Positiv	Komparativ	Superlativ	
gud	beeder	best	*gut*
lung	linger	lingst	*lang*
föl	muar	miast	*viel*
letjet	maner	manst	*wenig*
ual	ääler	äälst	*alt*
ääder	iar/iarer	iarst	*früh*
leew [u:]	leewer	lefst	*lieb*

3. Pronomen

3.1 Personalpronomen

	1. Pers.	2. Pers.	3. Pers. *m*	*f*	*n*
Singular					
Nom.	ik/'k	dü/-	hi/'r/'er	hat/'t	at/'t
Dat./Akk.	mi	di	ham/'n	ham/hör/'t	at/'t
Plural					
Nom.	wi/'f/'ef	jam/'m/'em	jo/'s/'es	jo/'s/'es	jo/'s/'es
Dat./Akk.	üs/'s	jam/'m/'em	jo/'s/'es	jo/'s/'es	jo/'s/'es

Merke: Die in der gesprochenen Sprache sehr häufig verwendeten Formen mit Apostroph - sogenannte Kurzformen - erscheinen nur nachgestellt: *kann ich helfen?* koon'k halep?
Die 2. Pers. Singular hat keine Kurzform: *kommst du mit?* komst mä?

3.2 Reflexivpronomen

	1. Pers.	2. Pers.	3. Pers. *m*	*f*	*n*
Singular					
Dat./Akk.	mi	di	ham	ham/hör	ham
Plural					
Dat./Akk.	üs	jam	jo	jo	jo

3.3 Possessivpronomen

Singular	1. Pers.	2. Pers.	3. Pers. *m*	*f*	*n*
m.	man	dan	san	san/hör	san
f.n.	min	din	sin	sin/hör	sin
Plural	min	din	sin	sin/hör	sin
o. Subst.	minen	dinen	sinen	sinen	sinen
	üüs/üsens	jau/jamens	hör/hörens	hör/hörens	hör/hörens

Merke: Die erweiterten Formen wie *üsens* usw. beziehen sich auf gemeinsamen Besitz:

üsens ferian *unser Verein*

4. Artikel

Singular	Maskulinum	Femininum	Neutrum
A-Artikel	a	a/at	at
D-Artikel	di	det (*veralt.* jü)	det
unbest. Artikel	en	en	en
Plural			
A-Artikel	a	a	a
D-Artikel	jo	jo	jo

Merke:
Der A-Artikel, sogenannter Bekanntheitsartikel, wird verwendet, wenn das Bezeichnete keiner weiteren Erläuterung bedarf:
die Sonne scheint a san skinjt

Der D-Artikel, sogenannter anaphorischer Artikel, wird verwendet, wenn das Bezeichnete einer Erläuterung bedarf:
der dicke Mann di sjok maan